D1724077

KINDLERS KULTURGESCHICHTE DES ABENDLANDES

in 22 Bänden

Herausgegeben von Friedrich Heer

KINDLERS KULTURGESCHICHTE DES ABENDLANDES

Band XVII

NICHOLAS MANSERGH

Das britische Commonwealth

Entstehung - Geschichte - Struktur

verlegt bei Kindler

Aus dem Englischen übertragen von Dr. Johannes W. und Mechthild Raum
in Zusammenarbeit mit Prof. Dr. Joseph Raith.
Die Originalausgabe erschien im Verlag Weidenfeld & Nicolson, London,
unter dem Titel THE COMMONWEALTH EXPERIENCE.

Gesamtherstellung: May & Co, Darmstadt
ISBN 3-463-13717-8
Printed in Germany

»Es gab eine Zeit, in der wir als das Vereinigte Königreich von England, Schottland und Irland hätten allein stehen können. Diese Zeit ist vorüber. Wir eroberten und besiedelten Kanada, nahmen ganz Australien, Van Diemensland und Neuseeland in Besitz. Wir haben Indien für die Krone gewonnen. Es gibt kein Zurück mehr.«

John Earl Russel, *Tu regere imperio populos,
Romane, memento.* 1870

*»O folge, folg' dem Himmel, Herr, der Gutes
Dir eingibt. Wenn die Herrschaft du verschmähst,
Verdoppelt sich dein Ruhm; es wird die Nachwelt
Dich preisen, wen'ger, weil du sie erobert,
Vielmehr, weil du sie aufgegeben hast.«*

Maximus zu Kaiser Augustus in Corneilles *Cinna*

»Unser geschichtsträchtiges Commonwealth, das ein Viertel der Bevölkerung der Erde umfaßt..., besitzt die einmalige Eigenschaft, Nationen und Völker aller Kontinente zu umschließen.«

Erklärung der Premierminister
des Commonwealth vom 12. Januar 1951

DEM MASTER UND DEN FELLOWS
DES ST JOHN'S COLLEGE, CAMBRIDGE

und Kolonialministerium · Neugliederung des Kolonialministeriums · Die Konferenz von 1907 · Probleme der Reichsverteidigung · Die Flottenpolitik · Die Reichskonferenz von 1911 · Die
Flottenpolitik · Errichtung von Verteidigungsausschüssen · Verwal-
tungsneugliederungen · Das Reichsstaatsrat-Konzept · Am Vorabend des Ersten Weltkriegs

John Morley, der zur Zeit der Kolonialkonferenz von 1907 Staatssekretär für Indien war, klagte: »Mr. Deakin hat tatsächlich behauptet, daß Indien kein Recht auf einen Platz am Konferenztisch hat, weil es sich nicht selbst verwaltet. Ich habe ihm in diesem Punkt klar meine Meinung gesagt. Ich muß lachen, wenn ich an einen Mann denke, der kräftiger als andere Leute in die imperialistische Fanfare stößt und dennoch Indien, das einen überwältigend großen Teil des Reichs darstellt und unter anderen Kleinigkeiten unser bester Kunde ist, in die Hinterküche des Reichs verbannen will.« (1) Das vorliegende Buch ist jedoch in der Annahme geschrieben worden, daß nicht Morley, sondern Deakin eine klarere Vorstellung von den wesentlichen Zusammenhängen hatte, daß es nämlich durchaus einen grundlegenden Unterschied zwischen Staaten mit Selbstverwaltung und auch dem größten der abhängigen Gebiete des Reichs gab und daß diese Unterschiede nicht einfach dadurch aus der Welt geschafft werden konnten, indem das Mutterland für jenes abhängige Gebiet Vertreter ernannte. Das war auch, trotz der zweideutigen Stellung Indiens, so sehr die Ansicht der Kolonial- und Reichskonferenzen in der Vergangenheit und der Zusammenkünfte der Premierminister in unserer Zeit, daß die rechtmäßige Zulassung zu solchen Versammlungen übereinstimmend als Beweis der Unabhängigkeit innerhalb des Commonwealth anerkannt wurde. Oder anders ausgedrückt, das Reich, seine Regierung, Organisation, Verwaltung und Ideen sind etwas ganz anderes als die Beziehungen zwischen selbständigen Gemeinwesen innerhalb einer Staatengemeinschaft. Beide Bereiche sind es wert, erforscht zu werden, aber in der britischen Geschichte verdrängte der zweite den ersten Bereich, und das liefert den Gegenstand unserer Untersuchung.

Dieses Buch handelt also vom Commonwealth — von seinen Ursprüngen, seiner Entwicklung, seinem Aufbau und seinen Vorstellungen von zwischenstaatlichen Beziehungen, seinen Kriegs- und Friedenserfahrungen. Das Commonwealth war der Erbe des Reichs, und Einflüsse des Reichs bestimmten sein anfängliches Wachstum. Aber es entwickelte ein Leben und lieferte einen Beitrag zu politischen Gedanken und Beziehungen, die nicht nur verschieden von denen des Reichs, sondern ihnen auch in vieler Hinsicht grundlegend entgegengesetzt waren. Dieser Beitrag — im weitesten Sinn des Wortes — soll in diesem Buch untersucht werden. Das Ziel ist nicht eine ausführliche Schilderung der Ereignisse, sondern eine Interpretation und Analyse vor einem chronologischen Hintergrund. Die Darstellung ist historisch, doch das Geschehen war es im wesentlichen ebenfalls. Das Commonwealth war nicht das Ergebnis politischer Abstraktionen, sondern einer Folge von historischen Entwicklungen.

Ein Buch, das so weit in Raum und Zeit ausgreift, muß sich weitgehend auf Spezialuntersuchungen anderer Historiker stützen. Ich habe mich bemüht, die Dankesschuld dafür in Anmerkungen und in der abschließenden Bibliographie abzutragen. Bei kritischen Phasen in der Entwicklung des Commonwealth habe ich aber auch selbst versucht, die Quellen zu befragen oder erneut zu untersuchen. Ich habe ausgiebig aus solchen Quellen zitiert, um etwas vom Gewicht der Ereignisse und von der Härte der Debatten in jenen Zeiten zu vermitteln.

Ich muß sehr vielen meinen Dank aussprechen. In bezug auf
die amtlichen Quellen bin ich folgenden Stellen für zuvorkom-
mende Hilfe zu großem Dank verpflichtet: den Beamten des
Public Record Office und denen der Commonwealth und
India Office Library in London; den National Archives in
Ottawa; den Archives of Cape Colony in Kapstadt; den
National Archives of the Republic of South Africa in Pretoria;
den Indian National Archives in Neu-Delhi. Was Bibliotheken
betrifft, möchte ich meinen Dank nicht nur gegenüber den Be-
amten der Universitätsbibliothek und der Seeley Library in
Cambridge Ausdruck verleihen, sondern auch gegenüber den
Beamten der Universitätsbibliothek in Kapstadt, der Duke
University in Nordkarolina und der Indian School of Inter-
national Studies in Neu-Delhi. Ich habe den Treuhändern des
British Museum für die Erlaubnis zu danken, den Nachlaß von
Sir Henry Campbell-Bannerman verwenden zu dürfen, und
Herrn C. A. Gladstone für die Erlaubnis, den Nachlaß W. E.
Gladstones im British Museum einsehen zu dürfen. Der jüngst
verstorbene Viscount Bruce von Melbourne zeigte mir die per-
sönlichen Aufzeichnungen, die er bei den Zusammenkünften
der Hohen Kommissare der Dominien mit dem Minister für
Dominienangelegenheiten während des Zweiten Weltkriegs
anfertigte; aber ich glaubte mich nicht ermächtigt, direkt daraus zu zitieren. Mr. John Duncan erlaubte mir, den Nachlaß
seines Vaters, Sir Patrick Duncan, durchzusehen. Das indische
Nationalarchiv in Kalkutta verschaffte mir durch die Zuvorkommenheit von Sarvasipu A. N. Sapru, P. N. Sapru und
T. N. Sapru Abschriften des Nachlasses von Sir Teh Bahadur
Sapru. Die South African Public Library in Kapstadt ermöglichte es mir, den Nachlaß von J. X. Merriman zu studieren.
Dem kanadischen Nationalarchiv in Ottawa darf ich ge-
ziemenderweise meine ganz besondere Anerkennung aus-

sprechen, weil die Verwaltung es mir ermöglichte, am Wochenende und in unermüdlichen Nachtsitzungen zu arbeiten, und mir überdies die Erlaubnis gewährte, den Nachlaß von Sir Wilfrid Laurier, von Sir Robert Borden und von William Lyon Mackenzie King (bis 1922) einzusehen. Drei Auszüge aus dem Tagebuch des Right Hon. Vincent Massey sind hier mit freundlicher Erlaubnis des Macmillan-Verlags aus *What's Past is Prologue* nachgedruckt. Ich bin den Herausgebern von *The Economist, The International Journal,* Toronto, und von *The India Quarterly* und auch der Duke University Press zu Dank verpflichtet, weil ich Material verwenden konnte, das in den von ihnen redigierten Artikeln zuerst erschienen war, und ebenso Radio Éireann für Material aus der Thomas-Davis-Vorlesungsserie. Auch möchte ich nicht versäumen, meine Dankbarkeit für die Geduld und Sorgfalt zu vermerken, mit der das Schreibbüro der Universität Cambridge ein oft schwieriges Manuskript abtippte. Schließlich ist es mir eine angenehme Pflicht, dankbar eines Zuschusses aus dem Smuts Memorial Fund in Cambridge zu gedenken, der mich in die Lage versetzte, Forschungen und Reisen für die Herstellung dieses Buches durchzuführen.

Die größte Dankesschuld habe ich aber gegenüber meiner Frau. Sie begleitete mich auf meinen Reisen und überprüfte nicht nur alle Tatsachen und Verweise in diesem Buch, sondern steuerte auch zu jedem Kapitel Kritiken und Kommentare sowie Fragen bei; außerdem machte sie noch zahlreiche Ergänzungsvorschläge aus ihrer eigenen Lektüre und Forschung, die das Werk sehr bereichert haben.

NICHOLAS MANSERGH

St John's College, Cambridge
März 1968

Erster Teil

DIE GRÜNDUNGSMITGLIEDER
UND DIE ART IHRER VERBINDUNG

»Freie Staaten können, wie alle anderen, abhängige Gebiete besitzen, die entweder durch Eroberung oder durch Besiedlung erworben worden sind; unser eigener Staat ist das hervorragendste Beispiel dieser Art in der neueren Geschichte. Es ist eine höchst wichtige Frage, wie solche abhängigen Gebiete regiert werden sollen.«

John Stuart Mill
Representative Government

Mr. Haldane: »Die Mutter der Parlamente zwingt ihre Kinder nicht.«
Ein irischer Abgeordneter: »Dieser Behauptung stimmen wir nicht zu.«

Aus den Debatten des Unterhauses am 14. Mai 1900 über die Gesetzesvorlage zur Bildung eines Australischen Staatenbundes

Erstes Kapitel

Das Commonwealth in der Geschichte

In den Gärten von Peschawar, vor dem Hintergrund des hoch in den Himmel ragenden Himalaya, steht das Denkmal eines gewissen Makeson, der Oberst in der Armee von Bengalen und Bevollmächtigter für Peschawar war und im Jahr 1853 im Alter von 46 Jahren von einem religiösen Fanatiker ermordet wurde. »Die Pässe des Khaiber und die Gipfel der Schwarzen Berge bezeugen gleichermaßen seine Taten . . .«, so hebt die Inschrift an, der eine Würdigung des Generalgouverneurs, Lord Dalhousie, beigefügt ist. »Seinen Wert als Staatsbeamter«, so lautet diese, »kennt niemand besser als der Generalgouverneur selbst, der in schwierigen und ereignisreichen Zeitläufen Grund genug hatte, seine große Fähigkeit, bewunderungswürdige Bedachtsamkeit, Umsicht und Selbstbeherrschung zu bemerken, die den Wert der hohen, soldatischen Tugenden seiner allbekannten Persönlichkeit verzehnfachten.« Am südlichen Zipfel eines anderen Erdteils, nämlich in den Gärten Kapstadts, steht zu Füßen des Tafelberges ein anderes Denkmal, das nicht zu Ehren eines bedachtsamen und umsichtigen Soldaten errichtet wurde, sondern einen Reichsgründer ehrt, der weder für das eine noch das andere berühmt war und dessen Ausspruch: »Nimm alles . . . frage erst hinterher« sich nur allzu tief seinem Freund Dr. Jameson einprägte. Es ist das Standbild von Cecil John Rhodes, der in seiner wohlbekannten locker sitzenden Kleidung mit ausgestrecktem Arm nach Norden weist. Darunter ist zu lesen: »Dort ist euer Hinterland.«

An den Vorposten eines Reichs, das wie andere in die Geschichte eingegangen ist, stehen diese Denkmäler, und noch viele andere, auch heute noch. Einige wurden zu Ehren von vielleicht wenig bekannten Männern errichtet, deren man aber noch heute in Ehrerbietung und Dankbarkeit dort gedenkt, wo sie wirkten. Andere gelten Männern von größerer, umstrittenerer Bedeutung, deren Taten die zukünftige Entwicklung beeinflussen sollten und noch beeinflussen. Aber ob vergessen oder auch gegenwärtig, sind sie, entweder als treue und umsichtige Vollstrecker einer Politik, die durch andere Hände als die ihren geformt wurden, oder als Personen, die selbst einen Teil des Verlaufs der Geschichte bestimmten, Prototypen jener Männer, die das zweite Britische Weltreich, den Vorläufer des Britischen Commonwealth, bewahrten oder vergrößerten. Zahllose andere müßte man hinzufügen: den Missionar und den Bischof, den Seemann und den Matrosen der Handelsmarine, den Verwaltungsbeamten und den Büroangestellten, den Händler, den Finanzier und den Unternehmer, den Viehzüchter und den Siedler sowie die militärischen und zivilen Ingenieure, die die Verbindungslinien, deren ein weltweites Reich bedurfte, planten und entwickelten und die Eisenbahnen vorantrieben, die — so überlegte der jugendliche Winston Churchill auf seinen Reisen in Ostafrika — »eine gesicherte, schnelle Straße boten, auf der der weiße Mann mit allem, was er mitbringt, . . . in das Herz Afrikas ebenso bequem und sicher einzudringen vermag wie bei einer Reise von London nach Wien«, und ohne die, wie er meinte, »es nur Verschwendung an Zeit und Geld bedeute, große afrikanische Besitzungen verwalten oder, noch besser, entwickeln zu wollen« (1). Aber vorerst mögen die beiden Männer, die in den

Gärten von Peschawar und Kapstadt geehrt werden, genügen. Sie beide, der pflichtbewußte Soldat und der »Koloß« des Reichs, waren wesentliche Gestalten im Britischen Weltreich des 19. Jahrhunderts. Das Weltreich, zu dessen Auf- und Ausbau sie entscheidend beigetragen hatten, wurde zu einem Commonwealth umgebildet. Ohne das eine hätte es das andere nicht gegeben, nicht geben können. Dennoch, was haben sie mit dem Commonwealth zu tun?

Eine Antwort, die zumindest in ihrer Einfachheit bestechend ist, lautet: nichts. Jedoch fordert eine solche Antwort eine ebenso einfache Erwiderung heraus. Wenn der Soldat und Staatsbeamte — die beiden Rollen waren oft verbunden — nicht dagewesen wäre, um seine Aufgaben an den Grenzen zu erfüllen, hätte sich diese nicht ausgedehnt und das Gebiet des Commonwealth in Asien wäre dementsprechend kleiner geblieben. Hätte Rhodes niemals nach Norden geblickt oder wäre er niemals dorthin gereist, so ist es zumindest unwahrscheinlich, daß das spätere Commonwealth in Afrika die gleichen geographischen Umrisse oder politischen Geschicke gehabt hätte. Beide wären in der Tat, so könnte man meinen, geringer gewesen. Aber das Wichtigste ist, daß sie anders gewesen wären. So kann, selbst oberflächlich gesehen, die Antwort »nichts« keineswegs befriedigen.

Es gibt jedoch eine elegantere und auf den ersten Blick überzeugendere Antwort. Sie erscheint entweder ausgesprochen oder unausgesprochen in z.T. amtlicherseits angeregten Sammlungen von Auszügen aus Reden und Dokumenten, die überwiegend aus der Mitte des 18. Jahrhunderts stammen und zu zeigen versuchen, daß sich durch das Britische Weltreich ein stets erstarkender Vorsatz hindurchzog (2). Dieser Vorsatz zielte auf die Vergrößerung der Freiheit und Unabhängigkeit unter der britischen Flagge und sollte vorwärts und aufwärts zu einem Commonwealth freier Nationen führen. Jene, die ihn nicht förderten, hatten das Mißgeschick, auf der falschen Seite der Geschichte zu stehen, und konnten außer acht gelassen oder sogar mißachtet werden. Burke und Durham, Elgin und Grey, Campbell-Bannerman, Balfour, Attlee mit der Unabhängigkeit Indiens und Macmillan mit den Veränderungen in Afrika neigen dazu, in solchen Sammlungen eine gute Figur abzugeben. Dasselbe gilt, und zwar zu Recht, für einige der großen Reichsverweser Indiens, die vor und nach der berühmten Rede Macaulays am 10. Juli 1833 im Unterhaus und in fast gleichlautenden Worten mit ihm sich der Hoffnung hingaben, daß »das Staatsbewußtsein Indiens unter unserem System wachsen möge, bis es dieses System überflügelt hat; daß wir unsere Untertanen durch gute Regierung zur Fähigkeit erziehen mögen, noch besser zu regieren; daß, nachdem sie in europäischem Geist unterwiesen worden sind, sie in einem zukünftigen Zeitalter europäische Institutionen fordern mögen« (3). Und mit ihm kamen sie zu dem Schluß, daß, sollte jemals ein solcher Tag kommen, er »der stolzeste Tag in der englischen Geschichte« sein werde. Der letzte Vizekönig, Lord Mountbatten, der im Jahr 1947 in Delhi war, um diesem Verlangen der Inder nachzukommen, und es mit einem großartigen Blick für die geschichtliche Bedeutung des Ereignisses tat, bekommt sein Plätzchen. Aber der berühmteste unter ihnen, Lord Curzon, das Symbol des Reichs in seiner glanzvollsten Zeit, bleibt nachdrücklich ausgeschlossen. Er glaubte an die britische Herrschaft in Indien nicht als an ein vorübergehendes Stadium und eine notwendige Vorbereitung, sondern als an den Endzustand an sich und das absolut Gute. Als stets wachsamer Hüter der ihm von der Vorsehung übertragenen hohen Verantwortung ließ er im Jahr 1902 den bei den Soldaten beliebtesten Choral aus der Gottesdienstordnung beim Fürstenempfang zu Delhi wegen unerwünschter Anspielungen auf die Vergänglichkeit irdischer Reiche streichen. »Selbstverständlich«, so schrieb er, »ist alles, woran die Soldaten denken, die schöne Melodie . . ., aber wir können unmöglich ›Vorwärts, christliche Heerscharen‹ beim Gottesdienst in Delhi zulassen, weil ein Vers darin folgendermaßen lautet: ›Krone und Throne mögen stürzen, Königreiche erstehen und untergehen.‹« (4) Selbstverwaltung für Indien nach dem Muster der »weißen« Siedlerkolonien hätte nach Curzons Meinung »Verderben für Indien und Verrat an unseren Verpflichtungen« bedeutet.

Solche Gegensätze beschränken sich keineswegs nur auf Indien. Während Gladstone ein Ehrenplatz in Werken über das Commonwealth sicher ist, nicht zuletzt wegen seiner Rede über Selbstverwaltung für Irland (*Home Rule*), und Lloyd George aufgrund seiner Rede über den anglo-irischen Vertrag, ein bißchen zufällig zwar, gerade noch hineinschlupft, werden die Stimmen der Staatsmänner, die an das Reich als britisches Imperium über unterworfene Völker glaubten, selten verzeichnet. Es ist unwahrscheinlich, daß Auszüge aus der Ansprache Disraelis im Kristallpalast vom Juni 1872 über den Imperialismus aufgenommen werden, oder aus seiner eindringlichen Rede im Oberhaus vom 8. April 1878, wo er von all den Gemeinwesen sprach, die übereingekommen waren, den »befehlsgewohnten Geist dieser Inseln« anzuerkennen, der ». . . einen so großen Teil des Erdballs geformt und gestaltet hat«, und wo er begeistert von einem eigentümlichen Herrschaftsbereich sprach, der seines Wissens ohne Beispiel in alter und neuerer Geschichte sei und bemerkenswerter als jeder, über den ein »Caesar oder Karl der Große jemals geherrscht« habe (5). Hier erscheinen auch keine der beißenden Sätze Salisburys über die Unfähigkeit der Iren, Hottentotten und

selbst der Hindus für die Selbstregierung (6), auch keine der
Aussprüche Joseph Chamberlains, die von der Idee der Her-
renrasse gefärbt sind, und noch weniger die empörten Aus-
brüche Balfours über die Wiedergewährung der Selbstverwaltung an die Buren. Oder kommt etwa Churchill über die
Gesetzesvorlage zur Regierung Indiens zu Wort? Diese Männer mögen sich bei anderen Anlässen qualifiziert haben, aber
nicht bei den genannten. Und was Cecil John Rhodes betrifft,
so hat er sich überhaupt nicht qualifiziert. Er war, so vermutete Olive Schreiner, obwohl sie später selbst daran zweifelte, ein zu großer Mann, um durch die Pforten der Hölle zu
gehen. Er erwies sich sicherlich als eine zu unbequeme Persönlichkeit, als daß man ihn auf den Seiten einer Commonwealth-
Anthologie hätte zulassen können! Und dennoch, war J. X.
Merriman wirklich weit von der Wahrheit entfernt, als er am
Neujahrstag 1907 aus Stellenbosch seinem alternden Freund
Goldwin Smith, der früher Regius Professor für Geschichte
in Oxford gewesen war, sich nun aber längst in Toronto niedergelassen hatte, schrieb, daß, wenn ein Mensch sagen konnte:
»L'Empire, c'est moi«, es Rhodes war (7)? Das republikanische Frankreich mag Ludwig XIV. verabscheuen — obwohl
das bezweifelt werden kann —, aber es vernachlässigt ihn
nicht. Kann das Commonwealth den »Sonnenkönig« des Britischen Weltreichs in Afrika vernachlässigen? »Wisset ihr
nicht, daß ein Prinz diesen Tag gefallen ist und ein Großer
in Israel?«, war das Motto, das der Erzbischof für die Predigt
bei dem Beisetzungsgottesdienst von Rhodes am 3. April 1902
in der Kathedrale zu Kapstadt auswählte (8). Aber die Historiker des Commonwealth ziehen es vor, die Tatsache weder
anzuerkennen noch zu erforschen (9).
Es liegt, trotz des auswählenden Verfahrens, viel, jedoch längst
nicht die ganze Wahrheit in der fortschrittlichen Interpreta-

tion der Reichs- und Commonwealth-Geschichte. Es gab wirklich überall dort, wo die britische Herrschaft aufgerichtet und
hingenommen wurde, eine *Pax Britannica*. Das rechtsstaat-
liche Prinzip herrschte tatsächlich. Die Vorrechte der Kolonien
und später der Dominien vergrößerten sich in der Tat auf
diesen Grundlagen von einem Präzedenzfall zum anderen.
Ein unitäres Reich wurde tatsächlich in ein Commonwealth
freier Nationen umgewandelt. Diejenigen, die in die Zukunft
sahen, um dieses Ziel vorauszuahnen, haben ebenso wie diejenigen, die dieses Ziel gläubig verkündeten, verdient, daß
ihre Voraussicht oder Einsicht vermerkt wird. Historisch gesehen ist das nicht mehr als recht und billig. Andere jedoch,
die zu ihrer Zeit mehr Gewicht hatten, verfochten andersartige
Glaubenssätze und Wunschbilder. Wenn diese nicht auch zu
Wort kommen, kann man nicht mehr von Geschichte sprechen,
sondern eher von Geschichtsfälschung, die um so verführe-
rischer, aber deswegen nicht weniger verwerflich ist, weil sie
Geist und Gemüt einer späteren Generation fesselt.
Die Geschichte des Commonwealth wäre, verzichtet man vorerst auf eine genaue Interpretation der Begriffe, eine zweifellos erbauendere und sicherlich einfachere Angelegenheit gewesen, hätten alle Wegweiser die gleiche Richtung gewiesen.
Das war aber nie der Fall. Zu keinem Zeitpunkt fand ein
geordneter und allgemeiner Fortschritt statt. Wenn in politischer und verfassungsrechtlicher Hinsicht Kanada, Australien, Neuseeland und zuletzt sogar Südafrika im späten 19.
und frühen 20. Jahrhundert Seite an Seite in einer einzigen
Richtung voranschritten, so gab es auch Irland, das scheinbar
ständig ausgeklammert wurde. Als es nicht mehr Irland war,
war es Zypern, und als es nicht mehr Zypern war, war es
Rhodesien. Und was hatte es zu bedeuten, als es keine Ausnahme mehr gab? Hatte sich die Reichsgeschichte »erfüllt«,

wie es in der Terminologie der Transzendentalphilosophen des Commonwealth hieß, die Politiker und sogar Historiker so leichtfertig übernahmen? Oder war ein Teil der Lebensfähigkeit des Commonwealth mit der Erreichung des alles beherrschenden Zieles geschwunden?

Das auswählende Verfahren ebenso wie der Wortschatz vieler Commonwealth-Kommentare werden jetzt und in Zukunft berichtigt werden. Aber hinter diesen Berichtigungen verbirgt sich etwas Entscheidendes, nämlich die liberale Interpretation der Reichs- und Commonwealth-Geschichte. Diese Erscheinung war keineswegs ausschließlich britisch. Ihre Darlegung wie auch ihren Ursprung verdankte sie ebenso überseeischen, insbesondere kanadischen, wie britischen Verfassern. Man könnte meinen, sie habe den Prüfungen der Zeit im wesentlichen standgehalten. Sie neigt allerdings dazu, die Bedeutung »nichtliberaler« imperialistischer Mächte und Worte zu unterschätzen. Im Hinblick auf die späteren irischen Beziehungen zum Commonwealth wurde selten — wenn überhaupt — gefragt, ob es nicht von größerer Bedeutung gewesen ist, daß Joseph Chamberlain die Selbstverwaltung Irlands zunichte machte, als daß Gladstone sie vorgeschlagen hat; oder ob, im Hinblick auf die spätere Zugehörigkeit Südafrikas zum Commonwealth, Milners und Chamberlains Neigung zum Krieg im Jahr 1899 nicht weitreichendere Folgen gezeitigt hat als die Wiedereinsetzung der Selbstverwaltung im Transvaal und im Oranje-Freistaat durch Campbell-Bannerman in den Jahren 1906/07. Man überbetonte ebenso das »idealistische« Element in den liberalen Lösungen. Als sie schließlich angenommen wurden, spielte Staatsräson, unterstützt durch den Wunsch der Politiker und Verwaltungsbeamten, schwierige Probleme loszuwerden, eine größere Rolle bei jener Dezentralisation der britischen Reichsgewalt, die die Verwandlung des Reichs in das Commonwealth ermöglichte, als solche Interpretationen gemeinhin vermuten lassen. Diese Dinge mag man aber eher als ein Problem der Gewichtsverteilung denn als eine wesentliche Frage ansehen. Es ist in der Tat unwahrscheinlich, daß sich die liberale Interpretation im Hinblick auf die Hauptthemen der Reichspolitik als irreführend oder mangelhaft erweisen wird. Das trifft eher für ihre Unfähigkeit zu, jene Bestandteile des Commonwealth-Erbes, die sich vom Imperialismus einerseits und vom Nationalismus andererseits herleiten, zu erfassen oder gar ganz zu verstehen.

In bezug auf den Imperialismus kann der betreffende Punkt durch eine einzige Frage ausreichend veranschaulicht werden. Welche Rolle spielte Gewalt bei der Bildung des Britischen Commonwealth? Da ist etwas, was heute bei Historikern des Britischen Weltreichs kaum und bei denen des Commonwealth noch weniger und fast nur widerstrebend beachtet wird (10). »Rom ist euch unterworfen durch das Gesetz des Krieges«, sagte Corneilles Cinna zu Augustus Caesar. Aber wieweit dies auch für das Britische Weltreich galt, diese Frage wurde selten vorurteilslos untersucht. Ja, man dachte daran als an etwas Tadelnswertes, das man am besten vergaß. Dennoch wird in der englischen Geschichtsschreibung die römische Besetzung eines von den Legionen unterworfenen Britannien als vorteilhaft und kulturbringend betrachtet und die Eroberung durch die Normannen zwar als hart, aber durch die göttliche Vorsehung gewollt. Es gab auch eine Zeit, in der der britische Stolz auf die gewaltsame Ausbreitung des Reichs verkündet wurde. Sir Richard Cox empfahl in der Widmung seines 1689 veröffentlichten Werkes *Hibernia Anglicana: or, the history of Ireland from the conquest thereof to the present time* (Hibernia Anglicana oder die Geschichte Irlands von seiner Eroberung bis zum heutigen Tag) das Buch als eine Geschichte

»seit der Eroberung«, für die das irische Volk »Gott dankbar
sei«. Aber derartig ungeschminkte Überlegungen verschwanden zusammen mit der Sicherheit, der sie entsprangen. Bezeichnend für die Hemmungen, die spätere Historiker des
Reichs empfanden, war die Kritik Professor A. P. Newtons
an Sir John Seeleys Vorlesungen über »Die Ausbreitung Englands« (*The Expansion of England*) im Jahr 1881 in Cambridge, die besagt, daß diese historisch »in der Hauptsache
von den großen Kriegen des 18. Jahrhunderts handelten und
dies den falschen Eindruck erwecke, das Britische Weltreich
sei vorwiegend durch Krieg und Eroberung begründet worden, eine Vorstellung, die sich unglücklicherweise nicht nur im
öffentlichen Bewußtsein Großbritanniens, sondern auch im
Ausland zäh behauptet« (11). Das mag bedauernswert gewesen
sein oder auch nicht; historisch bedeutsam war lediglich das
Ausmaß, in dem es zutraf oder nicht.
Diese Frage ist nicht nur in bezug auf das 18. Jahrhundert
wichtig. Es ist auch schwer, sie überzeugend zu beantworten.
Man hat festgestellt, daß von den Gebieten, aus denen sich das
Commonwealth zur Zeit seiner größten Ausdehnung zusammensetzte, diejenigen, die im Krieg und durch Eroberung erworben wurden, die friedlich oder verhältnismäßig friedlich
besetzten oder besiedelten an Raum und Bevölkerung weitaus
übertrafen. Der bloße Anschein eines allenfalls möglichen
Gleichgewichts zwischen beiden Teilen schwand mit dem Verlust der amerikanischen Kolonien. Dies scheint im wesentlichen den Tatsachen zu entsprechen. Aber ist es exakt genug?
Schließlich wurden Kolonien auch auf andere Art als durch
Besiedlung oder Eroberung erworben. Einige wurden abgetreten, andere annektiert, wieder andere kraft Entdeckung beansprucht. Auch ist der Unterschied zwischen ihnen nicht immer
eindeutig. Es ist keineswegs immer leicht, überzeugend fest-

zustellen, ob z. B. eine Kolonie durch Eroberung oder durch Abtretung erworben wurde. Viele Inseln des Karibischen Meeres wechselten im 18. Jahrhundert und während oder nach den Napoleonischen Kriegen die Herrschaft. Wurden sie nun durch Eroberung erworben oder im Rahmen eines Friedensvertrages abgetreten? Manchmal ging buchstäblich das eine dem anderen voraus; aber es war nicht immer so. Im Zuge einer allgemeinen Friedensregelung konnten Gebiete ausgetauscht werden. Und wie, um ein weiteres Beispiel anzuführen, das andere Fragen aufwirft, wurde Neuseeland erworben? Durch Besiedlung, Abtretung oder kraft Erstentdeckung? Zweifellos waren Siedler vor der Abtretung da. Ihre Anwesenheit war ja der Grund dafür gewesen. Aber die etwa 500 Maori-Häuptlinge, die den Vertrag von Waitangi am 6. Februar 1840 unterschrieben und die Oberhoheit im Tausch gegen Zusicherung der Schutzherrschaft an Königin Viktoria abtraten, waren allenfalls berechtigt, für die Maori der Nordinsel zu handeln, und, was noch wichtiger ist, konnten nicht als Personen des internationalen Rechts angesehen werden. Der Vertrag fußte also nicht auf internationalem Recht, und daher wurde behauptet, daß seine Bedingungen keine Abtretung an die Krone bedeuteten. Britische Oberhoheit über die Nordinsel wurde indes am 21. Mai 1840 kraft Abtretung durch den Vertrag proklamiert, am gleichen Tag kraft Erstentdeckung auch über die Südinsel, auf die der Vertrag sich nicht beziehen konnte. Neuseeland, das man im allgemeinen als Siedlungskolonie bezeichnet, wurde daher nach britischer Ansicht durch Abtretung und Entdeckung erworben. Der Vorgang ist jedenfalls kaum eindeutig festzulegen. Und wie war es mit der Kapkolonie? Während der französischen Revolutionskriege wurde sie zunächst von den Briten erobert. 1802 erhielten die Niederlande sie im Vertrag von Amiens zurück. 1815 wurde sie den Eng-

ländern im Rahmen der allgemeinen Friedensregelung endgültig abgetreten. War die Kolonie nun durch Eroberung oder
durch Abtretung erworben worden? Da sie erstmals 1795 gewaltsam besetzt wurde, scheint Eroberung die zutreffendste
Antwort zu sein. Der Erwerb Zyperns durch Disraeli warf
schwerwiegendere Probleme auf. Gladstone beschrieb die Insel als »eine wertlose Belastung«, deren Annexion er in einer
seiner charakteristischen, verwickelten Redewendungen als
»grobe und offene Verletzung oder vielmehr grobe und eindeutige Verletzung des öffentlichen europäischen Rechts«
verurteilte. In genaueren, wenn schon nüchternen Worten wurde die Insel 1879 durch den türkischen Sultan unter
den Bedingungen der anglo-türkischen Konvention England
zur Besetzung und Verwaltung zugesprochen. Die Oberhoheit
wurde jedoch nicht übergeben. Im November 1914 wurde sie
von Großbritannien infolge des türkischen Kriegseintritts auf
seiten der Mittelmächte annektiert. Gewalt wurde nicht angewendet, da die Insel bereits von Großbritannien besetzt gehalten wurde. 1923 bestätigte der Vertrag von Lausanne diese
Annexion. Wurde Zypern nun durch Eroberung oder Annexion 1914 oder erst durch Abtretung 1923 erworben? Ähnliche
Fragen erheben sich in bezug auf viele afrikanische Gebiete,
die Stück für Stück durch Besiedlung, Annexion, Vertrag und
Abtretung erworben wurden (12).
Im ganzen gesehen ist die Vielfalt der historischen Bedingungen und nachfolgenden Rechtsinterpretationen der Art des
Erwerbs eine Warnung vor der Gefahr unzulässiger Verall-
gemeinerungen über die Herkunft der Gebietseinheiten des
Commonwealth. Allen gemeinsam und grundlegend war dagegen der britische Expansionsdruck, der entweder entdecke-
rischer, militärischer, wirtschaftlicher, demographischer oder
missionarischer Natur war oder einige dieser Züge in sich

vereinigte und im übrigen, um seine Ziele zu erreichen, die Mittel anwandte, die am besten der jeweiligen Lage und den besonderen Umständen entsprachen. Aber selbst wenn daher die Art des Erwerbs in jedem einzelnen Fall als ein zweitrangiges oder sogar oberflächliches Merkmal eines grundlegenden historischen Vorgangs betrachtet werden muß, so behält sie doch ihre besondere Bedeutung. Eingeborene Völker vergessen selten, wie sie unter die imperialistische Herrschaft geraten oder wie sie aus dem einen in den anderen Herrschaftsbereich einer imperialistischen Macht überführt worden sind. Für sie blieben die Unterscheidungen zwischen Besiedlung, Annexion, Abtretung und Eroberung, obwohl terminologisch belanglos, doch Tatsachen, die sich, möglicherweise für mehrere Generationen, tief in das Bewußtsein einzelner und ganzer Gruppen einprägten. Diese Tatsache war für das Reich und die Bildung des späteren Commonwealth von unterschiedlicher, aber oft tiefgreifender Bedeutung. Sie wurden keineswegs immer zureichend in den historischen Schriften über das Reich berücksichtigt, die nur in kurzen Nebenbemerkungen die Friedensverhandlungen, Errichtung von Schutzherrschaften, Überfälle an den Grenzen und Eingeborenenkriege erwähnten, durch die die Grenzsteine des Reichs vorverlegt wurden. Zweifellos war das zum Teil deswegen der Fall, weil diese Angelegenheiten, wenn man sie im weitausgreifenden Zusammenhang der gesamten Reichspolitik sah, an sich belanglos waren. Aber die Dinge nahmen sich, von der Gegenseite gesehen, anders aus und werden anders in der Erinnerung behalten. Falls und wann immer es zum endgültigen Kräftemessen kam, hatten die eingeborenen Völker zwar manchmal die größere Zahl auf ihrer Seite, aber selten die Waffen. Der Besitz des Maschinengewehrs machte, wie Belloc mit brutaler Ironie in einfachen Versen vermerkte, einen himmelweiten Unterschied. Aber der himmelweite Unterschied wirkte sich nicht nur auf den Ausgang, sondern auch auf die spätere Beurteilung des Kampfes aus. Die Besitzer der Maschinengewehre und deren Historiker konnten es sich leisten, über eine Episode der Kolonialgeschichte lässig zu urteilen, die Opfer dagegen wurden angesichts solcher neuen und unbekannten Machtmittel höchstwahrscheinlich dezimiert, erschreckt und psychologisch überwältigt. Oft genügte allein das bloße Wissen um das Vorhandensein der furchterregenden Kriegswaffen oder der Augenschein ihrer Wirkung, um den Streitfall auf menschliche, wenn auch nicht auf ehrbare Weise zu schlichten. Dann folgte Abtretung oder Schutzherrschaft.

Eine bekannte Begebenheit mag genügen, um diese Tatsachen zu veranschaulichen. Sie wird in dem Südafrika-Band der Cambridge-Geschichte des Britischen Weltreichs kurz geschildert: »Obwohl schon 1885 ein britisches Protektorat über die Küste Pondolands verkündet worden war, blieb Pondoland selbst noch eine Zeitlang unabhängig. Grenzunruhen und Anarchie im Innern machten es indes zu einem ungemütlichen Nachbarn. Eine Zeitlang wurde die Frage erörtert, ob es Natal oder der Kapprovinz angeschlossen werden sollte. Die Ansicht von Rhodes setzte sich durch, und mit Zustimmung der Pondohäuptlinge wurde es 1894 ein Teil der Kapkolonie.« (13) Die Cambridge-Geschichte erwähnt nicht, warum die Pondo im östlichen Kapland zustimmten. Frau S. G. Millin dagegen gibt eine treffende und anschauliche Schilderung: » . . . Rhodes reiste mit Maschinengewehren und acht Polizisten in einer mit acht Schimmeln bespannten Kutsche nach Pondoland, verkündete dort seine Absicht, Pondoland zu annektieren, und ließ Sigcau, den Oberhäuptling der Ostpondo, kommen . . . Er erbot sich dann, Sigcau zu zeigen, was ihm und seinem Stamm zustoßen würde, falls es weitere Mißhelligkeiten geben sollte. Er führte ihn zu einer Stelle, wo die Maschinengewehre auf ein Maisfeld in Anschlag gebracht worden waren, eröffnete das Feuer auf den Mais und brachte die ganze Maisernte zu Fall.« (14) Sigcau nahm sich die Lektion zu Herzen und trat sein Land ab. Es gab kein Blutvergießen; der Imperialismus erreichte sein Ziel, getreu dem Grundsatz von Rhodes, wo immer möglich auf Gewaltanwendung zu verzichten, durch die Vorführung und nicht durch den Einsatz der überlegenen Machtmittel. Das hatte bleibende Folgen, wie es eine bekannte südafrikanische Ethnologin bezeugt.

Der Bantu, so stellt Frau Professor Monica Hunter fest, erlebte den Europäer zuerst als Eroberer, der ihn durch überlegene Waffen besiegt hatte. Er mußte sich notgedrungen unterwerfen, aber, von der materiellen Kultur des Europäers beeindruckt, war er begierig, die Waren des Europäers zu erhalten. So nahm der Handel mit Wolldecken und Gewehren rasch zu. Die Generation der Xhosa, die mit den Europäern gekämpft hatte, vergaß nur langsam, daß diese Europäer Eroberer und ihre Feinde waren. »Aber«, fährt Frau Professor Hunter fort, »die Fingos, die von den Briten beschützt und dann deren Verbündete wurden, waren, wie später auch die Pondo, bereit, das Bestmögliche aus der Herrschaft einer stärkeren Macht herauszuholen.« Sie verhielten sich gegenüber der Regierung wie »ein Volk gegenüber einem übergeordneten Häuptling ... Die Menschen waren bereit, ihrem neuen Häuptling treu zu sein, erwarteten aber als Gegenleistung Wohltaten von ihm.« (15)

Es darf auch nicht vergessen werden, daß, ganz abgesehen von der Reaktion der einheimischen Bevölkerung, die Unterwerfung unter die Gewalt oder deren Androhung keineswegs immer ohne Entschädigung blieb. Für gewöhnlich brachte sie Befriedung und damit einen Vorteil, der der Bevölkerung

meist zuallererst in die Augen sprang. Hierfür liefern die
nördlichen Ebenen Indiens und die Stammesgebiete Südafrikas Beispiele. »Die Dorfbewohner hatten zunächst Angst vor
den neuen Eroberern ...«, so schildert Prakash Tandon die
ersten Tage der britischen Herrschaft im Pandschab. Aber »die
Furcht machte bald der Neugier und dann dem Meinungs-
streit Platz ... Ihr Gehabe war fremd, aber freundlich und
verständnisvoll, selten anmaßend oder tyrannisierend. In ihrer
Kleidung, ihrem Gebaren und ihrer Rede war nichts von dem,
was wir von Herrschern gewohnt waren; dennoch war es
bald klar, daß es ihnen nicht an Autorität fehlte und daß sie
ein hitziges Temperament besaßen.

Was die ältere Generation am meisten beeindruckte und
worüber sie in meiner Jugend noch sprachen, war die Tatsache, daß es in der Vergangenheit zwar tugendhafte Herrscher gegeben hatte, die um das Wohl ihrer Untertanen besorgt
gewesen waren, aber noch niemals ein ganzes Regierungssystem, das, ohne sichtbaren persönlichen Vorteil für seine
Beamten, auf das allgemeine Wohl ausgerichtet war. Diese
und viele andere Dinge erregten anfänglich bei den Leuten
Neugier, die sich später in Wohlgefallen wandelte.« (16) Es
war offensichtlich ein vergleichendes Urteil. Der Pandschab
hatte viele Eroberungen erdulden müssen; eine Zeitlang waren
die Bewohner des Pandschab bereit, die Vorteile einer Befriedung anzuerkennen, die eine zwar gerechte, obschon fremde
Verwaltung mit sich brachte.

In Afrika bestimmte seit unvordenklichen Zeiten Gewalt das
Leben der Afrikaner, das oft von Furcht überschattet war. Sie
waren längst an durch Waffengewalt gefällte Entscheidungen
gewöhnt. Professor Low behauptet sogar, daß Rhodes und
die British South African Company in den neunziger Jahren
des vorigen Jahrhunderts die Nachfolge Lobengulas »als

oberste Autorität zwischen Limpopo und Zambesi« antraten.
»In zwei Kriegen — im Ndebelekrieg von 1893 und im
Ndebeleaufstand von 1896 — wurden die Ndebele gänzlich
besiegt, und ihr Stammesgefüge wurde zerstört. Der königliche
Gruß der Ndebele war ›*Bayete, Bayete*‹ (Heil dem König!).
Als Rhodes 1902 in den Matopobergen Südrhodesiens begraben wurde, riefen Ndebelekrieger, während sie seinen Leich-
nam zum Grab auf der Bergspitze trugen, ›Bayete, Bayete!‹
Man entbot also Rhodes den königlichen Gruß. Tatsächlich
war somit nicht Lobengula der letzte Oberhäuptling der Ndebele, sondern Rhodes. Im Denken der Ndebele scheint dieser
weiße Mann trotz allem, was er ihnen kraft seines Rechts als
Eroberer zufügte (ein Recht, das die Ndebele voll anerkannten, da sie oft selbst Nutzen daraus gezogen hatten), die politische Herrschaft über sie angetreten zu haben.« (17)
»Das Recht der Eroberung« — ein Begriff, der dem Geist des
Commonwealth fremd ist. Aber auch wenn man das Wort
Eroberung auf seinen genauen Bedeutungsgehalt beschränkt,
ist nicht zu leugnen, daß ein bedeutender Teil des Reichs, das
dem Commonwealth vorausging, ihm durch Eroberung einverleibt wurde. Und dies war keineswegs nur eine asiatische
oder afrikanische Erscheinung. Die Iren, Frankokanadier und
Buren wurden der Reihe nach und auf ähnliche Weise durch
Krieg unterworfen. Bei den vorläufigen Friedensverhandlungen im April 1902 in Pretoria riet der britische Oberbefehlshaber, General Sir Herbert Kitchener, den Buren, die britische
Fahne anzuerkennen und dann zu versuchen, die besten Bedingungen für die Selbstverwaltung auszuhandeln. Der Präsident des Oranje-Freistaates, Steyn, fragte ihn, ob die Selbstverwaltung so wie die in der Kapkolonie sein würde. Kitchener
antwortete: »Ja, genau so.« Präsident Steyn erwiderte, daß
die Situation in den Republiken nicht derjenigen in der Kap-

kolonie gleichzusetzen sei, wo die Kolonisten ihre Freiheit nie
verloren hätten. Es wird berichtet, daß er fortfuhr: »Die
Afrikaander in den beiden Republiken seien ein unabhängiges Volk. Und werde ihnen diese Unabhängigkeit genommen, würden sie sich sofort erniedrigt fühlen und einen Grund
zur Klage haben, der notwendigerweise zu ähnlichen Zuständen wie in Irland führen müßte. Diese seien dort hauptsächlich
deswegen entstanden, weil Irland ein erobertes Land sei.« (18)
Mit Ausnahme der vorher dünn besiedelten britischen Siedlungskolonien war in der Tat Eroberung der Hintergrund der
meisten Mitgliedstaaten im freien Bündnis des Commonwealth. Es war nicht der einzige Hintergrund, sonst hätte es
kein Commonwealth gegeben. Aber das ändert nichts an der
Tatsache, daß die Grenzen des Reichs weitgehend durch Gewalt ausgedehnt wurden und daß der Bestand des Reichs
wenigstens zum Teil von den vorhandenen Machtmitteln abhing, selbst wenn diese nicht in Aktion traten. Dies war in
den Reichsgebieten mit stärkerem Nationalbewußtsein am
deutlichsten zu beobachten.
Sir William Harcourt warnte am 28. Dezember 1883 Gladstone, daß fast jeder Wahlkreis an die irischen Nationalisten
fallen würde, sobald die beabsichtigte Erweiterung des Wahlrechts den Iren mehr Möglichkeiten böte, ihren Willen kund-
zutun. »Es wird der Welt lautstark verkündet werden, daß
wir — wie uns allen bekannt ist — Irland genauso wie zu
Cromwells Zeiten allein mit Gewalt halten. Wir haben Irland
nie mit der Zustimmung seiner Bevölkerung regiert und werden es auch nie damit regieren.« (19) Und wenn wir von Irland
zu einem anderen Volk und einem anderen Erdteil zu einem
späteren Zeitpunkt überwechseln, finden wir das gleiche. *The
Times* bemerkte zu der Behauptung des Nationalkongresses,
die Einwohner Indiens hätten als britische Untertanen ein

Anrecht auf alle politischen Rechte und Vorrechte der Engländer: »Diese Behauptung ist weder geschichtlich noch rechtlich mit dem gesunden Menschenverstand zu begründen. Wir haben Indien durch das Schwert gewonnen und behaupten es letztlich durch das Schwert.« Die Liberalen waren bestürzt. John Morley vom Indien-Ministerium versicherte dem Vizekönig, Lord Minto, daß dem nicht so sei. Aber für die meisten Liberalen, und besonders für die eingestandenen oder uneingestandenen liberalen Imperialisten, war es nicht so, weil es nicht so sein durfte. Sie hätten Morley zugestimmt, der Minto schrieb: »Vielleicht retten Reformen die britische Herrschaft (*Raj*) nicht, aber dann rettet sie auch sonst nichts.« Und sie waren weit von Minto entfernt, als er antwortete: »Wenn Sie sagen, daß, ›wenn Reformen die britische Herrschaft nicht retten, nichts sonst sie rettet‹, muß ich Ihnen widersprechen. ... Die britische Herrschaft (*Raj*) wird in Indien nicht verschwinden, solange das britische Volk bleibt, was es ist. Kommt es zum Kampf, werden wir um die Herrschaft ebenso unbeugsam kämpfen wie eh und je, und wir werden siegen, wie wir es immer getan haben.« (20) Die Liberalen waren über die Behauptungen von Minto und der *Times* bestürzt, mehr noch als manche von denen, die gewaltsam dem Reich einverleibt worden waren. Aber sie zögerten, auf eine Beantwortung der Frage zu drängen, ob Indien letztlich durch Gewalt behauptet wurde, weil eine bejahende oder selbst nur teilweise bejahende Antwort den Widerspruch zwischen ihren liberalen und imperialistischen Überzeugungen enthüllt und sie vor eine peinliche Wahl gestellt hätte.

Zwang und Gewaltandrohung sind dem Gedanken des Commonwealth fremd. Schließt man aber die Rolle, die diese bei der Bildung des Commonwealth gespielt haben, aus, so vermindert man das Verständnis für dessen politische und psycho-

logische Probleme. Das Commonwealth entstand durch eine
Abkehr vom Reich; historisch gesehen war es jedoch der Erbe
des Reichs. Als solcher spürte es, wie auch andere Erben von
Privilegierten und Reichen, daß die Reichtümer nicht alle ehrenhaft erworben worden waren. In der Hauptstadt des ehemaligen Mutterlandes war es leicht, zu vertuschen oder sogar
zu vergessen, wie die Herrschaft erworben oder ausgeweitet
worden war, in Delhi oder Dublin, in Rangun oder Pretoria, in Lusaka oder Lagos dagegen nicht. Darin lag die
eigentliche psychologische Belastung des Reichs für das Commonwealth.

Ob und inwieweit das Erlebnis der Eroberung und Unterwerfung auf Entstehung oder Wiederbelebung des Nationalgefühls Einfluß gehabt hat, ist schwer zu sagen und von Fall
zu Fall verschieden. Dieser Einfluß wird manchmal soweit
übertrieben, daß behauptet wird, der Nationalismus in den
Kolonien sei ursprünglich und hauptsächlich nichts weiter als
eine negative Reaktion auf die Reichsherrschaft. Auf jeden
Fall aber waren Niederlage und Unterwerfung, besonders
wenn sie ein Element tatsächlicher oder psychologischer Er-
niedrigung enthielten, auf lange Sicht in ihren Auswirkungen
zugleich zersetzend und spannungsgeladen. Die Reichsmacht,
ihre damaligen Vertreter und späteren Historiker verstanden
dies nur schwer. Wie unterschiedlich werden z.B. in englischen
und indischen Erinnerungen und Aufzeichnungen, selbst dort,
wo ein gründlicher und ehrlicher Versuch zu verstehen unternommen wird, die Vorkommnisse in Jallianwala Bagh im
April 1919 geschildert und interpretiert. Auf beiden Seiten
beurteilt man heute die näheren Umstände und den Ablauf
der Ereignisse als unheilvoll und tragisch. Gemeint sind folgende Ereignisse: die sich steigernden Ausschreitungen der Inder in einer seit jeher unruhigen Provinz, britische Befürch-

tungen einer Wiederholung der Meuterei von 1857, das Demonstrations- und Versammlungsverbot, die Versammlung von etwa 20 000 Menschen in dem von drei Seiten mit hohen Mauern umgebenen Park von Amritsar, die Aufforderung der unter dem Befehl General Dyers stehenden Truppen an die Menge auseinanderzugehen, wobei Dyer, vermutlich ohne es zu wissen, den einzigen Ausgang versperren ließ, das Gewehrfeuer, dem, nach dem amtlichen Bericht der Untersuchungskommission, 379 Menschen zum Opfer fielen, das daraufhin verhängte Kriegsrecht, die öffentlich vollstreckte Prügelstrafe und der Befehl, daß Inder an dem Ort, wo eine Missionarin tätlich beleidigt worden war, vorbeikriechen mußten (21). Aber für die Inder bedeutete Jallianwala Bagh viel mehr.

General Dyer, der keinen Zweifel an der Richtigkeit seines Vorgehens hegte und den der junge Jawaharlal Nehru später im gleichen Jahr im Nachtzug von Amritsar nach Delhi sich dieser Taten rühmen hörte, wurde von der Regierung von Indien gemaßregelt und aus der Armee entlassen. Aber die Debatten im Parlament zeigten, daß er der Unterstützung einer starken Minderheit der Konservativen im Unterhaus und einer überwältigenden Mehrheit im Oberhaus — einer Kammer mit schädlichen Einwirkungen auf anglo-indische und anglo-irische Beziehungen zu entscheidenden Zeitpunkten — sicher war und überdies Sympathie im Land genoß, die ihm ein Geschenk von fast 30 000 Pfund einbrachte. In Indien jedoch, wo man, wie in Irland nach 1916, zögerte, die Konsequenzen zu ziehen, wirkten sich diese Ereignisse auf einer tieferen, gefährlicheren und fortwirkenden psychologischen Ebene aus. Das »Grauen« von Jallianwala Bagh und die Kriechergasse (Crawling Lane) Amritsars, die Jawaharlal in seiner Autobiographie einer »plötzlichen Furcht« der imperialistischen Herrscher Indiens zuschrieb, wurden zu Symbolen und geflügelten Worten. Sie waren Ereignisse, deren man jedes Jahr gedachte. Als der Indische Nationalkongreß 1929 wieder in Lahore im Pandschab zusammentrat, erinnerte sich Nehru: Die Gedanken der Delegierten »übersprangen das vergangene Jahrzehnt und kehrten zu den Ereignissen von 1919 — Jallianwala Bagh, Kriegsrecht mit seinen Demütigungen — zurück ...« (22). 1965/66, etwa 30 Jahre später, während der britisch-indischen Spannungen nach dem indisch-pakistanischen Krieg vom Herbst 1965, tauchten wieder feindselige Erinnerungen der Inder an das Jahr 1919 in der Presse auf. Das alles war ein Teil des Erbes, das das Reich dem Commonwealth hinterlassen hatte. Es war zwar nur ein Teil; aber es war nichtsdestoweniger eine Last, die nicht immer so leicht zu tragen war, wie selbstzufriedene Verfassungskommentatoren, die fleißig den Fortschritt Bericht für Bericht und Akte für Akte auf dem Weg zur Unabhängigkeit vermerkten, es wahrhaben wollten.

Auf den letzten Stufen der Entwicklung vom Reich zum Commonwealth, gekennzeichnet durch den von der britischen Regierung zugestandenen raschen verfassungsmäßigen Fortschritt, verbunden mit dem ungestümen nationalistischen Drängen nach Unabhängigkeit — trafen sich Liberale und Nationalisten, ohne daß sie sich deswegen gegenseitig verstanden hätten. Die liberalnationalistischen Revolutionen des 19. Jahrhunderts in Europa ermutigten zu oberflächlicher Gleichsetzung liberaler und nationalistischer Kräfte. Liberal eingestellte Publizisten und Historiker neigten zu der Annahme, daß überseeische Nationalisten, die um Befreiung von britischer Reichsherrschaft rangen, notwendigerweise auch im Innersten liberal seien. Eine solche Annahme war aber keineswegs gerechtfertigt. Sie konnten ebensogut konservativ

oder reaktionär sein, was sie auch in manchen Fällen waren.
Das eigene soziale System, die Einheitlichkeit oder Vielfalt
der Bevölkerungszusammensetzung, die Gestaltung des eigenen Interesses und der eigenen Sicherheit, selbst die Wirt-
schaftsstruktur bestimmten die politischen Ansichten und
Handlungen jeder neuentstehenden Nation, die nach Maßgabe einer teilweise künstlichen äußeren Norm als »liberal«
oder »nicht liberal« eingestuft werden konnten. Wie sie eingestuft wurden, hatte keine notwendige Beziehung zu ihrem Nationalgefühl. Der liberale »Glaubensakt« in Südafrika machte
die Buren nicht zu Liberalen. Keine vernünftige Person hätte
bei einiger Überlegung soziale oder historische Gründe für
diese Annahme gefunden. Nichtsdestoweniger waren Bestürzung und Verdruß bei englischen Liberalen groß, als dem
nicht so war. Als ein halbes Jahrhundert später afrikanische
Staaten die Unabhängigkeit erhielten, bestand trotz zahlreicher gegenteiliger Erfahrungen aus der Vergangenheit immer
noch die Hoffnung, der Sieg des Nationalismus werde von
der Übernahme liberal-demokratischer Verfahrensweisen in
Rechtspflege und Staatsverwaltung begleitet sein. Als in
Ghana, Tansania oder Malawi die Wirklichkeit ganz anders
aussah, entstand zunächst eine ausgesprochene Neigung, die
Tatsachen zu leugnen. Es war dies jedoch keine einmalige und
vorübergehende Erscheinung. Es besteht immer ein Konflikt
zwischen der Bildung einer einheitlichen, selbst- und zielbewußten Nationalbewegung, die von einer kulturellen oder
kriegerischen Leistung der Vergangenheit inspiriert wird, und
der Ausgestaltung einer liberal-demokratischen Gesellschaft,
in der die Rechte und Freiheiten des einzelnen in ihrer ganzen
Vielfalt verankert sind. Die schließlich erreichte nationale
Unabhängigkeit überbrückt den Zwiespalt nicht, sondern verschärft ihn eher. Das Ergebnis hängt in jedem Fall von einer

Reihe verschiedener Faktoren ab, deren Gewicht nur anhand der jeweiligen Situation abgeschätzt werden kann. Vor allem diese Schwierigkeit wurde in der liberalen Auslegung der Commonwealth-Geschichte nicht berücksichtigt. Sie war deshalb von Bedeutung, weil es letztlich nicht der Liberalismus, sondern der Nationalismus war, der sich als beherrschender Faktor im modernen Commonwealth durchsetzte. Der Nationalismus in seinen verschiedenen Ausprägungen war, ebenso wie der Imperialismus, eine der Kräfte, die der Liberalismus mit seinen ausgesprochen internationalen Bindungen nur schlecht verstand und daher leicht unterschätzte.

Während der Nationalismus sich in den späteren Entwicklungsphasen des Commonwealth als der wichtigste Faktor erwies, blieb die Commonwealth-Idee selbst im wesentlichen weiterhin liberal. Dieser Umstand erklärt sowohl die Weite als auch die Begrenzung ihres Gehalts. Die Commonwealth-Idee verleugnete ausdrücklich die Reichsidee und wurde bis zu einem gewissen Grad vom Widerstand dagegen getragen. Rhodes war zu sehr ein Teil des Reichs, als daß ihn das Commonwealth hätte akzeptieren können. Der militärische Verwaltungsbeamte in Peschawar konnte zwar in das Denken und die Tradition des Commonwealth eingehen: als Vorläufer des Commonwealth wie als Diener des Reichs; aber solches war bemerkenswerterweise für gewöhnlich nicht das Los eines ruhmreichen Soldaten der Reichsgeschichte. Als Jawaharlal Nehru während des Zweiten Weltkriegs im Gefangenenlager des Ahmadnagar-Forts inhaftiert war, erinnerte (23) er sich empört an das Denkmal, auf dem General Nicholson, der beim Entsatz der indischen Hauptstadt im September 1857 an der Spitze seiner Leute tödlich verwundet wurde, »immer noch das alte Delhi mit gezücktem Schwert bedroht«. Nach der Unabhängigkeit wurde es folglich entfernt; nur der Sok-

kel erinnert noch an den Standort in den Gärten jenseits des
Kaschmirtors. Während aber die Commonwealth-Idee solche
nationalistische Zurückweisung der symbolischen Heldenfigu-
ren des Reichs einschloß, blieb sie — obwohl nicht ganz unbeeinflußt von ihnen — für die extremeren Vertreter des Nationalismus unempfänglich. In den üblichen Werken über die
Entstehung des Commonwealth wurde Eamon de Valera
— ähnlich wie Rhodes, allerdings aus genau entgegengesetzten Gründen — weitgehend übergangen. Weder Rhodes noch
de Valera waren, im Sinn des Commonwealth, *vernünftige*
Menschen; beide waren, wenn auch auf sehr verschiedene
Weise, Männer mit einer so intensiven Überzeugung, daß sie
keine Diskussion zuließen. Rhodes, der mit der Eisenbahn als
rechter Hand und dem Telegraphen als Sprachrohr quer durch
Afrika schritt, war nicht bereit, darüber zu debattieren, ob
die Inbesitznahme großer Gebiete für Großbritannien eine
gute Sache war oder nicht. Ihm ging es darum, es zu tun.
Ebensowenig war de Valera, der die unveräußerlichen Rechte
des irischen Volks auf nationale Selbstbestimmung außerhalb
des Reichs und des Commonwealth verkündete, bereit, darüber zu diskutieren, warum diese Rechte existierten oder warum sie unveräußerlich waren. Er war entschlossen, sie durchzusetzen. Solche Männer passen nicht in das allgemeingültige
Bild des Commonwealth. Indem der eine auf die Ursprünge
des Commonwealth und der andere auf dessen spätere Entwicklung besonderen Einfluß hatte, lösten sie vielmehr den
Wandel aus. Aus diesem Grund genügt es nicht, lediglich die
Symbolfigur des militärischen Verwaltungsbeamten, der unter anderen an der Gestaltung des Britischen Commonwealth
der Nationen mitwirkte, zu beleuchten; auch andere, und nicht
zuletzt der imperialistische Abenteurer und der nationalistische
Ideologe, haben eine wichtige Rolle dabei gespielt.

Wer aber, um vorerst bei den bedeutenden Persönlichkeiten zu verweilen, stellt die Kernfigur der Geschichte dar? Wohl kaum einer von denen, die ihren Beitrag lediglich im Sitzungszimmer leisteten, da das Commonwealth im wesentlichen durch Kampf entstand; kein Theoretiker, da das Commonwealth kein Experiment in politischer Theorie, sondern in politischem Pragmatismus darstellt; kein Imperialist, denn das Commonwealth hatte im Antiimperialismus tiefe Wurzeln geschlagen; ebensowenig ein engstirniger Nationalist, denn das Commonwealth trachtete danach, obwohl es aus Nationen bestand, diese zu überwinden. Vom nationalen Standpunkt aus müßte es richtig erscheinen, eine solche repräsentative Figur in Kanada, dem ältesten Dominion, zu suchen. Mackenzie King vielleicht, der zur eigenen Genugtuung länger als irgendein anderer in der britischen Geschichte Premierminister war? Sein Empfehlungsschreiben geht in Ordnung. Mackenzie King mißtraute dem Reich und den Imperialisten zutiefst; er war stolz darauf, der Enkel des Rebellen William Lyon Mackenzie zu sein, den man, verzerrte man die historische Wirklichkeit nur ein wenig, als Nationalisten bezeichnen könnte. Da aber symbolische Figuren einen Hauch schöpferischer Größe verlangen, die Mackenzie King fehlte, kann er trotz seines Empfehlungsschreibens nicht als Kernfigur gelten. Vor einigen Jahren hätte man sie noch mit einigem Vertrauen in Südafrika gesucht und an General Botha oder Smuts gedacht. General Bothas Denkmal steht vor dem Regierungsgebäude in Pretoria. Er ist darauf in heldischem Stil als Oberbefehlshaber der Burenstreitkräfte im Burenkrieg dargestellt; die sechs Felder auf dem Sockel zeigen ihn als jungen Farmer, als Oberbefehlshaber der republikanischen Streitkräfte beim Vorbeimarsch der Kommandos, als Premierminister des Transvaal 1907–1910, als Mitglied des Nationalkonvents, als Premier-

minister Südafrikas auf den Stufen des Regierungsgebäudes
in Pretoria und als Delegationsmitglied des Britischen Weltreichs im Spiegelsaal von Versailles neben Smuts und Präsident
Wilson, Lloyd George und Clemenceau. Botha hatte sich tapfer gegen das Reich geschlagen; er hatte mitgeholfen, ein neues
Dominion ins Leben zu rufen, dessen erster Premierminister
er war. Er war ein Staatsmann des Commonwealth geworden,
ein Verfechter der Dezentralisation und der Freiheit, der sichersten Grundlagen für die Einheit. Smuts hatte Botha im
Krieg und in der Politik zur Seite gestanden; er trat in der
Innenpolitik und in Commonwealth-Angelegenheiten sein
Erbe an; er war der einzige Staatsmann aus den Dominien, der
ein Mitglied des Kriegskabinetts im Ersten Weltkrieg war und
an den Sitzungen der Premierminister des Commonwealth im
Zweiten Weltkrieg teilnahm, auch der einzige Staatsmann in
den Dominien, zu dessen Ehren auf dem Parliament Square
in Westminster ein Denkmal errichtet wurde. So geeignet diese
Personen in ihrem historischen Zusammenhang erscheinen mögen, würde es heute ironisch anmuten, wollte man nach Pretoria blicken. In der heutigen Zeit eines Commonwealth der
verschiedenen Rassen ist es daher angemessen, nach Delhi zu
blicken: dorthin, wo der Yamuna an den Wällen der Roten
Festung des Kaisers Schahjahan entlangfließt; nicht weit
davon entfernt stehen die Ehrenmale für Mahatma Gandhi
und Jawaharlal Nehru. Auch Nehru hatte den Kampf gekannt und lange Jahre der Gefangenschaft erduldet; er war
dennoch zum Verteidiger des Commonwealth, zum Baumeister der asiatischen Mitgliedschaft und schließlich zum geachtet-
sten unter dessen älteren Staatsmännern geworden. In seinem
Amtssitz als Premierminister hängen in seinem Arbeitszimmer
Bilder, die ihn als jungen Brahmanen, Graduierten der Universität Cambridge, Rechtsanwalt, Gefangenen, Führer der

Kongreßpartei und Freund Gandhis sowie als Premierminister Indiens an dem ersehnten »vom Schicksal vorausbestimmten Tag« zeigen. Als Liberaler, Nationalist, Internationalist war er die eigentliche Zentralfigur dieser späteren Zeit. Oder sollte die Geschichte auch hier eine ironische Überraschung in Bereitschaft halten?

Wenden wir uns nun von den Persönlichkeiten ab und der Geschichte des Commonwealth zu. Sie ist offensichtlich mit der des Reichs verflochten, und es versteht sich von selbst, daß eine wohlüberlegte Entflechtung eine Hauptaufgabe des Geschichtsschreibers des Commonwealth ist. Gleich zu Beginn sieht er sich der Frage gegenüber: Wie und wann hat die Geschichte des Commonwealth begonnen? Vielleicht genügt ein Name, um eine Antwort anzudeuten. General Smuts war der erste, der auf einer Reichskonferenz den Begriff »Commonwealth der Britischen Nationen« auf eine Gruppe von Staaten anwendete, die sich innerhalb des Britischen Weltreichs selbst regierten. Aber er prägte den Ausdruck nicht. Das Verdienst gebührt wohl Lord Rosebery, der an einem feuchtheißen Nachmittag des Januars 1884 seinen australischen Zuhörern in Adelaide folgende Frage stellte: »Bedeutet diese Tatsache, daß ihr eine Nation seid, ... die Trennung vom Reich? Gott bewahre! Es ist nicht nötig, daß eine Nation, und sei sie noch so groß, das Reich verläßt, denn das Reich ist ein Commonwealth der Nationen.« Lord Roseberys Biograph (24) gab den Ausdruck ohne große Anfangsbuchstaben wieder, womit er wohl sicherlich zu Recht andeutete, daß der Urheber ihn in rein beschreibendem Sinn verwendet hatte. Es war eine Beschreibung, die tief in der englischen Geschichte verwurzelt war — Lord Rosebery selbst hatte einen eleganten Ausflug in die Cromwell-Forschung unternommen (25) — und die durch den Nachdruck, mit dem Australien auf einen Staatenbund in einem Commonwealth hinarbeitete, erneute Bedeutung gewonnen hatte. Aber ihre Verwendung im weiteren Rahmen des Reichsverbands war durch einen prophetischen Blick für kommende Dinge eingegeben worden.

Für den Gedanken eines Commonwealth der Nationen waren die letzten Jahrzehnte des 19. Jahrhunderts nicht sonderlich günstig, und Lord Rosebery, Anführer der liberalen Imperialisten, hätte wohl später Einschränkungen in bezug auf einige der möglichen Auslegungen des Ausdrucks gemacht, hätte er noch einmal darüber nachgedacht — aber dafür liegen keine Beweise vor. Im Widerspruch zu dem überschäumenden, volkstümlichen, drängenden Imperialismus des *fin de siècle* gewann der Ausdruck, gewöhnlich entweder eingeschränkt oder gekürzt, mehr und mehr an Boden. So wird berichtet, daß Sir Henry Campbell-Bannerman am 2. Mai 1900 bei einem Festbankett im Nationalliberalen Klub zu Ehren der Australier, die sich in London zur Verabschiedung der Gesetzesvorlage zur Bildung des Commonwealth von Australien aufhielten, gesagt habe: »In einem Sprichwort hieße es, daß es keine Rose ohne Dornen gäbe; und die von den verehrten Gästen angebotene Rose habe einen Dorn. Er sei in der Bezeichnung ›Australisches Commonwealth‹ enthalten. Wo könne man wohl ein Wort finden, das Absicht und Zweck der großen zusammengeschlossenen Gemeinschaft, die alle Herrschaftsgebiete Ihrer Majestät umfasse und der anzugehören sie alle stolz seien, genauer bezeichne? In dieser großen Schöpfung, getragen von der Kraft ihres Volkes einst und jetzt, suchten sie nur, so meinte er, das Wohlergehen und den Wohlstand aller zu sichern und das Gemeinwohl für alle und durch alle nutzbar zu machen. Das sei das Ideal ihrer australischen Freunde, und wie könnte es je treffender als durch den anheimelnden Ausdruck ›Britisches Commonwealth‹ formuliert werden? Da-

mit seien sie jedoch zu spät dran. Ihre vorwärtsdrängenden
Verwandten vom anderen Ende der Welt hätten das Wort
bereits in Beschlag genommen. Und er gestand, daß er ihnen
deswegen gram sei.« (26)

Radikale, insbesondere Fabianer, verwendeten gern den Ausdruck »Commonwealth« und ließen sich augenscheinlich nicht
dadurch entmutigen, daß die Australier das Wort übernommen hatten. Frau Sidney Webb schrieb von einem sozialistischen Commonwealth in Großbritannien; als Herausgeber
einer im Jahr 1900 veröffentlichten Schrift *Fabianism and the
Empire* (Fabianismus und das Reich) schrieb Georg Bernard
Shaw verschiedentlich von einem »Commonwealth der Gemeinwesen unter britischer Flagge«, einem »Britischen Commonwealth« und einem »Commonwealth«. In einer Fußnote,
die sich wie ein nachträglicher Einfall zur Berichtigung eines
offenkundigen Versehens ausnimmt, verwarf er die Worte
»Reich, reichsherrlich, imperialistisch« als »reine Windbeute-
lei«: verwendet »von den Gebildeten nur, um Wörterbuch-
streitereien zu vermeiden, und von den Ungebildeten aus Un-
kenntnis ihrer alten Bedeutung«. Er fuhr fort: »Worauf die
Kolonien hinsteuern, ist ein Commonwealth; und das ist es
auch, was die englischen Bürger mit Reich meinen, wenn sie
überhaupt damit irgendeine Vorstellung verbinden.«(27) Aber
die Verwendung des Ausdrucks Commonwealth oder Britisches Commonwealth in der Einzahl, für die es mehrere Beispiele gibt (28), war verschieden von der Verwendung des
Ausdrucks Britisches Commonwealth der Nationen, in der die
Einzahl durch die Mehrzahl ausgeglichen wurde und in der
die Einheit, die im ersten Teil allein zum Ausdruck kam, der
nationalen Unterschiedlichkeit, im zweiten Teil ausdrücklich
anerkannt, deutlich gegenübergestellt wurde. Kennzeichnen-
des Ziel der Fabianer war es, ein einheitliches Reich in ein

Königin Viktoria (1819–1901, Regierungszeit 1837–1901).

ebensolches Commonwealth zu verwandeln; aber das war nicht mit der Verwandlung in ein Commonwealth, in dem die Nationalitäten ein Gegengewicht oder mehr als ein Gegengewicht zur Reichsmitte bildeten, zu verwechseln noch zu vereinbaren. Worauf es ankam, war ja nicht der Gebrauch eines Worts, wovon allerdings häufig zuviel Aufhebens gemacht wird, sondern die Idee, die sich dahinter verbarg.

Im frühen 20. Jahrhundert ging man dazu über, die Siedlungskolonien Dominien zu nennen, und bei Reichskonferenzen wurden sie häufig als Schwesternationen bezeichnet. »Das Britische Reich«, so erklärte 1902 Sir Wilfrid Laurier, sei »eine glänzende Versammlung unabhängiger Nationen.« (29) Dieser Nationalitätenstandpunkt wurde bei den folgenden Kolonial- und Reichskonferenzen unterstrichen. Dort versammelten sich die Premierminister, um ihre Interessen zu erläutern und ihre Ansichten darzulegen. Es waren die Ansichten, wenn nicht von verschiedenen Staaten, so doch, trotz Sir Wilfrid Laurier und vieler anderer, von verschiedenen Nationen. Als Antwort auf die Glückwünsche der Regierungen Australiens und Neuseelands zum erfolgreichen Abschluß der Arbeit der Nationalversammlung zur Bildung der Südafrikanischen Union telegraphierte der Präsident der Nationalversammlung, Oberrichter de Villiers: »Wir danken dem Commonwealth Australien (Neuseeland) für seine guten Wünsche und hoffen aufrichtig, daß das Ergebnis das weitere Commonwealth der Staaten im Britischen Weltreich stärken möge!« (30) Das war eine zutreffende Beschreibung. 1909 konnte man zu Recht die Dominien als Commonwealth der Staaten im Britischen Weltreich bezeichnen.

Während des Ersten Weltkriegs führte das Erstarken des Nationalgefühls der Dominien, das durch ihre Beiträge und Opfer für eine gemeinsame Sache angeregt worden war, dazu, daß der Ausdruck Britisches Commonwealth der Nationen zu neuem Leben erwachte. Die Dominien waren Staaten, die im Begriff waren, Nationen zu werden. Offenbar verspürte man zu diesem Zeitpunkt gegenüber Lord Rosebery oder denjenigen, die frühere Varianten des Commonwealth-Begriffs verwendet hatten, keine bewußte Dankbarkeit. Lionel Curtis, der »Prophet« unter jener Gruppe von jungen Männern, die in Südafrika unter Milner dienten und zusammen als »Milners Kindergarten« bekannt waren, erinnerte sich — angeregt von Professor Hancock (31) —, wie und warum der Begriff neu belebt worden war. Curtis erläuterte, wie er mehr und mehr überzeugt wurde, daß das Britische Weltreich nicht Kiplings »Herrschaft über Palme und Pinie« bedeutete, sondern die Förderung der Selbstregierung durch die Menschen selbst; infolgedessen glaubte er, der Ausdruck Reich sei eine Fehlbezeichnung. »Auf der Suche nach einem guten angelsächsischen Wort zur Bezeichnung der Staatsform, die es darstellte, stieß ich natürlich auf das Wort Commonwealth. Ich entwickelte die These: Während die Griechen nur einen Stadtstaat (ein städtisches Commonwealth) geschaffen hatten, hatte England mit der Errichtung eines Nationalstaates (nationales Commonwealth) einen ungeheuren Fortschritt erzielt. Der nächste Schritt in der Geschichte der Menschheit muß die Schaffung eines internationalen Commonwealth sein.« Dementsprechend gab Curtis einem 1914 veröffentlichten Werk *The Project of a Commonwealth* (Das Projekt eines Commonwealth) den neuen Titel: *A Commonwealth of Nations* (Ein Commonwealth der Nationen). Dieser Ausdruck wurde in der Zeitschrift *The Round Table* gebräuchlich, die von Curtis und Freunden aus der südafrikanischen Zeit zur Förderung der Reichsföderation gegründet worden war.

In den darauffolgenden Jahren erschien die Bezeichnung wiederholt in verschiedenen Formen. Im April 1917 beschloß die Reichskriegskonferenz, daß »die Berichtigung der verfassungsrechtlichen Beziehungen zwischen den Bestandteilen des Reichs...« nach dem Krieg »... auf der Grundlage der uneingeschränkten Anerkennung der Dominien als unabhängiger Nationen eines Reichs-Commonwealth erfolgen sollte« (32). Als er diesen Entschließungsantrag einbrachte, wiederholte Sir Robert Borden, der Premierminister Kanadas, den Ausdruck »Reichs-Commonwealth« (*Imperial Commonwealth*) und vertrat die Ansicht, daß »die Dominien das Ideal eines Reichs-Commonwealth Vereinter Nationen voll und ganz« anerkannten (33). General Smuts nannte die Dominien »gleichberechtigte Nationen des Reichs« und deren Regierungen »gleichberechtigte Regierungen des Königs im Britischen Commonwealth«. Er gab sich große Mühe klarzulegen, daß seine Verwendung des Begriffs in keiner Weise seine Bekehrung zum Gedanken einer Reichsföderation bedeutete. »Die Verhältnisse im Britischen Weltreich«, sagte er, »schließen eine bundesstaatliche Lösung gänzlich aus, ... und der Versuch, auch nur die gemeinsamen Angelegenheiten dieser Völkergruppe durch ein zentrales Parlament und eine zentrale Exekutive zu regeln, ist meines Erachtens von vornherein zum Scheitern verurteilt.« (34) Doch der Ausdruck Britisches Commonwealth der Nationen ließ eine ganz andere Deutung zu. Die Betonung konnte ebensogut auf *Nationen* wie auf *Commonwealth* gelegt werden. In diese Richtung scheinen jedenfalls General Smuts' Gedanken gegangen zu sein. Auf einem Bankett zu seinen Ehren am 15. Mai 1917 sagte er vor Mitgliedern der beiden Kammern des Parlaments: »Das Britische Weltreich ist viel mehr als ein Staat. Ich glaube, gerade der Ausdruck ›Reich‹ ist irreführend, weil er die Leute glauben macht, daß wir ein Ganzes, eine Einheit sind, die mit dem

Ausdruck ›Reich‹ bezeichnet werden kann. Wir sind kein Reich. Deutschland ist ein Reich, Rom war eines und Indien ist auch eines, aber wir sind eine Gruppe von Nationen, eine Gemeinschaft von Staaten und von Nationen, die viel größer ist als irgendein Reich, das jemals existiert hat...« (35) Offenbar glaubte Smuts nicht, daß der Ausdruck Britisches Commonwealth der Nationen genügte, um eine so bemerkenswerte Erscheinung wie die Gruppierung Großbritanniens mit den Dominien zu beschreiben: »... wenden wir uns den sogenannten Dominien zu, einer Anzahl fast souveräner, fast unabhängiger Nationen und Staaten, die sich selbst regieren... und die alle dieser Gruppe angehören, dieser Gemeinschaft von Nationen, die ich das Britische Commonwealth der Nationen nennen möchte. Wie Sie sehen, läßt sich keine politische Idee, die wir in der Vergangenheit entwickelt haben, keine Bezeichnung auf diese im Britischen Weltreich zusammengefaßte Welt anwenden ...« Er bemerkte ferner, »der Mann, der den wirklich zutreffenden Namen für dieses weite System von Einheiten entdecken würde, täte nicht nur diesem Land, sondern auch der Verfassungstheorie einen großen Dienst«. Aber andere glaubten, daß er selbst der zutreffendsten Bezeichnung die weiteste Verbreitung verschafft hatte; er verwendete den Ausdruck bei einer Zusammenkunft der Reichskriegskonferenz am 12. Juni 1918 tatsächlich noch einmal (36). In Artikel IV des anglo-irischen Vertrags von 1921 wurde der Ausdruck amtlich bestätigt, und der Balfour-Bericht von 1926 rechtfertigte die Ideen, die er ausdrücken sollte. Der Gedanke einer organischen bundesstaatlichen Einheit aber, der den Kern des Commonwealth-Begriffes von Curtis gebildet hatte und von Smuts ausdrücklich abgelehnt worden war, wurde durch diese Entwicklungen immer mehr in den Hintergrund gedrängt. Lord Harcourt, ehemals Staatssekretär für die Kolonien, schrieb nach der Rede von Smuts am 15. Mai 1917: »Heute abend wurde *The Round Table* zu Grabe getragen.« (37) In bezug auf das bundesstaatliche Anliegen der Zeitschrift ging er sicher nicht weit fehl.

Begann nun 1917 mit der Namengebung durch Smuts die Geschichte des Britischen Commonwealth der Nationen? Diese Frage uneingeschränkt zu bejahen wäre zwar verführerisch, aber auch unaufrichtig. General Smuts behauptete nicht, daß er etwas benennen wollte, was im Entstehen begriffen war, sondern vielmehr, daß er versuchte, etwas zu identifizieren, was schon existierte. »Wir sind kein Reich. Was sind wir?« Eine politische Tatsache regte die Suche nach einer zutreffenden Bezeichnung an, und nicht umgekehrt. Es gab also, stimmt man diesen Folgerungen zu, ein Commonwealth von Nationen, bevor es als solches bezeichnet wurde. Wann hat es dann seinen Ursprung genommen? Die Antwort hierauf kann man in der Übertragung der herkömmlichen britischen Vorstellungen von repräsentativer bzw. ministerverantwortlicher Regierung auf überseeische Gebiete, verbunden mit der Herstellung von Beziehungen zwischen solchen Staaten oder Nationen im Rahmen eines einzigen politischen Systems suchen.

Zumindest hier scheint man festen Boden unter den Füßen zu haben. Die Entwicklungslinie der Ideen und der Tatsachen ist klar zu verfolgen. Zunächst führt sie zu dem berühmten Bericht Lord Durhams über Kanada und zu der Verabschiedung der Britisch-Nordamerika-Akte zurück, die das erste Dominion 1867 ins Leben rief. Der Bericht lieferte den notwendigen Inhalt an politischen Ideen; die Akte ermöglichte 28 Jahre später die erfolgreiche Verwirklichung der wichtigsten Ideen auf nationaler Ebene. Zwar schuf weder eine Idee, deren Annahme keineswegs leicht durchzusetzen war, noch eine Akte mit einem räumlich begrenzten Anwendungsbereich eine Gemeinschaft von Nationen. Zusammen jedoch brachten sie in Kanada eine Regierungsform und eine sich weiterentwickelnde Beziehung zwischen Großbritannien und Kanada hervor, die tatsächlich ein Modell abgaben, aus dem ein neues System der zwischenstaatlichen Beziehungen gebildet werden konnte und tatsächlich gebildet wurde. Britische, australische, neuseeländische, südafrikanische, irische und indische Staatsmänner wie auch schließlich afrikanische Führer waren sich, in größerem oder geringerem Maß, der anglo-kanadischen Ursprünge des Commonwealth bewußt. Insofern stimmt es daher mit den geschichtlichen Tatsachen und dem nachfolgenden politischen Verständnis überein, wenn man den Zeitabschnitt zwischen 1839 und 1867 als die Ursprungszeit des Commonwealth betrachtet.

Von dieser Zeit an kann man die Commonwealth-Geschichte keineswegs mehr mit der Reichsgeschichte gleichsetzen. Sie ist ein Teil, und zwar ein unterschiedener und bis zu einem gewissen Grad auch unterscheidbarer Teil eines größeren Ganzen. Insoweit der Idee des Commonwealth britische Vorstellungen von Regierungsformen zugrunde lagen, wurde sie um so leichter in britischen überseeischen Siedlungskolonien angenommen und angewandt. Haldane bemerkte während der Debatten über die Gesetzesvorlage zur Bildung des Australischen Commonwealth richtig: »Die Mutter der Parlamente zwingt ihre Kinder nicht.« Sie war jedoch noch viele Jahre bereit, fremde Kinder zu zwingen. Die Frage, ob die Ausdehnung der Selbstverwaltung auf phlegmatische und ablehnende kalvinistische Buren, redegewaltige, aber ebenso ablehnende römisch-katholische Iren, Inder, Zyprioten und Afrikaner angebracht oder — was noch wichtiger war — mit den britischen Interessen vereinbar war, löste daher ausgedehnte Debatten oder offene Meinungsgegensätze aus. Immer

mehr endeten indes die Debatten und Gegensätze in einer
einzigen Richtung. Englische Historiker schrieben dies der englischen Einsicht zu, andere dagegen mehr dem Druck eingebo-
rener Nationalbewegungen und gewandelter Formen des
Welthandels und der Macht. Aber ebenso wichtig war wahrscheinlich die Tatsache, daß es einen Versuch gegeben hatte,
den man wie die darauffolgenden Versuche in Australien und
Neuseeland für erfolgreich hielt. Schließlich kam in Südafrika
noch ein weiterer Versuch in einer sehr viel schwierigeren
und verwickelteren Situation hinzu; auch ihn hielt man, so
paradox es einer späteren Generation auch erscheinen mag,
für außerordentlich erfolgreich. Jeder Versuch wurde, jedenfalls von britischer Seite, im Bewußtsein der vorangehenden
Versuche durchgeführt. Als Gladstone die erste Gesetzesvorlage zur Selbstverwaltung Irlands (*Home Rule Bill*) entwarf,
ließ er sich Abschriften der Verfassungen der Kolonien mit
Selbstverwaltung vorlegen. Seinen Hervorhebungen bestimmter Kernsätze in der Präambel und einiger Abschnitte, besonders Abschnitt 91 über die Befugnisse des Parlaments, nach
zu schließen, wendete er sein Hauptaugenmerk auf die Britisch-Nordamerika-Akte (38) von 1867. Die Erbauer des
Australischen Commonwealth studierten das gleiche kanadische Modell eingehend, bevor sie sich entschlossen, in entscheidenden Punkten davon abzuweichen. Als Campbell-Bannerman, der Kanadas Beispiel für »den größten Triumph« der
britischen Staatskunst und die Verwirklichung »großzügiger
liberaler Ansichten und einer edelmütigen und erleuchteten
Vorstellungskraft« hielt, die Rückgabe der Selbstverwaltung an
den Transvaal erwog, schrieb er die Lehren, die aus dem kanadischen Präzedenzfall auf Südafrika anwendbar waren, mit
Anmerkungen nieder (39). Im Januar 1908 schrieb Smuts an
J. X. Merriman, den Premierminister der Kapkolonie: »Die

Verfassung Kanadas liefert einige recht brauchbare Ideen für uns in Südafrika.« Im März 1908 antwortete Merriman darauf; ausführlich legte er dar, wie die Britisch-Nordamerika-Akte von 1867 in Kanada selbst für den Entwurf und die Verabschiedung durch das Reichsparlament vorbereitet wurde. Im folgenden Oktober wurden an die Vertreter der südafrikanischen Kolonialregierungen, die sich zum Nationalkonvent in Durban versammelt hatten, um eine Form der Vereinigung auszuarbeiten, Kommentare über die Verfassungen Kanadas und Australiens ausgeteilt (40). Das Beispiel Südafrikas wiederum beeinflußte das britische Denken und nicht zuletzt den Unionistenführer Austen Chamberlain zugunsten einer Dominion-Lösung für Irland. Im Vertrag von 1921 wurde die Stellung Irlands ausdrücklich mit der Kanadas, des ältesten Dominions, verbunden. Ähnlich verfuhr man wiederholt in bezug auf nichteuropäische Völker. Am Anfang unseres Jahrhunderts hatte Lord Curzon von einem Sitz Indiens am Hohen Konferenztisch des Reichs gesprochen. Als endlich, nachdem die Zeit dafür längst reif gewesen war, Indien dieser Platz in einem Commonwealth eingeräumt wurde, das im eigentlichen Sinn den Hohen Konferenztisch des Reichs darstellte, begründete der Premierminister im Unterhaus diese Abwendung von einem ausschließlich europäischen Commonwealth, indem er auf den Erfolg früherer Versuche vor allem in Südafrika hinwies (41). In der Politik wie in anderen Angelegenheiten der Menschen haben wenig Dinge so viel Erfolg wie der Erfolg selbst.

Die Entwicklung des Commonwealth ging schrittweise vor sich. Es trat nicht wie Pallas Athene in voller Rüstung aus dem Haupt des Zeus hervor. Wenn man die Jahrzehnte zwischen 1839 und 1867 als Beginn des Commonwealth gelten läßt, gab es also einen ausgedehnten Zeitraum, in dem tatsächlich, wenn auch nicht dem Namen nach, Reich und Commonwealth nebeneinander bestanden. Zweifellos war das Reich im 19. Jahrhundert der übergeordnete Partner. Für den jungen Disraeli waren die Siedlungskolonien, die entstehenden Dominien, »elende Mühlsteine (am Hals des Reichs)«. Auch der ältere und weisere Lord Beaconsfield hielt die Verbindung mit den Siedlungskolonien für weit unwichtiger als die mit Indien. Rosebery und Salisbury hätten sich, wenn auch mit gewissen Einschränkungen, mit dieser Rangordnung einverstanden erklärt, Chamberlain dagegen keineswegs. Er war, so klagte Curzon, »verrückt auf die Kolonien« (42). Er hielt die Siedlungskolonien, die entstehenden Dominien des frühen 20. Jahrhunderts, für entscheidend wichtig und ging hierin nicht fehl. Sie waren sozusagen im Aufstieg. Sie waren zuerst Tochternationen, dann Schwesternationen und schließlich die gleichberechtigten, selbständigen Dominien des Balfour-Berichts. Sie standen zwar innerhalb des Reichs, aber sie hatten nichts damit gemein. Selbst für Kritiker wie Hobson während der Nachwirkungen des Burenkriegs und auf dem Höhepunkt der antiimperialistischen Reaktion gab es wenig an der Verbindung junger, kräftiger, demokratischer, überseeischer Staaten mit Großbritannien auszusetzen, jedoch viel daran zu loben. Durch ihre Existenz allein gewährleisteten diese Staaten bei der Eigenart britischer politischer Einrichtungen die Entstehung eines Commonwealth. Wenn daher gefragt wird, warum kein anderes europäisches Reich in ein Commonwealth umgewandelt wurde, so liegt die Antwort darin, daß allen anderen westlichen Reichen die volkliche Grundlage für ein Commonwealth fehlte. Mit der bedingten Ausnahme der Spanier in Südamerika und der Franzosen in Nordamerika waren deren Völker nicht während eines längeren Zeitraums und in genügender Anzahl ausgewandert,

um überseeische Siedlergemeinschaften zu bilden, die sich allmählich zu Nationen entwickeln konnten. Die Briten dagegen,
als seefahrendes, wanderlustiges Volk, taten es. Seit dem
16. Jahrhundert war die Auswanderung ein ständiger und bedeutender Teil ihrer Sozialgeschichte. In dem Jahrhundert
zwischen dem Ende der napoleonischen Kriege und dem Ausbruch des Ersten Weltkrieges erreichte sie einen außergewöhnlichen Höhepunkt. Mehr als 20 Millionen schifften sich in
jenen Jahren nach Bestimmungsorten außerhalb Europas ein.
Während davon 13 Millionen einschließlich der großen Mehrheit des tragischen irischen Exodus von fast 2 Millionen in
den Hungerjahren von 1846 bis 1855 in die Vereinigten Staaten gingen, wanderten 4 Millionen nach Kanada und 1,5 Millionen nach Australien und Neuseeland aus (43). Ihr Auszug
war das außergewöhnliche und unabdingbare Erbe der britischen Inseln an das Britische Commonwealth; denn es waren
diese Siedler und deren Nachkommen, die, obwohl sie der
Reichsherrschaft überdrüssig waren, dennoch Vorstellungen
von einer Reichspartnerschaft hegten und einen Weg voran-
gingen, den das Mutterland sicherlich niemals von sich aus
beschritten hätte.

Der Gegensatz zwischen Reich und Commonwealth war im
späten 19. und frühen 20. Jahrhundert noch verdeckt, 1917
wurde er offenkundig. Darin liegt die Bedeutung der neuen
Wortbildung von Smuts. Es war der sichtbare und hörbare
Beweis für die Existenz eines Bestandteils des Britischen Weltreichs, der sich zwar aus ihm entwickelt hatte, aber seiner
ganzen Idee fremd war und an politischem Gewicht zunahm.
Dies war der Zeitpunkt des Übergangs. Danach wich die Vorherrschaft des Reichs der Vorherrschaft des Commonwealth.
Das Reich, das in seiner expansivsten Phase des späten
19. Jahrhunderts wie die Ankündigung einer Zukunft erschien,

in der die Fähigsten durch den natürlichen Prozeß der politischen Auslese immer seltener wurden und allein überlebten,
um in entsprechend größeren Räumen die Welt zu regieren,
war in Wirklichkeit bereits dabei, das Relikt einer ungestümen
und bereuten Vergangenheit zu werden. Die großen Mächte
nahmen im Gegensatz zu den kleinen immer mehr an Bedeutung zu, bemerkte Lord Salisbury um die Wende des Jahrhunderts mit offenkundiger Genugtuung. Aber 17 Jahre später, als der Erste Weltkrieg sich seinem Höhepunkt näherte,
erschienen die furchtbaren Folgen der auf wenige Staaten
konzentrierten Macht nur allzu deutlich auf den blutgetränk-
ten Schlachtfeldern Europas. Im Britischen Weltreich war die
Antwort darauf Betonung der Dezentralisation und ein Zusammenbruch der einheitlichen Führung. Die vielen würden
eher zurückhaltender, ausgewogener und sogar gerechter handeln als der eine. Anstelle der Machtpolitik sollte das Britische
Weltreich in seiner neuen Gestalt der Welt ein Beispiel für
die Politik der gleichberechtigten Zusammenarbeit geben.
Dies, so schien es in den zuversichtlichen Nachkriegsjahren,
war die Hoffnung für die Zukunft und der Beitrag, den ein
Britisches Commonwealth, und nur dieses, der Welt bieten
könnte.

Das Spiel der Interessen und der Kräfte hatte sich also verlagert. Aber der Gegensatz zwischen Reich und Commonwealth war keinesfalls überwunden. Er wurde, wie schon vor
1917, im wesentlichen als ein Widerstreit der Ideen ausgetragen. Die Idee des Commonwealth wurde zunächst von
durchweg imperialistischen und später von unversöhnlichen
nationalistischen Kritikern präzisiert. Dieser Widerstreit spiegelte sich in den dauernden Zweideutigkeiten der Namengebung, die ihren Ursprung in den Reden auf der Reichskriegskonferenz und nicht zuletzt in denen von General Smuts

hatten. Als Sir Robert Borden mit dem Ausdruck »autonome Nationen eines Reichs-Commonwealth« auf die Dominien verwies, ließ der Zusammenhang vermuten, daß er sie als Teile eines Ganzen dachte. Aber General Smuts verwendete den Begriff Britisches Commonwealth in direkter Verbindung mit der Vorstellung, daß die Regierungen der Dominien gleichberechtigte Regierungen des Königs seien. Bildeten denn diese allein ein Britisches Commonwealth innerhalb des Britischen Weltreichs? Oder rechtfertigte ihr Vorhandensein, das Smuts, wie oben erwähnt, definierte, die Neubenennung des Ganzen? Man könnte Aussprüche zugunsten beider Ansichten anführen. Fest stand allein, daß Smuts und andere glaubten, das Wort Reich sei zur Bezeichnung der Beziehungen zwischen Großbritannien und den Dominien überholt.

In seiner eingeschränkten Bedeutung ging der Ausdruck »Britisches Commonwealth« in die Amtssprache der Staatsministerien ein. Eine vom Kolonialministerium am 4. März 1921 für das Kabinett vorbereitete Denkschrift über *A Common Imperial Policy in Foreign Affairs* (Eine Gemeinsame Reichspolitik in Auswärtigen Angelegenheiten; 44) nannte die Dominien Mitglieder des Britischen Commonwealth. Machten sie aber allein das Commonwealth aus? Das war eine logische Schlußfolgerung, aber nicht mehr.

Weder der anglo-irische Vertrag von 1921 noch der Balfour-Bericht von 1926 beseitigte die Zweideutigkeiten. Der Balfour-Bericht beschrieb die Dominien als »freiwillig verbundene Mitglieder des Britischen Commonwealth der Nationen ... im Britischen Weltreich«. L. S. Amery, Theoretiker des Reichs (der Ausdruck stammt von A. J. P. Taylor) und erster Staatssekretär im Ministerium für Dominionangelegenheiten, bestätigte später ausdrücklich, daß ein Commonwealth als Kreis von Staaten mit Selbstregierung innerhalb eines Reichs, das seine strukturelle Einheit bewahrte, beabsichtigt war (45). Diese Deutung, wiewohl sie nur von der Autorität eines Ministers und nicht von der der gesamten Konferenz getragen wurde, hatte Gewicht. Der Haupteinwand gegen die Unterscheidung von Commonwealth und Reich war der, daß sie, vor allem für diejenigen ohne Sinn für die zukünftige Ausweitung des in der Idee des Commonwealth enthaltenen Grundsatzes der nationalen Selbstregierung, eine klare Trennung zwischen den Gebieten mit Selbstregierung einerseits und den abhängigen Gebieten andererseits bedeutete, die schon als Einschränkung gedeutet werden konnte. Würde dagegen ein wahlweise zu »Britisches Weltreich« verwendetes »Britisches Commonwealth der Nationen« nicht das fortdauernde Bewußtsein einer Bewegung auf ein übergeordnetes Commonwealth-Ziel hin vermitteln? Solcherart war der Tenor der Erörterung, wo die engere Bezeichnung als Beschränkung empfunden wurde, zu einer Zeit, als noch kein nichteuropäisches Volk in den Kreis der wenigen Staaten mit Selbstregierung aufgenommen worden war, während die umfassendere Bezeichnung Vorstellungen von einer fortwährenden Ausweitung in sich begriff. Aber es gab auch eine andere Art. Man vertrat, vornehmlich in Kanada, die Ansicht, die eingeschränkte oder uneingeschränkte Anwendung oder Ausweitung des Begriffs Commonwealth auf abhängige Gebiete sei ungerechtfertigt und sogar ein Mißbrauch der Sprache. Soweit die Auseinandersetzung nur um Worte ging, war sie von geringer Bedeutung; soweit es sich aber um politische Absichten handelte, gab es nur eine Antwort. Das Vorbild der Dominien strahlte eine zwingende Anziehungskraft auf die noch abhängigen Völker aus. Wenn, wie Professor Hancock zu eben diesem Punkt bemerkte, »das Leben im Reich zu kraftvoll dahinfloß, um sich in zwei getrennte Meere einschließen zu lassen« (46), so war der Hauptgrund hierfür die Entschlossenheit dieser Völker, die verfassungsrechtliche Stellung eines Dominions nicht den wenigen europäischen Siedlergemeinschaften als Vorrecht zu überlassen.

Die Präambel zum Westminster-Statut von 1931 klärte die Zweideutigkeiten in den Wortbedeutungen nicht entscheidend. Die Dominien, die namentlich aufgeführt wurden, wurden noch fester mit dem Begriff »Britisches Commonwealth der Nationen« verbunden, aber keineswegs wurde ausdrücklich oder stillschweigend festgestellt, daß sie allein es bildeten. Während des Zweiten Weltkriegs versuchte Winston Churchill, mit dem umfassenden Namen »Britisches Commonwealth und Reich« einen Weg aus dem Dickicht der Worte zu finden. Der neue Name kam zwar allen Meinungsrichtungen entgegen, ohne sie aber alle zufriedenzustellen. Als nach dem Krieg die Farbenschranke mit der Aufnahme der asiatischen Staaten mit Selbstregierung durchbrochen wurde, kürzte man den Ausdruck »Britisches Commonwealth der Nationen«, und zwar nicht nur indem man unter dem Druck der nichtbritischen nationalen Bewegungen logischerweise das Beiwort »Britisch« ablegte, sondern auch mit allgemeiner Zustimmung das abschließende, nationale Gegengewicht zu Commonwealth. Aber selbst danach wurde die Anwendung weder einheitlicher noch genauer. Die Londoner Erklärung vom April 1949 sprach davon, daß die Regierung von Indien »die anderen Regierungen des Commonwealth« von der Absicht des indischen Volkes, eine republikanische Verfassung anzunehmen, informiert habe, und verwies auch auf »die Regierungen der anderen Länder des Commonwealth«. In diesen Sätzen war die Schlußfolgerung enthalten, daß allein diese Staaten mit ihren eigenen autonomen Regierungen gemeinsam das Commonwealth bildeten, obwohl der ehemalige Rechtsbeirat

der Staatsministerien für Commonwealth-Beziehungen und
Kolonien dafür eintrat, daß diese Schlußfolgerung nicht ohne
weiteres erlaubt sei und daß es berechtigt sei, das Dokument
so zu deuten, als seien die Redewendungen »andere Regierungen« oder »andere Staaten« durch einen Zusatz, »von
denen diese Erklärung abgegeben wird«, eingeschränkt worden (47). Politische Aussprüche waren noch weniger aufschlußreich. Grundsätzlich herrschte Freiheit der Wahl in der
Benennung. »Alle Verfassungsentwicklungen im Commonwealth, im Britischen Commonwealth oder im Britischen
Weltreich — ich verwende diese drei Ausdrücke absichtlich —
sind der Gegenstand von Beratungen zwischen den Regierungen Seiner Majestät gewesen, und es wurde keine Übereinkunft darüber erzielt, den Gebrauch irgendeines dieser Ausdrücke anzunehmen oder auszuschließen ...«: Dies teilte der
britische Premierminister, C. R. Attlee, im Mai 1949 dem
Unterhaus mit. Er fügte noch den klugen Kommentar hinzu:
Da »in verschiedenen Teilen des Britischen Weltreichs und
Commonwealth« die Meinungen hierüber auseinandergingen,
sei es »besser, den Leuten zu erlauben, den Ausdruck zu verwenden, der ihnen zusagt«. Damit war gesagt, daß zu dieser
Zeit das Commonwealth verschiedenen Leuten und an verschiedenen Orten jeweils etwas anderes bedeutete und daß
daher sein Wesen denjenigen entgehe, die eine einheitliche
Haltung suchten, welche Zustimmung zu einer allgemeingül-
tigen Bezeichnung voraussetzen würde (48). Dies deutete auch
darauf hin, daß die Ausdrücke austauschbar waren, was im
überseeischen Commonwealth nicht allgemein anerkannt
wurde. Nach der schon erwähnten kanadischen Ansicht wäre
es erst dann zulässig, den Begriff Commonwealth auf alle
Gebiete innerhalb dieser politischen Vereinigung anzuwenden,
wenn der Prozeß der Entkolonialisierung abgeschlossen sein

würde. Als sie aber in den sechziger Jahren weit vorange-
schritten war, hatte sich die Bezeichnung Commonwealth allgemein durchgesetzt; lediglich in Australien und Neuseeland
wurde Britisches Commonwealth der Nationen weiterhin bevorzugt.

Namen sind Symbole sowohl der Hoffnungen und Absichten
als auch der politischen Realitäten. Weil dem so war, legte
General Smuts 1917 so großen Wert auf einen neuen Namen
für ein Staatensystem, das in der Geschichte einmalig ist; daher
waren auch die Traditionalisten 1926 durch die Beibehaltung
von »Britisches Reich« im Balfour-Bericht beruhigt, während
die Reformer über die Verwendung von »Britisches Commonwealth der Nationen« hocherfreut waren; deswegen verlieh auch die Londoner Erklärung vom April 1949, die es
dem republikanischen Indien gestattete, ein volles Mitglied
zu bleiben, der kürzeren Bezeichnung »Commonwealth« die
volle Billigung der Regierungen, ohne jedoch endgültig die
älteren Formen abzulegen. Für den Historiker des Commonwealth sind solche Variationen nicht bedeutungslose Spitzfindigkeiten, sondern wesentliche Widersprüche in den Absichten und Hoffnungen, die, obwohl sie nicht immer von
bleibender Bedeutung waren, doch für gewöhnlich die Richtung des zeitgenössischen Denkens aufzeigten und insofern
für ihre Zeit und auch als Wegweiser für wahrscheinliche zukünftige Entwicklungen von Bedeutung waren. Für jene aber,
deren Interessen weniger spezialisiert sind, können diese Variationen andeuten, daß das Commonwealth, wie Hazlitt einmal herablassend vom Weltall bemerkte, wenn es schon zu
nichts anderem gut ist, doch einen großartigen Spekulations-
gegenstand abgibt.

Zweites Kapitel

Die Ursprünge des Commonwealth 1839—1867
Englisches Denken und das Experiment in Kanada

Lord Durhams Bericht

»In der Kolonialpolitik der Nationen begann eine neue Ära mit dem Bericht Lord Durhams, jenes unvergänglichen Denkmals des Mutes, des Patriotismus und der erleuchteten Liberalität dieses Edelmannes«, schrieb John Stuart Mill, der zugleich Urheber und Interpret zahlreicher Reichsideen des viktorianischen Liberalismus war, in seinem Werk *Representative Government* (1) zu Lord Durhams Bericht vom Jahr 1839 über »die Angelegenheiten Britisch-Nordamerikas« (2). Das Urteil ist um so bemerkenswerter, als Mill einer weitverbreiteten und, wie wir heute wissen (3), falschen Meinung huldigte, die den Hauptanteil Lord Durhams bei der Abfassung des Berichts, der seinen Namen trägt, leugnete und ihn den zwei radikalen Kolonialreformern Charles Buller und Edward Gibbon Wakefield zuschrieb. Durham hatte Buller zu seinem Sekretär gemacht und Wakefield, der damals gewissermaßen als Außenseiter der Gesellschaft galt, eingeladen, ihn nach Kanada zu begleiten. Mill erinnerte ferner daran, daß »die Ehre«, der erste Verfechter einer neuen Kolonialpolitik gewesen zu sein, »zweifellos« auch »Mr. Roebuck«, einem anderen Kolonialreformer dieser Zeit, in hohem Maße gebührte.

Spätere Kommentatoren, die oft, wie es ihre Art ist, wißbegieriger und kritischer sind als diejenigen, die wie Mill fast Zeitgenossen waren, haben die Stellen des Durham-Berichts hervorgehoben, die weder ursprünglich im Inhalt noch vernünftig in ihren Schlußfolgerungen waren. Obwohl vieles an ihren Bemerkungen, besonders im Hinblick auf frühere Überlegungen im Kolonialministerium und in Kanada zu den im Bericht entwickelten Gedanken, gerechtfertigt ist, so mindert die historische Rückschau weder die Leistung noch die Anerkennung der Wirkung, den der Bericht auf den britischen Reichsgedanken und die britische Reichspolitik hatte. In einem an staatlichen Denkschriften reichen Jahrhundert zählt der Durham-Bericht zu den bedeutendsten, und zwar nicht nur wegen der Ausführlichkeit und schöpferischen Menschlichkeit der Analyse, sondern vor allem wegen seiner klaren Schlußfolgerungen, die aus einer allzu großen, aber wirkungsvollen Vereinfachung heraus dem Bericht ein schöpferisches Element verliehen, das selbst klassische staatliche Denkschriften selten zu besitzen pflegen.

Diese schöpferische Kraft des Durham-Berichts war nicht auf den geographischen Raum beschränkt, wo eine Verfassungskrise den Untersuchungsauftrag Lord Durhams veranlaßt hatte, sondern strahlte von den britischen Kolonien in Nordamerika über das Dominion von Kanada bis zum Britischen Commonwealth der Nationen aus. So verstanden, war das Vermächtnis Lord Durhams nicht geringer, sondern größer, als John Stuart Mill es sich vorstellen konnte. Mindestens ein Jahrhundert lang war keine Auseinandersetzung über Verfassungen des Reichs oder des Commonwealth vollständig ohne einen einführenden Hinweis auf den zukunftsträchtigen Beitrag jenes mutwilligen Edelmannes, ob es sich nun um Australien, Südafrika, Indien oder Ceylon, Nigeria, Kenia oder die Westindischen Inseln handelte. Wegen seines auffallend guten Aussehens und aufbrausenden, unbequemen Temperaments war Lord Melbourne, Durhams Premierminister, hocherfreut, ihn mit seinen radikalen Ansichten, aristokratischen Verbindungen und seinem Reichtum in fremde Länder abreisen zu sehen. Creevey nannte Durham »König Trott«, weil dieser »40 000 Pfund im Jahr« einmal als »mittleres Einkommen« bezeichnete, » . . . mit dem ein Mann gerade weitertrotten« könne (4). Durch seinen kurzen Besuch zur Untersuchung der Zustände in Britisch-Nordamerika prägte er ebenso eindeutig der Politik der Reichsreform seinen persönlichen Stempel auf, wie sein Schwiegervater Earl Grey, der die Verabschiedung der ersten Gesetzesvorlage zur Wahlrechtsreform durchgesetzt und seinen Namen in die Seiten der Geschichte der englischen Innenpolitik eingetragen hatte.

Man hielt Britisch-Nordamerika zwar für einen wichtigen, jedoch keineswegs für den wichtigsten Teil der britischen überseeischen Besitzungen des durch den Abfall der amerikanischen Kolonien entstandenen Zweiten Britischen Weltreichs. Aber unter den verbleibenden Siedlungskolonien hatten, im Unterschied zu Eroberungs- oder Verwaltungskolonien wie Westindien und selbst Indien, das bis zum Aufstand von 1857 nominell der Ostindischen Kompanie unterstand, diejenigen von Britisch-Nordamerika eine vorrangige Stellung inne. Sie war ebensosehr ihrer geographischen Lage, Ausdehnung und verhältnismäßig langen Geschichte als auch ihrer unmittelbaren strategischen oder wirtschaftlichen Bedeutung zu verdanken. In einem ganz besonderen Sinn waren sie ein Probefall. Sie wurden, nachdem sie zuerst von den Franzosen im frühen 16. Jahrhundert besiedelt worden waren, nach den Bestimmungen des Pariser Friedens von 1763 britisch. Etwa zwei Jahrzehnte später wurden die Siedlungen am St.-Lorenz-

Strom und an den Großen Seen, die man seit 1791 Provinz
Oberkanada nannte, wenn nicht zum einzigen, so doch zum
Hauptzufluchtsort der aus den Vereinigten Staaten geflohe-
nen »Reichstreuen«; 1783 kamen etwa 10 000 in den St.-
John-Distrikt an der Fundy Bay — meist Militärangehörige
mit ihren Frauen und Kindern —, die sich von Neuschottland
(Nova Scotia) loslösten und 1784 die Provinz Neubraunschweig (New Brunswick) bildeten. Der Nationalismus der
Vereinigten Staaten, so bemerkte Professor Lower, »fußte
auf dem gewaltsamen Widerstand gegen England, derjenige
Kanadas beruhte ursprünglich auf dem Widerstand gegen die
Vereinigten Staaten«. Aber selbst die »Reichstreuen« und deren Nachkommen konnten sich der Macht des Beispiels und
dem Druck der Umwelt nicht entziehen. Konnte oder würde
die Treue der englischen Siedler nördlich der Grenze immer
ungebrochen bleiben, während die Vereinigten Staaten an
Reichtum, Macht und Zahl zunahmen? Wie stand es mit den
Franzosen? Als die Zeit dafür gekommen war, wurde auf der
Abrahamsebene, genau oberhalb der Befestigungen Quebecs,
ein Obelisk zu Ehren Wolfes und Montcalms errichtet, des
jungen Siegers und des älteren Besiegten in dem Kolonialkrieg,
der entschied, daß die Zukunft Nordamerikas angelsächsisch
sein würde. *Mortem virtus communem famam. Historia mo-
numentum posteritas dedit,* so lautet die Inschrift, neben der
links der Name Wolfes und rechts der Montcalms eingraviert
ist. Es ist ein in der Bildhauerei seltenes Denkmal (5), und
es bezeugt eine ehrenvolle Großherzigkeit. Aber die Tatsache,
daß die Franzosen die Besiegten waren, blieb bestehen; und
Alexis de Tocqueville und sein Freund Gustave de Beaumont,
der das Denkmal während ihres Besuches in Quebec im August
1831 skizzierte (6), waren nicht geneigt, diese Tatsache zu
übersehen. Wer konnte sagen, wann und unter welchen Um-

ständen die Frankokanadier versuchen würden, die Entscheidung der Geschichte rückgängig zu machen?

Bis zum Ende des dritten Jahrzehnts hatte es in den beiden Amerika mehr als ein Beispiel einer erfolgreichen Revolte gegen eine Reichsherrschaft gegeben. Wurden britische Staatsmänner in ihrem Reichsdenken durch Erinnerungen an die Stempelakte und die *Boston Tea Party* bedrückt, so wurden sie in ihrer internationalen Politik durch die jüngsten und ermunternden Erinnerungen an George Canning angeregt, der eine Neue Welt ins Leben rief, um das Gleichgewicht in der Alten Welt wiederherzustellen. Nur wenige konnten daran zweifeln, daß die Briten, verglichen mit anderen Reichen, antiimperialistisch waren. Als Verfechter erfolgreicher Revolutionen in Lateinamerika hatten sie nicht nur wegen ihrer liberalen Rolle Genugtuung empfunden, sondern auch weil sie die ehemals spanischen und portugiesischen Kolonien dem Welthandel und dem Unternehmergeist der Welt und insbesondere dem britischen Handel und dem britischen Unternehmertum erfolgreich eröffnet hatten. Die Revolutionen in Nord- und Südamerika stärkten gemeinsam die weitverbreitete Überzeugung, in ganz Amerika seien die Tage der politischen Reichsherrschaft gezählt; in diesem Fall rieten Vernunft und kaufmännisches Eigeninteresse dazu, sich friedlich von Siedleruntertanen zu trennen.

1837 kündeten die Rebellionen in Ober- und Unterkanada der hellhörigen öffentlichen Meinung im Mutterland den Zeitpunkt der endgültigen Trennung an. Obwohl Lord John Russell am 16. Januar 1838 dem Unterhaus sagte: »Ich wiederhole, daß ich nicht bereit bin, sofortige Unabhängigkeit zu gewähren«, fügte er doch hinzu, » ... wenn der Zeitpunkt gekommen wäre, zu dem ein so wichtiger Wandel sicher und vorteilhaft vorgenommen werden könnte, würde ich keineswegs abgeneigt sein, die 1 400 000 gemeinsamen Untertanen, die gegenwärtig in den Provinzen Nordamerikas leben, an der vollkommenen Freiheit des Mutterlands teilhaben zu lassen.« (7) Der Radikale J. A. Roebuck, der fürchtete, Britisch-Nordamerika in den Vereinigten Staaten — d. h. in »einer Nation, die von Florida bis an die kanadischen Seen die Herrschaft ausübt« — aufgehen zu sehen, sagte: »Wenn wir klug sind, werden wir alle Angelegenheiten in Kanada und unseren anderen nordamerikanischen Besitzungen so behandeln und regeln, daß sie vorbereitet sind, eine unabhängige Nation zu werden, wenn die Trennung, die kommen muß, tatsächlich eintritt.« (8) Aber während die Revolte William Lyon Mackenzies in Oberkanada, die durch den Mangel an Verantwortungsbewußtsein der Kolonialregierungen gegenüber Kolonialvölkern provoziert und von einem aufkeimenden einheimischen Radikalismus stark unterstützt worden war (9), zweifellos versucht hatte, die Sache der kanadischen Freiheit nach dem republikanischen Muster der Vereinigten Staaten zu fördern, so war die Revolte des redegewaltigen und leidenschaftlichen Louis-Joseph Papineau in Unterkanada, die durch besondere frankokanadische Ressentiments angeregt und durch schlummernde separatistische oder nationalistische Gefühle genährt worden war, von anderer Art (10). In diesem zweiten Fall richtete sich der Zorn nicht so sehr gegen eine ferne und abgesonderte Reichsautorität als vielmehr gegen die nahen und zielbewußten britischen Siedler. Alexis de Tocqueville und Gustave de Beaumont hatten 1831 während ihrer Reise nach Quebec diese tiefsitzende Abneigung verspürt und hatten dann, nicht ohne Befriedigung, über die Aussicht einer französischen Rebellion nachgedacht und sogar die Möglichkeit der Wiederherstellung eines französischen Reichs in Nordamerika kurz angedeutet (11).

Obwohl die Rebellionen von 1837 in Ober- und Unterkanada militärisch belanglos waren, waren sie doch politisch unheilvoll. Aber sie zeigten nicht das Ende des Reichs an. Die Rebellion in Oberkanada war unbedeutend, weil die Staatstreue der großen Mehrheit der Kolonisten sie dazu verurteilte. Es gab zwar Gegensätze zwischen Krone und Kolonisten, aber sie wurzelten in der politischen Unzufriedenheit, die durch den schlechten Regierungsstil verursacht wurde. Der Zweck der Mission Lord Durhams war es, die Unzufriedenheit durch Verbesserung der Regierung zu beenden. Aber was Unterkanada betraf, wo die Rebellion, wie Lord Durham bemerkte, eine Folge des »Rassenkonflikts« war, konnten politische oder institutionelle Reformen, wie er auch zugestand, die Ursachen des Konflikts, die geradezu in der »Zusammensetzung der Gesellschaft« wurzelten, nicht beseitigen. »Ich erwartete einen Zwist zwischen Regierung und Volk vorzufinden; ich fand zwei sich bekriegende Völker in einem einzigen Staat. Ich fand nicht einen Kampf um Grundsätze, sondern einen Rassenkampf. Ich sah ein, daß es müßig sein würde, eine Verbesserung der Gesetze oder Einrichtungen zu versuchen, bevor wir nicht erfolgreich den tödlichen Haß beendet hatten, der gegenwärtig die Einwohner Unterkanadas in die feindlichen Gruppen der Franzosen und Engländer trennt.« (12) Er deutete mit der zuversichtlichen Überzeugung eines englischen Aristokraten des 19. Jahrhunderts an, wo die Schuld für diesen Konflikt zu finden war. Er schrieb: »Der Irrtum, auf dem der gegenwärtige Zwist beruht, ist der vergebliche Versuch, eine frankokanadische Nationalität inmitten angloamerikanischer Kolonien und Staaten zu erhalten.« (13)
Als Durham nach Britisch-Nordamerika ging, war das repräsentative Regierungssystem — ohne ein dem Abgeordnetenhaus verantwortliches Kabinett — die fortgeschrittenste Re-

gierungsform in den britischen Kolonien. Sie sicherte dem
Reich in der Theorie, und oft auch in der Praxis, ein strenges
Maß an Kontrolle. Der Gouverneur wurde von der Krone
ernannt und war der Regierung des Vereinigten Königreichs
verantwortlich. Er ernannte seinerseits seine Berater in der
Exekutive, die ihm verantwortlich waren. Im Gegensatz zur
so gebildeten Exekutive befand sich die aus zwei Kammern
bestehende Legislative, von denen die eine ernannt und die
andere wählbar war. Das Unterhaus der Legislative vertrat
die öffentliche Meinung, soweit diese damals überhaupt vertreten war. Abgeordnete konnten in der Kammer diskutieren
und debattieren. Durch Diskussion und Debatte waren sie,
allerdings ganz selten, in der Lage, die Handlungsweise der
Exekutive zu beeinflussen. Aber, und hier war der Haken, sie
konnten sie weder überwachen noch steuern. Lord Durham
faßte bündig einige Folgen davon zusammen: »Ein Gouverneur, der in einer Kolonie eintrifft, in der er fast niemals
vorher Erfahrungen mit dem Stand der Parteien oder dem
Charakter der Persönlichkeiten gesammelt hat, ist gezwungen, sich fast ausschließlich auf die vorgefundenen amtlichen
Ratgeber zu verlassen. Auf ihren Rat hin müssen notwendigerweise seine ersten Amtshandlungen und Ernennungen vorgenommen werden. Und da diese ersten Amtshandlungen
und Ernennungen den Charakter seiner Politik prägen, gerät
er durch sie im allgemeinen sofort in Gegensatz zu den anderen Parteien des Landes und wird von der amtlichen Partei
und deren Anhängern fast völlig abhängig. So geriet der Gouverneur Unterkanadas fast in jedem Fall in einen Gegensatz
zur Abgeordnetenkammer, die dessen Ratgeber als Feind betrachtete.« (14)
Worin lag denn der Fehler eines Systems, das solche Folgen
zeitigte? Lord Durham gab eine klare und nachdrückliche

Antwort. Der Fehler lag in der vollständigen Trennung der legislativen und exekutiven Gewalten — der natürliche Fehler aller Regierungen, die sich von der Überwachung durch repräsentative Institutionen frei machen wollten. Es war unmöglich, so schrieb er, »die große Ähnlichkeit der bestehenden Verfassungen in allen unseren nordamerikanischen Provinzen zu beobachten, und die auffällige Neigung aller, in der gleichen Sackgasse zu landen, ohne annehmen zu müssen, daß ihnen allen ein Fehler in der Regierungsform und irgendein fehlerhafter Verwaltungsgrundsatz gemeinsam ist ... Es kann mit Fug und Recht gesagt werden, daß der Zusammenstoß zwischen Exekutive und Abgeordnetenkammer der natürliche Zustand der Regierung in allen diesen Kolonien ist. In allen wird die Verwaltung der Staatsgeschäfte gewöhnlich jenen anvertraut, die nicht harmonisch mit dem vom Volk gewählten Teil der Legislative zusammenarbeiten; und die Regierung schlägt ständig Maßnahmen vor, die die Mehrheit der Abgeordnetenkammer ablehnt, und verweigert den Gesetzesvorlagen, die diese Kammer verabschiedet hat, ihre Zustimmung.« (15) Eine derartige Gegensätzlichkeit weiche von erprobten Verfassungsgrundsätzen und -praktiken ab. Keine Abgeordnetenkammer, die aus erfahrenen Männern von Rang und Namen bestand, würde sich damit zufriedengeben, lediglich als gesetzgebende und steuererhebende Körperschaft zu fungieren, während die Lenkung der Politik einem unverantwortlichen Beamtenklüngel anvertraut würde. Am allerwenigsten würden sie sich in Britisch-Nordamerika in diese untergeordnete Rolle fügen, da sie, wie Lord Durham vermerkte, Männer sehen könnten, die mit keiner größeren Fähigkeit zur Lenkung der Staatsgeschäfte begabt waren als zumindest einige von ihnen selbst und die trotzdem in den Vereinigten Staaten die höchsten politischen Ämter bekleideten.

Der Diagnose der fehlerhaften Regierungsgrundsätze ließ
Lord Durham die Verkündung seines allumfassenden Heil-
mittels folgen. Es war die ministerverantwortliche Regierung
(*responsible government*; 16) — ein Ausdruck, der selbst ein
Teil der Commonwealth-Geschichte wurde. Das Ziel der öffentlichen Überwachung, so folgerte er, könne mit der Beibehaltung der unmittelbaren Wahl der Ratgeber durch die
Krone verbunden werden, wenn der Kolonialgouverneur angewiesen würde, sich der Mitarbeit der Abgeordnetenkammer
in seiner Politik zu versichern, indem er die Durchführung
der Politik solchen Männern anvertraute, die in der Kammer
die Unterstützung der Mehrheit hätten. Die Oberhoheit der
Krone würde dadurch in keiner Weise beeinträchtigt. Dem
Gouverneur aber, so meinte Lord Durham (17), sollte zu
verstehen gegeben werden, daß, falls er Differenzen mit der
Abgeordnetenversammlung hätte, die nicht unmittelbar die
Beziehungen zwischen Mutterland und Kolonie beträfen, er
von der Heimat keine Unterstützung zu erwarten habe. Dies
bedeutete eine notwendige Unterscheidung zwischen Kolonial-
und Reichsangelegenheiten. Wie war diese festzulegen? Lord
Durham schlug vor, alle Angelegenheiten von unmittelbarem
Interesse für das Reich sollten der Reichsregierung vorbehalten bleiben. Darunter fielen seiner Meinung nach: die verfassungsrechtliche Änderung der Regierungsform; die Kontrolle der auswärtigen Angelegenheiten und des Handels mit
dem Mutterland, den anderen britischen Kolonien und fremden Nationen; und schließlich die Verfügung über den Boden-
besitz des Staates. Damit machte Durham klar, wie »sehr
wenige« Reichsinteressen im Alltag der Kolonialverwaltung
seiner Meinung nach berührt wurden. In diesem Punkt fühlte
er sich so sicher, daß er seiner Darstellung nicht mehr als ganze
drei Sätze widmete (18).

Die ministerverantwortliche Regierung wurde später so allgemein und selbstverständlich als Grundlage des Commonwealth anerkannt, daß die Tragweite und Ursprünglichkeit der Vorschläge Lord Durhams in dieser Hinsicht leicht unterschätzt werden. Dennoch verdienen drei Aspekte dieser Vorschläge, sowohl im weiteren Zusammenhang des Reichs als auch im engeren kanadischen Bereich, immer wieder hervorgehoben zu werden (19). Erstens war es Lord Durhams Überzeugung, daß britische Institutionen für Britisch-Nordamerika angemessen waren und dort weiterentwickelt werden sollten. Präzedenzfälle in den Vereinigten Staaten, etwa hinsichtlich einer wählbaren Exekutive, erwog er nur, um sie, weil sie mit der Monarchie unvereinbar waren, zu verwerfen. Zweitens wünschte er den britischen Verfassungsbrauch — nämlich die Kabinettsregierung — auf Britisch-Nordamerika auszudehnen; aber nicht wie im England des 17. Jahrhunderts und wie bisher in den Kolonialgebieten, sondern wie im England des frühen 19. Jahrhunderts, in dem das Kabinett einem vom Volk gewählten Unterhaus verantwortlich war. Drittens behauptete er, daß diese Verbindung zwischen Exekutive und Legislative nicht nur die wichtigste Ursache der Reibung zwischen Kolonien und Mutterland beseitigen würde, sondern außerdem auch, indem sie die Kontrolle über die inneren Angelegenheiten, die für alle Staatsbürger der Welt am wichtigsten sei, den Kolonisten übergebe, die Unabhängigkeitsbestrebungen der Kolonien entmutigen würde, weil sie die Hauptursache dafür entferne. Diese zuversichtliche Schlußfolgerung, die der allgemeinen Richtung der zeitgenössischen öffentlichen Meinung zuwiderlief, kann in jeder Hinsicht als der bedeutendste Bestandteil des gesamten Berichts betrachtet werden.

Obwohl ministerverantwortliche Selbstverwaltung die Haupt-

empfehlung des Durham-Berichts war, war sie nicht die einzige von Bedeutung. Es gab sowohl eine kulturelle als auch
eine politisch-verfassungsrechtliche Ursache der Unzufriedenheit. Die Redewendung: »zwei sich innerhalb eines einzigen
Staates bekriegende Nationen« entsprach nahezu der Wirklichkeit. Lord Durhams Antwort auf die Drohung eines Kul-
turkonflikts, der, wenn er auch nicht beendet werden konnte,
doch mindestens eingedämmt und entschärft werden sollte, war
die Empfehlung, die Provinzen Ober- und Unterkanada zusammenzuschließen. Diese Empfehlung war durch Durhams
Glauben an die Zukunft des britischen Volkes eingegeben. Obwohl Durham in der Politik radikal war, blieb er hinsichtlich
der Kultur konservativ und inselgebunden. Er glaubte an den
großartigen Vormarsch des Fortschritts im 19. Jahrhundert.
Er bemerkte, daß die Engländer darin überall die Vorhut
bildeten, und folgerte, das Schicksal Französisch-Kanadas
müßte, nicht zuletzt im Interesse seiner Bevölkerung, im allmählichen Aufgehen in einer aufsteigenden angelsächsischen
Gesellschaft liegen. Nach Charles Buller sah Durham vor Antritt seiner Kanadareise ein, »welch enger und unheilvoller
Geist sich hinter allen Handlungen der Frankokanadier verbarg. Während er bereit war, den Individuen volle Gerechtigkeit, ja Gerechtigkeit und Nachsicht, angedeihen zu lassen,
war er entschlossen, den törichten völkischen Anmaßungen
gegenüber unnachgiebig zu bleiben und darauf hinzustreben,
Kanada durch und durch britisch zu machen.« (20) Im Bericht
selbst schrieb er: »Ich bin mir völlig im klaren über den nationalen Charakter, der Unterkanada verliehen werden muß;
es muß der des Britischen Weltreichs sein, der der Mehrheit
der Bevölkerung Britisch-Amerikas, der des großen Volkes,
das in kurzer Zeit im ganzen nordamerikanischen Kontinent
vorherrschend sein muß.« (21) Infolgedessen sollte es weiter-

hin »das erste und ständige Ziel« der britischen Regierung
sein, »eine englische Bevölkerung mit englischen Gesetzen
und englischer Sprache in dieser Provinz« zu bilden »und
seine Regierung niemand anderem als einer durch und durch
englischen Legislative anzuvertrauen«. Daraufhin mußte
auch der Plan eines bundesstaatlichen Zusammenschlusses, zu
dem Lord Durham zunächst selbst neigte, fallengelassen werden: zugunsten einer Vereinigung der beiden Provinzen Ober-
und Unterkanada, die hinsichtlich der Bevölkerung eine klare
englische zahlenmäßige Mehrheit sichern würde. Nur wenn
die Franzosen einer solchen Mehrheit gegenübergestellt würden, könnte man erwarten, daß sie »ihre vergeblichen nationalistischen Hoffnungen aufgeben« würden.

Es liegt eine gewisse Ironie in der zeitgenössischen frankokanadischen Hochachtung für Durham. In Quebec wurde er
mit Ehrerbietung empfangen. Bis dahin ging keinem Gouverneur ein so großer, liberaler Ruf voraus, und keiner war mit
größerer Prachtentfaltung erschienen. Der Historiker Quebecs schreibt von dem Glanz der Festlichkeiten und des gleichsam königlichen Empfangs, der einem Hohen Kommissar zu-
teil wurde, dessen Rang höher als der eines Generalgouverneurs eingeschätzt wurde (22). Nachdem zwei Tage lang sein
Gepäck an Land gebracht worden war, ritt Durham am 29.
Mai 1838, in einer prachtvollen Uniform, geschmückt mit dem
Bathorden, auf einem Schimmel unter dem Jubel der Menge
vom Ufer des St.-Lorenz-Stroms hinauf zu den Ruinen des
Château St-Louis, die nach dem Feuer vom 23. Februar 1834
übriggeblieben waren (23). Als er etwa fünf Monate später,
am frühen Nachmittag des 1. November 1838, von einer Mili-
täreskorte begleitet und von einem aus 3000 Bürgern bestehenden Zug gefolgt, abreiste, bemerkte Buller: »Die Straßen
waren überfüllt; die Zuschauer drängten sich an jedem Fenster

und auf jedem Dach; und obwohl jeder Hut gezogen wurde, als wir vorübergingen, deutete ein tiefes Schweigen die Trauer über die Abreise Lord Durhams an.« (24) Die frankokanadische Hochachtung war jedoch keineswegs völlig unangebracht. Wenn auch Lord Durham das französische Kanada der Zukunft in einem größeren und fortschrittlicheren angelsächsischen Ganzen aufgehen sah, zeigte er sich doch sehr besorgt, es gerecht, allmählich und nach den seiner Meinung nach natürlichen Gesetzen der politischen Entwicklung vor sich gehen zu lassen. Er war zwar entschlossen, die Herrschaft einer englischsprechenden Mehrheit herbeizuführen, wollte aber nicht zulassen, daß eine Minderheit englischer Siedler in Unterkanada das Schicksal einer französischsprechenden Mehrheit bestimmte.

Hinsichtlich des Zusammenschlusses, der in einer der französischsprechenden Minderheit gegenüber weniger gerechten Form durchgeführt wurde, als Durham geplant hatte (25), stimmte er mit den Ansichten seiner Zeit und dem Geist des alten Kolonialsystems überein; hinsichtlich der ministerverantwortlichen Selbstverwaltung war er seiner Zeit voraus. Infolgedessen empfahl sich der Zusammenschluß sogleich der Regierung des Mutterlands, und er wurde durch die Unionsakte 1840 verwirklicht, während die ministerverantwortliche Selbstverwaltung große Befürchtungen erregte und ihre Anwendung daher verzögert wurde. Erst 1847/48 wurde sie wirksam, und dann nur unter dem stetigen und ständig wachsenden Druck der Forderungen der Bevölkerung in den Kolonien. Das erste eigenverantwortliche Ministerium in einer britischen Kolonie wurde am 2. Februar 1848 in Neuschottland, der ältesten britischen Kolonie des Zweiten Britischen Weltreichs, gebildet. Ober- und Unterkanada folgten alsbald diesem Präzedenzfall. Doch die Bedeutung des Zusammen-

schlusses darf nicht unterschätzt werden. Sie war der erste und
kritische Schritt auf dem Weg zur Föderation. Während in
der Geschichte des Commonwealth die Entstehung des ersten
Dominions 1867 notwendigerweise den ersten Platz einnimmt,
war die Reihenfolge in der Geschichte Kanadas umgekehrt.
Von dem Zusammenschluß von 1840, so wechselvoll die spätere Entwicklung auch gewesen sein mag, gingen die Gedanken einer weiterreichenden Föderation und deren Möglichkeiten aus.

Zweifel an der Vereinbarkeit ministerverantwortlicher Selbstverwaltung mit dem Fortbestand des Reichs waren weit verbreitet. Im März 1839 folgerte *The Quarterly Review*: Das
»neue und uns unverständliche System der Verbindung mit
den Kolonien ... bedeutet vollständige Trennung«. Sie behauptete: Wenn »jener arglistige und ansteckende (Durham-)
Bericht nicht die betonte und energische Ablehnung und Empörung der Krone und des Parlaments erfährt, ist Britisch-
Amerika verloren« (26). Es war dies eine extreme Ansicht;
aber nicht alle Befürchtungen waren so unvernünftig oder so
unangebracht. Adam Smith hatte in *The Wealth of Nations*
bemerkt, der Vorschlag, Großbritannien freiwillig auf jede
Oberhoheit über seine Kolonien verzichten zu lassen, hieße
»eine Maßnahme vorschlagen, wie sie noch niemals von irgendeiner Nation der Welt angenommen worden ist, noch
jemals angenommen werden wird«. Tatsächlich hatte Lord
Durham einen so großen Schritt nicht beabsichtigt. Sein Ziel
war es vielmehr, das Reich durch Zugeständnisse und Reformen zu festigen und nicht dessen Zerfall zu beschleunigen.
Aber, und dies war die Kernfrage, würde das Zugeständnis
der Selbstverwaltung in inneren Angelegenheiten nicht zu
einer gespaltenen Obrigkeit führen, wobei die örtliche Kolonialregierung Schritt für Schritt ihre Befugnisse erweiterte,

bis sie in der Tat selbständig und unabhängig war? Lord
Durham hatte im Grundsatz eine Trennungslinie festgelegt,
die die Reichsangelegenheiten der Reichsregierung vorbehielt.
Aber würde ein solcher theoretischer Definierungsversuch der
Praxis standhalten? Heikle Fragen konnten sehr wohl auftauchen. In einem amtlichen Schreiben vom 11. Oktober 1839
erwähnte Lord John Russell eine solche Möglichkeit: »Es kann
sehr wohl der Fall eintreten, ... daß der Gouverneur gleichzeitig Anweisung von der Königin und Vorschläge vom Exekutivrat erhält, die in absolutem Gegensatz zueinander stehen. Befolgt er die Anweisungen aus England, entfällt die
Gleichsetzung mit der verfassungsmäßigen Ministerverantwortlichkeit vollkommen; folgt er andererseits den Vorschlägen seines Exekutivrats, ist er nicht länger ein untergeordneter Beamter, sondern ein unabhängiger Souverän.« (27) Die
entscheidende Frage war hier gut gestellt; sie wurde, obwohl
man sie lange Zeit klugerweise umging, schließlich doch zugunsten der unabhängigen Souveränität gelöst. Um mit Adam
Smith zu sprechen, verzichtete Großbritannien letztlich, und
zwar größtenteils freiwillig, auf die Oberhoheit über seine
Siedlungskolonien.

DIE ÖFFENTLICHE MEINUNG — DIE UMWÄLZUNG IM HANDEL

LORD DURHAMS BERICHT wurde in zweifacher Hinsicht zu
einem günstigen Zeitpunkt veröffentlicht. Erstens war die öffentliche Meinung in England um 1839 für eine Reichsreform,
im Gegensatz zu einer innenpolitischen Reform, empfänglich
geworden oder hatte sich darein ergeben (28). Zweitens verringerte die Entwicklung zum Freihandel, die in der Aufhebung der Kornzölle 1846 und der Navigationsakte 1849 ihren

Karikatur auf die Proklamation des Indischen Kaiserreiches 1876.
Der englische Premierminister Disraeli bietet Königin Viktoria die indische Kaiserkrone an.

Die Verkündigung des Indischen Kaiserreichs in Delhi am Neujahrstag 1877.

Kulminationspunkt erreichte, zunehmend die Vorteile eines zentral überwachten und gelenkten Reichssystems und beendete sie schließlich ganz.

Der Liberalismus war um die Mitte des 19. Jahrhunderts in England im Hinblick auf das Reich ein Konglomerat von Reformeifer und zunehmender Gleichgültigkeit. Lord Melbourne, der es nicht schätzte, in die Rolle eines aktiven Reformers gedrängt zu werden, sagte der Königin Viktoria, daß die Radikalen weder Fähigkeiten noch Ehrlichkeit besaßen und zahlenmäßig nicht ins Gewicht fielen. Die innenpolitisch radikalen Kolonialreformer hatten im Volk niemals einen starken Rückhalt; aber sie waren zumindest ihren Fähigkeiten nach durchaus in der Lage, das Denken ihrer Nachkommen tiefer zu prägen als das ihrer Zeitgenossen. Dies war zum Teil eine Folge ihrer Überspanntheit. Edward Gibbon Wakefield, der die bürgerlichen Siedlergemeinschaften Südaustraliens und Neuseelands nicht nur plante, sondern auch weitgehend verwirklichte (29), brannte zweimal mit einer reichen Erbin durch; während einer dreijährigen Gefangenschaft im Newgate-Gefängnis wegen Entführung studierte er Probleme der Kolonisation und verfaßte *A Letter from Sydney*. William Molesworth, der mit ihm eng befreundet war, wurde vom Trinity College in Cambridge verwiesen, weil er seinen Lehrer zum Duell gefordert hatte. Der einflußreiche Charles Buller schuf in der Karikatur *»Mr. Mother Country«* (30) den lächerlichen, anonymen Prototyp des unverständigen und unverantwortlichen Bürokraten, der das Reich von einem Hinterzimmer des Kolonialministeriums aus regierte; als Vorbild für die Karikatur diente ihm, auch wenn er dabei keineswegs immer gerecht verfuhr, wie inzwischen nachgewiesen worden ist, Sir James Stephen, Unterstaatssekretär für die Kolonien von 1836 bis 1847 und später Regius Professor für Neuere Ge-

schichte in Cambridge. Insgesamt formulierten die Kolonialminister jene Ideen, die als Grundlage für weitere Diskussionen dienten. Das war ihre große Leistung und ihr Beitrag zu
den Angelegenheiten des Reichs.

Das bis 1854 mit dem Kriegsministerium verbundene Kolonialministerium war die erste und beliebteste Zielscheibe der
Kolonialreformer. Es hatte weitreichende und unterschiedliche
Verpflichtungen, und seine Möglichkeiten zur militärischen
und bürgerlichen Ämtervergabe waren, solange sein Doppel-
charakter erhalten blieb, beträchtlich. Überdies häuften sich
in verschiedenen Reichsgebieten Unruhen, Beschwerden und
sogar Zusammenstöße, so daß das Ministerium Schwierigkeiten geradezu auf sich zu lenken schien. Als das Ministerium,
»das mit allen Kolonien im Krieg steht«, war es der Spielball
für den Witz Lord Derbys. Aber für die Kolonialreformer
war es nicht nur ein Opfer seiner Umstände und Verpflichtungen, sondern selbst eine Quelle des Unheils. In der Debatte
über Kanada, die zu Beginn des Jahres 1838 stattfand, verkündete Molesworth: »In den dunklen Winkeln des Kolonialministeriums, in jenen Höhlen der Unterschlagung und
der Ausbeutung, dort befanden sich die wirklichen und unverantwortlichen Beherrscher der Millionen von Einwohnern
unserer Kolonien. Männer, denen der Ruhm gänzlich fremd
war, für die aber«, wie er hoffte, »einmal der Tag der Abrech-
nung kommen würde, wenn man sie vor die Öffentlichkeit
zerren und für ihre Übeltaten bestrafen würde. Dies waren
die Männer, die, geschützt durch die Verantwortungslosigkeit
und dem Blick der Öffentlichkeit entzogen, jenes gleichblei-
bende System der Mißregierung unter jeder Partei fortführ-
ten, die abwechselnd das Schicksal des Reichs bestimmte.« (31)
Selbstverständlich war vieles dabei übertrieben. Wem würde
bei der Lektüre der Haßtiraden Molesworths einfallen, daß

die Angelegenheiten des vielgeschmähten Kolonialministeriums von einem Mann verwaltet wurden, dessen größte Genugtuung es war, die amtliche Verantwortung für die Sklaven-
befreiung in Westindien getragen zu haben, und der mit
gutem Recht als der Urheber des Gedankens des *laissez faire*
im britischen Umgang mit Kolonialregierungen betrachtet
werden kann? In beiden Hinsichten, vermerkt ein Historiker
des Kolonialministeriums (32), begründete Stephen »Traditionen, die noch heute im Kolonialministerium und im Ministerium für Commonwealth-Beziehungen gelten«, wonach
»das Wohlergehen der Eingeborenenbevölkerung den Vorrang hat und die Autonomie der Länder des Commonwealth
beständig vertreten werden muß«. Zu der Zeit aber wurde die
öffentliche Meinung in viel stärkerem Maß durch den Anschein der Autokratie, Geheimnistuerei und Weltfremdheit
beeinflußt, der die Angelegenheiten des Kolonialministeriums
umgab. Die Kolonialreformer waren keineswegs Rufer in der
Wüste, denn sie vertraten Ansichten, wie sie von den wenigen,
die sich mit Kolonialfragen beschäftigten, vielfach gehegt und
empfunden wurden.
Die Absicht hinter den Feldzügen der radikalen Reformer
gegen das alte Kolonialsystem war im Kern konstruktiv; dahinter stand ein Glaube, den nur wenige ihrer Mitbürger
teilten. Sie beabsichtigten, das System nach den Leitsätzen der
Freiheit umzugestalten, was politisch gesehen die Selbstverwaltung der Kolonien bedeutete. An sich wurde dies im Kolonialministerium, unter anderen von Stephen, als wünschenswert erachtet; denn waren Kolonisten nicht genauso wie andere
Leute die besten Sachwalter ihrer eigenen Interessen? Die Kolonialreformer gingen aber noch weiter. Sie bezweifelten die
weitverbreitete Annahme, die Freiheit der Kolonien zur
Wahrnehmung ihrer eigenen Interessen würde zu ihrer Los-

lösung führen, und folgerten, daß diese im Gegenteil eine
enge, gegenseitig vorteilhafte und freiwillige Verbindung ermutigte. Der Ruf »Gebt eure Kolonien frei!« bedeutete nach
Molesworth damals mehr, als es den Augenschein hatte. Zumindest einige vertraten damit die Meinung: »Ein Land wie
das unsere führe ohne Kolonien besser, und es wäre für uns
sogar besser gewesen, niemals Kolonien besessen zu haben.«
Molesworth sagte ferner dem Unterhaus: »Anstatt zu wünschen, daß wir uns von unseren Kolonien trennen oder darauf verzichten, neue zu gründen, würde ich vorschlagen, zwischen Gut und Böse zu unterscheiden: das Böse abzuschaffen,
aber das Gute zu erhalten. Nicht ›Gebt eure Kolonien frei!‹,
sondern vermehrt und verbessert sie; reformiert euer System
der Kolonialverwaltung.« (33) Lord Durham behauptete:
»Der Versuch, die Kolonien zu behalten und gut zu regieren,
sollte eigentlich erprobt werden.« Selbst wenn es entgegen seinen Erwartungen zur Trennung führen sollte, wäre zumindest
darin die Genugtuung zu erblicken, daß man sich in Freundschaft trennte und die Gewißheit hätte, daß »die britischen
Kolonien nicht die einzigen Länder auf dem amerikanischen
Kontinent seien, in denen die Unfähigkeit des angelsächsischen Volkes, sich selbst zu regieren, festgestellt werden
müßte«.
Die Sache der Kolonialreformer wurde vorwiegend durch die
Umstände begünstigt. Am 2. Februar 1848 wurde das erste
verantwortliche Ministerium in einer britischen Kolonie in
Neuschottland, der ältesten britischen Kolonie im Zweiten
Reich, amtlich eingerichtet. Aber seine Bildung war die Folge
nicht der britischen Bekehrung zu dem Gedanken der ministerverantwortlichen Kolonialregierung, sondern der britischen
Wertschätzung der Bedeutung dieses Gedankens in Situationen, in denen man dem anhaltenden und zunehmenden Druck

der kolonialen Forderung nach einer der Meinung gewählter
Vertreter entgegenkommenden Verwaltung ausgesetzt war.
Wo Neuschottland voranging, folgten andere nach, aber in jedem Fall weniger wegen des Grundsatzes als wegen der Zweck-
mäßigkeit. Denn es war entscheidend, daß der Gedanke von
Durham in seinem Bericht formuliert und von seinen reformi-
stischen Freunden im Streitgespräch entwickelt worden war,
bevor die koloniale Forderung ihren Höhepunkt erreichte. Das
Zugeständnis konnte daher aus echter Überzeugung erfolgen,
wie es in der Tat auch der Fall war.

Der Eifer der Kolonialreformer wurde zu dieser wie zu anderen Zeiten insbesondere durch die resignierende Einsicht
oder Gleichgültigkeit der herrschenden Staatsmänner und Parteien gefördert. Die Situation wurde in einem Brief Lord
Greys vom 18. Mai 1849 aus dem Kolonialministerium an
Lord Elgin in Kanada treffend zusammengefaßt: »Das
Hauptziel unserer Politik sollte es sein, die Hoffnungen und
den Mut der Kanadier zu unterstützen ... Aber leider setzt
sich im Unterhaus und bedauerlicherweise auch in den höchsten
Kreisen eine Meinung (die ich für völlig falsch halte) durch,
daß wir kein Interesse an der Erhaltung unserer Kolonien
haben und daher auch keine Opfer für diesen Zweck bringen
sollten. Wenn auch Peel, Graham und Gladstone diese Auffassung nicht so offen vertreten wie Cobden und dessen
Freunde, so geben sie doch deutlich zu erkennen, daß sie diese
teilen. Ich finde auch einige Mitglieder des Kabinetts nicht
frei davon, so daß ich machtlos bin, irgend etwas zu unternehmen, das mit Ausgaben verbunden wäre. — Das Vorhandensein dieser Meinung hier erscheint mir als der bei weitem
bedenklichste Grund zu Befürchtungen für die Zukunft.« (34)
Im Bollwerk des Kolonialministeriums hegte Sir James Stephen, der niemals eine Kolonie besuchte, ähnliche Vorstellun-

gen. Er schrieb: »Es bleibt den Kanadiern überlassen, das letzte Tau zu kappen, mit dem sie bei uns noch verankert sind ... Das gleiche bahnt sich in den australischen Kolonien an.« Aber es ist bemerkenswert, daß er britische Zustimmung zu einer kanadischen Initiative in Erwägung zog und sogar für richtig hielt. Die Verantwortung für den endgültigen Bruch mußten seiner Meinung nach die Kolonisten selbst tragen. Selbst im Hinblick auf die kleineren Kolonien, die er in einer Vorahnung eines bekannteren Ausspruchs von Disraeli als »elende Belastungen« bezeichnete und für die »wir in einer dunklen Stunde die Verantwortung übernahmen, haben wir kein Recht, die Verantwortung wieder abzulegen, wenn uns nicht die Initiative der Kolonisten selbst aus der Verpflichtung entläßt«. In einer Debatte im Oberhaus 1854 faßte Lord Derby die vorherrschende Meinung gut zusammen, wobei etwas von der fatalistischen Grundhaltung in den Äußerungen Stephens mitklang. Er sagte: »Wenn die nordamerikanischen Kolonien, die an Reichtum, Bevölkerungszahl und Bedeutung zunehmen, wünschen, sich von diesem Land zu lösen, so laßt uns in Gottes Namen in Frieden und Freundschaft auseinandergehen.« (35)
Dies war zugleich ein verständlicher wie auch vernünftiger Gesichtspunkt, nachdem die amerikanischen Kolonien scheinbar den entscheidenden Präzedenzfall geliefert hatten. Es war nicht die Tatsache ihres Abfalls allein; hinzu kam, daß ein Vierteljahrhundert vor der Unabhängigkeitserklärung Turgot, in einer ewig denkwürdigen historischen Vorschau, verkündet hatte: »Die Kolonien sind wie Früchte, die sich nur bis zur Reife am Baum halten«, und die amerikanischen Kolonien würden, sobald sie sich selbst erhalten könnten, genau das tun, »was Karthago tat«. Professor D. G. Creighton schrieb: »Die Mehrzahl der ständigen Unterstaatssekretäre

für die Kolonien während der ersten Jahrzehnte der Herrschaft Königin Viktorias bekannten sich zu einer Auffassung
über die Kolonien, die man obstbaukundlich nennen könnte,
nämlich zu der Auffassung, daß es allen Kolonien unvermeidlich vorherbestimmt war, wie reife Äpfel vom Mutterbaum
herunterzufallen. Sie und ihre Zeitgenossen zeigten wenig
Neigung, den Abfall aufzuhalten. Es gab kaum einen erst-
rangigen Staatsmann im frühen viktorianischen England, der
nicht bereit war, die Loslösung der Kolonien freudig und
gelassen hinzunehmen.« (36) Die Gelassenheit zumindest war
verständlich. Wenn die Trennung unvermeidlich war, verlangte es nicht die Staatskunst, daß sie diesmal freundschaftlich
vor sich gehen sollte? Warum sollte man sich einer unvermeidlichen Auflösung der Beziehungen zwischen Reich und Kolonien widersetzen? Warum sollte man statt dessen nicht den
Forderungen der Kolonien nach ministerverantwortlicher
Selbstverwaltung, wann immer sie vorgebracht wurden, nachgeben, um so den Abzug der Reichsgewalt schrittweise herbeizuführen, bis die Verantwortung von einer Nachfolge-
regierung übernommen wurde, die in der Lenkung der Staatsgeschäfte nicht unerfahren war?
Eine weitverbreitete Vermutung über den wahrscheinlichen
Ablauf der Ereignisse erhöhte die Wahrscheinlichkeit ihres
Eintretens. So folgerte jedenfalls C. A. Bodelsen, mit der Begründung, daß die ständige Diskussion über die Notwendigkeit und Erwünschtheit der Trennung, indem sie die Treue
der Kolonisten verärgerte und verletzte, die Trennung tatsächlich näher brachte. Andererseits konnte, wie er bemerkte,
zumindest kaum bestritten werden, daß die liberale Politik
der fast unbeschränkten Selbstverwaltung und der ständigen
Einwilligung in koloniale Forderungen, der die Fortdauer der
Bindung hauptsächlich zuzuschreiben war, in großem Maß

durch die Überzeugung erleichtert wurde, daß die Bindung nur von kurzer Dauer sein würde. Bodelsen schlußfolgerte: »Paradoxerweise kann man sagen, daß die Separatisten auf diese Weise ihren Beitrag zur Fortdauer der Reichseinheit geleistet haben.« (37)

Der politische Liberalismus in kolonialen Angelegenheiten, der sich aus zahlreichen Haltungen, Überlegungen und Gefühlen zusammensetzte, wäre kaum so schnell und so weit vorangekommen, wenn der Feldzug für den Freihandel nicht gleichzeitig seinen erfolgreichen Höhepunkt erreicht hätte. Großbritannien, die industrielle Werkstatt der Welt, hatte daher kein besonderes oder bleibendes Interesse daran, in den Grenzen eines Reichswirtschaftssystems, das es selbst aufgebaut hatte, eingeschlossen und eingeschränkt zu bleiben. Die Welt, nicht das Reich, war oder war im Begriff, Englands Markt zu werden. Großbritannien, »die Reichsmetropole eines weitausgedehnten Gemeinwesens«, wie es Professor Hancock treffend nannte (38), war »die Handelsmetropole einer noch weiter ausgedehnten Wirtschaft« geworden oder im Begriff, es zu werden. Für Vertreter des Freihandels wie Cobden und Bright war die Beseitigung der Zollgrenze zwischen dem Reich und der Welt nicht eine Sache des Zufalls, sondern ein grundsätzlicher Glaubensartikel. Die Welt mußte dem Handel aller Nationen geöffnet werden; denn der Handel brachte der Menschheit sowohl Gewinn als auch Frieden. Professor Creighton schrieb 1938: »Für das zweite Reich war die Bedeutung des neuen Industrialismus und der neuen Staatswirtschaft nur allzu offenkundig. Es war nicht so, daß die Engländer ihre Reichsidee selbstlos aufgegeben hatten: Sie hatten einfach den alten, schlichten, sündigen Imperialismus des ersten Reichs durch einen neuen, von Gott inspirierten Imperialismus ersetzt. Sie schauten über die Grenzen ihrer kümmerlichen kleinen Kolonien hinaus auf den Handel und die wirtschaftliche Beherrschung der Welt.« (39) Die durch den Glauben an den Freihandel bestärkten, weit ausgreifenden Interessen verlangten infolgedessen die endgültige Auflösung des alten Kolonialsystems, und mit dem Widerruf der Navigationsakte 1849 wurde es formell zu Grabe getragen.

Die Verfechter des Freihandels waren daher weit davon entfernt, die Unabhängigkeit der Kolonien abzulehnen; im Gegenteil, sie begünstigten sie, nicht zuletzt deswegen, weil sie darin ein Mittel zur Einschränkung der Ausgaben des Reichs sahen. Am 22. August 1849 schrieb Lord Grey aus Howick an Elgin in Kanada: »Hawes hat vor einigen Tagen einen Brief von Cobden erhalten. Ich glaube, es wäre gut, wenn Sie ihn lesen würden, da er die öffentliche Meinung in bezug auf die Kolonien ziemlich wahrheitsgetreu widerspiegelt. — Es ist unmöglich, sich zu verheimlichen, daß eine zunehmende Ungeduld über die Höhe der von ihnen verursachten Ausgaben zu spüren ist, und ebenso eine starke Meinungsströmung, daß sie im Frieden für ihre eigenen Verteidigungsausgaben aufkommen sollten; und ich kann nicht leugnen, daß hierin eine gewisse Berechtigung liegt ... Tatsächlich so vorzugehen, wie es Cobden und seine Freunde wünschen, würde bedeuten, daß jedenfalls der größte Teil unserer Kolonien abgeschrieben werden müßte; aber ich bin altmodisch genug zu glauben, daß dies ein nationales Unglück und, was noch mehr ist, ein Unheil für die ganze zivilisierte Welt wäre.« (40) Cobden hätte solche Ansichten sicherlich für altmodisch, wenn nicht für absichtlich verstockt gehalten. Aber man konnte sie übersehen, was man mit den Ausgabenforderungen für die Kolonien nicht konnte. Für ihre Verminderung bedurfte es eines Feldzugs der Kritik an den Ausgaben für die Kolonien, was in den darauffolgenden Jahren auch geschah.

Für die Kolonien — vor allem für jene in Britisch-Nordamerika — war der Übergang vom alten Kolonialsystem zur
neuen Ära des Freihandels manchmal schmerzlich. Ein kanadischer Historiker, Professor Creighton, hat die Annahme des
Freihandels durch Großbritannien als »eine große Katastrophe« bezeichnet, der in den nordamerikanischen Kolonien in
der Tat eine tiefgreifende, wenn auch kurzlebige Depression
folgte. Er hat daraus geschlossen, daß das Reich an der ministerverantwortlichen Regierung und der neuen, im britischen
und nicht im kolonialen Interesse durchgeführten Finanzpo-
litik zerbrochen wäre. In einer treffenden Paradoxie sagte er,
nicht die Kolonien hätten sich von Großbritannien getrennt,
sondern Großbritannien sei von seinem eigenen Reich abgefallen (41). Diese Paradoxie, sosehr sie — will man nicht die
Ansicht verfechten, die eigentlichen Bande des Reichs seien
alle oder hauptsächlich wirtschaftlicher Natur gewesen — der
Einschränkung bedarf, lenkt die Aufmerksamkeit auf die
überaus wichtige Tatsache einer vom Britischen Weltreich aus-
gehenden Initiative, der sich die Kolonien ihrerseits anpassen
mußten.

Die Aufhebung der ausschließlichen Handelsbeziehungen er-
heischte schon an sich eine nochmalige Überprüfung der Ziele
des Reichs. Im April 1851 unternahmen die Herausgeber von
The Edinburgh Review diese Aufgabe. Sie bemerkten, daß
früher die Kolonien als Absatzgebiete für Fabrikerzeugnisse
und als Lieferanten »notwendiger Erzeugnisse, die wir andernorts überhaupt nicht oder nicht so preiswert und gut erhalten konnten«, geschätzt worden seien. Sie seien »die hauptsächlichen und sichersten Kanäle für den Handel, den wir als
das Lebensblut der Nation betrachteten«, gewesen. Sie seien
mit dem Mutterland durch die Bande eines strikten und auf
gegenseitiger Meistbegünstigung aufgebauten Systems von

Vorzugszöllen verbunden gewesen; »wir zwangen sie, ausschließlich mit uns Handel zu treiben, die von uns lieferbaren Handelsartikel ausschließlich von uns zu beziehen und alle Erzeugnisse ihres Bodens ausschließlich uns zu liefern ... Unsere Kolonien waren *Kunden, die uns nicht entrinnen konnten,* und Verkäufer, die nur uns allein verkaufen konnten.« Aber all das sei durch ein neues System, das auf grundverschiedenen Vorstellungen aufgebaut sei, ersetzt worden. Alle Schutz- und Differentialzölle seien beseitigt worden, und Großbritannien bevorzuge einerseits Erzeugnisse der Kolonien nicht mehr und könne jene andererseits nicht mehr zwingen, die seinen vorzuziehen. Die Kolonien seien also befreundete Handelspartner geworden, nicht mehr. »Der eigentliche Zweck, für den wir sie begründet, verwaltet, verteidigt, gehegt und gepflegt haben, ist preisgegeben worden: Warum sollten wir dann weiterhin die Kosten für ihren Unterhalt tragen?« Warum in der Tat, wenn Sir William Molesworth die jährlichen Kosten für die Kolonien auf 4 000 000 Pfund schätzte? Das entsprach fast den Einkünften aus der Einkommenssteuer, die, gäbe man die Kolonien preis, »zur unendlichen Erleichterung unseres Volkes« erlassen werden könnte.

War die finanzpolitische Beweisführung gegen das Reich überzeugend? Sicherlich gab es viele, unter ihnen vor allem die eifrigen Anhänger des Freihandels, die bereit waren, so zu denken. Sie erhielten von Goldwin Smith, Regius Professor für Geschichte in Oxford, tatkräftige Unterstützung. 1863 bemerkte er rückblickend: »Es gab eine Zeit, in der die allgemeine Verbreitung der Handelsmonopole die Mühe lohnte, Kolonien in Abhängigkeit zu halten, um ihren Handel zu beherrschen. Aber diese Zeit ist dahin. Der Handel ist überall frei oder wird frei; und diese kostspielige und gefährliche Bindung hat ihre einzige Berechtigung überlebt.« Das war bezeichnenderweise eine extreme Behauptung; aber es war nicht der Ausdruck einer rein theoretisch vorgebrachten antikolonialen Ansicht, sondern eine Beweisführung gegen ein politisches Reich in einer Ära des Freihandels. Die Unterscheidung ist nicht unwichtig. Der sogenannte und heute oft angezweifelte Antiimperialismus des Freihandels war selbst nach eigenem Verständnis keineswegs uneingeschränkt antiimperialistisch. Ein früher und ernstzunehmender Kritiker der liberalen Deutung der Reichsgeschichte des 19. Jahrhunderts, Professor Creighton, bemerkte, daß im Gegenteil »das Herz der ganzen Bewegung Manchester war — Manchester, der Mittelpunkt des neuen Imperialismus, der sich hinter einer nüchternen antiimperialistischen Verkleidung verbarg« (42). Ein Verfechter des Freihandels konnte also antiimperialistisch sein und war es unter den besonderen Umständen des frühviktorianischen Englands gewöhnlich auch, weil er glaubte, daß die wesentlichen Ziele des Reichs wirksamer gefördert werden konnten, sobald sie von den Verwicklungen eines überholten politischen Systems befreit waren. In einem tieferen Sinn konnte er jedoch auch von einem Imperialismus angetrieben werden, der ebenso handgreiflich wie der seiner Vorgänger war und sogar noch »anmaßender« — der Ausdruck stammt von Professor Creighton — als derjenige seiner auf räumliche Ausdehnung erpichten Nachkommen des späten 19. Jahrhunderts. Oder, um unter Verwendung der Fachausdrücke, die ihre weite Verbreitung durch den Frontalangriff Professor Gallaghers und Dr. Robinsons auf die herkömmlichen Vorstellungen von einer antiimperialistischen mittelviktorianischen und einer imperialistischen spätviktorianischen Epoche der britischen Geschichte erhalten haben, die Sache wesentlich anders und tiefgreifender darzustellen und um das sichtbare Reich, über das Großbritannien politische Macht ausübte, und das unsichtbare Reich, in dem es seinen Einfluß behauptete und seine Interessen mittels indirekter Machtanwendung in dieser oder jener Form verfolgte, unter einem einzigen Blickwinkel zu sehen, läßt sich überzeugend nachweisen, daß die sogenannte antiimperialistische und die sogenannte imperialistische Epoche nicht mehr als die oberflächlichen Erscheinungen einer grundlegenden Tendenz waren. Nach Ansicht der Verfasser war der Unterschied »zwischen dem sichtbaren und dem unsichtbaren Reich nicht grundsätzlicher, sondern gradueller Natur« (43). Die neue wirtschaftliche Aufklärung, die sich der Vorteile einer unauffälligen wirtschaftlichen Herrschaft für Großbritannien in der damaligen Zeit bewußt und ebenso bestrebt war, Großbritannien von der drückenden und kostspieligen unmittelbaren politischen Verantwortung zu befreien, bedeutete in Wirklichkeit nicht, wenn es auch den Anschein haben mochte, ein Abgehen von den alten Beweggründen des Reichs, geschweige denn deren Ablösung. Im Gegenteil, der Zeitraum ihrer — nämlich der wirtschaftlichen Aufklärung — unangezweifelten Vorherrschaft fiel, und das nicht von ungefähr, mit bedeutenden Ausweitungen des sichtbaren und bemerkenswerten Erweiterungen des unsichtbaren Reichs zusammen. Aber trotz dieses offenkundigen Widerspruchs machte die neue Denkweise die britischen Staatsmänner geneigter, die Vorteile — sowohl für Großbritannien als auch für die Siedlungskolonien — der Erweiterung der Selbstverwaltung, die zur Unabhängigkeit führen konnte, in Erwägung zu ziehen. In der Geschichte des Commonwealth hat diese Tatsache nichts an Bedeutung verloren. Ohne eine solche Bereitwilligkeit auf britischer Seite, was auch immer die Beweggründe dafür gewesen sein mögen, hätte es nie ein Commonwealth gegeben. Die schwindende Beherrschung durch das Mutterland in einer kritischen Phase

der Reichsgeschichte ebnete, im Gegensatz zum Abfall der
Kolonien nach dem früheren amerikanischen Beispiel, den
Weg zu freundschaftlicher Verbindung. Daß die britische Regierung in dieser sogenannten antiimperialistischen Phase
weiterhin neue Gebiete in Indien und Afrika erwarb, war in
diesem Zusammenhang belanglos. Britische Kolonisten in
Übersee interessierten sich kaum für allgemeine Theorien der
Reichspolitik und deren Anwendung. Sie waren nur mit der
direkten Auswirkung der Reichspolitik auf die Verwaltung
ihrer Angelegenheiten befaßt. In diesem begrenzten Zusammenhang bedeutete der »Antiimperialismus« der mittelviktorianischen Jahre einen für die Zukunft des Commonwealth
entscheidenden Bruch mit dem Imperialismus des vorhergehenden Zeitalters.

Die Erörterung des Reichsgedankens wurde in jener Zeit jedoch weniger abstrakt geführt. *The Edinburgh Review* lieferte
im schon zitierten Artikel entgegengesetzte Beweisgründe *zugunsten* des Reichs. Was die Kosten Großbritanniens für das
Kolonialreich betraf, so beliefen sie sich 1850, entgegen den
von Molesworth behaupteten 4 000 000 Pfund, gerecht be-
rechnet nur auf 2 000 000 Pfund im Jahr, obwohl sie zugegebenermaßen zeitweise viel höher gewesen waren. Im übrigen
verlief die Beweisführung in Bahnen, die ein Jahrhundert
lang oder noch länger geläufig sein sollten. Die Kolonien, bemerkte der Artikel, wünschten die Unabhängigkeit nicht und
seien daher auch nicht unwillige oder schwierige abhängige
Gebiete. Sie haßten möglicherweise das Kolonialministerium,
aber nicht England. England wäre auf jeden Fall so sehr
durch Bande des Blutes und der Zuneigung mit ihnen verbunden, daß es nötigenfalls, selbst wenn sie unabhängig wären,
zu ihrer Verteidigung herbeieilen würde. Sie seien Länder
mit ansteigender Bevölkerungszahl, die die wertvollsten Ge-

legenheiten für kaufmännische Unternehmungen boten und mit denen daher schon allein aus Gründen des weitschauenden Eigeninteresses die engsten Beziehungen aufrechterhalten werden sollten. Ihre Bevölkerung sei teilweise oder größtenteils britisch, und wegen der Bevölkerungszunahme in der Heimat sei es sehr wichtig, daß die Kolonien ein einfaches, natürliches Auffanggebiet für die überseeische Auswanderung blieben. Auch dürfte man menschliche Überlegungen nicht übersehen. Es gäbe britische Verpflichtungen gegenüber Minderheiten und Völkern anderer Rassen in diesen Kolonien, die zu verleugnen nicht ehrenhaft gewesen wäre. Alles in allem verlange die Situation also nicht, wie es rein finanzielle Überlegungen nahelegen mochten, die Preisgabe der Kolonien, sondern eine fortdauernde, nachsichtige, gerechte Herrschaft, die die Kolonien zur vollständigen Selbstverwaltung führen sollte, wo immer ein ausreichender Zustrom britischen Blutes diese rechtfertige. Das Ziel sollte die Existenz und der Zusammenhalt eines riesigen Herrschaftsbereichs sein, »gesegnet mit der ... vorteilhaftesten Form der Freiheit, deren die Welt bisher teilhaftig geworden war«.
Dies war die Sprache des Commonwealth: mit einer einzigen Einschränkung. Was siebzig Jahre später fallengelassen wurde, war etwas, was dem Bericht Lord Durhams, der *Edinburgh Review* und den meisten Kommentaren des 19. Jahrhunderts gemeinsam war, nämlich die Bindung der Selbstregierung an Menschen britischen Ursprungs, die aufgrund ihrer Geschichte und ihrer Erfahrung in der Regierungskunst allein als geeignet betrachtet wurden, die Verantwortung zu übernehmen. Weil diese Auffassung so weit verbreitet war, glaubte man, daß die Ansiedlung britischer Volksteile in Übersee nicht nur für Großbritannien vorteilhaft sein würde, sondern auch für die gesteckten Ziele des Reichs von Bedeu-

tung sei und im übrigen einen Beitrag zum Weltfrieden leiste durch die Ausweitung der für die höchste bekannte Regierungsform geeigneten Gebiete. In einer scharfen Erwiderung auf ein nochmaliges Ersuchen Goldwin Smiths in Oxford, die Herrschaftsgebiete der Königin »mit so wenig Aufschub wie möglich« aufzuteilen, begründete *The Times* am 4. Februar 1862 ihre Befürwortung des Reichs hauptsächlich mit den Möglichkeiten und Vorteilen, die jenes bei der Fortsetzung britischer Siedlung in Übersee bot. Diese Siedlungen, so folgerte *The Times,* seien gewichtige Bestandteile der wirtschaftlichen Größe Englands. Nicht einmal die Eroberung Indiens hätte die Bewunderung fremder Nationen so sehr erregt wie die Besiedlung Australiens. Sie fuhr mit wachsender Begeisterung fort: »Jeder französische Reisende bricht beim Anblick des Wohlstands von Melbourne in Lobeshymnen aus und bedauert, daß die französische Regierung ihre Ansprüche auf die Inseln Neuseelands nicht behauptet hat. Es ist jedoch erst einige Jahre her, daß die Kolonien in Australien als Fehlschlag verurteilt wurden und daß die Philosophen aus der Schule Adam Smiths erklärten, der Versuch, das amerikanische Experiment zu wiederholen, müßte zusammenbrechen. Australien hat sich entwickelt und nimmt uns Millionen unserer Erzeugnisse ab. Tatsächlich gibt es für ein Land wie das unsere keine vernünftigere Politik, als die leeren Gebiete der Erde in Besitz zu nehmen, um unserer zusammengedrängten Bevölkerung die Möglichkeit zu verschaffen, sich dort unter unseren eigenen Gesetzen anzusiedeln, die, wenn nötig, abgeändert werden müssen, um ihren besonderen Erfordernissen gerecht zu werden.«

Insofern es nach der ersten Gewährung der ministerverantwortlichen Selbstverwaltung und dem Abschluß der Freihandelsrevolution in der britischen Handelspolitik überhaupt eine

Benjamin Disraeli (1804–1881), englischer Premierminister von 1868 und 1874 bis 1880.

Französische Karikatur der Greuel in Indien von Gustav Doré.

Hinrichtung aufständischer Inder während des erfolglosen Aufstandes von 1857/58.

Übereinstimmung der Meinungen über das Reich gab, entsprach sie den Gedanken, wie sie in dem Briefwechsel von Earl Grey, der in den kritischen Jahren von 1848 bis 1852 Kolonialminister war, mit Lord John Russell niedergelegt sind. Erstens: Großbritannien »hat überhaupt kein Interesse daran, einen größeren Einfluß auf die inneren Angelegenheiten der Kolonien auszuüben, als unbedingt notwendig ist, um entweder zu verhindern, daß irgendeine Kolonie Maßnahmen ergreift, die für eine andere Kolonie oder für das ganze Reich nachteilig sein könnten ...«, oder um eine gerechte und unvoreingenommene Verwaltung derjenigen Kolonien zu gewährleisten, deren Bevölkerung zu unwissend und unaufgeklärt sei, um die eigenen Angelegenheiten wahrzunehmen. Zweitens: Aus der Preisgabe jeder einengenden Handelspolitik gegenüber den Kolonien und jeder unnötigen Einmischung in die inneren Angelegenheiten der Kolonien ergebe sich, daß Großbritannien seinerseits berechtigterweise erwarten könne, daß die Kolonien »einen größeren Anteil der für sie aufgewendeten Ausgaben als bisher« übernehmen sollten (44).

DAS ERSTE DOMINION UND SEINE VERFASSUNG

28 JAHRE liegen zwischen dem Durham-Bericht und der Verabschiedung der Britisch-Nordamerika-Akte. Während dieser Zeit sammelte man Erfahrungen in der Anwendung der ministerverantwortlichen Selbstverwaltung und entdeckte einige ihrer kaum verstandenen Folgen. Dafür mag ein sehr wichtiges Beispiel genügen. Durham hatte empfohlen, die Regelung des Handels sollte der Reichsregierung vorbehalten bleiben. Bedeutete dies die Kontrolle der kolonialen Handelsbeziehungen sowohl mit fremden Ländern als auch mit Groß-

britannien selbst? Lord Durham hatte es ganz sicher so gemeint. Aber hatte sich die Lage seit dem Aufkommen des
Freihandels nicht verändert? Die alten Reichszölle wurden
abgebaut. Waren die Kolonien nun unter allen Umständen
verpflichtet, die Politik des Freihandels zu übernehmen und
durchzuführen? Vielleicht benötigten sie Zolleinnahmen. Vielleicht wünschten sie, junge Industrien zu schützen: eine von
Adam Smith selbst genehmigte und berechtigte Ausnahme.
Vielleicht wünschten sie sogar, so ketzerisch der Gedanke in
den Tagen der neuen wirtschaftlichen Aufklärung auch erscheinen mochte, Zollschranken in ihrem eigenen nationalen Interesse zu errichten.

Die erste Frage bezüglich des Handels mit fremden Ländern
erhielt 1854 durch die Unterzeichnung des kurzlebigen kana-
disch-amerikanischen Handelsabkommens eine teilweise Antwort. Diese Unterzeichnung bewies, daß eine selbständige
Kolonialregierung zumindest ein Handelsabkommen abschließen konnte, obwohl angenommen wurde, daß die Genehmigung der Königin und des britischen Parlaments zu seiner
Ratifikation notwendig war. Aber konnte eine Kolonie, die
sich der Selbstverwaltung erfreute, darüber hinaus Einfuhr-
zölle auf Waren aus anderen Reichsgebieten und aus Großbritannien selbst verhängen? Das Kolonialministerium verneinte dies und machte bei zwei Gelegenheiten in den frühen
fünfziger Jahren seine Auffassung geltend. Aber 1859 wurde
diese Ansicht angezweifelt. Der kanadische Finanzminister,
Alexander Galt, verhängte eine erste kanadische Zollschranke.
Galt wollte damit die einheimische Industrie unterstützen,
obwohl er mit vorsätzlicher Zweideutigkeit von einem »bei-
läufigen Schutz« sprach (45). Er meinte damit Schutzzölle, die,
in der Hauptsache als Einnahmequelle gedacht, nebenbei auch,
wie die Redewendung andeutete, Schutz gewährten. Der Ko-

lonialminister, der Herzog von Newcastle, gestützt auf eine Denkschrift der Handelskammer in Sheffield, reagierte scharf, indem er in einem amtlichen Schreiben vom 13. August 1859 an den Generalgouverneur seiner Mißbilligung und seinem Bedauern über das kanadische Vorgehen Ausdruck verlieh. Galt bereitete seine Antwort vor. In ihrer ausführlichen Widerlegung der Beweise und der zugrunde gelegten Zahlen, die von der Handelskammer Sheffields unterbreitet worden waren, war diese Antwort vernichtend; im Hinblick auf die grundsätzliche Frage fehlte es ihr in keiner Weise an Schwung und Durchschlagskraft (46). Der betreffende Abschnitt lautet: »Die Regierung Kanadas, die im Auftrag der kanadischen Legislative und des kanadischen Volkes handelt, kann sich nicht durch jene Gefühle der Achtung, die wir der Reichsregierung schulden, dazu verleiten lassen, in irgendeiner Weise auf das Recht des kanadischen Volkes zu verzichten, sowohl über die Art als auch über die Höhe der zu erhebenden Steuern selbst zu entscheiden... Die Selbstverwaltung würde gänzlich aufgehoben, wenn die Ansichten der Reichsregierung denen des kanadischen Volkes vorgezogen werden sollten. Es ist daher die Pflicht der gegenwärtigen Regierung, nachdrücklich auf dem Recht der kanadischen Legislative zu bestehen, die Besteuerung der Bevölkerung so zu ordnen, wie sie es für richtig hält, selbst wenn das unglücklicherweise die Mißbilligung der Reichsregierung herausfordern sollte. Ihrer Majestät kann nicht geraten werden, solche Gesetze außer Kraft zu setzen, es sei denn, ihre Berater wären bereit, die Verwaltung der Angelegenheiten der Kolonie ohne Rücksicht auf die Meinung der Bevölkerung zu übernehmen.«

Für die Reichsregierung war der Stachel im Schlußsatz enthalten. Sie konnte die Verwaltung Kanadas oder irgendeiner anderen Kolonie nicht gegen die Wünsche einer Bevölkerung

»wieder übernehmen«, die sich an die Ausübung der Selbstverwaltung gewöhnt hatte, ohne gleichzeitig schier unbegrenzte Verantwortung und eine unerträgliche Belastung auf
sich zu nehmen, für deren Gewicht die Beibehaltung der Einheitlichkeit in der Zollpolitik des Reichs nur eine sehr magere
Entschädigung geboten hätte. Die Auseinandersetzung endete
daher mit einem bemerkenswerten Fortschritt in der Richtung
auf koloniale Unabhängigkeit.

In Britisch-Nordamerika selbst ließen die zwei Jahrzehnte
nach dem Durham-Bericht die Unvollständigkeit des Zusammenschlusses der beiden kanadischen Provinzen und die Un-
zulänglichkeiten getrennter Selbstverwaltungseinrichtungen
in den übrigen Kolonien erkennen. Die große Eisenbahn-
hauptstrecke, die mit staatlicher Unterstützung 1854 begonnen
worden war, wurde nach ihrer Fertigstellung bei der Eröffnung der Viktoriabrücke über den St.-Lorenz-Strom in Montreal 1860 durch den Prinzen von Wales zur längsten Eisen-
bahnstrecke unter einer einzigen Verwaltung in der ganzen
Welt, und Kanada wurde zu »einer Eisenbahn auf der Suche
nach einem Staat« (47). Mit der Eisenbahn beschleunigte sich
die Erschließung der westlichen Prärien, und selbst wenn es
für Ost und West schwierig war, politisch miteinander auszukommen, so kam man doch immer mehr zu der Überzeugung,
daß es für sie unmöglich sei, sich getrennt zu entwickeln. Zur
Wirtschaft kam der gewichtige Beweggrund der Verteidigung
hinzu. Getrennt waren die Kolonien nur zu verteidigen, wenn
man mit der Unterstützung des Reichs in einem Umfang
rechnen konnte, der keineswegs jederzeit zu erwarten war.
Die Vereinigten Staaten oder Gruppen in den Vereinigten
Staaten waren, wie es die Überfälle der Fenier 1866 bezeug-
ten, zur Zeit des Bürgerkriegs potentiell aggressive oder auf
Ausdehnung bedachte Nachbarn, die eine mögliche äußere

Bedrohung von der Art darstellten, wie sie nötig war, um die Anstrengungen der Kolonisten und auch der britischen Behörden zur Erreichung der Einheit zu verstärken. Alles in allem verlockte die Verbindung von wirtschaftlichen und politischen Umständen zu einem Versuch der Nationbildung. Die Zustimmung zur Einleitung dieses großartigen Unterfangens wurde 1864 durch die Vertreter der Provinzen auf einer Konferenz in Quebec erreicht. Jedoch war, wie das so häufig der Fall ist, der Weg zur Konferenz und zur Erreichung ihrer Ziele verschlungen und nicht ohne Überraschungen gewesen.

Die erste Anregung kam aus den maritimen Provinzen, als auf einer Konferenz in Charlottetown, der Hauptstadt von der Prinz-Eduard-Insel, die Möglichkeit des politischen Zusammenschlusses der drei maritimen Provinzen, Neuschottlands, Neubraunschweigs und der Prinz-Eduard-Insel, von ihren Führern besprochen wurde. Die Reichsregierung begrüßte zunächst diesen begrenzten, regionalen Zusammenschluß und spielte dann in der Person des Generalgouverneurs von Kanada, Viscount Monck, eine aktivere Vermittlerrolle bei der Erweiterung des Gesichtskreises und der Ziele der ursprünglichen Konferenz. In einem Brief Lord Moncks vom 9. Juli 1864 an den Gouverneur von Neuschottland heißt es, damit sollte »festgestellt werden, ob der vorgeschlagene Zusammenschluß nicht alle britisch-nordamerikanischen Provinzen umfassen könnte« (48). Der in weiten Kreisen gehegte Gedanke wurde günstig aufgenommen, und man berief eine größere, weitere Gebiete vertretende Konferenz ein, um ihn zu erörtern.

Das den großen Bogen des St.-Lorenz-Stroms überschauende Gebäude, in dem sich die Konferenz in Quebec versammelte, war ursprünglich als Postamt geplant gewesen und hatte 1860 zeitweilig dem Prinzen von Wales als Residenz und hernach bis zur Fertigstellung der Parlamentsgebäude in Ottawa als vorläufige Heimat der kanadischen Legislative gedient. Jede Provinz war durch Männer aller Parteischattierungen vertreten; aber die durch das Bewußtsein der historischen Bedeutung geprägte Atmosphäre der Konferenz war im wesentlichen konservativ (49). Über die vorherrschende Absicht der Delegierten, in Kanada eine starke nationale Einheit aufzubauen, herrschte kein Zweifel. Zwei Jahre später schrieb Lord Monck an den Staatssekretär für die Kolonien, Lord Carnarvon, er sei überzeugt, »sowohl durch die innere Beweiskraft der von ihnen gefaßten Beschlüsse als auch durch die nähere persönliche Bekanntschaft mit der Mehrzahl der fähigen Männer, aus denen sich der Konvent von Quebec zusammensetzte, daß es ihre Absicht war, aus diesen Provinzen einen festen und dauernden politischen Zusammenschluß mit einer obersten Regierungsgewalt als Sachwalter der allgemeinen Interessen der Bevölkerung der Union zu bilden, und in der das nationale Empfinden und Streben des ganzen Volkes ihren sichtbaren Ausdruck finden würden« (50).

Die Beschlüsse (51), die von der Konferenz zu Quebec angenommen wurden, bildeten die Grundlage für die Britisch-Nordamerika-Akte von 1867. Alexander Galt drängte: »Laßt uns nicht die großen Vorteile, die der Zusammenschluß bietet, aus den Augen verlieren, weil es möglicherweise einige Kleinigkeiten gibt, die uns als Individuen nicht behagen.« (52) Die Bemerkung war so zutreffend, daß man ihr nicht widersprechen konnte. Jedoch, als J. A. Macdonald die in Quebec angenommenen Vorschläge zur Föderation aller Provinzen von Britisch-Nordamerika am 6. Februar 1865 vorlegte, unterstrich er dennoch auch vor dem kanadischen Parlament: »Es muß zugegeben werden, hätten wir uns nicht im Geiste der Versöhnung und mit dem eifrigen Wunsch, diesen Zusammen-

schluß voranzutreiben, versammelt und wären wir nicht von
dem in den Worten des Beschlusses enthaltenen Gedanken —
›daß die besten Interessen und die gegenwärtige und zukünftige Wohlfahrt Britisch-Nordamerikas durch eine bundesstaatliche Vereinigung unter der Krone Großbritanniens
gefördert werden würden‹ — beeindruckt gewesen, hätten
sich alle unsere Anstrengungen als Fehlschlag erweisen können.«
Warum waren jene Anstrengungen und so viel guter Wille
nötig? Die Gründe dafür waren die Weite des Raums und die
kulturelle Verschiedenheit der europäischen Besiedlung Britisch-Nordamerikas. Der weite Raum fand im Regionalismus
der Gebiete mit besonderen Bindungen an die Gemeinschaft
und partikularistischen wirtschaftlichen Interessen seinen politischen Ausdruck. Ein solches regionales Zusammengehörig-
keitsgefühl war in der bisher dünn besiedelten, zwischen den
Seen und Wäldern Oberkanadas im Osten und den Rocky
Mountains im Westen gelegenen Prärie im Entstehen begriffen. Es war besonders in dem durch die Gebirgsschranke vom
übrigen Britisch-Nordamerika abgeschnittenen Britisch-Kolumbien offenkundig und trat am schärfsten in den maritimen Provinzen entlang der Ostküste hervor, die sich eng mit
Großbritannien verbunden fühlten und ausgeprägte eigene
Ansichten hatten und daher ihre Eingemeindung in ein notwendigerweise von den Bewohnern des volkreichen St.-Lo-
renz-Tals beherrschtes Gemeinwesen nicht sehr schätzten. Zufälligerweise war die Initiative von ihnen ausgegangen; aber
sie wurden — vielleicht mehr als alle anderen — aufgerufen,
im Interesse der Föderation Zugeständnisse zu machen. Während also das Gefühl für die unvermeidliche Aufgabe einer
liebgewordenen Eigenstaatlichkeit in den maritimen Provinzen am ausgeprägtesten war, war es doch — wie anderswo

in den englischsprechenden Provinzen — gemindert durch die
Wertschätzung der Zukunft, die einem weiten, vereinigten
und vorwiegend englischsprechenden Dominion mit Selbstverwaltung unter der britischen Krone in Nordamerika be-
schieden sein konnte. Für die Menschen einer anderen Kultur
gab es und konnte es keine so aufregenden Aussichten geben.
Ober- und Unterkanada, getrennt nach Sprache und Ursprung, verbunden durch den beiden gemeinsamen großen
Strom, waren bisher in einer ausgeglichenen, wenn auch unsicheren Union zusammengehalten worden, die durch eine
Folge von »Koalitions- oder Bindestrich-Ministerien« symbo-
lisiert wurde, von denen das bekannteste das von Baldwin
und Lafontaine gewesen war. Aber jetzt, in einem Bundesstaat wurde dieses Gleichgewicht zerstört. Koalitionsministe-
rien sollte es nicht mehr geben. Unterkanada — jetzt die Provinz Quebec — war nicht mehr eine von zweien, sondern eine
unter vielen. So sicher auch immer die Religion, die Sprache,
die sozialen Überlieferungen der *habitants* geschützt werden
mochten, so blieb doch die Tatsache bestehen, daß die Mitarbeit
der französischsprechenden Minderheit überhaupt nur durch
verfassungsmäßig verankerte Sicherungen erreicht werden
konnte. Zur Zeit der Konföderation und während der darauffolgenden 90 Jahre war Abwehr das vorherrschende Element im politischen Denken der Frankokanadier. Sie waren
vor allem entschlossen zu überleben. Es handelte sich nicht so
sehr darum, daß ihre Lage politisch geändert werden sollte,
als daß deren Auswirkungen aufgedeckt werden sollten.
Etwa 36 Jahre vor der Entstehung der Föderation, am 1.
September 1831, hatte Alexis de Tocqueville, während er den
St.-Lorenz-Strom nach Montreal hinauffuhr, seine Eindrücke
in Französisch-Kanada niedergeschrieben. Sie besitzen immer
noch Gültigkeit. Was für das frühe 19. Jahrhundert galt, traf

im wesentlichen auch für die Entstehungszeit der Föderation und auch noch für das Jahr 1967 bei der Jahrhundertfeier der Konföderation zu, weil die Zielsetzung dieselbe geblieben war. Die Frankokanadier waren, wie alle eigentlichen kulturellen Minderheiten, entschlossen, ihr kulturelles Erbe für sich zu bewahren und an künftige Generationen weiterzugeben. »Sie werden sein, was Sie sein wollen, das heißt, Herr Ihrer selbst«, erklärte der Präsident der Französischen Republik, General de Gaulle, bei seinem dramatischen und beunruhigenden Besuch in Quebec im Juli 1967, »Ihre Zukunft muß selbstverständlich eine französische sein.« (53) Auf längere Sicht und in tieferem Sinn enthielten diese Worte alles das, was den Frankokanadiern bisher und noch jetzt von Bedeutung war und ist — unter wechselvollen und oft ungünstigen Umständen, Herr ihrer selbst zu bleiben und Quebec eine französische Zukunft zu sichern.

De Tocquevilles überschwengliche Hoffnungen auf ein wiederhergestelltes französisches Reich in Nordamerika verflüchtigten sich bald und wurden durch eine nüchterne Betrachtung der Aussichten für die französische Gemeinschaft in Unterkanada ersetzt. Zwar war die Bevölkerung, wie er bemerkte (54), instinktiv gegen die Engländer eingestellt; aber »viele Kanadier, die der Oberschicht angehörten, schienen uns« — wie erinnerlich, begleitete ihn Beaumont — »nicht in dem Maß, wie wir glauben (daß sie es sein sollten?), von dem Wunsch erfüllt zu sein, die Spur ihrer Herkunft unversehrt zu erhalten und ein Volk völlig für sich zu werden«. Eine ganze Anzahl schien nahe daran zu sein, mit den Engländern zu verschmelzen, falls diese sich der Interessen Kanadas annehmen würden. »Es ist daher zu befürchten, daß mit der Zeit und vor allem mit der Einwanderung irischer Katholiken der Zusammenschluß kommen wird, was nicht ohne nachteilige

Folgen für das Volkstum, die Sprache und die Bräuche der
Franzosen bleiben kann. Es steht jedoch fest:

1. Unterkanada bildet einen getrennten Staat, was für den
französischen Volksteil günstig ist. In Unterkanada steht die
französische Bevölkerung zur englischen Bevölkerung im Verhältnis 10:1. Sie lebt zusammengeballt . . .

2. Die Engländer haben sich bisher immer ferngehalten . . .

3. In den Städten bilden die Engländer und die Kanadier
zwei (getrennte) Gesellschaften. Die Engländer finden Gefallen an Luxus. Es gibt nur wenige Reichtümer unter den Kanadiern. Daher die Eifersüchteleien und Streitereien in den
Kleinstädten.

4. Die Engländer haben den gesamten Außenhandel in ihrer
Hand und leiten den ganzen Binnenhandel. Daher wiederum,
Neid . . .

5. Schließlich, die Engländer zeigen sich in Kanada mit allen
Zügen ihres Nationalcharakters, und die Kanadier haben alle
Züge des französischen Charakters beibehalten. Daher ist anzunehmen, daß Unterkanada schließlich ein gänzlich französisches Volk werden wird. Aber es wird niemals ein zahlrei-
ches Volk sein. Sie werden ein Tropfen Wasser im Ozean sein.
Ich fürchte sehr, das Schicksal habe entschieden, daß Nordamerika britisch sein wird.«

Die Notizen, die dieser berühmte französische Historiker und
politische Philosoph aufzeichnete, drückten nicht wenig von
dem Geist der frankokanadischen Teilnahme an der Konföderation eine Generation später aus. Es war ein Geist der Resignation, keineswegs aber der Verzweiflung. Da das Schicksal offensichtlich bestimmt hatte, Nordamerika würde englisch sein, blieb für die Frankokanadier nur übrig, ihre Eigenart so gut sie konnten zu erhalten und ihr eigenes Überleben
zu sichern. Die Föderation hatte einleuchtende Vorteile vor

dem Zusammenschluß Ober- und Unterkanadas, in der sich
der Wille der Mehrheit durchsetzte. George Etienne Cartier
bemerkte in den Debatten (55) über die kanadische Konföderation: »In einem Zweikampf zwischen einer schwachen
und einer starken Partei hätte die schwächere niemals siegen können; wenn es sich aber um drei Parteien handelte, hätte die stärkere nicht die gleichen Vorteile. Wenn
nämlich die dritte sah, daß sich auf einer Seite zuviel Macht
befand, würde sie sich mit der schwächeren Partei zusammen-
tun, um der großen zu widerstehen.« Cartier fügte hinzu, er
hege keinerlei Befürchtungen, daß durch die zahlenmäßige
Unterlegenheit der Vertreter Unterkanadas in der Bundeslegislative dessen Rechte gefährdet werden könnten. Nichtsdestoweniger mußte die Bundesverfassung, in den Augen der
Frankokanadier, so gestaltet werden, daß sie zuerst und vor
allem wesentlich defensiven Zwecken diente.

Die Verfassung Kanadas war in der Auffassung und in der
Ausführung britisch. Sie war keineswegs die erste nach dem
Vorbild der Grundsätze von Regierung und Parlament — wie
sie in Westminster verwirklicht waren — ausgerichtete Verfassung, die nach Übersee oder überhaupt nach Britisch-Nordamerika verpflanzt wurde. Aber es war bezeichnend, daß
die kanadischen Führer, die das Beispiel des amerikanischen
Regierungssystems ständig vor Augen hatten, sich so nachdrücklich für das britische Vorbild entschieden. Sie zweifelten
nicht daran, daß sie ein Parlament mit zwei Kammern, von
denen eine gewählt, die andere ernannt war, ein wie üblich
dem Unterhaus gemeinsam verantwortliches Kabinett, einen
Generalgouverneur als Vertreter der Krone an der Spitze und
eine unabhängige Justiz haben müßten. Die in Quebec versammelten Abgeordneten waren, wie George Brown erklärte,
»ernsthaft damit befaßt«, wie sie »die Segnungen britischer

Einrichtungen am besten übernehmen sollten« (56). Dieses Bestreben teilten die Frankokanadier. Das britische Vorbild und
das monarchische Element schienen Zusicherungen einer konservativen und stabilen Verfassung zu bieten. Das eigentliche
Problem war indes nicht die verhältnismäßig leichte Aufgabe
der Anpassung britischer Einrichtungen an einen anderen
Kontinent und eine andere politische Umgebung, sondern die
viel schwierigere, nämlich das parlamentarische System, das
sich Jahrhunderte hindurch ohne geschriebene Verfassung in
einem Einheitsstaat entwickelt hatte, der geschriebenen Form
anzugleichen, wie sie von einer Föderation verlangt wurde.
Die einzelnen Merkmale der Verfassung waren nicht neu. Ihr
Beitrag zum politischen Denken und zur politischen Praxis
war die erfolgreiche Verbindung des britischen Parlaments-
systems mit dem Föderalismus. André Siegfried bemerkte:
»Die Verfassung Kanadas enthält keine neuen Züge. Sie hat
etwas vom englischen Parlamentssystem und vom amerikanischen Föderalismus an sich, ohne daß sich in ihren Bestimmungen etwas auffallend Neues finden würde. Sie ist vielmehr
hauptsächlich durch die Art und Weise ihrer Anwendung bemerkenswert.« (57) Das Urteil ist über Gebühr abfällig, aber
im wesentlichen berechtigt.
Zu Beginn bestand die kanadische Konföderation aus Ober-
und Unterkanada und den maritimen Provinzen Neuschottland und Neubraunschweig. Manitoba schloß sich 1870 an,
Britisch-Kolumbien 1871, die Prinz-Eduard-Inseln 1873, Alberta und Saskatchewan 1905 und Neufundland — nach einem kurzen, wechselvollen Zwischenspiel als selbständiges
Dominion — 1949. Die Struktur der Verfassung war die einer
konstitutionellen Monarchie, in der der Generalgouverneur
die Rolle des abwesenden Monarchen übernahm. Bei der Erarbeitung dieses Verfassungsentwurfs, der weder rein ein-

heimisch noch rein britisch war, hatte das Beispiel der Vereinigten Staaten die Ansprüche der Untertanentreue und die konservative Gesinnung bestärkt. J. A. Macdonald sagte: »Indem wir das monarchische Prinzip beibehalten, vermeiden wir einen der wesentlichen Fehler der Verfassung der Vereinigten Staaten« (58) — nämlich ein wählbares Staatsoberhaupt, das das Amt einige Jahre lang innehat. Im Hinblick auf die tatsächliche Führung der Staatsgeschäfte hielten sich die Begründer Kanadas, soweit es die Umstände erlaubten, an das britische Vorbild, von dem sie sich leiten ließen. Weiter meinte Macdonald: »In der Verfassung beabsichtigen wir, das System der ministerverantwortlichen Regierung fortzusetzen, das in dieser Provinz seit 1841 existiert und schon lange im Mutterland gilt. Es ist dies ein Merkmal unserer Verfassung, ... womit wir, wie ich meine, einen der großen Mängel in der Verfassung der Vereinigten Staaten vermeiden.« (59) Dort war der Präsident in großem Maß ein Despot. In Kanada sollten die Minister zu jeder Zeit dem Volk durch das Parlament verantwortlich sein. Aber es blieb der eine überaus wichtige Aspekt, nach dem die Umstände in Kanada die Übernahme des britischen Systems nicht zuließen. Kanada sollte im Gegensatz zu Großbritannien, ähnlich wie die Vereinigten Staaten, ein Bundesstaat sein, obwohl selbst in dieser Beziehung die Praxis in den Vereinigten Staaten als Warnung und nicht als Beispiel hingestellt wurde. In der Britisch-Nordamerika-Akte wurden alle Zuständigkeitsbereiche der Gesetzgebung auf innenpolitischem Gebiet in Kapitel 91 definiert. Den Provinzen wurden 16 einzeln aufgeführte und ausschließliche Zuständigkeitsbereiche zugeteilt, dem Bund 29, und im Bereich der Landwirtschaft und Einwanderung betreffenden konkurrierenden Gesetzgebung brach Bundesrecht das Recht der Provinzen. Aber während man den Provinzen weitreichende Befugnisse einräumte, z. B. die ausschließliche Kontrolle des Schulwesens mit besonders gesichertem Schutz für Konfessionsschulen — eine Bedingung der Föderation für Quebec —, und in ihrem eigenen Bereich ihre Souveränität respektierte, verblieb die letzte entscheidende Zuständigkeit bei der Bundesregierung. Dies war das wesentliche Element im bundesstaatlichen System Kanadas. Es gab keine Staaten, nur Provinzen; und es gab keine Rückversicherung der Rechte der Provinzen, die ihnen jene höhere Stellung verliehen hätte. Das wäre mit dem Entschluß der Väter der Verfassung, eine starke Zentralregierung zu schaffen, völlig unvereinbar gewesen. Macdonald sagte: »Wir haben ihnen (den Provinzen) nicht nur ausdrücklich und im einzelnen alle Befugnisse übertragen, die die Souveränität kennzeichnen, sondern haben auch ausdrücklich erklärt, daß für alle Gegenstände von allgemeinem Interesse, die den örtlichen Regierungen und den örtlichen Legislativen nicht ausdrücklich und ausschließlich übertragen worden sind, Bundesregierung und Bundeslegislative zuständig sind. Wir haben so die Hauptursache der Schwäche vermieden, die der Grund für die Spaltung der Vereinigten Staaten war.«

Die Absicht, eine starke Bundesregierung zu sichern, wurde später durch Urteile des Rechtsausschusses des Londoner Kronrats, der zum obersten Berufungsgericht in Verfassungsfragen gemacht worden war, eingeschränkt — nur das Ausmaß, in dem dies geschah, bleibt strittig. In einer kritischen Entwicklungsphase des Bundes verfochten geachtete Mitglieder jenes Rechtsausschusses in der Auslegung der Befugnisse des Bundes und der Provinzen bewußt und aus Überzeugung eine konservative und einengende Auffassung von dem Ausmaß der Befugnisse der Bundesregierung, von der viele englischsprechenden Kanadier glaubten, sie widerspreche, wenn nicht dem Buchstaben, so doch zumindest dem Geist und der Absicht der Verfassung (60). Ohne jedoch die Bedeutung einer Reihe von Urteilen des Kronrats zu unterschätzen, bleibt die Tatsache bestehen, daß die Verfassung so sehr zugunsten der Bundesregierung ausgerichtet war, daß diese Urteile sie grundlegend gewandelt hätten.

In einer wahren Föderation sollten die Befugnisse der Bundesregierung und der Mitgliedstaaten einander gleich- und nicht untergeordnet sein. Man kann, wie es tatsächlich geschehen ist, die Frage aufwerfen, ob Kanada diese Bedingung erfüllt und ob es daher als wahre Föderation betrachtet werden kann (61). Zählte der Buchstabe der Verfassung allein, so könnte diese Frage verneint werden. Aber das ist nicht der Fall: Dem Geist und der Praxis nach kann man die Regierung von Kanada im wesentlichen als föderativ betrachten. Die Stellung von Quebec sorgte dafür; denn wenngleich sich die Frankokanadier auf die Dauer nicht mit einer Verfassung zufriedengaben, die die Provinz als eine unter vielen behandelte, wobei die übrigen vorwiegend englischsprechend waren, hätten sie sich sicherlich zu keiner Zeit mit einer Regierungsform abgefunden, die nicht bundesstaatlich war und die nicht wenigstens die Kontrolle der Provinz über die Angelegenheiten sicherte, die den Frankokanadiern besonders am Herzen lagen. In einem Punkt wurde Quebec allerdings eine bevorzugte Stellung, wenn schon kein Vorrecht, eingeräumt: Der Provinz wurden nämlich 65 Abgeordnetensitze im Unterhaus zugesprochen, während die Zahl der Abgeordneten des übrigen Kanada bei der alle zehn Jahre durchzuführenden Volkszählung nach Maßgabe des Verhältnisses von Abgeordneten zur Bevölkerung Quebecs festgesetzt werden sollte. Diese Verfassungsbestimmung war als Schutzmaßnahme wertvoll, weil sie sicherstellte, daß die Vertretung Quebecs nur durch eine Verfassungsänderung und infolgedessen nur mit der Zustimmung des britischen Parlaments verringert werden konnte. Die Bevölkerung und die wirtschaftlich günstige Lage der Provinz machten es auf jeden Fall schwierig, wenn nicht unmöglich, Kanada gegen Quebec zu regieren, selbst wenn es zutraf, daß in anderer Hinsicht die Stellung und die Befugnisse der Provinzen gleich waren. Allgemein besteht jedoch kein Zweifel, daß die Notwendigkeit, die Rechte einer in einer Provinz zusammengefaßten kulturellen Minderheit zu sichern, in Wirklichkeit die Stellung aller erhöhte und in der Praxis die Vorherrschaft der Bundesregierung abschwächte. Dies traf übrigens mehr auf den Verfassungsbrauch als auf die eigentlichen Bestimmungen der Verfassung selbst zu.

Ein wichtiges Beispiel ist, daß die kanadischen Premierminister bei der Ernennung der Mitglieder ihres Kabinetts es in der Praxis ratsam fanden, auf die wichtigsten Regionalinteressen Rücksicht zu nehmen, indem sie allen eine Vertretung darin einräumten. Dies war 40 Jahre nach der Verabschiedung der Britisch-Nordamerika-Akte, als Sir Robert Borden sein erstes Kabinett bildete, so selbstverständlich, daß William Price ihm am 2. Oktober 1911 aus Montreal hierzu eine Denkschrift zusandte, die feststellte: »1. Es ist notwendig, drei frankokanadische Minister aus dieser Provinz zu ernennen. 2. Es ist fester Brauch, daß zwei dieser Minister aus dem sogenannten Montreal-Distrikt und einer aus dem Quebec-Distrikt ernannt werden.« (62) In diesem wie in zahlreichen anderen Fällen spiegelte dieser politische »Brauch« die grundlegend föderative Natur der kanadischen Politik und Verwaltung wider. Aber sie existierte und fand ihren Ausdruck im Rahmen einer Verfassung, die von Vätern geschaffen wurde, von denen die Mehrzahl einen Einheitsstaat vorgezogen hätte, die aber schließlich übereinkamen, einen Bundesstaat zu schaffen, in dem das Gleichgewicht der Macht zugunsten der Mitte verschoben war.

Die Verfassung des Dominions von Kanada wurde in der Britisch-Nordamerika-Akte von 1867 und den nachfolgenden Verfassungsänderungen niedergelegt (63). Sowohl die Akte selbst als auch die Verfassungsänderungen wurden vom Parlament in Westminster verabschiedet. Was dieses verabschiedet hatte, konnte es auch abändern oder widerrufen. Die Souveränität des Reichs blieb somit unangetastet. Während jedoch die Kontinuität und die letzte Zuständigkeit auf diese Weise gesichert blieben, kam die Initiative bei dem Entwurf und den nachfolgenden Verfassungsänderungen der Britisch-Nordamerika-Akte aus Kanada. Die Verfassung des ersten wie aller späteren Dominien war, obwohl sie in verschiedenen Punkten in Verhandlungen mit dem Kolonialministerium abgeändert wurde, im wesentlichen einheimischen Ursprungs. Sie war jedoch, im Gegensatz zu einigen anderen, das Ergebnis einer Übereinkunft zwischen den Regierungen ohne direkte Bestätigung des Volkes durch ein Plebiszit oder einen Volksentscheid.

Abgesehen von seinem einheimischen Ursprung gab es einen anderen Wesenszug, der für die Zukunft nicht weniger von Bedeutung war. Die kanadische Konföderation entstand durch den Zusammenschluß einiger benachbarter, aber vorher getrennter britischer Kolonialgebiete zu einem einheitlichen staatlichen System, das schließlich auch ein Bestandteil des späteren Commonwealth wurde. Wieder einmal kam also die Initiative nicht vom Reich, sondern von den örtlichen Stellen; die Folgen aber hatten mehr als nur örtliche Bedeutung. Die Reichsregierung war an einem Zusammenschluß interessiert, sowohl im Hinblick auf die Wirtschaftlichkeit und Vereinfachung der

Verwaltung als auch auf die wirksame Verminderung ihrer Verantwortlichkeiten. Während zum Beispiel eine Anzahl kleinerer Kolonien in finanziellen oder militärischen Notzeiten wahrscheinlich die Hilfe des Reichs anfordern würden, könnte sich eine größere und stärkere Vereinigung auf ihre eigenen Hilfsmittel verlassen. In einem vom Finanzgebaren Gladstones und den antimilitaristischen Verfechtern des Freihandels beherrschten Zeitalter war dies eine Überlegung, die die kanadische Konföderation der Regierung des Mutterlandes wärmstens empfahl. Aber selbst das genügte nicht, um John Bright zufriedenzustellen; er fürchtete selbst nach der Konföderation ständige kanadische Gesuche um Eisenbahnen und Verteidigungsmittel. Wie der Biograph John A. Macdonalds, des leitenden Architekten der Konföderation, mit unverhehltem Widerwillen feststellte, sprach Bright »mit jener salbungsvollen Mischung von finanziellen Erwägungen und sittlichen Wertungen, die für seine Schule so kennzeichnend war« (64), und schloß mit der Bemerkung, daß es »billiger für uns und weniger demoralisierend für sie« sein würde, »wenn sie ein unabhängiger Staat werden, ihre eigene Sache verfechten und ihre eigene Zukunft aufbauen würden, ohne sich auf uns zu verlassen« (65).

John A. Macdonald, der von der »Gründung einer großen britischen Monarchie in Verbindung mit dem Britischen Weltreich« (66) gesprochen hatte, äußerte eine in Kanada weitverbreitete Hoffnung, daß der Bund »Kanadisches Königreich« heißen und ein Vizekönig die Krone vertreten würde. Aber im Kolonialministerium hielt man diese Bezeichnung für anmaßend, und man wußte, daß die Meinung in Washington dagegen eingestellt war. Daher verlangte London eine nüchterne, weniger herausfordernde Bezeichnung. Angeblich soll S. L. Tilley, angeregt durch die Lektüre von Psalm 72, Vers 8: »Er

wird herrschen (*shall have dominion*) von einem Meer bis ans
andere und von dem Strom an bis zu der Welt Enden«, zuerst
auf die angemessene Benennung *Dominion* hingewiesen haben (67). So kam es, daß das erste Dominion — die Kanadische Konföderation — am 1. Juli 1867 gegründet wurde. Der
Kolonialminister, Lord Carnarvon, hatte die Bedeutung dieses Ereignisses tief empfunden und begeistert darüber im
Unterhaus gesprochen. Aber das Kolonialministerium hatte,
nach Macdonald, den Zusammenschluß Kanadas so behandelt,
als sei die Britisch-Nordamerika-Akte ein Privatgesetzent-
wurf, der zwei oder drei Gemeinden zusammenschloß; die
Abgeordneten im Parlament zu Westminster, so berichtet der
Biograph Macdonalds, konnten während der Diskussion der
Vorlage ihre »peinliche Langeweile« kaum verbergen und
wandten sich, als diese endlich abgeschlossen war, sichtlich erleichtert der Änderung der Hundesteuer zu (68). In dieser aus
Begeisterung und Gleichgültigkeit zusammengesetzten Haltung unternahm die Mutter der Parlamente den ersten Schritt
auf dem Weg zum Commonwealth!

DRITTES KAPITEL

Südafrika: Rassen und Reichtümer,
Krieg und Einigung

IN SÜDAFRIKA war es üblich, von Großbritannien, Kanada,
Australien und Neuseeland als den Gründungsmitgliedern des
Britischen Commonwealth der Nationen zu sprechen; andernorts zählte man für gewöhnlich Südafrika selbst dazu. Historisch ist diese Unterscheidung strittig und nicht sehr bedeutsam; der Idee nach gehört Südafrika zu den Gründungsstaa-
ten. In fast jedem Entwicklungsstadium des Commonwealth
war Südafrika in der Vorstellung — wenn nicht in Wirklichkeit — ein wesentlicher Bestandteil des Commonwealth. Vor
und nach der Bildung der Kanadischen Konföderation schlug
jeweils ein Versuch der Föderation in Südafrika fehl. Die in
den südafrikanischen Kolonien besonders brennenden Probleme der Rasse und Hautfarbe wurden von Anfang an als
Probleme des Commonwealth betrachtet. Mochten auch Probleme dieser Art hinsichtlich der überlebenden Indianer in
Kanada und der Ureinwohner Australiens eigentlich nur auf
dem Papier bestehen, sie waren — wenn auch in einer zu be-
wältigenden Größenordnung — in Neuseeland mit seiner
einheimischen Maori-Bevölkerung vorhanden. Aber lange bevor ein geeintes Südafrika 1910 ein Dominion wurde, spielten diese Probleme in dem Denken um das entstehende Commonwealth eine gewichtige Rolle. Es war nicht der Zufall,
sondern die Logik der Geschichte, die zuerst den öffentlichen

Widerstand gegen einen imperialistischen Krieg in Südafrika und dann die öffentliche Begeisterung für eine großzügige Lösung der südafrikanischen Probleme zu unmittelbaren Vorläufern einer Anerkennung der Bezeichnung »Commonwealth« machte, von dem man schon meinte, daß es im Entstehen begriffen sei.

Die Geschichte Südafrikas ist zu reich und wechselvoll, als daß man sie in ein bestimmtes Schema pressen könnte. Wenn dieses Land schon in der frühen Commonwealth-Geschichte und den diese Geschichte begleitenden Überlegungen einen bedeutsamen Platz innehat, so ist ihm ein ebenso wichtiger — wenn nicht noch wichtigerer — Platz in der Geschichte des Reichs gewiß. Diese Doppelrolle wurzelte in der Zusammensetzung seiner Bevölkerung und im Charakter sowie in den Schätzen seiner Landschaft. Die Bevölkerung mit ihren zwei europäischen Kulturen und ihrer nichteuropäischen Mehrheit war ein Appell sowohl an humanitären Eifer als auch an liberale Grundsätze. Die Landschaft mit ihrer Weite und ihren reichen Bodenschätzen zog wie ein Magnet die Imperialisten an, und zwar sowohl die einfach auf Ausdehnung des Britischen Weltreichs bedachten Gemüter als auch die unheilbringenden kapitalistischen Ausbeuter im Sinn Hobsons. Das Nebeneinander von Appell und Gelegenheit machte aus Südafrika ein Land unterschiedlicher und oft gegensätzlicher Zielsetzungen, wobei die Fäden der Beweggründe und der Handlungen außerordentlich schwierig zu entwirren sind. Englische imperialistische Historiker waren meistenteils geneigt, die Geschichte Südafrikas im 19. und frühen 20. Jahrhundert im Hinblick auf die Sicherung strategischer Positionen des Reichs oder auf die Erreichung seiner wirtschaftlichen sowie politischen Ziele zu deuten, wobei im letztgenannten Fall der Erfolg durch Unsicherheit in der Zielsetzung und Unentschlossen-

heit verzögert wurde. Englische liberale Historiker sind an sie
mit Vorstellungen der europäischen und insbesondere der britischen Aufklärung herangetreten, indem sie im Gegensatz zur
kritischen Meinung der Siedler und zur unbelehrbar kultur-
feindlichen Meinung der Buren versuchten, die Grundsätze
der Rassengleichheit zu behaupten und diese stufenweise herbeizuführen. Südafrikanische Historiker neigten im allgemeinen dazu, die südafrikanische Geschichte im Zusammenhang
der Interessen, Konflikte und räumlichen Ausdehnung der
Siedler zu interpretieren, wobei die englischsprechenden unter
ihnen ihr Augenmerk vor allem auf die Entwicklung der Institutionen der Selbstverwaltung richteten, die zuerst in der
Kapkolonie und dann in der Union mit gewissen Vorbehalten nach dem Vorbild Westminsters eingerichtet wurde, die
Afrikaander dagegen auf den Widerstand der Buren gegen den britischen Imperialismus in »Einem Jahrhundert des
Unrechts« — der Titel, den J. C. Smuts (1) für einen Ausflug in
die historische Polemik wählte, den er bei Kriegsausbruch
1899 verfaßte —, der nach der Niederlage und der fast völligen Vernichtung schließlich doch mit der Errichtung der Republik von Südafrika siegte. Auf einen tragfähigen Versuch
der historischen Deutung durch Schwarzafrikaner werden
wir noch warten müssen. Es ist leicht zu verallgemeinern und
z. B. zu sagen, daß der imperialistische Faktor, um mit Rhodes
zu sprechen, überschätzt oder unterschätzt worden ist; oder
den Nachweis zu versuchen, daß das Wachstum englischer Institutionen oder die sich abschließenden Bestrebungen des
Afrikaandertums die entscheidenden Faktoren waren; oder
zu behaupten, daß der Lauf der südafrikanischen Geschichte
durch die unpersönlichen Kräfte des Weltkapitalismus bestimmt wurde; oder daß die Rassenfrage ihr Hauptthema
gewesen ist. Aber das Studium irgendeines längeren Zeitab-

schnitts läßt die Gültigkeit solcher Vorstellungen oder Vor-
eingenommenheiten zweifelhaft erscheinen. Es gab so viele Faktoren, die zu einem bestimmten Zeitpunkt entscheidenden
Einfluß hatten, dann aber ihrerseits weniger durch neue als
durch wiederkehrende alte Kräfte verdrängt wurden, die irgendeine Verschiebung in dem scheinbar endlosen Kampf um
die Vorherrschaft ins Spiel gebracht hatte. Englische Autoren,
die selbstzufrieden den Sturz und die endgültige Vernichtung
der Burenrepubliken im frühen 20. Jahrhundert verzeichneten,
bieten, um nur ein Beispiel zu nennen, eine ironische und
manchmal nahezu komische Warnung vor einem endgültigen
Urteil auf einem Gebiet, wo Endgültigkeit gerade das ist, was
fehlt. Der Untergang der Republik Krügers bedeutete nicht
das Ende seiner Ideale oder der Republik, sondern vielmehr
deren siegreiche Bestätigung zwei Generationen später, in einem viel größeren Rahmen, als es Transvaal gewesen war.
Dennoch blieb bei allen Wechselfällen der südafrikanischen
Geschichte ein Thema fortwährend bestehen, nämlich die Berührung und die folgenreichen Beziehungen zwischen europäischen Siedlern und afrikanischen Völkerschaften: zuerst in
begrenztem Rahmen mit den Hottentotten am Kap, dann von
Kapstadt weit entfernt an der Ostgrenze der Kapprovinz und
darüber hinaus mit einer millionenstarken Eingeborenenbevölkerung, die zwar weitgehend unterworfen wurde, aber
niemals wirtschaftlich, politisch oder gar gesellschaftlich in den
europäisch beherrschten Provinzen oder Staaten, in die Südafrika aufgeteilt war, aufging (2). Diese Tatsache verschaffte
Südafrika seine einmalige Stellung und Bedeutung in der Geschichte des Commonwealth.
Jan van Riebeeck landete 1652 am Kap. Zur selben Zeit besiedelten Engländer und Franzosen Nordamerika. Aber das
Wachstum der niederländischen Siedlung wurde durch die ein-

engenden Dienstanweisungen der Niederländischen Ostindischen Kompanie behindert. Die Direktoren der Kompanie
waren am Handel interessiert, nicht an der Besiedlung. Im
Hinblick auf den Handel war das Kap eine Versorgungssta-
tion auf dem Weg nach Ostindien. Dennoch wurde gesiedelt,
und das keineswegs ausschließlich von Niederländern. Nieder-
länder und Flamen wurden besonders durch Westdeutsche und,
nach dem Widerruf des Edikts von Nantes, auch durch Exil-
hugenotten aus Frankreich unterstützt. Die wenigen Hugenotten verloren ihre Eigenständigkeit, ihre Sprache und die
ursprüngliche Aussprache ihrer Namen; sie fügten aber der
Siedlergemeinschaft ein eigentümliches Element hinzu, das
bis in unsere Zeit durch hervorragende Männer französischer
oder teils französischer Abstammung wie Malherbe, du Toit,
Olivier, du Plessis, Centlivres, Joubert, Daniel François
Malan im öffentlichen Leben und im Berufsleben Südafrikas
bezeugt wird. Am auffälligsten war jedoch die Anzahl der
französischen Namen unter den ersten *Voortrekkers*. Olive
Schreiner behauptete einmal: »Wir müssen die Erklärung für
die großen historischen Bewegungen im französischen Blut
suchen, das in den Adern der Buren fließt«, weil die französischen Siedler wahrscheinlich »das träge Geistesleben des sonst
teutonischen Buren belebt«, seine Fähigkeiten angeregt und
»das Blut in seinen breiten Adern zu rascherem Pulsieren gebracht« hätten (3). Es kann auch sein, daß die Hugenotten
der niederländisch-kalvinistischen Kirchenlehre etwas von der
Schärfe französischer Logik verliehen haben. Für die konti-
nentaleuropäischen Siedler war der Mangel an Nachschub aus
ihren Heimatländern von größter Bedeutung. Nach dem
Ende des 17. Jahrhunderts floß der Einwandererstrom nur
spärlich aus den Niederlanden zum Kap, mit der Folge, daß
europäisches Geistesleben des 16. Jahrhunderts, des Jahrhun-

derts der großen Glaubenskämpfe, der Glaubenskriege und Glaubensverfolgungen, in einen anderen Kontinent verpflanzt wurde und dort im Hinblick auf Grenzkonflikte und Grenzermentalität, unberührt von der europäischen Aufklärung des 18. Jahrhunderts, neu interpretiert wurde. Schon zur Zeit der ersten britischen Besetzung, von 1795 bis 1803, wurden die gefühlsmäßigen und wirtschaftlichen Bindungen an die Niederlande nicht mehr durch entsprechende gesellschaftliche und geistige Begegnungen ergänzt. Die langdauernde Isolierung der Buren hatte bereits begonnen. Die zweite und dauerhaftere britische Besetzung nach 1806 machte sie endgültig. Danach waren die Buren nicht mehr Kolonisten unter dem Schutz eines Mutterlands, sondern ein Volk von nur etwa 27 000 Seelen, das auf sich allein gestellt war. Sie waren auch größtenteils Viehzüchter, die ständig nach neuen Weideplätzen für ihre Rinderherden suchten. Auf diese Weise breiteten sie sich spärlich über weite Landstriche aus, wo sie sich der harten Alternative zwischen Überleben durch eigene Kraftanstrengungen oder Untergang als eigenständige Gruppe ausgesetzt sahen. Sie überlebten; sie wurden eine Nation, die einzige europäische Nation in Afrika. Dies war keine Frage der freien Wahl, sondern der Willenskraft und der Notwendigkeit. An Willenskraft ermangelte es ihnen nie, und die Notwendigkeit war ständig gegenwärtig. Sie hatten weder eine andere Heimat noch ein anderes Land. Sie sagten das unzählige Male; und es zeigte sich, daß dies der Wahrheit entsprach.

In Südafrika gab es auch andere Siedler, spätere Siedler britischer Herkunft. Sie kamen im Gefolge des neuen Imperialismus ins Land, als Verwaltungsbeamte und Soldaten, Händler, Missionare und Farmer. Einige kamen aus eigenem Antrieb; andere wiederum, besonders die Siedler des Jahres 1820 zu Beginn der britischen Herrschaft, kamen im Rahmen amtlich angeregter und geplanter Auswanderungsprojekte. Im Lauf der Zeit machten sie sich den Siedlerstandpunkt und die Grenzermentalität zu eigen. Aber sie unterschieden sich in einer Hinsicht von den Buren: Die Bindungen an ihr Mutterland blieben stark, sicher und fest. Sie werden wohl kaum besonders aufgeklärt gewesen sein; aber sie waren mit der Geisteshaltung des 18. Jahrhunderts vertraut. Sie werden wohl auch kaum besonders humanitär gewesen sein, aber sie hatten selbst die starke Strömung der humanitären Geistesbewegung verspürt. Mochten sie auch mit den Methoden der Kolonialverwaltung oder der Behandlung der Eingeborenenbevölkerung durch die Reichsregierung nicht übereinstimmen oder sie sogar scharf ablehnen, so verstanden sie doch etwas von den Beweggründen und Kräften, die die öffentliche Meinung in der Heimat gestalteten. Die Buren dagegen nicht. James Bryce, der in den letzten Jahren des 19. Jahrhunderts schrieb, glaubte, daß der Zeitpunkt der britischen Gebietserwerbungen besonders unglücklich war. Hätten sie 30 Jahre früher stattgefunden, so wären seiner Meinung nach keine Schwierigkeiten in bezug auf die Behandlung der Eingeborenen oder der Sklaven entstanden, weil die neue Philanthropie noch nicht begonnen hatte, die englische öffentliche Meinung zu beeinflussen. Hätten sie sich später ereignet, dann hätte die schnellere und häufigere Nachrichtenübermittlung über das Meer nicht so viel Raum für Mißverständnisse offengelassen; infolgedessen wären die Fehler, die zur Entfremdung der Buren beitrugen, niemals begangen worden (4).

Die Verwaltung einerseits und die Behandlung der Eingeborenenstämme andererseits waren in Südafrika nicht voneinander zu trennen; denn die dortige Regierung trug, über die gewöhnlichen Verpflichtungen einer Kolonialverwaltung des 19. Jahrhunderts hinaus, auch die besondere Verantwortung

für die Behandlung der Eingeborenen. War diese Frage eine
Angelegenheit des Reichs oder eine örtliche? Während des
größten Teils des 19. Jahrhunderts glaubte und behauptete
die Regierung des Mutterlands, trotz gelegentlicher Zweifel
und Rückzugsabsichten, daß dies eine Verpflichtung des Reichs
sei. Die Mitglieder der evangelischen Kirche und die Anhänger
der humanitären Bewegung bestanden darauf, daß diese Verpflichtung ernst genommen wurde, und sie konnten während
des größten Teils des Jahrhunderts im Parlament entscheidenden Druck ausüben. Die Siedler mußten sich notgedrungen fügen. Sie waren auf den Schutz des Reichs angewiesen.
Aber sie fügten sich für gewöhnlich nur widerwillig. Sie meinten Kenntnisse und Erfahrungen zu haben, die den Beamten
des Reichs fehlten. Sie kannten den Hottentotten, den Kafir,
den Bantu; denn sie hatten täglich Umgang mit ihnen. Sie
hätten den Schutz des Reichs ohne die Überwachung durch
dasselbe vorgezogen. Das bedeutete Selbstverwaltung der Europäer nach dem liberalen kanadischen Vorbild, wobei die
weiße Minderheit jedoch die Stellung der schwarzen Mehrheit in der Gesellschaft Südafrikas bestimmt hätte — ein Ziel,
das erst 1909 erreicht wurde. Bis dahin bestand ein unsicheres
Gleichgewicht in den Beziehungen des Reichs zu diesen Kolonien. Die Reichsregierung konnte die Kolonien nur dann gegen den Willen der Siedler verwalten, wenn sie bereit war,
große Kosten und Anstrengungen zu übernehmen; die Siedler, nach wie vor gespalten in Buren und Briten, konnten dem
Druck des Reichs nur bis zu einem gewissen Grad Widerstand
leisten. Das Ergebnis war ein unstetes Gleichgewicht der
Kräfte zwischen Reich und Kolonien. In Südafrika, und dort
allein, gab es unter den Kolonien, die Dominien werden sollten, einen ständigen Gegensatz zwischen den liberalen Grundsätzen der ministerverantwortlichen Selbstverwaltung und ei-

nem humanitären Druck zugunsten einer Fortsetzung des Reichsschutzes für die Eingeborenen.

Die Geschichte Südafrikas im 19.Jahrhundert ist ihm allein eigen. Aber im Hinblick auf das Commonwealth gibt es einige Fragen, deren Wesen aufgezeigt werden muß. Die erste Frage ist die der Regierung. Während der zweiten Periode britischer Herrschaft war der von der Krone ernannte Gouverneur in der Tat bis 1825 ein autokratischer Herrscher; aber dann begann ein neues Stadium. Ein beratender Ausschuß wurde eingerichtet, der zunächst nur aus beamteten Mitgliedern bestand; 1827 kamen jedoch zwei nichtbeamtete Mitglieder hinzu. Als 1834 ein Exekutivrat und ein Legislativrat geschaffen wurden, bedeutete dies eine tiefgreifende Änderung. Die Mitglieder beider Gremien wurden nach damaligem Brauch vom Gouverneur ernannt. Dadurch konnten Spannungen jedoch nicht vermieden werden. Die Siedler in diesen Gremien verleugneten weder ihre Auffassungen als Siedler noch ihre Verbindungen mit anderen Siedlern; sie vertraten zwar nicht ihre Wähler, aber sehr oft ihre eigene Meinung. Die vielfach negativen Erfahrungen des ersten Schritts unterstrichen die Bedeutung des nächsten, der 1853 getan wurde: mit der Verordnung über das Kap der Guten Hoffnung (*Cape of Good Hope Ordinance*), die ein bloßes Repräsentativsystem ohne Ministerverantwortlichkeit brachte. Das neue Parlament bestand aus zwei Kammern, von denen sowohl das Oberhaus als auch das Unterhaus wählbar waren, was in der britischen Reichsgeschichte ohne Beispiel war. Es trat zum erstenmal am Freitag, dem 30. Juni 1854, in der Goede Hoop Banqueting Hall in Kapstadt zusammen und verabschiedete als erstes ein Gesetz (*Act No. 1, 1854*), das die Freiheit der Rede sichern sollte. Aber ebenso wichtig wie die Freiheit der Rede, und noch wichtiger als die Zusammensetzung der Legislative, war unter den ge-

gebenen Umständen die Art des Wahlrechts. Es war farben-
blind. Es gab eine finanzielle Qualifikation, keinerlei Prüfung
der Lese- und Schreibkenntnisse und, was besonders wichtig
war, keine Rassenschranke. Die finanzielle Qualifikation für
diejenigen, die sich um einen Abgeordnetensitz bewarben, war
— im Vergleich mit der für die Wähler — hoch, und während
eine beträchtliche Zahl der farbigen und eingeborenen Bevölkerung sich als Wähler qualifizieren konnte, wurde in all den
Jahren seines Bestehens (1854—1910) kein Nichteuropäer in
das Kapparlament gewählt.

Repräsentative Regierung war nicht ministerverantwortliche
Regierung. Die Mitglieder des Exekutivrats der Kapkolonie
waren der Legislative der Kolonie nicht verantwortlich, sondern wurden weiterhin unabhängig davon vom Gouverneur
ernannt und entlassen. Dieses Zwischenstadium endete 1872,
als auch der Kapkolonie ministerverantwortliche Selbstverwaltung nach kanadischem Muster gewährt wurde. Daß sie zu
diesem Zeitpunkt gewährt wurde, hing weniger mit verfassungsrechtlichen als mit wirtschaftlichen, strategischen und politischen Überlegungen zusammen. Die Straußenzucht und die
Entdeckung von Diamanten in Kimberley kündeten eine Wirt-
schaftsrevolution in der Kapkolonie an, die die Grundlage für
die Selbstverwaltung bot, während die Eröffnung des Suezkanals 1869 die strategische Bedeutung der Kolonie minderte.
Die Aussicht auf wirtschaftliche Eigenständigkeit und die verminderte strategische Bedeutung legten nahe, daß für die britische Regierung die Zeit gekommen war, sich von der Verantwortung für die innere Verwaltung der Kapkolonie zu-
rückzuziehen. Ein weiterer Faktor war der, daß im Kolonialministerium die Ansicht vertreten wurde, die Kapkolonie, das
älteste und reichste Gemeinwesen in Südafrika, müsse die
Selbstverwaltung erhalten, bevor ein Zusammenschluß aller

südafrikanischen Gemeinwesen unter einer Regierung möglich sein würde. Wie in Kanada sollte die Selbstverwaltung
zur Einigung führen.

Während die britischen Siedler zuerst in der Kapkolonie und
dann in Natal, das 1856 Kronkolonie wurde und 1893 Selbstverwaltung erhielt, auf dem Weg zur kolonialen Selbstverwaltung voranschritten, ging es den Buren anders. Sie liebten
die britische Regierung nicht. Erstens war sie eine fremde Regierung; zweitens war sie ihnen an sich und in ihren Beschlüssen ungewohnt und vielfach unverständlich; und drittens befanden sich in ihrem Gefolge überzeugte Anhänger der evangelischen Lehre, deren erste Sorge dem Schutz und der Obhut
der Eingeborenenbevölkerung galt, deren Hauptbeschäftigung, wie es den Buren-Farmern schien, jedoch die Zerstörung
ihrer Lebensart war. Seit dem 17. Jahrhundert hatten sie sich
zum Teil der Sklavenarbeit bedient, und das schuf eine Tradition, die sich von der aller anderen britischen Siedlungskolonien unterschied, wenn auch nicht von der anderer britischer
Besitzungen. Die so seit langem bestehende Gesellschaftsstruktur hatte tiefe Wurzeln geschlagen. Bestärkt wurde sie durch
die kalvinistische Berufung auf das Alte Testament. Obwohl
es gewichtige Unterschiede zwischen den drei Sekten der Nie-
derländisch Reformierten Kirche gab, wurden die Buren während ihrer ganzen Geschichte von ihren Pastoren ermutigt,
sich mit den Kindern Israels zu vergleichen, mit dem auserwählten Volk Gottes, einem Volk, das auch das Gelobte Land
suchte und um seinen Erwerb und seinen Besitz ständig in
gerechte Kriege gegen ungläubige Philister verwickelt war —
einmal mehr tat dies der Moderator der Kapsynode der Nie-
derländisch Reformierten Kirche in einer Ansprache in Pretoria zum Staatsbegräbnis des ermordeten Premierministers
von Südafrika, Hendrik Verwoerd, am 10. September 1966.

Es war ihre Bestimmung zu überleben und sich zu vermehren. Aber wie für die Kinder Israels war der Kampf ums Überleben hart und bitter. Im 19. Jahrhundert war es nach Ansicht der Buren ein Kampf gegen die Horden der Eingeborenen, die danach dürsteten, sie zu vernichten, sowie gegen Pestilenz, Dürre und Wassersnot und später auch gegen die britische Besatzungsmacht.

Der neue Faktor der britischen Herrschaft wurde als eine gefährlichere und möglicherweise nicht weniger verderbliche Drohung empfunden als die alten, vertrauten Gefahren. Die Briten schienen es ja mit ihren humanitären Idealen und ihrem evangelischen Missionseifer, dargestellt in der Person Dr. John Philips von der Londoner Missionsgesellschaft (*London Missionary Society*), darauf abgesehen zu haben, die Buren innerhalb der festgesetzten Kolonialgrenzen zu halten und sie mit freien Mischlingen und Eingeborenen auf eine Stufe zu stellen. Wenige Dinge erbitterten die Buren mehr als die Neunzehnte Verordnung (*Nineteenth Ordinance*) vom Juni 1826, die es einem Sklaven erlaubte, in einer Strafsache vor Gericht gegen seinen Herrn auszusagen und seine Freiheit durch die Entrichtung seines Schätzwertes zu erkaufen. Dann wurde 1833 im gesamten Britischen Weltreich die Sklaverei abgeschafft. Der 1. Dezember 1834 wurde als Datum für die Freilassung der 35 742 Sklaven in der Kapkolonie festgesetzt (5). Die Verordnung der Kapkolonie Nr. 1 vom Jahr 1835 hatte folgenden Wortlaut: »Verfügt durch den Gouverneur (Sir Benjamin D'Urban) am Kap der Guten Hoffnung, mit dem Rat und der Zustimmung des Legislativrats der Kolonie — In der Absicht, den Bestimmungen einer Parlamentsakte, die im dritten und vierten Jahr der Herrschaft Seiner Majestät Wilhelms des Vierten verabschiedet wurde, mit dem Titel ›Eine Akte zur Abschaffung der Sklaverei in allen britischen Kolo-

nien ...<, entsprechende Rechtsgültigkeit zu verschaffen ...
Jetzt deswegen und im Verfolg der besagten Parlamentsakte
und um derselben in der Kolonie am Kap der Guten Hoffnung Wirkung zu verleihen: wird verfügt vom Gouverneur
am Kap der Guten Hoffnung, mit dem Rat und der Zustimmung des Legislativrats der Kolonie ... am, nach und vom ersten Tag des Dezembers 1834 an ...« Die Buren erregten sich
nicht nur über die Tatsache, sondern auch über die Form, wie
ihre Beziehungen zu den Eingeborenen durch ein Gesetz einer
sich in ihre Angelegenheiten einmischenden fernen Reichsregierung geregelt wurden. Es gab zwar eine Entschädigung für
den Verlust der Sklaven; aber sie wurde in Staatsanleihen
ausgezahlt, die rasch ihren Nominalwert verloren, so daß zum
Verdruß über die Handlungsweise der Reichsregierung auch
noch die Empörung über einen offensichtlichen Betrug hinzu-
kam.
Die Abschaffung der Sklaverei war nicht, wie manchmal behauptet wurde, die Ursache oder der Anlaß für den Großen
Treck. Die Trecker waren keineswegs die größten Sklavenbe-
sitzer, und die vielen, die aus den östlichen Grenzgebieten der
Kapkolonie kamen, waren viel mehr am Kampf mit den
Bantu um Landbesitz als am Verlust der Sklaven interessiert.
Die Grenzbewohner der Kapkolonie waren gewohnt zu denken, daß 3000 Morgen Land für eine Farm gerade genügten; und obwohl es ihrer verhältnismäßig wenige gab, glaubten sie, ihren Bedarf an Land doch wohl eher im unbesie-
delten Norden als in der besiedelten Kapkolonie decken zu
können. Vor dem Hintergrund einer tatsächlichen oder möglichen Einengung wurden die Abschaffung der Sklaverei und
deren Begleiterscheinungen, die entscheidend zum Bewußtsein
angehäufter Mißstände beitrugen, zu Recht als Beweis dafür
gedeutet, daß die britische Regierung ihre eigenen Ansichten

Englische Soldaten schlagen in Delhi
einen Streit zwischen Hindus und Muslime nieder.

über den Gesellschaftsaufbau in den Kolonien hatte und sie durchzusetzen beabsichtigte. Das vollendete die Entfremdung der Buren von den britischen Behörden (6). Zahlreiche Buren-Farmer, die von alters her nomadische Viehzüchter waren, beschlossen daher, ihre Freiheit wiederzugewinnen, um ihr Leben nach Gutdünken einzurichten und um vor allem die Art ihrer Beziehungen zu den eingeborenen Völkern selbst zu bestimmen. Indem sie britische Versuche, die Grenze festzulegen, mißachteten, überquerten sie die nördliche Grenze der Kapkolonie, wo sie auf den geringsten Widerstand stießen, überschritten den Oranje und den Vaalfluß und drangen in die einsamen, größtenteils unbewohnten Gegenden jenseits der Grenze ein. Es gab zahlreiche Ausgangspunkte, *Voortrekkerroetes* (Treckerpfade), Bestimmungsorte und Führer, deren Namen noch heute in der Erinnerung des Volkes verehrt werden: unter ihnen Louis Trichard, der aus der Umgebung von Bedford (Kapprovinz) kam und in Lourenço Marques begraben liegt, A. H. Potgieter von Tarkastad im östlichen Kapland, der in Schoemansdal begraben liegt, J. van Rensburg, der das Limpopotal erreichte, Uys, Maritz, Piet Retief . . . (7). Es gab zwischen den Führern Auseinandersetzungen, die manchmal zu einer verhängnisvollen Trennung ihrer Wege führten, vor allem im Fall von Piet Retief und seinen Leuten, die im Februar 1838 von den Zulu ermordet wurden. Es waren aber auch große Siege zu verzeichnen; der größte unter ihnen war der Sieg des Andries Pretorius am Bloed Rivier am 16. Dezember 1838, dessen man heute noch alljährlich gedenkt. Wenn die *Voortrekker* als Verbannte galten, so war ihre Verbannung selbstgewählt. Wie es die Überlieferung des Volkes verzeichnet, waren sie angetrieben von einem Gefühl, es sei ihre Bestimmung, bestimmte Mühsalen und unbekannte Gefahren auf sich zu nehmen. Getragen wurden sie auf ihrer Wanderschaft durch den kalvinistischen Glauben ihrer Vorfahren. Mehr als 100 Jahre später wurde auf einem Hügel außerhalb Pretorias ein Denkmal aus dunkelgrauem Granit zur Erinnerung an den Treck errichtet. Im Innern des Denkmals wurden Platten angebracht, die im Flachrelief die bärtigen Trecker darstellen, wie sie mit ihren Familien, Schafen, Rindern und Haushaltsgegenständen ihre Heimat in der Kapkolonie verlassen, wie ihre Wagen sich nach Norden bewegen oder zu einem Schutzlager zusammengebunden sind: mitsamt den Niederlagen, den Siegen und der letzten Danksagung. Es ist vieles dargestellt, was die Vorstellungskraft anregt und Entschlossenheit und Tapferkeit eines isolierten Volks bestärkt und darüber hinaus die Rassenfeindschaft zur Zeit des Trecks lebendig erhält.

Das Ergebnis des Großen Trecks war die Gründung von zwei Treckerrepubliken im Hinterland Südafrikas: die Republik Oranje-Vrijstaat oder der Oranje-Freistaat und die Zuid-Afrikaansche Republiek oder die Südafrikanische Republik im Transvaal. Beide hatten keinen Zugang zum Meer. In der kurzlebigen Republik Natalia hofften die Trecker auf einen freien Zugang zum Meer, aber die Macht der Zulu und die britische Intervention verwehrten es ihnen. 1843 mußte sich die Republik Natal notgedrungen als Provinz der britischen Herrschaft unterwerfen, und sie wurde durch britische Abkommen mit den Zulu und anderen Nachbarstämmen in ihren Grenzen festgelegt. Die bleibenden Leistungen der Trecker waren groß, und sie werden von ihrem eigenen Volk zu Recht geehrt. Aber obwohl sie sich weit außerhalb der Grenzen britischer Herrschaft niedergelassen hatten, waren sie der Abhängigkeit von einer britischen Macht, die sie an entscheidenden Punkten immer noch umgab, nicht endgültig entronnen.

Wie sollte die britische Regierung sich nun gegenüber den

Treckern und ihren Republiken verhalten? Sollte sie Anspruch auf Untertanentreue und auf das von ihnen besetzte Hinterland erheben und damit die Verpflichtungen des Reichs weiter nach Norden ausdehnen? Oder sollte sie sich zustimmend von den Treckern und den Folgen ihres Trecks abwenden und ihnen erlauben, ihr Schicksal selbst in die Hand zu nehmen? Von London aus gesehen, hatten beide Handlungsweisen offenkundige Nachteile: die erste wegen der hohen Kosten an Menschen und Material; die zweite, weil die Existenz zweier grundverschiedener Siedlungstypen in Südafrika und ihrer bekannten unterschiedlichen Auffassungen hinsichtlich der Eingeborenenpolitik zumindest Verlegenheit verursachen und später sogar eine Bedrohung für die britische Sicherheit am Kap darstellen könnte. Das Dilemma blieb bestehen; aber wie zu erwarten, unterschieden sich die Reaktionen, teils den örtlichen Umständen und teils den Vorstellungen im Reich über den Kolonialbesitz entsprechend, die das Kolonialministerium besonders nach 1850 für eine Politik der Koexistenz empfänglich machten. Die Unabhängigkeit der Südafrikanischen Republik im Transvaal wurde infolgedessen in der Sand-River-Konvention von 1852 anerkannt, und zwei Jahre später wurden Ansprüche auf wirksame Beherrschung des Oranje-Freistaates fallengelassen. Beide Übereinkommen waren bewußte und bedeutsame politische Handlungen. Die Briten entschieden sich, aus einer Wüste, die »nur für den Springbock geeignet« war, abzuziehen; und da sie ohne Zugang zum Meer war, war es ohnehin unwahrscheinlich, daß sie fremden Völkern Gelegenheit geben könnte, die Macht, die die Küste beherrschte, zu beunruhigen (8). Sie ließen sich von dem Grundsatz der gegenseitigen Nichteinmischung zwischen Großbritannien und den Burenrepubliken leiten, nach dem die Buren freie Hand in ihrer Eingeborenenpolitik hatten.

Sir George Grey, Gouverneur der Kapkolonie von 1854 bis 1861, der mit den Ansichten des Kolonialministeriums nicht übereinstimmte und eine denkwürdige Amtszeit in Neuseeland hinter sich hatte, stemmte sich gegen die vorherrschende Meinung. Ihn beeindruckten die angeblich schlagenden Beweise gegen die Ausdehnung nicht, die aufgrund der Kosten und der daraus entstehenden Verbindlichkeiten für die Ausweitung der Grenzen der wirksamen britischen Kolonialherrschaft vorgebracht wurden. Im Gegenteil, er hielt die Gelegenheit für günstig und verfocht die Notwendigkeit des Zusammenschlusses der beiden britischen Kolonien mit den Treckerrepubliken; er hatte Grund zu glauben, daß zumindest der Oranje-Freistaat einem solchen Zusammenschluß nicht abgeneigt war. Gegen die ausdrückliche Anweisung, keine Schritte ohne Rücksprache mit dem Kolonialministerium zu tun, unternahm Grey dennoch weitere Schritte. Er wurde 1858 von einem Kolonialminister zurechtgewiesen und im darauffolgenden Jahr von dessen Nachfolger entlassen. Das Entlassungsschreiben ließ in seiner Deutlichkeit nichts zu wünschen übrig. Der neue Kolonialminister schrieb über den schriftlichen Verweis seines Vorgängers: » ... Ich kann seinen scharfen Worten der Mißbilligung Ihres Verhaltens nur zustimmen, nicht nur im Hinblick auf die Frage der Föderation ...« Sir George Grey kehrte zwar nach einem kurzen Zwischenspiel zurück, um die Kapkolonie zu verwalten, aber die Aussicht auf Föderation war geschwunden.

Für die Imperialisten im späteren 19. Jahrhundert waren es die verpaßten Gelegenheiten zur Föderation in den fünfziger Jahren, die die Möglichkeiten für die nachfolgenden Konflikte offengelassen hatten. Keine Worte waren zu scharf, um den Geiz und den Mangel an Vorstellungskraft in London zu geißeln. Nach Londoner Ansicht war Südafrika eins. Die Geo-

graphie und die Wirtschaft hatten es so bestimmt. Daher gab
es eigentlich nur eine Frage: Wer sollte herrschen, der Brite
oder der Bure? Das war sicher eine politische Vereinfachung
großen Stils. Wie man es heute nur zu gut versteht, sichert
die Bildung einer Föderation keineswegs deren Überleben
oder die Vermeidung von Konflikten. Tatsächlich ist alles,
was vernünftigerweise gesagt werden kann, daß das Mißlingen der Föderation in den fünfziger Jahren die Wahrscheinlichkeit einer zukünftigen Einigung fühlbar vermehrt und
die Schwierigkeiten, wenn auch nur durch die verstreichende
Zeit, vergrößert hat. Die Buren der Republiken bauten ihre
eigenen politischen Einrichtungen auf, frei vom britischen Einfluß. Beide Republiken hatten geschriebene Verfassungen; die
des Oranje-Freistaates war starr, d. h. schwer abzuändern, die
des Transvaal sehr flexibel, d. h. leicht abzuändern. In einer
Hinsicht waren sie demokratisch: Alle Gewalt ging vom Volk
aus. Im Transvaal gab es eine Legislative mit nur einer Kammer, dem Volksrat, dem ein gewählter Präsident verantwortlich war. Aber die Demokratie hatte eine deutlich gekenn-
zeichnete Hautfarbenschranke. Der diesbezügliche Absatz in
der Verfassung des Transvaal lautete: »Das Volk wünscht
keine Gleichstellung (das niederländische Wort lautet *gelijk-
stelling* und wird allgemein, aber nicht ganz genau mit
»Gleichheit« bzw. *equality* übersetzt) der weißen Einwohner
mit den farbigen Menschen, weder in der Kirche noch im
Staat.« (9) Diese Vorkehrung stand im scharfen Gegensatz
zum Wahlrecht der fast gleichzeitigen Verordnung der Kapkolonie, die diese Rassenschranke nicht kannte. Die Behauptung zweier gegensätzlicher Grundsätze bezüglich einer an
sich schon schwierigen Frage, die in ihrer Tragweite ebenso
gesellschaftlich und wirtschaftlich wie politisch war, zeigte schon
im voraus die kommenden Auseinandersetzungen und Kon-

flikte an. Hinter den Bestimmungen der Verfassungen standen
nämlich verschiedene Grundauffassungen über die richtigen
Beziehungen zwischen Menschen verschiedener Hautfarbe.

Die Katastrophe, wie der Afrikaander-Historiker, F. S. Malan, bemerkte, ereilte die Burenrepubliken »in der Form mär-
chenhafter Reichtümer«. Die Geschichte ihrer Entdeckung begann 1866. Erasmus Jacobs, der Sohn eines Farmers, sah an
den Ufern des Oranjeflusses einen Kieselstein in der Sonne
glitzern. Er nahm den Stein in der Tasche mit nach Hause und
spielte mit ihm und mit anderen einfachen Kieselsteinen, als
ein Nachbar, van Niekerk, dazukam. Die Mutter des Kna-
ben gab ihm den Stein, da sie glaubte, es sei ein einfacher Kieselstein. Van Niekerk seinerseits gab ihn an den Wander-
händler Jack O'Reilly weiter, der ihn wiederum dem Ma-
gistrat in Colesberg, Lorenzo Boyes, zeigte. Dieser verstand
die Bedeutung des Fundes, und eine allgemeine Untersuchung
des gesamten Distrikts wurde eingeleitet (10). Andere glit-
zernde Steine wurden an den Oranje- und Vaalflüssen gefunden, und 1869 kam dann die romantische Entdeckung des
großartigen weißen Diamanten, der später als der Stern Südafrikas bekannt wurde, durch einen Griquahirtenbuben. Das
verursachte ungeheures Aufsehen; »ein gewaltiger Rausch
folgte ... Schiffsmannschaften desertierten, um in das Inland
zu gehen ... Alles vom Handwagen oder von der Postkutsche
an bis zum großen Ochsenwagen der Buren schloß sich dem
Treck an. Es entstanden alsbald am Vaalfluß geschäftige Zeltlager, so daß 1870/71 schon 10 000 Digger den Boden am
Fluß durchkämmten und durchsiebten. Sie waren so eifrig damit beschäftigt, daß sie Neuankömmlinge nicht beachteten. In
einem einzigen Augenblick der Unaufmerksamkeit konnten
Vermögen verlorengehen ... Es war in der Tat eine unge-
wöhnliche Bruderschaft! Wie in allen Zeltlagern von Pionie-

ren wimmelte es von zwielichtigen Persönlichkeiten.« (11) In Kimberley wurde ein »großes Loch« gegraben, und Cecil John Rhodes, in dessen Besitz es später überging, legte dort die Grundlagen für sein Vermögen. Kimberley lag in Griqualand West. Die Griquas glaubten sich unter britischem Schutz; aber Griqualand West war ein strittiges Gebiet zwischen Briten und Buren. Es hatte jetzt eine ganz neue Bedeutung bekommen. Es fanden darüber langdauernde und hitzige Verhandlungen statt, die erst beendet wurden, als der Präsident des Oranje-Freistaates, Brand, 1876 nach London kam. Er stimmte zu, daß die Ansprüche der Republiken gegen eine Entschädigung von 90 000 Pfund preisgegeben werden sollten. Selten ist so wenig für so viel geboten und bezahlt worden.

Wenn die Entdeckung von Diamanten in Kimberley eine Spannung ganz besonderer Art verursachte, so erzeugte die Rückkehr Lord Carnarvons in das Kolonialministerium 1874 Spannungen ganz anderer Art. Lord Carnarvon, der, wie wir gesehen haben, schöpferisch und erfolgreich die Britisch-Nordamerika-Akte 1867 durch das Parlament geschleust hatte, war sich seiner Leistung bei der Erreichung dieses großen Zieles bewußt; er war sich ebenso der Möglichkeit bewußt, wenigstens einige Lehren aus der Kanadischen Konföderation auf die ganz anderen Umstände in Südafrika anzuwenden. Noch wichtiger war, daß dieser freundliche, gelehrte, aber geschäftige Mann, der Disraeli in viele verzwickte Situationen gebracht hatte und daher von ihm den Spitznamen »*Twitters*« (Piepser) erhalten hatte, ein Imperialist von reinstem Wasser war. Er glaubte an das Reich und war überzeugt, daß, wenn das Reich erhalten bleiben sollte, eine Bedingung für Sicherheit und Verteidigung die britische Vorherrschaft in Südafrika war. Diese konnte seiner Meinung nach am besten durch die früher absichtlich aufgegebene Föderationspolitik erreicht werden. Wenn die Vorzeichen nicht so günstig waren wie in den fünfziger Jahren, so waren sie doch zumindest nicht ungünstig. Die Republiken waren klein und verarmt. Die Regierung von Präsident Burgers im Transvaal war am Rand der Zahlungsunfähigkeit; die aufsteigende Macht der Zulu wurde immer drohender; die Zeit schien nicht mehr fern, in der sich die Buren des Transvaal vor die Entscheidung zwischen Vernichtung und Angliederung gestellt sehen würden. Der Historiker und Berater Carnarvons, J. A. Froude, bekehrte sich nach ausgedehnten Reisen im südlichen Afrika zum Gedanken der Föderation. Carnarvon entschloß sich, von London aus zu handeln, und zwar möglichst mit Unterstützung der Regierung der Kapkolonie und der Zustimmung der Republiken; falls beides aber nicht zu erreichen war, wollte er trotzdem allein handeln (12). Weder zum ersten noch zum letzten Mal sollte die britische Politik in Südafrika ein Opfer ihres eigenen ungestümen Vorgehens sein.

Sir Theophilus Shepstone, Sekretär für Eingeborenenangelegenheiten in Natal, war der Beauftragte des Kolonialministers. Er begab sich zu Beginn des Jahres 1877 nach Pretoria und war von dem, was er dort vorfand, nicht beeindruckt. Präsident Burgers war ein Mann mit Ideen und einer Art Weitsicht, aber mit unsicherer Gefolgschaft. Er wollte die Unabhängigkeit der Republik durch Reformen erhalten. Diese Reformen erforderten Geldmittel; die Buren waren jedoch noch weniger bereit, Steuern zu zahlen, als andere. Als Shepstone eintraf, wurden keine Gehälter mehr an Staatsbeamte ausbezahlt, und die gesamten Einlagen im Schatzamt beliefen sich auf zwölf Schilling und sechs Pence. Er erhielt — vorausgesetzt, daß er sich von der Notwendigkeit und von der Zustimmung der Mehrheit der Bevölkerung hatte überzeugen können — durch geheime Anweisungen die Vollmacht, die

Annexion des Transvaal zu verkünden. Shepstone machte von dieser Vollmacht am 12. April 1877 Gebrauch. Präsident Burgers stimmte der Annexion unter der Voraussetzung zu, daß ihm gestattet wurde, in der Öffentlichkeit dagegen zu protestieren. Shepstone, dem der Entwurf des Protestes vorgelegt wurde, erhob dagegen keine Einwände (13). Im Januar 1879 brach der schon lang erwartete Krieg gegen die Zulu aus, von Sir Bartle Frere eröffnet und vom neuen Kolonialminister, Sir Michael Hicks Beach, genehmigt. Nach einer ersten schweren Niederlage der Briten bei Isandhlwana (14) folgte am 4. Juli nach der Entsendung von Verstärkungen der entscheidende Sieg bei Ulundi. Die Macht der Zulu war gebrochen; Zululand wurde zerstückelt, und die Bedrohung für die Buren war beseitigt. Daher brauchten die Buren die britische Unterstützung nicht mehr. Sie hatten auch die von Shepstone versprochene örtliche Autonomie nicht erhalten; zwar versicherte Sir Bartle Frere erneut, daß Selbstverwaltung gewährt werden würde; aber Sir Garnet Wolseley, der Sieger über die Zulu, sprach in schärferem Ton. Er erklärte in einem Ausbruch soldatischer Unbekümmertheit: »Die britische Fahne (*The Union Jack*)« würde über Pretoria flattern, »solange die Sonne scheint und der Vaalfluß zum Meer hinabfließt«. Die Buren wurden immer unruhiger. Als Gladstone noch in der Opposition war, hatte er die Annexion verurteilt. 1880 kam er wieder an die Macht. Die Buren glaubten, nicht ganz unberechtigt, daß die Annexion nun widerrufen werden würde; die Briten, sowohl in der Heimat als auch in Südafrika, nahmen aber an, daß das, was geschehen war, nicht ungeschehen gemacht werden konnte.

Gladstone schlug in der Tat einen unbestimmten Mittelweg ein. Er verwarf die Politik der Föderation und berief Sir Bartle Frere ab, der als der Mann am Ort mit ihr am eng-

sten verbunden gewesen war. Aber er gewährte weder die
Freiheit noch den Widerruf der von ihm in der Opposition
bekämpften Annexion, ja nicht einmal die längst fällige
Selbstverwaltung. Ein Aufstand der Buren brach aus. Die
Briten unter Sir George Pomeroy Colley wurden am 26. Februar 1881 am Majubaberg vernichtend geschlagen. In Natal
traf jedoch ständig britische Verstärkung ein. Die Entscheidung konnte rückgängig gemacht werden. Sollte aber Gladstone, der die Annexion verurteilt hatte, deswegen Krieg führen? Oder sollte er nach einer entscheidenden und sogar de-
mütigenden Niederlage die Unabhängigkeit einräumen? Der
Zwiespalt war schmerzlich. Gladstone entschied sich für den
Frieden nach der Niederlage. Er glaubte, seinen Grundsätzen
gemäß zu handeln, aber die Buren schenkten dieser Ansicht
wenig Glauben. Sie nahmen ganz einfach das Ergebnis eines
erfolgreichen Aufstands zur Kenntnis. In späteren Jahren erinnerten sie sich nur zu gern an den Erfolg ihrer Waffen in
einem Krieg, den sie den Ersten Freiheitskrieg nannten.
Die Friedensbedingungen wurden in der Konvention von Pretoria 1881 niedergelegt. Die Unabhängigkeit des Transvaal
wurde anerkannt, aber unter der Bedingung der in der Präambel festgelegten »Suzeränität Ihrer Majestät« und der im
Text ausdrücklich erwähnten britischen Kontrolle über die
Außenpolitik. Drei Jahre später wurde über die Bestimmungen dieser Konvention erneut verhandelt und das Ergebnis
in der Konvention von London 1884 niedergelegt. Die Suzeränität wurde nicht mehr erwähnt; in bezug auf die Außenpolitik wurde festgelegt, daß die Südafrikanische Republik
ohne Zustimmung der Königin »keinen Vertrag mit irgendeinem Staat oder einer Nation außer dem Oranje-Freistaat,
noch mit irgendeinem Eingeborenenstamm im Osten oder Westen der Republik schließen« sollte. Die Briten bejahten den

Gedanken, daß die Suzeränität noch fortbestand, die Buren lehnten ihn ab. Es scheint auf britischer Seite tatsächlich kein absichtlicher Verzicht vorgelegen zu haben, sondern das Gefühl, daß der Ausdruck selbst in seiner Bedeutung zu ungenau war. Am 17. März 1884 sagte Lord Derby im Oberhaus: »Was auch immer Suzeränität in der Konvention von Pretoria bedeutet haben mag, so bleibt der Sachverhalt, der damit angedeutet wird, bestehen.« Der Ausdruck war nicht mehr verwendet worden, »weil er rechtlich nicht zu definieren war und weil es schien, als könne dieses Wort leicht zu einer falschen Auffassung und zu Mißverständnissen führen« (15). Aber selbst wenn man zugesteht, daß dies der Grund für seine Preisgabe war, blieb es eine mißliche Sache, weil die Unsicherheit nicht beseitigt, sondern erhöht worden war. In späteren Jahren gab es einige, unter ihnen hervorragende Juristen wie James Bryce in England und Oberrichter de Villiers in Südafrika, die die Auseinandersetzungen zwischen Buren und Briten in den neunziger Jahren auf die Zweideutigkeiten zurückführten, die sich daraus ergaben, daß dieses eine Wort »Suzeränität« ohne ausdrücklichen britischen Verzicht auf den Anspruch darauf aus dem Text der Konvention von London 1884 ausgespart worden war. Der Begriff »Suzeränität«, so bemerkte Bryce, war »rein rechtlicher Natur, aber sehr ungenau«. In der Praxis diente er dazu, die Verpflichtung Großbritanniens zu verschleiern, den Transvaal streng nach Maßstäben des international anerkannten Rechts zu behandeln, als ob er eine Großmacht sei, ohne Rücksicht auf die Tatsache, daß die Burenrepubliken nicht viel mehr als »unscheinbare Gemeinschaften von Viehzüchtern« (16) waren. Oom Paul Krüger, der als Knabe am Großen Treck teilgenommen hatte, 1883 erstmals zum Präsidenten der Südafrikanischen Republik gewählt wurde und der wohl der letzte war, der den britischen Expansionsdruck unterschätzt hätte, übersah auch nicht die Tragweite der gegensätzlichen Interpretationen dessen, was nach 1884 von der Suzeränität noch bestanden haben sollte.

Nach der wiedergewährten Unabhängigkeit des Transvaal folgten die Entdeckung und Ausbeutung der Bodenschätze der Republik, die sie zum Anziehungspunkt für Spekulanten und Abenteurer aus aller Welt machten und ihre Unabhängigkeit abermals in Gefahr brachten. Professor J. S. Marais schreibt: »Der Historiker des Untergangs der Südafrikanischen Republik muß von den großen Goldfunden der achtziger Jahre in jenem Staat ausgehen.« (17) Der Reichtum des Witwatersrand führte zu einem plötzlichen ungeordneten Einströmen von Ausländern, *Uitlanders* genannt, von denen viele tatsächlich britische Untertanen waren, noch mehr aber nur behaupteten oder hofften, es zu sein. Da es keinerlei Volkszählung gab, war die Zahl der Zugezogenen strittig und ist auch heute noch unsicher; aber wahrscheinlich verdoppelte sich in dem Jahrzehnt nach 1886 die Einwohnerzahl des Transvaal. Bei einer Volkszählung im Juli 1896 in Johannesburg wurden 50 907 europäische Einwohner gezählt, von denen 6205 Transvaaler und die übrigen Ausländer waren. 16 265 Ausländer kamen aus dem Vereinigten Königreich, und 15 162 waren britische Untertanen aus der Kapkolonie. Da die *Uitlanders* Vermögen anhäuften, bestimmte der Präsident, daß sie als Gegenleistung durch Steuerabgaben, die zwar lästig, aber keineswegs ihren neuen Reichtümern unangemessen waren, zur Finanzierung der Republik beitragen sollten. Ebenso entschlossen war er, ihnen die politische Herrschaft im Staat nicht zu überlassen. Besteuerung ohne Vertretung oder ohne zureichende Vertretung im Parlament schien ihm im Vergleich zu einer Sicherung der vor kurzem wiedergewonnenen Freiheit seines Volks eine geringfügige Sache. Die »Schöpfer des Reichtums«, für die sich die *Uitlanders* hielten, beklagten sich. Zweifellos gab es einige, denen es um die eigentlichen Gründe der Klage ging; aber es gab sicherlich noch mehr, die, ohne sich viel oder überhaupt um die weithin bekanntgemachten Schwierigkeiten der Johannesburger Finanziers, Minenbesitzer und Millionäre zu kümmern, hier die Gelegenheit sahen, ihre eigennützigen Ziele zu verfolgen. Das wichtigste dieser Ziele war die Einigung Südafrikas.

In den letzten Jahrzehnten des 19. Jahrhunderts litt Südafrika an einer Überfülle starker Männer. Am Kap war Cecil John Rhodes, der, während er in seinem geliebten Korbstuhl auf der Veranda seines Hauses, Groote Schuur, in Kapstadt saß, den Blick auf die nahen, überhängenden Berge gerichtet, ständig von seinen manchmal verworrenen, aber stets raumgreifenden imperialistischen Plänen sprach und träumte. Bismarcks »Blut und Eisen« setzte Rhodes bewußt »Frieden und Gold« entgegen. Er besaß eine gewisse Geistesgröße und übte auf Männer von so unterschiedlichem Alter, unterschiedlichen Ansichten und unterschiedlicher Herkunft wie den älteren Hofmeyr, den jungen Smuts und schließlich sogar Milner eine gewisse Anziehungskraft aus. Er verstand etwas vom Wesen des Nationalismus der Afrikaander im Gegensatz zu den meisten englischen Staatsmännern, nicht zuletzt Joseph Chamberlain. Obwohl er leidenschaftlich an die britische Sendung glaubte, war er weder im alten noch im neuen Sinn des Wortes ein Rassist. 1890 wurde er Premierminister der Kapkolonie, mit Unterstützung von J. H. Hofmeyr, »Onze Jan« — ein großer und weiser Mann ohne politische Leidenschaften und mit einer Abneigung gegen endgültige Verpflichtungen (18) —, und des Afrikaander-Bond. Er zählte jenen frühen Verfechter der Rechte der Eingeborenen, W. P. Schreiner, zu seinen engeren Freunden. Rhodes prägte den Ausdruck: »Gleiche Rechte für alle zivilisierten Menschen«, der die Tradition der Kapkolonie treffend wiedergab. Aber seine Einsichten waren nicht mit Geduld oder ausgewogener Urteilskraft gepaart. Rhodes glaubte, daß wie am Witwatersrand auch weiter nördlich große Bodenschätze vorhanden waren. Auf diese Überzeugung gründete er seine Hoffnungen, ein Gegengewicht zum Transvaal schaffen zu können. Infolgedessen war Betschuanaland als die lebenswichtige Verbindungslinie nach Norden sein »Suezkanal ins Innere Afrikas« (19). Seine Überzeugung entsprach jedoch nicht den Tatsachen; und als er merkte, wie sich sein Gesundheitszustand verschlechterte — seine Freunde glaubten, er sei nach einem Sturz vom Pferd 1891 nie wieder der gleiche gewesen —, und endlich einsah, daß im Norden große Bodenschätze nicht zu finden waren, suchte er nach einer rascheren und rücksichtsloseren Lösung. Konnte die Südafrikanische Republik nicht durch wirtschaftliche Mittel in eine Union oder Konföderation hineingezwungen werden, dann mußten notgedrungen gewaltsamere Mittel angewandt werden. Rhodes glaubte weiterhin an das Gold; aber sein Glaube an den Frieden war getrübt. Darin liegt die Tragik eines Mannes, für den die Ziele zuletzt diejenigen Mittel heiligten, die eine gesunde Urteilskraft standhaft abgelehnt hätte.

Rhodes beherrschte zwar die Szene in Südafrika; aber als in Südafrika der Machtkampf seinen Höhepunkt erreichte, sah er sich in London einer der stärksten Regierungen und dem achtunggebietendsten Kolonialminister der neueren britischen Geschichte gegenüber. Lord Salisbury war Premierminister und Außenminister zugleich, sein Neffe, A. J. Balfour, Finanzminister, Lord Lansdowne Kriegsminister und Joseph Chamberlain Kolonialminister. Chamberlain war seit seiner frühen radikal-republikanischen Zeit weit gereist, und jedermann wußte, wie er selbst, daß die Frage der Selbstverwaltung für die Iren (*Home Rule*) seinen verborgenen Imperialismus zum Vorschein gebracht hatte. Die Ablehnung der diesbezüglichen Gesetzesvorlage Gladstones von 1886 war die symbolische Handlung gewesen. Danach war Chamberlain ein »Unionist«, aber kein Tory. Er glaubte an ein Vereinigtes Königreich, das stark war, weil es geeint blieb, und an ein Reich, das stärker wäre, wenn es geeint würde. Die großen, schwer faßbaren Themen wie Reichsföderation, Reichsverteidigung, Reichszollverein sagten seinem unruhigen, tatkräftigen Geist zu. Er hatte vor den Beamten des Kolonialministeriums, die er übernommen hatte, keine besondere Achtung. Sie ihrerseits hatten bei den impulsiven Entscheidungen des »drängenden Sepp« (*pushful Joe*) ihre Befürchtungen; denn Chamberlain war im Gegensatz zu seinen traditionsverhafteten Tory-Kollegen nicht mit einer Reichspolitik des *laissez-faire, laissez-aller* zufrieden. Er wünschte die seiner Ansicht nach unterentwickelten Besitzungen des Reichs zu entwickeln sowie Macht und Handel des Reichs zu organisieren. »Er ist«, wie A. G. Gardiner später in einer kurzen, treffenden Charakterskizze schrieb, »der große Unruhestifter der modernen Welt gewesen. Er hat ihr Schlachtrufe und Paniere gebracht, nicht Opiate und Anodyna. Bei ihm stand das Barometer immer auf ›Sturm‹. Vor langer Zeit hat Lord Salisbury seinen Teil an der Politik in einem seiner treffenden Gleichnisse richtig dargestellt. Er sagte: ›Das Kabinett ist wie ein altholländisches Wetterhäuschen. Wenn es gutes Wetter geben wird, kommt Lord Hartington zum Vorschein, sieht man aber Herrn Joseph Chamberlain, kann man sich auf Böen gefaßt machen.‹ « Joseph Chamberlain schürte aber nicht die Unruhe um ihrer selbst willen, sondern weil er auf die Erlangung und Ausübung der Macht versessen war. A. G. Gardiner fuhr fort:

»Die Anklage, die die Geschichte gegen Herrn Joseph Chamberlain erheben wird, wird nicht die sein, daß er mit seiner
Partei brach, sondern daß er mit seinen Überzeugungen brach.
Er brach mit ihnen, weil sein leidenschaftliches Machtstreben
der beherrschende Beweggrund seines Lebens war. Er glaubte,
daß er die Tory-Bewegung zum Mittel für seine Zwecke machen könnte. Er schuf sie neu und gab ihr die treibende Kraft;
aber dann verwendete sie ihn für ihre eigenen Zwecke. Sie
fand in ihm den Bundesgenossen, den sie braucht...« (20)
1895 bot Salisbury Chamberlain das Schatzamt an; aber er
lehnte zugunsten des Kolonialministeriums ab. Seine Entscheidung erregte großes Aufsehen, um so mehr, als er, wie man
es eigentlich erwartete, als Führer der Minderheit der liberalen Unionisten in einem Tory-Kabinett eine schwache politische Stellung durch ein herkömmlich starkes Ministeramt
hätte stärken können. Aber dieser »moderne Kaufmann«, wie
ihn der deutsche Kanzler, von Bülow, nannte (21), spürte die
steigende Flut der imperialistischen Gesinnung besser als seine
aristokratischen Tory-Kollegen, und noch greifbarer spürte
er die Möglichkeiten des Reichs in einer Welt wechselnder
Machtblöcke. Und schließlich ermangelte es Joseph Chamberlain keineswegs an Selbstbewußtsein.
Rhodes und Chamberlain hatten ein gemeinsames Ziel — die
Einigung Südafrikas. Darüber hinaus waren die Meinungsunterschiede aber ausgeprägter als die Übereinstimmungen.
Chamberlain war ausgesprochen »britisch« in seinen Ansichten. Für ihn mußten Krone, Fahne, Staatsangehörigkeit unbedingt britisch sein. Rhodes' Ansichten waren dagegen be-
weglicher. Im Kolonialministerium mißtraute man ihm, da er
früher einmal zu einer Geldsammlung zugunsten der irischen
Selbstverwaltung einen Beitrag gestiftet hatte. Dieser Beitrag
hatte ihn sicherlich dem neuen Kolonialminister nicht empfeh-

lenswerter gemacht (22). Um die Transvaaler später für die Zusammenarbeit zu gewinnen, war Rhodes bereit, vorher zwei erforderliche Schritte zu unternehmen, nämlich das Vertrauen der Kapburen zu gewinnen und eine bleibende Einigung mit den Buren des Oranje-Freistaats zu erreichen. Auf dem Weg zu diesem Ziel war er, im Gegensatz zu Chamberlain, bereit, Kompromisse über die Symbole zu schließen. Selbst nachdem Rhodes die Hoffnung auf eine friedliche Lösung aufgegeben hatte, erwartete er im Fall eines erfolgreichen Aufstands der *Uitlanders* in Johannesburg, daß das unmittelbare Ergebnis »eine anglisierte und liberalisierte Republik« sein würde, wogegen Chamberlain an eine britische Kolonie unter britischer Fahne (23) und britischer Krone dachte. Selbst als der Nachdruck, den Rhodes auf ein im Entstehen begriffenes und auf der Zusammenarbeit zwischen Briten und Buren gegründetes südafrikanisches Nationalgefühl legte, mit seiner wachsenden Ungeduld allmählich schwächer wurde, war es seinen Gedankengängen niemals ganz fremd. In Chamberlains Vorstellungen waren derartige Gedanken, wenn überhaupt, dann nur selten vorhanden. Rhodes war kein besonders empfindsamer Mann; aber er hatte nicht Chamberlains Gleichgültigkeit gegenüber den Bestrebungen eines anderen, kleineren Volks. Außerdem mißtraute Rhodes dem Machtfaktor des Reichs und schätzte ihn nicht; in den entscheidenden Jahren war Joseph Chamberlain dagegen dessen treueste Verkörperung.

In der kleinen, ländlich anmutenden, von dem *Voortrekker* Andries Pretorius gegründeten Hauptstadt, in der die Straßen breit genug waren, einen bespannten Ochsenwagen darauf wenden zu lassen, leitete Oom Paul Krüger die Geschicke der Transvaalrepublik. Sein größter Aktivposten, der Reichtum des Witwatersrand, war zugleich die größte Belastung

für ihn. Aber die Zeit war, im Gegensatz zu der zuversichtlichen Erwartung von Rhodes, nicht unbedingt gegen ihn. Im
Oktober 1894 wurde die Eisenbahnlinie nach Delagoa-Bay
fertiggestellt. Präsident Krüger fuhr auf einer feierlichen Ein-
weihungsreise dorthin, um die Tatsache hervorzuheben, daß
der Transvaal endlich einen Zugang zum Meer hatte, der unabhängig von britischer Kontrolle war (24). Die Linie konnte
dem Handel dienen und dadurch die Abhängigkeit von den
Eisenbahnen der Kapkolonie vermindern. Sie konnte auch
zur Waffeneinfuhr frei von jeglicher britischen Überwachung
benutzt werden, und sie wurde es auch, denn Krüger, diese
nach John Buchan (25) patriarchalisch-volkstümliche Figur
von »knorriger Großartigkeit«, urwüchsig, manchmal beunruhigend in seinen persönlichen Gewohnheiten und angefüllt
mit Jugenderinnerungen aus der Zeit des Großen Trecks,
dachte ständig an die Annexion und die Majuba-Schlacht und
war nicht zu Unrecht davon überzeugt, daß Rhodes am Kap
mit stillschweigender britischer Unterstützung plante, die Unabhängigkeit des Transvaal zunächst zu untergraben und dann
zu zerstören. Gefangen im Netz des Reichtums und der Einwanderung, des Wahlrechts und der Unabhängigkeit, lieferte
Krüger selbst durch seine eigene Politik die Gelegenheit zur
Intervention.

1895 erfreute sich die Republik eines Wohlstands wie nie zuvor. Das war den Goldgruben zu verdanken, die die *Uitlanders* besaßen und ausbeuteten. Der Präsident vertrat die Auffassung, er hätte den *Uitlanders* zwar erlaubt zu kommen,
aber sie müßten, da sie freiwillig gekommen wären, sich den
Landesgesetzen und vor allem der Besteuerung, die die Republik für richtig hielt, unterwerfen. Während Chamberlain
zwar anerkannte, daß die Republik das Recht hatte, ihre eigene Einwanderungspolitik zu bestimmen, vertrat er jedoch

entschlossen den Standpunkt, den einmal hereingelassenen *Uitlanders* müsse eine gerechte Behandlung gewährt werden. Da sie größtenteils britische Untertanen waren, war das Kolonialministerium verpflichtet, dafür zu sorgen. Die Vorhaltungen des Kolonialministeriums machten jedoch offenbar keinen großen Eindruck auf den Präsidenten. Die *Uitlanders,* die sich der Ungerechtigkeit bewußt waren und durch Kundgebungen der britischen Sympathie ermutigt wurden, planten einen Aufstand. Chamberlain wurde von ihren Absichten unterrichtet. Er riet nicht ab; im Gegenteil, er legte seine Meinung über den besten Zeitpunkt für einen Aufstand dar (26). Seine allgemeinen Überlegungen waren in einem Brief an Salisbury vom 26. Dezember 1895 zusammengefaßt. Er stellt darin fest: »Ich habe private Informationen erhalten, daß ein Aufstand im Transvaal nahe bevorsteht und in den nächsten Tagen stattfinden wird ... Es bleibt nichts zu tun, als das Ereignis, das wir in keiner Weise provoziert haben, aufmerksam zu beobachten. Wenn der Aufstand Erfolg hat, sollte er zu unserem Vorteil ausschlagen.« (27) Der Aufstand in Johannesburg fand nicht statt. Als Revolutionäre zögerten die millionenschweren Grubenbesitzer Johannesburgs und konnten sich nicht entschließen. Sich auf sie zu verlassen, wurde ironisch bemerkt, war genauso vernünftig, wie sein Geld beim Derby auf einen Droschkengaul zu setzen.

Es gab zwar keinen Aufstand, dafür aber einen bewaffneten Einfall (28). Es war geplant, daß beide gleichzeitig stattfinden sollten: Die Freischärler sollten auf einen Hilferuf der britischen Untertanen im Transvaal hin, die von der Unterdrückung durch die Buren zur verzweifelten Revolte gezwungen worden seien, von Pitsani an der Betschuanalandgrenze nach Transvaal reiten. Der Hilferuf kam, obwohl die Revolte nicht stattfand. Er war schon einige Zeit vorher aufgesetzt worden und wurde der Öffentlichkeit bekanntgegeben, als Freischärler die Grenze überquerten. Er enthielt rührende Hinweise auf die Not der Frauen und Kinder in Johannesburg, die Alfred Austin, den *poeta laureatus,* unter anderem zu folgenden Zeilen inspirierten:

»Es sind Mädchen in der Stadt am Goldrand,
Es sind auch Frauen und Kinder dort!
Sie rufen: ›Um Gottes willen, beeilt Euch!‹
Was anders kann ein tapferer Mann tun?« (29)

Den Mädchen, Frauen und Kindern ging es aber ganz gut, als Dr. Jameson, der die ständigen Verschiebungen des Aufstands in Johannesburg einfach nicht mehr ertragen konnte, am 31. Dezember 1895 die Grenze überschritt. Er war mit seiner Truppe von Rhodes dorthin kommandiert worden. Erst nach langen Verhandlungen, zunächst mit dem Ministerium Rosebery und dann mit dem Salisburys, war dies durch die Überschreibung eines Landstreifens an der Transvaalgrenze an die *Chartered Company* zur Fortführung der Eisenbahnlinie Kapstadt-Kimberley nach Rhodesien ermöglicht worden. Die Übereignung bedeutete auch gleichzeitig das Recht zur polizeilichen Überwachung. Wußte Chamberlain von dem von diesem Gebiet aus geplanten bewaffneten Einfall nichts? Sicher ist nur, daß er Rhodes verurteilte und den bewaffneten Einfall in unzweideutigen Worten als »Kriegsakt oder besser als Freibeuterei« (30) bezeichnete. Rhodes, der durch seine eigene Ungeduld und die Voreiligkeit seines engsten Freundes um seinen guten Ruf gebracht worden war, trat zurück; aber Krüger war davon wenig beeindruckt. Es lag auch kein besonderer Grund dafür vor. Bis auf den heutigen Tag und trotz eines parlamentarischen Untersuchungsausschusses — Ausschuß der Nichtuntersuchung (*Committee of no-Inquiry*) genannt —, das Musterbeispiel einer parlamentarischen Untersuchung, wie sie nicht sein soll, und trotz kritischer historischer Untersuchung bleiben Unsicherheit und Zweifel über diesen Punkt bestehen, der die Ehre des Kolonialministers und die Glaubwürdigkeit der britischen Regierung in so besonderem Maß betrifft. Wußte der Kolonialminister, der nach seinen eigenen Angaben genau über den Aufstand unterrichtet war, gar nichts von dem geplanten Einfall? Hatte er keine Ahnung, für welchen Zweck das Gebiet um Pitsani verwendet werden sollte, als es übereignet wurde? Argwöhnte er nicht, daß der Zeitpunkt des Aufstands in Johannesburg mit der bewaffneten Hilfeleistung von jenseits der Grenze in Zusammenhang stand? Dies ist in der Tat behauptet worden; aber das Gewicht der Zeugnisse und der Wahrscheinlichkeit genügen kaum, die Behauptung aufrechtzuerhalten, Chamberlain habe nichts gewußt (31).

Krüger war nun in einer starken Position. Er hatte sich nicht nur der Freischärler entledigt, sondern war von hochgestellter, allerdings gefährlicher Seite, nämlich von Kaiser Wilhelm II., in einer Depesche gelobt worden. Ihr Wortlaut war provozierend; aber es ist eher erstaunlich, daß er unter den Umständen, unter denen sie entworfen wurde, nicht noch aufreizender ausfiel. Der Kaiser präsidierte bei einer Sitzung des Kronrates, in der sich, schenkt man dem Zeugnis Holsteins Glauben (32), ein verwirrter Kanzler und ein Staatssekretär ausgefallene Vorschläge für eine deutsche Intervention im Transvaal anhören mußten. Es wurde vorgeschlagen, ein gewisser Oberst Schele, »ein gutaussehender Mann, dessen Fähigkeiten jedoch nicht sehr hoch eingeschätzt wurden« (33), sollte sich als Löwenjäger verkleidet zum Präsidenten Krüger begeben, um ihm seine Dienste als Generalstabschef anzubieten. Beunruhigender war der ebenfalls erörterte Vorschlag, ein oder zwei Kompanien deutscher Truppen aus Ostafrika abzuziehen, um sie über Lourenço Marques in den Transvaal einrücken zu lassen. Man entschied sich indessen schließlich nur, die Depesche abzuschicken, die die Briten die Kaiserdepesche und die Deutschen die Krügerdepesche nennen. Sie wurde am 3. Januar 1896 abgeschickt und beglückwünschte Krüger, daß es ihm gelungen war, den Einfall »bewaffneter Banden« in sein Land allein durch eigene Tatkraft und die seines Volkes abzuwehren, »ohne an die Hilfe befreundeter Mächte zu appellieren« (34). Die Reaktion in England war scharf. Die Freischärler wurden zwar nicht entschuldigt; aber man hielt ihr Vorgehen nur für irregeleitet, übereilt und nicht für grundsätzlich falsch. Die englisch-deutschen Beziehungen indessen erfuhren eine unheilvolle Wendung.

Als Rhodes, nachdem ihm die Nachricht von der Gefangennahme Jamesons und seiner Freischärler mitgeteilt worden war, in seinem leichten Kapjagdwagen vom Regierungsgebäude nach Groote Schuur zurückfuhr, sagte er mit eingefallenem Gesicht und hoher Stimme: »Nun, es wird nur ein wenig Geschichte gemacht. Das ist alles.« (35) Aber es war keineswegs alles. Das gegenseitige Vertrauen der Buren und Briten war endgültig dahin; die großen Fragen dagegen blieben ungelöst. War es künftig noch möglich, daß die zwei Burenrepubliken und die zwei britischen Kolonien in Südafrika weiterhin unabhängig voneinander und freundschaftlich miteinander auskommen konnten? Vor dem Einfall war eine föderative Kompromißlösung noch denkbar gewesen, danach gab es nur noch die Alternative zwischen argwöhnischer Koexistenz und Krieg. Die Ereignisse hatten Krüger gegen versöhnliche Gesten gestimmt. Im Hinblick auf die Behandlung der *Uitlanders* zeigte er kein Einlenken. Neue und bedrückkendere Gesetze wurden erlassen, die nur widerrufen wurden, weil Chamberlain darauf bestand. Der Transvaal rüstete. Der

Wert des Kriegsmaterials, das durch die Delagoa-Bay eingeführt wurde, stieg von 61 903 Pfund im Jahr 1895 auf 121 396
Pfund im Jahr 1896 und 256 291 Pfund im Jahr 1897. Bei
Pretoria und Johannesburg wurden Festungen im Wert von
über anderthalb Millionen Pfund errichtet (36). Präsident
Krüger antwortete auf die gelegentlich gestellte Frage, wozu
die Waffen bestimmt seien: »Oh, Kaffern, Kaffern und andere ähnliche Zwecke.« Solche ausweichenden Antworten, an
denen der Präsident immer seine helle Freude hatte, waren
dennoch kein Beweis dafür, daß die Waffen zu anderen als zu
Verteidigungszwecken gekauft wurden. Die britische Regierung
erwartete zudem keinen Angriff der Buren. Sie befürchtete,
daß sich mit der erstarkenden Macht auch die Widerspenstig-
keit vergrößern würde. Krüger selbst wurde im Februar 1898
überlegen als Präsident mit 12 764 Stimmen gegen 3716 und
1943 Stimmen für seine beiden Gegner, Schalk Burger bzw.
Generalkommandant Joubert, wiedergewählt. Das Schlagwort »Hütet euch vor Rhodes und haltet euer Pulver trok-
ken« soll viel zu seinem Sieg beigetragen haben (37). Der
Groll der Buren verstärkte sich, als Chamberlain in einem
amtlichen Schreiben vom 6. Dezember 1897 wiederum britische Ansprüche auf die Suzeränität erhob, die ihrer Ansicht
nach mit dem Abschluß der Konvention von London 1884
verfallen waren. Transvaal schlug einen internationalen
Schiedsspruch vor. Der Kolonialminister und der Hohe Kommissar lehnten solche Gedanken ab, teils aus Grundsatzerwä-
gungen und Prestigegründen, teils deswegen, weil nach den
Worten Milners »die Konvention *eine so lumpige Urkunde*
ist, daß selbst ein unvoreingenommener Gerichtshof ihr wahrscheinlich eine Auslegung geben würde, die sie für uns vollkommen wertlos machen dürfte« (38). Unterdessen ließ der
ständige, erbitterte Druck der *Uitlanders* zur Erlangung der

von ihnen beanspruchten Rechte nicht nach. In Alfred Milner fanden sie einen neuen und äußerst rührigen Verfechter ihrer Sache.

Milner ging aus dem Balliol College in Oxford hervor und zählte zu den hervorragendsten Zöglingen aus der großen Zeit dieser Lehranstalt. Neben seiner ausgezeichneten humanistischen Bildung besaß er Eifer und eine Fähigkeit zur methodischen Arbeit, die oft seiner deutschen Abstammung zugeschrieben wird. Im Mai 1897 trat er in Südafrika als Gouverneur der Kapkolonie und als Hoher Kommissar die Nachfolge Lord Rosmeads an und verbrachte einen großen Teil seines ersten Amtsjahres mit dem Erlernen der Burensprache Afrikaans. Dann wandte er sich einer Analyse der Probleme Südafrikas zu. Er stellte fest, daß Buren und Briten in der Kapkolonie ein vollkommen gleiches Wahlrecht besaßen, nicht aber im Transvaal. Der Gegensatz ärgerte ihn. Er klagte über den »Mangel an Fortschrittlichkeit der Transvaalregierung, um nicht zu sagen Rückschrittlichkeit«. Im Februar 1898 warnte er Chamberlain inoffiziell: »Es gibt keinen anderen Ausweg aus den politischen Schwierigkeiten in Südafrika als Reform im Transvaal oder Krieg. Zur Zeit sind die Aussichten für eine Reform im Transvaal schlechter denn je.« Krüger sei nach seiner Bestätigung im Amt »autokratischer und reaktionärer als je zuvor«. Er fuhr fort: » ... *wenn man die Frage vom rein südafrikanischen Standpunkt aus betrachtet,* wäre ich dazu geneigt, auf eine Krise hinzuarbeiten, nicht indem man sich nach Gründen zur Klage umsieht oder viel Aufhebens um Kleinigkeiten macht, sondern indem man stetig und unbeugsam Druck zur Abstellung wesentlicher Unbilden und Ungerechtigkeiten ausübt. Es wäre nicht schwer, in dieser Weise recht starke und zugkräftige Beweisgründe auszuarbeiten.« (39) Von dieser Schlußfolgerung wich Milner nicht mehr

ab. Er wurde immer mehr der Sprecher der Briten am Kap
und im Transvaal und immer weniger der Britische Hohe
Kommissar. Er drängte Chamberlain, nicht schwach zu werden und den Zeitpunkt der endgültigen Entscheidung nicht
hinauszuschieben. Unter den *Uitlanders* war die Überzeugung
weit verbreitet, daß Krüger kein angemessenes Wahlrecht zugestehen würde, bevor er nicht »in die Mündung eines Ka-
nonenrohres geschaut« hätte. Diese Ansicht wurde in London
bekannt gemacht (40). Das bedeutete, daß einem britischen
Verlangen nach Wahlrecht für die *Uitlanders* nur nachgege-
ben werden würde, wenn man ihm durch Gewaltandrohung
Nachdruck verlieh. Am 4. Mai 1899 schickte Milner, der damit »seinen Ruf und seine Karriere riskierte«, ein amtliches
Schreiben an den Kolonialminister, in dem er in absichtlich
aufreizender Sprache die Klagen der *Uitlanders* unterstützte.
Der herausforderndste Satz lautete: »Der Anblick Tausender
britischer Untertanen, die dauernd in der Stellung von Helo-
ten gehalten werden, ständig unter unbestrittenen Mißstän-
den zu leiden haben und dabei vergebens die Regierung Ihrer
Majestät um Abhilfe anrufen, untergräbt zunehmend den
Einfluß und den Ruf Großbritanniens und die Achtung vor
der britischen Regierung in ihren eigenen Herrschaftsgebie-
ten.« (41) Das Schreiben wurde erst am 14. Juni veröffentlicht,
wobei ein Abschnitt, der die zunehmende militärische Stärke
des Transvaal betonte, ausgespart blieb. In der erregbaren
und geladenen imperialistischen Atmosphäre des späten 19.
Jahrhunderts rief die Veröffentlichung des Schreibens selbst
in seiner unvollständigen Form vor allem in London die starke
gefühlsmäßige Reaktion des Volks hervor, die Milner erhofft
hatte. Bei Chamberlain war es zwar noch fraglich, bei Milner
dagegen stand es zu diesem Zeitpunkt fest, daß er sich von
der Unvermeidbarkeit des Krieges überzeugt hatte. Zuneh-

mend breitete sich die Atmosphäre des drohenden Krieges
auch nach Pretoria aus. Die Buren glaubten, die Briten beabsichtigten, »Transvaal im Handstreich zu nehmen«. Sir Robert Ensor glaubte, das Kabinett sei nicht vom Volksaufruhr
beeinflußt gewesen, fügte aber hinzu: »Wenn die Buren sich
zusammenschlossen, weil sie fälschlicherweise überzeugt waren, eine britische Regierung dürste nach ihrem Blut, so größtenteils deswegen, weil sie die britische Öffentlichkeit danach
schreien hörten.« (42)

In der Zeit zwischen der Absendung und Veröffentlichung des
sogenannten »Heloten-Schreibens« tagte am 31. Mai 1899 in
Bloemfontein eine Konferenz, an der Präsident Krüger mit
seinen Beratern, unter ihnen der jugendliche Staatsanwalt
J. C. Smuts (43), Präsident Steyn vom Oranje-Freistaat und
Sir Alfred Milner teilnahmen. Selbst unter den günstigsten
Umständen wäre es unwahrscheinlich gewesen, daß sich der
altehrwürdige Präsident und der zielbewußte Hohe Kommissar gegenseitig verstanden hätten, und die Umstände waren alles andere als günstig. Milner, von seinem Freund John
Buchan als »der am wenigsten für die Aufgabe geeignete
Mann« beschrieben (44), wurde zunehmend ungeduldiger. Er
fand Krüger »sehr langsam«; denn er »weicht schrecklich
vom Thema ab«; er spreche fortwährend von »seiner Unabhängigkeit«; er behaupte, das Stimmrecht für die Uitlanders
sei — wegen ihrer großen Zahl — »schlimmer als Annexion«;
er erkläre, es sei »ganz und gar gegen Gottes Wort, Fremden
die Verwaltung zu überlassen, da sie nicht zwei Herren dienen könnten . . .«; und er sei »nicht bereit, sein Land Fremden zu übergeben«. »Es ist unser Land, das ihr wollt«, rief der
greise Präsident in einer Gefühlsaufwallung, indem er sein
Haupt auf seine Hände stützte und Tränen über seine rauhen
Wangen rannen (45). Milner war nicht bereit, weiter zuzu-

hören. Am 5. Juni brach er die Konferenz ab. Er sah keine
Reformen, die ihm genügt hätten; daher drängte er auf Krieg.
Das britische Kabinett stimmte einem Ultimatum zu, das jedoch nicht zugestellt wurde. Am 9. Oktober 1899 kam ihm
ein Ultimatum der Buren zuvor.

Der nun folgende Krieg konnte nur ein Ergebnis zeitigen: die
Niederlage der Buren und die britische Annexion der beiden
Republiken. Dies trat ein, wobei die Annexion des Oranje-
Freistaates im Mai und die des Transvaal im September des
Jahres 1900 der endgültigen Niederlage vorausgingen. Die
Annexion sollte auch nicht zeitweilig sein. Chamberlain erklärte: »Wenn wir die Sieger sind, ... müssen die Gebiete
dieser Republiken endgültig dem Herrschaftsbereich Ihrer Majestät einverleibt werden.« Das bedeutete bedingungslose Kapitulation. Milner, der nach seinen eigenen Worten von der Un-
möglichkeit überzeugt war, »bewaffneten Haß, unsinnigen
Ehrgeiz, unbesiegbare Dummheit« zu versöhnen, bestand darauf, sie durchzusetzen. Am 31. Mai 1902 wurde, wenn auch
mit einigen Vorbehalten, auf dieser Grundlage in Vereeniging Frieden geschlossen. So wurde der Bereich des zukünftigen Commonwealth durch Waffengewalt entscheidend erweitert.

Der Krieg begründete die britische Vorherrschaft in Südafrika.
Daraus folgt nicht, daß er geführt wurde, um sie zu begründen. Im Jahr 1900 vermutete George Bernard Shaw: »Gleich-
gültig ob die Wählerschaft Präsident Krügers politische Meinungen teilt oder sie für so veraltet hält wie seine Theologie,
hegt sie wahrscheinlich den Verdacht, daß es keinen Krieg gegeben hätte, wenn die Regierung in ihren Anstrengungen, ihn
abzuwenden, ebenso entschlossen gewesen wäre wie bei der
Ablehnung der Altersrente.« (46) Das war nicht die ganze
Wahrheit. Die Frage, die die Regierung beschäftigte, war

nicht, ob sie den Krieg abwenden, sondern ob sie ihn auslösen sollte. Gerade dies tat sie, indem sie eine drohende Haltung einnahm, die absichtlich darauf abzielte, die Auseinandersetzung mit Gewalt voranzutreiben. Sicherlich waren dabei
auch andere Faktoren im Spiel, von den Machenschaften der
Finanziers bis zu den bisher ungenügend analysierten ehrgeizigen Bestrebungen der Buren; sie ändern aber nichts an der
Tatsache, daß es die Absicht der britischen Regierungspolitik
war, wobei unter Regierung der Hohe Kommissar, der Kolonialminister und das in gemeinsamer Verantwortung han-
delnde Kabinett zu verstehen sind, die ungeteilte Vorherrschaft
über das südliche Afrika mit jedem möglichen Mittel zu erreichen. Milner legte den Zweck des Krieges klarer als irgendein anderer dar, und infolgedessen nannte Professor Le May
diesen Krieg »Sir Alfred Milners Krieg« (47). Sicherlich hatte
Milner einen »großen Plan«, nach dem ein rascher und entscheidender militärischer Sieg in einem begrenzten Krieg —
»ein Austerlitz im (südafrikanischen) Veld« — den Weg für
»eine großangelegte Anwendung physischer und gesellschaftlicher Ingenieurkunst« freimachen würde, die darauf ausgerichtet war, für eine vorschaubare Zukunft die britische Vorherrschaft in Südafrika zu sichern. Außerdem war er in diesen
entscheidenden Jahren der einflußreichste der britischen Pro-
vinzstatthalter. Aber weder seine theoretischen Zielsetzungen
noch sein nicht zu bezweifelnder Einfluß berechtigen dazu,
Milner die eigentliche Verantwortung zuzuschieben. Milner
war weder Kolonialminister noch Mitglied des Kabinetts, das
die britische Politik in Südafrika letztlich bestimmte. Die Mitglieder des Kabinetts waren weder die Opfer der Umstände
noch erlagen sie dem Einfluß Milners. Sie, und insbesondere
der Kolonialminister, handelten aufgrund ihrer eigenen Ansichten und in Übereinstimmung mit einem lautstarken Teil

der öffentlichen Meinung, indem sie eine Politik guthießen, die mit voller Absicht zur Errichtung der britischen Vorherrschaft führen sollte. So verstanden, war es jedenfalls nicht Milners Krieg; es war ein Krieg, der aus Gründen der Staatsräson geführt wurde, die, mochten sie später als ausreichend oder nicht eingeschätzt werden, zu jener Zeit diejenigen, die für die britische Politik in Südafrika verantwortlich waren, von der Notwendigkeit zu handeln überzeugten.

Die Durchführung des Kriegs stand in einer bestimmten Beziehung zu seinen Zielen. Es war ein Krieg, der den Streit um die Vorherrschaft in Südafrika durch die Zerstörung der Burenrepubliken als eigene politische Größen beenden sollte. »Sie wollen meine Unabhängigkeit fortnehmen«, hatte Krüger in Bloemfontein gegenüber Milner geklagt, und er hatte recht. Man hielt die geteilte Souveränität in Südafrika für zu gefährlich, als daß man sie weiter hätte bestehen lassen können. Die Errichtung der ungeteilten Souveränität bedeutete Krieg. Daraus folgte wahrscheinlich notgedrungen das Festhalten an einer Politik der bedingungslosen Kapitulation. Und ohne den raschen Sieg, den Milner zur Erreichung seiner Ziele für fast unumgänglich hielt, bedeutete bedingungslose Kapitulation ausgedehnte, unentschiedene Feldzüge in den weiten Räumen Südafrikas und, was Milner zutiefst bedauerte, ein Schwinden der ursprünglichen Begeisterung.

Die Verlängerung des Kriegs hatte noch andere Folgen. Vor allem bedeutete sie, daß aufeinanderfolgende Oberbefehlshaber Maßnahmen genehmigten, die die Zukunft belasteten. Dazu gehörten: erstens das wahllose oder fast wahllose Niederbrennen der Farmen, das angeblich geschah, um im Oranje-Freistaat Recht und Ordnung aufrechtzuerhalten. Lionel Curtis kommentierte: »Welcher Dummkopf hat uns in seiner Einfältigkeit gelehrt, wir könnten Männer vom Rauben ab-

halten, indem wir sie ihrer Heimstätten berauben?«(48) Zweitens das Zusammentreiben von Frauen und Kindern in Konzentrationslagern, in denen 20 000 an Seuchen und Krank-
heiten starben. Drittens die angedrohte Deportation einer großen Zahl von Buren, wobei Kitchener an Fiji und — vorausgesetzt, die Franzosen stimmten zu — an Madagaskar dachte;
und, als das Kabinett diese Politik verwarf, an die Deportation bestimmter Ehefrauen, wobei Kitchener die Ansicht vertrat, die das Kabinett seinerseits entschieden zurückwies, daß
die Frauen unbeugsamer und daher für die Verlängerung des
Kriegs verantwortlich waren. Andererseits muß als Tatsache
von historischer Bedeutung festgestellt werden, daß der Krieg
selbst so ritterlich geführt wurde, daß er bei der kämpfenden
Truppe Gefühle der gegenseitigen Hochachtung und Wertschätzung zurückließ.

Der Friede wurde den Buren nicht ganz bedingungslos aufgezwungen. Es konnte nicht gut anders sein. Sie waren ge-
schickte Unterhändler, die genau wußten, worauf es ihnen
ankam, und überdies entdeckten sie, daß ihnen der militärische Verhandlungspartner in der Person Lord Kitcheners versöhnlicher gesonnen war als der zivile. Die Friedensbedingungen erwiesen sich infolgedessen als versöhnlicher und tragba-
rer als erwartet. Die Entscheidung, Frieden zu schließen, war
für die Burenführer dennoch sehr schmerzlich.

In einem großen, auf Befehl Kitcheners errichteten Zelt bei
Vereeniging berieten im Mai 1902 die 60 Vertreter der beiden Republiken die Frage von Krieg oder Frieden (49). Es
war ihnen klar, daß die Briten, sosehr sie in unwichtigeren
Dingen zu Zugeständnissen bereit waren, unter keinen Umständen auf der Grundlage einer fortdauernden Unabhängigkeit der Buren verhandeln würden. Die Besprechungen begannen mit einem Bericht über das schwindende Kriegsglück

der Buren, über den Mangel an Pferden und Nahrungsmitteln in zahlreichen, jedoch nicht allen Gebieten, und über die notwendige Preisgabe der Hoffnung auf fremde Hilfe. »Es wird«, trotz großer Sympathie, »in der Kapkolonie keinen allgemeinen Aufstand geben« (50), berichtete Smuts. Viele Kommandanten äußerten sich besorgt über das Schicksal der Frauen und Kinder und die Todesfälle in den Konzentrationslagern. Der stellvertretende Staatspräsident Burger fragte: »Sind wir nicht an dem Punkt angelangt, an dem wir beten müssen: Dein Wille geschehe ...? Wir haben schon fast übernatürliche Dinge bewirkt, vor denen die Welt den Atem anhält. Sollen wir jetzt zulassen, daß ein Volk, das selbst Frauen und Kinder geopfert hat, vernichtet wird? ... Wir waren stolz und verachteten den Feind. Ist es nicht vielleicht Gottes Wille, uns zu demütigen und den Hochmut in uns niederzuwerfen, indem er zuläßt, daß wir vom englischen Volk unterdrückt werden? ... Unser Volk verdient es nicht, vollständig vernichtet zu werden.« (51) Eine bedeutendere Gestalt, Generalkommandant Botha, äußerte den gleichen Gedanken: »Es ist gesagt worden, wir müßten bis ›zum bitteren Ende‹ kämpfen; aber keiner sagt uns, worin das bittere Ende besteht. Ist es erreicht, wenn alle entweder im Grab liegen oder verbannt sind? Meiner Ansicht nach dürfen wir nicht den Zeitpunkt, wenn alle im Grab liegen, als ›bitteres Ende‹ betrachten. Wenn wir das tun und nach dieser Auffassung handeln, werden wir den Tod unseres Volkes verursachen. Ist das bittere Ende nicht schon erreicht, wenn das Volk bis zur Kampfunfähigkeit gekämpft hat? ... Wenn wir verhandeln wollen, ist jetzt die Zeit gekommen. Wenn es der Herrgott will, müssen wir uns, so schwer uns das auch fallen mag, mit dem Feind vergleichen.« (52) General Smuts stimmte ihm zu. Es gab etwas, was man selbst für die Freiheit nicht opfern

durfte, und das war das Afrikaandervolk selbst. Seinetwegen
und wegen der Frauen und Kinder mußte Frieden geschlossen werden. Aber nicht alle teilten diese Meinung. Auch die
Stimme des romantischen, unrealistischen, kämpferischen Nationalisten war zu vernehmen. Generalkommandant de Wet
erklärte: »Der Krieg ist eine Glaubenssache. Ich hätte niemals die Waffen ergriffen, wenn nicht im Glauben. Laßt uns
noch einmal unseren Bund mit Gott erneuern ... Der ganze
Krieg ist ein Wunder gewesen ... Ich kann nicht in die Zukunft sehen, aber ich weiß, daß hinter mir Licht ist. Was noch
vor mir liegt, weiß ich nicht. Vor mir ist Dunkelheit; aber wir
müssen mit Gottvertrauen weitergehen, und wir werden, wenn
der Sieg unser ist, nicht hochmütig sein.« (53) Die Realisten
setzten sich durch; aber die Stimme des Romantikers blieb,
um die Gedanken späterer Generationen zu beunruhigen und
die Geister zu scheiden.

Einige der Buren, die den Frieden von Vereeniging aushan-
delten, waren später unter den Hauptarchitekten des Commonwealth zu finden. Ihre Einsicht wurde gelobt, und der
von ihnen beschrittene Weg wurde meistenteils aus beque-
mer Commonwealth-Rückschau gesehen. Aber es war ebenso
wichtig, daß sie und ihr Volk die Niederlage gekannt hatten,
wie auch, daß sich einige unter ihnen angesichts der umfassenderen Vorstellung vom Commonwealth mit dem Reich ver-
söhnten. Die Geschichte verzeichnet, daß der Eindruck jener
Niederlage und der Entschluß, sie ungeschehen zu machen,
nachhaltiger war als der der nachfolgenden und großzügigen
Versöhnung. Im September 1905, als J. X. Merriman in Kapstadt mit einer gewissen Schroffheit die Ereignisse der jüngsten Vergangenheit überdachte, beklagte er in einem Brief an
Goldwin Smith u. a. die Anzeichen für andauernde britische
Angst vor den Buren »und den schrecklichen Dingen, die sie

anstellen könnten«. Er vermerkte die Tatsache, daß die Buren
seit der Niederlage große Würde und Selbstbeherrschung gezeigt hätten; er schloß mit der ernüchternden und durch die
nachfolgenden Ereignisse voll und ganz gerechtfertigten Warnung, daß der Bur »beim Wartespiel ein erfolgreicher Spie-
ler« sei (54). In diesem Fall brauchte er indes nicht lange zu
warten.

Der Friedensvertrag von Vereeniging entschied zumindest und
endgültig die Frage nach der Vorherrschaft in Südafrika. Durch
Waffengewalt wurden die Burenrepubliken unter die briti-
sche Fahne gezwungen, und zum erstenmal seit dem Großen
Treck waren alle Europäer einer einzigen Obrigkeit unter-
tan. Diese Tatsache ebnete der Einigung Südafrikas den Weg.
Aber sie brachte diese nicht von sich aus zustande. Nach dem
Krieg blieben immer noch vier getrennte politische Einheiten:
die Kapkolonie und Natal mit ministerverantwortlicher
Selbstverwaltung, der Transvaal und der Oranje-Freistaat als
Kronkolonien. Durch wen und auf welche Weise sollten sie
— entzweit durch den Krieg und ungleich in der politischen
Stellung — zu einem größeren Ganzen verbunden werden (55)? Für die meisten Engländer und nicht wenige Afrikaander war der Name des liberalen britischen Staatsmannes
Sir Henry Campbell-Bannerman, der im Dezember 1905 Balfour als Premierminister ablöste, am engsten mit der Einigung Südafrikas verbunden. Campbell-Bannerman hatte die
Konzentrationslager des Kriegs als »barbarische Methoden«
verurteilt, und diese Worte hätten, meinte Botha, die Tür für
eine Wiederversöhnung der Engländer und Buren nach dem
Krieg offengelassen. Am 7. Februar hatte Campbell-Bannerman mit General Smuts, auf der Grundlage einer Denkschrift,
die Smuts mit nach London gebracht hatte, eine Unterredung
über die Zukunft der ehemaligen Burenrepubliken. Diese Un-

terredung, meinte Smuts, »entschied die Zukunft Südafrikas«.
Am folgenden Tag hielt Campbell-Bannerman vor dem Kabinett eine Rede, die Lloyd George als »die dramatischste und
wichtigste Rede von zehn Minuten, die je in unserer Zeit gehalten worden« (56) sei, beschrieb. Er überredete damit seine
Kollegen, der sofortigen Gewährung der ministerverantwortlichen Selbstverwaltung auf der Grundlage einer neuen Verfassung für die besiegten Burenrepubliken, ohne die von den
Unionisten geplante Zwischenzeit mit einem bloßen Repräsentativsystem, gemeinsam zuzustimmen. Dies geschah zwar
gegen die vorherrschende Meinung im Kolonialministerium,
aber mit wirksamer Unterstützung des Unterstaatssekretärs
Winston Churchill.

Zu jener Zeit wurde die Politik Campbell-Bannermans in
Großbritannien nicht allgemein gebilligt; auch wurde die Klugheit seiner Politik von eingeweihten Beobachtern in Frage
gestellt, nicht zuletzt von Lord Selborne, der Milner als Hohen Kommissar abgelöst hatte. Ministerverantwortliche Selbstverwaltung wurde am 6. Dezember 1906 dem Transvaal und
am 5. Juni 1907 der Oranjefluß-Kolonie (künftig wieder
Oranje-Freistaat) gewährt, und zwar in beiden Fällen durch
ein Schreiben des Königs (*Letters Patent*), wodurch man einen
etwaigen Einspruch des Oberhauses umging. Es war für die
Durchsetzung der liberalen Politik gut, daß dieser Weg beschritten werden konnte, denn der Führer der Unionisten, A.
J. Balfour, bezeichnete in einer Unterhausdebatte die Wiedergewährung der Selbstverwaltung an den Transvaal als »das
gefährlichste Experiment, das jemals in der Entwicklung einer
großen Kolonialpolitik gemacht wurde« (57), und die große
Mehrheit der Unionisten im Oberhaus hatte schon zu verstehen gegeben, daß sie in keiner Weise geneigt war, sich der
Meinung der liberalen Mehrheit im Unterhaus zu fügen. Ob-

wohl die Entscheidung, die Selbstverwaltung wiederzugewähren, ein kühner politischer Schritt war, geschah er weder, wie
die Opposition es darzustellen versuchte, vorschnell noch un-
überlegt. Er war auch nicht so dramatisch, wie Smuts' spätere Kommentare seiner Unterredung mit Campbell-Bannerman einen glauben machen könnten. Vielmehr ergab sich der
Schritt ganz natürlich aus der Einstellung der Liberalen zu
Südafrika während und nach dem Burenkrieg (58). Der die
Politik der Liberalen beherrschende Grundsatz war Wiederversöhnung mit den Buren, die trotz der Geschehnisse durch
eine zeitige Gewährung politischer Autonomie innerhalb des
Britischen Weltreichs ermöglicht werden sollte.

Weder der Premierminister noch, wie es die Akten in Fülle
beweisen, das Kolonialministerium hatte die Tragweite der
im Februar 1906 gefällten Entscheidung, den ehemaligen Republiken die Selbstverwaltung wiederzugewähren, übersehen.
Sie war kein Sprung ins Dunkle, sondern ein kalkuliertes
Risiko oder, wie der Biograph Campbell-Bannermans schrieb,
»ein Glaubensakt« (59). Mehr als 40 Jahre später erinnerte
sich General Smuts im Senatshaus in Cambridge daran und an
den Mann, der in erster Linie dafür verantwortlich war.
». . . Ich möchte insbesondere eine Person erwähnen«, sagte er,
»deren Name niemals vergessen werden sollte . . . Campbell-
Bannerman, der Staatsmann, der das Wort Wiederversöhnung
über . . . jenen afrikanischen Schauplatz schrieb und so dem
Britischen Weltreich einen unsterblichen Dienst leistete, ja der
Sache der Menschheit überall.« (60) Natürlich konnte dies
nicht alle Erinnerungen an den Krieg tilgen. Über Schlacht-
felder kann das Gras schnell wieder wachsen, aber über ver-
brannte Heimstätten und über Konzentrationslager für Zivilisten nur langsam. Natürlich konnte selbst die ministerverantwortliche Regierung im Rahmen des Reichs in den Au-

gen der meisten Afrikaander keine Entschädigung für den
Verlust der republikanischen Freiheit sein, aber immerhin
trug sie mehr als irgendeine andere unter den Umständen
denkbare Handlung zur Versöhnung der Engländer und Buren bei.

Die liberale Politik in den Jahren 1906/07 brachte die Südafrikanische Union nicht zustande, aber sie ermöglichte einen
Fortschritt in dieser Richtung: psychologisch, indem sie dazu
beitrug, die Buren mit ihrem Verbleib im Reich auszusöhnen;
technisch, indem sie die vier südafrikanischen Kolonien für
Verhandlungen über ihre zukünftigen gegenseitigen Beziehungen zu ebenbürtigen Partnern machte. Aber die Natur
ihrer Beziehungen war etwas, was nach dem Burenkrieg in
Südafrika allein entschieden werden konnte. Der »Faktor der
Reichsmacht« (*imperial factor*) mußte dabei ein für allemal
ausscheiden, und dies geschah auch. Das war die Vorbedingung für die Unterstützung der Union durch die Afrikaander.
Wie früher in Kanada und Australien, wurde dementsprechend die Verfassung von Vertretern der vier sich selbst verwaltenden Kolonien in Besprechungen und langwierigen Konferenzen erarbeitet. Sie war »Heimarbeit«. Dies bedeutete,
daß die vorgefaßten Meinungen und Ansichten nicht der
Reichsregierung, sondern derer, die sie erstellten, den Charakter der Verfassung prägten. Es gab viele und sehr unterschiedliche Meinungen. Sie wurden alle durch die beständige Entschlossenheit des Transvaal, einen starken, einheitlichen Staat
zu schaffen, beeinflußt.

Der Reichtum des Transvaal hatte den Krieg ausgelöst; er
war eine Voraussetzung des Zusammenschlusses. Die Ansichten des Transvaal hatten daher großes, wenn nicht entscheidendes Gewicht im Hinblick auf die Beschaffenheit eines vereinten südafrikanischen Staates. Die Regierung des Trans-

vaal unter General Botha als erstem Premierminister trat zunehmend für eine starke und stabile Regierungsform ein. Hierfür gab es zahlreiche Gründe, von denen einige später zu sehr in den Hintergrund geschoben worden sind. Einer war die fortgesetzte Feindseligkeit der großen Finanzinteressen gegen die Buren und das tiefe Mißtrauen der Buren gegenüber den Finanziers und Grubenbesitzern, den früheren *Uitlanders,* die jetzt chinesische Wanderarbeiter in die Bergwerke des Witwatersrand eingeführt hatten. Im Dezember 1906 ließ sich General Smuts noch einmal über dieses Thema aus, das einen großen Teil einer Denkschrift ausgemacht hatte, die er im Februar des gleichen Jahres nach London mitgenommen und den britischen Ministern vorgelegt hatte. Er schrieb an Merriman, der südafrikanische Gedanke »führt einen Krieg auf Leben und Tod gegen die organisierte Macht des Geldes, die die Politik in ganz Südafrika verdirbt und das Gewissen der Menschen antastet . . .«. Diese Macht und ihr Einfluß seien ein Grund, eine »Föderation oder (wenn möglich) einen Einheitsstaat« zu begünstigen. »Glauben Sie mir, solange wir in Südafrika uneins und getrennt sind, wird uns die Macht des Geldes in der Transvaalregierung und infolgedessen in ganz Südafrika schlagen. Ich kenne die tatsächlichen Schwierigkeiten, die fast unüberwindbar sein werden.« (61) Die Ausdrucksweise grenzt an Rührseligkeit; aber trotz der Zweifel einiger Historiker waren die darin zum Ausdruck gebrachten Gefühle sicherlich echt.

Zu dieser Furcht vor den Finanziers kam ein weiterer und wahrscheinlich wieder nicht genügend beachteter Faktor hinzu. Während Downing Street seine Verantwortung für Südafrika abgeben wollte, wünschten sowohl englische als auch afrikaanssprechende Südafrikaner, Downing Street loszuwerden. 1906 sagte Smuts zu Merriman: »Unser einziges Ziel ist die südafrikanische Selbstverwaltung. Aber das klingt zur Zeit fast wie ein schlechter Witz — angesichts der Böswilligkeit der konservativen Regierungen und der Dummheit der Liberalen. Wir können jedoch nicht mehr als unsere Pflicht tun, wohl wissend, daß die Ereignisse der letzten sieben oder acht Jahre in Südafrika Kräfte freigesetzt haben, die weder Downing Street noch irgendeine andere Straße oder irgendein anderes Gäßchen in London beherrschen kann.« Und in einem leidenschaftlichen Ausbruch, wobei er die Einflüsse des Reichs mit denen des Geldes gleichsetzte, erklärte er, er würde lieber eine Niederlage für die Sache eines vereinigten und freien Südafrika erleiden, als daß er »mit den teuflischen Zeilenreißern eines Milner oder Rhodes siegen« möchte. Es war klar, daß, je fester die südafrikanischen Kolonien geeint waren, um so größer ihre tatsächliche Unabhängigkeit von beiden sein würde. Im August 1907 schrieb Smuts etwas gemäßigter: »Meine eigene Ansicht ist, daß Föderation oder vielmehr der Einheitsstaat ein gutes und vernünftiges Ideal ist; er ist die einzige Alternative zu Downing Street, die ein äußerst schädlicher Faktor ist.« (62)

In politischer Hinsicht, im Gegensatz zu rein wirtschaftlichen oder verwaltungstechnischen Überlegungen, blieb die Stellung der Nichteuropäer in Südafrika die allerwichtigste Frage. Je stärker die Zentralregierung war, desto größer würde ihr Einfluß auf die Eingeborenenpolitik sein; das war klar. Die einheitliche Verwaltung konnte eines von zwei Ergebnissen zeitigen: entweder, wie es die Liberalen in England gern glaubten, Großzügigkeit, die sich aus einer gesicherten Staatsautorität ableitete, oder eine Politik der Unterdrückung, die durch die Konzentration der Macht ermöglicht wurde. Fest stand allein, daß, während ein Bundesstaat Unterschiede aufrechterhalten dürfte, ein Einheitsstaat auf Einheitlichkeit und Zusammenfassung europäischer Macht und Herrschaft im Staat abzielen würde.

Es gab eine Pressekampagne gegen die Föderation, von der viele vermuteten, daß Smuts die Hand dabei im Spiel hatte. Sicherlich war er entschieden gegen eine föderative Lösung. Aber das waren auch andere, unter ihnen der ehemalige Präsident des Oranje-Freistaates, M. T. Steyn. Am 30. Januar 1907 schrieb der Präsident an Merriman: »Sicherlich sollte uns Australien eine anschauliche Warnung sein, eine Föderation nicht übereilt einzugehen.« Er fuhr fort: »Meiner Ansicht nach ist es unsere Pflicht, darauf zu achten, daß wir nicht in diesen oder jenen vorgefertigten Föderationsplan hineinmanövriert werden.« (63) Merriman selbst stellte tiefergehende Überlegungen an. Später im gleichen Jahr wies er in einem Brief an Goldwin Smith (64) darauf hin, der Aufwand für vier getrennte Regierungen, Rechtswesen und Verwaltungen sei unvernünftig kostspielig. Einige der Schwierigkeiten wären jedoch sehr groß: »die örtlichen Eifersüchteleien — die schreckliche Frage der Eingeborenen, die uns ständig begleitet und der wir die asiatischen Schwierigkeiten hinzugefügt haben«. Wie sollte das Wahlrecht in einem Einheitsstaat geregelt werden? Jenes in der Kapkolonie übliche, ohne Unterscheidung nach Hautfarbe, aber mit der Forderung einer verhältnismäßig hohen Schulbildung, hätte sich »im großen und ganzen ... bewährt«. »Unsere Eingeborenen sind wohlhabender, aber auch fleißiger und zivilisierter geworden. Sie haben wenig oder keine Schwierigkeiten gemacht ... Ich muß zugeben, daß unser Wahlrecht, einfach als Sicherheitsventil gesehen, seinen Zweck erfüllt hat.« Aber keine der anderen Kolonien näherte sich auch nur diesem System. »In den zwei Burenstaaten hat man dem Eingeborenen die bürgerlichen Rechte verwehrt; in Natal ist das ganze System darauf ausgerichtet gewesen, ihn

in einem Zustand der Barbarei zu halten.« Bei allen Verhandlungen, urteilte Merriman ganz richtig, »werden sie versuchen, uns zu bewegen, unser Wahlrecht preiszugeben ...«. Er
meinte, der beste Weg sei der, das Wahlrecht mit einer wirklichen Schulbildungsprüfung zu verbinden, die »alle außer
den Eingeborenen, die in der Lage waren, die Rechte eines
Bürgers auszuüben, ausschließen« würde, »während sie keinem aufgrund der zufälligen Hautfarbe die bürgerlichen Rechte
verweigern« dürfe. Er befürchtete, wiederum ganz richtig,
daß dies unmöglich sein würde, und stellte Überlegungen über
die Möglichkeit an, das Wahlrecht in der Kapkolonie beizubehalten, anderswo aber ein unterscheidendes Wahlrecht zuzulassen. Sei dies möglich? Gäbe es Präzedenzfälle? Die Verhältnisse in Neuseeland seien nicht in allen Punkten vergleich-
bar. Dort gäbe es in der Tat getrennte Vertreter für die Maori;
aber die Übernahme des neuseeländischen Wahlrechts würde
in Südafrika mit der Zeit zum Untergang der weißen Wählerschaft führen. Er schloß mit folgenden Überlegungen: »Es
gibt diesen Unterschied, ... in Neuseeland sind die Maori die
Müßiggänger, die Europäer sind fleißig. In der Kapkolonie
sind die Eingeborenen die Arbeiter, die als Lohn ihres Flei-
ßes an Wohlstand zunehmen ...« und sich dementsprechend
mit der Zeit in zunehmender Zahl für das Wahlrecht qualifizierten. So gesehen, gab es im Hinblick auf die Eingeborenenfrage keine Lösung, die für das ganze geeinte Südafrika sowohl politisch durchführbar als auch moralisch annehmbar
war. In diesem Zusammenhang waren offensichtlich Fragen
nach einem Einheits- oder einem Bundesstaat Dinge, die nur
dem Grad nach verschieden waren.
Die Verfassung der Südafrikanischen Union wurde in mehreren aufeinanderfolgenden Konventionen in Durban, Kapstadt und Bloemfontein in den Jahren 1908 bis 1909 erarbeitet

(65). Die Regierungen der vier Kolonien—Kapkolonie, Natal, Oranje-Freistaat und Transvaal — waren gleichberechtigt vertreten; die Stellung des Transvaal, mit seiner fähigen und fleißigen Delegation und seinen aus den Reihen der jungen Männer Lord Milners stammenden Fachberatern, war jedoch in jeder Hinsicht besonders stark. Diese Delegation, und unter ihren Mitgliedern vor allem Smuts, legte die Beweisgründe zugunsten eines Einheitsstaates und gegen einen Bundesstaat mit einer Folgerichtigkeit, Durchschlagskraft und Ausdauer dar, die ihren möglichen Gegnern vollkommen abgingen.

Das Ziel der Baumeister der Union war die Verschmelzung der beiden europäischen Nationen und damit, um General Smuts zu zitieren, »die Neuschaffung Südafrikas ... auf einer höheren Ebene des politischen und nationalen Lebens«. Die einheitsstaatliche Form der Regierung, wie sie von der Transvaaldelegation befürwortet wurde, vorbehaltlich aller übereinstimmend gutgeheißenen Sicherungen, wurde teils wegen der offenkundigen wirtschaftlichen Vorteile und dem allgemeinen Wunsch nach einer wirksamen Verwaltung angenommen, vor allem aber, weil man es für wahrscheinlicher hielt, daß sie das weiße Südafrika »zu einer geschlossenen, von einer einzigen Gesinnung durchdrungenen Nation« zusammenschweißen würde, die überdies eine widerspruchslose und zusammenhängende Eingeborenenpolitik anwenden würde. Sie bedeutete, und so verstand es auch die einflußreiche Transvaaldelegation im südafrikanischen Nationalkonvent, trotz gewisser nebensächlicher Zugeständnisse an die Provinzen, eine starke Zentralregierung, in der die Autorität letztlich beim Parlament der Union lag. Sie bedeutete auch, was bei einer Föderation nicht unbedingt der Fall gewesen wäre, daß, wenn das Experiment der Verschmelzung mißlang, die zahlenmäßig stärkere weiße Gruppe, falls sie es wünschte, sehr gut in der Lage sein würde, die Regierung des Landes in die Hand zu bekommen. Der Präzedenzfall der kanadischen Föderation, der die Rechte der Frankokanadier abgesichert hatte, wurde in Erwägung gezogen, aber für nicht anwendbar befunden: teils wegen der sehr unterschiedlichen finanziellen, wirtschaftlichen und verkehrstechnischen Probleme, und mehr noch, weil die europäischen Völker in Südafrika in viel größerem Maß durcheinandergewürfelt lebten als in Kanada. Die Vorteile eines föderativen Systems wurden einfach durch die Nachlässigkeit und Stümperhaftigkeit der politischen Führer Natals, der einzigen Provinz, die in fast jeder politischen und kulturellen Hinsicht ein deutliches Interesse an einem Bundesstaat und nicht an einem Einheitsstaat hatte, nur ungenügend zur Geltung gebracht. Infolgedessen ging die Sache der Föderation eigentlich wegen Nichterscheinens unter. Patrick Duncan schrieb: »Als letzte Zuflucht konnte ich die Gegner in Natal immer fragen, ob sie glaubten, daß unter einem Einheitsstaat ihre Belange unzulänglicher verwaltet werden würden als jetzt, und keiner von ihnen konnte ehrlich sagen, daß seine schlimmsten Befürchtungen so weit gingen.« (66) In der Folge wurde der Einheitsstaat im Gegensatz zu den anderen drei Provinzen allein in Natal durch einen Volksentscheid gebilligt. Diese Tatsache veranschaulicht mehr als irgend etwas anderes den eindrucksvollen Grad des Vertrauens, das man damals zum Grundsatz eines einheitlichen weißen südafrikanischen Staates hatte. Aber dies warf auch ein bezeichnendes Schlaglicht auf die verhältnismäßig große Gleichgültigkeit, mit der englischsprechende Südafrikaner politische Fragen behandelten. Selbst während der Sitzungen der verfassunggebenden Versammlung zogen viele von ihnen ihr abendliches Bridge-Spiel der schweren, von der Transvaal-Mannschaft geleisteten Denkarbeit über wichtige Punkte des

Verfassungsentwurfs vor. Die Unionsverfassung war in einem größeren Umfang als unbedingt nötig eine Schöpfung des Transvaal, mit einigen Abänderungen auf Wunsch der Kapkolonie. Diese Tatsache hatte Folgen für die Eingeborenenpolitik, sowohl auf kurze wie auf lange Sicht.

Die Buren fürchteten, und die Eingeborenen hofften, die britische Regierung würde nach dem Krieg darauf bestehen, die Eingeborenenpolitik der Kapkolonie auf die nördlichen Provinzen auszudehnen. Die Befürchtungen der Buren erwiesen sich als unbegründet, und die Hoffnungen der Eingeborenen wurden enttäuscht. Es gab hierfür zwei Hauptgründe. Erstens wurde das Denken der Reichsregierung von der sogenannten »Rassenfrage« beherrscht, womit man allerdings die Beziehungen der beiden europäischen Bevölkerungsteile Südafrikas meinte. Diese Tatsache erklärt sich aus dem Umstand, daß damals nur die weißen Gemeinschaften im Lande Männer stellten, die die Verantwortung für die Regierung Südafrikas übernehmen konnten. Man konnte zwar, obwohl nicht ohne gewisse Bedenken, an die Verwaltung der unterworfenen Republiken mit Hilfe der besiegten Buren denken; aber konnte man überhaupt ihre Verwaltung *gegen* den Willen der Buren erwägen? Zweitens waren die liberalen Regierungen, was nicht übersehen werden darf, an die von ihren konservativen Vorgängern gebilligte Zusage im Artikel 8 des Vertrags von Vereeniging hinsichtlich der Eingeborenenpolitik gebunden. Der Artikel lautete: »Die Frage der Gewährung des Wahlrechts an die Eingeborenen wird erst nach der Gewährung der Selbstverwaltung entschieden werden.« Das war eine ausdrückliche Zusage, im Transvaal und im Oranje-Freistaat keinem Eingeborenen das Wahlrecht zu geben, solange Großbritannien die unmittelbare Kontrolle über deren innere Angelegenheiten hatte. Artikel 8 wurde, zusammen mit den anderen Friedensbedingungen, dem Hohen Kommissar, dem Kolonialministerium, dem Kolonialminister und dem Kabinett vorgelegt. Im Kolonialministerium wurde vermerkt: »Es scheint nicht möglich, dem Eingeborenen das Wahlrecht in einem reinen Repräsentativsystem vorzuenthalten, wenn er entsprechende Qualifikationen nachweist.« Deshalb wurde vorgeschlagen, das Wahlrecht vor der Gewährung des Repräsentativsystems »so eingeschränkt« zu verleihen, »daß es das gerechte Übergewicht der weißen Rasse wie in der Kapkolonie« sicherte. Der in erster Linie betroffene Beamte, F. Graham, gab zu Protokoll: »Das Wahlrecht der Eingeborenen ist meines Erachtens die einzige Frage, bei der sich ein Verweilen lohnt. Nach der jetzigen Fassung (des Artikels) bekommt der Eingeborene niemals das Wahlrecht. Keine ministerverantwortliche Regierung wird sie ihm geben.« (67) Aber weder der Hohe Kommissar noch der Kolonialminister oder das Kabinett scheinen sich länger dabei aufgehalten zu haben. Warum sollten sie auch! Sie hatten den Krieg geführt, um die britische Vorherrschaft zu sichern, nicht um die Rechte der Eingeborenen zu verteidigen. Später gab Milner zu, daß die Zustimmung zum Artikel 8 ein Fehler gewesen sei. Er fügte hinzu, daß er »so fest wie eh und je« glaubte: »Wir haben den richtigen Weg verlassen, als wir den Grundsatz von Herrn Rhodes, ›gleiche Rechte für jeden zivilisierten Menschen‹, über Bord warfen.« (68)

Die Akten des Kolonialministeriums aus der folgenden Zeit enthalten eine Fülle von Feststellungen über das, was die Reichsregierung unter diesen Umständen *nicht* tun konnte. Sie konnte den Artikel 8 des Vertrags nicht zurücknehmen; sie konnte ihn nicht engherzig auslegen, indem sie ihn nur auf die eigentlichen Eingeborenen (d. h. die Bantu) anwendete, da, wie ein Untersuchungsausschuß unter dem Vorsitz von Sir Joseph West-Ridgeway berichtete, die Buren ihn in gutem Glauben als für alle nichteuropäischen Einwohner geltend verstanden hatten. Der Staatssekretär, Lord Elgin, der es für selbstverständlich hielt, daß »die Zeit kommen muß, in der die Gefahr eines Zusammenstoßes zwischen weißen und farbigen Rassen droht, wenn die Beziehungen zwischen ihnen nicht gerecht und billig sind« (69), überlegte sich besorgt, welche Schritte der Reichsregierung noch möglich waren. Aber als die Schritte, »die uns offenstanden, ... um die gerechten Interessen der Eingeborenen zu sichern«, nacheinander überprüft wurden, schienen die Einwände zu jedem fast unüberwindlich. Der Staatssekretär selbst gab zu, daß die Kapitulationsbedingungen die Vertretung der Eingeborenen im Parlament, ähnlich wie in der Kapkolonie, »vollständig ausschlossen«. Er glaubte, daß sie auch die Vertretung der Mischlinge im Parlament ebenso ausschlossen, und erwog die Möglichkeit von Vorbehalten bei der Gewährung der Verfassung; aber er sah ein, daß es zweifellos schwierig sein würde, eine solche Bestimmung abzufassen, und daß jede derartige Bestimmung auf Widerspruch stoßen würde. Die Wurzel des Problems war, die humanitären Ziele der liberalen Regierung gegenüber den Eingeborenen mit der Politik der Großzügigkeit gegenüber den besiegten Buren zu vereinbaren, indem man letzteren die Selbstverwaltung wiedergewährte. Aber es bestand wirklich für die Reichsregierung keine Möglichkeit, die Verbesserung des Loses der Nichteuropäer zu sichern, die mit den Bedingungen des Artikels 8 des Vertrags und mit der Politik der Selbstverwaltung für die Europäer zu vereinbaren gewesen wäre.

Konnte vor der Wiederherstellung der Selbstverwaltung für die Rechte der Eingeborenen nichts getan werden, so erst recht nicht nachher. Die Debatten um die Union in Südafrika machten klar, daß es entweder eine Union mit Beibehaltung der in jeder Kolonie bestehenden Wahlrechtsbestimmungen geben würde, was eine absolute Rassenschranke in den inländischen Provinzen und eine fast absolute Rassenschranke in Natal bedeutete, oder daß die Verhandlungen um die Union scheitern würden. Die Kapkolonie war ebensowenig bereit, ihr liberales Wahlrecht zu opfern, wie der Transvaal und der Oranje-Freistaat bereit waren, es auf ihre eigenen Gebiete auszudehnen. Es gab Einzelpersonen, unter ihnen besonders W. P. Schreiner, die viele der Folgen des Kompromisses voraussahen und gegen die Zustimmung zur antiliberalen Wahlrechtspraxis des Nordens protestierten. In der Kapkolonie fanden sie aber nur beschränkte Unterstützung, und andernorts fehlte sie gänzlich. Nachdem der Bericht der verfassunggebenden Versammlung veröffentlicht worden war, hatte Louis Botha auf einer Reise durch Transvaal tatsächlich große Schwierigkeiten, die Annahme von Resolutionen zu verhindern, die die Abschaffung des Wahlrechts für die Eingeborenen in der Kapkolonie forderten. Am 17. März 1909 schrieb er an Merriman: »Alle Parteien erheben die heftigsten Einwände gegen die Bestimmungen, die das Eingeborenenwahlrecht für das Zentralparlament in der Kapkolonie beibehalten ... Kein anderer Punkt hat mir soviel Schwierigkeiten bereitet wie dieser, und ich muß zugeben, daß es der größten Anstrengungen meinerseits bedurfte, die Annahme von Anträgen zur Abänderung dieser Klausel zu verhindern. Ich kann Ihnen versichern, daß eine große Anzahl von Menschen im Transvaal, Engländer wie Buren, durchaus bereit sind, die Einigung an dieser Frage scheitern zu lassen.« (70) Dies konnte nicht einfach abgetan werden. Eine Union ohne den Transvaal war sowohl undenkbar als auch undurchführbar. Daher lag die Lösung in einem Kompromiß, der jeder Provinz ihre bestehende Wahlgesetzgebung beließ. Die Frage wurde offensichtlich in der Schwebe gelassen, aber nicht entschieden. Nachdem dem Norden in der Union ein Übergewicht zukam, mußte das Wahlrecht der Kapkolonie gesichert werden, und es wurde in der Tat in der Verfassung der Union, der Südafrika-Akte von 1909, verankert, so daß es nur durch eine Zweidrittelmehrheit beider Kammern des Südafrikanischen Parlaments in gemeinsamer Sitzung abgeändert werden konnte.

Diesem Wahlrechtskompromiß gingen viele Debatten voraus. Es handelte sich dabei um Angelegenheiten von großer Tragweite für die Zukunft Südafrikas und des Commonwealth. Die Diskussion beleuchtete bleibende Fragen, die von der politischen Verbindung verschiedener Rassen nicht zu trennen sind. Aber der Eindruck, der bei einer späteren Lektüre der Diskussionsprotokolle entsteht, ist überaus verwirrend. Smuts war zu jeder Zeit bereit, in dieser Frage einem zustimmenden Agnostizismus geistreichen Ausdruck zu verleihen. So schrieb er 1906 an Merriman über die Eingeborenen: »Ich glaube nicht, daß für sie Politik das Richtige ist. Vielleicht glaube ich im Grunde überhaupt nicht an die Politik als ein Mittel zur Erreichung der höchsten Ziele; aber jedenfalls wird sie, was die Eingeborenen betrifft, meines Erachtens nur Unruhe stiften. Ich würde ihnen daher das Wahlrecht nicht geben ... Wenn ich die politische Zukunft der Eingeborenen in Südafrika überdenke, muß ich sagen, daß ich nur Schatten und Dunkel sehe; und dann bin ich geneigt, die unerträgliche Last der Lösung dieses sphinxartigen Problems den breiteren Schultern und den stärkeren Gehirnen der Zukunft zu überlassen. Jedem Tag genügt seine Plage ...!« (71) Zwei Jahre später kam er auf dasselbe Thema zurück: »Was die Frage des Eingeborenenwahlrechts betrifft, ist mein Geist voller Finsternis, und ich neige sehr stark dazu, diese Angelegenheit dem Parlament der Union zu überlassen. Ich bin auch ziemlich sicher, daß ein in der Verfassung verankertes Wahlrecht der Eingeborenen zur Ablehnung der Union durch das Volk führen würde. Laßt uns daher dem bequemen Evangelium des *laissez-faire* anhängen. Uns bedeutet die Union mehr als die Eingeborenenfrage . . .« (72)

Dieses potentiell explosive Problem konnte jedoch auch damals nicht einfach beiseite geschoben werden, wie Smuts sehr genau wußte. Im Juni 1908 fragte ihn J. A. Hobson, der ihm im Auftrag des Politischen Ausschusses des Neuen Reformklubs (*The New Reform Club Political Committee*), einer radikalen Gruppe in London, schrieb, wie er sich die Auswirkung der bevorstehenden Einigung Südafrikas auf die Stellung der Eingeborenen denke. Als Antwort darauf wiederholte Smuts seine Ansicht, daß zu jenem Zeitpunkt die einzige gesunde Politik die sei, jeden Versuch einer umfassenden Lösung dieser Frage zu vermeiden. Die öffentliche Meinung sei in der Frage der Eingeborenen in einem »chaotischen Zustand«; darum wäre jede Lösung nur ein schlechter Kompromiß, der wahrscheinlich einer gerechteren und staatsmännischeren Regelung zu einem späteren Zeitpunkt nur schaden würde. Er wies erneut darauf hin, daß jede Verfassung, die den Eingeborenen das Wahlrecht gewährte, Gefahr laufe, nicht angenommen zu werden. Dann fuhr er fort: »Meine Ansicht ist, daß die unterschiedlichen Wahlgesetze in den verschiedenen Kolonien unangetastet gelassen werden sollten . . . und daß die Frage eines einheitlichen Wahlgesetzes erst untersucht werden sollte, nachdem die Union ins Leben gerufen worden ist. Dann wird man die Gefahren vermeiden, auf die ich hingewiesen habe. Das Parlament der Union, in dem die besten Köpfe von ganz Südafrika vertreten sein werden, wird ein weit machtvolleres und wirksameres Mittel für die Lösung

William Ewart Gladstone (1809–1899),
englischer Politiker und mehrmaliger Premierminister.
Er trat für die Selbständigkeit Irlands ein.

Alfred Milner (1854–1925),
Gouverneur der Kapkolonie, Kriegsminister und Kolonialminister.

dieser Frage nach weitblickenden und staatsmännischen Gesichtspunkten darstellen als die verfassunggebende Versammlung ... Die politische Stellung der Eingeborenen ist ohne
Zweifel eine sehr wichtige Angelegenheit, aber für mich ist
die Union von Südafrika weitaus wichtiger, die, wenn sie jetzt
nicht durchgesetzt wird, wahrscheinlich aufgeschoben wird, bis
eine weitere Sintflut Südafrika überschwemmt hat.« Dieser
letzte Satz enthielt die Kernfrage. Smuts hatte eine Dring-
lichkeitsliste; an der Spitze stand die Union. Das war in der
Tat verständlich. Aber glaubte er wirklich, wie er schrieb, daß
es der richtige Weg für einen britischen Staatsmann war, der
sich um die Zukunft der Eingeborenen Sorgen machte, »dem
Volk Südafrikas in dieser Angelegenheit zu vertrauen und
die Regierung des ganzen britischen Südafrika (einschließlich
der Schutzgebiete Basutoland, Betschuanaland und Swasiland)
ihrer Obhut vorbehaltlos zu überantworten«, weil das den
Südafrikanern »ihre heiligen Pflichten in dieser Sache« am
besten zu Bewußtsein bringen würde? (73)
Smuts schickte Merriman eine Abschrift seines Antwortschrei-
bens an Hobson. Hob·on und Merriman stimmten mit Smuts
in der Beurteilung der augenblicklichen Lage überein. Hobson gab zu, daß ein einheitliches Bundeswahlrecht undurchführbar scheine (74), obwohl er nachdrücklich darauf hinwies, daß bei den Liberalen ein ausgesprochener Widerwille
gegen den Gedanken einer Übergabe der Protektorate an
Südafrika zu verzeichnen sei. Merriman bemerkte: »Ich
stimme mit Ihnen überein, daß es zur Zeit vollkommen unmöglich ist, sich ein allgemeines Eingeborenenwahlrecht auch
nur vorzustellen. Wenn es in der verfassunggebenden Versammlung angenommen würde, dürfte das zweifellos in der
Mehrheit der Staaten zur Ablehnung der Verfassung führen.« (75) Die Kapkolonie würde ihr Wahlrecht für die Nicht-

europäer im Interesse der Einheitlichkeit ebensowenig preisgeben, wie die nördlichen Provinzen es übernehmen würden.
Der einzige vernünftige Kompromiß sei daher die Übereinkunft, die bestehenden und unterschiedlichen Wahlverfahren
beizubehalten. Über die Zukunft jedoch war Merriman mit
Smuts nicht einer Meinung. Er dachte an Eingeborenengebiete,
die wie Provinzen regiert werden würden, in denen den Eingeborenen wie im Transkei »große Vorrechte in der örtlichen
Verwaltung« eingeräumt würden. Aber die praktischen Schwierigkeiten, die einer allgemeinen Anwendung im Weg lagen,
schienen zu groß. So wurde er widerwillig auf ein »Bildungs«-
Wahlrecht zurückgedrängt. Die Zahl der Eingeborenen
»stellt unsere größte Bedrohung dar, und es wird immer so
bleiben«. Es gäbe 4 500 000 von ihnen, »die sich in unterschiedlichen Stadien des Fortschritts befinden, aber sie befinden sich alle auf dem Weg des Fortschritts«. Merriman fuhr
fort: »Der Gedanke an ein Eingeborenenwahlrecht stößt
mich persönlich ab; aber ich bin überzeugt, daß es ein Sicherheitsventil ist, und zwar das beste Sicherheitsventil, und daß
es weit davon entfernt ist, eine unmittelbare Gefahr zu bedeuten, weshalb es Generationen dauern wird, bis die europäische politische Vorherrschaft bedroht wird, während es (das
Wahlrecht) zweifellos nicht nur die Rechte der niederen Rassen sichert, sondern ihnen auch einen Inhalt gibt, der jene
Unruhe beendet, die einer im Parlament nicht vertretenen
Bevölkerungsgruppe immer eigen sein wird.«
Hinter den Debatten und den Kompromißlösungen lag die
Tatsache, daß der Krieg, der hinsichtlich der Rassenbeziehun-
gen so grundverschiedene Gemeinschaften unter eine Ober-
hoheit gebracht hatte, zugleich nachdrücklich ein bestehendes
Problem ins Bewußtsein gebracht hatte, und zwar in den
Grenzen eines Reichs, das bald ein Commonwealth werden

sollte. Dies war ein Problem, für das die Männer im Amt keine Lösung anbieten konnten. Auch die klarsichtigsten unter ihnen sahen nur »Schatten und Dunkelheit«. Als Lord Crewe die Südafrika-Akte im Oberhaus einbrachte, sprach er voller Genugtuung von »der großen afrikanischen Staatengruppe«, die zur großen amerikanischen Gruppe und zur großen pazifischen Gruppe hinzutrat und dem sich selbst verwaltenden Reich so etwas wie eine endgültige Form gab (76); sie brachte aber gleichzeitig eine der schwierigsten und entzweiendsten aller menschlichen Fragen ungelöst mit in den Kreis der Dominien und des späteren Commonwealth. Das Dilemma, in dem sich die Reichsregierung befand, ist klar. Ihre Politik in Südafrika konnte nicht gleichzeitig liberal und humanitär sein; und so tröstete man sich notgedrungen mit dem Gedanken der Verankerung des Wahlrechts ohne Rassenschranke in der Kapkolonie, mit der Fortdauer der Verantwortung für die Schutzgebiete und mit der Großzügigkeit, die mit der Union und dem damit verbundenen Gefühl der Stärke kommen würde. Schon im November 1897 hatte Milner Asquith, dem späteren Premierminister zur Zeit der Verabschiedung der Unionsakte, geraten: »Sie haben daher die einmalige Situation, daß Sie in der Tat Buren und Engländer einigen könnten, indem Sie den schwarzen Mann schützen; aber Sie würden sie gegen sich selbst und Ihre Schutzpolitik einigen.
Das ist die *crux* der Lage in Südafrika ... Sie sagen, und mit Recht, die Selbstverwaltung sei die Grundlage unserer Kolonialpolitik und der Eckstein der Treue der Kolonien. Dieser Grundsatz, furchtlos und kompromißlos angewandt, würde Südafrika so treu machen wie Kanada — aber was wäre der Preis dafür? Die Preisgabe der schwarzen Rasse, der Sie Schutz versprochen haben ...« (77) Widerwillig wurde dieser Preis zum Teil bezahlt. Was Ramsay Macdonald die

»Reichsnorm« bei der Behandlung von Eingeborenenvölkern
nannte, wurde nicht erreicht. Dies war keine zufällige Entscheidung. Sie wurde getroffen, um die endgültige Entfremdung der Buren zu vermeiden, die schon durch ihr »Jahrhundert des Unrechts« verbittert waren. Es wird heute vielfach angenommen, daß der britischen Regierung damals eine
durchführbare und vorzuziehende Alternativpolitik offen-
stand, die den Schwarzafrikanern ein gewisses Maß an politischen Rechten gesichert hätte. Diese Alternative war jedoch,
falls es sie überhaupt gab, damals keinem britischen Staatsmann mit Regierungserfahrung klar. Es war fünf Jahre vor
Ausbruch des Ersten Weltkriegs.

VIERTES KAPITEL

Die Kolonien im Pazifik:
Selbstverwaltung und Konsolidierung

»VOM KAP NACH AUSTRALIEN — von politischen Streitigkeiten, von Rassenkonflikt ... und von der ständigen Einmischung durch die Reichsregierung in ein Land, wo die Politik nur Meinungsverschiedenheiten kennt, wo die Hand der Reichsregierung nie zu spüren ist, wo die Menschen mit ihren eigenen Angelegenheiten beschäftigt sind ... , wo jedermann beschäftigt und zumindest einigermaßen zufrieden zu sein scheint —, der Unterschied ist in der Tat groß.« (1) So schrieb James Anthony Froude aus Kapstadt nach seiner Ankunft in Adelaide 1885. Und welchem Umstand schrieb er diesen auffallenden Unterschied zu? »Die eine Kolonie ist frei, die andere ein erobertes Land. Die eine ist der gesunde Zweig einer Ureiche, den man hat wachsen lassen, wie die Natur ihn trieb.« Die andere ist »ein Zweig ... , der vom Ansatz am Mutterstamm an zu welken beginnt«. »Es ist angenehm, aus dem Schatten in den Sonnenschein zu treten ... , in ein Land, ... in dem man, je mehr man mit ihm bekannt wird, nur um so klarer erkennt, wie glücklich, wie gesund das englische Leben in dieser entfernten Kolonie sein kann.« Man mag die farbenfrohen Kontraste Froudes für übertrieben halten, aber er hat sicherlich den richtigen Ton getroffen, als er das englische Leben auf den entfernten Inseln im Pazifik als »Zweig einer Ureiche« phantasievoll beschrieb.

In der Geschichte des Britischen Commonwealth der Nationen gab es zwei Mitgliedstaaten — Australien und Neuseeland —, die Ausnahmen darstellten, weil sie rein britisch
waren und sind. Kanada hatte zwar bis zur zweiten Hälfte
des 20. Jahrhunderts eine Bevölkerung vorwiegend britischer
Abstammung. Aber die Anerkennung in sprachlicher und rechtlicher Hinsicht der Existenz einer anderen, einer französischen Kultur, war eine Vorbedingung der Konföderation. In
Südafrika war die Mehrheit der Bevölkerung nichteuropäisch,
und von der europäischen Minderheit wiederum war die
Mehrheit nicht britisch. Wie bei der Konföderation in Kanada
entstand die Südafrikanische Union nur durch die Anerkennung der Existenz von zwei europäischen Kulturen, mit zwei
Hauptstädten und obendrein mit zwei Amtssprachen, die
ausdrücklich in der Verfassung verankert wurden. Von den
späteren Mitgliedern fehlte dem Irischen Freistaat, dem die
sechs britisch besiedelten Grafschaften in Ulster nicht angehörten, ein nennenswerter britischer Siedleranteil, obwohl er
aus historischen Gründen ebenfalls zwei Amtssprachen hatte.
Hingegen waren die in Asien, Afrika, Westindien und im Mittelmeer hinzukommenden Mitglieder anderer Rasse, Kultur
oder Zivilisation. Daher mangelte es Australien und Neuseeland, die in dem begrenzten, europäischen Commonwealth
der Jahre zwischen 1917, als die Bezeichnung Commonwealth
erstmals auf einer amtlichen Konferenz gebraucht wurde, und
1947, als Indien, Pakistan und Ceylon Dominien wurden,
an Gegenstücken und Möglichkeiten zur Verstärkung, denn
sie galten als grundlegender Bestandteil und als kohäsivste
Kräfte. Es lag in der Natur der Sache, daß das sich ausweitende Commonwealth keine weiteren derartigen britischen Mitgliedstaaten einschließen würde. Trotz imperialistischer Illusionen, die man zeitweilig über eine dichte britische

Besiedlung klimatisch geeigneter Gebiete in Afrika hegte, und, wie James Bryce hinzugefügt haben würde, trotz verpaßter Gelegenheiten britischer Herrschaft und Besiedlung im südlichen Südamerika (2), bestanden die Voraussetzungen hierfür niemals.

Der besondere Beitrag Australiens und Neuseelands zum Commonwealth muß daher auf die Tatsache zurückgeführt werden, daß sie Erweiterungen Englands oder genauer Großbritanniens in Übersee waren. Sie waren, um einen von Dilke geprägten Ausdruck zu verwenden, Teile des größeren Britannien. In Melbourne fand Froude »die Viktorianer und die viktorianische Gesellschaft . . .: Es war eine Wiederholung englischen Lebens . . . Alles war gleich — die Kleidung, das Benehmen, die Redeweise, das Aussehen . . . Ich mußte mich wirklich fragen, wozu wir die Kolonien enger an uns binden wollen. Sie sind eng verbunden; sie sind wir selbst; und sie können sich von uns nur in dem Sinne trennen, wie sich Eltern von Kindern oder Brüder von Schwestern trennen . . .« (3) Wenn es im wahrsten Sinn des Wortes jemals ein *Britisches* Commonwealth gegeben hätte, hätte es aus Großbritannien, Australien und Neuseeland bestanden. Außerdem ist es fraglich, ob es ohne die Existenz dieser beiden Dominien im Pazifik jemals das verwässerte Britische Commonwealth der Geschichte gegeben hätte.

Die einmalige Stellung der pazifischen Kolonien, die zu Dominien wurden, bestimmte weithin deren Rolle in der Geschichte des Commonwealth. In den schwierigen und leidigen Fragen der Rassen- und Kulturpolitik hatte Australien nichts und Neuseeland — trotz der ungewöhnlich guten Beziehungen der europäischen Mehrheit zur Maori-Minderheit — nur wenig Erfahrung anzubieten, die in anderen und komplizierteren Zusammenhängen des Commonwealth fruchtbar werden konnte. Und aufgrund der Herkunft der großen Mehrheit ihrer Bevölkerung fehlte den beiden Dominien jenes innere Feingefühl für die Probleme der Aussöhnung einheimischer, nationaler Bestrebungen mit der Mitgliedschaft im Commonwealth, mit denen sich Kanada, Südafrika und mit besonderer Heftigkeit der Irische Freistaat in einem früheren sowie Indien in einem späteren Stadium der Commonwealth-Geschichte auseinandersetzen mußten. So kam es, daß Australien und Neuseeland merkwürdigerweise gleichzeitig in und neben dem Hauptstrom der Entwicklung des Commonwealth standen. Sie waren bewußt britisch in ihrer Ablehnung antibritischer, nationalistischer Bewegungen und bemerkenswert konservativ in ihrer Einstellung zu der Entwicklung des Commonwealth zwischen den Weltkriegen, die heute als eine Voraussetzung für die Erweiterung nach dem Zweiten Weltkrieg angesehen wird. Hauptsächlich aufgrund der Tatsache, daß sie wenig durch Probleme nationaler oder kultureller Gegensätze gestört waren, blieben Australien und Neuseeland in der Lage, Beiträge auf verschiedenen Gebieten, besonders zur Verteidigung und Sicherheit, zu leisten. Für ihre Völker beharrten sie, welche Meinungsverschiedenheiten in geringfügigen Dingen auch immer mit Großbritannien bestanden haben mögen, jedenfalls bis zur Mitte des 20. Jahrhunderts bei einem König, einer Sache und einer Fahne. Der gemeinsame Ursprung der großen Mehrheit der Bevölkerung machte es ihnen leicht, die Geschichte des Commonwealth auch in anderen wichtigen Sektoren zu bereichern. »Trotz ihres Anspruchs, *enfants terribles* zu sein«, hatten die Kolonisten Achtung vor den herkömmlichen Formen der englischen Kolonialverwaltung; aber wie André Siegfried bemerkte (4), schritten sie unter diesen zur Gestaltung der politischen und sozialen Demokratie fort, die den Gleichheitsgedanken sowohl im Geiste als auch in der Wirklichkeit mehr betonte als irgendwo anders im Reich. In Neuseeland, dem »auserwählten Land der kühnsten Experimente«, trat dies am deutlichsten in der Sozialpolitik in Erscheinung. Hier hatten die Neuseeländer, wie Siegfried schon zu Beginn unseres Jahrhunderts bemerkte, obwohl sie an der Theorie des Sozialismus uninteressiert waren, »dessen Anwendung zweifellos weiter vorangetrieben als irgendein anderes Volk« (5). In Australien, das in der Gesinnung seiner Bürger radikaler, aber in der Sozialgesetzgebung, teilweise wegen hemmender Einflüsse der Bundesverfassung nach 1901, weniger fortschrittlich als Neuseeland war, wurden hauptsächlich auf den verwandten Gebieten der Rechtsprechung und Verwaltung neue Präzedenzfälle geschaffen und radikale, volkstümliche Verfahrensweisen angewandt.

Seit der Entdeckung durch Captain Cook 1770 und der Ankunft Gouverneur Phillips in Botany Bay 18 Jahre später hatte sich das Problem der Besiedlung in der Geschichte Australiens in den Vordergrund geschoben. Wer sollte den neuentdeckten, unerforschten und nur von wenigen in ihren Bräuchen zurückgebliebenen Ureinwohnern bewohnten Kontinent besiedeln, einen Kontinent, der ohne jede Spur früherer Zivilisation oder vorangegangener Einwanderung war und der bei einem Besucher den Eindruck erweckte, als habe er nicht die geringste Ähnlichkeit mit der übrigen Welt: »dermaßen primitiv, spärlich grün, still und alt«, und mit dem »Anschein der Erschöpfung und der Müdigkeit...« (6). Sollte Großbritannien allein diesen Kontinent in der Südsee bevölkern? Großbritannien tat es. Edward Gibbon Wakefield, der bemerkenswerteste Verfechter britischer Siedlungsplanung, erwog einmal den Gedanken einer Einwanderung aus »jenen zahlreichen überbevölkerten« und die Kolonien »sozusagen umgebenden Ländern«, von den Inseln des Pazifik bis zum asiatischen Festland, mit den »ärmsten Klassen der Hindus« und »den bei weitem fleißigsten und kunstfertigsten der Asiaten« (7) — den Chinesen. Aber die Kolonisten lehnten diesen und alle anderen derartigen Vorschläge entschieden und konsequent ab. Australien sollte weiß bleibe 1. Das erste vom Parlament des Commonwealth von Australien 1901 verabschiedete Gesetz bestätigte auf der neuen Bundesgrundlage die Unantastbarkeit der Politik eines weißen Australien. Insoweit der Kontinent überhaupt bevölkert worden ist, geschah dies zu 90 Prozent durch britische Einwanderer. Dies wurde bis zu einem gewissen Grad ermöglicht durch bewußte Planung von britischer Seite; hauptsächlich aber wirkte die Anziehungskraft der wirtschaftlichen und sozialen Möglichkeiten, die neue, klimatisch gemäßigte Länder unter britischer Fahne boten. Was allerdings die britische, Fahne anlangt, so sollten wir uns an die Meinung Dilkes erinnern, ohne ihr beizupflichten: »Bei einer Trennung würden wir vielleicht feststellen, daß die Kolonien bessere Auswanderungsgebiete für unsere überschüssige Bevölkerung abgeben, als sie es zur Zeit sind. Viele unserer Auswanderer, die in die Vereinigten Staaten strömen, werden von der Vorstellung angezogen, daß sie im Begriff sind, Bürger eines neuen Staates zu werden anstatt Untertanen eines alten.« Er meinte, ein Teil dieser Gefühlsmenschen könnte durch die Trennung Australiens von England nach jenem Kontinent umgelenkt werden (8).

Die ersten britischen Siedler — etwa 700 Strafgefangene — waren jedoch kaum in der Lage, ihre Zukunft zu bestimmen. Gouverneur Phillip brachte sie 1788 mit: nach der Regierungsentscheidung, durch die Australien als Sträflingskolonie an die Stelle der nun unabhängigen amerikanischen Kolonien treten sollte. Diese Fortsetzung der Politik von Sträflingsko-

lonien in einem anderen Kontinent wurde nicht widerspruchs-
los hingenommen. Die philosophischen Radikalen, deren
Sprecher Jeremy Bentham war, verurteilten diese Politik als
unmoralisch. Aber sie hielt sich bis tief ins 19. Jahrhundert.
Die Zahl der verschickten Sträflinge, die man 1825 auf knapp
2000 schätzte, stieg stetig an und erreichte 1833 über 4000.
Dagegen belief sich die Zahl der freien Einwanderer anfangs
nur auf einige Hunderte, bis sie in den späten zwanziger
Jahren etwa 2000 jährlich erreichte (9). Die Radikalen drängten stark auf organisierte Auswanderung freier Siedler nach
Australien, um die Strafgefangenen zahlenmäßig zu übertreffen und die Eigenart der früheren Siedlungen auszumerzen
(10). Im Newgate-Gefängnis verfaßte Wakefield seine Denkschrift (11). Seine Hauptsorge galt der Sicherung einer geplanten, ausgewogenen Besiedlung. Er dachte, die Entwicklung der Kolonien hinge von der Aufrechterhaltung des rechten Verhältnisses zwischen Kapital und Arbeit ab, da das eine
vom anderen abhängig sei. Um ein solches Gleichgewicht zu
sichern, empfahl er: erstens das unbesiedelte Land in den Kolonien zu verkaufen und den Erlös zur Finanzierung der gewünschten Einwanderung zu verwenden, und zweitens den
Verkauf von Ödland so zu kontrollieren, wie es zur Sicherung eines ausgeglichenen Verhältnisses von Bevölkerungszahl und verfügbarem Land erforderlich wäre. »Wie ein vernünftiger Mensch nur so viel ißt, wie es seiner Gesundheit
zuträglich ist, und nicht mehr, so dürfe eine vernünftige Regierung nur soviel Land freigeben, wie es bei äußerster Anstrengung zur Verdoppelung der Bevölkerung nötig ist, und
nicht mehr.« (12) Dementsprechend drängte er darauf, die Regierung solle den Grundstückspreis für Ödland so hoch an-
setzen, daß dadurch die gründliche Nutzung des schon besiedelten Landes gesichert würde, bevor wiederum Neuland er-

schlossen werden könnte. Durch den Grundsatz der allmählichen Erschließung der angrenzenden Grundstücke und der Verhinderung der planlosen Streuung gedachte Wakefield die Siedlungskonzentration zu erreichen, die er anstrebte. Da Kapital eine Vorbedingung zum Landerwerb war, wurde dadurch der Mittelstand den Arbeiterklassen gegenüber bevorzugt.

Frühere Erfahrungen mit geplanter Auswanderung waren wenig ermutigend, denn entsprechende Versuche nach den napoleonischen Kriegen hatten außerordentlich enttäuschende Ergebnisse gezeitigt. 1823, zu einer Zeit, als die Regierung die Auswanderung nach Übersee tatkräftig förderte, gingen 15 000 Briten mit Regierungsunterstützung in britische Gebiete, während sich die unorganisierte private Auswanderung auf rund 16 000 belief. Nichtsdestoweniger lieferte die Besiedlung von Südaustralien, das 1834 zwischen den bestehenden Kolonien Neusüdwales und Van-Diemen's-Land gegründet wurde, eine handgreifliche, praktische Rechtfertigung der Gedanken Wakefields. Dies blieb nicht sein einziger Beitrag zur britischen Siedlung im Pazifik. Zusammen mit Molesworth war er auch 1839 für die Bildung der Neuseeland-Gesellschaft verantwortlich, deren Gründung — was jedoch fraglich ist — eine zögernde und unsichere Regierung veranlaßt haben soll, den Franzosen zuvorzukommen und die Inseln ein Jahr später zu einer britischen Kolonie zu erklären (13). In den späten dreißiger Jahren wanderten etwa 15 000 Briten jährlich nach Australien und Neuseeland aus; 1841 erreichte die Auswanderung (14) sogar die Höchstzahl von fast 33 000. War ihre britische Zukunft auch noch nicht gesichert, so begann sie doch Gestalt anzunehmen.

In Neuseeland war der Einfluß Wakefields auf die Gestaltung der Besiedlung noch ausgeprägter als in Südaustralien. Er bedauerte, daß man diese Gebiete im Pazifik so lange »nur als geeignet für den Aufenthalt von Strafgefangenen, Tagelöhnern, Handwerkern und verzweifelten und bedürftigen Männern« angesehen hätte. In den griechischen Kolonien des Altertums seien alle Gesellschaftsschichten vertreten gewesen, und sie seien aus diesem Grund viel eher als sonst zu Wohlstand und Ansehen gelangt. Ihrem Beispiel sollte man daher nacheifern. Diesen Vorstellungen gemäß wurde ein Querschnitt der britischen viktorianischen Gesellschaft — außer den Extremen des Reichtums und der Armut — nach Neuseeland verpflanzt. Diese Siedlergemeinschaft — solide, bürgerlich und ehrenwert (15) — spiegelte getreulich die Hoffnungen ihrer Förderer wider. Die Absichten der Planung wurden 1847 in einem Bericht der Direktoren der Neuseeland-Gesellschaft knapp umrissen: »Das Ziel der Gesellschaft ist nicht auf die Auswanderung schlechthin beschränkt, sondern besteht darin, die englische Gesellschaft in ihren verschiedenen Schichten in angemessenem Verhältnis zu verpflanzen und damit Verbindungen, Gewohnheiten, Sitten und Gefühle, kurzum alles bis auf den Boden aus England auszuführen.« (16) Eine Folge, die schon in der Gesellschaftsstruktur Neuseelands begründet lag, war die überaus enge Bindung der Siedler an ihr Mutterland. Eine andere war das Ausmaß der kulturellen und geistigen Abhängigkeit, die manche Hoffnung der Wegbereiter der Siedlung zerstörte und die sich in späteren Zeiten für die Intelligenzschicht Neuseelands als ständige Ursache der Enttäuschung erweisen sollte.

Die Zufälle der Geschichte und der Geologie trugen in Neuseeland viel und in Australien noch mehr dazu bei, Eigenart und Geschwindigkeit der Besiedlung zu bestimmen. In beiden Fällen blieb während der meisten Zeit ihrer Geschichte ihre Besiedlung bis zu 97 Prozent britisch. Diese Tatsache war von grundlegender Bedeutung. Aber es gab auch andere wichtige Tatsachen, von denen eine schon genannt worden ist. Der liberale Politiker F. W. Eggleston schrieb: »Australien hat einen schlechten Start gehabt. Es begann als Gefängnis; und diejenigen, die es begonnen haben, scheinen es allein zu diesem Zweck geplant zu haben. Obwohl ich nicht glaube, daß dieses ›Muttermal‹ einen Hang zum Verbrechertum in der Gemeinschaft zurückgelassen hat, verursachten die Mängel des ursprünglichen Planes außerordentliche Schwierigkeiten, die Generationen hindurch andauerten.« (17) Professor Shaw war ebenfalls der Meinung, daß die Besiedlung durch Sträflinge Australien im sozialen Bereich nicht sonderlich schadete und gleichzeitig der wirtschaftlichen Entwicklung des Landes ungemein förderlich war. Durch die Deportationen wurden dem Land Arbeitskräfte zur Verfügung gestellt, die zwar weniger leisteten als freie Arbeiter, die einzusetzen aber in jedem Fall besser war, als überhaupt keine Arbeiter zu haben. Dann, um die Mitte des Jahrhunderts, brachte die Auswanderung aus Irland nach der Hungersnot viele, meist verbitterte Auswanderer nach Australien und verstärkte den irischen Bevölkerungsteil, der 1837 schon — wenn Katholiken gleich Iren gesetzt werden — auf fast 22 000 geschätzt wurde. Charles Gavan Duffy, Mitglied der Jungirlandbewegung der vierziger Jahre, wurde Premierminister von Viktoria und geadelt. Nachfolgende Generationen fanden in Erzbischof Mannix einen Sprecher, der lange Jahre hindurch sowohl in öffentlichen Äußerungen als auch in privaten Gewohnheiten — er pflegte seine Briefe so zu frankieren, daß der Kopf des Monarchen nach unten wies — etwas von dem verpflanzten, umgewandelten, aber keineswegs gänzlich ausgelöschten Nationalismus seiner Heimat zur Schau trug. Noch wichtiger für die Besiedlung war jedoch der zusammengewürfelte Haufen verwegener Abenteurer, den die Nachricht von Goldentdeckungen — zuerst im Bathurst-Distrikt und anderswo in Neusüdwales sowie später in Viktoria, Queensland, Westaustralien und der Südinsel von Neuseeland — nach dem Kontinent brachte.

Die Aufregung über die ersten Entdeckungen von Bodenschätzen in Australien war ebenso groß wie später in Kimberley oder am Witwatersrand. Einige Entdeckungen wurden rein zufällig gemacht, andere gewissermaßen intuitiv erschlossen; besonders bemerkenswert unter den letzteren war der Fund Hargraves im Bathurst-Distrikt, der die dramatischen Merkmale, die in gewissem Maß allen eigen waren, am besten veranschaulicht. Hargraves, ein Australier, der nach Kalifornien ausgewandert war, bestritt, irgendwelche wissenschaftlichen Sachkenntnisse zu besitzen. Als er jedoch in Kalifornien Gesteinsbildungen gedanklich mit denen verglich, die er 18 Jahre vorher in Australien gesehen hatte, kam er zu der Überzeugung, daß es in Australien Gold geben müsse. Mit dieser Überzeugung kehrte er nach Sydney zurück und ritt zu der Stelle, an die er sich erinnerte. Sein Gedächtnis hatte ihn nicht getäuscht; die Ähnlichkeit der Gesteinsbildung stand außer Zweifel. Er hob einen Setzkasten voll Erde aus, und es fand sich tatsächlich Gold darin. In der Aufregung rief er seinem Führer zu: »Dies ist ein denkwürdiger Tag in der Geschichte von Neusüdwales. Ich werde ein Baronet, du wirst zum Ritter geschlagen, und mein altes Pferd wird ausgestopft in einem Glaskasten ins British Museum geschickt.« (18) Es traf zwar nur das erste ein, aber das genügte. In den folgenden Jahren sollte es in der Geschichte Viktorias noch denkwürdigere Tage geben. Gouverneur Latrobe schrieb an Earl Grey im Kolonialministerium: »Ich bin gänzlich außerstande, Eurer Lordschaft die Wirkung, die diese Entdeckungen auf die ganze Gemeinschaft gehabt haben, zu beschreiben, oder den Einfluß, den ihre Folgen zur

Zeit auf die Stellung und Aussichten eines jeden, ob hoch oder nieder, haben. Die Entdeckungen zu Beginn dieses Jahres im Bathurst-Distrikt von Neusüdwales erregten die öffentliche Meinung der arbeitenden Schichten aller australischen Kolonien bis zu einem gewissen Grad ... Die Entdeckungen innerhalb unserer Grenzen (Viktoria) indessen ... üben einen viel weiter reichenden Einfluß auf unsere erregbare Bevölkerung aus. Innerhalb der letzten drei Wochen sind die Städte Melbourne und Geelong und ihre großen Vorstädte anscheinend von großen Gruppen ihrer männlichen Einwohner verlassen worden ... Landhäuschen stehen verlassen, Häuser sind zur Miete ausgeschrieben, das Geschäftsleben ist zum Stillstand gekommen, und selbst Schulen sind geschlossen. In manchen Vorstädten ist nicht ein Mann zurückgeblieben ...« (19)

Von anderen Ländern und aus allen Kontinenten kamen Männer nach Australien, um sich der Suche nach Gold anzuschließen, was den Gesellschaftsaufbau, das Denken und die Geschwindigkeit der wirtschaftlichen Entwicklung tiefgreifend beeinflußte. Auch Neuseeland blieb davon nicht verschont. Obwohl die dortigen Entdeckungen weniger reichhaltig oder bekannt waren, verwandelte der Goldfund von Otago 1861 das ruhige Landstädtchen Dunedin fast über Nacht in ein rauhes, für die älteren Einwohner erschreckendes Bergwerkszentrum. Er brachte jedoch einen Bevölkerungszuwachs, der notwendig war, um die wirtschaftliche Entwicklung anzuregen und die zahlenmäßige Überlegenheit der Europäer gegenüber den Maori zu bestätigen (20).

Der Goldrausch verging; aber seine gesellschaftlichen und wirtschaftlichen Folgen blieben. Als es deutlich wurde, daß die Goldsucher selbst ebensoviel — wenn nicht noch mehr — Geld einbrachten wie die Goldbergwerke, machten die Zeltlager der Pioniertage den Bergwerkssiedlungen mit Läden, Dienst-

Schlacht bei Aroge im englisch-äthiopischen Krieg 1868.

Karikatur des englischen Kolonialpolitikers Cecil Rhodes als Rattenfänger.

Auszeichnung von Generalmajor Carnet Wolseley
während des englischen Feldzuges in Ägypten 1882 durch den Khediven.

leistungen und Gemeinschaftssinn Platz, und diese wiederum
später den städtischen Gemeinden. Der Reichtum der Gold-
felder sickerte aus den Stadtgemeinden in die Großstädte und
diente als Magnet für einen neuen Bevölkerungsstrom aus
Übersee. Wenn die Terminologie der Politologen um die Mitte
des 20. Jahrhunderts 100 Jahre rückwirkend auf die pazifischen Kolonien angewendet werden darf — dann zog das
»Image« junger, abenteuerlicher Gemeinschaften, in denen
Mühen und Möglichkeiten, Armut und dramatisch erworbene Reichtümer Hand in Hand gingen, ein »Image«, das am
Anfang dem Goldrausch so viel verdankte, auch weiterhin
junge Männer nach dem fernen Süden: Männer, die das Leben
in England schon längst für eintönig hielten.
Die überragende Bedeutung des Bevölkerungszuwachses blieb
auch ohne den durch den Goldrausch verursachten Zustrom ein
ständiges Anliegen der britischen Siedlungen im Pazifik, und
zwar auch im weiteren Verlauf der Kolonialphase und der
darauffolgenden Dominionphase ihrer Geschichte. In der spätviktorianischen Zeit prophezeiten Seeley und Dilke zuversichtlich, die Bevölkerung des Größeren Britannien in Übersee
werde einst die des Mutterlands einholen oder überflügeln. Es
gab ähnlich optimistische Voraussagen auch in Australien, obschon dort — unter dem Eindruck der Gegebenheiten — weit
vorsichtiger. Eine dieser Gegebenheiten, und nicht die unbedeutendste, war die Existenz von weithin verstreuten Kü-
stensiedlungen entlang der Küste eines Kontinents und eines
riesigen Hinterlands, das, von vereinzelten Bergwerkssiedlungen und anderen Niederlassungen abgesehen, weitgehend un-
bewohnt und teilweise unerforscht war. Als Sir Henry Parkes
1890 seine Beweisführung zugunsten einer Föderation Australiens darlegte, warnte er: »Laßt uns nicht in einen Irrtum
verfallen ... Die Bevölkerung ist hier wie überall die eigent-

lich wesentliche Grundlage für das Wachstum der Nationen . . .« (21) Im Verhältnis zur Größe und zu den natürlichen Hilfsquellen war der Mangel Australiens an einer ausreichenden Bevölkerung zum Erbarmen.

Aus ähnlichen Gründen beschäftigten Bevölkerungsprobleme
auch die Siedler Neuseelands. Australien war ein Kontinent,
Neuseeland hingegen bestand — obwohl Männer in Auckland und Wellington lieber vom Festland und von einer Insel
im Süden sprachen — aus mehreren Inseln. Die Frage, wie
die im Verhältnis zu ihren natürlichen Hilfsquellen dünn besiedelten Inseln bevölkert werden könnten, trat indes zurück hinter der Sorge der Siedler, wie eine Eingeborenenbevölkerung, die zu den fortgeschrittensten und anpassungsfähig-
sten aller Eingeborenenvölker des Reichs zählte, zahlenmäßig eingeholt und schließlich überrundet werden könnte. Im
Gegensatz zu Australien, aber ähnlich wie Südafrika, hatte
Neuseeland sein Eingeborenenproblem. Wenn es auch bescheidener in den Ausmaßen war als in Südafrika, so war es deswegen doch nicht schlicht und einfach zu lösen. Auch in Neuseeland spielten die bekannten Fragen der Politik des Boden-
und Wahlrechts eine hervorragende Rolle, wobei die klugen
Ansichten des Kolonialministeriums über eine »Reichsnorm«
keineswegs immer den Interessen oder Meinungen der Siedler
entsprachen.

Weder Australien noch Neuseeland waren bahnbrechend auf
dem Weg von der repräsentativen zur ministerverantwortlichen kolonialen Selbstverwaltung; das war Nordamerika. Da
jedoch die Verhältnisse im Hinblick auf Umgebung und politisches Erbe ähnlich waren, ist es nicht verwunderlich, daß sich
auch bei ihnen entsprechende Gefühle und Hoffnungen wie
bei ihren kanadischen Zeitgenossen regten. 1852 vernahm
Lord Salisbury das Lärmen der Empörung gegen Downing

Street vom »Bischof abwärts bis zum Bierkellner« und vom Kap bis Neuseeland. Jede Kolonie hatte ihre eigenen, besonderen Beschwerden; darüber hinaus aber gab es die in allen Kolonien vorhandenen Spannungsursachen, die Lord Durham erkannt hatte, darunter vor allem die Entfremdung einer vom Gouverneur ernannten Exekutive von einer Abgeordnetenkammer, der sie nicht verantwortlich war. Dort wo Rechte und Belange eines Eingeborenenvolkes nicht gewahrt werden mußten, es aber eine genügend große Siedlerbevölkerung gab, um die Verantwortlichkeiten der Selbstverwaltung zu übernehmen, glaubte man, es könnte weder weitere Reichsinteressen noch politische Erwägungen geben, die ausreichten, die Vorenthaltung der Selbstverwaltung zu rechtfertigen oder sich dem Haß auszusetzen, der unvermeidlich der Nichtgewährung gefolgt wäre. Demzufolge wurde den australischen Kolonien mit entsprechender Bevölkerungsdichte von der Mitte des Jahrhunderts an die Selbstverwaltung nach kanadischem Vorbild gewährt. Nicht ohne Vorbehalte wurde sie auch Neuseeland zugestanden, weil hier Interessen einer ansässigen Eingeborenenbevölkerung berücksichtigt werden mußten. Die britische Regierung, die 1839 Neuseeland nur widerwillig annektiert hatte, machte sich Gedanken um die Sicherung der Rechte der Maori gegenüber den Siedlern, die bisher hauptsächlich aus Australien gekommen waren, aber nunmehr in steigender Zahl im Rahmen der von der Neuseeland-Gesellschaft organisierten Einwanderung ins Land strömten. Eine Politik des Rechtsschutzes für die Eingeborenen bedeutete für die Siedler Beschränkung der Selbstverwaltungsbefugnisse.

1846 wurden Neuseeland repräsentative Einrichtungen zugestanden auf der Grundlage einer Generalversammlung mit wählbarer Kammer und darüber hinaus auch von Provinz-

räten mit einer wählbaren Abgeordnetenkammer. Der Gouverneur, Sir George Grey, hegte besonders hinsichtlich der
Provinzialkammern Befürchtungen bei der Aussicht auf die
Herrschaft der etwa 12 000 Siedler über die »gut bewaffneten,
stolzen und unabhängigen« Maori (22). Infolgedessen wurde
die Verfassung nicht in Kraft gesetzt. 1852 jedoch beschleunigte
der Druck der Siedler von New Canterbury unter ihrem
angloirischen Anführer, John Robert Godley, die Verabschiedung einer Verfassungsakte für Neuseeland. Godley betonte,
daß er lieber »von einem Nero am Ort« regiert werden wollte
»als von einem Ausschuß von Engeln in London«, weil man
Neros Kopf schlimmstenfalls abhauen könne, während der
Ausschuß außer Reichweite bleiben würde. Die Akte errichtete
eine aus zwei Kammern bestehende Generalversammlung und
sechs für die Provinzangelegenheiten zuständige Provinzräte
— die bis 1876 überlebten. Das war Selbstverwaltung in einem
großzügigen Maßstab! Aber im Hinblick auf die Vertretung
durch Abgeordnete blieb eine wesentliche Frage offen. Wer
sollte das Wahlrecht bekommen? Die Maori waren den Siedlern zu der Zeit noch an Zahl überlegen. Ihnen waren im
Vertrag von Waitangi 1840 »alle Rechte und Vorrechte britischer Untertanen« zugesichert worden. War der Ausschluß
vom Wahlrecht mit diesen Zusicherungen vereinbar? In einer
Hinsicht war diese Frage damals eher theoretischer als praktischer Natur. Die Mehrheit der Maori, die von den Siedlern
getrennt auf ihrem eigenen Grund und Boden wohnte, hatte
sich den politischen Bräuchen der Europäer noch nicht angepaßt. Aber die Grundsatzfrage blieb bestehen. Es wurde ein
Wahlrecht aufgrund eines niedrigen Vermögensnachweises
eingeführt, das die Maori in der Praxis wegen ihres Systems
des gemeinschaftlichen Bodenbesitzes ausschloß, weil die einzelnen Maori ja keinen eigenen Grund und Boden besaßen und

sich infolgedessen nicht für das Wahlrecht qualifizierten. Aber das Problem war damit nicht gelöst, und die Dinge konnten auf die Dauer nicht so bleiben.

Als das erste Parlament Neuseelands am Geburtstag der Königin Viktoria, am 24. Mai 1854, in Auckland, der ersten Hauptstadt, zusammentrat — einige Abgeordnete aus Otago hatten zwei Monate gebraucht, um dorthin zu reisen —, lehnten es die Abgeordneten ab, die Arbeit aufzunehmen, bevor ein dem Parlament verantwortliches Ministerium ernannt worden war (23). Der Hauptzweck hinter dieser Forderung war, den Siedlern die Verfügung über das Kronland zu sichern. Das Parlament wurde zunächst vertagt, dann aufgelöst, und 1855 fand eine weitere Wahl statt. Als danach klarwurde, daß es keine vernünftige Alternative gab, wurde im darauffolgenden Jahr ein dem Parlament verantwortliches Ministerium ernannt. Das Ausmaß seiner Verantwortlichkeit in einer höchst wichtigen Angelegenheit blieb allerdings umstritten. Der Gouverneur, Oberst Thomas Gore Browne, der 1855 an Greys Stelle trat, hatte ausgeprägte Ansichten von seinen Amtsbefugnissen. Er unternahm, ohne durch seine Dienstanweisungen oder die seiner Vorgänger ausdrücklich dazu ermächtigt zu sein, Schritte, um die Kontrolle über die Eingeborenenangelegenheiten der Krone, d. h. praktisch größtenteils dem Gouverneur, vorzubehalten. Er tat dies in dem Glauben, daß »die Interessen der beiden Rassen gegensätzlich« seien und eine derartige Teilung der Verantwortung eine Grundsatzfrage sei, weil es unter den gegebenen Umständen verkehrt wäre, eine Rasse der anderen zu unterwerfen (24). In der Praxis erwies sich diese Art der Doppelherrschaft als unwirksam. Die Siedler waren darauf versessen, den freien Verkauf von Land zu erreichen, was die Individualisierung des Landbesitzes in den Gemeinschaftssiedlungen der Maori bedeutete.

Die Siedler erzwangen den freien Verkauf gegen den Widerstand des Gouverneurs und der Reichsregierung. Aber sie unterschätzten die Maori; Krieg war die Folge. Die Maori wurden zwar besiegt, aber die Siedler hatten durch schmerzliche Erfahrung die Vorteile der Kompromißbereitschaft kennengelernt.

Die Folge des Kriegs auf lange Sicht war die Zuweisung von vier Abgeordnetensitzen an die Maori auf der Grundlage des allgemeinen Wahlrechts, mit der Absicht, die Wählerschaften schließlich zu vereinheitlichen und zusammenzuschließen. Wie so viele Einrichtungen, die nur für eine bestimmte Zeit gedacht sind, hat sich diese besondere Vertretung der Maori bis auf den heutigen Tag erhalten. Wenn sie im Prinzip auch regelwidrig erscheint, hat sie sich in der Praxis doch als durchführbar erwiesen. Auf diese Weise gab es zu viele oder zu wenige Maori-Abgeordnete im Verhältnis zur Maori-Bevölkerung, wenn auch im zweiten Fall nicht im Verhältnis zu den eingetragenen Maori-Wählern (25). Vom Beginn der europäischen Besiedlung an nahm die Bevölkerungszahl der Maori bis 1900 ständig ab. Seitdem ist sie jedoch stetig angestiegen und in den letzten Jahren sogar schneller als die der Europäer. Obwohl die Vorstellung, die Probleme der Rassenbeziehungen in Neuseeland gehörten der Vergangenheit an, übertrieben zuversichtlich scheint, besonders angesichts der zunehmenden Verstädterung der Maori, hat sich durch eine wechselvolle Geschichte und das Vertrauen auf sachliche Lösungen im sozialen und politischen Leben trotzdem ein Geist der zwischenrassischen Gemeinschaft entwickelt, der den später verkündeten Grundsätzen des Commonwealth entspricht.

Zwei weitere Punkte in der Entwicklung Neuseelands stehen mit der Commonwealth-Geschichte in Zusammenhang. Der eine ist für Australien und Neuseeland, der andere mehr von

allgemeinem Interesse. Schon in den ersten Jahren der Besiedlung dachten die Kolonisten Australiens und Neuseelands an
eine ausschließlich britische Vorherrschaft im Pazifik. André
Siegfried bemerkte: England »bleibt in den Augen der
Australier und Neuseeländer die hervorragendste Nation, der
auserwählte Träger jeglicher Zivilisationssendung. Die Kolonisten, ein wesentlicher Bestandteil der überlegenen Rasse,
arbeiten dabei an der Seite Englands.« (26) Von Anfang an
hatte sie ein sicherer Instinkt an die Notwendigkeit gemahnt,
so weit wie möglich »allein und ohne lästige Nachbarn im
südlichen Pazifik« zu bleiben. Auf diese Weise entwickelte sich
das Programm »Australasien den Australasiern« zu »Ozea-
nien den Angelsachsen«. Siegfried schrieb verständlicherweise
nicht gerade begeistert vom Hurrapatriotismus der Kolonisten, da Frankreich keineswegs die unbedeutendste Macht
war, die die Kolonisten ausschließen wollten. Auch das Kolonialministerium hatte Grund, die Stärke dieses Hurrapatriotismus zu bemerken und zu versuchen, dessen Ungestüm zu
bändigen.

In den letzten drei Jahrzehnten des 19. Jahrhunderts fanden
die imperialistischen Bestrebungen Neuseelands ihren stärksten Ausdruck, und zwar in den Formulierungen von Professor Angus Ross. Noch bevor Neuseeland britische Kolonie
wurde, hatte sich die Neuseeland-Gesellschaft Neuseeland als
»das Großbritannien des Südens« mit eigener imperialistischer
Bestimmung vorgestellt. Aufeinanderfolgende neuseeländische
Premierminister versuchten beharrlich, zuerst die Annexion
und Verwaltung der pazifischen Inseln zu sichern und in Er-
mangelung dessen sicherzustellen, daß deren Beherrschung
nicht in die Hände fremder imperialistischer Mächte überging.
Am 17. Oktober 1873 verfaßte Sir Julius Vogel, Premierminister Neuseelands, eine Denkschrift für das Kolonialministe-

rium, die anschaulich die den Neuseeländern vorschwebenden Ansichten und Absichten darstellte. Die Denkschrift drängte auf eine Politik oder auf Richtlinien, die nicht allein auf eine oder zwei Inselgruppen, sondern auf ganz Polynesien anwendbar sein sollten, und zwar in der Absicht, daß Großbritannien »die Arbeit« aufnehmen sollte, »die fruchtbaren Inseln des Pazifik der Zivilisation zuzuführen«. Neuseeland würde sich gern an der Aufgabe beteiligen. »Die Minister erlauben sich zu betonen, daß Großbritannien ... mit Recht stolz darauf sein kann, sich selbst im ›Großbritannien des Südens‹, wie Neuseeland so treffend genannt worden ist, wiederholt zu haben ...; aber Neuseeland vermittelt die Einsicht, daß örtliche Anstrengungen, friedliche Beziehungen zu unzivilisierten Rassen zu unterhalten, weit erfolgreicher sind als die von einer weit entfernten Macht unternommenen. Wenn Polynesien nicht fremden Nationen preisgegeben werden soll, dürfte es der Überlegung wert sein, ob es nicht ratsam wäre, Neuseeland, das so viele Erfahrungen in der Regierung einer gemischten Bevölkerung besitzt, die Aufgabe anzuvertrauen, bei der Ausbreitung der britischen Herrschaft über die Inseln des Pazifik mitzuhelfen ... Das Parlament Neuseelands würde Vorschläge willkommen heißen, die der Kolonie Gelegenheit böten, Großbritannien in der großen nationalen Aufgabe einer Ausweitung der britischen Herrschaft über alle herrenlosen Inseln des Südpazifik zu unterstützen.« (27)

Die britische Regierung war jedoch nicht bereit, diesen Vorschlag aufzugreifen; sie hatte andere, vorrangige Interessen, vor allem die Beziehungen zu den anderen europäischen Mächten. Gladstone war in den kritischen Jahren von 1880 bis 1886 viel mehr damit beschäftigt, mit Deutschland eine tragbare Verständigung über Kolonialfragen zu erreichen, als den Forderungen Neuseelands nachzugeben, mochten sie noch so sehr von den australischen Kolonien unterstützt werden. Premierminister Vogel wurde dementsprechend im Kolonialministerium als »imperialistischer Gschaftlhuber« abgetan, während Deutschland und Frankreich vertragsgemäß ihre Kolonialreiche im Pazifik ausdehnten. Praktisch, wie auch theoretisch, blieb die Außenpolitik ausschließlich der Reichsregierung vorbehalten. Neuseeländer und Australier mochten die verpaßten Gelegenheiten zur Errichtung einer angelsächsischen Hegemonie im Pazifik bedauern; aber da es ihnen nicht gelungen war, London zu überreden, ihren Bestrebungen gemäß zu handeln, mußten sie sich wohl oder übel bescheiden. Allerdings verschaffte es 1919 dem Premierminister Neuseelands, Massey, zweifellos eine Art verdrießlicher Genugtuung, dem Repräsentantenhaus in Wellington zu sagen, wie recht die Führer Neuseelands gehabt hätten, darauf zu drängen, Samoa entweder durch Großbritannien oder durch Neuseeland zu annektieren, es keinesfalls aber in deutsche Hände fallen zu lassen (28).

Von bleibenderer Bedeutung als Neuseelands imperialistische Bestrebungen waren seine Sozialreformen. Die Liberale Partei, die die Politik Neuseelands im späten 19. und frühen 20. Jahrhundert bestimmte, glich in ihren Gedanken der neuen Birminghamschule, insofern diese die Entwicklung und Ausweitung des Reichs einerseits und die Sozialreformen andererseits betrafen. 1889 wurde ein neues Wahlrecht für Männer eingeführt; es war von der Größe des Eigentums oder der Höhe der Wohnungsmiete abhängig. Ihm folgte 1893 das zum erstenmal in der britischen Geschichte gewährte Frauenstimmrecht. Während der langen Amtsperiode der Liberalen Partei von 1891 bis 1912 folgte dieser Neuerung eine bahnbrechende Schulgesetzgebung, die ein nationales System der Grundschule schuf, das für alle Kinder unter 13 Jahren schulgeldfrei, verpflichtend und überkonfessionell war. 1894 wur-

den Gesetze zum industriellen Schieds- und Schlichtungsver-
fahren verabschiedet, die nicht nur als die fortschrittlichste
Arbeitergesetzgebung, sondern auch als die wichtigste Maßnahme bei der Gesellschaftsgestaltung Neuseelands gelten dürfen (29). Zwischen 1896 und 1901 wurde ein ganzes System
der Arbeitergesetzgebung eingeführt, das die Beschränkung
der Arbeitszeit, die Überwachung der Fabriken und beitrags-
freie Renten einschloß.

Welchen Gründen sind diese bahnbrechenden Sozialreformen
zuzuschreiben? Hauptsächlich scheinen es die Zusammensetzung und die Sittenlehre der Gesellschaft Neuseelands gewesen
zu sein. Neuseeland wurde, wie erwähnt, von einem »Querschnitt« der englischen Gesellschaft des 19. Jahrhunderts bevölkert, von Menschen also, die »nicht verzweifelt, sondern
hoffnungsfroh« hinausgegangen waren (30). Die Regierung
war in einem ganz besonderen Sinn eine vom Volk gewählte
und das Volk vertretende Regierung. Sie war zu nah und zu
bekannt, um das Mißtrauen zu wecken, das mit der Entfernung verbunden ist. Es gab daher wenig psychologische
Vorbehalte gegen die Ausweitung ihrer Vollmachten. Im Gegenteil, man glaubte, es sei Pflicht des Staates, das Glück des
Volks zu fördern und dessen Schicksal zu bessern. Die wirk-
samste Weise, dies zu erreichen, war die Sozialgesetzgebung.
Man hielt die Regierung für »gütig« (31). Große Meinungsverschiedenheiten über die theoretischen Grenzen ihrer Verantwortung gab es nicht; man forderte vielmehr beständig
staatliches Eingreifen. Die Neuseeländer waren kein Volk von
Theoretikern; im Gegenteil, ihr Vorgehen in solchen Dingen
war direkt und praktisch. Ihre Gedanken kreisten um ihr
eigenes Wohlergehen und in erhabeneren Augenblicken auch
um eine Sendung für die Menschheit und ihre Bestimmung,
»der Alten Welt die Wege des sozialen Fortschritts zu zei-

gen«. »Ein Volk kann für sich genauso Reklame machen wie ein Kaufmann oder ein Fabrikant«, bemerkte Siegfried. Er fügte hinzu, die Neuseeländer seien sich wohl bewußt, nicht die schlechtesten Mittel dazu gewählt zu haben. »Seit der Verabschiedung solcher Maßnahmen wie des Zwangsschlichtungsverfahrens und des Frauenstimmrechts hat jedermann von jener kleinen Antipoden-Kolonie gehört, von deren Existenz die Menschen vorher kaum eine Ahnung hatten.« (32) In den Jahren der Reformen gab es in Neuseeland vor allem zwei denkwürdige Persönlichkeiten. Die erste war Richard Seddon oder »König Dick«, Premierminister von 1893 bis 1906. Zu »seinem stämmigen Körperbau und einer Brust wie die des Gottes Vulkan«, seinem »fröhlichen Lachen« und dem »kräftigen Händedruck«, wie James Bryce ihn beschrieb, paßten entsprechend handfeste und praktische Ansichten. Da er von niederer Herkunft war, sagten seine Freunde, habe er niemals ein sozialistisches Buch gelesen; seine Feinde dagegen behaupteten — was jedoch nicht stimmte —, er habe überhaupt niemals ein Buch gelesen. Im Abgeordnetenhaus verließ er sich auf Erskine Mays *Parliamentary Procedure,* und ein Kollege beobachtete ihn sogar einmal bei der Lektüre einer Geschichte der Seeräuberei im Atlantik. Obwohl James Bryce der Ansicht war, daß es ihm an Gelehrsamkeit und Redegewandtheit mangelte, gab er zu, daß er eine kraftvolle und dynamische Persönlichkeit war. Es sei an ihm oft beobachtet worden, bemerkte Bryce, daß er »niemals den genauen Wert von Komparativen und Superlativen abschätzen konnte und bis zuletzt zu glauben schien, eine kräftige Ausdrucksweise wäre die einzige Sprache, die einem starken Mann geziemte«. Bryce verwies aber auch auf sein Geschick als parlamentarischer Führer und seine Volksverbundenheit. Über die gleichsam königlichen Reisen Seddons durch seine Herrschaftsgebiete schrieb Pember Reeves: »Seine Zuhörer — vor allem in der Provinz — begrüßten sowohl seine Besuche als auch seine Reden. Sie schätzten es, ihre eigenen Ansichten, Gefühle und Wünsche ... in einer Sprache wiederzuhören, die von der ihren nicht zu weit entfernt war. Sie liebten die aufheiternden amtlichen, statistischen Angaben, die patriotischen Gemeinplätze und die unvermeidlichen Hinweise auf ›Gottes ureigenes Land‹...« (33)

William Pember Reeves, der Hauptmitarbeiter Seddons und von 1891 bis 1896 Minister für Bildungswesen, Rechtswesen und Arbeiterfragen, war, da er als Bevollmächtigter Neuseelands nach London ging, eine Persönlichkeit mit genau den entgegengesetzten Eigenschaften. Reeves, bekannt als Verfasser einer gut lesbaren allgemeinen Geschichte Neuseelands, *The Long White Cloud*, lieferte die geistige Antriebskraft zur Sozialgesetzgebung dieser großen Reformperiode. Siegfried beschrieb den Sozialismus Reeves' als experimentell und praktisch, vermerkte dessen tiefes Mißtrauen gegenüber Finanzleuten und Kapitalisten und bewunderte seine Fähigkeit zur logischen Analyse (34). Es ist vielleicht nicht erstaunlich, daß Reeves sein Leben fern von Neuseeland beendete; er wurde ein hervorragendes Mitglied der Fabian Society und dritter Rektor der Londoner Hochschule für Wirtschafts- und Politische Wissenschaften (35). Aber die Reformen, bei deren Gestaltung er mitgeholfen hatte, blieben bestehen. Sie prägten Neuseeland den Stempel einer egalitären Gesellschaft auf, die sich ständig zu verbessern suchte und damit dem Reich und dem Commonwealth ein Beispiel für die Sozialgesetzgebung bot, von dem alle, auch Großbritannien selbst, lernen konnten und das viele Länder, auch in Südasien, in späteren Jahren zumindest teilweise nachzuahmen suchten.

Die Entwicklung einer ausgeprägten politischen Eigenständigkeit Neuseelands war in gewissem Sinn widersprüchlich. Man hätte annehmen können, daß die Träume Neuseelands von einer angelsächsischen Hegemonie im Pazifik sowie der gemeinsame Ursprung der Siedler Neuseelands und Australiens die britischen Kolonisten im gesamten Pazifik zu einer einzigen politischen Gemeinschaft zusammenführen würden. Aber das sollte zunächst nicht der Fall sein. In Neuseeland war zwar der Reichsgedanke vorhanden, aber er bedeutete hier eher die enge und fortdauernde Verbindung mit dem Mutterland als die mit den benachbarten australischen Kolonien. Viele Neuseeländer wurden eifrige Verfechter einer Reichsföderation, jedoch in einem weiteren und nicht in einem begrenzten pazifischen Rahmen. Sie wollten entweder ein allumfassendes Reichssystem oder nichts.

Die Möglichkeit einer Föderation Australiens und Neuseelands, die durch gewichtige politische, wirtschaftliche und sogar strategische Argumente unterstützt wurde, übersah man keineswegs. Im Gegenteil, sie wurde von den Neuseeländern erwogen und bewußt abgelehnt. Die Gegenargumente wurden 1890 von Hauptmann W. R. Russell, einem neuseeländischen Delegierten bei der gemeinsamen Bundeskonferenz in Melbourne, treffend zusammengefaßt. Erstens stellte er fest, daß die in anderen klimatischen Verhältnissen lebenden Neuseeländer, die ganz anders siedelten und »eine viel rauhere Geschichte als die australischen Kolonien« gehabt hätten, wahrscheinlich eine sehr ausgeprägte Individualität — einen besonderen nationalen Typ — entwickeln würden. Sie wünschten nicht, in einem größeren Australien aufzugehen, in dem ihre Bevölkerung von 700 000 zahlenmäßig weit übertroffen werden würde. Auch war er von dem strategischen Beweisgrund wenig beeindruckt. Eine Bundesarmee könnte von den Neuseeländern Ausgaben fordern, die aufzubringen sie nicht bereit wären, während ihr Wert bei einem plötzlichen Angriff auf die Insel fraglich sei. Der Ausgang einer kriegerischen Auseinandersetzung könne sehr wohl schon entschieden sein, bevor die Nachricht von einem Angriff Australien überhaupt erreicht hätte. Wahrscheinlich würde es auch handelspolitische Interessen- und Meinungsverschiedenheiten geben. Wäre Neuseeland gut beraten oder bereit, einem Zollverein unwiderruflich beizutreten, der noch höhere Schutzzölle erheben könnte, als ohnehin schon existierten? Der Delegierte Neuseelands argumentierte weiter, die Eingeborenenverwaltung würde notgedrungen auf Jahre hinaus eine der wichtigsten Fragen der Innenpolitik Neuseelands sein. Sollte die Verantwortung für diese Frage einem Bundesparlament übergeben werden — »einer gewählten Versammlung, in der die Australier die Mehrheit bilden, die von der Eingeborenenverwaltung nichts versteht und sich um sie nicht kümmert und deren Mitglieder viel weniger zimperlich mit den Eingeborenenvölkern verfuhren, als wir es in Neuseeland mit den unseren gewagt haben« —, so könnten erneut unheilvolle Auseinandersetzungen zwischen Siedlern und Maori auf den Inseln ausgelöst werden (36).

Das Ergebnis der Debatte war, daß man es Neuseeland freistellte, der geplanten Föderation beizutreten oder nicht; es entschied sich dagegen. Sir Charles Dilke wäre nicht erstaunt gewesen. Wie er auf seinen Reisen im Pazifik erfuhr, »hegten« Engländer »hinsichtlich der Verbindung Neuseelands mit Australien ganz besondere Wahnvorstellungen«. Sie neigten zu der Annahme, die umfassende Bezeichnung »Australasien« sei zutreffend und sinnvoll. Aber Dilke bemerkte nur die Verschiedenheit und die gegenseitige Gleichgültigkeit der beiden Länder. Er erinnerte sich: »Der einzige Hinweis auf Neuseeland, den ich jemals, abgesehen von internationalen

Nachrichten, in einer australischen Zeitung fand, war ein Abschnitt, der Neuseeland zur Höhe seiner Schulden beglückwünschte. Die einzige Anspielung auf Australien, die ich im
Wellingtoner *Independent* entdeckte, war in einem Ausblick
auf die Zukunft der Kolonie enthalten, da der Verfasser eine
Zeit kommen sah, in der Neuseeland eine Seemacht sein würde
und in der seine Flotte Melbourne beschießen oder in Sydney
Abgaben eintreiben würde.« (37)
Während Neuseeland sich der Föderation überhaupt nicht
anschloß, entstand sie in den australischen Kolonien erst nach
anhaltenden Verzögerungen und langwierigen Verhandlungen. Dafür gab es mehrere Gründe. Wie schon erwähnt, waren
die Ballungszentren der Bevölkerung an der Küste weit verstreut und die Siedler von unterschiedlicher sozialer Herkunft.
Die Mehrzahl hatte sich in einer verhältnismäßig langen Zeitspanne an die eigene Selbstverwaltung gewöhnt — in Neusüdwales und Tasmanien seit 1855, in Südaustralien seit 1856,
in Viktoria und Queensland seit 1859 —, und sie meinten, die
Vergünstigung, deren sie sich schon so lange erfreuten, sollte
nicht leichtfertig preisgegeben werden. Altbegründete Interessen hatten sich im Lauf der Zeit verfestigt; und wie im Fall
Neuseelands befürchteten die weniger dicht besiedelten Staaten, ihre Interessen würden in einem unvermeidlich von Neusüdwales und Viktoria beherrschten Bund untergeordnet oder
gar völlig übergangen werden. Aus allen diesen Gründen befaßten sich die in Abständen seit der Mitte des Jahrhunderts
stattfindenden Debatten über die Möglichkeit einer Föderation, von denen Dilke in den achtziger Jahren viel hörte, vor
allem mit den nachteiligen Folgen für die Stellung und die
Befugnisse der einzelnen Kolonien. Mr. (später Sir Edmund)
Barton, ein Delegierter aus Neusüdwales bei der Bundesver-
sammlung von 1897 in Adelaide, fühlte sich sogar damals

noch bemüßigt, seine Zuhörer daran zu erinnern, daß der
Zweck der Föderation darin bestünde, »die Befugnisse der
Selbstverwaltung der Bevölkerung Australiens zu vergrößern«, und nicht, sie zu vermindern. Er sagte: »Es ist dies
eine Absicht, die, nach den öffentlichen Diskussionen zu schließen, die in verschiedenen Teilen der Kolonien stattgefunden
haben, scheinbar aus den Augen verloren worden ist. Der
Gedanke der Preisgabe scheint in den Vorstellungen der Bevölkerung einen großen Raum eingenommen zu haben. Föderation vergrößert in Wirklichkeit aber die Befugnisse der
Selbstverwaltung, eine Tatsache, die scheinbar außer acht
gelassen und nicht bedacht worden ist.« (38)
Während einerseits das langsame Vorankommen der Föderation, vor allem angesichts der vorhandenen Einheitlichkeit der
Bevölkerung, eine Erklärung verlangt, ist es andererseits not-
wendig, sich zu fragen, warum die Idee »eine Nation für einen
Kontinent und ein Kontinent für eine Nation« im letzten
Jahrzehnt des Jahrhunderts plötzlich an Auftrieb gewann.
Die auffälligste Veränderung in der Umwelt Australiens trat
mit dem Einbruch anderer europäischer Mächte außer Groß-
britannien in den Pazifik während der achtziger Jahre ein.
Es war eine Veränderung, die von den Kolonisten übelgenom-
men wurde; aber Großbritannien fügte sich, wie im Fall von
Neuguinea am klarsten zu erkennen war. Dort widerrief der
Kolonialminister die unbefugte Annexion durch die Regierung
Queenslands, um eine reifliche Überlegung zu ermöglichen,
die dann zufälligerweise Deutschland die Möglichkeit gab,
eine Expedition auszurüsten und Nordost-Neuguinea 1884
zu einer deutschen Kolonie zu erklären. Mit der Ankunft neuer
europäischer imperialistischer Großmächte verflüchtigten sich
die Träume einer unbestrittenen angelsächsischen Hegemonie
im Südwestpazifik. Die australischen Kolonien, die bisher von

jeglicher Kriegserfahrung und sogar jeder Kriegsgefahr frei gewesen waren, sahen sich jetzt einer Bedrohung — mochte sie noch so weit entfernt erscheinen — ihrer zukünftigen Sicherheit ausgesetzt. Es war für sie daher an der Zeit, ihre Kräfte und Mittel zu vereinigen.

Sir Henry Parkes, der die Föderation lange Jahre hindurch verfocht, entfaltete 1890 auf der Australisch-Neuseeländischen Konferenz in Melbourne überzeugende Beweisgründe in dieser Richtung. Er sagte, er bezweifle keineswegs, daß, wenn es 1883 in Australien eine Zentralregierung gegeben hätte, Neuguinea von Australien annektiert worden wäre. Das war sicherlich verfehlt. Als Premierminister des Commonwealth von Australien war Alfred Deakin zu seinem großen Leidwesen nicht in der Lage, in den Jahren 1904—1906 irgendeinen wirksamen Einfluß auf die britischen Verhandlungen mit Frankreich auszuüben, die zum englisch-französischen Kondominion über die Neuen Hebriden führten. Das minderte jedoch nicht unbedingt die Wirkung von Parkes' Behauptung. Er erregte auch ganz allgemein die Befürchtungen der Australier, indem er sagte: »Jene großen, bewaffneten, vom Meer eingeschlossenen Mächte Europas wollen nicht nur Land, auf dem ihre Volksmassen leben können, sondern auch, ganz gleich an welchem Punkt der Erde, an das Meer angrenzendes Land.« So fragwürdig diese Auffassung der politischen Wirklichkeit auch war, es war eine Deutung des europäischen Ausdehnungsdrangs, die folgerichtig zu dem Schluß führte, daß Australien »Herr der südlichen Meere« sein müßte (39). In Parkes' Augen war das in der Tat die Bestimmung Australiens. Aber es war nur eines der beiden großen Ziele, »die allein durch eine Bundesregierung gehörig erreicht und zureichend gefördert« werden konnten. Das andere Ziel war die Vermehrung des nationalen und des individuellen Ver-

mögens. Parkes legte Zahlen vor, die zeigen sollten, daß das
Durchschnittseinkommen eines Einwohners in Australien das-
jenige in Österreich, Deutschland, Frankreich, dem Vereinigten Königreich und sogar den Vereinigten Staaten übertraf,
in manchen Fällen sogar sehr weit: »Es gibt niemanden, der
so reich ist wie wir ...« Dieser Reichtum sei verwendet worden, um ein Schulwesen zu errichten, Verkehrsverbindungen
zu bauen und einen »derartigen Fortschritt« zu erzielen, daß
er »die Bewunderung der besten Länder erregt« habe. Weiterer Fortschritt und weitere Entwicklung hingen von Vorkehrungen, Maßnahmen und Verordnungen ab, die nur eine übergeordnete nationale Behörde durchsetzen könne. Das erhaben-
ste Ziel sei indessen die Bildung eines einheitlichen Volks, das
vor der Welt als solches erscheinen und ein bundesstaatliches
Dominion darstellen würde als ständiger Teil »eines wohl-
tätigen Reichs« (40). Stets war die Sprache zuversichtlich, ja
sogar hochtrabend, und für zahlreiche Australier muß sie in
der bald darauffolgenden Wirtschaftskrise einen ironischen
Unterton gehabt haben. Aber in einem neuen Land war dies
die Zeit für ehrgeizige Überlegungen. Während Historiker
vernünftigerweise dazu neigen, gefühlsmäßige Faktoren, im
Gegensatz zu strategischen, wirtschaftlichen oder politischen,
nicht ernst zu nehmen, mag Sir Henry Parkes in diesem Fall
doch vernünftiger als sie gewesen sein. Wie Alfred Deakin
bemerkte, hätte die Redekunst, deren er sich selbst wirksam
bediente, wahrscheinlich nicht allein dazu geführt, daß sich
»hartgesottene Kolonialpolitiker unter allgemeinen Beteuerungen einer unlösbaren bundesstaatlichen Brüderschaft wei-
nend um den Hals gefallen« wären. Zweifellos — aber wäre
die Föderation auch ohne die Redekunst aus ihrer parlamentarischen Phase in ihre erfolgreiche volkstümliche Phase eingetreten (41)?

Der Höhepunkt der Föderationsbewegung in Australien sei hier kurz geschildert: Auf die Anregung von Sir Henry Parkes hin wurde 1883 eine Konferenz aller Kolonien einberufen und versuchsweise ein Bundesrat mit beratenden Funktionen eingerichtet. Er erfreute sich jedoch weder allgemeiner Beliebtheit noch der Unterstützung durch alle Staaten. Ganz abgesehen von Neuseeland, weigerte sich Neusüdwales gleich von Anfang an, sich bei dessen Verhandlungen vertreten zu lassen, und Südaustralien verließ diesen Bundesrat später. Andere wichtige Meilensteine folgten: 1890 die Konferenz zu Melbourne über eine Föderation Australiens und Neuseelands und 1891 eine weitere Konferenz in Sydney, auf der der Entwurf einer Commonwealth-Gesetzesvorlage erarbeitet wurde. Die mit dem vorgeschlagenen Gesetzentwurf verfolgten Absichten wurden durch die Bildung von Vereinen zur Förderung der Föderation der Öffentlichkeit bekanntgegeben. 1895 hatte man sich mit der Zustimmung der verschiedenen Kolonialregierungen und -parlamente geeinigt, 1897 eine verfassunggebende Versammlung nach Adelaide einzuberufen, um einen weiteren und endgültigen Gesetzentwurf vorzubereiten. Die verfassunggebende Versammlung trat verabredungsgemäß im März 1897 zusammen. Wie Joseph Chamberlain später dem britischen Unterhaus mitteilte, machte sich die verfassunggebende Versammlung »in jenem sachlichen Geist, von dem wir schmeichelhafterweise annehmen, er zeichne die Verhandlungen der Briten in der ganzen Welt aus«, an die Arbeit (42). Die verfassunggebende Versammlung erarbeitete einen Entwurf, der, nachdem er den verschiedenen Parlamenten der Kolonien vorgelegt und deren Vorschlägen entsprechend abgeändert worden war, schließlich nach weiteren Verhandlungen in Melbourne und Sydney zur Gesetzesvorlage über ein Commonwealth von Australien wurde.

Die Föderation sollte in Australien jedoch nicht, wie es in Kanada der Fall gewesen war, allein das Ergebnis von zwischenstaatlichen Verhandlungen sein. Sie sollte auch die Bestätigung durch das Volk erhalten. Von Anfang an war von den Vertretern der verschiedenen Kolonialregierungen angenommen worden, die Ratifizierung durch eine Volksabstimmung wäre eine notwendige Voraussetzung für die endgültige Verabschiedung einer Bundesverfassung, auf die sie sich einigen würden. Es fanden tatsächlich nicht nur eine, sondern zwei Volksabstimmungen statt, da die vorgeschlagene Verfassung bei dem ersten Volksentscheid die vorgeschriebene Stimmenzahl von mindestens 80 000 in Neusüdwales nicht erhielt. Die zweite Volksabstimmung, an der die Wähler von Neusüdwales, Viktoria, Südaustralien, Queensland und Tasmanien — nicht aber die von Westaustralien, das vorläufig freiwillig auf Mitgliedschaft verzichtete — teilnahmen, ergab 377 000 Stimmen für und 141 500 gegen die Gesetzesvorlage. Dementsprechend wurde sie in Westminster nicht nur mit der Bestätigung durch die Kolonialparlamente, sondern auch mit der der Bevölkerung der Kolonien zur Verabschiedung vorgelegt.

Bei der Entscheidung Australiens für die Föderation gab es, wie festgestellt worden ist (43), sicherlich keine plötzliche Bekehrung wie auf dem Weg nach Damaskus. Ein Grund hierfür lag in der Härte der Verhandlungen und den Stellungskämpfen unter den Vertretern der Staaten, die Alfred Deakin so anschaulich und oft unterhaltsam in seinem Werk *The Federal Story* beschreibt und ebenso sein Biograph in der Analyse der Rolle Deakins, besonders in der Innenpolitik Viktorias, wo er »das eigentliche Symbol des Kampfes für die Föderation« war (44). Vollzog sich der Fortschritt auch langsam, so spiegelte er doch in eindrucksvoller Weise die zunehmende Überzeugung sowohl der Regierungen als auch der Parlamente und der Bevölkerung. Es war ein Glaubensgrundsatz, daß die Föderation der richtige Weg, die ideale Lösung sei. Deakin hatte 1898 dargetan: »Eine bundesstaatliche Verfassung ist das letzte und endgültige Ergebnis der politischen Urteilskraft und des aufbauenden Scharfsinns; sie stellt die höchste Entwicklung der Selbstverwaltung einer Bevölkerung dar, die über ein weites Gebiet verstreut ist... Ich wage zu behaupten, daß man unter allen Bundesverfassungen der Welt vergeblich nach einer suchen wird, die im Volk eine derartig breite Grundlage hat und die so liberal in ihren Grundsätzen und so großzügig in ihren Zielen ist wie die vorliegende.« Viele Australier waren von der Richtigkeit dieser Behauptung überzeugt.

Das Vorgehen, das in Australien zur Annahme des Föderalismus führte, unterschied sich bezeichnenderweise von dem, das bei der Bildung der kanadischen Konföderation angewandt wurde. Die Unterschiede waren keineswegs zufällig. Die kulturelle Einheitlichkeit und die soziale Struktur der australischen Bevölkerung begünstigten in politischen Fragen vorwiegend radikale Lösungen; so bestand man im Gegensatz zu Kanada auf der Zustimmung der Bevölkerung zur neuen Föderation und ihrer Verfassung. Diese Einstellung spiegelte sich sogar in gewissem Maß in dem Titel »Commonwealth« mit seinem republikanischen Beiklang, im Gegensatz zu Dominion mit seinem Reichsgedanken. Das erklärte auch, wenigstens zum Teil, die weniger konservative Beschaffenheit der australischen Verfassung, die — wiederum im Gegensatz zu Kanada — die endgültige Lösung strittiger Fragen der Bevölkerung überließ. Aber es gab selbstverständlich auch andere Einflüsse.

Kanada war der Nachbar einer großen und, wie es in den

sechziger Jahren schien, einer möglicherweise aggressiven
Macht. Australien blieb in der Südsee trotz der kurz zuvor
erfolgten Gründung französischer und deutscher Kolonien im
Grunde genommen immer noch isoliert. Während die Väter
der kanadischen Konföderation von dem amerikanischen Beispiel tief beeinflußt worden waren, das ihnen die Gefahren
einer geteilten Autorität vor Augen geführt hatte, wie sie
sich aus den in der Verfassung verankerten Rechten der einzelnen Staaten ergaben, hegten die Australier derartige Befürchtungen nicht. Sie waren in ganz anderer Hinsicht voreingenommen. Die kanadische Konföderation — mit ihrer
Gewichtsverlagerung zugunsten der Zentralregierung —
wurde allgemein als abschreckendes Beispiel gewertet. Ein
Delegierter Südaustraliens bemerkte vor der verfassunggebenden Versammlung in Adelaide: »Ich bin fest überzeugt,
daß niemand, der die Frage einer föderativen Regierungsform studiert hat, behaupten wird, daß man das Wesen des
Föderalismus im eigentlichen Sinn des Wortes in Kanada vor-
findet.« Die Mehrheit der Australier erhoffte indessen eine
Föderation im eigentlichen Sinn des Wortes, weil diese nicht
ein Gemeinwesen (Commonwealth) mit untergeordneten
Gliedstaaten ins Leben rufen würde, sondern ein Gemeinwesen
mit Gliedstaaten, die in ihren Befugnissen gleichberechtigt und
beigeordnet sein würden. Wie Deakin bemerkte, sollte das
Vorbild nicht Kanada, sondern die Vereinigten Staaten sein.
Die Verfassung des Commonwealth von Australien gab daher
dem Bundesparlament nur Rechte in Angelegenheiten, die in
der Verfassung aufgeführt und erläutert waren; alle übrigen
Rechte verblieben nicht bei der Zentralregierung wie in Kanada, sondern bei den Gliedstaaten. Vor der verfassunggebenden Versammlung in Adelaide 1897 sagte Richard O'Con-
nor: »Ich bin der Meinung, es sei ein entscheidender Grundsatz

dieser Föderation, daß wir den Gliedstaaten keine Rechte wegnehmen sollten, die sie besser selbst ausüben, und daß wir dem Bund keine Rechte geben sollten, die nicht zur Erreichung seiner Ziele unumgänglich notwendig sind.« Das war im wesentlichen der Grundsatz, der auch verwirklicht wurde. Die Folge war, wie Joseph Chamberlain bei der Einbringung der Gesetzesvorlage über das Commonwealth von Australien im britischen Unterhaus am 14. Mai 1900 erklärte, daß, während es in Kanada grundlegender Zweck der Verfassung war, »die Provinzen im wesentlichen zu einem Dominion zu verschmelzen, die Verfassung von Australien eine Föderation einer Anzahl unabhängiger Staaten für klar umrissene, begrenzte Zwecke« schuf, »wobei die Rechte der Mitgliedsstaaten eifersüchtig gewahrt blieben« (45).

Die Verfassung des Commonwealth von Australien ist in der Commonwealth-von-Australien-Akte enthalten, die 1900 mit Wirkung vom 1. Januar 1901 vom britischen Parlament verabschiedet wurde. Die Gesetzesvorlage wurde sowohl von den Regierungen als auch von der Bevölkerung in Australien entworfen, abgeändert und, wie schon bemerkt, schließlich angenommen, bevor sie in London endgültig zur Verabschiedung durch die Legislative vorgelegt wurde. Es gab vor oder während der Arbeit am Entwurf keine Besprechungen, wie sie vor der Verabschiedung der Britisch-Nordamerika-Akte 1867 zwischen den kanadischen Führern und dem Kolonialminister stattgefunden hatten. Deshalb schloß sich Joseph Chamberlain nicht der Ansicht an, seine Rolle als Kolonialminister sei allein darauf beschränkt, eine von den Australiern abgesprochene und angenommene Maßnahme durch das britische Unterhaus zu schleusen. Im Gegenteil, er behauptete, daß, obwohl »die Gesetzesvorlage ohne Rücksprache mit uns vorbereitet worden ist«, sie dennoch im Reichsparlament »eingehendste Beachtung und sogar eingehendste Erörterung erfahren sollte« (46). Chamberlain war notfalls bereit und fühlte sich dazu berechtigt, Änderungen, die er wegen allgemeiner Reichsinteressen für wünschenswert hielt, vorzuschlagen und zu befürworten, was er hinsichtlich der Berufungen an den Rechtsausschuß des Kronrats, wenn schon mit sehr bedingtem Erfolg, auch wirklich tat. Aber er erinnerte das Unterhaus auch an die tatsächliche Lage. Es gäbe eine Grenze, die die Reichsregierung vorsichtshalber nicht überschreiten dürfe. Chamberlain sagte: »Wir haben in der Entwicklung der Beziehungen zu unseren Kolonien mit Selbstverwaltung einen Punkt erreicht, an dem wir, glaube ich, ein für allemal erkennen müssen, daß diese Beziehungen gänzlich von ihrem eigenen freien Willen und ihrer unbedingten Zustimmung abhängen. Die Bande zwischen uns und ihnen sind zur Zeit sehr schmal. Die leiseste Berührung könnte sie zerreißen. Aber so schmal und schwach sie auch sind und obwohl wir wünschen und obwohl ich hoffe, daß sie erstarken mögen, werden wir sie den Kolonien nicht aufzwingen, wenn sie von irgendeiner unserer großen Kolonien als lästig empfunden werden.« (47) Dies war eine bedeutungsvolle und staatsmännische Einsicht. Es bedeutete, daß die britische Regierung schon um die Jahrhundertwende anerkannte, daß sie, selbst in Angelegenheiten von zugegebener Bedeutung für das Reich — wie Berufungen an den Rechtsausschuß des Kronrats —, nur auf dem Weg der Diskussion und des Meinungsaustausches vorgehen konnte und sollte, um das zu wahren, was sie für Reichsinteressen hielt.

Die Präambel der Verfassungsakte des Commonwealth von Australien (48) stellte fest, daß die Bevölkerung Neusüdwales', Viktorias, Südaustraliens, Queenslands und Tasmaniens übereingekommen war, sich in einem unlösbaren bundesstaatlichen Gemeinwesen unter der Krone des Vereinigten

Königreichs von Großbritannien und Irland sowie gemäß der durch die Akte geschaffenen Verfassung zusammenzuschließen. Die ersten acht Artikel der Akte behandelten Fragen von formaler Bedeutung: die offizielle Bezeichnung der Akte, die Thronfolge, den verbindlichen Charakter der vom Parlament des australischen Commonwealth verabschiedeten Gesetze, die Bedeutung des Begriffs »Commonwealth von Australien« und des Begriffs »die Gliedstaaten« (the States), und schließlich — nachdem in Westaustralien vor dem Inkrafttreten der Akte eine Volksabstimmung stattgefunden hatte — dessen Aufnahme als Gründungsmitglied des Bundes. Die Verfassung des Commonwealth von Australien war im Abschnitt 9 enthalten. Während die Akte als Ganzes nur durch das Reichsparlament abgeändert werden konnte, sah die im Abschnitt 9 enthaltene Verfassung Mittel und Wege vor, wie diese selbst durch das australische Parlament und Volk abgeändert werden könnte. Diese Unterscheidung zwischen der Verfassung und der Akte, in der sie enthalten war, zusammen mit der Vorkehrung für die einheimische Verfassungsänderung, stellte eine beachtenswerte Abweichung vom kanadischen Präzedenzfall dar, die ihre Entsprechung in einem ähnlichen Gegensatz hinsichtlich der juristischen Auslegung der Verfassung hatte. Man wird sich erinnern, daß nach der Britisch-Nordamerika-Akte die juristische Auslegung in letzter Instanz bei dem Rechtsausschuß des Kronrats lag. Die Australier wünschten jedoch, daß die juristische Auslegung ihrer Verfassung beim australischen Bundesgerichtshof liegen sollte. Dagegen wurden von der Reichsregierung Widersprüche erhoben, die weitschweifende Auseinandersetzungen zur Folge hatten. Chamberlain verfocht beharrlich den Standpunkt, daß die Autorität des Rechtsausschusses des Kronrats als letzte Instanz unversehrt bewahrt werden müsse, während die Australier wenig geneigt waren, dieses Zugeständnis zu machen. Ein Kompromiß wurde vorgeschlagen, der zur Zufriedenheit der australischen Delegierten in London ausfiel. Als dem führenden Delegierten, Deakin, diese Kompromißformel mitgeteilt wurde, sagte er zu Dilke: »Das ist alles, was wir wollen, und wenn wir das bekommen, werden wir einen großen Sieg errungen haben.« (49) Der Kompromiß, der vorgeschlagen und angenommen wurde, schloß Berufungen an den Rechtsausschuß nicht grundsätzlich aus; aber er ermächtigte den Bundesgerichtshof Australiens, solche Berufungen zuzulassen oder nicht. Abschnitt 74 der Verfassung enthielt den Kompromiß, auf den man sich schließlich einigte: »Es wird keine Berufung gegen eine Entscheidung des Bundesgerichtshofs in irgendeiner wie auch immer entstandenen Frage, die die Grenzen der verfassungsmäßigen Vollmachten des Commonwealth (von Australien) und die eines oder mehrerer Gliedstaaten *inter se* oder die Grenzen der verfassungsmäßigen Vollmachten zweier oder mehrerer Gliedstaaten *inter se* betrifft, an die Königin im Kronrat zugelassen, sofern der Bundesgerichtshof nicht bestätigt, daß die betreffende Rechtsfrage der Art ist, daß sie von Ihrer Majestät im Kronrat entschieden werden sollte.«

Der Bundesgerichtshof hat die ihm durch Abschnitt 74 übertragene Entscheidungsvollmacht so angewandt, wie es die Australier beabsichtigten und Chamberlain befürchtete. Eine Bescheinigung, die die Erlaubnis zur Berufung an den Rechtsausschuß erteilte, ist nur ein einziges Mal gewährt worden, und das Parlament des Commonwealth von Australien hat durch Gesetz bestimmt, daß Berufungen von den Obersten Gerichtshöfen der Gliedstaaten hinsichtlich Rechtsfragen *inter se* nur an den Bundesgerichtshof ergehen können (50). Diese Angelegenheiten hatten mehr als nur rechtliche Bedeutung. Sie spiegelten die Ansichten der Begründer der australischen

Föderation wider. Diese hegten und pflegten den Reichsgedanken ebensosehr wie Chamberlain. Aber ihre Vorstellungen
vom Reich deckten sich nicht mit den seinigen. Sie dachten
schon an die Gleichberechtigung unter der Krone. Deakin bemerkte, die Australier würden stolz darauf sein, für Königin
und Vaterland zu kämpfen und nötigenfalls zu sterben, aber
er habe niemals von irgend jemandem gehört, der bereit gewesen sei, für den Rechtsausschuß des Kronrats zu sterben.
Chamberlains Vorstellungen von der Bedeutung des Kronrats als einigendes Band des Reichs lehnte er als hochtrabend
und übertrieben ab. Die Australier waren sich durchaus darüber im klaren, daß sie die Interpretation der Beziehungen
zwischen Bund und Gliedstaaten durch einen einheimischen
Gerichtshof wünschten, der mit australischer Gesetzgebung
und Rechtspflege vertraut war. Während also das Recht des
Rechtsausschusses, Berufungen vom australischen Bundesgerichtshof anzuhören, grundsätzlich gewahrt blieb, übertrug
man die Auslegung der Rechte des Commonwealth von Australien und seiner Gliedstaaten in Wirklichkeit dem Bundesgerichtshof, der allein die Erlaubnis zur Einlegung einer Berufung beim Rechtsausschuß erteilen konnte. Das war ein
Fall, bei dem Australien aus der Erfahrung Kanadas lernen
konnte, indem es dem kanadischen Beispiel nicht folgte.
Die Verfassung Australiens enthielt noch weitere interessante
und in manchen Fällen scharfsinnige Neuerungen. Wie in Kanada bestand das Parlament aus dem Generalgouverneur als
dem Vertreter der Krone und aus zwei Kammern, dem Senat
und der Abgeordnetenkammer. Aber obwohl die äußeren Formen übereinstimmten, waren weder die Ansichten noch die
Zusammensetzung und die Verteilung der Gewichte gleich.
Die Australier standen dem Amt des Generalgouverneurs
nicht gerade freundlich gegenüber. Alfred Deakin schien

der Titel Generalgouverneur »wenig mehr zu sein als ein
glitzerndes und prunkhaftes Spielzeug«; und einem anderen
Mitbegründer der Föderation, John Cockburn, erschien es als
die wichtigste Aufgabe des Generalgouverneurs, »eine Klei-
derpuppe zu sein«, und in dieser Eigenschaft sei er »weniger
als der geringste Einwohner der Kolonien«, nämlich »ein nutz-
loses Standbild und eine Seifenblase« (51). Die Bezeichnungen
der Australier für dieses Amt waren nicht nur insgesamt weniger ehrerbietig als die der Kanadier; sie entsprachen auch
dem Wunsch der Australier, die Befugnisse des Amtsträgers zu
begrenzen. Professor Crisp stellte fest, die Geschichte des
Generalgouverneur-Amtes in den ersten 54 Jahren der australischen Föderation sei die Geschichte »einer allmählichen,
aber stetigen Einengung einer ursprünglich schon sehr beschränkten persönlichen Initiative und Machtbefugnis der
Amtsinhaber« (52). Er fügte hinzu, indem das Amt des Generalgouverneurs »immer unbedeutender und politisch unauf-
fälliger« werde, stelle es »einen immer passenderen Schluß-
stein des Verfassungsbogens« dar. Im übrigen war die Amtsbezeichnung hinsichtlich der tatsächlichen Stellung irreführend.
Es gab keine offizielle Rangordnung zwischen dem Generalgouverneur und den Gouverneuren der verschiedenen Gliedstaaten. Im Gegenteil, die Gouverneure wurden weiterhin
direkt von der Krone ernannt und dienten auch weiterhin als
Symbole der getrennten und gleichberechtigten Identität der
Gliedstaaten neben dem Commonwealth von Australien, wobei jedoch bei feierlichen Anlässen dem Generalgouverneur
der Vortritt gelassen wurde (53).
Die Zusammensetzung der beiden Kammern des australischen
Bundesparlaments und die Beziehungen dieser Kammern zueinander betonten die unterschiedlichen Absichten der Begründer des australischen und des kanadischen Bundes noch

deutlicher. Der australische Senat setzte sich ursprünglich aus sechs und später aus zehn Senatoren aus jedem Gliedstaat zusammen. Sie werden für sechs Jahre von der Bevölkerung der Gliedstaaten nach dem gleichen Wahlrecht wie für das Bundesabgeordnetenhaus gewählt, wobei die Gliedstaaten jedoch nicht wie bei der Wahl für das Abgeordnetenhaus in Wahlkreise unterteilt sind, sondern jeder als ein großer Wahlkreis gilt. Es sollten möglichst doppelt so viele Abgeordnete im Unterhaus sitzen wie im Senat, da die Beziehung zwischen beiden Kammern unter besonderen Umständen von praktischer Bedeutung sein konnte. Der Zweck dieser Vorkehrungen war sicherzustellen, daß der Senat als Verfechter der Rechte der Gliedstaaten und insbesondere als Beschützer der weniger dicht bevölkerten Gliedstaaten dienen sollte, die ja gleichberechtigt mit den volkreicheren Gliedstaaten vertreten waren. Daher war dieser Senat auf dem Papier sehr verschieden von dem ernannten kanadischen Gegenstück; er hatte eine bestimmte Aufgabe zu erfüllen und war vom Volkswillen getragen. In der Praxis ist der Gegensatz indessen weniger auffallend. Die großen Wahlkreise für die Senatswahlen, die festgefügte australische Parteiorganisation besonders auf der Linken und die Härte der australischen Bundespolitik überhaupt haben die Vorherrschaft der Parteien sowohl im Ober- wie im Unterhaus sichergestellt.

Die demokratischen Ansichten der australischen Verfassungsväter, im Gegensatz zu den kanadischen, und deren Einfallsreichtum wurden in den Vorkehrungen, die für die Lösung von Konflikten zwischen den beiden Kammern des Bundesparlaments und für Verfassungsänderungen getroffen wurden, besonders deutlich. Lehnte der Senat eine vom Abgeordnetenhaus zweimal hintereinander in einem Abstand von drei Monaten in der gleichen oder folgenden Sitzungsperiode des

Parlaments verabschiedete Gesetzesvorlage ab, konnte das Kabinett nach Paragraph 57 der Verfassung vom Generalgouverneur die Auflösung der beiden Kammern verlangen. Wenn nach der darauffolgenden Wahl der Senat zum drittenmal die gleiche Maßnahme ablehnen sollte, war eine gemeinsame Sitzung beider Kammern vorgesehen, bei der die Mehrheit entschied. Eine solche Auflösung beider Kammern hat tatsächlich 1913 und 1951 stattgefunden. In beiden Fällen erhielt die Regierung aber die Mehrheit in beiden Kammern; eine gemeinsame Sitzung nach der Wahl erübrigte sich.

Auf dem besonders wichtigen Gebiet der Verfassungsänderung verließ man sich ebenfalls auf die Berufung an das Volk. Nach Abschnitt 128 mußte eine vorgeschlagene Verfassungsänderung mit absoluter Mehrheit in beiden Kammern des Bundesparlaments verabschiedet und dann den Wählern vorgelegt werden. Wenn zwischen den beiden Kammern eine Meinungsverschiedenheit bestand, konnte auch eine Verfassungsänderung, die zweimal mit absoluter Mehrheit von einer Kammer verabschiedet und zweimal von der anderen Kammer abgelehnt worden war, dem Volk in einem Volksentscheid vorgelegt werden. Im Volksentscheid benötigte die Verfassungsänderung eine zweifache Mehrheit, nämlich eine Mehrheit der Wähler im gesamten Bund und darüber hinaus eine Mehrheit in der Mehrzahl der Gliedstaaten. Wenn eine Verfassungsänderung einen Gliedstaat besonders betraf, dann mußte es zusätzlich auch in dem betreffenden Staat (oder den betreffenden Staaten) eine Mehrheit geben. Diese Mehrheiten zu erringen war nicht leicht. Von den 21 Vorschlägen zur Verfassungsänderung, die in den ersten 60 Jahren der Föderation einem Volksentscheid unterworfen wurden, wurden nur vier verabschiedet. Dies war um so bedeutsamer, als viele der zum Beispiel unmittelbar nach dem Ende des Zweiten

Weltkriegs von der Labour-Regierung vorgeschlagenen Verfassungsänderungen in der Absicht entworfen waren, die Vollmachten des Bundes zu erweitern, um den Wiederaufbau fördern und die Vereinheitlichung und Verbesserung der Sozialleistungen insgesamt gewährleisten zu können. Selbst in Zeiten starker politischer Gefühlsaufwallungen blieb der Konservativismus der Wähler ausgeprägt. Ein Beispiel möge genügen: Während der Zeit des Koreakriegs, an dem australische Streitkräfte teilnahmen, löste die Regierung Menzies 1951 die Kommunistische Partei auf und beschlagnahmte ihr Vermögen. Dieses Vorgehen wurde gerichtlich angefochten. Bei der Berufungsverhandlung erklärte der Bundesgerichtshof, der am Abend vor der Urteilsverkündung in aufgemalten Schlagworten auf den Mauern oberhalb des Yarra als »Feste des Kapitalismus« angeprangert und am Abend danach in hastig verbesserten Buchstaben als »Hüter der Rechte des Volkes« begrüßt wurde, diese Maßnahme für verfassungswidrig (*ultra vires*). Die Regierung antwortete, indem sie eine Verfassungsänderung vorschlug, um ihrem Vorgehen Rechtsgültigkeit zu verleihen. Diese erhielt die erforderliche Zustimmung in beiden Kammern und wurde anschließend dem Volk vorgelegt. Sie wurde im Land insgesamt knapp abgelehnt und erreichte auch in den meisten Staaten keine Mehrheit. Soweit es also überhaupt eine Ausweitung der Vollmachten des Bundes gegeben hat, ergab sie sich hauptsächlich aus juristischen Auslegungen. Im übrigen bleibt die in der ursprünglichen Verfassung deutlich erkennbare starke Begünstigung der Rechte der Gliedstaaten bestehen, wonach nur die Angelegenheiten, die ausdrücklich im Anhang als Zuständigkeitsbereiche des Bundes aufgeführt sind, in die Zuständigkeit des Bundes fallen und alle nicht ausdrücklich erwähnten Angelegenheiten bei den Gliedstaaten verbleiben.

James Bryce schrieb: »Wenn irgendein Land und dessen Regierung ausgewählt werden sollten, um den Weg aufzuzeigen, den ein sich selbst regierendes Volk, frei von allen äußeren Einflüssen und nur wenig von geistigen Strömungen der Vergangenheit gehemmt, einschlägt, wäre Australien dieses Land. Es ist die jüngste Demokratie. Es ist das Land, das am weitesten und schnellsten auf dem Weg vorangekommen ist, der zur unbegrenzten Herrschaft der Masse führt.« (54) Bryce, der sich kaum ein repräsentatives Regierungssystem vorstellen konnte, in dem und durch das die Massen rascher und vollständiger ihre Souveränität ausüben konnten, betrachtete die Zukunftsaussichten mit einigen Befürchtungen. Er erinnerte seine australischen Leser an den Grundsatz, daß Nationen sich nicht zu viel auf ihre ererbten Tugenden einbilden sollten. Er dachte, man könne vom australischen Regierungssystem dasselbe behaupten, was Macaulay »nicht ganz zutreffend von der Regierung der Vereinigten Staaten« gesagt habe, »es sei ›nur Segel ohne Ballast‹« (55). Aber Bryce unterschätzte ebenso wie spätere Kommentatoren den Ballast, den der Konservativismus des Volkes hinter den zuweilen keck zur Schau getragenen radikalen Ansichten darstellte.

FÜNFTES KAPITEL

» Die Anliegen mögen alltäglich erscheinen «
Die Kolonialkonferenzen 1887—1911

»UNGEHEURE GRÖSSE« — dieser Art waren die Ausdrücke, in denen Sir John Seeley in der vielgelesenen und einflußreichen Buchform seiner Vorlesungen *Die Ausbreitung Englands* vom Frühjahr 1881 in Cambridge über England schrieb (1). In einem häufig zitierten, wenn auch etwas fragwürdigen Satz überlegte er: »Wir scheinen sozusagen die halbe Welt in einem Anfall von Geistesabwesenheit erobert und besiedelt zu haben.« (2) Die Besiedlung, nicht die Eroberung, schien ihm von erstrangiger Bedeutung zu sein. Der »Exodus der Engländer« sei »das größte Ereignis der englischen Geschichte des 18. und 19. Jahrhunderts« gewesen (3). Er habe ein aus Mutterland und Siedlungskolonien bestehendes Größeres Britannien geschaffen, dessen Wachstum »ein Ereignis von überwältigender Größe« sei (4). Aber mit dem Größeren Britannien seien auch Kolonien verbunden, die nicht besiedelt, sondern, wie vor allen anderen Indien, erobert worden seien, die mit Großbritannien nicht durch Blutsbande, die stärksten Bindungen, verbunden seien und in dieser und in vielen anderen Hinsichten auf einer ganz anderen Grundlage stünden. Selbst die größte dieser Kolonien stelle keineswegs unbedingt eine Quelle der Kraft dar. Seeley bemerkte: »Die Frage ist berechtigt, ob der Besitz Indiens unsere Macht und unsere Sicherheit steigert oder jemals steigern wird, während kein Zweifel darüber

besteht, daß er unsere Gefahren und Verantwortlichkeiten
gewaltig vergrößert.« (5)

Obwohl Seeley die Größe des Britischen Weltreichs bestaunte,
war er doch auch besorgt. Er befürchtete weniger einen schwin-
denden Herrschaftsbereich — im Gegenteil, er ahnte zu Recht,
daß jener noch weiter ausgedehnt werden würde —, sondern
verderbliche Einflüsse. Er warnte: »Ausdehnung ist nicht notwendigerweise Größe. Wenn wir die erste Stelle sittlich und
geistig behaupten können, indem wir größenmäßig in der
zweiten verbleiben, so laßt uns die bloße materielle Größe
dafür opfern.« (6) Seeley erkannte, daß andere zuversicht-
licher die Ausdehnung wünschten, und er hegte den Verdacht,
daß sie weniger vernünftig waren. Auch nahm er Anstoß daran, »unser Reich in orientalisch bombastischer Sprache beschrieben« zu sehen (7). Der »bombastischen« Schule der »in
Bewunderung und Ekstase über die ungeheueren Ausmaße
des Reichs versunkenen« (8) Imperialisten, die die Erhaltung
des Reichs als Ehrensache und aus Gesinnungsgründen befürworteten und die ausschließlich mit Gedanken an die weitere
Ausdehnung ohne Rücksicht auf deren Sinn beschäftigt waren, begegnete Seeley mit Verachtung und Besorgnis. Er gab
ihnen zu bedenken, daß ein Reich, das die Herrschaft über
nicht einzuverleibende Rassen auf sich nehme, seine Gesundheit vielleicht tödlich schwäche. Seien nicht in der Vergangenheit Reiche zu »einer rein mechanischen Vereinigung fremder
Nationalitäten« (9) entartet? Sobald ein Staat die Volkstums-
grenzen überschreite, werde seine Machtgrundlage in der Tat
brüchig und künstlich. Das, meinte Seeley, sei die Lage der
meisten Reiche und »zum Beispiel die Lage unseres eigenen
Reichs in Indien«. Dementsprechend bedrückte ihn Indien:
»Indien ist in Wirklichkeit ein Reich, und zwar ein orienta-
lisches Reich.« Ein Rückzug wäre »das am wenigsten ent-

schuldbare aller denkbaren Verbrechen«, aber nichtsdestoweniger bringe die Beibehaltung große Gefahren und schwerwiegende Verantwortlichkeiten mit sich. Könnte der Besitz Indiens sich nicht auch als verderblich erweisen, »uns herunterziehen oder uns zu Hause mit orientalischen Vorstellungen oder Regierungspraktiken anstecken?« (10) Nachdem er das Für und Wider erwogen hatte, glaubte Seeley das nicht. Indien sei nicht mit Großbritannien wie das römische Reich mit Rom verbunden, und daher könnten die Grundlagen der englischen Freiheit unangetastet bleiben. Obwohl insbesondere die Verbindung mit Indien ernüchternde und ernste Überlegungen verursachte, hegte Seeley in dieser oder in anderer Hinsicht wenig Zweifel an der Bestimmung des Britischen Weltreichs. Richtig betrachtet und verstanden, hätte die Geschichte, so meinte er, entsprechend der Bevölkerungszahl und Landfläche Großbritannien im Kreis der Staaten neben Rußland und den Vereinigten Staaten jedenfalls einen höheren Platz zugewiesen als beispielsweise den Staaten des europäischen Kontinents (11). Die wichtige praktische Frage war, wie dieser Platz erreicht und behalten werden konnte. Diese Frage begann viele Zeitgenossen Seeleys ernsthaft zu beschäftigen.

Weder die Rohstoffe Großbritanniens noch seine Arbeitskraft waren so konzentriert wie die seiner kontinentalen Rivalen der Zukunft. Konnte dies allein nicht schon die Aussicht auf gleiche Größe ausschließen? Seeley glaubte es nicht, und warum? Für ihn lag die Antwort hierauf weder in der Ausdehnung des Reichs noch in der Stärke der wiedererstehenden imperialistischen Gesinnung selbst. Disraeli, jener Künder eines neuen Imperialismus, habe in seiner Rede im Kristallpalast vor neun Jahren liberale »Staatsmänner von höchster Gesinnung, Autoren mit ausgezeichneten Fähigkeiten«, die »uns allen bewiesen hätten, daß wir durch unsere Kolonien

Geld verloren« hätten, verächtlich gemacht. Er habe »mit
genauer, fast mathematischer Beweisführung gezeigt, daß es
niemals ein Juwel in der Krone Englands gegeben habe, das
so wahrhaft kostbar gewesen sei wie der Besitz Indiens«. Aber
nachdem er dies getan habe, sei er dazu übergegangen, Machtstreben, Prestige und Nationalstolz in seine Überlegungen
einzubeziehen (12). Mit dieser jüngsten imperialistischen Gesinnung Disraelis stimmte Seeley nur zum Teil überein, denn
er gehörte, wie wir gesehen haben, nicht zu der wachsenden
Zahl derer, die sich an jenen romantischen Vorstellungen der
Größe berauschten, die die Annahme des Titels Kaiserin von
Indien — »theatralischer Schwulst und Torheit« nannte es
Gladstone (13) — überaus eindrucksvoll versinnbildlichte.
Seeley beharrte unverrückbar: »Wenn wir nach dem Größeren Britannien der Zukunft fragen, sollten wir viel mehr an
unser Kolonialreich als an unser Indisches Reich denken«, weil
es nicht nur ein Teil, sondern eine Bedingung der zukünftigen
Größe sei. Seeley sagte voraus: »In nicht viel mehr als einem
halben Jahrhundert werden die Engländer jenseits der Meere
— vorausgesetzt, das Reich hält zusammen — den Engländern zu Hause an Zahl gleich sein, und die Gesamtsumme
wird dann weit über hundert Millionen betragen.« (14) Aber
im wesentlichen beruhte seine Beweisführung nicht auf unge-
wissen Vorhersagen von Zahlen, sondern auf dem tatsächlichen Vorhandensein britischer Siedlerstaaten in Nordamerika, im Pazifik, im südlichen Afrika und — wie Seeley kennzeichnend für seine Zeit hinzufügte — in Westindien. Seiner
Ansicht nach war es nötig, auf der durch sie gegebenen Grundlage aufzubauen und in Zukunft an die Stelle des Reichs die
Vereinigten Staaten von Großbritannien zu setzen, die nach
Macht, Stellung und Ausdehnung den Vereinigten Staaten
von Amerika und Rußland gleichberechtigt sein würden. Die

in Betracht gezogenen Mittel waren föderativ, und das Ziel war eine Reichsföderation.

Sir John Seeley dachte an die Zukunft im Licht der Vergangenheit. Andere, mehr mit der Gegenwart beschäftigte Politiker neigten einer ähnlichen Schlußfolgerung zu, jedoch nicht immer aus denselben Gründen. Sie vermerkten, daß das Gleichgewicht der Kräfte in Europa durch die deutschen Siege von 1870/71 entscheidend verändert worden und daß das Deutsche Reich daraus als die furchterregendste Militärmacht der Welt hervorgegangen sei. Sie fühlten das Bedürfnis, die Wirtschaftsquellen und Verpflichtungen Großbritanniens in der neuen Situation genauer zu untersuchen.

Die vielen Kriege, in die Großbritannien seit 1815 verstrickt gewesen war, galten mit Ausnahme des Krimkriegs als »kleine Kriege«, meistens als »kleine Reichskriege«. Die Führung dieser Kriege war kostspielig und ihre Vorteile für gewöhnlich strittig, und das zu einer Zeit, als es für die liberalen Regierungen — und nicht nur für diese — ein ständiges Hauptanliegen war, die Verteidigungsausgaben zu begrenzen und nach Möglichkeit zu senken. Dieses Anliegen war verständlich. In den Jahren 1846/47 machten die Gesamtkosten für Heer und Flotte rund 73 Prozent der Staatsausgaben abzüglich der Schuldentilgungen aus, und ein Drittel der Gesamtkosten für das Heer wurde für die Garnisonen in den Kolonien ausgegeben. Teils wegen des herkömmlichen Mißtrauens gegen ein stehendes Heer in der Heimat und teils wegen der damaligen Auffassung von Kolonialverteidigung, als sei »die Verteidigung eines jeden gesonderten Reichsteils ein gänzlich selbständiges Problem« (15), waren viele dieser Garnisonen eher größer, als es nötig gewesen wäre. Mit der Selbstverwaltung der Kolonien wurde eine neue Vorstellung eingeführt, die in der Redewendung »Selbstverwaltung bedeutet Selbstvertei-

digung« einen treffenden Ausdruck fand. Sie war ein Lieb-
lingsthema Gladstones, der behauptete, Selbstverwaltung sei
eine Bedingung des Selbstvertrauens und dies wiederum sei
eine Bedingung der Selbstverteidigung, die beide nicht gedei-
hen könnten, solange man die Kolonisten lehrte: »Komme
was mag, sie werden von einer Macht verteidigt, die Tausende
von Meilen weit entfernt liegt.« (16) Nachdem das Unterhaus
1862 den Bericht des unter dem Namen seines Vorsitzenden
Arthur Mills bekannten Parlamentsausschusses beraten hatte,
verkündete es die Grundsätze, die die Verteilung der Ver-
teidigungslasten zwischen Großbritannien und seinen Kolonien bestimmen sollten, in folgender Resolution: »Diese
Kammer (während sie die Ansprüche aller Teile des Britischen
Weltreichs auf die Hilfe des Reichs zu ihrem Schutz gegen
Gefahren, die als Folgen der Reichspolitik entstehen, aner-
kennt) ist der Meinung, daß Kolonien, die die Rechte der
Selbstverwaltung ausüben, die Hauptverantwortung für die
Aufrechterhaltung ihrer eigenen inneren Ordnung und Sicherheit übernehmen und einen Beitrag zu ihrer eigenen äußeren
Verteidigung leisten sollten.« Diesen Grundsätzen entsprechend wurden die britischen Garnisonen aus Kanada, den
australischen Kolonien, Neuseeland sowie teilweise und — wie
es sich zeigte — nur zeitweilig aus dem südlichen Afrika zurückgezogen. Die Neufassung der Grundsätze war jedoch nicht
von einer gleichlaufenden Neubestimmung der zukünftig auf
Reich und Kolonien verteilten Verantwortung für Verteidigungsausgaben und -beiträge begleitet. Disraeli machte in
seiner Kristallpalastrede auf dieses Versäumnis aufmerksam.
Er meinte, die Selbstverwaltung hätte von Anfang an als Teil
einer großangelegten Politik der Konsolidierung des Reichs
gewährt werden sollen, und nicht ohne einen Reichszolltarif
sowie »einen militärischen Verteilerschlüssel, der die Mittel

und Verantwortlichkeiten genau hätte festlegen müssen, womit die Kolonien verteidigt werden sollten und wodurch dieses Land nötigenfalls Hilfe von den Kolonien selbst hätte anfordern können« (17). Statt dessen seien die erzielten Einsparungen und die Besänftigung der Antiimperialisten die wichtigste und für viele sogar die voll ausreichende Rechtfertigung für »den Rückzugsbefehl an die Legionen gewesen« (18).

Die Kritiker der Ausgaben des Reichs für die Verteidigung der Kolonien, denen — wie es scheint — die große Mehrheit ihrer Landsleute beipflichtete, gingen davon aus, daß man von den zur eigenen Verteidigung unfähigen Kolonien nur finanzielle oder militärische Verpflichtungen, nicht aber eigene Beiträge erwarten konnte. In einem wegen seiner Einsicht in die Gestaltung der Zukunft bemerkenswerten — wenn auch in seinen Voraussagen irrigen — Abschnitt schrieb Dilke 1868: »Es ist jedoch heutzutage unwahrscheinlich, daß unsere Kolonien auf längere Zeit bereit wären, uns in unseren rein europäischen Kriegen zu unterstützen. Weder würde sich Australien an der Sicherheitsgarantie für Luxemburg noch Kanada an den Angelegenheiten Serbiens besonders interessiert zeigen. Die Tatsache, daß wir in Großbritannien unseren Anteil — oder vielmehr fast die gesamten Lasten — für die Maorikriege übernahmen, wäre für einen Australier kein Argument, sondern nur ein zusätzlicher Beweis unserer außergewöhnlichen Torheit. Wir sind zu der Gewohnheit erzogen worden, die Rechnungen anderer Leute mit Gelassenheit zu begleichen — der australische Siedler dagegen nicht.« (19) Aber 1878 gab Disraeli, indem er indische Truppen zur Verstärkung der Garnison auf Malta zu einem Zeitpunkt ins Mittelmeer verlegte, als sich die anglo-russischen Spannungen um San Stefano dem Zerreißpunkt näherten, dramatischen Anlaß zur Erwägung der Möglichkeit, wenn nicht Kontingente der Kolonien, so doch mindestens solche des Reichs zur Verstärkung britischer Truppen auf einem europäischen Kriegsschauplatz einzusetzen. Damit regte er nebenbei eine Parodie auf den Kehrreim des Liedes an, das Sir Henry Lucy als den »beliebten Knittelvers des Varietétheaters« jener Tage beschrieb:

>»Wir wollen nicht kämpfen;
>Aber bei Gott, wenn wir's tun,
>Bleiben wir daheim, singen ein Lied
>Und schicken den sanften Hindu.« (20)

Der drohende Krieg mit Rußland bewirkte, daß Anfang 1878 mit Unterstützung des Kolonialministers, Lord Carnarvon, ein Kabinettsausschuß für Verteidigung ernannt wurde. Als Folge der Berichte und Empfehlungen des Ausschusses wurde 1879 unter dem Vorsitz Lord Carnarvons, dessen Interesse an Verteidigungsfragen trotz seines Ausscheidens aus der Regierung wegen deren Rußlandpolitik unvermindert blieb, eine königliche Kommission eingesetzt, um »die Verteidigung britischer überseeischer Besitzungen und Handelsinteressen« zu untersuchen. Die Ernennung von Vertretern der Kolonien wurde erwogen, aber nicht in die Tat umgesetzt. Einige berühmte Persönlichkeiten aus den Kolonien legten jedoch vor dieser Kommission Zeugnis ab: unter ihnen Sir Henry Parkes aus Neusüdwales und Sir John A. Macdonald aus Kanada, der glaubte, daß kein gemeinsames Verteidigungssystem errichtet werden könnte und daß es besser sei, sich auf königstreue und patriotische Beiträge in Krisenzeiten zu verlassen als auf Bewilligungen von Mannschaften und Geld in Friedenszeiten. Die Regierungsübernahme durch Gladstone 1880, nach der leidenschaftlichen Verurteilung des extremen, Jingoismus genannten Imperialismus und der finanziellen Verschwendungssucht von Disraelis Regierung bei der Verfolgung »falscher Gaukelbilder des Ruhms« (21) in den Wahlfeldzügen

von Midlothian, ließ den Fortbestand der Kommission zweifelhaft erscheinen. Doch die neue Regierung sah ihre Notwendigkeit ein, wenn auch widerwillig, und sie konnte ihre Arbeit
abschließen. Das Ergebnis war der erste systematische Überblick über die britische Reichsverteidigung im 19. Jahrhundert, der nicht nach den alten Finanz-, sondern nach den neuen
Gesichtspunkten der Macht erstellt wurde. Empfehlungen für
die zukünftige Organisation wurden in drei unvollständig
veröffentlichten Berichten dargelegt. Der Nachdruck lag auf
den Verbindungslinien des Reichs, auf den Bedingungen für
deren Sicherung und auf den Beiträgen, die die Kolonien
hauptsächlich für die Hafenanlagen und Kohlenstationen dazu leisten konnten. Die Kommission gab zu, daß die Kosten
der Flotte vorerst zu Lasten des Reichshaushalts gehen müßten; aber sie bemerkte, die Fähigkeit der Kolonien, sich an der
Reichsverteidigung zu beteiligen, nehme ständig zu und die
Verteilung der Lasten zwischen dem Mutterland und den Kolonien müsse demzufolge mit der Zeit berichtigt werden. Von
größerer Bedeutung war, daß die neuen Ausrichtungen der
Weltpolitik das britische Verteidigungsinteresse von Problemen der örtlichen Sicherheit bestimmter Kolonien oder Vorposten zu jenen der gesamten Reichsverteidigung und -strategie
verschoben hatte, wobei jede einzelne Kolonie oder jedes
Schutzgebiet eine Rolle zu spielen und einen Beitrag zu leisten
hatte (22).
Veränderungen in der Form und in den Praktiken des Welthandels waren nicht weniger bedeutsam als die Verschiebungen im weltpolitischen Gleichgewicht. Solange Englands industrielle Vorherrschaft bestehen blieb, war alles, was es wollte,
Zugang zu den Weltmärkten. Freihandel und Frieden waren
Englands eigennützige, aber dennoch aufgeklärte Ziele. Die
Manchester-Schule hatte geglaubt, mit der Zeit würden andere

Staaten den gleichen liberalen und fortschrittlichen Weg be-
schreiten. Aber nach 1870 wechselten die meisten europäischen
Staaten, weit davon entfernt, auf dem Weg zum Ziel des
Freihandels fortzuschreiten, unter Deutschlands Führung den
Kurs und begannen hinter Schutzzollmauern auf den Weltmärkten mit Großbritannien zu konkurrieren. Deutschland
ging 1879 vollständig zur Schutzzollpolitik über, Rußland
erhöhte 1881 und 1882 seine Zolltarife, Frankreich und Öster-
reich-Ungarn 1882 und Italien 1888. Als Frankreich und
Deutschland in Afrika und Asien begannen, sich auf koloni-
alem Gebiet zu betätigen, umgaben sie ihre neuen Besitzungen
mit Schutzzollmauern. Offensichtlich glaubten sie, es bestände
zwischen Herrschaft und Wirtschaft, Kolonien und Handel
eine Verbindung. Legte dies nicht nahe, daß in Großbritannien
eine Überprüfung der herkömmlichen wirtschaftlichen Vorstellungen fällig, wenn nicht schon überfällig war? Die Depression der achtziger Jahre und der Augenschein des abnehmen-
den Anteils Großbritanniens am Welthandel bestärkten die
Forderung nach erneuter kritischer Abschätzung nicht zuletzt
der Rolle des überseeischen Reichs im britischen Handelssystem. Eine typisch englische Reaktion war die Gründung der
Liga für Lauteren Handel (*Fair Trade League*) im Jahr 1881,
die Reichsvorzugszölle und — wichtiger noch — Vergeltungs-
zölle gegen fremde Staaten befürwortete, die gern des »unlauteren« Handels bezichtigt wurden in der Absicht, die Nah-
rungsmittelimporte aus Staaten mit Schutzzöllen abzubauen
und die Zufuhren aus den Kolonien auf langfristiger Grundlage zu vermehren. Doch dieser Versuch mißlang, vielleicht
weil die Vorschläge ihrer Zeit vorauseilten und fast undurchführbar waren (23).
Militärische und handelspolitische Gesichtspunkte wurden von
weniger greifbaren Überlegungen über die Beziehung zwi-

schen Weltreich und nationaler Macht und nationalem Prestige
überlagert. War das Weltreich die Grundlage der britischen
Größe? Gladstone glaubte nicht daran, obwohl er anerkannte,
wie großräumig das Reich war. Er erklärte in seiner Eröff-
nungsrede des Wahlkampfs in der Grafschaft Midlothian am
25. November 1879: »Es gibt in der Menschheitsgeschichte
kein ähnliches Staatsgebilde wie das Britische Weltreich. Eine
kleine Insel am einen Ende der Weltkugel bevölkert die ganze
Erde mit ihren Kolonien. Damit nicht zufrieden, dringt sie
unter die altertümlichen Rassen Asiens ein und unterwirft 240
Millionen Menschen ihrer Herrschaft. Gleichzeitig verbreitet
sie über die Welt einen Handel, wie ihn keine Vorstellungskraft in früheren Zeiten je vorausgesehen, kein Dichter je geschildert hat. Und all das aufgrund der Kraft, die innerhalb
der schmalen Grenzen dieser Küsten liegt. Es ist keineswegs
eine Kraft, die ich geringschätze; im Gegenteil, ich möchte,
wenn ich kann, die eitlen Träume derjenigen zerstreuen, die
euch immer sagen, die Stärke Englands hinge — manchmal
sagen sie, von seinem Prestige, ein andermal — von der Ausweitung seines Reichs oder von seinen Besitzungen jenseits
der Meere ab. Verlaßt euch darauf, die Stärke Großbritanniens und Irlands liegt innerhalb des Vereinigten Königreichs.« (24) Aber in England wurde diese Ansicht mehr und
mehr angezweifelt, während auf dem Kontinent viele — vor
allem, aber nicht ausschließlich deutsche — Autoren, wie
A. J. P. Taylor schreibt, nicht imstande waren, »die Wahrheit über das Britische Weltreich zu erfassen: daß es nämlich
als Ergebnis des britischen kaufmännischen Unternehmertums
und der industriellen Erfolge entstanden war. Sie behaupteten das Gegenteil, daß nämlich der Wohlstand und der Reichtum Großbritanniens eine Folge der Existenz seines Weltreichs waren.« (25) Wenn auch ihre Beweisführung zweifel-

haft blieb, machte sie anscheinend doch Eindruck und wurde
von einer volkstümlichen und gefühlsmäßigen Begleitmusik
unterstützt. Selbst Bismarck, der in seinem späteren Leben
dem Reichstag versicherte, er sei nie ein »Kolonialmensch« gewesen, fand es vorteilhaft, mit dem kolonialistischen Wind zu
segeln. Sollte nun Großbritannien, der Besitzer des größten
europäischen Weltreichs, allein zurückstehen, seine Möglichkeiten ungenutzt lassen und untätig zusehen, wie seine Kolonien und Besitzungen desorganisiert und wenig beachtet in die
Unabhängigkeit abtrieben, wie es Augenblicksgefühle nahe-
legten oder Umstände entschieden, in der selbstzufriedenen
Annahme, daß seine Größe nicht im Weltreich, sondern in der
eigenen kleinen Insel begründet war? Im Gegensatz zur Jahr-
hundertmitte antwortete man nach 1875 darauf mit einem zunehmend emphatischen und oft schneidenden Nein. Die sogenannte »obstkundliche Theorie« (26) der Kolonien wurde beiseite gelegt, und die anheimelnden Analogien aus dem Obst-
garten wurden von rauheren Parallelen zu den Darwinschen
Vorstellungen vom Überleben des Stärkeren verdrängt. Nicht
mehr die Reife, sondern die Größe war entscheidend!
Die 1884 gegründete Liga für Reichsföderation (*Imperial Federation League*) spiegelte diese neue Denkweise. Sie zählte
hervorragende Persönlichkeiten zu ihren Mitgliedern, unter
anderen Joseph Chamberlain und W. E. Forster. Die Liga
war historisch wichtig: weniger weil die gesteckten Ziele nicht
erreicht wurden, sondern weil man allmählich einsah, daß sie
unerreichbar waren, und weil auf diese Weise das grundlegende Mißverständnis über die Bestrebungen und Interessen
der Kolonien mit Selbstverwaltung — wie sie die Kolonisten
selbst hegten oder auslegten — klargelegt wurde. Damit
brachte sie britische Staatsmänner dazu, ihre Vorstellungen
— wenn auch manchmal widerwillig — auf begrenztere, aber

erreichbare Ziele einzustellen. Das Mißverständnis, das auch Seeley teilte, entsprang dem Glauben, die britischen Menschen in der Heimat und in den überseeischen Kolonien würden und sollten nicht mehrere Staaten bilden, sondern nur einen Staat oder sogar eine Nation. In seiner Ansprache vor der Philosophischen Gesellschaft von Edinburgh am 5. November 1875 schlug W. E. Forster als Bedingungen eines zukünftigen Reichsbundesstaates vor, alle Teile des Reichs mit Selbstverwaltung sollten übereinkommen, einem Monarchen die Treue zu wahren, eine gemeinsame Staatsangehörigkeit beizubehalten und »nicht nur ein gegenseitiges Bündnis in allen Beziehungen zu fremden Mächten aufrechtzuerhalten, sondern auch die durch ein solches Bündnis auferlegten Verpflichtungen untereinander aufzuteilen«. Forster war sich im klaren darüber, daß der umfassende Charakter seiner letzten Bedingung wahrscheinlich Einwände der Kolonien herausfordern würde; aber er vertrat die Ansicht, daß der Kern einer fortdauernden Bindung an das Reich »ein gemeinsamer Patriotismus« sei — »das alle Gemeinschaften durchdringende Gefühl, daß sie trotz der Meereswogen, die zwischen ihnen rollten, dennoch eine Nation und alle ihre Bewohner Landsleute« seien (27). Doch darin lag, kurz gesagt, das grundlegende Mißverständnis der Föderalisten. Obwohl die Engländer in Übersee nicht ganz einer Meinung waren, waren sie doch meistenteils nicht damit beschäftigt, eine gemeinsame Staatsangehörigkeit oder einen einzigen Staat aufzubauen, sondern damit, ihre Gebiete zu ausgeprägten und getrennten politischen Gemeinwesen zu entwickeln — nicht auf der Grundlage eines einzigen Staates, sondern auf der mehrerer Staaten oder Nationen. Soweit eine bewußte Absicht dahinterlag, stand diese im Gegensatz zu der der Föderalisten. Dies war eine Tatsache, die die von der steigenden Flut imperialistischer

Gefühle mitgerissenen Föderalisten erst spät wahrnahmen und nur widerwillig anerkannten. Ihre Propaganda diente zwar einem konstruktiven Zweck, der aber nicht beabsichtigt war. Nicht zum ersten und nicht zum letzten Mal lenkten die Verfechter einer undurchführbaren Sache die Aufmerksamkeit auf das tatsächlich Erreichbare. Dies war an sich keine geringe Leistung, doch ist es wichtig, sie als das anzuerkennen, was sie in Wirklichkeit war. Der Gedanke der Föderation, nachdem er einmal wirksam verkündet und vertreten war, wurde zum Katalysator und regte im Lauf der Jahre die Kräfte an, die bestimmt waren, eine Alternative zu bieten.

Der Hauptzweck der Liga für die Reichsföderation war, die wirksame Neuordnung des Reichs unter der fortdauernden Herrschaft Londons sicherzustellen. Wenn die frühen Föderalisten Indien vergaßen oder übersahen, dann darum, weil — wie ein indischer Autor bemerkte — »es (Indien) ruhig und die britische Herrschaft dort sicher war« (28). Auf die mit ministerverantwortlicher Selbstverwaltung ausgestatteten und zu einem Zustand der Selbständigkeit, der leicht zur völligen Unabhängigkeit führen konnte, fortschreitenden Siedlungskolonien war das Schlagwort »Föderation oder Desintegration« gemünzt, und sie zogen dementsprechend die Aufmerksamkeit der Verfechter der Föderation auf sich. Von demselben indischen Autor war behauptet worden, daß ihre Auffassung eines föderativen Reichs, das sich in Wirklichkeit nur auf die von Europäern besiedelten Kolonien beschränken sollte, aus diesem Grunde »ausgesprochen rassistisch« sei. Soweit es — wie James Anthony Froudes bemerkte — der Zweck der Föderation war, »die zerstreuten Bruchstücke der gleichen Nation wiederzuvereinigen«, traf es zu. Aber verlieh nicht die unmittelbare Absicht der Verfechter einer Föderation, nämlich diese »zerstreuten Bruchstücke« in einem Reich zusammenzuschließen, dem sie in keiner Weise sicher verbunden zu sein schienen, ihrer Propaganda eher den rassistischen Ton als das Vorhandensein eines Gefühls der rassischen Ausschließlichkeit? Es ist nicht leicht, eine Entscheidung zu treffen. Zweifellos war die Mehrheit der Verfechter der Föderation von einem Beispiel tief beeinflußt, das sicherlich kulturkämpferische und rassistische Züge aufwies, nämlich von dem Beispiel der Wiedervereinigung der Mehrheit des deutschen Volkes in einem Staat.

Die Verfechter eines bundesstaatlichen Reichs neigten dazu, weiträumiger zu denken als diejenigen, die tatsächlich für die Leitung der Reichsangelegenheiten verantwortlich waren. Aus Anlaß der Fünfzigjahrfeier der Thronbesteigung Königin Viktorias fand 1887 in London eine Kolonialkonferenz statt, auf der sich der Premierminister, Lord Salisbury, große Mühe gab klarzustellen, daß ein bundesstaatliches Reich mit dessen »ehrgeizigen Zielen« eher eine Sache »für die Zukunft als für die Gegenwart« sei. Das Britische Weltreich, das »keinem anderen in seiner Größe nachsteht, vielleicht alle anderen in dieser Hinsicht übertrifft«, hatte eine Besonderheit an sich, die es von allen anderen Reichen unterschied — »einen Mangel an räumlicher Geschlossenheit. Es ist durch weite Meere in verschiedene Zonen geteilt. Wir sind heute hier versammelt, um festzustellen, wieweit wir uns in die Umstände, die diese Trennung verursacht, fügen müssen und wieweit wir sie durch Übereinkunft und Organisation überwinden können.« Der geographische Faktor bedeutete, daß das Britische Weltreich dem Beispiel des Deutschen Reichs nicht folgen konnte, indem es alle seine Reichsangelegenheiten von einem einzigen Zentrum aus lenkte, und Lord Salisbury zweifelte daran, ob das jemals möglich sein würde. Er hoffte jedoch, daß es »der Welt das Schauspiel eines weltweiten Reichs bieten« könnte, »welches nicht auf Gewalt und Unterwerfung gegründet« sei, »sondern auf herzlicher Sympathie und auf einer fest entschlossenen Zusammenarbeit zur Erreichung jener hohen Ziele menschlicher Bestrebungen, die einem Reich wie diesem« offenstünden. Aber eine solche Zusammenarbeit hinge von der gegenseitigen Übereinstimmung ab und könnte sich nur auf fortdauernde Selbstverantwortung und Selbstbestimmung in den inneren Angelegenheiten stützen. So viel lag schon in den Beziehungen zwischen Reich und Kolonien beschlossen, und es bestimmte das Wesen der Konferenzbeschlüsse. Lord Salisbury bemerkte: »Die Beschlüsse dieser Konferenz mögen im Augenblick nicht von entscheidender Bedeutung sein, die Angelegenheiten mögen alltäglich erscheinen und sich nicht sogleich in großartigen Ergebnissen niederschlagen. Aber wir sind uns alle darüber einig, daß dieses Zusammentreffen eine Entwicklung einleitet, die in der Zukunft große Ergebnisse zeitigen wird.« (29)

Es sind etwa 80 Jahre vergangen, seitdem Lord Salisbury in diesem bescheidenen Ton von den Verhandlungen der ersten Kolonialkonferenz sprach. In zwei, oberflächlich gesehen beziehungslosen, aber in der Tat eng verbundenen Punkten hat er von unserem heutigen Standpunkt aus betrachtet erstaunliche Voraussicht gezeigt. Die Kolonialkonferenz von 1887 bezeichnete nicht trotz, sondern größtenteils wegen der alltäglichen Natur der behandelten Anliegen den Beginn einer Entwicklung, die große Ergebnisse zeitigen sollte. Eine stattliche Reihe hochgeachteter Imperialisten äußerte Enttäuschung über den schleppenden Gang der Verhandlungen, die begrenzten Ziele, die mageren Ergebnisse zuerst der Kolonial-, dann der Reichskonferenzen und schließlich der jüngsten Treffen der Premierminister des Commonwealth. Hätten jedoch jene Reichs- oder Commonwealth-Versammlungen ihre Aufmerksamkeit auf großartige Pläne und weiträumige Zielsetzungen

Zeitgenössische Darstellung aus dem Burenkrieg (1890–1902).

gerichtet — wie es die Imperialisten wünschten —, dann kann man mit einiger Sicherheit sagen, daß es niemals ein späteres Commonwealth der Nationen gegeben hätte.

Der Premierminister hatte Grund anzunehmen, daß die Verhandlungen der ersten Kolonialkonferenz alltäglich sein würden. Es gab Debatten über Vorkehrungen für die Seeverteidigung der australischen Kolonien, Besprechungen über postalische und telegraphische Verbindungen im allgemeinen und eine Entschließung zugunsten eines transpazifischen Kabels im besonderen. Andere Verhandlungsfragen bezogen sich auf die pazifischen Inseln und die Verabschiedung von Gesetzen in den Kolonien hinsichtlich Handelswaren, Warenzeichen und Patenten, die den im Vereinigten Königreich vorgesehenen Gesetzen entsprachen. Es lag ein Bericht über die *Canadian Pacific Railway* aus Kanada vor, der die Bedeutung dieser Eisenbahn als neue Verbindungslinie des Reichs sowohl im Hinblick auf die Seefahrt als auch in militärischer und politischer Hinsicht hervorhob. Alle diese Dinge waren für die mit praktischen Angelegenheiten beschäftigten Männer von Bedeutung; aber sie erregten weder die Gefühle der Menge sonderlich noch befriedigten sie die Bestrebungen der neuen Imperialisten.

Immerhin hatte eine Konferenz stattgefunden, selbst wenn sie eine mehr zufällige Versammlung von Staatsmännern aus den Kolonien gewesen war, die sich anläßlich der Jubiläumsfeier in London aufhielten und zu der die Premierminister der Kolonien nicht ausdrücklich eingeladen worden waren, obschon drei tatsächlich teilnahmen. Es blieb auch nicht unbemerkt, daß Lord Salisbury, obwohl er die Möglichkeit einer Reichsföderation bezweifelte, von den Lehren sprach, die aus dem Geschehen in Deutschland gezogen werden könnten. Zunächst erinnerte er die Konferenzteilnehmer daran, daß es vor

der Gründung des Deutschen Reichs einen Zollverein und
einen Kriegsverein gegeben habe. Soweit es das Britische
Weltreich beträfe, müsse der Zollverein, obwohl er nicht einfach wegen der geographischen Ausdehnung des Reichs als
undurchführbar abgetan werden dürfe, vorläufig »dem fernen
und schattenhaften Teil unserer Aufgabe« zugesellt werden.
Der Kriegsverein oder Bund zum Zweck der gegenseitigen
Verteidigung, den Lord Salisbury als »greifbaren und wichtigsten Geschäftsordnungspunkt« bezeichnete, sollte dagegen
sofort eine ausführliche Behandlung erfahren. Die Angelegenheit sei auch von allgemeinem Interesse. Nicht nur Großbritannien, sondern auch die Kolonien könnten durch die Änderung des Weltmachtgleichgewichts und die ungeheuere Zunahme der Verkehrs- und Nachrichtenmittel bedroht werden.
In einer kaum verschleierten Warnung bemerkte Lord Salisbury: »Die englischen Kolonien umfassen einige der schönsten
und begehrenswertesten Teile der Erdoberfläche. Der Wunsch
nach Kolonialbesitz in Übersee nimmt unter den Nationen
Europas zu.« Daher sollte nicht allein ein Gefühl der Verpflichtung gegenüber dem Mutterland, sondern auch ein wohl-
überlegtes Eigeninteresse die Regierungen und Völker der Kolonien dazu antreiben, Großbritannien bei der Durchführung
der Verpflichtungen der Reichsverteidigung zu unterstützen.
Obwohl die Kolonien ihrerseits nicht unempfänglich für diese
Warnung waren, stimmten sie doch auch nicht unkritisch zu.
J. H. Hofmeyr aus der Kapkolonie schlug eine zweiprozentige
Mehrwertsteuer auf alle Einfuhren vor, deren Ertrag für die
Seeverteidigung des Reichs ausgegeben werden sollte. Dies
wurde sowohl als unannehmbar als auch als undurchführbar
erachtet, obwohl es den britischen Vorstellungen über den Beitrag der Kolonien zum Unterhalt der Königlichen Marine
nahekam. Die Bestimmungen des 1887 nach zweijährigen Ver-

handlungen auf der Kolonialkonferenz geschlossenen Übereinkommens über die Seeverteidigung Australiens und Neuseelands schlugen einen sachlicheren Ton an. Die australischen Kolonien und Neuseeland sollten einen jährlichen Beitrag von 126 000 Pfund zum Unterhalt eines Hilfsgeschwaders zur Verstärkung der Schiffe der Königlichen Marine in den australischen Gewässern bezahlen, deren Zahl — so wurde ausdrücklich festgelegt — nicht verringert werden sollte. Das Reichsmarineamt räumte unter australischem Druck nur widerwillig ein, die Schiffe ohne Zustimmung der Regierungen Australiens und Neuseelands nicht außerhalb der australischen und neuseeländischen Gewässer einzusetzen (30). Der Grundsatz des allerdings nicht unbegrenzten Beitrags war damit angenommen.

1894 trat auf Einladung der kanadischen Regierung in Ottawa eine weitere Konferenz zusammen. In Kanada wurde sie als eine Kolonialkonferenz im engeren Sinn des Wortes betrachtet, in Großbritannien dagegen nicht. Die Verhandlungen (die nicht die Verteidigung betrafen) waren ebenfalls alltäglich. Die Protokolle füllen etwa 400 Seiten (31), und es wurde ein neues Verfahren bei der Verabschiedung von Entschließungen entwickelt. Die zur Verhandlung stehenden Fragen umfaßten noch einmal das Projekt eines pazifischen Unterseekabels und Vorschläge für einen schnellen Linienverkehr von Hochseedampfern auf dem Pazifik, insbesondere zwischen Australien und Neuseeland; dazu kamen, weiter ausgreifend, Entschließungen zugunsten einer Reichsgesetzgebung, die es den Kolonien ermöglichen sollte, gegenseitige Handelsabkommen zu schließen, und die außerdem grundsätzlich die Zollbegünstigung zwischen Großbritannien und den Kolonien beim Handel innerhalb des Reichs befürwortete. Es wurde ferner beschlossen, daß die Kolonien anfangen sollten, untereinan-

der Übereinkommen über Zollbegünstigungen zu treffen, bis
Großbritannien nach Abschaffung des Freihandels daran teil-
nehmen konnte. Darin zeichnete sich schon eine der großen
Reichsdebatten der folgenden Jahre ab.

Die Kolonialkonferenz von 1897, die in London zur Zeit der
Sechzigjahrfeier von Königin Viktorias Thronbesteigung zusammentrat, bewegte sich auf der gleichen Linie. Sie wurde
von Joseph Chamberlain einberufen und von den Premierministern von Kanada, Neusüdwales, Viktoria, Neuseeland,
Queensland, der Kapkolonie, von Südaustralien, Neufundland, Tasmanien, Westaustralien und Natal besucht. Sie alle
galten als Ehrengäste bei den Feierlichkeiten, die in ihrer
geordneten Großartigkeit und in der vielfältigen Teilnahme
des Volkes den berauschenden Höhepunkt des Reichs bezeichneten (32). Auf dieser Konferenz äußerte Chamberlain die
Meinung, es bestände ein tatsächliches Bedürfnis nach besseren
Einrichtungen für die Konsultation zwischen den Kolonien
mit Selbstverwaltung und dem Mutterland. Er bemerkte:
». . . es ist mir manchmal der Gedanke gekommen — ich
betrachte es jetzt nur als einen persönlichen Vorschlag —,
daß es möglich sein müßte, einen großen Reichsrat zu schaffen,
zu dem die Kolonien repräsentative Bevollmächtigte entsenden würden, und nicht bloße Delegierte, die ohne Rücksprache
mit ihrer jeweiligen Regierung nicht in der Lage wären, in
deren Namen zu sprechen, sondern Personen, die durch ihre
Stellung in den Kolonien, durch ihren repräsentativen Charakter und durch ihren engen Kontakt mit der öffentlichen
Meinung der Kolonien imstande wären, zu allen ihnen vorgelegten Fragen wirklich wirksame und wertvolle Ratschläge
zu erteilen. Wenn ein solcher Rat geschaffen werden sollte,
würde ihm sofort eine ungeheure Bedeutung zukommen, und
es ist vollkommen klar, daß er sich zu etwas noch Größerem

entwickeln könnte. Er könnte sich langsam zu jenem Bundesrat entwickeln, den wir uns als letztes Ideal erhoffen müssen.« (33) Die wichtigsten Vertreter der Kolonien waren
indessen dem Vorschlag gegenüber kritisch oder zurückhaltend
eingestellt. Die Konferenz begnügte sich mit einer (gegen zwei
Gegenstimmen — eine von Richard Seddon — angenommenen) Entschließung, die besagte, daß die bestehenden politischen Beziehungen zwischen dem Vereinigten Königreich
und den Kolonien mit Selbstverwaltung »im allgemeinen zu-
friedenstellend« seien. Trotz dieser Entschließung herrschte das
Gefühl vor, daß irgendein Schritt unternommen werden sollte,
um den Kolonien eine Stimme bei der Regelung und Lenkung
der Reichsinteressen einzuräumen (34). Aber jeder derartige
Schritt hätte sich im Rahmen der herkömmlichen Selbstverwaltung der Kolonien bewegen müssen. Chamberlain hatte
natürlich recht, wenn er glaubte, daß ein Rat, dessen Mitglieder ohne Rücksprache mit ihren eigenen Regierungen ihre
Länder auf eine bestimmte Reichspolitik festlegen konnten,
eine ungeheure Bedeutung erlangen würde; er irrte sich jedoch, als er annahm, daß die Mehrzahl der Kolonien mit
Selbstverwaltung bereit sein würden, die Verantwortung der
einzelnen Regierungen gegenüber den einzelnen Parlamenten
auf diese Weise einzuschränken.

Der Kolonialminister bedrängte die Premierminister der Kolonien nachdrücklicher in der Verteidigungsfrage. Er erinnerte
sie an die Militärparade, die sie als Teil der Jubiläumsfeier-
lichkeiten gesehen hatten, und er sagte ihnen, sie würden
später in Spithead »eine erstaunliche Schau« der Flottenmacht
sehen, durch die allein ein Kolonialreich zusammengehalten
werden könnte. »Sie wissen, daß jene Schau — so großartig
und unvergleichlich sie auch sein wird — trotzdem nur einen
Teil der über die ganze Erde verteilten Seestreitkräfte des

Reichs darstellt.« Der Unterhalt dieser »riesigen Flotte« und der Landstreitkräfte des Vereinigten Königreichs verursache hohe Kosten. Aber sie würden nicht ausschließlich zugunsten des Vereinigten Königreichs oder zur Verteidigung der Interessen des Heimatlands unterhalten, sondern vielmehr als Vorbedingung des Reichs, zur Erhaltung und zum Schutz des Handels und der weltweiten Interessen des Reichs. Jeder Krieg, groß oder klein, in den das Vereinigte Königreich während der Herrschaft Königin Viktorias verstrickt gewesen ist, sei, so behauptete Chamberlain, »genaugenommen im kolonialen Interesse geführt worden, d. h. im Interesse entweder einer Kolonie oder eines großen unabhängigen Gebiets wie Indien. Das ist unbedingt wahr und wird wahrscheinlich bis zum Ende des Kapitels wahr bleiben.« Wenn Chamberlain in der Tat die Hauptursache für den größten dieser Kriege, den Krimkrieg, auf das Interesse Indiens zurückführte, dann verließ er sich dabei in hohem Maß auf seine Gabe der Übertreibung. Die Premierminister der Kolonien hörten zu, gingen aber nur in bescheidenem Maß darauf ein. Die Kapkolonie bot einen bedingungslosen Beitrag für die Königliche Flotte an; aber die australischen Kolonien gaben sich mit einer Erneuerung des früheren Beitrags zufrieden, der immer noch auf den Schutz australischer und neuseeländischer Interessen in ihren Gewässern beschränkt war. Was Kanada betraf, erklärte Sir Wilfrid Laurier, so würde die Frage eines Beitrags jetzt, da sie aktuell geworden sei, zweifellos erwogen werden; auf die australische Kritik an der kanadischen Untätigkeit eingehend, fuhr er fort, die kanadische Lage sei anders als die Australiens, da Kanada ein unerreichbares Land sei (35).

Es gab aber einen beachtenswerteren Beitrag unter Bedingungen, an denen Chamberlain nicht gerade Gefallen gefunden haben kann. Beim Ausbruch des Burenkriegs sah der Kolonialminister kaum einen Grund, an den aus dem Kriegsministerium kommenden Voraussagen eines frühzeitigen, siegreichen Abschlusses der Feindseligkeiten zu zweifeln. Der britische Oberbefehlshaber, Sir Redvers Buller, bedeutete dem jungen Winston Churchill auf dem Truppentransporter, der sie beide im Spätherbst 1899 nach Südafrika brachte, sie würden gerade noch rechtzeitig für ein abschließendes Gefecht vor Pretoria eintreffen (36). Aber der »Spaziergang nach Pretoria« fand nicht statt. Während sich der Krieg fortschleppte, kamen Abteilungen aus den australischen und neuseeländischen Kolonien und selbst aus Kanada, wo die Teilnahme an einem Reichskrieg, obwohl auf freiwilliger Grundlage, eine der Ursachen für viele Auseinandersetzungen zwischen englisch- und französischsprechenden Kanadiern blieb. Die Beiträge der Kolonien waren bedeutsam. An die Stelle der englischen Verteidigung kolonialer Interessen trat die koloniale Unterstützung Englands bei einem Krieg, an dem die Kolonien kein oder nur wenig Interesse hatten. Nachdem man im 19. Jahrhundert die Siedlungskolonien als Belastung für die Verteidigung betrachtet hatte, wurde hierdurch eine neue Phase eingeleitet, in der sie das Recht erlangten, als militärische Aktivposten betrachtet zu werden. Aber die britischen Gefühle über die koloniale Unterstützung in Südafrika waren unvermeidlich gemischter Natur. Es war herzerfreuend, daß sie geleistet wurde; es war demütigend, daß man sie benötigte. Rudyard Kipling, dessen Ansehen nach dem Krieg ein wenig verblaßt war, versuchte 1902 in *The Islanders* (»Die Inselbewohner«) die Lehre daraus zu ziehen: ein leidenschaftlicher Aufruf zur Einführung der allgemeinen Wehrpflicht, die allein, so glaubte er, Großbritannien das Maß an militärischer Eigenständigkeit geben konnte, das es benötigte und das sich in Südafrika als nicht vorhanden erwiesen hatte:

»Und ihr rühmtet die maßlose Macht, und ihr prieset den
eisernen Stolz,
Noch eh’ ihr die jüngeren Nationen umschmeichelt für Männer, die zu reiten und schießen verstanden!
Dann kehrtet zurück ihr zu billigem Tand und gabt eure Herzen zufrieden
Mit den flanellbehosten Narren am Dreistab und dreckbe-
schmierten Tölpeln im Tor.«

Die Kolonialkonferenz von 1902 war die dritte Zusammenkunft, bei der Vertreter der Kolonien anläßlich einer wichtigen
Feierlichkeit in London waren. Diesmal war es die Krönung
König Edwards VII. Die ernüchternden Erfahrungen des Burenkriegs überschatteten die Konferenz jedoch stark. Der über-
schäumende Imperialismus früherer Jahre war verschwunden.
Chamberlain sagte: »Ich meine, . . . es wäre ein verhängnis-
voller Fehler, die spontane Begeisterung, die so bereitwillig
im ganzen Reich vorhanden gewesen ist, zu einer Art Verpflichtung umgestalten zu wollen, die man zum jetzigen Zeitpunkt nur widerwillig übernehmen würde . . .« Dementsprechend wurde die neue Betonung der Schwere der britischen Verantwortung durch eine größere britische Wertschätzung der
Bindung an die Kolonien aufgewogen. Chamberlain sagte den
Konferenzteilnehmern: »Wir brauchen durchaus Ihre Unterstützung bei der Verwaltung des weitgespannten Reichs, das
sowohl das Ihre als auch das unsere ist. Der müde Titan
schwankt unter der weltweiten, schicksalhaften Last. Wir haben die Last lange Jahre getragen. Wir glauben, es ist an der
Zeit, daß uns unsere Kinder helfen, sie zu tragen . . .« (37)
Das waren nicht Töne einer großen Macht, die immer größer
wurde, sondern es klang eher wie die Verse Matthew Arnolds,
des bedeutendsten Kulturkritikers des Viktorianismus, von
dem müden Titanen:

»Ihrem Ziel entgegen trägt er
die kaum zu tragende Last
seines weltweiten Schicksalskreises,
dem Atlas gleich,
auf riesigen Schultern.« (38)

Eindringlicher als 1897 folgte darauf ein Ersuchen nach ge-
regelten Beiträgen der Kolonien zur Verteidigung. In dem
Maß, in dem sich die internationalen Gefahren vervielfältigt
hatten, hatten sich die Ausgaben für die Rüstung erhöht. Für
die See- und Landverteidigung wurden im Vereinigten Königreich jährlich 29 Schilling und 3 Pence pro Kopf der Bevölkerung ausgegeben; in Kanada dagegen nur 2 Schilling, in Neusüdwales 3 Schilling und 5 Pence, in Viktoria 3 Schilling und
3 Pence, in Neuseeland 3 Schilling und 4 Pence und in der
Kapkolonie sowie in Natal nur zwischen 2 und 3 Schilling
pro Kopf der weißen Bevölkerung. Chamberlain sagte: »Nun
wird niemand behaupten, daß das eine gerechte Verteilung
der für das Reich anfallenden Lasten ist. Niemand wird glauben, daß das Vereinigte Königreich für alle Zeiten dieses
außerordentliche Opfer bringen kann.« (39) Das Marineamt
unterstützte die Beweisführung, indem es eine ausführliche
Aufstellung der Seeverteidigungskosten vorlegte, die den gleichen statistischen Sachverhalt noch deutlicher zum Ausdruck
brachte. Pro Kopf der Bevölkerung beliefen sich die Ausgaben
im Vereinigten Königreich auf 15 Schilling und 1 Penny, in
Neusüdwales auf 8,50 Pence, in Viktoria auf fast 1 Schilling,
in Neuseeland auf 6,50 Pence und pro Kopf der weißen Bevölkerung in der Kapkolonie auf 1 Schilling 1,75 Pence und
in Natal auf 4 Schilling 5,75 Pence, in Kanada schließlich
wurden für diesen Zweck keine Ausgaben vermerkt (40). War
ein derartiger Unterschied gerechtfertigt? Als die Kolonien
»jung und arm« gewesen waren, gestand der Kolonialminister

zu, seien sie offensichtlich nicht in der Lage gewesen, große Summen für die Verteidigung bereitzustellen; aber jetzt, da sie reich und mächtig sind und täglich »sprunghaft« anwachsen, so daß ihr materieller Reichtum den des Vereinigten Königreichs zu übertreffen verspreche, sei es mit ihrer Stellung und Würde unvereinbar, das Mutterland alle oder fast alle Kosten tragen zu lassen. Auch sei es nicht vernünftig. Chamberlain argumentierte: »Die Rechtfertigung eines Zusammenschlusses liegt darin, daß ein Rutenbündel stärker ist als seine einzelnen Ruten. Soll aber die ganze Last einer Rute zugemutet werden, dann hat es wenig Sinn, sie zu einem Bündel zusammenzufassen.« (41)

Einen konstruktiven Vorschlag zur Verteilung der Lasten — ein Zeichen für die von Chamberlain erhoffte Initiative der Kolonien — machte der Premierminister Neuseelands, Richard Seddon. Der Vorschlag war nicht neuartig, aber deswegen nicht weniger willkommen. Er sah die Bildung einer gemeinsamen Reservestreitmacht der Kolonien und des Reichs vor. Der Kolonialminister unterstrich die Notwendigkeit einer solchen Reserve am Konferenztisch. Er erkannte dankbar die Hilfe der Kolonialstreitmächte in Südafrika an, fühlte sich aber genötigt zu fragen, wie hoch die Hilfe eigentlich gewesen sei. Im Fall Kanadas seien es aus einer Gesamtbevölkerung von 5 000 000 rund 1000 Mann gewesen. Die Situation hätte dagegen eine schon ausgebildete und verfügbare Reservestreitmacht von etwa 10 000 bis 20 000 Mann in jeder Kolonie, je nach Maßgabe der Bevölkerung und der Möglichkeiten, erfordert. Doch die Aufstellung und Organisation solcher Streitkräfte sei eine Angelegenheit, die die Kolonien mit Selbstverwaltung selbst entscheiden müßten. Leider sei ihm klargemacht worden, daß es bei der vorherrschenden öffentlichen Meinung in den Kolonien, abgesehen von Neuseeland, nicht möglich sein werde,

einen solchen Plan zu verwirklichen. »Da dies der Fall ist«, schloß Chamberlain streng, »kann ich nicht umhin festzustellen, daß die öffentliche Meinung in den Kolonien meiner Ansicht nach sehr rückständig sein muß. Ich glaube, sie wird sich weiterentwickeln müssen, und sie wird sich nach dem natürlichen Lauf der Dinge auch weiterentwickeln, wenn die Gefahren besser erkannt werden, die die Kolonien umgeben.«
In der Frage der Seeverteidigung waren die Kolonien ein klein wenig entgegenkommender. Das Marineamt unterstrich die Bedeutung der Beherrschung der Meere in einer Denkschrift, in der es seine Beweisführung reichlich auf historisches Anschauungsmaterial von Salamis und Actium bis Lepanto, Chesapeake Bay, dem Krieg auf der Iberischen Halbinsel, dem Krimkrieg und dem Burenkrieg stützte. Die letzten drei Kriege wurden als Beispiele militärischer Unternehmungen angeführt, die nur von einer die Meere beherrschenden Seemacht unternommen werden konnten. Um diese Seeherrschaft zu erhalten, forderte das Marineamt nicht örtliche Seestreitkräfte der Kolonien, sondern Zuschüsse für die Königliche Marine. Der Grund war die Bekehrung zur neuen Lehre Admiral Mahans, die die Konzentration der Seemacht am entscheidenden Punkt und folglich auch eine zentrale Befehlsgewalt forderte. Der Erste Lord im Marineamt, Lord Selborne, lenkte die Aufmerksamkeit der Premierminister auf den Umstand, daß jede Anspielung auf das Wort »Verteidigung« in der Denkschrift des Marineamts vermieden worden sei, weil der Ausdruck eine überholte und ketzerische Ansicht über die derzeitigen strategischen Erfordernisse beinhalte. Die Reaktion der Kolonien war unterschiedlich. Die Kapkolonie und Natal boten bedingungslos Beiträge von 50 000 bzw. 35 000 Pfund an. Für Neuseeland lehnte Seddon nachdrücklich den Gedanken an eine eigene Flotte ab, mißbilligte den Vorschlag eines fe-

sten Beitrags, stimmte aber schließlich der Zahlung von 40 000
Pfund jährlich zu, der später auf 100 000 erhöht wurde. Laurier entschuldigte Kanada für die Nichtgewährung von Beiträgen wegen hoher Ausgaben für die eigene Entwicklung
und vor allem für die transkontinentalen Eisenbahnen — eine
Angelegenheit, über die er einige Auseinandersetzungen mit
Chamberlain hatte. Nachdem Sir Edmund Barton den von
der öffentlichen Meinung in Australien getragenen starken
Wunsch nach einer eigenen Flotte zu Protokoll gegeben
hatte (42), stimmte er einer Erhöhung des australischen Beitrags zur Königlichen Marine von 126 000 Pfund jährlich
— der im Flottenabkommen von 1887 festgesetzten Summe —
auf 200 000 Pfund jährlich zu: 100 000 Pfund weniger, als
vom Marineamt gefordert worden waren; dabei wurde die geringe Beitragshöhe wie im Fall Kanadas mit hohen eigenen
Ausgaben vor allem für Eisenbahnen begründet. Trotzdem
wurde Bartons Vorgehen im australischen Bundesparlament
heftig kritisiert, vor allem weil das erfolgreiche Beharren des
Marineamts auf der Notwendigkeit einer ungeteilten Verantwortung zur Sicherung der Konzentration der Seestreitkräfte
im Notfall bedeutete, daß die Befehlsgewalt des Marineamts
über die Schiffe des australischen Geschwaders nicht mehr wie
bisher durch den Konsultationszwang mit der australischen
Regierung über deren Verwendung außerhalb der australischen Gewässer eingeschränkt war. Obwohl die meisten
Australier nicht bereit waren, die Verantwortung für eine
eigene Flotte zu übernehmen, gaben sie frühere Vorstellungen
über den Wert der örtlichen Verteidigung nicht auf. Trotz
der heftigen Kritik im Parlament und in der Presse wurden
die Zuschüsse dennoch gebilligt, und sie wurden — allerdings
mit ständig abnehmendem Vertrauen in ihre Wirksamkeit —
bis zum Flottenabkommen von 1909 weiterbezahlt.

Die Meinungsverschiedenheiten zwischen Großbritannien und den Kolonien bezüglich der Verteidigungsverantwortung waren 1902 wechselhaft und manchmal nur schwer greifbar. In Australien und vor allem in Kanada waren sie gesellschaftlich und wirtschaftlich bedingt. Wie Laurier betonte, erschließe in Kanada — im Gegensatz zur Lage im Vereinigten Königreich — eine kleine Bevölkerung ein ungeheueres Gebiet; ein fester Beitrag für die Streitkräfte würde infolgedessen wahrscheinlich eine unverhältnismäßig hohe Belastung bedeuten. Aber die Hauptursache für solche Meinungsverschiedenheiten war klar: Sie war weder wirtschaftlich noch strategisch, sondern politisch. Die Kolonien hatten eine instinktive Abneigung gegen alles, was die Weiterentwicklung ihrer Selbständigkeit hemmen könnte, und gemeinsame Reichsstreitkräfte könnten genau dieses Ergebnis zeitigen. Die Kolonien hatten selbst über Ausmaß und Art ihres Beitrags im Burenkrieg entschieden. Sie wollten auch in zukünftigen, möglicherweise größeren Kriegen Ausmaß und Art ihres Beitrags selbst bestimmen; das galt außer für Neuseeland für alle Kolonien, insbesondere aber für Kanada. 1900 sagte Sir Wilfrid Laurier, die Angelegenheiten Kanadas seien Kanadas ureigene Angelegenheiten: »Für Kanada beanspruche ich, daß es in Zukunft frei ist zu handeln und einzugreifen oder nicht vorzugehen, wie es ihm beliebt, und daß es sich das Recht vorbehält zu entscheiden, ob ein Anlaß zum Eingreifen vorliegt oder nicht.« (43) Bedeutete dies die Weigerung, in Reichsangelegenheiten zusammenzuarbeiten? Offensichtlich nicht. Nicht nur das hatte der Burenkrieg bewiesen, sondern auch daß die Zusammenarbeit der Kolonien von der Zustimmung der betroffenen Kolonialregierung abhängen würde.

Das Beharren der Kolonialregierungen und vor allem der Regierung Kanadas auf ihrer eigenen Entscheidungsfreiheit

war zumindest teilweise eine Maßnahme der Abwehr. Bevor
Sir Wilfrid Laurier 1902 zur Kolonialkonferenz abreiste, bemerkte er: »(Es gibt) ... eine Gedankenrichtung in England
und Kanada, ... die Kanada in den Strudel des Militarismus
hineinreißen möchte, der jetzt der Fluch und das Verderben
Europas ist.« (44) Welche Auswirkungen würde schon ein teil-
weiser Erfolg dieser Richtung bei Gleichschaltung kanadischer
Interessen mit den britischen Reichsinteressen in Kanada haben? In einem Brief aus Kanada wurde Chamberlain selbst
gewarnt, daß, wenn Laurier 1902 einem Zuschuß zur Reichsverteidigung zustimmte, in Quebec sofort das Schlagwort
»Tribut« laut werden würde. Der Verfasser des Briefes fügte
hinzu: »Wir hier in Kanada wollen kein französisches Irland
zwischen uns und dem Meer.« (45) Es war schon vor 1902
klar, daß die Rolle der Kolonien bei der Reichsverteidigung
nicht in herkömmlicher Weise, sondern im Einklang mit ihrer
Stellung und ihren Bestrebungen als unabhängige politische
Einheiten überdacht werden mußte. 1902 entschied man sich
im Prinzip gegen eine gemeinsame Reichsstreitmacht. Hinsichtlich der Landstreitkräfte war die Entscheidung endgültig.
Aber keine entsprechende Absage wurde im Hinblick auf die
Seestreitkräfte erteilt. Die neue strategische Lehre und die
offenkundige Abhängigkeit der Dominien von der Königlichen Marine waren Grund genug dafür. So kam es, daß in der
Frage der Seeverteidigung die Konferenz von 1902 weniger
das Ende als den Anfang einer neuen Phase in den Beziehungen des Reichs zu den Kolonien bedeutete.
Während in der politischen Organisation und Verteidigung
des Reichs das Vereinigte Königreich die Initiative ergriff, lag
diese in der Handelsfrage bei den Kolonien. Hierfür gab es
gute Gründe. Die Kolonien besaßen eine Bewegungsfreiheit,
die das Mutterland nicht hatte. Die Ansichten der Kolonien

waren pragmatisch, die des Vereinigten Königreichs starr. Sie befürworteten den Freihandel oder Schutzzölle, je nachdem wie es ihren besonderen Bedürfnissen zu einem bestimmten Zeitpunkt entsprach; Großbritannien hielt trotz einiger Bedenken grundsätzlich am Freihandel fest. Infolgedessen kamen Vorschläge zu einer Reform der Zollpolitik nicht von London, sondern aus den Kolonien. Während man den vom älteren Hofmeyr 1887 gemachten Vorschlag eines Reichszolltarifs, dessen Einnahmen der allgemeinen Verteidigung des Reichs vorbehalten bleiben sollten, ablehnte, wurde zwischen 1894 und 1897 ein neuer Anfang gemacht; die kanadische Regierung entschloß sich, britischen Waren zunächst eine 25-prozentige und später eine 33,33prozentige Zollermäßigung zu gewähren. Diese Zollvergünstigung für nach Kanada eingeführte zollpflichtige britische Waren wurde von Kanada freiwillig gewährt. Der kanadischen Initiative folgten bald andere Kolonialregierungen, aber es gab keine Gegenleistungen. Konnte die britische Regierung nicht dazu überredet werden?

Auf den nachfolgenden Kolonialkonferenzen hatte die britische Regierung kategorisch erklärt, sie wolle das Handelsvolumen im Reich, das etwa ein Drittel des gesamten Handels Großbritanniens ausmachte, vergrößern. Doch die britischen Staatsmänner dachten nicht in erster Linie an eine Reichszollvergünstigung. Sie hegten ehrgeizigere Pläne. Sie, vor allem der Kolonialminister, dachten an eine Zollunion oder einen Zollverein nach deutschem Vorbild. Freihandel innerhalb des Reichs war das erste Ziel, das, wenn es durchführbar war, wesentliche Vorteile bringen würde. 1902 sagte Chamberlain den Teilnehmern der Kolonialkonferenz: »(Der Freihandel) ... würde den zwischenstaatlichen Handel innerhalb unseres Reichs ungeheuer vergrößern, ... die Entwicklung

unserer Kolonien beschleunigen, ... die leeren Räume in euren
Ländern mit einer aktiven, intelligenten, fleißigen und vor
allem britischen Bevölkerung anfüllen ... und das Mutterland von fremden Nahrungsmitteln und Rohstoffen vollkommen unabhängig machen.« (46) Aber in den Kolonien wurden
weder die Beweisführung noch die daraus gezogenen Schlußfolgerungen anerkannt. Professor Hancock hat die Gründe
dafür kurz zusammengefaßt. Für sie war Chamberlains Zollverein unmöglich, weil »er die zolltarifliche Verschmelzung
mit Großbritannien und den Verlust der tariflichen Eigenständigkeit bedeutet hätte. Tarifliche Eigenständigkeit war
ein wesentlicher Bestandteil der Selbstverwaltung.« (47) Selbst
bei den Zugeständnissen, die Chamberlain zu machen bereit
war, hätte ein Reichszollverein zentrale Lenkung bedeutet.
Das wäre ein Verlust der fiskalischen Autonomie und vielleicht
auch noch mehr. Der Zusammenschluß mit einem der industria-
lisiertesten Länder der Welt in einer Freihandelszone würde
die Zukunft der in den Kolonien entstehenden Industrien ge-
fährden. Die Vorteile eines sicheren Absatzmarkts für Rohstoffe und Grunderzeugnisse würden dementsprechend wahrscheinlich durch die verminderten Aussichten auf industrielle
Entwicklung mehr als aufgewogen werden. In staatswirt-
schaftlicher Hinsicht wiederum hätte dies in den Augen fast
aller Führer in den Kolonien ohne Ausnahme die Bereitschaft
bedeutet, die Hoffnung auf den Aufbau einer ausgewogenen
Wirtschaft innerhalb der eigenen Grenzen zurückzustellen oder
sogar aufzugeben. Dieses Opfer konnte nicht in Betracht gezogen werden. Die Kolonien hielten fast ohne Ausnahme »an
einem nationalen System der Staatswirtschaft« fest (48).
Für die britische Regierung und für Chamberlain persönlich
war die Reichszollvergünstigung — die Sache, der er den
späteren Teil seiner politischen Karriere opferte — nur die

zweitbeste Lösung. Doch die Kolonien, vor allem Kanada, bevorzugten sie. Auch sie wünschten den Handel innerhalb des Reichs zu vermehren, und eine Reichszollvergünstigung konnte sie sehr wohl in die Lage versetzen, dies in einer Weise zu erreichen, die ihren staatswirtschaftlichen Bestrebungen entsprach. Zollvergünstigungen waren sowohl mit der eigenen Schutzzollpolitik als auch mit den besonderen Handelsbeziehungen zum restlichen überseeischen Reich vereinbar. Dabei ergab sich, so schien es den Staatsmännern der Kolonien, nur ein Problem: Ein dem Freihandel verschriebenes Großbritannien konnte sich an einem System von Vorzugszöllen nicht beteiligen. Praktisch mußten sie wählen zwischen Vergünstigungen ohne britische Gegenleistung oder überhaupt keinen Vergünstigungen. In den meisten Fällen wählten sie die erste Alternative. In zunehmendem Maß übten sie, zuweilen über die herkömmlichen Grenzen hinaus, Druck auf die nachfolgenden britischen Regierungen aus. Über 30 Jahre lang trugen ihre Überzeugungsversuche keine Früchte. Das lag aber nicht daran, daß diese Frage in der britischen Innenpolitik übersehen wurde. Im Gegenteil, sie wurde nach allen Seiten hin erörtert.

Während des Burenkriegs erhob der Schatzkanzler, Sir Michael Hicks Beach, als zeitweilige Kriegsmaßnahme einen Schilling Zoll auf jeden Viertelzentner eingeführten Getreides. Es wurde vorgeschlagen, diesen Zoll nach dem Krieg beizubehalten, den Kolonien später aber zollfreie Einfuhr zu gestatten. Bevor Chamberlain zu einer Inspektionsreise nach Südafrika aufbrach, nahm er an, auf dieser Grundlage sei eine Übereinstimmung aller Kabinettsmitglieder außer C. T. Ritchie, dem Nachfolger von Hicks Beach im Finanzministerium, erzielt worden. Während der Abwesenheit des Kolonialministers indessen entschied das Kabinett unter dem Einfluß

Ritchies, eines überzeugten Anhängers des Freihandels, diesen
Zoll gänzlich aufzuheben. Mit dieser Entscheidung schwand
die letzte Möglichkeit, eine beschränkte Form der Zollvergünstigung ohne einen Generalangriff auf die Zitadelle des
Freihandels einzuführen (49). Nach seiner Rückkehr trat
Chamberlain aus dem Kabinett aus, um für den Kampf zur
Durchsetzung der Reichszollvergünstigung frei zu sein, und
die älteren überzeugten Anhänger des Freihandels traten
ebenfalls aus, um sie zu bekämpfen. Sie ließen Arthur James
Balfour als Premierminister zurück, der eine endgültige Spaltung der Partei über finanzielle Fragen durch einen unwesent-
lichen, aber geistreichen Vorschlag zu vermeiden suchte, daß
nämlich Zölle nur als Maßnahme gegen unlauteren ausländischen Wettbewerb verhängt werden sollten. Der Gedanke
genügte, um die Amtszeit Balfours zu verlängern; aber er
befriedigte weder die überzeugten Anhänger des Freihandels
noch die Reformer des Reichshandels (50). In dem statistischen
Durcheinander der im ganzen Land folgenden Debatte über
finanzielle Fragen wurde eine Tatsache unwidersprochen erkennbar: Der englische Arbeiter war nicht bereit, im vermeintlichen Interesse der Einheit und Größe des Reichs die
Möglichkeit verteuerter Nahrungsmittel zu riskieren, von der
die Anhänger des Freihandels versicherten, sie werde mit Sicherheit eintreten.

Im größeren Zusammenhang der Organisation des Reichs
zeigte das Eintreten der Kolonien für die Reichszollvergünstigung gegen den Freihandel, daß die Kolonien, wie in Fragen
der Verteidigung und Politik, tatsächlich entschlossen waren,
ihre eigene, unterschiedliche und getrennte Identität zu festigen und zu bewahren und nicht zuzulassen, daß sie in einem
weit größeren Reichsganzen unterging. Die Vorkämpfer der
Reichsintegration sahen sich den Verfechtern des entstehenden

Nationalismus in den Dominien gegenüber, wie zum Beispiel Chamberlain gegenüber Laurier, dem Sprecher für das »immerwährende Nein« Kanadas. Wie ein scharfsichtiger Beobachter, Richard Jebb, vermerkte (51), siegten schon zur Zeit der Kolonialkonferenz von 1902 die Kräfte des patriotischen Nationalismus über die der Treue zum Reich. Jebb glaubte nicht, daß die Einheit des Reichs dadurch gefährdet sei, sondern vielmehr, daß sie in Zukunft notwendigerweise auf der Grundlage des Nationalismus der Kolonien ruhen würde. Verständlicherweise war Chamberlain keineswegs so sicher. In einem Brief vom 25. August 1902 an seinen Sohn Austen bemerkte er über Laurier: »Sein Ideal ist ein unabhängiges Kanada, und er ist sicherlich kein Imperialist in unserem Sinn.« (52) Das traf zu, und dem Imperialismus Lauriers war es bestimmt zu überleben.

In den folgenden Jahren veranschaulicht der Wechsel in den Bezeichnungen die Entwicklung der Beziehungen innerhalb des Reichs. 1902 wurde die Absicht, die Bezeichnung »Kolonialkonferenz« durch »Reichsrat« zu ersetzen, den verschiedenen Regierungen zur Stellungnahme vorgelegt. 1905 schlug der Staatssekretär für die Kolonien, Alfred Lyttleton, in einem Schreiben an die Gouverneure vor, die Bezeichnung »Kolonialkonferenz«, »die nur unzureichend die Tatsachen wiedergibt«, aufzugeben und durch »Reichsrat« zu ersetzen. Die kanadische Regierung widersprach diesem Vorschlag energisch. Sie verwies darauf, der Wechsel in der Bezeichnung könne als ein Schritt ausgelegt werden, »der entscheidend über den Punkt hinausgeht, der in der bisherigen Diskussion über die Beziehungen zwischen dem Mutterland und den Kolonien erreicht worden ist«. Die Bezeichnung »Rat«, die an eine amtliche Versammlung mit beratendem Charakter erinnerte, ließ die kanadische Regierung im Zusammenhang mit der Bei-

fügung »Reichs-« an eine ständige Einrichtung denken, die
schließlich die Autonomie der Dominien einschränken könnte,
während der neutrale Ausdruck »Konferenz« nicht mehr als
eine nichtamtliche Zusammenkunft zu formlosen Diskussionen
bedeute (53). Im Hinblick auf diese Einwände wurde nach
dem Vorschlag der kanadischen Regierung das Adjektiv beibehalten und das Substantiv fallengelassen, so daß die Kolonialkonferenz nach 1907 nicht in »Reichsrat«, sondern in
»Reichskonferenz« umbenannt wurde.

Der Wechsel in der Bezeichnung spiegelte die geänderte Natur
und Zielsetzung der Konferenzen wider. Die unbestimmte Eigenart der Konferenz von 1887 war durch eine Konferenz
mit einer genau umschriebenen Zusammensetzung und einer
bestimmten Rechtsstellung ersetzt worden. 1907 verdrängte
die Bezeichnung »Dominion« zum erstenmal das ältere Wort
»Kolonie« im Konferenzbericht. Bei zukünftigen Konferenzen sollten die Regierungen der Dominien vertreten sein.
Ebenso wurde beschlossen, die umbenannte Reichskonferenz
sollte alle vier Jahre tagen, und bei diesen Zusammenkünften
könnten »Fragen von allgemeinem Interesse zwischen der
Regierung Seiner Majestät und Seinen Regierungen in den
Dominien jenseits der Meere besprochen und behandelt werden. Der Premierminister des Vereinigten Königreichs wird
ex officio den Vorsitz führen, und die Premierminister der
Dominien werden *ex officio* Mitglieder der Konferenz
sein« (54). Auch der Kolonialminister sollte von Amts wegen
Mitglied sein. Über die Organisation der Konferenz wurde
debattiert. War es Rechtens, daß ihre Arbeit vom Kolonialministerium organisiert werden sollte? War dies mit den
Grundsätzen der Autonomie der Dominien in Einklang zu
bringen? War dies geeignet, den Angelegenheiten der Dominien gebührende und ausreichende Aufmerksamkeit zu sichern?

Alfred Deakin jedenfalls glaubte das nicht. Sein Biograph zitiert einen Tagebucheintrag nach seinem ersten Besuch: »Zwanglose Zusammenkunft im Kolonialministerium. — Der Kampf mit Elgin (Staatssekretär) und dem Kolonialministerium beginnt.« (55) Die Leutseligkeit des »leutseligen Alfred« bezog niemals das Kolonialministerium mit ein. 1887 klagte er über dessen »natürliche *vis inertiae*«, und 1907 stieß er mit der Behauptung nach, daß es weder geeignet sei, die Beziehungen zu den Dominien zu unterhalten, noch die Kolonialkonferenzen einzuberufen. Obwohl er sagte, daß er es vorgezogen hätte — wenn er dadurch sein Ziel hätte erreichen können —, die Angelegenheit zu behandeln, ohne »die Schuppen von den Flügeln des Schmetterlings zu streifen«, unternahm er doch einen Frontalangriff auf das Kolonialministerium.

Das Kolonialministerium, so meinte Deakin, sei nicht mehr als ein Ministerium der britischen Regierung und überdies mit den längst vergangenen Tagen der Unterordnung der Kolonien verbunden. Das Verhalten seiner Beamten, so behauptete er, sei unverbindlich, während man den Vorstellungen der Dominien ohne Verständnis für deren eigentliche Ursachen oder für die wirklichen Absichten der Dominien begegnete: »Man behandelt unsere ministerverantwortlichen und repräsentativen Regierungen, wie man wohlmeinende Gouverneure oder fügsame ernannte Beiräte behandelt.« Er beschwerte sich ebenso über eine bestimmte »Geisteshaltung«: Das Kolonialministerium habe »eine gewisse Undurchdringlichkeit; eine gewisse vielleicht geographisch bedingte Weltfremdheit; eine gewisse Ermüdungserscheinung, wie sie bei Menschen anzutreffen ist, die mit Dienstgeschäften überbeansprucht und daher überarbeitet sind, deren natürlicher Wunsch es ist zu sagen: ›Verschieben Sie das bitte; drängen Sie nicht;

behelligen Sie uns nicht; was macht das schon? Wir haben schon genug zu tun; Sie sind eine sich selbst verwaltende Gemeinschaft, können Sie Ihre Angelegenheiten nicht erledigen, ohne uns zu belästigen?‹ « (56).

Deakins Überzeugung, das Kolonialministerium sei ungeeignet, sich mit den Angelegenheiten der Dominien zu befassen, ließ ihn zu dem Schluß kommen, daß ein neues Ministerium nötig sei, in dem tatsächlich alle auf der Reichskonferenz repräsentierten Regierungen vertreten wären und das als Sekretariat der Konferenz dienen könnte. Es sollte im strengen Sinn des Wortes eine Behörde des Reichs sein. Aber die anderen Führer der Dominien, vor allem Laurier — was auch immer ihre persönlichen Ansichten über das Kolonialministerium gewesen sein mögen —, hatten nicht den leisesten Wunsch, es für diese Zwecke durch eine neue und nominelle Körperschaft des Reichs mit unbestimmten Vollmachten und Zuständigkeiten ersetzt zu sehen. Die Gründe hierfür waren leicht einzusehen.

In einer früheren Diskussion hatte General Botha bemerkt, der Haupteinwand gegen die Annahme des Wortes »Rat« sei der gewesen, daß es die Rechte der ministerverantwortlichen Regierungen in den Selbstverwaltungskolonien beeinträchtigen könne. »In diesem Punkt«, sagte er, »bin ich konservativ.« (57) Aber konnte nicht ein Reichssekretariat oder ein Konferenzsekretariat eine ähnliche Bedrohung in sich bergen? Logisch betrachtet war das Argument zugunsten eines Sekretariats überzeugend. Warum sollte die Verantwortung für die Ausrichtung und Organisation der Geschäfte der Reichskonferenzen Beamten eines Staatsministeriums anvertraut sein, das einer Regierung allein verantwortlich war? War nicht die logische Alternative eine Behörde, die allen Regierungen, sowohl der britischen als auch denen der Do-

minien, verantwortlich war? Aber konnte andererseits eine so
aufgeteilte Verantwortlichkeit in der Praxis nicht zur Ausbildung einer gleichsam autonomen Verwaltungsbehörde führen, wie der Staatssekretär, Lord Elgin, befürchtete? Er sagte,
es würde aus diesem Grund für die Regierung Seiner Majestät sehr schwer sein, der Errichtung einer Behörde mit unabhängiger Rechtsstellung zuzustimmen. »Ich brauche die Mitglieder der Konferenz kaum daran zu erinnern, daß in den
Kolonien mit Selbstverwaltung wie bei uns die Grundlage
jeder britischen Regierung die Verantwortung der Minister
gegenüber dem jeweiligen Parlament ist — nicht nur wie hier
unsere Verantwortung gegenüber dem britischen Parlament,
sondern auch Ihre Verantwortung gegenüber Ihren Parlamenten.« Diese Verantwortung konnte und sollte nicht beeinträchtigt werden. Sir Wilfrid Laurier war noch mehr beunruhigt.
Der Gedanke an einen Rat war glücklicherweise fallengelassen worden; doch nunmehr tauchte nichtsdestoweniger die
Möglichkeit eines ständigen Sekretariats auf. Laurier fragte
nach seinen Aufgaben. Würden die Mitglieder des Sekretariats unabhängig Rat erteilen? Was für Berichte würden sie
vorlegen? Was würden sie in den vier oder fünf Jahren zwischen den Konferenzen auf eigene Faust tun? Er kannte die
Antworten auf diese Fragen nur zu gut. Notwendigerweise
würde eine solche Behörde dazu neigen, unabhängig zu handeln. Er war überzeugt, daß das Sekretariat nicht eingerichtet
werden sollte, und schloß sich ganz und gar der Ansicht Lord
Elgins an, daß nach dem Grundsatz der ministerverantwortlichen Regierung niemand dem König Rat erteilen sollte als
derjenige, der dem Volk durch das Parlament direkt verantwortlich sei (58).
Solche Bedenken wurden nicht von allen geteilt, insbesondere
nicht von den Neuseeländern. Im Gegenteil, weder zum ersten

noch zum letzten Mal hatten sie Anträge auf die Errichtung eines Reichsrats und eines Sekretariats an die erste Stelle auf ihre Vorschlagsliste für die Beratungen der Konferenz gesetzt. Wenn sie sich auch nicht jedes Wort von Deakin zu eigen machten, so stimmten sie doch im allgemeinen mit seinen Zielen überein. Die britischsten und gleichzeitig entferntesten Dominien fürchteten weder damals noch später Maßnahmen der Zentralisation, die die raschere und wirksamere Wahrung der Interessen des Reichs und damit nicht zuletzt der eigenen sicherstellen würden.

Das Ergebnis der Debatte war einerseits befremdend, andererseits bedeutsam. Das Kolonialministerium fühlte sich genötigt, ein Konferenzsekretariat zu gründen. Demgemäß wurde ein Sekretariat geschaffen, das theoretisch unabhängig, personell jedoch vollständig ein Teil des Kolonialministeriums selbst war. Es war nicht eigenständig, diente keinem Zweck und befriedigte nicht einmal Deakin. Wie ein Trugbild im leeren Raum verschwand es im Lauf der Zeit: fast so, als hätte es niemals bestanden. Die Neugliederung des Kolonialministeriums nach dem 1. Dezember 1907 in drei Abteilungen, von denen die Dominienabteilung für die Beziehungen zu den überseeischen Dominien verantwortlich sein sollte, war eine ganz andere Sache. Obwohl der Wechsel nicht sehr auffiel und die Reformer in den Dominien darüber enttäuscht waren, bezeichnete er doch den Beginn einer neuen Phase. Eines Tages sollte die Dominienabteilung das Kolonialministerium selbst unter anderem Namen in sich aufnehmen (59). Als jener Tag kam, bezeichnete er hinsichtlich der verwaltungsmäßigen Zuständigkeiten ebenso einen Abschluß, wie das Jahr 1907 die erste verwaltungsmäßige Anerkennung der Umwandlung des Reichs in das Commonwealth durch London bezeichnete. Es war eine Anerkennung, die unter australischem Druck ge-

währt wurde, und sowenig sie die ursprünglichen Wünsche
Deakins erfüllte, war sie doch seine Leistung. »Ein beredter
oder zumindest redegewandter, fixer Kerl«, schrieb John Morley abwertend über Deakin, und er äußerte auch eine bekannte amtliche britische Ansicht — »Laurier ist ausgezeichnet, aber Deakin ist unausstehlich.« Grund zu diesen
Äußerungen gaben Deakins Angriffslust und seine Ausdauer
bei der Verfolgung seiner Ziele. Er war in der Tat ein Mann,
der sich nicht leicht von seinem Ziel abbringen oder durch
Schmeicheleien beeindrucken ließ. Wenn ein wenig Ironie in
der geziemenden Zustimmung Sir Wilfrid Lauriers — entgegen seiner früheren Einstellung — zum Ritterschlag anläßlich
der Jubiläumskonferenz von 1897 mitklang, so war die beständige Ablehnung von Ehrungen durch Alfred Deakin — er
wies sogar zweimal einen Ehrengrad der Universität Oxford
zurück — ganz und gar charakteristisch. Der Rektor der
Universität wies ihn nach der ersten Ablehnung wohlüberlegt
zurecht: »Vielleicht werden Sie entschuldigen, wenn ich fest-
stelle, daß diese Ehrung erst einmal zurückgewiesen worden
ist.« (60)
Die Gestalt des entstehenden Commonwealth war auch in
den Konferenzberatungen über Handel und Verteidigung erkennbar. 1907 wurde die Debatte über Zollvergünstigungen
erneut aufgenommen, um noch einmal vertagt zu werden.
Der Druck, der auf die Regierung des Vereinigten Königreichs ausgeübt wurde, um sie zur Abänderung der herkömmlichen Handelspolitik zu bewegen, war beträchtlich. Hierfür
war vor allem Deakin verantwortlich, der auf der Konferenz
weit häufiger als alle anderen sprach und wegen einiger seiner
öffentlichen Äußerungen der Einmischung in die britische Innenpolitik bezichtigt wurde, so daß General Botha sich veranlaßt sah festzustellen, auch Großbritannien sei ein unab-

hängiger Staat. Aber im wesentlichen blieb die Lage unverändert. Die Konferenz von 1907 hatte keine andere Wahl, als den Beschluß von 1902 zu bestätigen, in dem festgestellt wurde, daß die Konferenz gegenseitige Zollvergünstigungen befürwortete, »mit Ausnahme der Regierung Seiner Majestät, die nicht in der Lage war, für das Vereinigte Königreich ihre Zustimmung zu den Beschlüssen zu geben, insoweit sie es als notwendig oder zweckdienlich bezeichneten, das Steuersystem des Vereinigten Königreichs zu verändern« (61). Was auch immer sonst der Fall sein mochte, 1907 war es klar, daß die sich entwickelnden Beziehungen Großbritanniens zu den Dominien in naher Zukunft nicht durch ein System der Reichszollvergünstigungen verstärkt werden würden.

Was die Verteidigung betraf, so gab es im Gegensatz zum Handel Anzeichen für neue Vorstellungen und größere Übereinstimmung Großbritanniens mit den Dominien. Der zuerst 1902 als Folge der nationalen Selbstbesinnung anläßlich des Burenkriegs gebildete und durch eine Akteneintragung vom 4. Mai 1904 im Schatzamt formell erstellte Ausschuß für Reichsverteidigung spielte beim Zustandekommen der Übereinstimmung eine wichtige Rolle. Der Ausschuß, eine vom Premierminister einberufene beratende Körperschaft, deren Mitgliedschaft nicht genau definiert war, setzte sich gewöhnlich aus dem Kriegsminister, dem Marineminister, dem Schatzkanzler, dem Außenminister, dem Kolonialminister und dem Staatsminister für die Angelegenheiten Indiens zusammen. Er besaß ein ständiges Sekretariat, aber da der Ausschuß selbst nur eine beratende Körperschaft war, hatte das Sekretariat weder bestimmte verwaltungstechnische noch vollziehende Aufgaben (62). Es war indessen verantwortlich nicht nur für die Führung des Protokolls der Verhandlungen und Beschlüsse,

sondern auch für die Einholung und Zusammenstellung von »Informationen bezüglich der umfassenden Probleme der Reichsverteidigung« als Arbeitsgrundlage für den Ausschuß und für »die Vorbereitung von Denkschriften oder anderen möglicherweise erforderlichen Schriftstücken«. Die Dienste des Ausschusses und des Sekretariats standen den nationalen Organisationen innerhalb des Reichs zur Ausarbeitung ihrer jeweiligen Verteidigungspolitik zur Verfügung; doch es lag im Ermessen der Regierungen der Dominien, inwieweit sie sich dieser Dienste bedienen wollten. Eine Verpflichtung hierzu gab es nicht. Obwohl der Ausschuß sich mit der Verteidigung des Reichs befaßte, war er weder nach der Zusammensetzung noch nach der Satzung eine Körperschaft des Reichs, sondern einzig und allein des Vereinigten Königreichs. Deswegen wurde er auch, wie L. S. Amery folgerichtig bemerkte, Ausschuß für Reichsverteidigung und nicht Reichsausschuß für Verteidigung genannt (63). 1903 nahm Sir Frederick Borden, kanadischer Minister der Miliz, während er zu anderen Zwecken in London weilte, an zwei Sitzungen des Ausschusses teil. Auf der Konferenz von 1907 einigte man sich ausdrücklich: erstens, daß die Dominien örtliche Fragen, zu deren Lösung die Hilfe von Sachverständigen ratsam erschien, an den Ausschuß verweisen konnten, und zweitens, daß der Vertreter eines Dominions zur Teilnahme an den von diesem Dominion angeregten Diskussionen eingeladen werden konnte. Wie sich aber Lord Hankey, der als Marineunterstaatssekretär dem Ausschuß 1907 zugewiesen wurde, später erinnerte, bot sich keine Gelegenheit, bei der diese Beschlüsse hätten wirksam werden können. Die Dominien verwiesen weder Fragen an den Ausschuß noch ernannten sie Vertreter.
Der Kriegsminister, J. B. Haldane, formulierte auf der Konferenz von 1907 erneut die Grundsätze der Zusammenarbeit

bei der Verteidigung des Reichs, wobei er die Empfindlichkeiten der Dominien berücksichtigte. Auf der Ebene praktischer Zusammenarbeit sprach er von Plänen für den Austausch von Generalstabsoffizieren zwischen Großbritannien und den Dominien und von einer entsprechenden Erweiterung der Grundlage des neugeschaffenen Generalstabs, »einer rein beratenden Organisation ohne Befehlsgewalt«, um eine engere Verbindung und Zusammenarbeit mit den Streitkräften der Dominien zu ermöglichen. Vorsichtig fuhr er fort: »Der Anfang wird selbstverständlich sehr bescheiden sein müssen.« Besonders wichtig wäre eine Übereinkunft über sehr weit gefaßte Ziele: »... Wir wissen, daß dieses Vorhaben einfach auf die Erfüllung eines gemeinsamen Zweckes, auf die Erreichung eines gemeinsamen Zieles gerichtet sein muß. Es kann nicht durch Beschränkungen oder starre Planung verwirklicht werden, die den Eigentümlichkeiten bestimmter Länder nicht entsprechen würden.« (64) Diese Ansicht konnte der Zustimmung der Dominien gewiß sein.

Der Konferenz lagen eine Reihe von Denkschriften vor über Möglichkeiten zur Verschmelzung von Verteidigungseinrichtungen im ganzen Reich, über Muster und Bereitstellung von Ausrüstung und Vorräten für die Kolonialstreitkräfte und, unter Berücksichtigung der besonderen Umstände in den einzelnen Kolonien, über die Notwendigkeit einer Übereinkunft bezüglich der Maßnahmen, die, wenn nötig, gemeinsames Handeln wirksam machen sollten. In der vom Generalstab vorbereiteten und vom Premierminister vorgelegten Denkschrift wurde als erster und wichtigster Grundsatz festgehalten, daß die Erhaltung des Reichs in erster Linie von der Seeherrschaft abhinge. Der zweite wichtige Grundsatz, der für die militärische Organisation des Reichs maßgebend sein sollte, war, so wurde festgestellt, daß jeder Teil des Reichs so weit wie möglich genügend Truppen für die eigene Selbstverteidigung unterhalten sollte. Der dritte »große« Grundsatz war der der gegenseitigen Unterstützung in Notzeiten. Neuerungen in der Kriegführung wurden hervorgehoben und die neuen Gefahren und Verantwortlichkeiten aufgezeigt, die sie mit sich brachten. Seit der letzten Konferenz habe »ein großer Konflikt zweier zu Wasser und zu Land mächtiger Nationen« stattgefunden, und dieser Konflikt, der russisch-japanische Krieg, habe »uns taktische und strategische Lehren zu Wasser und zu Land« erteilt. Aber die eine große Lehre, so stand es in der Denkschrift, »die sich klar und deutlich gezeigt hat und weder Einwände noch Ablehnung zuläßt, ist die, daß die Nation, deren Marine- und Heeresdienststellen in der Lage sind, ihre Vorbereitungen für den Notfall nach einem bestimmten Plan und mit genauer Kenntnis der Stärke und Organisation der im kritischen Augenblick verfügbaren Streitkräfte zu treffen, einen unschätzbaren Vorteil gegenüber einem Gegner hat, der sich nicht in der gleichen Lage befindet. Der Krieg wird heutzutage mehr und mehr zu einer exakten Wissenschaft.« (65) Das Mutterland, so wurde festgestellt, versuchte diesen Grundsätzen gerecht zu werden. Die Dominien sollten sie überdenken und so viel wie möglich zu den Verteidigungsmitteln beitragen.

Man darf sich indessen nicht vorstellen, daß die Probleme der Reichsverteidigung einfach dadurch erledigt werden konnten, daß man aus den Erfahrungen anderer Lehren zog oder gegenseitig annehmbare Grundsätze aufstellte. Es ging um die oft strittigen Fragen ihrer Anwendung. 1907 wurde die Errichtung eines Reichsgeneralstabs einmütig gutgeheißen. Er sollte auf der Grundlage der Zusammenarbeit aufgebaut sein; seine Hauptaufgabe bestand in der Planung der gesamten Verteidigung des Reichs und der Vereinheitlichung der Waf-

fen und Ausbildung, die eine wirksame Zusammenarbeit in
einem großen Krieg ermöglichen würde. Gleichzeitig lehnten
es die Dominien jedoch ab, im voraus militärische Verpflichtungen einzugehen; es war dies ein Teil ihrer Entschlossenheit,
die Entscheidung über Art und Ausmaß ihrer Beteiligung an
einem großen Krieg in den eigenen Händen zu behalten. Es
wurde diesbezüglich auf sie auch kein starker Druck ausgeübt,
teils weil man es für wenig ratsam hielt, aber auch weil die
britische Regierung und nicht zuletzt das Kolonialministerium
gleichgültige und zuweilen sogar verächtliche Ansichten über
die Fähigkeit der Dominien zu militärischen Beiträgen in
einem von den Berufsheeren Europas geführten Krieg hegten.

Hinsichtlich der Flottenpolitik sah die Lage wesentlich anders
aus, und das Ergebnis der Konferenz von 1907 war dementsprechend weniger eindeutig. In der schon erwähnten Denkschrift, die Lord Selborne als Erster Lord im Marineamt der
Konferenz von 1902 vorgelegt hatte, hatte die Lehre von der
Konzentration der Seestreitkräfte ihre klassische Darstellung
erhalten. Dort heißt es: »Das Weltmeer ist ein Ganzes, und
infolgedessen darf es nur eine einzige britische Flotte geben,
deren einzige Aufgabe im Krieg es sein muß, feindliche Schiffe,
wo auch immer sie angetroffen werden mögen, aufzusuchen
und zu zerstören. An welchem Ort und in welchem Meer diese
Schiffe auch immer aufgebracht und zerstört werden, auf diese
Weise wird das ganze Reich in seinem Besitzstand, seinem
Handel und seinen Interessen insgesamt verteidigt. Sollte sich
dagegen unglücklicherweise die Vorstellung durchsetzen, es
handle sich um eine Frage der örtlichen Verteidigung und
jeder Teil des Reichs könnte sich mit einem Anteil an Schiffen
zum Zweck der getrennten Verteidigung einzelner Räume zufriedengeben, wird das einzig mögliche Ergebnis darin be-

stehen, daß ein Feind, der diese Irrlehre aufgegeben und seine Flotten zusammengefaßt hat, jene getrennten britischen Geschwader nacheinander angreifen und zerstören wird, die geeint der Niederlage hätten trotzen können.« (66)

Eine strategische Doktrin, die auf der Unabdingbarkeit einer einheitlichen Befehlsgewalt über die Seestreitkräfte fußte, mußte für die Dominien immer einen unangenehmen politischen Beigeschmack haben. In Fragen der See- und Landverteidigung zeigten ihre Regierungen, Neuseeland ausgenommen, ein starkes und beständiges Interesse an der Entwicklung der örtlichen Verteidigung, in der die örtlichen Flotten der Dominien einen wesentlichen Bestandteil bildeten. Bestand hier nicht ein Konflikt zwischen strategischen und nationalen Grundsätzen? Wenn die Flotte einer einheitlichen Befehlsgewalt unterstand, bedeutete das nicht, daß auch die Politik durch eine einzige Stelle bestimmt werden würde? Und wäre diese einzige Stelle dann nicht wohl oder übel die britische Regierung? Hatte der Aufbau unabhängiger Flotten von seiten der Dominien dann überhaupt noch einen Sinn? Im Fall eines englisch-deutschen Seekriegs würden die Ereignisse in der Nordsee wahrscheinlich entscheidend sein. Welchen Widerstand könnten die Flotten der Dominien einer siegreichen deutschen Hochseeflotte entgegensetzen, wenn die Königliche Flotte dort in einem Haupttreffen besiegt würde? Wurde der Grundsatz des Marineministeriums in der Praxis angewandt und die Logik der strategischen Situation anerkannt, mußten dann nicht die Beiträge der Dominien, ganz gleich auf welche Weise sie geleistet wurden, der Verstärkung und Erhaltung der Königlichen Marine dienen? Wie schon gesagt, neigten aufeinanderfolgende britische Regierungen sicherlich dieser Meinung zu. Strategisch mag diese Ansicht sehr wohl richtig gewesen sein. Andererseits bedeutete sie für die Schaffung oder Erweiterung getrennter Dominienflotten unvermeidlich eine Verzögerung oder sogar einen Aufschub auf unbestimmte Zeit. Konnte hier irgendein Kompromiß erzielt werden? Dies war nicht nur eine Frage der Beziehungen des Reichs zu den Dominien, sondern auch ein Anlaß zu internen Auseinandersetzungen in den Dominien und eine Frage der Selbstachtung der Dominien. Sie wünschten sich eigene Schiffe unter eigener Befehlsgewalt, die in ihren Gewässern kreuzten und in ihren Häfen stationiert waren. »Sie wollen«, wie der Erste Lord im Marineamt, Winston Churchill, mit Einsicht und Verständnis bemerkte, »etwas besitzen, das sie sehen und berühren und auf das sie stolz sein können, weil sie dann das Gefühl des Eigentums und der Befehlsgewalt darüber haben. Diese Gefühle sind, obwohl sie aus militärischen Erwägungen nicht berücksichtigt werden, natürlich. Sie sind Tatsachen, die die Ereignisse beherrschen werden.« (67)

1909 wurde die britische Regierung mit der Tatsache des deutschen Flottenwettbewerbs konfrontiert. Es ging nicht nur darum, daß Deutschland Schiffe mit »großkalibrigen Geschützen« schneller baute als Großbritannien — 4 zu 2 im Jahr 1908, wobei 4 weitere folgen sollten —, sondern der deutsche Kriegsschiffsbau schritt auch rascher voran. Trotz der einstweiligen Überlegenheit in der Gesamtzahl schien es, als werde die Vorherrschaft der britischen Flotte rasch abgebaut. Kabinett und Volk waren beunruhigt. Man drängte auf Beschleunigung des Kriegsschiffsbaus: »Wir wollen acht Stück, und wir warten nicht«, klang ein Kehrreim der Varietétheater. Die Befürchtungen erfaßten auch die Dominien. Es bestand offenkundig ein Bedürfnis nach gegenseitiger Aussprache, dem man 1909 in einer zusätzlichen Reichs-(Verteidigungs-)Konferenz nachkam (68). Die Einstellung der Konferenz vor diesem drohenden Hintergrund war realistisch; ebenso der

Standpunkt des Marineministeriums. Das Ministerium zeigte sich bereit, angesichts der Einwände der Dominien gegenüber dem Grundsatz der Zuschüsse, wie sie während der letzten Jahre besonders nachdrücklich von Australien erhoben worden waren, in einigen Punkten nachzugeben, und machte selbst Alternativvorschläge, die auf der Bildung von unterstützenden, aber getrennten Dominienflotten gründeten. Die vorgelegte Denkschrift wiederholte zuerst die Behauptung, daß »die mit einem bestimmten Aufwand erreichbare größte Schlagkraft durch den Aufbau einer einzigen Flotte und die damit verbundene einheitliche Ausbildung und Befehlsgewalt erzielt werde« und daß »der Höchststand der Macht erreicht werde, wenn alle Teile des Reichs nach Maßgabe ihrer Bedürfnisse und Mittel zur Erhaltung der britischen Flotte beitragen würden«. Ein weiterer Vorschlag folgte, der den Wunsch einiger Dominien nach Schaffung eigener örtlicher Flotten berücksichtigte und der folgerte, daß unter dieser Voraussetzung die Bildung gesonderter Flotteneinheiten angestrebt werden sollte, die man in Kriegszeiten zusammenfassen konnte. Dieser zweite Vorschlag erwog die Verantwortung der Dominien für die Aufrechterhaltung einer bestimmten Flottenstärke in ihren eigenen Interessensphären, »um auf diese Weise die Reichsflotte von der direkten Verantwortung für entfernte Meere zu entlasten«. Sollte dieser Grundsatz angenommen werden, würde es in Zukunft vor den Küsten Ostindiens und Chinas (mit Hilfe des Beitrags von Neuseeland) eine Flotteneinheit des Vereinigten Königreichs, ein australisches Geschwader im Südpazifik und ein kanadisches im Ostpazifik geben, die alle drei in der Lage wären, sowohl einzeln die Küsten und Seewege zu verteidigen als auch gemeinsam eine Fernostflotte zu bilden.

Keiner der beiden Vorschläge des Marineamts war für Kanada annehmbar. Es lehnte den Gedanken von Zuschüssen ab, und die beiden Küsten Kanadas ließen — wie es Laurier später dem kanadischen Unterhaus erklärte — die Bereitstellung einer einzigen Flotteneinheit vorerst undurchführbar erscheinen. Er gab in der von ihm 1910 vorgelegten Flottenvorlage zu bedenken, Kanada sollte einen Anfang mit Kreuzern und Zerstörern machen, von denen ein Teil an der Atlantikküste, ein anderer an der Pazifikküste stationiert sein sollte, da beide Küsten für die Lage Kanadas lebenswichtig waren. In den Ansichten des Marineamts und Australiens jedoch herrschte eine größere Übereinstimmung. Sie fand ihren Niederschlag in einem Flottenabkommen, in dem sich die britische Regierung verpflichtete, im Indischen und Pazifischen Ozean doppelt so starke Seestreitkräfte wie die australische Flotteneinheit zu unterhalten. Für Australien bedeutete das eine gewisse Rückversicherung hinsichtlich der regionalen Sicherheit und auch einen unmittelbaren Anreiz zur Verstärkung der eigenen Seestreitkräfte. Tatsächlich aber wurde das Übereinkommen nie ganz eingehalten, da die britische Regierung angesichts des anglo-japanischen Freundschaftsvertrags und der anglo-russischen Konvention von 1907 keinen besonderen Anlaß sah, sich wegen der Sicherheit im Pazifik Gedanken zu machen. Nichtsdestoweniger führte die Konferenz zur Bildung der Königlich Australischen Flotte (69).

Bei der nächsten Vollversammlung der Reichskonferenz im Jahr 1911 führte das Gespenst des drohenden Kriegs in Europa zu einer dramatischen Abkehr von der herkömmlichen Geschäftsordnung der Konferenzen. In besonders einberufenen Sitzungen des Ausschusses für die Reichsverteidigung gab der Außenminister, Sir Edward Grey, in Anwesenheit der Premierminister eine Darstellung der britischen Außenpolitik im Hinblick auf die Umstände und die Gegebenheiten des Macht-

kampfs in Europa. Zum Abschluß der Konferenz bemerkte
Asquith, daß dies ein großes Ereignis gewesen sei, da die Dominien zum erstenmal in die innersten Gemächer der Reichs-
wohnung eingelassen worden wären: »...was mit einem
alten klassischen Ausdruck als die *arcana Imperii* bezeichnet
wurde, ist Ihnen ohne Vorbehalte oder Einschränkungen aufgedeckt worden.« (70) Das traf indessen nicht ganz zu. Sir
Edward Grey wählte seine Worte sehr vorsichtig, als er sagte:
»...wir sind nicht in irgendeine Verpflichtung verstrickt,
die uns die Hände bindet. Unsere Hände sind frei, und ich
habe nichts hinsichtlich unserer Bindung an irgendwelche
Bündnisse zu eröffnen, was nicht zur Zeit allen bekannt wäre.«
Die englisch-französischen und englisch-russischen General-
stabsgespräche waren keine Bündnisse oder Verpflichtungen
dieser Art. Lloyd George erinnerte sich, die Tatsache, daß
diese Gespräche stattgefunden hatten, sei weder den Premierministern der Dominien noch der Mehrzahl der Mitglieder
des britischen Kabinetts bekanntgegeben worden (71). Aber
mit dieser Einschränkung hob Lloyd George auch den Umfang
und die Offenherzigkeit der Übersicht des Außenministers in
anderen Bereichen hervor. Sie wurde selbstverständlich nicht
nur vorgetragen, um ein natürliches Interesse der Dominien
zu befriedigen. Die Regierungen der Dominien waren von
Europa weit entfernt. Sie mochten verständlicherweise die
Gefahren unterschätzen, die den Kontinent und Großbritannien selbst zu verschlingen drohten; sie mochten daher den
Ernst der Herausforderung der britischen Seemacht durch die
deutsche Flotte besser verstehen, wenn ihnen die Tatsachen
von berufener Seite auseinandergesetzt wurden; und sie mochten schließlich bewogen werden, einen höheren Beitrag zu den
gemeinsamen Verteidigungsmitteln des Reichs zu leisten. Die
Premierminister ihrerseits gingen auf die Anregungen ein. Der

Eindruck, den die Rede des Außenministers auf sie machte, war tief. Als General Botha einige Tage später mit Lloyd George frühstückte, sagte er ihm, daß er in Erwartung eines Krieges mit Deutschland nach Südafrika zurückkehre, und sollte er ausbrechen, würde er an der Spitze von 40 000 Mann Deutsch-Südwestafrika angreifen.

Hinsichtlich der Seestreitkräfte folgte 1911 dem Übereinkommen von 1909 eine weitere Übereinkunft zwischen England und den Dominien. Sie besagte, daß die Ausbildung und Disziplin in den Flotten Kanadas und Australiens im allgemeinen der Ausbildung und Disziplin in der Königlichen Marine entsprechen sollten, obwohl ihre Streitkräfte ausschließlich der Befehlsgewalt der betreffenden Regierungen unterliegen würden. Außerdem sollten Offiziere und Mannschaften austauschbar sein. Es sollte ferner im Ermessen der einzelnen Dominien liegen, ihre Seestreitkräfte in Kriegszeiten der Reichsregierung zur Verfügung zu stellen. In einem solchen Fall würden die Schiffe der Dominien einen integrierten Bestandteil der britischen Flotte bilden und während der Dauer des Krieges unter der Befehlsgewalt des britischen Marineamts verbleiben (72). Die kanadische Regierung erkundigte sich außerdem, in welcher Form zeitweilige und sofortige Hilfe durch Kanada am besten geleistet werden könnte. Die Antwort lautete: »Derartige Hilfe sollte die Bereitstellung einer Anzahl der größten und stärksten Kriegsschiffe umfassen, die die Wissenschaft erbauen und das Geld ermöglichen könnten.« Robert Borden, der nach der Wahlniederlage der Liberalen in den Wahlen vom November 1911 Sir Wilfrid Laurier als Premierminister ablöste, brachte am 5. Dezember 1912 eine Flottenvorlage ein, um einen kanadischen Beitrag von etwa 35 Millionen Dollar für den Bau von drei Kriegsschiffen für die Königliche Flotte zu ermöglichen (73). Die Gesetzesvorlage wurde vom Unterhaus verabschiedet, aber von dem immer noch von einer liberalen Mehrheit beherrschten Senat abgelehnt. Infolgedessen belief sich zu Beginn des Krieges die Seestreitmacht Kanadas auf nicht mehr als zwei Kreuzer, die sofort der Befehlsgewalt des britischen Marineamts unterstellt wurden. Neuseeland indessen stellte ein Linienschiff und bot, falls notwendig, ein anderes an, wodurch es hohes Lob vom Ersten Seelord erntete. Im März 1914 verkündete Churchill dem Unterhaus: »Indem das Dominion Neuseeland zu diesem entscheidenden Zeitpunkt zur Verstärkung der britischen Flotte ein prächtiges Schiff gestellt hat, hat es nach den besten Grundsätzen der Seekriegsstrategie in wirksamster Weise sowohl für die eigene als auch für die allgemeine Sicherheit vorgesorgt. Niemals ist von einer bisher mit militärischen Angelegenheiten so wenig vertrauten Gemeinschaft eine so große Einsicht in politische und strategische Belange gezeigt worden.« (74)

Bevor die Reichskonferenz von 1911 zusammentrat, ließ Asquith eigens vom Ausschuß für Reichsverteidigung eine Denkschrift vorbereiten, die die verschiedenen Möglichkeiten für eine größere und wirksamere Beteiligung der Dominien an der Reichsverteidigung aufzeigte. Darin wurde als das Hauptanliegen des Vereinigten Königreichs die Schaffung von Verwaltungseinrichtungen bezeichnet, die sicherstellen sollten, daß bei Kriegsausbruch die beschlossenen Maßnahmen sofort durchgeführt wurden. Die Stellung der Dominien brachte ein Element der Unsicherheit in die Planung. Während es für den Ausschuß für Reichsverteidigung möglich war, die Bereitstellung von Einrichtungen zur Durchsetzung der im Vereinigten Königreich beschlossenen Maßnahmen in Indien und den Kronkolonien zu planen, konnte die Mitarbeit der Dominien nur durch gemeinsame Beratung erzielt werden. Man dachte,

die Dominien würden eher zur Mitarbeit bereit sein, wenn
statt der zeitweiligen Vertretung eine ständige Vertretung der
Dominien im Ausschuß für Reichsverteidigung gesichert werden konnte. Aber hier tauchte eine Schwierigkeit auf, die
später geläufiger werden sollte. Ständige Vertreter der Dominien würden wahrscheinlich den Kontakt mit ihren eigenen
Regierungen und Völkern verlieren; Kabinettsmitglieder der
Dominien würden andererseits wahrscheinlich nicht in der
Lage sein, mit der erwünschten Regelmäßigkeit an den Sitzungen teilzunehmen. Man glaubte daher, die Lösung läge
in der Errichtung von Verteidigungsausschüssen in den einzelnen Dominien, die durch ihre Sekretariate engste Verbindung
mit dem Ausschuß für Reichsverteidigung in London unterhielten. Aus den Diskussionen über diese Vorschläge auf der
Reichskonferenz ergaben sich einige Schlußfolgerungen: Erstens sollten ein oder mehrere von der betreffenden Domi-
nionregierung ernannte Vertreter zu Sitzungen des Ausschusses
für Reichsverteidigung eingeladen werden, wenn Fragen des
Seekriegs und der Landverteidigung, die die überseeischen
Dominien betrafen, behandelt wurden; zweitens wurde
grundsätzlich der Gedanke der Errichtung von Verteidigungsausschüssen in jedem Dominion angenommen, sofern sich die
einzelnen Dominien in der Praxis dafür entschieden. Die Beschlüsse wurden nicht veröffentlicht, weil die Vertreter einiger
Dominien, vor allem Sir Wilfrid Laurier, dagegen Bedenken
anmeldeten. Später vertrat jedoch Lord Hankey die Meinung:
»Wenn irgendein einzelnes Ereignis als das bezeichnendste
für die ungeheure Anstrengung der Zusammenarbeit der Dominien im Ersten Weltkrieg ausgewählt werden kann, so
›jene ruhigen Diskussionen in der freundlichen Atmosphäre
des früher von Disraeli bewohnten Zimmers in Whitehall
Gardens Nr. 2‹ (die Amtsräume der Obersten Kriminalbe-

hörde), die durch die Gleichschaltung der Kriegspläne zu jener verständnisvollen Zusammenarbeit führten.« (75)

Man darf sich jedoch nicht vorstellen, daß selbst am Vorabend des Ersten Weltkriegs die Premierminister der Dominien hauptsächlich mit den Fragen der Verteidigung oder etwa der Außenpolitik beschäftigt waren. Hinsichtlich der Außenpolitik waren sie gekommen, um eingeweiht zu werden, aber nicht, um zu bestimmen. Die Verantwortung für die Außenpolitik, sagte Asquith auf der Reichskonferenz von 1911, könne niemals geteilt werden. Dies war eine Übertreibung, die vielleicht seine eigenen Zweifel verdeckte; aber zumindest zu jener Zeit wurde die Verantwortung nicht geteilt. Abgesehen von Verteidigungsfragen waren die Premierminister und Regierungen der Dominien hauptsächlich mit den ausführlichen Fragen der politischen, sozialen und wirtschaftlichen Zusammenarbeit im Reich beschäftigt, wie aus persönlichen Aufzeichnungen und amtlichen Protokollen klar hervorgeht. Meistenteils blieben also die Anliegen der Konferenzen von 1907 und 1911 alltäglich. Die zu behandelnden Probleme wurden nach dem Grundsatz ausgewählt, den Elgin in einem amtlichen Schreiben vom 4. Januar 1907 niederlegte und Harcourt am 20. Januar 1911 bestätigte. Er besagte, daß die von den Dominien vorgeschlagenen Fragen bevorzugt werden sollten und die Reihenfolge ihrer Behandlung sich danach richten sollte, von wie vielen Dominien sie vorgeschlagen worden waren, unter Berücksichtigung der Bedeutung und der Möglichkeit, durch Diskussion zu einem bestimmten Ergebnis zu kommen. Die zugelassenen Themen waren wichtig, unterschiedlich und größtenteils nicht aufregend. Sie umfaßten die Stellung britischer Inder in den Dominien, die Staatsangehörigkeit, Erzwingung von Schiedsgerichtssprüchen, Einheitlichkeit der Gesetzgebung, Maße und Gewichte, Handelsschifffahrt und Schiffahrtsgesetze, Währung und Münzwesen, Einkommens- und Erbschaftssteuer, Verträge und Handelsbeziehungen, drahtlose Telegraphie, Landbesiedlung — dies in einer von Rider Haggard 1907 zur Behandlung vorgelegten Denkschrift —, Auswanderung, eine rein britische Postverbindung und das Pennyporto (76). Einige dieser Angelegenheiten ließen sich ohne Schwierigkeiten erledigen oder entscheiden, andere verlangten ausführliche technische Untersuchungen. Aber für die Bevölkerung in den Dominien oder in Großbritannien war es in jedem Fall wichtig, daß diese Angelegenheiten behandelt und entschieden wurden.

Eine lebhaftere Debatte wurde 1911, wie schon 1907, durch verschiedene Vorschläge Australiens und Neuseelands zur formalen Stärkung der Bindungen im Reich durch eine Verwaltungsneugliederung oder durch eine bundesstaatliche Neuordnung angeregt. Der britische Staatssekretär für die Kolonien, Harcourt, überlegte mit Asquith im voraus, welche Zugeständnisse gemacht werden konnten; die Ergebnisse ihrer Gespräche wurden ihren Kabinettskollegen in einer Denkschrift vorgelegt. Im Hinblick auf den neuerlichen Druck zur Reform des Kolonialministeriums kamen der Premierminister und der Kolonialminister zu dem Schluß, daß zumindest »eine Zweiteilung des Kolonialministeriums unter dem Staatssekretär (d. h. die Schaffung von zwei ständigen Unterstaatssekretären — einer für die Dominien und einer für die Kronkolonien)« und »zusätzlich zum Sekretariat der Reichskonferenz ein ständiger Ausschuß, der die Hohen Kommissare oder andere Vertreter der Dominien mit einschloß«, zugestanden werden konnten. Obwohl man die Argumente zugunsten der Zweiteilung des Ministeriums für »rein sentimental« hielt, sollten sie deswegen nicht übersehen werden. Die Denkschrift fuhr fort: »Einige Minister der jüngeren ›Dominien‹ scheinen sich

durch eine Verbindung mit den Kronkolonien, von denen
einige schon vor der Entdeckung Australiens oder der Besiedlung Südafrikas fast autonom waren, herabgewürdigt zu fühlen. Das Verlangen nach Trennung von den anderen Besitzungen der Krone ist eher eine Frage des gesellschaftlichen Vortritts
als der wirksamen Verwaltung.« Der Staatssekretär vermutete,
die Premierminister der Dominien würden die »Zweiteilung«
ablehnen, wenn sie die Gründe, die dagegen sprachen, verstehen würden. Innenpolitisch gesehen, würde sie zu einer
unerwünschten Verwaltungsverdoppelung führen mit der
Folge, daß die Angelegenheiten von ständigen Beamten be-
arbeitet würden, die trotz anderer Gemeinsamkeiten nicht
über die Dominien und auch nicht über die Kronkolonien
Bescheid wüßten. Vom Standpunkt der Dominien aus gesehen, würden die Nachteile ebenso groß sein. In einem Abschnitt einer bei einem liberalen Staatsmann befremdend
anmutenden imperialistischen Vorhersage schrieb der Kolonialminister: »Es erscheint fast sicher, daß sich die Dominien
in den gemäßigten Zonen in nicht zu ferner Zukunft ›Treib-
häuser‹ für Luxusartikel und andere Zwecke werden verschaffen wollen. Es mag nicht unvernünftig erscheinen, die
spätere Annexion der Westindischen Inseln durch Kanada,
der Pazifischen Inseln durch Australien und Neuseeland, Rhodesiens und der Eingeborenenschutzgebiete (sogar Njassaland)
durch Südafrika in Erwägung zu ziehen. Wenn aber die kon-
sequente Zweiteilung des Kolonialministeriums sofort durchgeführt werden soll, werden diese Dominien weit mehr als
bisher von irgendwelchen Kenntnissen über die benachbarten
Kronkolonien, von ihrem Interesse an ihnen oder ihrem indirekten Einfluß auf sie getrennt werden, als das unter einem
einheitlichen Kolonialministerium mit einem ständigen Unterstaatssekretär der Fall wäre, der täglich über die Arbeit

der beiden Zweige auf dem laufenden ist und sie überwacht.«
Die Denkschrift lehnte Vorschläge — und in diesen Fällen
sicher zu Recht — kurz ab, die darauf hinausliefen, daß der
Premierminister die Kontrolle über die Dominien übernehmen
und dem Kolonialministerium nur die Verwaltung der Kronkolonien überlassen sollte und daß im Fall einer Zweiteilung
der Staatssekretär künftig »Staatssekretär für die Dominien,
Kronkolonien und Protektorate« — eine »umständliche und
etwas lächerliche Bezeichnung« — heißen sollte (77). Im Endergebnis wurde Harcourt nicht gedrängt, sie anzunehmen.
Der Druck war nicht einmal so stark, um ihn zu den Zugeständnissen zu zwingen, zu denen er bereit gewesen wäre. 1911
gab es über diese Angelegenheiten keine Auseinandersetzungen, und das Kolonialministerium ging sogar ohne Zweiteilung aus der Konferenz hervor!
Es gab andere Vorschläge, die in der Denkschrift des Staatssekretärs nicht erwähnt waren. Ein australischer Vorschlag besagte, es sei wünschenswert, die vom Rechtsausschuß des Kronrats ausgeübten richterlichen Funktionen über die Dominien
einem Reichsberufungsgericht zu übertragen, um eine wirksamere Vertretung der überseeischen Gebiete zu sichern. Die
Regierung Neuseelands schlug vor, im Interesse der Regierungen des Vereinigten Königreichs wie der überseeischen Dominien ausgewählte Staatsbeamte auszutauschen, um deren
Kenntnisse der Probleme, die Großbritannien und die Dominien betrafen, zu erweitern. Keiner der beiden Vorschläge
wurde, vor allem wegen der damit verbundenen praktischen
Schwierigkeiten, in der vorgebrachten Form angenommen (78).
Sehr viel tiefgreifender war die vom Premierminister Neuseelands, Sir Joseph Ward, eingebrachte Resolution. Die Bedeutung des Meinungsaustausches über die Begriffe »Rat« oder

»Konferenz« von 1905 scheinbar nicht beachtend, regte er 1911
die Schaffung eines Reichsstaatsrates an. In der Kabinetts-
denkschrift des Staatssekretärs wurde auf diesen Vorschlag
verwiesen. Harcourt war sicher, daß er der Konferenz nicht
genehm sein würde. Er schrieb: »Ich weiß, daß sich General
Botha dagegenstellen wird, und es steht fest, daß der Vorschlag die heftige Ablehnung Sir Wilfrid Lauriers herausfordern wird . . .« Er behielt recht. Ward stellte seinen Antrag
in einer der längsten und vielleicht verwirrendsten Reden,
die jemals in einer derartigen Versammlung gehalten wurden
(79).
Sir Joseph Wards Vorschläge hatten, ob sie nun einen Rat oder
ein Parlament beabsichtigten und ihre Ursprünge einigermaßen verborgen blieben (80), keine Aussicht, angenommen zu
werden. Keiner faßte die Gründe dagegen so klar zusammen
wie General Botha, ein unbeugsamer Verfechter der Dezentralisation des Reichs. Er sagte: »Wenn einem solchen Reichsrat irgendeine tatsächliche Autorität übertragen werden soll,
dann bin ich überzeugt, daß die Selbstverwaltungsbefugnisse
der verschiedenen Teile des Reichs notwendigerweise eingeschränkt werden müssen. Das wäre ein Vorschlag, den —
dessen bin ich gewiß — kein Parlament in irgendeinem Teil
des Reichs auch nur für einen Moment in Erwägung ziehen
wird.
Wird einem solchen Rat keine wirkliche Autorität übertragen, dann fürchte ich sehr, daß er nur zu einer aufdringlichen
Körperschaft werden wird, die ständig versucht, sich in die inneren Angelegenheiten der verschiedenen Teile des Reichs ein-
zumischen, und die nichts als Unannehmlichkeiten und Reibung verursachen wird.« (81) Wenn es darauf ankäme, würde
wahrscheinlich kein Parlament in irgendeinem Teil des Reichs
die Vorstellung eines Abbaus seiner Autorität durch einen

Rat erwägen — darin hatte General Botha den für die Parlamentarier wesentlichen Punkt berührt. Solange Parlamentarier die Formen und Wege der Zusammenarbeit innerhalb des Commonwealth bestimmten, würde es weder einen Rat noch eine andere zentrale Autorität geben, die die Verantwortung ihrer eigenen Kabinette gegenüber den eigenen Parlamenten einschränkte.

Bedeutsamer als die Ablehnung bestimmter und schlecht vorbereiteter Vorschläge zur Zentralisation war die neue Kraft des Nationalismus in den Dominien, der an Stärke zunahm und eine weitere Dezentralisation der Reichsautorität forderte. Laurier und Botha waren dessen Verfechter. In einem Brief vom 15. Juni 1911 schrieb Botha an Smuts: »Laurier und ich haben unsere Freundschaft erneuert. Er und ich stimmen in allem überein ... Die Arbeit der Konferenz schreitet ganz gut voran. Wir haben den Vorschlag eines Reichsstaatsrats oder eines Reichsparlaments mit Stumpf und Stiel ausgerottet, und es ist uns gelungen, die Konferenz als eine Konferenz am runden Tisch beizubehalten.« (82) Das Gleichgewicht der Kräfte innerhalb der Reichsteile mit Selbstverwaltung hatte sich nach dem Hinzukommen eines vereinigten Südafrikas als weiteres Dominion merklich verschoben.

Es wäre jedoch falsch, einen Überblick über die Beziehungen der Dominien zu Großbritannien am Vorabend des Ersten Weltkriegs mit einer negativen Feststellung abzuschließen. Ihr wichtigstes Merkmal war, daß sie auf der Grundlage friedlicher Zusammenarbeit weiter aufrechterhalten wurden. Nach Hankeys Ansicht (die fast mit Sicherheit richtig war, trotz einiger englisch-kanadischer Auseinandersetzungen im Jahr 1911) würden sie nach der Konferenz von 1907 auch im Fall eines großen Krieges Bestand haben, nach dem Grundsatz: »Vereint bleiben wir bestehen, getrennt gehen wir unter.« (83)

Das zweite Merkmal war, daß sie in einer langen Reihe von Fragen auf der Grundlage der Gleichberechtigung durchgeführt werden könnten. 1911 erinnerte Asquith die Konferenz: »In der frühen viktorianischen Epoche gab es zwei vereinfachte Lösungen für das sogenannte ›Kolonialproblem‹, das von den damaligen britischen Staatsmännern mit ziemlicher Ungeduld betrachtet wurde. Eine war die Zentralisation, ... die andere die Auflösung.« Aber nach siebzigjähriger Erfahrung, fuhr er fort, hätten beide Ansichten weder in der Heimat noch in Übersee die geringste Unterstützung. »Wir wurden — manche Leute würden sagen dank der Vorsehung oder (nimmt man eine schmeichelhaftere Hypothese an) durch den politischen Instinkt unserer Nation — vor ihrer Durchführung bewahrt. Und wie die Zentralisation in zunehmendem Maß als absurd angesehen wurde, erachtete man auch die Auflösung als unmöglich. Ein jeder von uns, ob in diesem Vereinigten Königreich oder in irgendeiner der großen Gemeinschaften, die Sie hier vertreten, ist Herr im eigenen Haus und beabsichtigt, es zu bleiben (Zwischenrufe: Hört! Hört!). Das ist hier in der Heimat und in allen Dominien das Lebensblut unserer Politik. Es ist der *articulus stantis aut cadentis Imperii.*« Dies wurde von den Premierministern der Dominien wärmstens begrüßt — auch wenn nicht alle unter ihnen Asquiths Vorliebe für klassische Zitate teilten (84).

Am 1. August 1912 fand im Ausschuß für Reichsverteidigung eine Diskussion statt, die sowohl Epilog als auch Hinweis für die Zukunft sein kann. Der neue, von zweien seiner Minister begleitete Premierminister Kanadas, R. L. Borden, war anwesend. Er zeigte sich an der Außenpolitik ebenso interessiert wie an der Verteidigung. Er erinnerte die britischen Ministerkollegen daran, daß ein Volk südlich der kanadischen Grenze ein direktes und unmittelbares Mitspracherecht in der Regie-

rung seines Landes einschließlich aller Fragen der Außenpolitik
hätte, während nördlich dieser Grenze die Außenpolitik einer
entfernten Reichsmacht vorbehalten bliebe. Borden gab zu,
daß sich der Gegensatz in der Vorstellungswelt des kanadischen Volkes noch nicht stark eingeprägt habe. Aber er hegte
keinen Zweifel daran, daß dies sehr bald der Fall sein würde:
in dem Maß, in dem das Land an Reichtum, Bevölkerung und
Mitteln zunehme, und vor allem in dem Maß, »in dem seine
Auffassung dessen, was ein nationaler Geist verlangt, stark
zunimmt«. Sein Kollege C. J. Doherty stellte die Frage kon-
kreter. Da die kanadische Regierung bereit sei, daß dieses Dominion einen größeren Beitrag in dieser oder jener Form zur
Verteidigung des Reichs leiste, müßten auch Mittel und Wege
gefunden werden, um dessen Stimme bei der Lenkung der
Außenpolitik des Reichs Gehör zu verschaffen. Die Schwierigkeiten seien allbekannt. Notwendig sei vor allem eine Untersuchung dieser Schwierigkeiten als Beweis dafür, daß es nicht
nur eine Anerkennung des Grundsatzes gäbe, die Dominien
sollten in der Außenpolitik ein Mitspracherecht haben, sondern daß auch die Absicht bestehe, es ihnen zu gewähren (85).
Bevor das Jahr zu Ende war, in dem der Ausspruch Asquiths
fiel, daß die Verantwortung für die Außenpolitik niemals geteilt werden könne, besprachen die Vertreter des ältesten Dominions die Teilung dieser Verantwortung (86)!

Zweiter Teil

DAS BRITISCHE COMMONWEALTH
DER NATIONEN 1914–1947

»Wenn wir nun als Nationen fortbestehen und als Nationen wachsen und uns selbst als Nationen regieren sollen, so erhebt sich die große Frage: Wie sollen wir dieses Reich zusammenhalten?«

General Smuts auf der Reichskriegskonferenz 1917

»Das Britische Weltreich ist ... das hoffnungsvollste Experiment in menschlicher Organisation, das die Welt bisher gesehen hat. Nicht so sehr deswegen, weil es Menschen vieler Rassen, Sprachen, Traditionen und Glaubensbekenntnisse unter einem Regierungssystem verbindet. Andere Reiche haben das getan; doch das Britische Weltreich unterscheidet sich von allen anderen wesentlich: Es gründet nicht auf Gewalt, sondern auf gutem Willen und einem allgemeinen Einvernehmen. Freiheit ist sein verbindendes Prinzip.«

The Right Hon. David Lloyd George
auf der Reichskonferenz 1921

»Wir können keiner Preisgabe — sei sie noch so formlos — des Grundsatzes der Untertanentreue zum König, auf dem das ganze Gefüge des Reichs und alle in ihm bestehenden Verfassungen beruhen, zustimmen. Es ist mit diesem Grundsatz unvereinbar, daß Ihre Delegierten auf dieser Konferenz als Vertreter eines unabhängigen und souveränen Staates hier sein sollen. Solange Sie darauf bestehen, ist jede Besprechung zwischen uns unmöglich.«

The Right Hon. David Lloyd George
an Eamon de Valera am 17. September 1921

»Die Konferenz machte eindeutig klar, daß das Britische Commonwealth nichts sehnlicher wünschte als Frieden und nach wie vor alles versuchen würde, um der Welt zu einem Ausgleich der Differenzen und zum Frieden zu verhelfen.«

The Right Hon. J. A. Lyons im australischen
Repräsentantenhaus am 24. August 1937

»Es trifft zu, daß in London keine regelmäßigen Sitzungen eines nach außen hin in Erscheinung tretenden, für das ganze Empire zuständigen Kriegskabinetts oder Kriegsministerrats stattfinden. Wir haben aber etwas, das, obgleich es nach außen hin nicht in Erscheinung tritt, viel wichtiger ist, nämlich eine ständige Konferenz der Regierungen der Commonwealth-Staaten.«

The Right Hon. W. L. Mackenzie King am 11. Mai 1944

Erstes Kapitel

Der Krieg als Katalysator

Wenn Joseph Chamberlain nach dem schon zitierten Ausspruch von Curzon »auf die Kolonien versessen« war, so war
das kein Gebrechen, das unter britischen Politikern seiner Generation weit verbreitet war. Meistenfalls folgten sie in Kolonialangelegenheiten instinktiv und mühelos dem Rat Talley-
rands *»pas trop de zèle«*. Ein anderer, allerdings irriger Eindruck wird vermittelt durch allzuviel Lektüre von Seeley,
Froude und Dilke und selbst von Goldwin Smith und Hobson
oder gar von Sammelbänden wie *The Empire and the Century* (1) mit Beiträgen von nicht weniger als 50 Autoren und
eingeleitet durch Rudyard Kiplings Verse:
»Unsere Väter in einem großartigen Zeitalter,
Bevor die Erde klein war,
Sicherten uns ein großes Erbe
Und zweifelten nie daran,
Daß wir, die Kinder ihres Herzens,
Das damals so hoch schlug,
In späteren Zeiten für unsere Nachkommenschaft
Die gleiche Rolle spielen sollten.

Tausend Jahre bauten sie unverdrossen
Zu unser aller Vorteil
Die Mauern, an denen die Welt verzweifelte,
Die seebeherrschenden Türme: . . .«

Die britische Öffentlichkeit hatte Augenblicke der Begeisterung wie Kipling; die britischen Politiker dagegen erlebten
sie verhältnismäßig selten, und in keinem Fall wurde sie
durch die Dominien angeregt oder auf diese übertragen. Sie
waren, Südafrika zeitweilig ausgenommen, zu gewöhnlich, zu
britisch, zu vernünftig, um romantisch zu werden. Selbst die
wohlgesetzten Reden, mit denen die Kolonial- und Reichskonferenzen eröffnet und beschlossen wurden, waren selten be-
flügelt, obwohl sie auf ihre Art einem ausgewogenen Verständnis ebenso hinderlich waren wie überschwengliche Würdigungen der Aussichten und Ziele des Reichs. Erforscher des
Commonwealth sind in der Tat im allgemeinen gut beraten,
sie als Hauptlesekost zu vermeiden. Sie sind überdies in einer
Hinsicht äußerst unzuverlässig, nämlich als Hinweis auf britische Beschäftigung mit Dominienangelegenheiten. Seit 1907
führte ein britischer Premierminister auf solchen Konferenzen
kraft seines Amtes den Vorsitz. Man wollte auf diese Weise
deren Stellung heben, und man hatte damit Erfolg. Aber damit war nicht gesagt, daß Dominienangelegenheiten ein
Hauptinteresse britischer Premierminister oder Kabinette
wurden. Außer bei besonderen Anlässen waren es nicht die
Premierminister, sondern die Kolonialminister, die *inter alia*
für die Beziehungen zu den Dominien verantwortlich waren.
Wie waren diese Männer beschaffen? Das Format eines Joseph
Chamberlain war Kritikern wie Freunden gleichermaßen klar;
aber wer waren die Männer, die ihm im Kolonialministerium
folgten? Waren sie Männer von politischem Weitblick, die
dem Herzen der britischen Wählerschaft und den Quellen der
Macht nahestanden? Die Antwort auf alle diese Fragen lautet
bezeichnenderweise, wenn auch mit gewissen Einschränkungen:
nein.
Vom September 1903 bis Dezember 1905 war Alfred Lyttel-

ton Kolonialminister. Das Amt des Kolonialministers war der einzige Posten, den er jemals im Kabinett innehatte. Er war keine beherrschende Persönlichkeit. »In der Schattenwelt«, schrieb er an Milner, »wurde ich Ihr politischer Vorgesetzter genannt; aber in der wirklichen Welt, müssen Sie wissen, betrachtete ich Sie immer als meinen Vorgesetzten ...« (2) In der Tat unterlagen auch andere der machtvollen Persönlichkeit Milners; aber im Fall Lytteltons verstärkt die Geschichte seiner Amtszeit im Kolonialministerium den Eindruck eines Staatssekretärs, der zwar echtes Interesse an kolonialer Entwicklung hatte, jedoch selbst von zweitrangiger politischer Bedeutung war. Lytteltons Nachfolger war als neunter Kolonialminister Lord Elgin. Er war Vizekönig von Indien gewesen. Seine Amtszeit als Vizekönig war nicht gerade denkwürdig. Während der Amtszeit von Lansdowne und Elgin, »dieser beiden fügsamen, phantasielosen Männer, ... erreichte« das Amt des Vizekönigs, in den Augen von Dr. Gopal, »seinen niedrigsten Stand« im 19. Jahrhundert, und er bemerkte insbesondere von Elgin, dieser habe keine festen Ansichten gehabt und sei froh gewesen, die Entscheidung Whitehall zu überlassen (3). Die Amtszeit Lord Elgins im Kolonialministerium wird durch die Art und Weise ihrer ungewöhnlichen Beendigung überschattet. Als Asquith im April 1908 Campbell-Bannerman im Amt folgte, entschied er sich, auf die Dienste Elgins zu verzichten. Er übersah es jedoch, dies Elgin mitzuteilen. Eine Nachricht über seine bevorstehende Entlassung erschien im *Daily Chronicle;* doch Elgin erfuhr davon erst in einem Brief des neuen Premierministers, der auf die Notwendigkeit hinwies, jüngere Männer zu fördern, aber keine Anerkennung der Verdienste Elgins in der Vergangenheit enthielt und, indem er der Unbill noch eine Beleidigung hinzufügte, mit der Frage schloß: »Wie wäre es mit einem

Marquisat?« (4) Die Begebenheit spiegelt zutreffend sowohl
die Taktlosigkeit Asquiths als auch das mangelnde politische
Gewicht Elgins. Es ist überzeugend dargetan worden, daß Elgin innerhalb seines Ministeriums eine gewichtigere Persönlichkeit war, als bisher angenommen wurde (5). Seine Anmerkungen in den Akten des Kolonialministeriums lassen einen
Mann mit Erfahrung und sicherem Urteil erkennen, und mit
geübtem Blick für das Wesentliche in den Beziehungen Großbritanniens zu den Dominien. Sie verraten auch einen Mann
von konservativer Gesinnung, der gewissenhaft versuchte, sich
daran zu erinnern, daß er Mitglied einer liberalen Regierung
war.

Elgin wurde im Kolonialministerium von Lord Crewe abgelöst, der wegen seines Geschicks bei der Schlichtung von Meinungsverschiedenheiten innerhalb der Partei und bei Verhandlungen zwischen den Parteien sehr geschätzt wurde. Im Gegensatz zu seinem Vorgänger hatte er infolgedessen politisches Gewicht. Aber dieses wurde durch einen Mangel an tieferem Interesse für Reichsangelegenheiten aufgewogen. Crewe
war vor allem besorgt, daß sie reibungslos verliefen. 1910
folgte ihm Lewis Harcourt, später Viscount Harcourt, der bis
zur ersten Kriegskoalition 1915 im Amt blieb. Als junger
Mann und unter dem Spitznamen »Loulou« hatte er durch
seinen Vater, Sir William Harcourt, genaueste Kenntnisse
über die Intrigen und Zwistigkeiten erhalten, die schließlich
zum Sturz der kurzlebigen Regierung Lord Rosebery führten (6). Beweisstücke aus dem Ministerium deuten an, daß
Lewis Harcourt hinsichtlich der routinemäßigen Verwaltung
möglicherweise als Kolonialminister unterschätzt worden ist.
Andererseits deutet die schon erwähnte, für die Reichskonferenz 1911 vorbereitete Kabinettdenkschrift, die eine mögliche Annexion Westindiens durch Kanada sowie Rhodesiens,

der Schutzgebiete und sogar Njassalands durch Südafrika ins Auge faßte, einen Mangel an realistischer Einschätzung der anstehenden Probleme und Möglichkeiten an. Im Vergleich zu den überragenden Persönlichkeiten der Vorkriegsregierung Asquith war Lewis Harcourt sicherlich eine durchaus zweitrangige Kraft.

Zusammenfassend kann man billigerweise sagen, daß Chamberlains Nachfolger im Kolonialministerium bis zum Ausbruch des Ersten Weltkriegs gewissenhafte und in vielen Hinsichten aufgeklärte Männer waren, von denen jedoch keiner, mit der möglichen Ausnahme Crewes, einen entscheidenden Einfluß im Kabinett oder im Land ausübte. Auch hatte keiner von ihnen, Crewe nicht ausgenommen, die Befähigung, die Hauptfragen der Kolonialpolitik tief auszuloten. Sie reagierten auf den Druck der Dominien für gewöhnlich verständnisvoll und oft sehr vernünftig, wenn auch in negativer Weise; aber die Initiative in der Weiterentwicklung und fortschreitenden Neufassung der Beziehungen zwischen Großbritannien und den Dominien lag in zunehmendem Maß, vielleicht unvermeidlich, in Übersee.

Die Tatsachen drängen die weitere Frage auf: Warum waren Kolonialminister nach Joseph Chamberlain wie auch schon vor ihm meistens Männer von zweitrangiger politischer Bedeutung? Die Antwort scheint eine zweifache zu sein. Allgemein gesprochen drängten sich ehrgeizige junge Männer mit politischer Befähigung nicht nach diesem Amt. Hierin bildete allerdings Winston Churchill, wie in so vielem anderen, eine Ausnahme. 1908 bat er Asquith um dieses Amt, wobei er seine Befähigung in einem Brief darlegte, der nicht gerade von übergroßer Bescheidenheit zeugte und in dem er andeutete, daß die Regierung großen Gewinn »aus einer kühnen und doch umsichtigen Verwaltung eines Reichsministeriums« (7)

ziehen könne. Asquith ernannte ihn statt dessen zum Handelsminister. Der zweite Teil der Antwort steht nicht beziehungslos neben dem ersten. Ehrgeizige Männer entschieden sich im allgemeinen nicht für das Kolonialministerium, weil die Angelegenheiten, mit denen es sich befaßte, einschließlich der letzten Verantwortung für die Verwaltung der Kronkolonien und auch für die Beziehungen zu den Dominien, weder von der britischen Wählerschaft noch an sich als bedeutsam betrachtet wurden. Es wurde behauptet, und zwar nicht nur in Übersee, daß die britische Öffentlichkeit und das britische Parlament durch ihre verhältnismäßig große Interesselosigkeit am Wachstum der Dominien einen Mangel an politischer Weitsicht beweisen. Ein Beispiel mag genügen. Sir Henry Parkes' Vorschläge zur Föderation Australiens wurden den Premierministern der anderen australischen Kolonien zu der gleichen Zeit vorgelegt, als der deutsche Kaiser dem türkischen Sultan einen dramatischen Besuch abstattete. In der britischen Presse blieb das erste fast unerwähnt, während das zweite große Aufmerksamkeit auf sich zog. Am 4. November 1889 beschwerte sich *The Pall Mall Gazette* über die Tatsache, daß die beiden Hauptorgane »einer Regierung, die vor allen anderen Dingen vorgibt, imperialistisch zu sein, heute morgen viele Spalten der Kritik an den Möglichkeiten und Veränderungen in Osteuropa widmen, aber nicht ein Wort über den bei den Antipoden unternommenen Neuanfang zu sagen haben. Unser Interesse gilt zu sehr Europa . . . Die Zukunft Osteuropas ist nicht unsere Angelegenheit; aber die Zukunft Australiens ist in jeder Hinsicht von ungeheuerer Bedeutung sowohl an sich — als ein größeres England — als auch in seiner Bedeutung für das ganze Reich.« Jedoch Staatsmänner, Zeitungen und die Öffentlichkeit zeigten sich viel mehr an den Äußerungen des deutschen Kaisers oder dem Lächeln des Sul-

tans interessiert als »an der Beobachtung der Entwicklung
einer in dem schöpferischen Gehirn von Sir Henry Parkes er-
sonnenen Politik, die bestimmt sein könnte, die Zukunft des
gesamten Britischen Weltreichs zu gestalten« (8). Die Folgerungen dieser Kommentare bestanden zu Recht, insoweit sie
andeuteten, daß britische Zeitungsleser für die Überbewertung
der Bedeutung von Schachzügen in der europäischen Politik
ebenso voreingenommen waren wie für die Unterbewertung
der möglichen Bedeutung der Entwicklungen im Reich. Ein
Grund dafür war klar: Die Beziehungen zwischen Großbritannien und den Dominien waren gut, und gute Beziehungen
boten und bieten keinen Stoff für Zeitungsnachrichten. Ein
anderer Grund war die Einstellung der Regierungen und deren Berater. »Merkwürdig ist«, schrieb John Morley vom Indienministerium an den Vizekönig, Lord Minto, während der
Kolonialkonferenz von 1907, »daß Indien — der erstaun-
lichste Teil des Reichs — niemals erwähnt wird, und die Leute
sind Ihnen und mir sehr dankbar, daß wir es unter einem
Löschhütchen halten.« (9) Je weniger Informationen oder
Nachrichten, desto weniger Schwierigkeiten waren zu erwarten!
Die Führer in den Kolonien, die dazu neigten anzunehmen,
ihre Ansichten über die Rangordnung der Fragen müßten
von London geteilt werden, grollten, wenn sie feststellten, daß
dies nicht einmal im Kolonialministerium selbst der Fall war.
Der Angriff Deakins auf das Kolonialministerium im Jahr
1907 erhielt seine Schärfe durch dessen Überzeugung, die
Rangordnung der Fragen — in diesem Fall der Reichsfragen —
in den Köpfen der Beamten des Ministeriums sei falsch. Außerhalb des Kolonialministeriums wurden Kolonialfragen
kaum beachtet, und in vielen einflußreichen Kreisen glaubte
man, die Vertreter der Kolonien seien Männer, denen man

entgegenkommen und die man gastlich aufnehmen sollte, aber nicht zu ernst nehmen durfte. Als John Morley 1907 aus dem Indienministerium an den Vizekönig, Lord Minto, schrieb, machte er keinen Hehl daraus, daß er den Tag der Abreise der Gäste aus den Kolonien herbeisehnte. »In diesem Augenblick«, schrieb er am 12. April an Minto, der von 1898 bis 1904 Generalgouverneur von Kanada gewesen war, »werden die Leute von unseren Verwandten aus den Kolonien, die Sie etwas kennen, zu Tode gelangweilt werden (die Langeweile ist schon spürbar). Ihre Kanadier sind ausgezeichnet; aber manche der anderen sind ungeschliffene Edelsteine. Die Festlichkeiten werden ein ungeheures Ausmaß annehmen, und wir werden uns jede Menge Prahlerei auf der einen Seite und geheuchelte Gemeinplätze auf der anderen Seite anhören müssen. Nichtsdestoweniger ist das Reich eine wunderbare Sache.« Und am 26. April befürchtete Morley: »Die Kolonialkonferenz wird langsam zur langweiligsten Angelegenheit, die es je gab.« Und am 24. Mai sagte er dem Vizekönig, der ihn daran erinnert hatte, daß »diese entstehenden Nationen das junge Lebensblut des Reichs« seien, und wie »alle jungen Dinger voller Überheblichkeit und voller Selbstvertrauen, aber . . . jung und stark«, daß, obwohl er ihnen Sympathie entgegenbrächte, doch die Tatsache bestehenbliebe, daß »unsere jungen kolonialen Verwandten dazu neigen, schrecklich langweilig zu sein; und wenn Sie dazu verurteilt gewesen wären, Tag für Tag mit ihnen zusammen 20 Mahlzeiten einzunehmen, und dabei Deakin stundenlang sein Garn hätten spinnen hören, dann, glaube ich, wären Sie heilfroh gewesen, ihre Rücken zu sehen, wie ich es bin« (10). Der letzte Biograph Asquiths, Roy Jenkins (11), wies nicht einmal auf die Reichskonferenz von 1911 hin. Die Liste der dem Kabinett vor dem Ersten Weltkrieg vorgelegten Schriften und die täglichen Berichte des

Premierministers an den König über die Verhandlungen des
Kabinetts zeigen beide, wie selten, vor allem in den späteren
Jahren, die Aufmerksamkeit des Kabinetts auf Dominienangelegenheiten oder -probleme (einschließlich Südafrika) gerichtet war (12). Damit soll nicht angedeutet oder angenommen werden, daß das Gespür des Kabinetts für die Rangordnung der Fragen in dieser Hinsicht verfehlt war. Die Innenpolitik und der mögliche Ausbruch eines europäischen Krieges beherrschten die Überlegungen des Kabinetts. Auf der Kolonialkonferenz von 1897 hatte Chamberlain versucht, die
Premierminister der Kolonien zu größeren Beiträgen der Kolonien zur Reichsverteidigung zu bewegen, mit der Behauptung, daß jeder Krieg, in den Großbritannien seit der Thronbesteigung der Königin verstrickt gewesen sei, »im Grunde«
einem kolonialen Interesse gegolten habe, und mit der Feststellung, daß dies auch weiterhin so sein würde (13). Am Ende
des ersten Jahrzehnts des neuen Jahrhunderts konnte keine
derartige Behauptung auch nur mit dem Anschein der Überzeugung auf einer solchen Versammlung vorgebracht werden und
wurde auch nicht vorgebracht. Während sich die europäischen
Spannungen verstärkten, ließen die kolonialen Rivalitäten
nach. Mit der Unterzeichnung der anglo-russischen Entente
von 1907 wurde es wahrscheinlich und mit der Krise in Bosnien 1908/09 zur Gewißheit, daß ein Weltkrieg von den
Großmächten Europas in Europa, und zwar mit einem europäischen *casus belli*, ausgetragen werden würde. War es dann
nicht richtig und unvermeidlich, daß Großbritanniens Beschäftigung mit der Außenpolitik in dieser Zeit überwiegend
europäisch war und daß als notwendige Folge die Angelegenheiten des Reichs und der Dominien in den Hintergrund gedrängt wurden, ausgenommen soweit sie in einem europäischen Krieg eine Rolle zu spielen hatten?

Es ist zweifellos wichtig, die Bedeutung der Dominien im britischen Denken und vor allem bei der Ausbildung der britischen Ansichten oder bei der Gestaltung der britischen Politik vor dem Ersten Weltkrieg nicht zu überschätzen, es ist aber genauso wichtig, diese nicht ganz abzuschreiben oder zu übersehen. Die Dominien waren, selbst zusammengenommen, kein großer, aber ein ständig an Bedeutung zunehmender Faktor, der manche Aspekte der britischen Politik beeinflußte. Es ist wahr, um auf Asquiths freimütige Äußerung zurückzukommen, daß die Verantwortung für die Außenpolitik vor 1914 nicht geteilt war. Andererseits ermangelte es indessen auch den Dominien nicht an Gelegenheit, ihre Ansichten bekannt zu machen und dadurch von innen her einen Druck auszuüben. Im späteren 19. Jahrhundert wurden Fragen der Außen- oder Verteidigungspolitik, die die Interessen der Kolonialregierungen unmittelbar betrafen, in der Praxis als Angelegenheiten betrachtet, die ein gewisses Maß gegenseitiger Beratung zwischen den betroffenen Kolonialregierungen und der Reichsregierung erforderten. In einem Fall rief dieser Brauch die Empörung Bismarcks hervor. Es war 1884, und den Anlaß gaben deutsche Anfragen über den Schutz deutscher Geschäftsleute in Angra Pequeña; Anfragen, die bald als Ansprüche auf die Inbesitznahme des später als Deutsch-Südwestafrika bekannten Gebiets formuliert werden sollten. Das Außenministerium befleißigte sich einer hinauszögernden Taktik, und der Außenminister, Lord Granville, erklärte die außerordentliche Verzögerung der Antwort auf die deutschen Anfragen mit der Behauptung, daß die britische Regierung in einer solchen Angelegenheit nicht handeln könne, »außer in Übereinstimmung mit der Regierung der Kolonie, die ein unabhängiges Ministerium und Parlament besitzt«. Hierauf erwiderte Bismarck: »Das ist nicht wahr und geht uns nichts an; wenn es wahr wäre, müßten wir bei diesen britischen Kolonialregierungen eine Botschaft unterhalten.« Als der deutsche Botschafter dem Außenminister die zunehmende Unzufriedenheit des Kanzlers mitteilte, erklärte Granville noch einmal, daß dies geschehen sei »wegen der unabhängigen Stellung unserer Kolonien, über die wir uns beim besten Willen in der Welt nicht hinwegsetzen können« (14). Die Vorhaltungen der Kapkolonie hinsichtlich einer möglichen deutschen Inbesitznahme Südwestafrikas hatten ihr Gegenstück über einen längeren Zeitraum hinweg in dem zwar heftigeren, aber ebensowenig wirksamen Druck der australischen und neuseeländischen Kolonien für den Ausschluß von Fremden aus dem Pazifik und die Errichtung einer angelsächsischen Hegemonie im Stillen Ozean. In allen Fällen wurden die Ansichten der Kolonien letztlich den Erfordernissen der europäischen Diplomatie untergeordnet, doch ihre Verlautbarung wurde nicht unterbunden, und sie blieben auch nicht unbemerkt. In der Tat könnte man glauben, daß Bismarck durch seinen Hinweis auf Botschaften bei diesen Kolonialregierungen eine grundlegende Wahrheit aufgedeckt hatte. Wie das Repräsentativsystem ein Schritt auf dem Weg zur ministerverantwortlichen Regierung war, so war die Äußerung einer Ansicht über Angelegenheiten der Außenpolitik, wenn auch nur über solche von begrenztem und lokalem Interesse, gleichermaßen ein erster und ein oft, wie es die Australier erfuhren, enttäuschender Schritt auf dem Weg zur Mitbestimmung in der Entscheidung solcher Streitfragen und schließlich zur vollen und unabhängigen Beherrschung der Außenpolitik.

Hierfür gab es triftige Gründe. Verfassungsmäßig waren die Außen- und Verteidigungspolitik, als Reichsangelegenheiten, der Reichsregierung vorbehalten. Doch im Hinblick auf die politische Wirklichkeit hatte sich die Lage gewandelt: von einer Situation, in der sich die Kolonien auf britischen Schutz verließen, zu einer andern, in der die Hilfe der Dominien ein zwar noch kleiner, aber nichtsdestoweniger auch zunehmend bedeutsamer Faktor in der Planung Großbritanniens für die Reichsverteidigung war. Schon 1914 waren die Dominien nicht Almosen heischende Bittsteller, sondern Staaten, die Beiträge für den Land- und Seekrieg anbieten konnten. Diese Beiträge galten nur bedingt, selbst wenn angenommen werden konnte und in der Tat auch wurde, daß im Kriegsfall, in Lord Hankeys vorsichtigen Worten, »es unwahrscheinlich war, daß irgendein Dominion die Zusammenarbeit nicht anbieten würde« (15). In der Tat hatte das 1911 geschlossene Abkommen, nach dem die Flotten der Dominien, waren diese einmal durch die Regierungen der Dominien der Befehlsgewalt der Reichsregierung unterstellt worden, »einen Teil der Reichsflotte« bilden »und unter der Befehlsgewalt des Reichsmarineamts bleiben sollten . . . und für die Dauer eines Krieges überall hingesandt werden konnten«, nur unter dieser Voraussetzung einen Sinn. Es war eine Voraussetzung, die auch den Besprechungen über die Art der militärischen Zusammenarbeit zugrunde lag; der Planung, diese durch die Vertretung der Dominien im Ausschuß für Reichsverteidigung wirksam zu machen; der Aufstellung von Verteidigungsausschüssen in den Dominien und der Vorbereitung von Verteidigungsplänen in der Form von »Kriegsbüchern« nach britischem Vorbild für jedes Dominion. Keines dieser Vorhaben war genügend weit fortgeschritten — Hankey hielt eine weitere Reichskonferenz für erforderlich, um sie über das Versuchsstadium hinauszubringen (16) —, aber es hatte einen Fortschritt in der Planung für die Zusammenarbeit im Kriegsfall gegeben, der 1907 und noch mehr 1902 erstaunlich erschienen wäre. Politisch hatte dies eine zweifache Wirkung: die Dominien enger mit Großbritannien zu verbinden und gleichzeitig, da die Verwirklichung der Pläne und das Maß der Mitarbeit der Dominien eine von den jeweiligen Regierungen der Dominien festzulegende Angelegenheit blieb, die britische Regierung für die Ansichten der Dominien zunehmend empfänglicher zu machen.

Der Wandel in der Art der Beziehungen zwischen Großbritannien und den Dominien blieb in den europäischen Staatskanzleien nicht gänzlich unbemerkt. Der deutsche Botschafter in London, Fürst von Lichnowsky, sagte dem deutschen Kanzler 1914, die Möglichkeit einer Verstärkung der anglo-französischen Entente und deren Umbildung in ein wirksames militärisches Bündnis in der Art, die sowohl die französische wie die russische Regierung begrüßt hätten und die deutsche Regierung befürchte, sei aus verschiedenen Gründen unwahrscheinlich; einer davon sei der, daß die Dominien dem nicht zustimmen würden. Seine Informationsquelle war das britische Auswärtige Amt, wo man ihm bedeutete, daß »die meisten Kritiker auf dem Kontinent vollkommen vergäßen, daß nicht England allein, sondern auch das ganze Britische Weltreich in Land- und Seekriegsangelegenheiten ein Wort mitzureden hätte und daß das britische Kabinett den Wünschen und Bedürfnissen der Dominien große Aufmerksamkeit schenken müsse«. Der deutsche Botschafter stellte die Richtigkeit dieser Ansicht des Auswärtigen Amts selbst nicht in Frage, sondern beschränkte sich auf die Bemerkung, daß davon in Zukunft Gebrauch gemacht werden könne (17).

Als der Krieg am 4. August 1914 ausbrach, war es nicht die Verschiedenheit, sondern die Einheit des Reichs, die augenscheinlich war. König Georg V. erklärte auf Anraten des Kabinetts des Vereinigten Königreichs den Krieg für das gesamte Reich. Dieses Ereignis von vorrangiger, nationaler Bedeutung

überschattete die theoretische Frage nach der Stellung der
Dominien. Aber in der Praxis war dies nur teilweise der
Fall, da, wie vorgesehen, die Dominien im Gegensatz zu Indien oder den Kronkolonien das Ausmaß ihrer eigenen Beteiligung selbst bestimmten. Diese durch die Selbstverwaltung
der Dominien bedingte Einschränkung war wichtig. Es bedeutete, daß die Praxis weiterhin Eingriffe in die Theorie
machte. Diese sollten im Lauf des Krieges noch tiefgreifender
werden, obwohl von Anfang an im Rahmen einer eindruck-
erweckenden Einheit. Unmittelbar nach Kriegsausbruch begann auf der Grundlage der Vorkriegsplanung die Zusammenarbeit, wodurch die Flotten der Dominien sofort dem
Reichsmarineamt unterstellt und die Expeditionsstreitkräfte
der Dominien ausgehoben, ausgebildet und mit ihren Offizie-
ren nach Europa gesandt wurden, um unter britischem Oberbefehl und strategischer Führung zu dienen. Außerhalb Afrikas erwies sich der Krieg, wie vielfach vorhergesagt, als ein
Krieg der Konzentration der Seestreitkräfte und Landheere,
in dem die Entscheidung in der Nordsee und auf dem europäischen Kontinent einschließlich dessen nahöstlichen Grenzgebieten fallen sollte (18). Diese Konzentration vergrößerte
die enge Zusammenarbeit zwischen England und den Dominien und das Gefühl der Solidarität in einer gemeinsamen
Sache.

Großbritannien und die überseeischen Dominien kämpften im
Ersten Weltkrieg wie im Zweiten vom Anfang bis zum Ende.
Die Herausforderung und die gebrachten Opfer verschärften
ihr Bewußtsein der getrennten Eigenständigkeit und verstärkten ihr Nationalgefühl. Die Kriegsdenkmäler, die überall
in den Dominien zu finden sind; die Erinnerungshalle im
Friedensturm hoch über den Parlamentsgebäuden in Ottawa
mit ihren Aufzeichnungen, die wenige ungerührt ansehen kön-

nen, über den kanadischen Beitrag zum Sieg an der Westfront 1914—1918; das bis zu seiner Zerstörung durch die Ägyp-
ter 1956 von zahllosen Australiern und Neuseeländern besuchte Anzac-Denkmal in Port Said; das Denkmal für die
eine Million Gefallener des Britischen Weltreichs auf einer
Säule im Dunkel eines Nebenschiffes der Kathedrale von
Notre-Dame in Paris: Sie alle legen Zeugnis ab für die Verluste der Dominien auf Schlachtfeldern, die Tausende von
Meilen von der Heimat entfernt waren. Diese Verluste sind
statistisch errechnet worden, obwohl die Zahlen wahrscheinlich nicht ganz stimmen, weil die Staatsbürger der Dominien
oder des Vereinigten Königreichs keineswegs ausschließlich in
ihren eigenen nationalen Einheiten dienten. Doch eingedenk
dieser Einschränkungen zeigen die Zahlen, daß von 6 704 416
Soldaten — 22,11 Prozent der erwachsenen männlichen Bevölkerung —, die auf den Britischen Inseln zu den Fahnen
eilten, 704 803 fielen; von den 458 218 Kanadiern, die in
Übersee dienten, fielen 56 639; von den 331 814 Australiern,
die in Übersee dienten, fielen 59 330; von den 112 223 Neuseeländern, die in Übersee dienten, fielen 16 711; von den
schätzungsweise 76 184 Südafrikanern, die außerhalb Südafrikas dienten, fielen 7121. Die Dominienstreitkräfte, die in
Übersee oder im Fall Südafrika außerhalb Südafrikas dienten, beliefen sich auf 13,48 Prozent der männlichen Bevölkerung Kanadas, auf 13,43 Prozent der männlichen europäischen Bevölkerung Australiens, auf 19,35 Prozent der männlichen europäischen Bevölkerung Neuseelands und auf 11,12
Prozent der männlichen europäischen Bevölkerung Südafrikas. Es kamen Kontingente aus den Siedlungskolonien wie
Neufundland und Kampftruppen aus West- und Ostafrika
sowie anderen Teilen des Kolonialreichs. Daneben gab es als
Kategorie für sich die indische Armee, in deren Reihen sich

fast 1,5 Millionen Freiwillige aufnehmen ließen, von denen mehr als 62 000 fielen (19). Und obwohl die Sache eine gemeinsame war, hatte jedes Dominion doch auch seine eigenen Erinnerungen — die Australier und Neuseeländer an die Landungsversuche bei Gallipoli, die Kanadier an Passchendaele und Vimy Ridge, die Südafrikaner an die rasche Eroberung Deutsch-Südwestafrikas und später an die ausgedehnten ritterlichen Feldzüge unter General Smuts gegen die Deutschen unter General von Lettow-Vorbeck in Ostafrika. Es waren harte und heroische Erfahrungen, die sowohl zur Stärkung des eigenen Nationalbewußtseins als auch zur Bereicherung des eigenen Schatzes an nationalen Erinnerungen dienten.

Innerhalb der Dominien war der Krieg gleichzeitig eine einigende und trennende Kraft. 1914 waren sich die Regierungen und Parlamente der Dominien einig in ihrer Unterstützung — die Unterstützung der Mehrheit im Fall Südafrikas — für die aktive Beteiligung am Krieg. In Neuseeland und Australien wurde sie niemals in Zweifel gezogen oder in Frage gestellt: Die Stimmung dieser beiden Dominien wurde treffend ausgedrückt in dem Versprechen Andrew Fishers, des Premierministers von Australien vom 17. September 1914 bis zu seiner Ablösung am 27. Oktober 1915 durch W. M. Hughes, daß Australien Großbritannien »bis zum letzten Mann und zum letzten Schilling« unterstützen würde. In Kanada war, wie man glaubte, der Einmarsch deutscher Truppen nach Belgien für die Gewinnung der frankokanadischen Sympathie für die Sache der Alliierten entscheidend gewesen, wodurch die Kriegsmaßnahmen im Unterhaus einstimmig angenommen wurden, während die Regierung in Südafrika, unter Führung des ehemaligen Oberbefehlshabers der Burenstreitkräfte im Burenkrieg, Botha, eine Depesche nach London

*Im Verlauf der ägyptischen Krise im Jahr 1882
wurden europäische Flüchtlinge im Hafen von Alexandria eingeschifft.*

„. . . Wenn auch Tausende kommen, Transvaal anzugreifen, so ist doch nichts zu fürchten, denn der **Herr** ist der **letzte Richter,** — er wird entscheiden!' — —
Krügers Rede, 2. Okt. 1899)

Das Banner von Transvaal.

Präsident Paul Krüger.

Dr. W. J Leyds,
Vertreter
Transvaals.

General Joubert.

Das Freiheitslied der Buren.

D'rum flatt're hoch im Sonnenbrand
Freibanner von Transvaal.
Heil Roth-Weiss-Blau am grünen Rand
Vom Drachenberg zum Vaal!
Der Feind entfloh — im Freiheitslicht
Das heil'ge Vierfarb weht,
Und weh' dem gottverlass'nen Wicht,
Der's uns noch einmal schmäht!

E. R. A. Ges. geschützt.

Das Banner von Transvaal mit dem Freiheitslied der Buren.

schickte, die die Bereitschaft äußerte, »die Verteidigungsstreit-
kräfte der Union zur Erfüllung der den Reichstruppen in
Südafrika anvertrauten Aufgaben einzusetzen«, um damit
diese Truppen für anderweitige Aufgaben freizumachen (20).
Als die britische Regierung das Angebot annahm, fragte sie
weiter, ob die südafrikanische Regierung auch wünschte und
bereit wäre, strategische Gebiete in Deutsch-Südwestafrika zu
besetzen und damit »dem Reich einen großen und dringenden Dienst zu erweisen«. Die Regierung der Union stimmte
dem zu, wie es Botha 1911 Lloyd George vorausgesagt hatte.
Indem sie dies tat, spaltete sie das Afrikaandervolk.
Die Beteiligung Südafrikas am Krieg wurde im südafrikanischen Unterhaus von einer großen Mehrheit gebilligt. Aber
was zählte, war weniger die Größe der Mehrheit als die
Stärke der Gefühle der Minderheit. General Hertzog verlieh
ihnen im Rahmen der Verfassung Ausdruck. Er beugte sich
der Tatsache, daß Südafrika sich wegen der Kriegserklärung
des Königs für das gesamte Reich rechtlich im Kriegszustand
befand, drängte aber darauf, daß der Kriegszustand der
Union rein passiv sein sollte. Einige unter seinen Afrikaander-
volksgenossen glaubten jedoch, daß die Beteiligung Südafrikas an einem Krieg des Reichs gewaltsamen Protest erfordere, während viele andere, vor allem im Oranje-Freistaat,
die sich nicht zu einem so schwerwiegenden Schritt entschließen konnten, dennoch Verständnis für diejenigen aufbrachten,
die ihn unternahmen. Ihre Sympathien schlugen in offene Empörung gegen die Regierung um: erstens, als am 15. September 1914 General de la Rey nach Anbruch der Dunkelheit,
während er auf dem Weg nach Westtransvaal war, um für den
Widerstand gegen den Angriff der Regierung auf Deutsch-
Südwestafrika einzutreten, versehentlich von einer Polizei-
streife erschossen wurde — was keineswegs von allen geglaubt

wurde; und zweitens, als in der Nacht vom 8. Dezember General Beyers ums Leben kam, der bei Ausbruch des Krieges den Oberbefehl über die Streitkräfte der Union innehatte, aber nach scheinbarer Zustimmung sich offen dem Protest gegen den Einmarsch nach Südwestafrika anschloß, Pretoria verließ und ertrank, als sein Pferd unter ihm weggeschossen wurde, während er über den Vaalfluß hinweg zu entkommen suchte. Die Rebellen wurden niedergeworfen. General Botha übernahm persönlich den Befehl über die Streitkräfte der Union in einem erfolgreichen Feldzug in Südwestafrika; doch die Rebellion, wenn auch militärisch von keiner großen Bedeutung, und noch mehr die damit verbundenen persönlichen Tragödien vergrößerten die Bürde der Erinnerungen, die alle Versuche zur Wiederversöhnung eines geeinten Afrikaandervolks mit dem Britischen Commonwealth überschatteten. Die Ereignisse von 1914, wie General Hertzog sie auslegte, bedeuteten, daß Südafrika zwar eine freie Verfassung hatte, aber eine unfreie Regierung — eine, die auf Weisung der Reichsbehörden handelte. Solange diese Lage bestehenblieb, so lange würde es nach seiner Ansicht und nach der der Nationalen Partei, die er 1912 gegründet hatte und jetzt führte, Grund zur Meinungsverschiedenheit unter den Afrikaandern geben. Während sich Botha und Smuts auf ihre Aufgabe als Staatsmänner des Commonwealth besannen, blieb die durch unglückliche Umstände geschaffene und von General Hertzogs Hand gepflegte Überzeugung zurück, daß die Verantwortung für die Teilung des Afrikaandervolks nicht denen zufiel, die gegen die Beteiligung am Reichskrieg rebelliert hatten, sondern vielmehr denjenigen, die zuerst Wiederversöhnung mit dem Reich angestrebt und dann Südafrika in einen Reichskrieg geführt hatten. Indem sie dies taten, hatten sie sich — nach Ansicht der Nationalisten — als »Lakaien des Imperialismus« und »Verräter« am Afrikaandervolk zu erkennen gegeben.

In den anderen Dominien, außer in Südafrika, verursachte der langausgedehnte Krieg mit seinen schweren Verlusten ernste politische Spannungen. Bemerkenswert waren die Wehrpflichtkrisen von 1916—1918. Die Wehrpflicht wurde in Großbritannien zum erstenmal durch das Nationale Wehrpflichtgesetz vom Januar 1916 eingeführt. Diesem Beispiel folgte Neuseeland. In Australien indessen prallten die Meinungen hart aufeinander, da starke Widersprüche seitens zahlreicher Führer der Industriearbeiter, der Gewerkschaften und auch der irischen Australier mit ihrem Sprecher, Erzbischof Mannix, geäußert wurden. Die Frage wurde im September 1916 zu einem Volksentscheid gestellt, in dem die Wehrpflicht durch eine knappe Mehrheit abgelehnt wurde. Von den australischen Soldaten in Frankreich stimmten 72 000 für und 59 000 gegen die Wehrpflicht (21). Ein zweiter Volksentscheid ergab kein anderes Ergebnis.

In Kanada offenbarte die Wehrpflichtkrise von 1917 nicht eine gesellschaftliche, sondern eine kulturelle Spaltung. Während es von Anfang an Übereinstimmung zwischen englisch- und französischsprechenden Kanadiern über die Beteiligung am Krieg gegeben hatte, war die Betonung unterschiedlich. Dieser Gegensatz spiegelte sich in den Aussprüchen der politischen Führer der Liberalen und der Konservativen Partei bereits bei Kriegsausbruch, als Sir Robert Borden dem Mutterland uneingeschränkte und sofortige Unterstützung zusagte, während Sir Wilfrid Laurier bei grundsätzlicher Übereinstimmung noch einmal unterstrich, daß »die Entscheidung allein beim kanadischen Volk, dem kanadischen Parlament und der kanadischen Regierung lag« (22). Im Juni 1917 brachte Borden eine Wehrpflichtvorlage im kanadischen Par-

lament ein. Laurier stellte sich dagegen. Er glaubte, daß die
Wehrpflicht mehr Schaden als Nutzen bringen würde, da sie
das Land nach kulturellen Grundsätzen spalten und Quebec
den Extremisten ausliefern würde. Die Liberale Partei zerfiel. Einige unterstützten Laurier, andere die Bemühungen des
Premierministers, eine Einheitsregierung zu bilden, die sich
als Teil einer allumfassenden Kriegsanstrengung die Einführung der allgemeinen Wehrpflicht zum Ziel gesetzt hatte. Im
Dezember 1917 folgte eine allgemeine Wahl. Sie fand in einer
gefühlsgeladenen Atmosphäre statt, die die nationale Einheit
auf das äußerste anspannte. Das Ergebnis war eine klare Entscheidung zugunsten der Wehrpflicht, da die Einheitsregierung
153 Parlamentssitze erhielt gegen 82 der Oppositionslibera-
len. Jedoch wurden nicht weniger als 60 Parlamentsmitglieder
der Opposition in den Wahlkreisen Quebecs gewählt. Das Dominion hatte sich an der kulturellen Scheidelinie gespalten,
und als Ergebnis wurde die Konföderation einer Zerreiß-
probe ausgesetzt, von der viele annahmen, sie bedrohe den
Fortbestand des Dominions. Wie Professor Lower bemerkte,
wurde damals »ein Grad der Bitterkeit in das kanadische
Leben gebracht, wie er sonst kaum in Ländern anzutreffen war,
die sich Nationen nennen« (23). Die Wehrpflicht wurde verabschiedet, aber in Quebec nicht streng durchgeführt, wo
selbst eingeschränkte Versuche zu Widerstand und Aufruhr
führten. Der Widerstand der französischsprechenden Kanadier gegen die Wehrpflicht war leidenschaftlich und überzeugt,
der Groll der englischsprechenden Kanadier echt. Von 400 000
kanadischen Soldaten in Übersee im Jahr 1917 waren schätzungsweise weniger als 10 000 Frankokanadier (24).
Die Lage der Regierungen der Dominien zu Beginn des Ersten Weltkriegs war nicht gerade beneidenswert. Ihre Länder
befanden sich im Krieg, ihre Streitkräfte kämpften auf weit

entfernten Kriegsschauplätzen, sie waren für deren Aushebung und Ausrüstung verantwortlich, sie bestimmten nach bestem Wissen und Gewissen Ausmaß und Art der Beteiligung ihres Lands am Krieg, einschließlich der Verwendung des vorhandenen Menschenmaterials und der Wirtschaftsquellen; aber sie hatten keinen Einfluß weder auf die höhere Kriegführung selbst noch auf die Politik, die Dauer und Ende des Kriegs hätten bestimmen können. Obwohl sie sich ihrerseits mit der notwendigen und praktischen Beschränkung ihrer Autorität in der Befehlsgewalt und in der höheren Kriegführung abfanden, herrschte in Kanada, Australien und Neuseeland eine auffallende und zunehmende Beunruhigung über mangelnde Rücksprache und Benachrichtigung aus London. Anfang 1915 veranlaßte dies Sir Robert Borden, nach London zu gehen, in der Hoffnung, sich umfassendere Kenntnisse über Ereignisse und Vorgänge verschaffen zu können, während im Oktober desselben Jahres Andrew Fisher als Premierminister zurücktrat, um mit derselben Absicht als Hoher Kommissar Australiens nach London zu gehen.

Obwohl Bordens Besuch in London ganz bestimmten Zwecken diente, bewirkte er keine bleibende Verbesserung hinsichtlich der gegenseitigen Beratung. Am 1. November 1915 hielt er es für notwendig, dem kanadischen Hohen Kommissar in London, Sir George Perley, zu telegrafieren, um ihn zu bitten, dem Kolonialminister, Andrew Bonar Law, mitzuteilen, die kanadische Regierung würde von Zeit zu Zeit umfassendere und ausführlichere Informationen über die Führung des Kriegs und der geplanten militärischen Operationen begrüßen, » ... da diesbezüglich wenig Informationen vorliegen. Wir verstehen vollkommen die Notwendigkeit zentraler Befehlsgewalt über die Reichsheere, aber die Regierungen der überseeischen Dominien haben große Verantwortung gegenüber ihren Völkern hinsichtlich der Kriegführung, und wir glauben, ein Anrecht auf umfassendere Informationen und Beratung hinsichtlich der allgemeinen Politik der Kriegsoperationen zu haben.« Als der Hohe Kommissar die Botschaft Bonar Law übermittelte, erklärte der Kolonialminister, daß die britische Regierung hocherfreut gewesen wäre, dem kanadischen Premierminister alle dem Kabinett zur Verfügung stehenden Informationen vorzulegen, als er in London gewesen sei, daß es aber bedeutend schwieriger sei, mit ihm in Verbindung zu bleiben, wenn er sich in seinem Heimatland befände. Grundsätzlich gab Bonar Law zu, daß die kanadische Regierung ein Recht darauf habe, befragt zu werden und an der Leitung eines Kriegs beteiligt zu sein, in dem Kanada eine so große Rolle spiele. Aber er fuhr fort: »Ich sehe indessen keinen Weg, wie dies praktisch durchgeführt werden könnte. Ich wünsche daher, daß Sie meine Ansicht Sir Robert Borden mitteilen und ihm sagen, wie froh wir wären, es zu tun, wenn es durchführbar wäre. Gleichzeitig möchte ich, daß Sie ihm wiederholen, was ich Ihnen gesagt habe — wenn es keinen gangbaren Weg gibt, dann ist es besser, daß die Frage überhaupt nicht aufgeworfen wird.« (25) Borden bemerkte mit einer gewissen Schärfe und mit größerer Berechtigung, daß der Brief des Kolonialministers nicht besonders aufschlußreich gewesen sei und die Angelegenheit genau da belassen habe, wo sie war, bevor er sie selbst vorgebracht habe. Er ging dann dazu über, die Gründe für seine Klage erneut darzustellen: »Während der letzten vier Monate seit meiner Rückkehr aus Großbritannien hat die kanadische Regierung (abgesehen von einem gelegentlichen Telegramm von Ihnen oder Sir Max Aitken) ausschließlich die Informationen gehabt, die den Tageszeitungen entnommen werden konnten, und nicht mehr. Was die Beratung betrifft, so sind Feldzugspläne erstellt und verworfen

worden, Maßnahmen angenommen und scheinbar preisgegeben worden und im allgemeinen Schritte von großer und sogar
lebenswichtiger Bedeutung unternommen, verschoben oder
abgelehnt worden, ohne die geringste Beratung mit den Behörden dieses Dominions.

Es kann kaum erwartet werden, daß wir 400 000 oder
500 000 Mann ins Feld entsenden und uns mit einer Stellung
bescheiden, in der wir kein größeres Gehör und keine größere
Berücksichtigung erfahren, als wenn wir automatisches Spielzeug wären. Jede Person, die eine solche Erwartung hegt,
unterliegt einer unglückseligen und sogar gefährlichen Selbsttäuschung. Wird dieser Krieg vom Vereinigten Königreich allein oder vom gesamten Reich geführt? Wenn ich in der Annahme recht gehe, daß die zweite Hypothese zutrifft, warum
maßen sich dann die Staatsmänner der Britischen Inseln an,
allein die Methoden zu bestimmen, mit denen er in den verschiedenen Bereichen der Kriegführung vorangetragen werden
soll, und die Schritte, die zur Sicherung eines Sieges und eines
dauerhaften Friedens unternommen werden sollen?

Es liegt an Ihnen, die Methode vorzuschlagen, nicht an uns.
Sollte es keine mögliche Methode geben und sollte von uns
erwartet werden, daß wir die Rolle der Automaten weiter-
führen, so muß die ganze Lage neu durchdacht werden.« (26)
1916 machte sich W. M. Hughes, ein noch entschiedenerer
Verfechter der Dominienbelange, auf den Weg nach London.
Unterwegs besuchte er Ottawa und erzielte mit Sir Robert
Borden eine Übereinkunft über die Ziele der Dominien, die
von Bedeutung war. In London angekommen, zeigte Hughes,
daß er weder Scheu vor hochgestellten Persönlichkeiten, am
allerwenigsten vor Asquith, noch Hemmungen hatte, seine
Ansichten über Maßnahmen zur wirksamen Führung des
Reichskriegs öffentlich bekanntzugeben. Er wurde zu einer

Sitzung des Kriegskabinetts eingeladen und saß zur Rechten des Premierministers. Die beiden wichtigsten Punkte der Geschäftsordnung, die besprochen wurden, betrafen zwar indirekt die Dominien, gehörten aber ausschließlich in den Zuständigkeitsbereich Großbritanniens. Hughes, so erinnerte er sich, nahm dazu Stellung, »wie ich es getan hätte, wenn die Probleme dem Kabinett des Commonwealth (von Australien) vorgelegen hätten«, und er unterstützte in beiden Fällen die Minderheit. Später meinte er: »Mr. Asquith war nicht so erbaut von einer Idee, die ihm zweifellos als eine sehr höfliche Geste gegenüber den Dominien erschien, als daß er sich dafür ereifert hätte, regelmäßige Einladungen ergehen zu lassen und etwas, was er nur für ein unglückliches Experiment hielt, zu einer dauernden Einrichtung zu machen ... So ergingen andere Einladungen — in großen Zeitabständen, um klarzumachen, daß man das Ganze eher als Höflichkeitsgeste denn als festen Brauch betrachten müsse. Der Vertreter eines Dominions nahm teil, wenn er eingeladen war. War er es nicht, vertrieb er sich einfach die Zeit oder reiste durchs Land, um Reden zu halten.« (27) Das zweite war die Gewohnheit Hughes'. Aber selbst wenn man die draufgängerische Taktik dieses leidenschaftlichen und kämpferischen Streiters genügend berücksichtigt, bleibt die Tatsache bestehen, daß die leitenden Staatsmänner der Dominien in keiner Weise mit der allgemeinen Führung der Kriegspolitik und insbesondere hinsichtlich ihrer eigenen Beteiligung daran zufrieden waren; sie waren nicht an gelegentlichen Höflichkeiten interessiert, sondern an der formalen Anerkennung ihrer rechtmäßigen Beteiligung an der Verantwortung. Die Anwesenheit einzelner Premierminister bei Kabinettsbesprechungen war zwar an sich eine willkommene Einrichtung, aber sie befriedigte weder das australische noch das allgemeine Verlangen nach dauernder Beteiligung an der Führung eines Reichskrieges. Wie in dem Bericht über die Reichskriegskonferenz von 1917 später ausgeführt, nahm die Meinung überhand, daß »...angesichts der ständig größer werdenden Beteiligung der Dominien am Krieg ... es notwendig war, daß ihre Regierungen nicht nur so umfassend wie möglich über die Lage informiert werden sollten, sondern daß sie, soweit durchführbar, auf der Grundlage der vollständigen Gleichberechtigung an den Beratungen teilnehmen sollten, die über die Richtlinien der Reichspolitik entschieden«. Wie sollte dem entsprochen werden? Lloyd George unternahm, wahrscheinlich auf den Rat Milners hin, in seiner ersten Rede als Premierminister im Unterhaus am 19. Dezember 1916 den ersten entscheidenden Schritt in dieser Richtung, indem er erklärte, daß die Dominien zu einer Reichskonferenz im Frühjahr 1917 eingeladen werden sollten (28).

Die Konferenz, die im März 1917 stattfand, folgte der Reichskonferenz von 1911 und ging als Reichskriegskonferenz in die Geschichte ein. Die Konferenz hatte mit der Führung des Kriegs wenig zu tun. Ihre Beratungen waren hauptsächlich wegen einer Debatte über die zukünftige Verfassung des Reichs denkwürdig. Sie fand im Geist eines neuen Anfangs in den Beziehungen Großbritanniens zu den Dominien statt. L. S. Amery hat das Verdienst dafür beansprucht. Als er am 19. Dezember 1916 im Unterhaus die Erklärung Lloyd Georges über die kommende Reichskonferenz hörte, kam ihm der Gedanke, warum die Vertreter aus den Dominien nicht gebeten werden sollten, »in das Kriegskabinett selbst einzutreten, um so ihre volle Gleichberechtigung zu behaupten und ihr Recht, im Mittelpunkt der Vorgänge bei der Entscheidung über die Führung des Kriegs zu sein« (29). Im Kabinett gab Milner diesem Vorschlag seine nachdrückliche Unterstützung;

der Gedanke wurde angenommen, und Lloyd George lud die Regierungen der Dominien ein, sich an »einer Reihe besonderer und dauernder Sitzungen des Kriegskabinetts« zu beteiligen, »um dringende Fragen über die Weiterführung des Kriegs zu beraten ...« (30). Infolgedessen sollte es zusätzlich zur Reichskriegskonferenz ein Reichskriegskabinett geben — die Bezeichnung war eine Erfindung Hankeys (31). Es wurde vereinbart, daß sie abwechselnd tagen sollten, wobei der Premierminister im Kabinett, der Kolonialminister in der Konferenz den Vorsitz führen sollten. Die Zuständigkeitsbereiche sollten so verteilt werden, daß der Konferenz ihre herkömmliche Aufgabe der Beratung der zwischenstaatlichen Beziehungen im Reich verblieb, während sich das Reichskriegskabinett mit der Kriegführung und der Bestimmung der Friedensziele im Hinblick auf das Reich beschäftigen sollte.

Am 20. März 1917 tagte das Reichskriegskabinett zum erstenmal. Ihm stand das von Lloyd George bei seiner Amtsübernahme im Dezember 1916 eingerichtete Sekretariat des Kabinetts zur Verfügung (32). Ursprünglich war beabsichtigt, seine Mitgliedschaft auf die Premierminister der Dominien zu beschränken und deren Ministerkollegen nur gelegentlich und nach Bedarf zuzulassen. Diese Zielsetzung wurde jedoch nicht verwirklicht. In Neuseeland bestand eine Koalitionsregierung mit W. F. Massey als Premierminister und Sir Joseph Ward als seinem Hauptpartner und Kollegen — eine Art politischer siamesischer Zwillinge, wie Hankey sie nannte. Ward bestand auf einer gleichberechtigten Stellung mit Massey im Reichskriegskabinett als Preis für die Fortsetzung der Koalition in Neuseeland. Das Zugeständnis erfolgte, und nach dem Zugeständnis an Neuseeland mußte es notwendigerweise Zugeständnisse an die anderen Dominien geben. Zusätzlich zu den Dominien war Indien in Anerkennung seiner außeror-

dentlichen Verdienste während des Krieges durch den Staatssekretär und drei Beisitzer vertreten, die vom Staatssekretär
ernannt wurden und von denen zwei, der Maharaja von Bi-
kaner und Sir S. P. Sinha, Inder waren. Das Reichskriegskabinett wurde auf diese Weise nicht zu der festgefügten
Körperschaft, die sich Lloyd George ursprünglich vorgestellt
hatte, sondern zu einer verhältnismäßig großen Versammlung.
Infolgedessen fühlte sich der Premierminister genötigt, um zu
vermeiden, daß die britischen Minister in die Minderheit gerie-
ten, die Zahl der Mitglieder des britischen Kriegskabinetts
von 5 auf 8 zu erhöhen, unter denen sich jedoch seit Juni
1917 auch General Smuts, ein Mitglied des südafrikanischen
Parlaments, befand. Überdies, so erinnerte sich Hankey, sei
Lloyd George, während er entschied, daß »der ganze
Haufen« der Minister der Dominien gefragt werden müsse,
»sehr gelangweilt« gewesen (33). Wichtiger war, daß die
Größe des Reichskriegskabinetts sowohl 1917 als auch 1918
dazu führte, viele seiner Aufgaben an Ausschüsse zu überwei-
sen. Der wichtigste war der Ausschuß der Premierminister,
der im Juni 1918 eingerichtet wurde, als sich das Reichskriegskabinett zur zweiten Sitzungsperiode versammelte, um die
kritische Lage an der Westfront zu erörtern. Er trat zwischen
dem 21. Juni und 16. August zusammen (34).
Das Reichskriegskabinett beflügelte die Vorstellungskraft der
Regierungen und der Mehrzahl derjenigen, die sich mit den
Problemen der zwischenstaatlichen Beziehungen im Reich beschäftigten. Sir Robert Borden, der sich bisher so kritisch über
den Mangel an Information und gegenseitiger Beratung mit
den Dominien über entscheidende Fragen der Politik geäußert
hatte, sah seine möglicherweise weitreichenden Folgen voraus.
Als er 1917 vor der Vereinigung der Parlamentarier des
Reichs eine Ansprache hielt, während die Sitzungsperiode des

Reichskriegskabinetts noch andauerte, bemerkte er, daß zum erstenmal in der Geschichte des Reichs in London zwei rechtmäßig gebildete Kabinette tagten, die beide sehr genau umschriebene Vollmachten ausübten. Der Premierminister des Vereinigten Königreichs stände beiden vor. Eines werde das Kriegskabinett genannt, das andere das Reichskriegskabinett, und jedes habe seinen getrennten Bereich der Verantwortung und Zuständigkeit. Borden hob besonders hervor, daß sich Premierminister und andere Vertreter der Dominien mit dem Premierminister und den Ministern des Vereinigten Königreichs im Reichskriegskabinett als Gleichberechtigte träfen. Minister aus sechs Nationen säßen am Konferenztisch, die alle ihren Parlamenten und den Völkern der Staaten, die sie verträten, verantwortlich seien. Jedes Dominion, glaubte Borden, habe im Verlauf der Beratungen bei gemeinsam interessierenden Fragen von höchster Bedeutung ein Mitspracherecht; jedes bewahre auch uneingeschränkt seine vollständige Autonomie, seine Selbstverwaltung und die Verantwortung seiner eigenen Minister gegenüber der Wählerschaft im eigenen Lande (35).

Lloyd George war nicht minder begeistert. Am 17. Mai 1917 sagte er dem Unterhaus, die Mitglieder des Reichskriegskabinetts wären einstimmig der Ansicht, das neue Verfahren sei von so großem Nutzen gewesen, daß man nicht zulassen dürfe, daß es außer Gebrauch käme. Er habe selbst in der Abschlußsitzung vorgeschlagen, die Sitzungen des Reichskriegskabinetts sollten jährlich stattfinden und das Kabinett sollte aus den Premierministern der Dominien oder besonders akkreditierten Stellvertretern mit gleichen Vollmachten und einem von der Regierung von Indien ernannten Vertreter des indischen Volkes bestehen. Dieser allgemein begrüßte Vorschlag machte den Weg für weitere Sitzungen des Reichskriegskabinetts im

Jahr 1918 frei. Lloyd George betonte besonders die Tatsache, daß die Führer der Dominien durch ihre Mitgliedschaft im Reichskriegskabinett in der Lage sein würden, »umfassende Informationen über alle Bereiche der Reichsangelegenheiten zu erhalten und durch gemeinsame Beratungen die Politik des Reichs in ihren lebenswichtigen Aspekten zu bestimmen, ohne in irgendeiner Weise die Autonomie einzuschränken, der sich seine Bestandteile zur Zeit erfreuen« (36).

Es besteht kaum ein Zweifel, daß viele von denen, die am engsten mit der Arbeit des Reichskriegskabinetts verbunden waren, dieses vor allem nach der zweiten Sitzungsperiode im Jahr 1918 als eine Neuerung betrachteten, die zwar aus den Notwendigkeiten des Krieges erwachsen war, aber den unmittelbaren Anlaß für ihre Entstehung in irgendeiner Form überdauern würde. Die Aufmerksamkeit der Öffentlichkeit galt vor allem dem vollständigen und formalen Reichskriegskabinett, aber der 1918 gebildete Ausschuß der Premierminister, obwohl er der größeren Körperschaft formal untergeordnet war und ihr, sofern es die Zeit erlaubte, berichtete, wurde durch den Zwang der Umstände genötigt, »jedes Mal, wenn er zusammentrat«, Entscheidungen über Angelegenheiten zu fällen, die »keinen Aufschub duldeten«. Hätte der Krieg länger gedauert, hätte die Neigung zur Konzentration der Staatsführung in den Händen der Premierminister möglicherweise angehalten (37). Aber in jedem Fall gab es institutionelle Probleme, die dem Wesen dieses Kabinetts (oder seiner Ausschüsse) entsprangen und die von einigen begeisterten Zeitgenossen gern übersehen oder außer acht gelassen wurden.

Eine Eigenschaft des Reichskriegskabinetts bestand darin, daß es im eigentlichen Sinn des Wortes gar kein Kabinett war. Die Minister, aus denen es sich zusammensetzte, waren weder einem einzigen Parlament kollektiv verantwortlich noch Mitglieder desselben, und infolgedessen wurden zwei der klassischen Spielregeln einer Kabinettsregierung nicht eingehalten. Amery, einer der wichtigsten Baumeister und Lobredner des Reichskriegskabinetts, argumentierte damals, daß, obwohl er das Fehlen der kollektiven Verantwortung gegenüber einer einzigen repräsentativen Körperschaft einräumte, ein Ersatz hierfür in der geteilten Verantwortung gegenüber einer Anzahl von Parlamenten gefunden werden könne. Er erwähnte auch später einmal zustimmend den »treffenden Ausdruck« Sir Robert Bordens: »eher ein Kabinett der Regierungen als ein Kabinett der Minister.« Insoweit, schrieb er, als das Reichskriegskabinett »als eine einzige Körperschaft von Kollegen arbeitete, die alle dasselbe Ziel hatten, zu dem sie nach besten Kräften ihres individuellen Urteilsvermögens beitrugen, verdiente es die Bezeichnung Kabinett ebensosehr wie irgendein Kabinett, in dem ich je mitgearbeitet habe« (38). Verdienst und Sein sind jedoch keineswegs immer dasselbe.

Amery dachte an die Neuerung des Reichskriegskabinetts nicht als Selbstzweck, sondern als an einen vielversprechenden Anfang für die weitere zielstrebige Konsolidierung des Reichs. Ausgehend von der Voraussetzung, daß »das Reichskabinett zweifellos ein wirkliches Kabinett ist«, ging er dazu über, in einer achtzehnseitigen Denkschrift (39) vom Juni 1918, die unter anderen auch den Premierministern der Dominien zugestellt wurde, sich für eine Fortführung des Reichskabinetts einzusetzen, das klein genug war, um persönlich und intim zu bleiben, das Verantwortung hatte und das von Bestand war. Indessen konnte nur die erste dieser Voraussetzungen erfüllt werden, ohne grundlegende Fragen über das Wesen des Kabinetts und der zwischenstaatlichen Beziehungen im Reich aufzuwerfen. Wenn es ein verantwortliches Reichskabinett geben sollte, wem und wofür sollte es verantwortlich sein?

Amery scheint in seinem Memorandum die Entflechtung der
Interessen des Reichs und des Vereinigten Königreichs angestrebt zu haben, wobei in bezug auf das erste die Verantwortung gegenüber allen Parlamenten des Reichs gelten sollte.
Er stellte sich ferner vor, der Grundsatz der Gleichberechtigung — in der verfassungsrechtlichen Stellung und in der Verantwortung — zwischen Großbritannien und den Dominien
erfordere, daß ein Ministerium wie das Auswärtige Amt und
dessen den Zwecken des Reichs dienende Vertretungen im Ausland gemeinsam verwaltet und finanziert werden sollten, und
zwar durch einen gemeinsamen Beitrag Großbritanniens und
der Dominien und mit der schemenhaften Gestalt eines Reichs-
finanzministers, um mit den damit verbundenen Problemen
der finanziellen Zusammenarbeit im Reich fertig zu werden.
Und was ständige Sitzungen betraf, so war das nur möglich,
wenn die Premierminister der Dominien oder deren Vertreter
mehr oder weniger ständig in London weilten. Wenn sie dies
taten, welche Autorität würden sie gegenüber ihren Kollegen
zu Hause haben, und wie würden sie mit der öffentlichen Meinung der Dominien in der Heimat in Fühlung bleiben können? Amery schlug, zumindest als Teillösung, vor, das System des Reichskabinetts müsse als notwendige Ergänzung
etwas in der Art eines Resonanzbodens haben — irgendein
Forum, in dem die Politik öffentlich dargelegt und diskutiert
werden und so die Presse und Öffentlichkeit des Reichs erreichen könnte. »Die zu einer Konferenz der Parlamente
ausgeweitete Reichskonferenz«, bemerkte er hoffnungsvoll,
»würde diesem Bedürfnis genau entsprechen.« Die Kriegserfahrungen der Dominien deuteten Entwicklungen in ganz
anderer Richtung an; aber historisch gesehen, ist es interessant,
sogar ironisch, sich daran zu erinnern, daß der Anschein und
bis zu einem gewissen Grad die Wirklichkeit der Machtkon-

zentration im Reichskriegskabinett Gedanken über die Möglichkeit einer Reichszentralisation nach dem Krieg weitgehend förderte.

Wie man auch die umfangreichen Überlegungen Amerys beurteilen mag, das ihnen zugrunde liegende Problem war handgreiflich genug. Die Dominien auf der Reichskriegskonferenz und im Reichskriegskabinett steuerten auf ein gewisses Maß an Kontrolle der Kriegs- und Außenpolitik zu. Wie sollte diese aber tatsächlich ausgeübt werden? Sollte es einen Bereich gemeinsamer Zuständigkeit für Großbritannien und die Dominien geben? Als Austen Chamberlain, durch einige Bemerkungen von W. M. Hughes auf einer Sitzung des Reichskriegskabinetts im Juli 1918 angeregt, sich darüber Gedanken machte, meinte er, es sei im wesentlichen eine Frage, die nicht Großbritannien, sondern die Dominien lösen müßten. Er bezweifelte keineswegs die völlige Berechtigung der Forderung der Dominien, als Schwesternationen in freier und bereitwilliger Zusammenarbeit mit dem Vereinigten Königreich betrachtet zu werden. Dennoch fragte er, wie diese Zusammenarbeit verwirklicht werden sollte. »Selbst in Kriegszeiten«, bemerkte er, »wenn die wichtigsten Fragen von einem Tag zum anderen auftauchen und entschieden werden müssen, ist es für die Premierminister der Schwesternationen nicht möglich, an unseren Beratungen mehr als ein paar Wochen im Jahr teilzunehmen. In Friedenszeiten werden sie wohl feststellen, daß ihre eigenen Wähler und Parlamente selbst bei solch kurzer Abwesenheit ungeduldig werden. Wie kann also die Verbindung während jenes großen Teils des Jahres aufrechterhalten werden, in dem die Anwesenheit aller Premierminister in London nicht möglich ist, und wie kann den Dominien-Regierungen ihr berechtigtes Mitspracherecht bei den Entscheidungen der Reichspolitik gesichert werden?« Wenn

Die erfolgreichen Truppen des burischen Generals Cronje bei Mafeking 1899.

Parade der Engländer in Bloemfontein, das sie im Burenkrieg annektiert hatten.

Col. Henderson.   Gen.Velden.   Major Watson   H. Bussos   Major Maxwell   H. De Jager
De Wet.   Gen. Louis Botha   Lord Kitchener   Col. Hamilton

Mitglieder der burisch-englischen Friedenskommission, die den Krieg im Süden Afrikas 1902 beendeten.

Vertreter der Dominien in London wären, könnte ein Reichskabinett wöchentlich oder so oft wie nötig, ob im Krieg oder
im Frieden, zusammentreten. »Das eigentliche Problem ist,
glaube ich«, fuhr er fort, »wie diese Vertreter der Dominien
ausgewählt werden sollen und wie sichergestellt werden kann,
daß sie die Ansicht und das Vertrauen der Regierung, die sie
vertreten, in genügendem Maß besitzen, um bei Beratungen
von echtem Nutzen zu sein, oder mit anderen Worten, unter
welchen Umständen und in welchem Ausmaß eine Dominion-
Regierung damit einverstanden ist, daß ein derartiger Vertreter in ihrem Namen Entscheidungen fällt.« (40)
Austen Chamberlain stellte zwingend und treffend die Frage,
auf die die Staatsmänner der Dominien keine annehmbare und
befriedigende Antwort finden konnten. Solange diese Situation währte, fielen Vorstellungen über eine durch ein Reichskriegskabinett oder auf andere Weise ausgeübte gemeinsame
Verwaltung und Verantwortung flach. Erstaunlich ist, wie
lange viele britische Staatsmänner und einige der Dominien
brauchten, sich mit den Tatsachen des politischen Lebens im
Reich abzufinden.
Die aus den geänderten Beziehungen zwischen dem Vereinigten Königreich und den Dominien sich ergebenden Möglichkeiten und Schwierigkeiten wurden gleichermaßen sichtbar,
nachdem der Sieg errungen worden war. Lloyd Georges ursprüngliche Einladung an die Premierminister der Dominien,
zu einer Reichskriegskonferenz nach London zu kommen und
an den Sitzungen des erweiterten Kriegskabinetts teilzunehmen, hatte sich nicht nur auf drängende Fragen der Kriegführung, sondern auch auf mögliche Friedensbedingungen bezogen. Beide Themen wurden in der Tat in den Sitzungen des
Reichskriegskabinetts 1917 und noch einmal im August 1918
besprochen. Der Zusammenbruch der Mittelmächte führte zu

einer dringenden Aufforderung an die Premierminister der
Dominien — abgesehen vom australischen Premierminister
W. M. Hughes, der in löblicher Voraussicht zurückgeblieben
war —, nach London zurückzukehren, um an den Besprechungen über Friedensbedingungen in den Sitzungen des Reichskriegskabinetts teilzunehmen, das, wie sich zeigen sollte, am
20. November zu seiner letzten Sitzung zusammentrat. Schon
hatte es, vor allem von Hughes, Andeutungen über die Besorgnis der Dominien gegeben, welche Rolle ihren Vertretern
bei den Friedensverhandlungen zugeteilt oder nicht zugeteilt
werden würde. So schickte am 29. Oktober 1918 Sir Robert
Borden eine geheime, private und persönliche Botschaft an
Lloyd George, in der er darauf hinwies, daß ernsthafte Überlegungen über die Vertretung der Dominien bei den Friedensverhandlungen nötig wären. »Die Presse und das Volk in
diesem Land«, bemerkte er, »erachten es als selbstverständlich,
daß Kanada auf der Friedenskonferenz vertreten sein wird.
Ich habe Verständnis für die möglichen Schwierigkeiten bei der
Vertretung der Dominien; aber ich hoffe, Sie bedenken, daß
zweifellos ein sehr unglücklicher Eindruck entstehen würde
und vielleicht sogar eine gefährliche Gefühlsbewegung erregt
werden könnte, wenn diese Schwierigkeiten nicht durch irgendeine Lösung überwunden werden, die dem Nationalbewußtsein des kanadischen Volkes entgegenkommt. Wir berieten
dieses Thema heute im Kabinett, und ich fand bei meinen
Kollegen eine einhellige Ansicht in dieser Richtung, die zweifellos die allgemein bestehende Meinung in diesem Land widerspiegelt. Kurzum, sie meinen, daß neue Verhältnisse nach
neuen Lösungen verlangen.« (41)
Lloyd George brachte den Vorstellungen der Dominien Auf-
geschlossenheit und Verständnis entgegen. Sie wurden im
Reichskriegskabinett beraten. Die Beratungen gingen von der

ursprünglichen Voraussetzung aus, daß dem Britischen Weltreich auf der Friedenskonferenz nur fünf Sitze zugestanden
werden würden. Sollte sich diese Annahme als richtig heraus-
stellen, bedeutete das die Annahme eines Listensystems in dieser oder jener Form, bei der die Vertreter des Britischen Weltreichs auf der Friedenskonferenz täglich aus einer Liste von
Vertretern des Vereinigten Königreichs und der Dominien
ausgewählt werden würden. Dies bedeutete für beide Teile
eine einengende Regelung. Deswegen beschlossen die Mitglieder des Reichskriegskabinetts, daß man nicht nur auf fünf
Vertreter des Britischen Weltreichs nach dem Listensystem
drängen sollte, sondern auch auf eine gesonderte Vertretung
jedes Dominions, ähnlich den den kleineren alliierten Mächten
zugestandenen Vertretungen. Diese Vorschläge wurden mit
den alliierten Großmächten besprochen und schließlich angenommen, obwohl man ihnen zunächst ablehnend begegnete.
Infolgedessen erhielten die Dominien und Indien eine zweifache Vertretung: einmal, wie es die Umstände erforderten,
auf der Vertreterliste des Britischen Weltreichs und dann getrennt, als kriegführende Mächte mit besonderen Interessen,
die berechtigt waren, zwei bevollmächtigte Delegierte nach
Paris zu entsenden. Im ersten Fall bildeten Großbritannien
und die Dominien zusammen die Delegation des Britischen
Weltreichs, die als eine Erweiterung des Reichskriegskabinetts
galt, das in Paris zusammentrat, mit der ausgesprochenen Absicht, ein gemeinsames Vorgehen bei den Friedensbedingungen zu erarbeiten. Der Delegation standen Sir Maurice Hankey als Sekretär und das durch Dominien-Beamte verstärkte
Sekretariat des Kriegskabinetts zur Verfügung. Im zweiten
Fall entschied jedes Dominion über seine eigene Vertretung.
Was waren die Folgen der zweifachen Vertretung der Dominien? Und wie wirksam erwies sie sich? Dr. Loring Christie,

der Rechtsberater des kanadischen Premierministers, versuchte diese Frage in einer Denkschrift zu beantworten, die die Entwicklung der Stellung Kanadas als internationale Rechtsperson auf der Pariser Friedenskonferenz zusammenfaßte. Er meinte, die Dominien hätten durch ihre Doppelstellung gewonnen. Als Mitglieder der Delegation des Britischen Weltreichs hätten sie die vertraulichen Denkschriften der Konferenz erhalten, z. B. die Protokolle des Rats der Zehn und des Rats der Fünf, die anderen kleinen Mächten vorenthalten blieben, und infolgedessen seien sie, kraft ihrer eigenen individuellen Stellung, in der Lage gewesen, die Verhandlungen wirksamer zu beobachten und zu überwachen. Durch die Mitgliedschaft in der Delegation des Britischen Weltreichs hätten sich die Dominien auch eine bedeutendere Rolle in Ausschüssen und Kommissionen gesichert, als das sonst der Fall gewesen wäre. Minister der Dominien wären z. B. zu den wichtigsten interalliierten Kommissionen auf der Friedenskonferenz ernannt worden, um das Britische Weltreich zu vertreten, und alle Premierminister der Dominien hätten am Rat der Zehn teilgenommen, als das Schicksal der deutschen Kolonien beraten und entschieden worden sei. Da der Friedensvertrag größtenteils zunächst durch Kommissionen der Friedenskonferenz entworfen worden sei, sei die Vertretung der Dominien in ihnen entsprechend wichtig gewesen. Christie hielt überdies fest: »Jeder Ausschußbericht, jeder Aspekt, jeder Paragraph der Friedensbedingungen wurde zunächst in den Sitzungen der Delegation des Britischen Weltreichs beraten (deren Mitglieder dieselben wie die des Reichskriegskabinetts waren), bevor die Zustimmung des Britischen Weltreichs gegeben wurde.« Im Hinblick hierauf und auf die zeitweilige Anwesenheit der Premierminister der Dominien im Rat der Zehn und der verschiedentlichen Teilnahme des Premierministers von Kanada an den Arbeitssitzungen des Rats der Vier und des Rats der Fünf schloß Christie, daß die Beteiligung der Dominien bei der Erarbeitung des Friedensvertrags in der Tat wesentlich gewesen sei (42). Mag ein Rückblick nach längerer Zeit eine sehr viel skeptischere Beurteilung nahelegen, so lohnt es doch, sich zu erinnern, daß auf britischer Seite Amery etwa die gleichen Schlußfolgerungen zog wie Christie. Die Dominien seien, meinte Amery, durch ihre Mitgliedschaft in der Delegation des Britischen Weltreichs und der daraus entstehenden Verbindung mit den Vertretern einer der »Vier Großmächte« in der Lage gewesen, einen fortdauernden Einfluß auf die Verhandlungen auszuüben. Sie waren »in einer gänzlich anderen Lage als der gewöhnliche Haufen zweitrangiger Mächte, deren Delegierte herumlungerten und die zufälligen Informationsbrocken über ihre eigene Zukunft ergatterten, wann und wo sie ihnen gewährt wurden« (43).

Der Einfluß Australiens, Neuseelands und Südafrikas in der Verfügung über die früheren deutschen Kolonien und der Ausdehnung des Mandatssystems auf den Pazifik und Afrika war sicher bedeutsam. Sie waren alle daran interessiert. Australien drängte zunächst energisch auf eine direkte Annexion der ehemaligen deutschen Besitzungen im Pazifik, und nach ausgedehnten Verhandlungen gab schließlich W. M. Hughes angesichts der »unüberwindlichen Hindernisse« widerwillig nach, unter der Bedingung, daß das »C-Mandat im Vergleich zum Eigentumsrecht einem 999jährigen Pachtvertrag entsprechen« würde. Aus Sicherheitsgründen könnte aber niemals asiatischer Einwanderung Tür und Tor geöffnet werden. »Es sollte«, forderte Hughes später, »ein verschlossenes und verriegeltes Tor geben, mit Australien als dem Wächter dieses Tors.« (44) Südafrika war genauso entschlossen, sich eine vergleichbare Herrschaft über Südwestafrika zu sichern, und setzte es auch durch. In den Dominien war die Tatsache einer Wiederbelebung oder eines Erwachens der Ausdehnungsbestrebungen ebenso ausgeprägt wie die mit der Vorstellung der auf nationaler Freiheit begründeten Gleichberechtigung innerhalb des Reichs notwendig verbundenen Aufgeklärtheit. Insoweit das zweite in Versailles seinen Ausdruck fand, geschah es durch die Stimme General Smuts', des zweiten Delegierten Südafrikas, der seine ganze Überredungskunst und sein persönliches Ansehen bei dem vergeblichen Versuch einsetzte, die Härte der dem besiegten Feind auferlegten Friedensbedingungen zu mildern (45).

Die Stellung, die den Dominien auf der Friedenskonferenz eingeräumt wurde, enthielt eine mögliche theoretische Verbindlichkeit. Beim Vertragsabschluß unterzeichneten die Bevollmächtigten der Dominien — je nachdem »für Kanada«, »für Australien« — unter den Unterschriften der Bevollmächtigten des Vereinigten Königreichs, die für das ganze Britische Weltreich ihre Unterschrift leisteten. Während daher einerseits behauptet werden konnte und auch behauptet wurde, die Unterschriften der Dominien bedeuteten die Anerkennung der Dominien als Personen des internationalen Rechts, konnte andererseits argumentiert werden, die Unterschriften seien rein formal oder überflüssig (46). Das war eine Zweideutigkeit, die zur geeigneten Zeit zu beseitigen einige der Dominien entschlossen waren. Inzwischen hatten sie ihr individuelles Recht behauptet, dem Vertrag zuzustimmen oder nicht, und hatten gleichzeitig, ebenfalls nicht ohne Bedenken seitens einiger anderer Mächte, ihre Mitgliedschaft und ihre Vertretung in der Versammlung und im Rat des neuen Völkerbunds, wie jedes andere Mitglied, erreicht. Rechtlich wurden sie als Unterzeichner des Friedensvertrags Mitglieder des Völkerbunds, und in dieser Hinsicht wurde zwischen ihnen und

anderen Signatarmächten kein Unterschied gemacht. Die Dominien, so schloß Christie vorsichtig in seiner Denkschrift,
»haben eine Art von Souveränität durchgesetzt und haben
sich für bestimmte Zwecke in die Familie der unabhängigen
Nationen eingereiht. Es gab in Paris Ungereimtheiten, und es
wird sie auch in Zukunft geben ...« Das traf sicherlich zu; aber
welche Ungereimtheiten es bei der Stellung der Dominien im
Augenblick auch immer geben mochte, nach 1919 blieb der
Blick auf ein gemeinsames Ziel gerichtet.

In der einzigen Debatte von bleibender Bedeutung auf der
Reichskriegskonferenz von 1917 hatten die Vertreter die zukünftigen Beziehungen innerhalb des Reichs beraten. Die
Sprache war zum großen Teil zuversichtlich, aber nicht selbstzufrieden. Sie rühmten sich der nationalen Geschlossenheit der
Dominien und sprachen ständig von der Gleichberechtigung.
»Ich glaube«, sagte Sir Robert Borden, »daß die Dominien
das Ideal eines Reichs-Commonwealth Vereiner Nationen
sehr wohl klar erkennen ...« Sie seien durch gemeinsame Untertanentreue, gleiche Einrichtungen und Ideale der Demokratie und gleiche Ziele wirklich eng miteinander verbunden.
»Wir sind«, sagte General Smuts, »die einzige Gruppe von
Nationen, die jemals erfolgreich bestanden hat. Die Leute reden von einem Völkerbund und einer internationalen Regierung, doch das einzige erfolgreiche Experiment einer internationalen Regierung, das es jemals gegeben hat, ist das Britische Weltreich, das auf Grundsätzen aufgebaut ist, die sich
auf die höchsten politischen Ideale der Menschheit berufen.«
Aber dies sei in der Verfassung des Reichs nicht genügend berücksichtigt. »Zu viel«, fuhr General Smuts fort, »der alten
Ideen, wenn ich es einmal so sagen darf, haftet noch dem
neuen Organismus an, der jetzt entsteht. Obwohl in der Praxis
große Freiheit besteht, glaube ich, daß die verfassungsrecht-

liche Stellung der Dominien in der Theorie noch von untergeordneter Natur ist. Was wir auch immer sagen mögen und
was wir auch immer denken mögen, wir bleiben von Großbritannien beherrschte Provinzen. Das ist die eigentliche Theorie der Verfassung . . .« Es sei eine Theorie, die seiner Ansicht
nach weder weiterbestehen könne noch solle. Die jungen Nationen entwickelten sich zu Großmächten; das würde eine
Neuordnung der Beziehungen auf der Grundlage der Gleichberechtigung erfordern. Eine derartige Neuordnung war nicht
die Aufgabe, die sich die Reichskriegskonferenz von 1917 gestellt hatte. Die Konferenz verabschiedete eine Entschließung
(Entschließung IX), die empfahl, daß dies die Hauptaufgabe
der ersten Reichskonferenz nach Beendigung des Kriegs sein
müßte (47). Aber als schließlich diese Konferenz 1921 zusammentrat, hatte die Begeisterung einer gemeinsamen Überzeugung bei den Vertretern der Dominien nachgelassen, während die britische Regierung Grund hatte, sich mehr mit der
Eröffnung von Verhandlungen über eine Dominienlösung für
Irland zu beschäftigen als mit einer Prüfung der Beziehungen zu den bestehenden Dominien. Doch die Absicht der Entschließung von 1917 wurde nicht vergessen. General Smuts
zumindest achtete darauf. Er war politisch nicht in der Lage,
untätig zu bleiben. Er war in Südafrika wegen seiner eigenen
Unterwürfigkeit und der seines Landes unter die britische
Politik den ständigen Angriffen der Nationalisten ausgesetzt.
Er habe nicht die Wahl gehabt, bemerkt sein Biograph, die
Frage der verfassungsrechtlichen Beziehungen im Reich außer
acht zu lassen: »Sowohl seine persönliche Geschichte wie die
politischen Umstände zwangen ihn, Grundsätze aufzustellen,
eine gesetzliche Regelung zu verkünden.«
Anfang 1921 sandte Smuts Amery eine Denkschrift mit dem
Titel *The Constitution of the British Commonwealth* (Die

Verfassung des Britischen Commonwealth; 48), die auf der Reichskonferenz als Diskussionsgrundlage von Fragen dienen sollte, die der 1917 von der Reichskriegskonferenz empfohlenen Verfassungskonferenz vorgelegt werden könnten. Obwohl das Memorandum auf der Reichskonferenz von 1921 tatsächlich nicht vorgelegt wurde und die vorgeschlagene Verfassungskonferenz nicht stattfand, wurde es inoffiziell zahlreichen Führern in Großbritannien und den Dominien zugeschickt. Verfassungsrechtlich war es zwar kein Konferenzdokument, aber in Wirklichkeit war es mehr als das. Es war ein persönlicher Beitrag, teils in Form einer Bestandsaufnahme, aber mehr noch in Form einer wohlüberlegten Empfehlung der Richtung, in der das Commonwealth fortschreiten sollte und die der historischen Entwicklung, der gegenwärtigen Lage und seiner politischen Eigenart entsprach. Die Sprache der Denkschrift war drängend, ihre Haltung zuversichtlich, ihre Schlußfolgerungen in mancher Hinsicht bemerkenswert, selbst wenn man sie nur als Versuch einer politischen Vorhersage wertet. Aufschlußreich ist vor allem das Licht, das sie auf die Natur der Debatte über Commonwealth und Reich wirft, die durch die umwälzenden Kriegserfahrungen ausgelöst wurden.

Gleich zu Beginn war der Ton der Denkschrift von Smuts warnend: »Aufschub in der Regelung der verfassungsrechtlichen Stellung der Dominien ist mit ernsten Gefahren verbunden ... Das Nationalgefühl aller jungen Länder ist durch das Ereignis des großen Krieges verstärkt worden.« Würde die verfassungsrechtliche Stellung der Dominien nicht bald in einer Weise geregelt werden, die den berechtigten Bestrebungen »dieser jungen Nationen« entgegenkäme, meinte er, »müssen wir separatistischen Bewegungen im Commonwealth entgegensehen. Solche Bewegungen bestehen schon, vor allem

in Südafrika; aber möglich sind sie auch in anderen Dominien.« Die einzige Art, mit ihnen fertig zu werden, sei, »ihnen zuvorzukommen und sie durch die großzügigste Befriedigung des National- und Staatsbewußtseins unnötig zu machen. Nur auf eigene Gefahr können wir die Warnung in den
Wind schlagen, die richtige Lösung ständig zu spät anzuwenden, wofür Irland dem ganzen Commonwealth ein Beispiel
bietet.« Die Wurzel des Problems läge im Widerspruch zwischen Verfassungsrecht und Verfassungsbrauch.

Smuts gab grundsätzlich zu, daß die Gleichberechtigung der
Dominien aus ihren Unterschriften unter dem Friedensvertrag
von 1919 und ihrer Mitgliedschaft im Völkerbund abgeleitet
werden könnte. Aber diese Gleichberechtigung sei rechtlich
nicht verankert. Das geltende Recht sollte daher mit der Praxis in Einklang gebracht werden. Nach Lage der Dinge wäre
zwar jeder Versuch des Parlaments des Vereinigten Königreichs, für ein Dominion Gesetze zu erlassen, verfassungswidrig und revolutionär, aber gesetzlich möglich. Könnte, so
fragte Smuts, eine dem geltenden Recht entsprechende Handlungsweise als »revolutionär« betrachtet werden? Darin läge
der Widerspruch. Eine einfache Lösung wäre, die gesetzgeberische Oberhoheit des Parlaments zu Westminster über die
Dominien aufzuheben. Smuts war nicht dafür. Es wäre ein
negativer Schritt; besser wäre es, eine derartige theoretische
Oberhoheit als »eine Art symbolische Erinnerung an die historische Einheit des Commonwealth« bestehen zu lassen. Der
positive und konstruktive Weg wäre, die gesetzgeberische
Oberhoheit der Dominien-Parlamente zu festigen und ihnen
die Befugnis zu geben, die sie nicht besaßen, nämlich exterri-
torial wirksame Gesetze zu erlassen. Alle Dominien sollten
die Befugnis erhalten, ihre eigenen Verfassungen selbst abzuändern. Das Gesetz über die Gültigkeit der Gesetze der Kolo-

nien von 1865, das bestimmte, daß jede im Widerspruch zu den britischen Gesetzen stehende Gesetzgebung der Dominien ungültig war, sollte widerrufen werden. Wenn die Dominien die notwendigen Vollmachten insbesondere zur Abänderung ihrer Verfassung erhalten hätten, könnten sie selbst entscheiden, ob sie z. B. Berufungen an den Rechtsausschuß des Kronrats in den Fällen abschaffen wollten, in denen diese noch zugelassen waren.

Smuts wandte sich dann dem Bereich der Außenpolitik zu. Auch auf diesem Gebiet entdeckte er schon lange bestehende Widersprüche. Die Dominien hätten 1919 internationalen Rang erlangt und seien international anerkannt worden, aber die Praxis sei nicht entsprechend geändert worden. Das britische Auswärtige Amt regle in Wirklichkeit weiterhin die Beziehungen der Dominien zu fremden Ländern. Es gäbe in der Tat wenig gegenseitigen Meinungsaustausch zwischen der britischen Regierung und den Regierungen der Dominien in diesen Angelegenheiten, abgesehen von der gelegentlichen Zusendung von Berichten über die internationale Lage. Es habe zwar wichtige Fortschritte gegeben. Die Dominien könnten jetzt dem König vorschlagen, Vertreter der Dominien in fremden Ländern zu ernennen. Es sei nun auch anerkannter Brauch, daß die Dominien nicht durch Verträge gebunden werden könnten, die sie nicht unterschrieben hätten. Doch die Praxis sei unsicher, und die Ausländer seien verwirrt. Sie fänden es »schwierig, den Unterschied zwischen Rechtstheorie und Verfassungsrecht im Reich zu begreifen und einzusehen, wie das Verfassungsrecht umgebildet und schließlich durch den Verfassungsbrauch aufgehoben wird und wie, ohne ausdrückliche Gesetzesänderung, eine britische Kolonie verfassungsmäßig tatsächlich ein unabhängiger Staat wird. Diese schwerverständlichen Angelegenheiten könnten auf gesetzlichem Weg geklärt werden, der das wirkliche Wesen der Stellung der Dominien im Gegensatz zu rechtlichen Anachronismen aufzeigen würde«. Wie sollte das erreicht werden? Diesbezüglich machte Smuts auch Vorschläge. Bemerkenswert waren sie vor allem wegen des Ausmaßes einer fortdauernden Zentralisation, die er in Betracht zu ziehen bereit war.

Die Regierungen der Dominien, schlug Smuts vor, sollten gleichgeordnete Regierungen des Königs mit voller Gleichberechtigung werden. Das würde bedeuten: (a) sie sollten »nicht mehr dem Kolonialministerium oder einem anderen britischen Ministerium unterstellt sein; (b) die Regierung eines Dominions müßte direkten Zugang zum König haben, der, ohne die Zwischenschaltung der britischen Regierung oder eines Staatssekretärs, auf ihren Rat hin handeln würde; (c) der Generalgouverneur sollte schlicht und einfach ein Vizekönig werden und in seinem Dominion nur den Monarchen vertreten, nicht aber die britische Regierung«. Das zweite, der direkte Zugang der Dominien zum Souverän, war für Smuts das Entscheidende. Seiner Ansicht nach würde dies den entscheidenden Schritt darstellen, aus dem alles andere folgen würde. Es müßte notwendigerweise klargestellt werden, daß der König in seinem Verhalten als Souverän eines Dominions nur auf den Rat seiner Dominion-Regierung hin handeln dürfe. Da der König in der Praxis in England residiere, müßte ein Minister der Krone aus jedem Dominion mit direktem Zugang zum Monarchen in England wohnen. Aber, so folgerte Smuts, das dürfe die engen Beziehungen zwischen den Regierungen Großbritanniens und der Dominien nicht beeinträchtigen. Dafür würden allerdings Verfassungseinrichtungen notwendig sein. Ohne diese bestünde die Gefahr, daß sie sich auseinanderleben würden. Diese Einrichtungen würden drei Konferenzorgane zum Meinungsaustausch über die Politik und die gemeinsamen Interessen des Commonwealth umfassen. Das eine sollte ein »Commonwealth-Kongreß« oder eine »Reichskonferenz« sein, die alle vier Jahre zusammentrat. Sie müßte nicht nur Minister aus dem Kabinett, sondern auch Vertreter der parlamentarischen Opposition einschließen. Das zweite sollte eine Versammlung oder eine Konferenz der Premierminister sein anstelle des früheren Reichskabinetts, die alle zwei Jahre zusammentreten sollte, »um die Außen- und Verteidigungspolitik und andere gemeinsamen Belange des ganzen Commonwealth zu überprüfen«. Schließlich müßte es eine kleinere Körperschaft geben, einen Dominion-Ausschuß, der aus den Premierministern oder deren Stellvertretern bestehen und eine fortdauernde Einrichtung zur ständigen Beratung darstellen würde. Diesem Ausschuß könnte ein Commonwealth-Sekretariat zur Verfügung stehen.

Smuts schloß seine Analyse mit der Empfehlung, daß das Reichskabinett einen allgemeinen Plan für die zukünftige Entwicklung der verfassungsmäßigen Beziehungen im Commonwealth entwerfen solle; der Plan sollte die Form von Entschließungen annehmen, die einer Verfassungskonferenz vorgelegt werden würden, und diese Entschließungen müßten eine Gesetzgebung durch das Parlament zu Westminster vorsehen, die (a) den Dominien die Befugnis zur Abänderung ihrer Verfassungen erteilen, (b) ihren gesetzgeberischen Zuständigkeitsbereich über ihre territorialen Grenzen hinaus erweitern und (c) das Gesetz über die Gültigkeit der Gesetzgebung der Kolonien aufheben würde. Es sollte ferner eine Erklärung der Rechte geben, wie sie von H. Duncan Hall in *The British Commonwealth of Nations* vorgeschlagen worden war, die folgendes enthielt: (a) das britische Parlament besitze hinsichtlich der Dominien verfassungsmäßig keine gesetzgeberischen Befugnisse, (b) das Veto des Königs müsse in den Dominien dieselbe Stellung haben wie im Vereinigten Königreich, (c) die Dominien sollten ohne die Zwischenschaltung eines britischen Staatssekretärs direkten Zugang zum Souverän haben, und (d) der internationale Rang und das Recht zur diplomatischen Vertretung der Dominien müßten außer Zweifel stehen. Schließlich schlug Smuts vor, daß ein neuer Name »diesen epochemachenden Neubeginn« bezeichnen sollte. Er sollte Britisches Commonwealth der Nationen sein als Bezeichnung für etwas, das kein Weltreich mehr sei, sondern eine Gemeinschaft freier und gleichberechtigter Nationen. Er glaubte auch, daß es irgendein großes Symbol für die Gleichberechtigung der Dominien und deren Eintritt in die Gemeinschaft der Nationen der Welt geben müsse und daß das geeignetste die Annahme einer besonderen Fahne für jedes einzelne Dominion sein könnte.

Die unmittelbare Wirkung der Denkschrift von General Smuts war weniger groß, als vielleicht vermutet werden mochte. Hierfür gab es drei Gründe. Der erste, schon erwähnte, war ihr Mangel an amtlicher Geltung. Das bedeutete, daß sie weder formell der Reichskonferenz vorgelegt noch formell beraten wurde. Aber noch wesentlicher war, daß das Thema der Denkschrift für die Mehrheit auf der Reichskonferenz 1921 unannehmbar war, und die Kenntnis ihres Inhalts verhärtete womöglich den Widerstand gegen jeden Versuch, das Commonwealth auf ein Schriftstück zurückzuführen, oder gegen die, wie es Hughes abtat, Formulierung einer »flammenden Erklärung der Rechte«. Drittens, verfahrensrechtlich und taktisch bedeutsam, war die Reichskonferenz 1921 nicht die in der Entschließung IX der Reichskriegskonferenz von 1917 erwogene Verfassungskonferenz. Über diesen Punkt hatte sich Lloyd George in seiner Einladung ganz klar ausgedrückt. War es Aufgabe dieser Konferenz, Vorbereitungen für eine derartige Verfassungskonferenz zu treffen? Das war eine Frage, die man der Konferenz selbst zur Entscheidung überließ, und sie konnte es tun, wenn es wünschenswert oder sogar notwendig erschien, die Zielsetzungen einer derartigen Verfassungskonferenz neu zu überdenken. »Es mag sein, daß ich sehr schwer von Begriff bin«, bemerkte W. M. Hughes, »aber ich kann überhaupt nicht verstehen, was diese Verfassungskonferenz eigentlich soll. Streben die Dominien neue Befugnisse an, oder wollen sie die schon erworbenen Befugnisse anwenden, oder soll die Konferenz eine Erklärung der Rechte entwerfen, um die Beziehungen zwischen Großbritannien und den Dominien schwarz auf weiß niederzulegen? Was soll diese Konferenz tun? Aus welchem Grund soll sie einberufen werden?« (49) Hughes glaubte, es gäbe keinen Grund, der ihre Einberufung rechtfertige. Massey aus Neuseeland stimmte ihm zu. Solange es eine Partnerschaft der Nationen gab, schien es Massey wenig zu bedeuten, ob sie eine Familie der Nationen, ein Commonwealth der Nationen oder irgend etwas anderes genannt wurde. Ebensowenig würden die Wörter, die zu Papier gebracht werden mochten, um jene Beziehungen zu bestimmen, viel mehr bedeuten. Die Stärke des Reichs beruhe auf den patriotischen Gefühlen des britischen Volkes. Damit meinte der Premierminister Neuseelands nicht nur die Angelsachsen oder Europäer, sondern »das britische Volk im gesamten Reich, einschließlich der Eingeborenenvölker. Dieses Gefühl ist durch nichts zu ersetzen.« (50) Arthur Meighen, der Kanada vertrat und vor allem damit beschäftigt war, von einer weiteren Verlängerung des anglo-japanischen Bündnisses abzuraten, war mehr als irgendein anderer kanadischer Premierminister des 20. Jahrhunderts geneigt, mit solchen australischen und neuseeländischen Ansichten übereinzustimmen. Dieser Widerstand, verstärkt durch Gleichgültigkeit, genügte

infolgedessen, um die Aufnahme eines Satzes in die Beschlüsse
der Konferenz zu sichern. Er besagte, daß angesichts der
Entwicklungen seit 1917 keine Vorteile von der Einberufung
einer Verfassungskonferenz erwartet werden konnten. Während es rückblickend als eine ausgemachte Sache erscheinen
mag, daß die verfassungsrechtliche Stellung der Dominien und
ihre Beziehungen zu Großbritannien überprüft und, soweit
möglich, als Verfassungsbrauch und -recht neubestimmt werden sollten, war das noch 1921 keineswegs selbstverständlich.
Nicht Hughes, der sehr erfreut war, nach seiner Rückkehr seinen Landsleuten mitteilen zu können, er habe die verfassungsrechtlichen Kesselflicker in ihrer eigenen Blechkanne verlötet,
sondern Smuts hatte Grund, enttäuscht zu sein, als sich die
Reichskonferenz auflöste.
Der kurzfristigen Gleichgültigkeit muß jedoch die langfristige
Wirklichkeit gegenübergestellt werden. Die Denkschrift von
Smuts entsprach dieser Wirklichkeit weit mehr als irgendein
anderes bekanntes zeitgenössisches Dokument. Knapp legte sie
die Probleme und Möglichkeiten des Britischen Commonwealth der Nationen dar, wie es aus dem Ersten Weltkrieg
hervorgegangen war. Sie enthielt eine zutreffende Einschätzung der Gefahren, besonders der Mißachtung der entstehenden Nationalismen in den Dominien, die die Zeit als wohlbegründet erscheinen ließ. An sich lieferte sie ein Programm für
die Zukunft. »Smuts' Denkschrift vom Juni 1921«, behauptet sein Biograph (51), »enthielt eine Vorwegnahme des Balfour-Berichts von 1926 und der ganzen verfassungsrechtlichen
Errungenschaft von da an bis zum Westminster-Statut von
1931 . . .« Im wesentlichen war es ein zuversichtliches Schriftstück. Es war erfüllt von dem Bewußtsein der dem Commonwealth offenstehenden Möglichkeiten. »Die Zelte sind abgebrochen, und die große Karawane der Menschheit ist wieder-

um auf dem Marsch«: So hatte sich Smuts 1918 geäußert, und er zumindest hegte keinen Zweifel, daß sich das Commonwealth bei der Vorhut befand. Seine größte Fehleinschätzung, wie wir aus der heutigen Sicht feststellen können, lag in seiner darin eingeschlossenen Vorstellung von der Macht des Britischen Weltreichs. Das Britische Weltreich, so sagte er später seinen Kollegen auf der Reichskonferenz, »ging aus dem Krieg als die weitaus größte Macht der Welt hervor, und nur Unvernunft oder falsche Politik könnte ihm seine großartige Stellung rauben« (52). Es war eine Vorstellung, die auf die besonderen Gründe der Gleichberechtigung der Dominien mit Großbritannien nicht einging, sondern die Aufteilung der Reste der Reichsautorität auf verschiedene gleichberechtigte Staaten vor dem Hintergrund einer mehr angenommenen als wirklich vorhandenen Machtposition vorsah.

ZWEITES KAPITEL

Irland: Die Dominion-Regelung

»Ich brauche Ihnen nicht weitläufig zu erklären, wie wichtig die irische Frage ist für das Weltreich als Ganzes.«
SMUTS AN LLOYD GEORGE, JUNI 1921

DIE IRISCHE FRAGE ging in der Form, wie sie die Politik der spätviktorianischen Zeit in England beherrscht hatte, mit der Unterzeichnung des britisch-irischen Vertrags am frühen Morgen des 6. Dezember 1921 in die Geschichte ein. In ihrer abschließenden Phase war diese Frage in dreifacher Hinsicht von Bedeutung. In der englischen Innenpolitik war die Regelung der irischen Frage eine Hauptursache für den Zusammenbruch der Koalitionsregierung unter Lloyd George und die darauffolgende Rückkehr zu den traditionellen parteipolitischen Bindungen in Westminster. In der irischen Geschichte bedeutete sie das fast vollständige Fehlschlagen des 700 Jahre währenden englischen Versuchs, Irland zu beherrschen: fast vollständig deswegen, weil die sechs Siedlungsgrafschaften im Nordosten beim Vereinigten Königreich verblieben. Schließlich war die irische Frage ein Meilenstein in der Geschichte des Britischen Commonwealth der Nationen, weil durch den Vertrag die verfassungsrechtliche Stellung eines Dominions zum erstenmal einem Land zugestanden wurde, das nicht ursprünglich eine Siedlungskolonie gewesen war und das nicht planmäßig auf diese verfassungsmäßige Beziehung zu England hingearbeitet hatte. Nur diese letzte Tatsache allein hat ihren

Platz in der Geschichte des Commonwealth. Aber wie und warum sie diesen Platz entgegen der Logik und der historischen Wahrscheinlichkeit erreichte, kann ohne eine Betrachtung englischer und irischer politischer Ansichten nicht verstanden werden (1).

Die Einstellung der Liberalen Partei zur Neuordnung der britisch-irischen Beziehungen stimmte voll und ganz mit den klassischen Lehren des liberalen Imperialismus der Mitte des 19. Jahrhunderts überein, angesichts einer Situation, für die es im Britischen Weltreich weder eine genaue historische noch eine geographische Parallele gab. Das Wesen dieser Lehre war die Festigung, in diesem Fall der Vereinigung, durch frühzeitige Zugeständnisse an die einheimischen nationalen Gefühle, die infolgedessen zu deren Unterstützung gewonnen werden sollten. Gladstone selbst hatte 1882, wie sich später herausstellte, vergeblich Königin Viktoria von der Richtigkeit einer solchen Politik in Irland zu überzeugen versucht, indem er ihre Aufmerksamkeit auf deren früheren Erfolg in Kanada lenkte, der sich trotz zahlreicher pessimistischer Vorhersagen eingestellt hatte. Durch ein vergleichbares Zugeständnis der Autonomie, meinte er, könnte Irland auch mit Großbritannien und dem Reich versöhnt werden (2). Ob seine Schlußfolgerung zutraf, bleibt eine Frage der historischen Spekulation. Es gab drei Versuche, die zwei ersten von Gladstone selbst, solche traditionell liberalen Maßnahmen in der Form der Selbstverwaltung *(Home Rule)* auf Irland anzuwenden. Sie schlugen alle fehl. Die erste Gesetzesvorlage zur irischen Selbstverwaltung *(Home Rule Bill)* wurde 1886 im Unterhaus durch eine knappe Mehrheit abgelehnt; die zweite wurde vom Unterhaus gebilligt, aber durch eine überwältigende Mehrheit 1894 im Oberhaus abgelehnt; die dritte, im April 1912 eingebrachte Vorlage erlangte gleichzeitig mit einem Gesetz, das das Inkrafttreten bis zur Beendigung des Krieges aussetzte und Abänderung hinsichtlich der Grafschaften in Ulster versprach, Gesetzeskraft. Ausgesetzt und mit der Aussicht auf Abänderung, diente diese Akte vor allem dazu, die Iren, die zuerst Charles Stewart Parnell und dann John Redmond in der verfassungsmäßigen, parlamentarischen Bewegung gefolgt waren, in Mißkredit zu bringen. John Redmond, so könnte es in einigen seiner Briefe den Anschein haben (3), sah sich in der Rolle eines irischen Botha, und bis 1912 teilten viele durch den Erfolg ihrer Politik in Südafrika begeisterte Liberale seine Hoffnung, daß es so sein könnte. Aber die Ereignisse von 1914 entschieden sehr bald, daß es keinen irischen General Botha geben würde.

Die Niederlage der irischen Selbstverwaltung hatte Ursachen, die tief in der englischen Innenpolitik wurzelten. Nach 1886 waren es nicht die fortschrittlichen Parteien der Liberalen oder der Arbeiter, sondern die Unionisten oder die Konservativen, die den Ton in der englischen Innenpolitik angaben. Von den seitdem vergangenen 80 Jahren hat diese Partei entweder allein oder als Koalition mit anderen Parteien fast 60 Jahre die Regierungsgeschäfte geleitet. In der kürzeren Zeitspanne zwischen der Einbringung der ersten Gesetzesvorlage zur irischen Selbstverwaltung und der endgültigen britisch-irischen Regelung waren die Liberalen zwar etwas länger im Amt als die Unionisten, aber in den für die britisch-irische Geschichte entscheidenden Jahren 1886 und 1920/21 hatten die Unionisten und ihre politischen Verbündeten eine Mehrheit im Parlament, während sie beim Kampf um die dritte Gesetzesvorlage zur irischen Selbstverwaltung vor dem Krieg stark genug waren, die Erreichung der liberalen Ziele zu verhindern. Die Tatsache der Vorherrschaft der Unionisten, vor allem in entscheidenden Augenblicken, muß erneut festgehalten werden, wenn auch nur, weil das historische Interesse allzusehr dazu neigt, sich mit den liberalen oder sozialistischen Regierungen zu befassen. Das ist nicht erstaunlich. Es ist erregender über Wandel und Reform zu lesen oder zu schreiben als über Erhaltung. Jedoch kann dies, wie es bei der Geschichtsschreibung über die britisch-irischen Beziehungen der Fall gewesen ist, in die Irre führen. Wenn die klassischen liberalen Vorstellungen niemals auf Irland angewendet wurden, so wurde dafür die Politik der Unionisten ausgiebig erprobt.

In diesem Zusammenhang scheint es angebracht, die allgemeine Ansicht der Liberalen, daß der Vorschlag der irischen Selbstverwaltung durch Gladstone 1886 wichtiger gewesen sei als dessen Verhinderung durch Joseph Chamberlain, genauer zu untersuchen. Ist diese Ansicht gut begründet? Könnte nicht gefolgert werden, die Ablehnung der irischen Selbstverwaltung durch die Radikalen in Verbindung mit den Tories und den andersdenkenden Whigs sei das Ereignis gewesen, das in seinen Folgen entscheidend für die nächsten 50 Jahre sein sollte? In erster Linie bedeutet die Ablehnung, daß das Establishment der Gutsbesitzer und besitzenden Schichten durch die radikalen Wählerstimmen des unteren Mittelstands und des Arbeiterstands gestützt wurde, die bei Wahlen wichtig und zuweilen möglicherweise entscheidend waren. Aber auf die Dauer hatte sie auch eine andere Bedeutung. Das Anliegen, das die Linke mit der Rechten vereinte und sich aus der gemeinsamen Ablehnung der irischen Selbstverwaltung herleitete, war die Erhaltung der Vereinigung Irlands mit England. Ihre Verbindung ließ infolgedessen eine in ihren Ansichten weithin pragmatische Partei entstehen, die aber in der Angelegenheit, die sie ins Leben gerufen hatte, notwendigerweise starr und weltanschaulich gebunden blieb.

»Jack Cade« mag, wie Professor Thornton (4) im Hinblick
auf den archetypischen Radikal-Unionisten Joseph Chamberlain bemerkt hat, »hinter Orchidee und Monokel verschwunden sein, wobei er seinen Radikalismus mitgenommen habe«.
Aber seine unionistische Politik behielt ihre ehemalige Bedeutung. Die Konservative Partei wurde zur Partei der
Unionisten, und der Namenswechsel bezeichnete einen Wandel zumindest in der Gesinnung. So wandelbar die Partei in
der Anpassung an sich ändernde Interessen auf anderen Gebieten sein mochte, so blieb doch ein unveränderliches Element
als wesentlicher Charakterzug: die Unterstützung der Union.
In dieser Hinsicht war sie eine Partei, die sich zwischen 1886
und 1921 freiwillig ihrer üblichen Freiheit zum politischen
Stellungswechsel begab. Infolge der wechselnden Umstände
konnte ihre Einstellung zu Irland sich wegen der Art, wie
die irische Selbstverwaltung 1886 abgelehnt wurde, nicht
ändern, was z. B. eine Generation später — und zwar mit dramatischen Folgen — im Falle Afrikas tatsächlich geschah.
Die unionistische Politik war ein Parteidogma, das im
Grunde genommen in der Parteiverfassung verankert war.
Und es war diese, in dieser Beziehung an ein Dogma gebun-
dene Partei, die mit Hilfe ihrer gesicherten Mehrheit im Oberhaus zwischen 1886 und 1905 die britische Politik in Irland
negativ oder positiv bestimmte und die bis 1921 im allgemeinen genügend Reserven in einflußreichen Kreisen oder in der
Wählerschaft mobilisieren konnte, um so gut wie alle beschlossenen liberalen Reformen zu blockieren, in einer Zeit, in der
sich liberale Reformer im allgemeinen nicht besonders durch
ihre Entschlossenheit in der irischen Frage auszeichneten.
War die unionistische Politik gegenüber Irland in diesen Jahren denn eine Studie in politischer Verneinung? Die Antwort
ist kein unbedingtes Ja. Der unverrückbare Ausgangspunkt

war eine Verneinung, keine irische Selbstverwaltung, woraus sich eine umfassende, aber nicht notwendigerweise ins einzelne gehende Schlußfolgerung ergab. Das war das Feld der Auseinandersetzung und Diskussion innerhalb der Partei. Was sollte an die Stelle der Selbstverwaltung treten, nachdem sie abgelehnt worden war? Zwang? Oder Bekehrung? Im wesentlichen waren dies die Alternativen. Vier Fünftel der irischen Wählerschaft unterstützten die irische Selbstverwaltung. Sollten die Iren also auf ewig zur Annahme der Union (mit dem Vereinigten Königreich) oder zumindest zu ihrer Duldung gezwungen werden? Oder gab es einen anderen Weg, auf dem sie überredet werden könnten, mit heimlicher Genugtuung — eine offenkundige hieße zu viel erwarten —, die Sackgasse der irischen Selbstverwaltung aufzugeben? Die zweite Alternative war zweifellos die Hoffnung aller, außer einer entschlossenen (aber möglicherweise realistischen) Minderheit. Arthur James Balfour lieferte die notwendige begriffliche Grundlage dafür. »Er ist«, bemerkte Sir Henry Lucy (5), als Balfour zum erstenmal 1880 im Unterhaus Aufsehen erregte, »ein erfreuliches Beispiel für die höchste Form von Bildung und guter Erziehung, die der Universität Cambridge zur Ehre gereichen.« Aber er war auch etwas mehr — »ein gewandter Redner mit einem besonderen Geschick, unangenehme Dinge zu sagen« (6), und, wie Sir Henry 1890 Gelegenheit hatte zu bemerken, in ihm war »das beste lebende Beispiel für die eiserne Faust unter dem Samthandschuh zu erkennen« (7).

Balfours Analyse der irischen Frage besaß ein allgemeines Interesse für das Reich. Seiner Ansicht nach war das, was damals mit dem umfassenden Namen »Parnellismus« bezeichnet wurde, ein oberflächlicher, gefährlich irregeleiteter politischer Ausdruck der tatsächlich vorhandenen Übelstände. Jene Übelstände seien jedoch sozialer und wirtschaftlicher Natur. Sie

seien im irischen Sozialsystem, vor allem im System des Landbesitzes, vorherrschend. Sie seien tief verwurzelt und schwer
zu beheben, aber mit Ausdauer, Zeit und einem gemeinsamen
britischen Vorsatz nicht unheilbar. Ein solches überparteiliches
Vorgehen sollte, nach Balfour, angestrebt werden, wenn auch
nur wegen des britischen Eigeninteresses oder, genauer gesagt,
wegen der Interessen der britischen besitzenden Schichten.
Denn, mochten auch die äußeren Erscheinungsformen des Parnellismus politisch sein, seine inneren Gefahren seien in glei-
chem Maß sozial. Die Ausbeutung der landwirtschaftlichen
Not für politische Zwecke hätte in Irland zu einem Angriff
auf die Eigentumsrechte geführt, wo diese am gefährdetsten
seien; und Balfour argumentierte wie Salisbury und viele
andere neben und vor ihm, daß die Untergrabung der Eigentumsrechte in einem Teil des Vereinigten Königreichs notwendigerweise den Weg zu ihrer Beeinträchtigung in anderen Teilen öffnen müsse. Nach dieser Argumentation, die, wie ersichtlich, wenig Bedeutung für die entfernten Kolonien hatte, bestand daher der richtige Kurs darin, die irischen Mißstände zu
beheben, die irische soziale Not zu lindern, die Industrien und
die Wohlfahrt des irischen Volkes zu fördern und so die
Union mit dem Vereinigten Königreich durch wachsende Zufriedenheit nicht nur zu erhalten, sondern zu stärken und
nebenbei die Eigentumsrechte im ganzen Vereinigten Königreich entscheidend neu zu sichern. Das Schlagwort hieß: »Die
irische Selbstverwaltung durch Güte töten.« Nach den Vorstellungen der Unionisten war indessen die Güte eine Voraussetzung des Tötens. Darin lag, wie Balfour erfahren sollte, ein
bekannter und unerbittlicher Widerspruch. Der Zeitpunkt der
Reform ist für ein autokratisches Regime immer schwierig und
zuweilen gefährlich. Bisher, hatte Balfour bei seiner Ernennung zum Hauptstaatssekretär für irische Angelegenheiten

1887 gesagt, seien englische Regierungen »entweder ausschließlich für Unterdrückung oder ausschließlich für Reform«
gewesen. »Ich bin für beides: Unterdrückung so streng wie
Cromwell; Reform so durchgreifend, wie Mr. Parnell oder
irgend jemand anderer sie sich wünschen mag.« (8) Er versuchte, mit anderen Worten, die mit der Reform verbundenen
Gefahren durch »Entschlossenheit« in der Regierung abzuwenden. Der Preis indessen war, daß die Entschlossenheit der
psychologischen Wirkung der Reformen gleichkam oder sie
sogar übertraf. Der »blutige Balfour«, »der Mann von Mit-
chelstown«, war in der Vorstellung der Iren nicht mit »Güte«
verbunden. Das war für den Hauptstaatssekretär und, wichtiger noch, für die Politik, die er vertrat, eine Belastung, die
niemals überwunden wurde.
Balfour indessen stand nicht allein. Zwischen 1886 und 1905
regierten die Unionisten, nur durch das Zwischenspiel einer
dreijährigen, unsicheren liberalen Regierung unterbrochen,
20 Jahre lang. Im Amt des Hauptstaatssekretärs für irische
Angelegenheiten folgte auf A. J. Balfour sein Bruder Gerald,
der als erster den zuvor viel mehr auf Ehefrauen gemünzten
Ausdruck »durch Güte töten« auf die irische Selbstverwaltung
anwandte, und danach George Wyndham — eine anziehende,
begabte Persönlichkeit und ein romantischer Tory, von dem
gesagt wurde, daß Sir Walter Scott »seine einzige Verbindung
zur modernen Welt« gewesen sei (9). Dennoch ermangelte es
Wyndham, trotz aller seiner Gaben, an einer Eigenschaft, die
für Politiker ebenso wichtig ist, wie sie Napoleon für Generäle
wichtig hielt, an der »Fortüne«.
Der Tory George Wyndham war bei seiner Amtsübernahme
fest entschlossen, die Bodenfrage zu lösen. Man kann ohne
große Übertreibung sagen, daß er sie gelöst hat. Die auf einer
Bodenkonferenz unter dem Vorsitz Lord Dunravens erarbei-

tete Grundlage bot den Rahmen für ein Gesetz, das die Groß-
grundbesitzer zum Verkauf und die Pächter zum Kauf ermutigte. Den Anreiz für beide lieferte eine beträchtliche Geld-
bewilligung des Schatzamts. George Wyndham war jedoch
nicht bereit, das Bodengesetz als ein Endziel zu betrachten. Es
war für ihn ein Mittel, wie sein Biograph schrieb, »zur
Euthanasie für die irische Selbstverwaltung« (11). Hier unterlag er, je nachdem von welchem Standpunkt aus man die
Sache betrachtet, mindestens einer, möglicherweise zwei Illusionen. Selbst Liberale, die keineswegs von der Existenz des
irischen Nationalismus überzeugt waren, fragten, wenn der
Nationalismus in sozialer Unterdrückung seinen Ursprung
habe, woher man die Überzeugung nehme, daß jener zugleich
mit diesem verschwinden würde. Und wenn der irische Nationalismus nicht abgeleitet, sondern eigenständig war, gab es
für die von Wyndham gehegten Vorstellungen keine tragbare
Grundlage.

Wyndham selbst hatte bald Grund zum Zweifel. Er hatte,
wie es einige Male während der Zugehörigkeit Irlands zum
Vereinigten Königreich in der Verwaltung Irlands geschehen war, einen fähigen Verwaltungsbeamten des Reichs, Sir
Antony MacDonnell, Gouverneur der Vereinigten Provinzen
in Indien, zum Unterstaatssekretär im Amt für irische Angelegenheiten ernannt, der indessen auch Ire und Katholik mit
Sympathien für die irische Selbstverwaltung war. Balfours
politischer Scharfsinn spürte die Gefahr. Aber der weniger
scharfsichtige, nach der Verabschiedung des Bodengesetzes zur
Erholung im Ausland weilende Wyndham übersah aus Un-
achtsamkeit das Ausmaß (über das er, obgleich etwas beiläufig,
informiert worden war; 12) der Bindung des Unterstaatssekretärs an ein gemäßigtes Programm der politischen und
verwaltungstechnischen Dezentralisation für Irland. Es gab

zuerst unwilliges Gemurre und dann zornige Proteste innerhalb der Partei der Unionisten über diese vermeintliche amtliche Unterstützung für eine geringfügige Lockerung der ge-
heiligten Bande der Union von Großbritannien und Irland.
MacDonnell überlebte den Sturm, aber Wyndham trat zurück. Damit war der Versuch der Unionisten, die irische Selbstverwaltung durch Güte zu töten, gescheitert. Er hatte auf dem
Weg zum endgültigen Scheitern einige Erfolge gezeitigt, vor
allem das Bodengesetz von 1903. Weit davon entfernt, tot zu
sein, zeigte der Gedanke der irischen Selbstverwaltung alle
Anzeichen einer Neubelebung. Auch war es nicht die Frage
der irischen Selbstverwaltung allein; es war offensichtlich die
schwerwiegendere Frage des irischen Nationalismus. Salisbury,
Balfour und George Wyndham hatten alle gleichermaßen
seine Existenz geleugnet. Es war dies ein Glaubensartikel der
Unionisten. Wie lange konnte sich die Partei dazu noch be-
kennen?
Seit Dezember 1905 bis zur Bildung der ersten Kriegskoali-
tionsregierung im Jahr 1915 ohne Regierungsverantwortung
bewegte sich die Partei der Unionisten, aber nicht so rasch, wie
man rückblickend anzunehmen geneigt ist, auf eine extreme
Stellung, oder vielleicht genauer, auf eine extreme Einstellung
zu; denn man könnte sagen, daß das Beharren der Unionisten
auf der Union Irlands mit Großbritannien und auf nicht weniger, an sich ihre grundlegende, extreme Stellung gewesen
sei. Aber zumindest solange Balfour Parteiführer war, sprach
die Partei die Sprache der Vernunft und nicht der Gewalt. Es
konnte über die Beibehaltung der Union Irlands mit Großbritannien keinen Kompromiß geben; aber gab es keine Wege,
dem irischen Nationalgefühl Zugeständnisse zu machen, die
mit dieser grundlegenden Absicht vereinbar waren? Es mangelte nicht an Anzeichen dafür, daß dies eine Möglichkeit war,

die ganz nach einer letzten Gelegenheit aussah und jetzt ernsthafter in Erwägung gezogen wurde. Niemand kann die Diskussionen der englischen Unionisten über ihre zukünftige
irische Politik in dieser Zeit lesen, ohne hinter der Polemik
ein sich vertiefendes Gefühl der Verwirrung zu spüren.

1906 erschien F. S. Olivers *Life of Alexander Hamilton* (Das
Leben Alexander Hamiltons). Das Buch erfreute sich — außer
bei Historikern — eines großen Erfolgs; es hatte weitreichenden Einfluß. Sein Gegenstand war, in biographischer Form,
die Bildung der amerikanischen Föderation. Wie George Washington glaubte Oliver, daß »Einfluß nicht Regierung« sei;
und die Lehre, die er aus diesen frühen Erfahrungen der Vereinigten Staaten zog, war die Notwendigkeit einer Staatsautorität, um den Sieg der zentripetalen Kräfte über die zen-
trifugalen zu sichern. Er versuchte später, diese Lehren auf die
britischen Inseln anzuwenden. 1910 veröffentlichte er unter
der Überschrift *Federalism and Home Rule* (Föderalismus und
irische Selbstverwaltung) eine Reihe von Briefen, deren Beweisführung war, daß, während »die Union Irlands mit
Großbritannien eine große Sache ist und sie zu schwächen
alles verlieren heißt«, sei diese Union nicht notwendigerweise
mit einer bundesstaatlichen Lösung oder sogar, unter bestimmten Voraussetzungen, mit der irischen Selbstverwaltung
unvereinbar. In weiteren Flugschriften wie *The Alternative
to Civil War* (Die Alternative zum Bürgerkrieg) von 1913
und *What Federalism is Not* (Was Föderalismus nicht bedeutet) von 1914 führte Oliver seine Gedanken weiter aus. Soweit der Föderalismus oder die irische Selbstverwaltung mit
der Dezentralisierung im Unterschied zur Teilung der Staatsautorität vereinbar waren, war er bereit, sie zu unterstützen.
Er glaubte, daß eine endgültige Abtretung bestimmter Vollmachten von Westminster an die vier nationalen Einheiten auf

den britischen Inseln die Union Irlands mit Großbritannien
erhalten würde und zum Bestandteil eines größeren Förderationsplanes für das gesamte Britische Weltreich gemacht werden könnte: die »große Föderationsidee«, auf die es Oliver
und seine Kollegen von der Zeitschrift *The Round Table* abgesehen hatten. Es war alles nur ein Traum. Die Iren wehrten
sich noch heftiger gegen die Föderation der britischen Inseln
als die Kanadier und Südafrikaner gegen die Reichsföderationtion. Doch in beiden Fällen war der Grund derselbe. Sie
waren sich bewußt, daß eine derartige Föderation nicht zur
Anerkennung ihrer besonderen und getrennten politischen
Eigenständigkeit führen würde oder sollte, sondern zu ihrer
Einverleibung und zu ihrem endgültigen Aufgehen in einem
größeren Ganzen. Im Grunde lag daher hinter den Formen,
den Redewendungen und dem Idealismus der Mitarbeiter an
der Zeitschrift *The Round Table* unüberbrückbar der tiefe Gegensatz zwischen Imperialismus und Nationalismus. Olivers
Auffassung von der irischen Selbstverwaltung war auf eine
Abtretung bestimmter Vollmachten an alle vier nationalen
Einheiten auf den britischen Inseln beschränkt, die »die Union
dieser Inseln« ungeschwächt beließ, die, wie er selbst schrieb
und Stephen Gwynn (13), der später seine Briefe herausgab,
bemerkte, für Männer mit seinen Ansichten »ihrem Wesen
nach heilig« war. So gesehen, bedeutete der Föderalismus nicht,
wie Oliver meinte, »einen neuen Anfang« für die unionistische
Politik, sondern eine oberflächliche Neuordnung der Formen
der Union von Irland mit Großbritannien, um sie den irischen
Nationalisten schmackhafter zu machen.

1913, im selben Jahr, in dem Oliver über den Föderalismus
schrieb, stellte der nun der Führerschaft der Partei durch Andrew Bonar Law enthobene A. J. Balfour in einer Flugschrift
über *Nationality and Home Rule* (Nationalität und irische

Selbstverwaltung) hierzu Überlegungen an. Seine Ansichten hielten sich enger an politische Tatsachen. Er gab zu, daß es eine irische Frage gab, behauptete jedoch, daß sie weder in dem bestehenden Parlamentssystem noch in dem bestehenden Finanzsystem begründet sei, die beide seiner Ansicht nach für Irland günstiger seien als für England. Das Bodenrecht sei erneuert worden, und der Verwaltungsaufbau würde gerade einer Reform unterzogen. Worin lag nun die Rechtfertigung für die irische Selbstverwaltung? »Sie liegt in der Tatsache«, bemerkte Balfour, »daß die irische Nationalpartei behauptet, Irland besitze *aufgrund seiner gesonderten Nationalität* angeborene Rechte, die nicht durch die gerechteste und umfassendste Beteiligung an den parlamentarischen Einrichtungen des Vereinigten Königreichs befriedigt werden könnten. Was Schottland zufriedenstellt, kann sie nicht befriedigen und dürfte sie auch nicht befriedigen. Das wäre Verrat an Irland.«

Balfour ging dann dazu über, die Grundlagen des irischen Nationalismus zu untersuchen und schloß, daß es weder im Hinblick auf irische Institutionen noch auf irische Kultur noch auf irische Abstammung oder Zivilisation genügend Grund für den in dem Verlangen nach irischer Selbstverwaltung stillschweigend einbegriffenen gesonderten Nationalismus gäbe. Der Grund dafür sei vielmehr in »den tragischen Ereignissen der irischen Geschichte« zu suchen. Aus ihnen wäre der irische Nationalismus entsprungen, und von ihnen rühre seine antibritische Tradition her. Wie sollten britische Staatsmänner darauf reagieren? Für Balfour gab es nur zwei Möglichkeiten. Die erste war die Erhaltung der Union Irlands mit Großbritannien und die Einbeziehung Irlands in eine umfassende politische Gemeinschaft mit England und Schottland. Die zweite war, ihm vollständige Autonomie zu gewähren. Das

letztere war »ein Ratschlag der Verzweiflung«. Dennoch, bemerkte Balfour, sei diese Lösung der Krankheit offensichtlich
angemessen. Sie gewähre dem nationalistischen Irland, was es
anzustreben vorgebe, und damit sei zumindest das irische Na-
tionalitätenproblem gelöst. Aber was sollte man von der
irischen Selbstverwaltung halten? Sie biete einen Mittelweg,
löse jedoch überhaupt kein Problem. Finanziell, verwal-
tungstechnisch und verfassungsmäßig sei sie, so behauptete er,
sowohl unhaltbar als auch undurchführbar. Seine eigene Antwort war: Zeit, Zeit, in der die von der Regierung der
Unionisten verabschiedeten Maßnahmen Gelegenheit hätten,
ihre heilbringende und wohltätige Wirkung zu zeigen. Und
denjenigen, die behaupteten, daß es »dem irischen Patriotismus in seiner ausschließenden und mehr oder weniger feindlichen Form vorausbestimmt ist, ewig zu dauern«, antwortete
er, sie müßten logischerweise nicht an irische Selbstverwaltung,
sondern an Trennung denken.

1913 besaß Balfour zwar noch Einfluß, erfreute sich aber nicht
länger der Macht innerhalb seiner Partei. Diese lag erstaunlicherweise in den Händen Bonar Laws, eines kampflustigen
Schwarzsehers, der zum Parteivorsitzenden gewählt worden war, weil er als erstklassiger politischer Kämpfer galt.
Mit der Begründung, die Einschränkung der Vollmachten des
Oberhauses durch eine Parlamentsakte von 1911 habe das
Gleichgewicht der Verfassung gestört, fühlte sich Bonar Law
berechtigt, seine Partei der »Ruhe und Ordnung« zu drängen,
alle Schritte zur Verhinderung der irischen Selbstverwaltung
zu unternehmen. Die liberale Regierung sei, so behauptete er
am 27. Juli 1912 in Blenheim, »ein Revolutionsausschuß«, der
durch Betrug despotische Macht ergriffen habe. Die Unionisten
würden sich dementsprechend wohl kaum Zügel anlegen lassen,
die in einem normalen politischen Kampf für sie hinderlich sein

könnten. Sie würden jedes Mittel anwenden, das am wirksamsten zu sein schien. Unter der Führung Bonar Laws verpflichtete sich die englische Unionistenpartei zur Unterstützung der Sache der Unionisten in Ulster, selbst bis zur Androhung der Gewalt. Dennoch war Ulster für die Mehrheit der englischen Unionisten, selbst wenn Bonar Laws eigene Stellung in diesem Punkt möglicherweise wegen seiner Abstammung aus Ulster eine persönliche und gesonderte blieb (14), kein Ziel an sich. Es war ein Mittel zum Zweck, nämlich zur Erhaltung der Union Irlands mit Großbritannien und damit zur Unversehrtheit des Reichs. Das Interesse am Reich verstärkte in einem noch nicht genügend erkannten Maß die einheimische Opposition gegen die irische Selbstverwaltung. Es regte Verwaltungsbeamte, Soldaten und sogar Staatsmänner des Reichs, die sich sonst nicht für irische Angelegenheiten interessierten, zur Tat an. Viele von ihnen hatten höchstens beschränktes Vertrauen zu demokratischen Verfahrensweisen.

Lord Milner bot das hervorragendste Beispiel. Aufgrund seiner Geistesverfassung und seiner Erfahrungen als Statthalter in Südafrika empfand er nichts als Verachtung für das britische Parlamentssystem. Er fühlte »nur Abscheu für die Art und Weise, wie Dinge im politischen Raum in England durchgeführt wurden«, und verachtete das englische politische Leben. Er haßte den Druck der parlamentarischen Notwendigkeiten, er verachtete die Launen einer »verdorbenen öffentlichen Meinung«, und wenn er in Südafrika Opfer gebracht habe, so seien sie nicht »für diesen kraftlosen und aus den Fugen geratenen Staat« gewesen. Im vermeintlichen Interesse des Reichs und ohne Rücksicht auf die britischen parlamentarischen Bräuche verwendete Milner, wie es A. M. Gollin in seinem Buch *Proconsul in Politics* zuerst klarmachte, seine außerordentliche verwaltungstechnische Begabung in Groß-

Sir Winston Churchill (1874–1965) und Lady Churchill.
Churchill grüßt mit seinem berühmt gewordenen Siegeszeichen.

britannien zur Organisation des Widerstands, vor allem durch die *Union Defence League* (Liga zur Verteidigung der Union Irlands mit Großbritannien), gegen die irische Selbstverwaltung, und er erlangte bis 1914 fast 2 Millionen Unterschriften für den Britischen Bund. Er suchte auch, und offensichtlich mit Erfolg, eine nicht unwesentliche finanzielle Unterstützung für Maßnahmen zu gewinnen, die er nur zu gern durchgeführt hätte, vor denen aber selbst die Führer Ulsters unter Sir Edward Carson und James Craig zurückschreckten. Von allen Führern der Unionisten war Milner »am wenigsten bestrebt, eine Kompromißlösung für das Ulsterproblem zu suchen« (15). Was die Führer der englischen Unionisten betraf, so bemerkte Milner selbst, sie zögen es vor zu schwatzen statt einen festen Plan anzunehmen, um sich mit anderen als verfassungsmäßigen Mitteln von dem »schrecklichen Albtraum« der irischen Selbstverwaltung zu befreien, die wahrscheinlich einem widerstrebenden Ulster aufgezwungen werden würde. Wenn man sich daher dieser Führer erinnert, weil sie sehr weit gingen, so muß allerdings hinzugefügt werden, daß sie gedrängt worden sind, noch sehr viel weiter zu gehen.

Während der letzten Phase des Widerstands der Unionisten gegen die irische Selbstverwaltung, der sich am Rand der Gewaltanwendung bewegte, gab es zumindest drei unterscheidbare Bestandteile in der Partei der Unionisten. Zunächst gab es die irischen Unionisten (deren Ansichten von denen ihrer englischen Verbündeten genügend verschieden waren, um eine besondere Analyse zu erfordern), die selbst wieder in die Unionisten Ulsters und die des Südens gespalten waren; zweitens gab es die große Masse der englischen Unionisten, welche die irische Selbstverwaltung in erster Linie für eine Frage der Innenpolitik hielten; und schließlich gab es die an autokratische Herrschaft gewöhnten Imperialisten, von denen einige, aber nicht alle, mit Milner auf der extremen Rechten standen und die wenig Interesse an der britisch-irischen Politik an sich hatten, die Einheit der britischen Inseln jedoch für eine wesentliche Voraussetzung der Einheit und infolgedessen auch der Größe des Britischen Weltreichs hielten. Durch eine übergeordnete und entscheidende Frage miteinander verbunden, bildeten diese drei Bestandteile die furchterregende Verbindung, vor der die Liberalen schwach wurden und der das Anliegen des irischen, verfassungsmäßigen Nationalismus unterlag.

Für die Unionisten war der Osteraufstand von 1916 der Augenblick des Erwachens. Die Unionisten hatten es abgelehnt, an die Echtheit des irischen Nationalismus zu glauben. Es war dies für sie nicht eine Frage der politischen Meinungsbildung, sondern etwas, was in der Tat fast zu einem politischen Glaubensbekenntnis geworden war. Der Aufstand zerstörte für einige sofort, aber auf die Dauer für nahezu alle die Überzeugung, auf der es beruhte. Der irische Nationalismus wurde als das erkannt, was er in Wirklichkeit war. Mit der Zeit brachte diese Einsicht eine größere Wirklichkeitsnähe. Wie wir gesehen haben, hatte Arthur Balfour schon gefolgert, daß es keinen Mittelweg zwischen der Union und der Trennung gäbe. In dieser einen wichtigen Hinsicht zumindest war er mit Sinn Féin einer Meinung. Die beiden extremen Richtungen stimmten wenigstens darin überein, daß sie die Möglichkeit eines Mittelwegs ausschlossen. Nach 1916, als der Gedanke der irischen Selbstverwaltung aufgegeben und entwertet worden war, blieben sie Auge in Auge zurück. Das Ergebnis war fast unvermeidlich Gewalt. Erst 1921 wurde das Dilemma der Unionisten gelöst: durch die Preisgabe der Union Irlands mit Großbritannien. Von nun an kehrten die britischen konservativen, nicht mehr unionistischen Staatsmänner, von der ideologischen Last befreit, zu pragmatischeren Methoden zurück und zeigten zum größten Teil den festen Entschluß, wie es Baldwin in den dreißiger Jahren formulierte, daß es kein zweites Irland in Indien oder irgendwo anders geben sollte. Wenn es auch wahr ist, daß der Grundsatztreue der Unionisten, die in den Jahren vor dem Ersten Weltkrieg zu Drohungen und Vorbereitungen des bewaffneten Widerstands gegen die irische Selbstverwaltung in Ulster führte, ein großer und vielleicht sogar ein entscheidender Teil der Verantwortung für die Schaffung einer Lage zugeschrieben werden muß, in der eine gewaltsame Lösung der irischen Frage wahrscheinlich wurde, so muß auch festgestellt werden, daß die Partei, mit der bedingten Ausnahme Zyperns, als immer noch vorherrschende Kraft im englischen politischen Leben bis in die frühen sechziger Jahre unseres Jahrhunderts nicht wieder durch eine Glaubensüberzeugung über eine nationale Frage »auf der falschen Seite der Geschichtsentwicklung« bewegungsunfähig wurde. Das war ein Teil des Erbes der irischen Frage an das Reich und das Commonwealth. Es gab auch andere.

Während die britischen, und insbesondere die Auffassungen der Unionisten von der irischen Selbstverwaltung sich in ihren Ansichten über die Forderungen der Kolonien oder Dominien nach Selbstverwaltung nicht nur unterschieden, sondern auch zu entscheidenden Zeitpunkten in scharfem Gegensatz dazu standen, wurden auch die irischen Ansprüche, selbst von verfassungstreuen Nationalisten, in andere Worte gekleidet, als sie gemeinhin in den europäisch besiedelten Kolonien oder Dominien verwendet wurden. Diese Unterschiede deuteten an, daß, während sich die Iren weniger Freiheiten erfreuten, sie wahrscheinlich, trotz der Bescheidenheit ihrer unmittelbaren Ansprüche, schließlich mehr als ihre Zeitgenossen in den

Kolonien verlangen würden. Selbst ihre verfassungstreuen
Führer sprachen nicht von zu gewährenden Zugeständnissen,
sondern von anzuerkennenden Rechten. Sie hielten sich für die
Sprecher eines altehrwürdigen Volks, nicht von Kolonisten.
Sie beriefen sich auf das irische Volk und die irische Nation.
In Worten, die später auf der Säulenplatte seines Denkmals
an der O'Connell Street eingraviert wurden, sagte Parnell:
»Niemand kann dem Vormarsch einer Nation Grenzen set-
zen.« In Augenblicken böser Ahnung befürchteten britische
Staatsmänner aller Parteirichtungen, daß dies in der Tat ge-
nau der Wahrheit entsprechen könnte.
Während eine große englische Partei die irische Selbstverwaltung als ein Mittel zur Stärkung der Union Irlands mit Großbritannien durch rechtzeitige, aber sorgfältig umschriebene
Zugeständnisse verfocht, befürwortete weder eine britische
Partei noch ein britischer Staatsmann die rechtliche Stellung
einer Kolonie oder die verfassungsrechtliche Stellung eines
Dominions für Irland. Auch gingen die Gedanken der Mitglieder der Irischen Parlamentarischen Partei, mit der bedingten Ausnahme von John Redmond, im allgemeinen nicht in
diese Richtung, trotz ihrer spitzen Bemerkungen in den Debatten über die Gesetzesvorlagen zur Errichtung des Commonwealth von Australien und der Südafrikanischen Union über
die Freiheiten, die den Iren immer noch vorenthalten wurden,
jetzt aber den Australiern und Südafrikanern gewährt werden sollten. In der erstgenannten Debatte versäumte Tim
Healy nicht, »den hochehrenwerten Herrn Kolonialminister«
mit einer Anfrage zu verhöhnen, warum er »und alle seine
Freunde, die bei dem Versuch der (zweiten) Gesetzesvorlage
zur irischen Selbstverwaltung eine so große Rolle gespielt haben, es nicht für nötig hielten, bei dieser Gelegenheit irgendeinen der Abänderungsanträge einzubringen, die sie vor sie-

ben Jahren als absolut entscheidend angesehen hatten«. Zugleich äußerte Tim Healy die Vermutung, der Grund dafür könnte nur sein, daß man einem Iren »die Selbstverwaltung nicht anvertrauen kann, bevor er als Strafgefangener außer Landes geschickt worden ist« (16). Grundsätzlich konnten indessen die britischen und die irischen Führer die Unterschiede zwischen Irland und den Dominien weder übersehen noch ausschalten. Die Iren waren nicht Nachkommen von Siedlern, selbst wenn es einige ihrer Führer waren; sie fühlten sich eher als Europäer, und selbst die Verfassungstreuen unter ihnen waren sich der revolutionären, nationalistischen Strömungen bewußt, die ihre Segel schwellten. Jene revolutionären Kräfte waren antibritisch und, auch bevor sie ausdrücklich republikanisch wurden, antimonarchisch. Aus diesem Grund allein konnte das Ziel der britischen Siedlergemeinschaften in Übersee kaum das des irischen Nationalismus sein. Dennoch blieb die Frage scheinbar bis 1916 zumindest offen, ob trotz solcher erkennbaren und wesentlichen Unterschiede die Iren nicht doch auf der Grundlage der ministerverantwortlichen Regierung mit einer Partnerschaft innerhalb des Reichs ausgesöhnt werden konnten. Schließlich gab es doch viele unmittelbare Anliegen und allgemeine Ziele, die Irland und den Dominien gemein waren, und es konnte der vernünftige Weg sein, nicht zu versuchen, die Geheimnisse einer mehr oder weniger entfernten Zukunft zu entschleiern. In Kanada, Australien, Neuseeland und im englischsprechenden Südafrika hatten die Kolonisten zunächst nach innenpolitischer Selbstverwaltung getrachtet; dann hatten sie darauf gedrungen, deren Zuständigkeitsbereiche auf Gebiete der Verwaltung auszudehnen, die bisher der Reichsautorität vorbehalten gewesen waren; und schließlich sollten sie eine Neuauslegung und Neubestimmung im Rahmen einer nationalen Autonomie anstreben. Es ist wahr, daß, während sie sozusagen mehr wollten, sie nicht etwas gänzlich anderes anstrebten. Aber möglicherweise taten das die Iren vor 1916 — und das war sicherlich die Vermutung Gladstones und Asquiths — auch nicht. Die Anhänger Parnells forderten nicht die sofortige Trennung, sondern die Wiederbelebung des irischen Parlaments mit ausreichenden politischen und finanziellen Vollmachten (einschließlich der Berechtigung, Zölle zu erheben), und diese Forderung wurde im Lauf der Zeit und unter der Führung Redmonds nicht vergrößert, sondern verringert. 1912 hätte kein Dominion die Beschränkungen seiner Befugnisse auf dem Gebiet der innenpolitischen Selbstverwaltung geduldet, von der Art, wie sie in der dritten Gesetzesvorlage zur irischen Selbstverwaltung enthalten war, und dennoch wurde die Gesetzesvorlage von den Führern der irischen Verfassungspartei im Geiste aufs wärmste begrüßt. Während ferner das Ziel der von Arthur Griffith in Ablehnung verfassungsmäßiger Methoden und in der enttäuschten Geistesverfassung des irischen politischen Lebens nach dem Sturz Parnells gegründeten Sinn-Féin-Bewegung in dem Sinn revolutionär war, daß sie die Ablehnung der Autorität des britischen Parlaments verfocht, einer Autorität, die nach Griffiths Ansicht ohne rechtliche Grundlage und 1800 »widerrechtlich erworben« worden war, blieb sie doch wieder konservativ und traditionsgebunden in ihrer erklärten Absicht, die eine Krone des Vereinigten Königreichs durch eine britisch-irische Doppelmonarchie nach dem österreichisch-ungarischen Vorbild von 1867 zu ersetzen (17). Das war etwas, was trotz seines kontinentalen und revolutionären gedanklichen Ursprungs — im Gegensatz zum evolutionären Charakter des Commonwealth — kaum jenen zuverlässigen und sehr britischen konservativen Kanadier, Sir John A. Macdonald, mit seinen Traumvorstellungen über ein weites,

für alle Zeiten mit der britischen Krone verbundenes Königreich in Nordamerika geängstigt hätte.

Es ist indessen völlig falsch anzunehmen, die Iren hätten zu
irgendeiner Zeit vor 1921 die verfassungsrechtliche Stellung
eines Dominions abgelehnt. Sie wurde ihnen niemals angeboten. Die britischen Parteien waren sich darin einig, sie davon auszuschließen. Der Streit zwischen den Parteien ging um
die irische Selbstverwaltung — eine viel bescheidenere Sache.
Und für die Irische Parlamentarische Partei schlug die Stunde
der endgültigen Enttäuschung im Jahr 1914, als eine Selbst-
verwaltungsakte (*Home Rule Act*) zwar Gesetzeskraft erlangte, aber für die Dauer des Krieges ausgesetzt wurde, und
deren Bestimmungen abgeändert werden sollten, um der Forderung Ulsters nach Ausschluß aus dem Zuständigkeitsbereich
dieser Akte entweder für die ganze Provinz oder wenigstens
für die sechs britisch besiedelten Grafschaften entgegenzukommen. Spott und Verachtung waren fortan das Schicksal
einer Partei, die ihr Ziel nur auf dem Papier erreicht hatte,
und was auch immer die Aussichten für einen friedlichen und
allmählichen Übergang Irlands zur verfassungsrechtlichen
Stellung eines Dominions über den Umweg der irischen Selbstverwaltung bis dahin gewesen sein mögen, sie verschwanden
mit diesem scheinbar endgültigen Beweis für die Wirkungs-
losigkeit des parlamentarischen Druckes. Die Abkehr des
Volks von verfassungsmäßigen Methoden ebnete psychologisch den Weg für die Erneuerung eines revolutionären Nationalismus, der sich auf Gewalt und Blutopfer verließ, um
die Unabhängigkeit zu gewinnen. Seinen klassischen Ausdruck
erhielt er 1915 zu Glasnevin in Pádraic Pearses Grabrede
für den altehrwürdigen Fenier, O'Donovan Rossa: »Das
Leben entspringt dem Tod: Und aus den Gräbern patriotischer
Männer und Frauen entstehen lebende Nationen. Die Ver-

teidiger dieses Königreichs haben sowohl im geheimen als auch in der Öffentlichkeit gut gearbeitet. Sie glauben, daß sie Irland befriedet haben. Sie glauben, daß sie die Hälfte von uns gekauft und die andere Hälfte eingeschüchtert haben. Sie glauben, daß sie alles vorausgesehen und für jeden möglichen Fall Vorkehrungen getroffen haben; aber diese Narren, diese Narren, diese Narren! — Sie haben uns unsere toten Fenier gelassen, und solange Irland diese Gräber behält, wird ein unfreies Irland niemals friedlich sein.« (18) Hier war der Geist, der 1916 hinter dem Osteraufstand stand und die Verkündung der Republik im Namen »Gottes und der toten Generationen« eingab. Die nach Churchills Worten »wenigen, aber verderblichen« (19) Hinrichtungen, die folgten, stählten im Lauf der Zeit nur den Willen und weiteten das von der Revolte erfaßte Gebiet aus. Sie änderten auch das Wesen der Auseinandersetzungen über die Verfassung. Es ging, außer in der Form, nicht mehr darum, ob Großbritannien Irland die Selbstverwaltung zugestehen würde, sondern um die Beziehungen zu Großbritannien und dem Reich, die ein nationalistisches Irland aufzunehmen bereit oder gezwungen war.

Auf der Sinn Féin Árd-fheis 1917 wurde Arthur Griffiths Idee einer Doppelmonarchie fallengelassen, sozusagen als beiläufige Folge der sich verschärfenden britisch-irischen Feindschaft, und eine Verfassung wurde angenommen, die besagte, daß Sinn Féin darauf abzielte, die »internationale Anerkennung Irlands als einer unabhängigen Irischen Republik« zu sichern, und daß, nachdem diese internationale Stellung erreicht worden sei, »das irische Volk seine eigene Staatsform in einem Volksentscheid wählen soll«. Aber die ganze Betonung lag auf der Errichtung der Republik, nicht auf dem endgültigen und schon bald größtenteils vergessenen freiheitlichen Ziel. Es war eine Republik, wofür die Märtyrer von 1916 starben; sie war in der noch gut bekannten Redewendung Fintan Lalors »das Banner, das dem Himmel am nächsten flattert«. Unter diesem Banner gewann die irische Revolution neuen Auftrieb. In der allgemeinen Wahl, deren Ergebnisse am 28. Dezember 1918 bekanntgegeben wurden, gewannen die Vertreter der Sinn-Féin-Bewegung 73 Parlamentssitze, die Unionisten 26, hauptsächlich im Nordosten, und die verfassungstreuen Nationalisten einen kläglichen Rest von sechs Sitzen. 24 der 32 Grafschaften Irlands hatten ausschließlich republikanische Abgeordnete ins Parlament entsandt. Die republikanische Mehrheit berief ein irisches Parlament (*Dáil Éireann*) ein, das aus allen gewählten Abgeordneten bestehen und als unabhängige verfassunggebende Versammlung der irischen Nation handeln sollte. In ihrer ersten Sitzung am 21. Januar 1919 wurde die Errichtung der Irischen Republik gebilligt, die Unabhängigkeit Irlands erklärt und die gewählten Vertreter des irischen Volks allein mit der Autorität ausgestattet, für das Volk bindende Gesetze zu erlassen (20). Ferner wurde, entsprechend dem Programm von Griffith, eine Verwaltung eingerichtet, die zumindest rechtlich dem *Dáil* verantwortlich war und die in den darauffolgenden Jahren des Guerillakriegs neben den zusammenbrechenden Einrichtungen der von Großbritannien kontrollierten Regierung mit Sitz in der Burg von Dublin tätig war. Hinter der bewaffneten Auseinandersetzung existierte daher auch ein Zusammenprall der Ideen, und zwar nicht mehr nur in der Form politischer Abstraktionen, sondern teilweise auch in der rauhen Wirklichkeit. Dieser ideologische, einer einfachen Lösung nicht zugängliche Konflikt entwickelte sich sogleich mit leidenschaftlicher Intensität, einmal wegen der Eigenart des Kampfes, aber auch weil seit 1916 jede Kompromißbereitschaft aus den britisch-irischen Beziehungen verschwunden war. W. B. Yeats hatte einen folgenschweren

Augenblick der Geschichte in dichterische Unsterblichkeit gekleidet:

>»Oh, wir redeten so lang, bevor
Die sechzehn Männer erschossen wurden;
Aber wer kann von Geben und Nehmen sprechen,
Was sein soll und was nicht,
Während jene toten Männer dort verweilen,
Um den schäumenden Topf zu rühren?«

Alltäglicher, aber durchaus realistisch, schrieb später ein australischer Historiker von der »schrecklichen Tyrannei der
Toten«, die danach über jedem Iren schwebte, der an Verhandlungen mit England dachte oder damit befaßt war. Doch
während alle diese Tatsachen zutrafen, entsprachen sie nicht
der vollen Wahrheit. Hinter dem dramatischen Augenblick
stand eine revolutionäre Tradition, und sie hatte im Lauf der
Jahrhunderte zahlreiche Märtyrer gefordert. Die »Tyrannei«,
wenn das das richtige Wort sein soll, war nicht nur die der
Toten von 1916; es war auch die Tyrannei jener, die vor ihnen
gefallen waren und die eine Tradition geschaffen und bestätigt
hatten, die ihrerseits wieder den Osteraufstand hervorrief, wie
es Pearses Worte am Grab von O'Donovan Rossa klargemacht hatten. Als die Zeit für Verhandlungen mit England
kam, war die irische Einstellung unmittelbar durch die Erinnerungen an 1916 bestimmt, aber auf einer tieferen Ebene
auch durch die Tradition, für die das Jahr 1916 einen wirklichen und symbolischen Höhepunkt darstellte (21).

Hatten die verfassungsrechtliche Stellung eines Dominions und
die Mitgliedschaft im Britischen Commonwealth der Nationen,
die andernorts im Geiste des Kompromisses entworfen und
entwickelt worden waren, vor diesem Hintergrund und in
einer derartigen Lage überhaupt irgend etwas zu bieten? Die
Iren hatten sich nicht empört, um zu irgendeinem späteren

Zeitpunkt eine irische Republik zu gründen, sondern um die Anerkennung eines nach ihrer Behauptung schon bestehenden Staatswesens zu erringen — der nach irischer Ansicht erstmals 1916 und dann wieder in der Erklärung des *Dáil Éireann* vom Januar 1919 geschaffenen Republik, die ihre Existenz *de iure* aus dem unveräußerlichen nationalen Recht eines Volks ableitete, das Geschick einer Nation selbst zu bestimmen. Das war eine ihrer Art nach ausschließliche Vorstellung, die daher keinen Kompromiß zuließ. Es war auch eine Vorstellung, die der Tradition des Commonwealth zuwiderlief, mit seiner Idee, die letztinstanzliche Autorität liege bei Krone und Parlament und könne nur durch eine gesetzgeberische Maßnahme oder durch einen Kronratsbeschluß übertragen werden. Die erstaunliche Tatsache bleibt daher bestehen, nicht daß die verfassungsrechtliche Stellung eines Dominions als Lösung für Irland umstritten war, sondern daß sie überhaupt eingeführt wurde. Wegen der britischen Reaktion auf den bewaffneten Protest in Irland ist das Erstaunen um so größer. Großbritannien dachte nicht an Zugeständnisse auf der Grundlage eines Dominions, geschweige denn auf der eines Nationalstaats. Was die Unionisten angesichts des verfassungsmäßigen Drucks vor dem Krieg abgelehnt hatten, das schien die von den Unionisten beherrschte Koalitionsregierung zwischen 1919 und 1921 ebenso der Gewalt verweigern zu wollen.

Nach dem Gesetz zur Verwaltung Irlands von 1920 wurde Irland geteilt. Die nordöstlichen Grafschaften, wo die Mehrheit der Unionisten sich vor 1914 zu einem Ulster-Freikorps zusammengeschlossen hatte, um der Selbstverwaltung für ganz Irland zu widerstehen, nahmen die in dem Gesetz vorgesehene regionale Selbstverwaltung an als ein Mittel zur Ordnung ihrer Angelegenheiten, getrennt vom restlichen Irland und vereinigt mit Großbritannien. Im übrigen Irland

wurden die Selbstverwaltung und die Trennung in gleicher
Weise und kompromißlos abgelehnt. Churchill berichtete, daß
der Koalitionsregierung sich gegen Ende 1920 zwei Möglichkeiten anboten: »Krieg mit äußerster Gewalt oder Frieden
mit äußerster Geduld.« (22) Mit dem Schwarzbraunen Frei-
korps (*Black and Tans*) und der Hilfspolizei schien sich Lloyd
George nach außen hin für die erste Möglichkeit entschieden
zu haben. Aber wohin sollte sie führen? Und gegen wen war
die Gewaltanwendung gerichtet? Die Antwort auf die erste
Frage war in der amtlichen Antwort auf die zweite miteinbe-
griffen. Die Gewaltanwendung richtete sich gegen Sinn Féin,
eine widerrechtliche und nicht repräsentative terroristische Organisation. Ihre Widerrechtlichkeit war, nach britischem Recht,
unbestreitbar; aber selbst in einer britischen Verlautbarung
schien ihr nicht repräsentativer Charakter bestreitbar. Die
Sinn-Féin-Kandidaten hatten in der allgemeinen Wahl von
1918 in 26 Grafschaften einen überwältigenden Sieg errungen.
Sie hatten sich im Januar 1919 versammelt, um als *Dáil
Éireann* für Irland Gesetze zu erlassen. Das *Dáil* wurde verboten, seine Mitglieder geächtet. Aber bewies das, daß sie
nicht die öffentliche Meinung vertraten? Solcherart war in der
Tat die Theorie. Gewalt wurde gegen »ein kleines Nest von
Meuchelmördern« angewandt: so Lloyd George. Es war eine
Theorie, die die Einwilligung in das vermeintliche Drängen
der Unionisten in der Koalitionsregierung, daß die Union
Irlands mit Großbritannien unter allen Umständen erhalten
bleiben sollte, zu rechtfertigen schien. Es war eine Theorie,
die auch ein ziemlich fadenscheiniges moralisches Mäntelchen
für eine Politik der amtlichen Vergeltungsmaßnahmen lieferte. Es war eine »Mörderbande«, die verhaftet werden
sollte. »Wir haben die Mörder am Kragen gepackt«, erklärte
Lloyd George im November 1920 auf einem Bankett im Rat-

haus der Stadt London. Sir Hamar Greenwood, Hauptstaatssekretär für Irland, prahlte, die britische Regierung werde
nicht ruhen, »bis wir dem letzten Meuchelmörder den letzten
Revolver aus der Hand geschlagen haben«. Für König
George V., wie für viele seiner Untertanen, hatte eine derartige
Sprache wenig Überzeugungskraft. Als, ebenfalls im November
1920, Greenwood dem Privatsekretär des Königs versicherte,
»die Bewegung geht überall aufwärts, auf eine Besserung
hin«, fühlte sich der König genötigt, die Richtigkeit dieser
Beurteilung in Frage zu stellen und sich über die allzu optimistische Darstellung der Ereignisse zu beschweren (23). In
den darauffolgenden Monaten zeigte die öffentliche Meinung
in Großbritannien und in den Dominien Anzeichen zunehmender Bestürzung. »Wenn das Britische Commonwealth nur
mit solchen Mitteln erhalten werden kann«, erklärte *The
Round Table* (24), »würde es den Grundsatz verleugnen, den
es bisher vertreten hat.« Unter diesem Druck wechselte Lloyd
George im Frühsommer 1921 plötzlich den Kurs. Er gab,
gewissermaßen über Nacht, die Politik der Gewalttätigkeit
auf und stellte Verhandlungen an ihre Stelle. »Keine britische
Regierung der Neuzeit«, kommentierte Winston Churchill,
»scheint jemals eine so vollständige und plötzliche Umkeh-
rung ihrer Politik unternommen zu haben.« Im Mai wurden
die gesamte Staatsmacht und der ganze Einfluß der Koalition
aufgeboten, um »eine Mörderbande zu jagen«; im Juni war
das Ziel eine »bleibende Versöhnung mit dem irischen
Volk« (25). Die Umkehr bezeichnete eine Einladung Lloyd
Georges vom 24. Juni an Eamon de Valera, der in einer das
Gesicht wahrenden Formel als »der gewählte Führer der
großen Mehrheit in Südirland« beschrieben wurde, zu einer
Konferenz in London. Dieser Initiative folgte ein Waffenstill-
stand, der am 11. Juli um 12 Uhr mittags in Kraft trat.

Auf britischer Seite war die Verhandlungsgrundlage die verfassungsrechtliche Stellung eines Dominions für Irland. Lloyd
George stellte das in amtlichen Verkündigungen, in Reden
und unter genau überlegten dramatischen Begleitumständen
bei seinem ersten Treffen mit de Valera von Anfang an klar.
Es war am 14. Juli 1921 im Kabinettszimmer in Downing
Street 10. Die Sekretärin Lloyd Georges hatte ihn nie so erregt gesehen wie vor diesem Treffen. Er ließ eine große Karte
des Britischen Weltreichs »mit den großen, roten Flecken überall darauf verteilt« an der Wand aufhängen, und seine Sekretärin meinte dazu, daß er »alle seine Kanonen« auffahre! Als
sich der Premierminister und der »gewählte Führer« trafen,
wies Lloyd George mit wohlüberlegter Absicht auf die Stühle
um den Tisch, an dem die Führer der Dominien während der
Reichskonferenz saßen — dort war der von Meighen, dem
Vertreter der in einem Dominion zusammengefaßten englisch-
und französischsprechenden Kanadier; dort war der von Massey aus Neuseeland; dort war der von Australiens Billy
Hughes; dort war der von Smuts, und der General symbolisierte in seiner Person die Versöhnung der Buren und Briten
in einer Gemeinschaft freier Nationen. Dann blickte Lloyd
George lange und unverwandt auf den noch verbleibenden
Stuhl. De Valera wußte, daß von ihm die Frage erwartet
wurde, wem dieser Sessel vorbehalten blieb. Er lehnte es ab,
das zu tun. So blieb Lloyd George nichts anderes übrig, als ihm
zu sagen, er sei für Irland bestimmt. »Alles, was wir von
Ihnen verlangen, ist«, sagte er, »daß sie in dieser Gemeinschaft
freier Nationen ihren Platz einnehmen.« Es war eine offene
und in gewissem Sinn großzügige Einladung. Nahmen die
Iren sie jedoch nicht an, fuhren sie fort, eher an eine Republik
als an ein Dominion zu denken, dann blickte Lloyd George,
indem er de Valera an die bald aus Mesopotamien und den

»Krisenherden« des Reichs zurückkehrenden Truppen erinnerte, sorgenvoll auf die schrecklichen Folgen, die daraus entstehen würden (26). Im Grunde bot Lloyd George also Irland
die verfassungsrechtliche Stellung eines Dominions an, wobei
Ablehnung durch die Iren die Wiederaufnahme des Krieges
im größeren Maßstab bedeuten würde. Während des ganzen
darauffolgenden Briefwechsels mit de Valera oder in den ausgedehnten Verhandlungen in London, die in der Unterzeichnung des Vertrags in den frühen Morgenstunden des 6. Dezember 1921 ihren Abschluß fanden, wich Lloyd George niemals von diesem Standpunkt ab.
Nach den Bestimmungen des Vertrags wurde Irland ein Dominion. In einem Dokument mit vielen Zweideutigkeiten bestand wenigstens in diesem Punkt Eindeutigkeit. Der erste
Artikel besagte, daß Irland innerhalb der als Britisches Weltreich bekannten Staatengemeinschaft dieselbe verfassungsmäßige Stellung innehaben sollte wie das Dominion Kanada, das
Commonwealth von Australien, das Dominion Neuseeland
und die Südafrikanische Union. Der zweite und dritte Artikel
des Vertrags bestimmten die Stellung Irlands genauer, indem
sie besagten, daß seine Beziehung zum Reichsparlament und
zur Reichsregierung dieselbe sein sollte wie diejenige Kanadas
und daß sein Generalgouverneur in gleicher Weise ernannt
werden sollte wie der kanadische Generalgouverneur. Der
vierte Artikel, der den Treueid vorschrieb, den Lord Birkenhead wahrscheinlich leider doch *nicht* als »das größte Meister-
stück der Verdrehung in der Geschichte« beschrieben hat, wies
ausdrücklich auf die Mitgliedschaft Irlands in jener Gruppe
von Staaten hin, die das Britische Commonwealth der Nationen bildeten, wodurch die Bezeichnung zum erstenmal amtlichen dokumentarischen Charakter erhielt. Doch während die
Bestimmungen des Vertrags keinen Zweifel darüber zuließen,

daß der Irische Freistaat ein Dominion sein sollte, forderten sie zwei entscheidende Fragen heraus — warum die verfassungsrechtliche Stellung eines Dominions für Irland, und was war eigentlich ein Dominion?

Warum wurde die verfassungsrechtliche Stellung eines Dominions auf Irland ausgedehnt? Es gibt eine einfache Antwort. Sie wurde den Iren von den Briten aufgezwungen. Sicherlich war von Anfang an die verfassungsrechtliche Stellung eines Dominions mit gewissen Einschränkungen die von den Briten bevorzugte Lösung. Am 20. Juli gab Lloyd George der Hoffnung Ausdruck, »daß das irische Volk innerhalb des Reichs eine ebenso würdige und vollständige Ausdrucksmöglichkeit für seine politischen und geistigen Ideale finden möge wie die zahlreichen anderen und verschiedenartigen, in der Treue zum Thron Seiner Majestät geeinten Nationen« (27). Es trifft zu, daß die von ihm damals vorgesehene verfassungsrechtliche Stellung eines Dominions eine eingeschränkte war. Sie ließ unter anderem keine eigenen Schutzzölle zu. De Valera bemerkte richtig, daß »die Grundlage des Pakts« nicht »leicht zu bestimmen« sei. Aber es war nicht die uneingeschränkte verfassungsrechtliche Stellung eines Dominions, die de Valera anstrebte. Es war überhaupt nicht die verfassungsrechtliche Stellung eines Dominions. Dementsprechend veränderte die Beseitigung der wichtigeren Einschränkungen dieser rechtlichen Stellung in nachfolgenden Verhandlungen, wie die der irischen Zollhoheit, in keiner Weise die Tatsache, daß sie die von den Briten bevorzugte Lösung war. Sie wurde schließlich nach einem Ultimatum — das Wort stammte von Churchill — und unter Androhung der sofortigen Wiederaufnahme eines schrecklichen Kriegs — die Redewendung gebrauchte Präsident de Valera — von den irischen Bevollmächtigten in London angenommen. Genügt es demnach zu sagen, die Briten

hätten den Iren die verfassungsrechtliche Stellung eines Do-
minions aufgezwungen? Wohl kaum. Soweit eine derartige
Ansicht bedeutet, daß die verfassungsrechtliche Stellung eines
Dominions von den Iren ganz und gar abgelehnt und von den
Briten uneingeschränkt angenommen wurde, ist sie irrefüh-
rend. Keines von beiden traf zu.

Die Kernfrage wurde in einer Frage Lloyd Georges an de Valera auf dem Höhepunkt ihres Briefwechsels zur Auffindung
einer gemeinsamen Verhandlungsgrundlage angedeutet: Wie
konnte die Verbindung Irlands mit der als Britisches Weltreich
bekannten Staatengemeinschaft am besten mit den nationalen
Bestrebungen der Iren in Einklang gebracht werden? Die
Antwort, nach irischer Ansicht, war: nicht durch die verfassungsrechtliche Stellung eines Dominions. Hierüber bestand,
soweit man heute weiß, im Sommer 1921 im Kabinett des
Dáil Einstimmigkeit. Es forderte eine gegebenenfalls äußerlich
und durch vernünftige Zugeständnisse mit dem Britischen
Commonwealth verbundene Republik. Und mit Vorschlägen
dieser Art versuchte es, dem britischen Dominionplan entge-
genzuarbeiten. Hinsichtlich der Form waren beide Ideen unvereinbar. Die Stellung einer Republik mit auswärtiger Assoziierung war mit der verfassungsrechtlichen Stellung eines
Dominions nicht in Einklang zu bringen. In einer Hinsicht
war dies entscheidend. Lloyd George und de Valera stimmten,
sosehr ihre Meinungen in unbedeutenderen Angelegenheiten
auseinandergehen mochten, im Grundsätzlichen überein. Für
beide Männer waren es die Symbole der Souveränität, die
die größte Bedeutung hatten. Aber hier hörte ihre Übereinstimmung auf; während des langdauernden Briefwechsels vor
den Verhandlungen ließ Lloyd George niemals den geringsten
Zweifel darüber, daß das monarchische Symbol der Krone
ein wesentlicher Bestandteil der Regelung sein sollte, und de

Valera war entschlossen, daß die Republik nicht geopfert werden durfte. Es trifft zu, daß de Valera es nicht genau in diese Worte gefaßt hat. Was er sagte, war, daß Irlands Recht, »den Weg« selbst zu wählen, »den es zur Verwirklichung seines eigenen Schicksals gehen wird, als unveräußerlich angenommen werden muß«. Aber der Sinn war klar. Die Ausübung dieses Rechts bedeutete zu der Zeit in der Tat eine Republik. In diesem Konflikt setzte sich mit der verfassungsrechtlichen Stellung eines Dominions die britische Ansicht durch bzw. wurde erzwungen. Es war die Krone, nicht die Republik, die in den Vertrag und später in abgeschwächter Form, wie die Verfassungsplaner sie nur ersinnen konnten, auch in die Verfassung des Irischen Freistaates aufgenommen wurde. Diese Anwesenheit der Krone in der Verfassung, zusammen mit der notwendigen Ergänzung durch einen Untertaneneid, war ein allen Dominien gemeinsames Kennzeichen der verfassungsrechtlichen Stellung eines Dominions. Unvermeidlich war sie das Kennzeichen, das im nationalistischen Irland Aufmerksamkeit und Groll erregte. Es symbolisierte den Charakter der Regelung. Ob es in der Tat das wichtigste Kennzeichen der Regelung war, blieb eine Angelegenheit, über die die Iren lange verschiedener und gegensätzlicher Meinung waren.

Die verfassungsrechtliche Stellung eines Dominions enthielt jedenfalls mehr als das Symbol der Monarchie. Es gab das sich ausweitende, aber noch strittige Gebiet der Freiheit. Auf der im Sommer 1921 abgehaltenen Reichskonferenz diskutierten, wie schon erwähnt, die Staatsmänner der Dominien, die sich sehr besorgt um die friedliche Beilegung der irischen Frage zeigten, das derzeitige Ausmaß und die mögliche zukünftige Ausweitung ihrer Autonomie. Sie waren sich wohl bewußt und wurden von W. M. Hughes daran erinnert, daß sie den Ersten Weltkrieg zwar als britische Kolonien begon-

nen, ihn aber als gesonderte Unterzeichner des Friedensvertrags von Versailles und als Gründungsmitglieder der neuen
internationalen Organisation, des Völkerbunds, beendet hatten. Zwei unter ihnen, Kanada und Südafrika, suchten sich
eine größere Unabhängigkeit in der Außenpolitik zu sichern,
damit sie z. B. internationale Verpflichtungen nur mit Genehmigung ihrer eigenen Parlamente und Regierungen annehmen
oder ablehnen könnten, Verträge nur nach Entscheidung durch
ihre eigenen Regierungen eingehen oder nicht eingehen könnten und allgemein in keiner Weise verpflichtet sein würden,
der britischen Außenpolitik zu folgen. Es ist wahr, daß die
zunehmende Gleichberechtigung in der Praxis noch durch die
theoretische Unterordnung aufgewogen wurde, über die sich
Smuts 1917 beklagt hatte. Aber könnte diese nicht durch eine
gemeinsame Kraftanstrengung und mit der Unterstützung der
Iren bald vollkommen beseitigt werden? Es ist auch wahr, daß
die Befürchtung bestand, die Präsident de Valera und Erskine
Childers nachdrücklich äußerten, daß im Fall Irlands die geographische Nähe eine Beschränkung der Befugnisse der Dominien bedeuten würde. Aber würden demgegenüber die
überseeischen Dominien einer derartigen Beschränkung ohne
weiteres zustimmen? Alles in allem, wie auch diese Dinge
betrachtet werden mochten, bestand nicht wenigstens die Aussicht, daß hinsichtlich der Unabhängigkeit die nationalen Bestrebungen der Iren durch die verfassungsrechtliche Stellung
eines Dominions mit der Mitgliedschaft in einer als Britisches
Commonwealth bekannten Staatengemeinschaft ihre Erfüllung
hätten finden können? Sicherlich gestand sie keine republikanische Symbolik zu; aber sie lieferte zumindest einen wesentlichen Teil dessen, wofür Sinn Féin gekämpft hatte. Es gab
also Vorteile hinsichtlich Macht und Regierungspraxis, die die
Nachteile der verfassungsrechtlichen Form aufwiegen konn-

ten. Mit der verfassungsrechtlichen Stellung eines Dominions würde Irland zumindest ganz und gar aus den einengenden Grenzen der Selbstverwaltung ausbrechen.

Wenn man der Ansicht zustimmt, daß die verfassungsrechtliche Stellung eines Dominions für die Iren nicht ohne Vorteile war, so mußte sie sicher auf britische Einwände stoßen. Im übrigen war das, was den Iren daran besonders anziehend erschien, nämlich die Aussicht auf größere Freiheit, genau das, was daran für die Kritiker der Regelung der irischen Frage auf britischer Seite am tadelnswertesten war. Wenn der Weg von Lloyd George zur verfassungsrechtlichen Stellung eines Dominions für Irland außerordentlich gewunden war, so lag hierfür zumindest ein Grund vor. Er war der liberale Führer eines Koalitionskabinetts, das sein Verbleiben im Amt einer großen Mehrheit von Unionisten verdankte. Diese Mehrheit mag nicht, wie nach der Wahl von 1918 gesagt wurde, aus einer Menge hartgesottener Männer bestanden haben, die so aussahen, als hätten sie am Krieg gut verdient; aber sie setzte sich jedenfalls aus Männern zusammen, die größtenteils feindselig — und in manchen Fällen fast krankhaft feindselig — gegen die Idee eines sich selbst verwaltenden Irland eingestellt waren. Sie sprachen von Lloyd George als von »dem großen kleinen Mann, der den Krieg gewonnen hatte«, doch in stark gefühlsbetonten Angelegenheiten konnte er nicht frei handeln. Er war ein Gefangener der Koalition, der, wie Tom Jones berichtet hat, mehr als einmal an Flucht durch Abdankung dachte (28). Es war nicht Lloyd George, sondern dessen besiegter und vielgeschmähter Vorgänger Asquith, der 1919 als erster britischer Staatsmann formell die verfassungsrechtliche Stellung eines Dominions für Irland vorschlug. Dem Vorschlag schlug eine Welle des Protests der Unionisten entgegen. Das war teilweise wegen der Schärfe des Wahlkampfes gegen den ehemaligen liberalen Führer, aber hauptsächlich wegen der von ihnen befürchteten Folgen. Bonar Law, der Führer der Unionistenpartei in der Koalition, an dessen Angriffe auf die dritte Gesetzesvorlage zur Selbstverwaltung Irlands man sich sehr wohl erinnerte, gab hierfür einen durchschlagenden Grund an. Die Verbindung der Dominien mit dem Reich, warnte er 1920 das Unterhaus, hinge von diesen selbst ab. Er sagte: »Wenn sie es morgen vorziehen sollten zu sagen: ›Wir wollen nicht länger einen Teil des Britischen Weltreichs ausmachen‹, würden wir nicht versuchen, sie dazu zu zwingen.« (29) Die verfassungsrechtliche Stellung eines Dominions für Irland könnte daher und würde wahrscheinlich zuerst Loslösung und dann eine unabhängige Republik bedeuten. Die bloße Idee der verfassungsrechtlichen Stellung eines Dominions müsse daher mit Stumpf und Stiel ausgerottet werden. Bis zum Sommer 1921 schien Lloyd George auch eindeutig dieser Ansicht zu sein. Weitere Vorschläge über die verfassungsrechtliche Stellung eines Dominions für Irland von Asquith lösten bei ihm den Kommentar aus: »Ist jemals von irgend jemand eine derartige Torheit vorgeschlagen worden?« Das war im Oktober 1920. Im Juli 1921 empfahl er indessen de Valera aufs wärmste die verfassungsrechtliche Stellung eines Dominions als Lösung. Diesmal stammte der Vorschlag zumindest nicht unmittelbar aus einer britischen, sondern aus einer Commonwealth-Quelle.

Am 13. Juni 1921 speiste General Smuts, der sich anläßlich der Reichskonferenz in England aufhielt, mit König Georg V. im Schloß Windsor zu Mittag. Er fand den König »sorgenvoll beschäftigt« (30) mit der Rede, die er in Kürze zur Eröffnung des Parlaments von Nordirland halten sollte. Dem König war vom Staatsministerium für irische Angelegenheiten kein Entwurf vorgelegt worden, obwohl angeblich »ein blutrünstiges Dokument« verfaßt worden war. General Smuts schlug etwas ganz anderes vor. Er verfaßte einen Entwurf, von dem er eine Abschrift an den König sandte und eine andere mit einem Begleitschreiben an Lloyd George. In dem Begleitschreiben nannte er die irische Situation »eine grenzenlose Katastrophe« und »eine Verneinung aller Regierungsgrundsätze, die wir als Grundlage des Reichs aufgestellt haben; und sie muß immer mehr dazu führen, die Beziehungen innerhalb des Reichs und unsere außenpolitischen Beziehungen zu vergiften«. Er schlug vor, daß die Rede des Königs in Belfast das Zugeständnis der verfassungsrechtlichen Stellung eines Dominions für Irland enthalten sollte, ein Versprechen, von dem er überzeugt war, daß es die Unterstützung der sich in London versammelnden Premierminister finden würde. Aber er warnte: »Eine derartige Erklärung darf nicht ein bloßer Versuchsballon sein, sondern müßte von Ihnen als Ihre Politik angenommen werden.« Lloyd George, der allein den König beraten konnte, war nicht gewillt, den Vorschlag anzunehmen, und das Versprechen wurde nicht gemacht. Aber die Rede des Königs enthielt eine besorgte und bewegende Bitte um Frieden und gegenseitiges Verständnis; und bald danach wurden die Verhandlungen eröffnet. Es kann nicht bezweifelt werden, daß General Smuts dem Gedanken der verfassungsrechtlichen Stellung eines Dominions für Irland erneut Gewicht und Bedeutung verliehen hatte. In der Tat, etwas mehr als einen Monat nach seiner Unterredung mit dem König unterbreitete Lloyd George formell Vorschläge für eine irische Regelung auf der Grundlage einer Dominionverfassung. Und selbst wenn dieses Anerbieten auf allen Seiten von Vorbehalten und Bedingungen eingeschränkt blieb, wie es in der Tat der Fall war, schien das Anerbieten vom britischen Standpunkt aus entscheidend. Es war eines, das die Mehrheit derer, die die

Koalitionsregierung unterstützten, instinktiv ablehnten. Ihre Herzen waren bei dem Premierminister gewesen, als er die verfassungsrechtliche Stellung eines Dominions als Irrsinn ablehnte; sie waren gegen ihn, als er diese als Grundlage einer Lösung vorschlug. Dennoch gab es in England einen Umstand, der diese Lösung sehr begünstigte.

Die verfassungsrechtliche Stellung eines Dominions war ein Experiment, das andernorts mit Erfolg erprobt worden war. Die Vereinigung der Engländer und Franzosen im Dominion von Kanada hielt man immer noch für einen großartigen Triumph englischer Staatskunst in Übersee, während Lloyd George, Austen Chamberlain und Churchill den Erfolg der Politik des Vertrauens und der Wiederversöhnung, die die Südafrikanische Union ermöglicht hatte, noch frisch im Gedächtnis hatten. Austen Chamberlain, zu der Zeit wegen zeitweiliger Abwesenheit Bonar Laws aus Gesundheitsgründen Führer der Unionistenpartei, sagte ausdrücklich zur Verteidigung einer Dominionregelung für Irland, daß es der Erfolg der liberalen Politik in Südafrika war, aus der ein südafrikanisches Dominion hervorgegangen war, was ihn mehr als alles andere dazu gebracht hätte, mit der Tradition seiner Partei und seiner Familie zu brechen (31). In England ist es immer viel leichter, einen revolutionären Schritt zu tun, wenn man gleichzeitig sagen kann: »Wir sind diesen Weg schon einmal gegangen.« Aber in Irland sollte der Fortschritt auf unbetretenen Pfaden vor sich gehen.

Das hätte vielleicht nicht so viel ausgemacht, wenn nicht ein Umstand gewesen wäre: Der verfassungsrechtlichen Stellung eines Dominions mangelte es an Genauigkeit, weil man sie nicht als endgültigen Zustand zu irgendeinem bestimmten Zeitpunkt, sondern als in einem langdauernden Entwicklungsprozeß befindlich auffaßte. Bei Verhandlungen war das also zweifellos eine Belastung. Die in der Stellung eines Dominions eingeschlossenen Unsicherheiten genügten, um Mißtrauen und Verdacht zu wecken; die Briten kamen dazu, Präsident de Valera als einen »Schwärmer« zu betrachten, der leicht Berge sah, wo sie nur Maulwurfshügel erblickten, während die Iren dagegen Lloyd George als einen Meister der politischen Gewandtheit, um nicht zu sagen Doppelzüngigkeit, betrachteten, der den liberalen imperialistischen Wortschatz Gladstones zur Erreichung der Absichten Castlereaghs verwendete. Dennoch war das Problem im Grunde mehr als ein nur persönliches. Selbst in diesem zeitlichen Abstand ist es nicht leicht, knapp und genau zu sagen, was die verfassungsrechtliche Stellung eines Dominions für Irland wirklich bedeutete.

Während der Debatte im Unterhaus über den Vertrag legte sich Lloyd George selbst genau diese Frage vor. Was, sagte er, bedeute die verfassungsrechtliche Stellung eines Dominions? Doch er beantwortete die Frage nicht. Er sprach statt dessen, und keineswegs unvernünftig, von den Gefahren einer Definition, von der Einengung der Entwicklungsmöglichkeiten durch zu viele endgültige Bestimmungen, von der Einführung von Starrheiten, die dem britischen Verfassungsdenken fremd seien. Er war bereit zu sagen, was die verfassungsrechtliche Stellung eines Dominions nicht umfaßte, hingegen nicht, was sie umfaßte. Der Vertrag selbst half nicht weiter. Er definierte die verfassungsrechtliche Stellung eines Dominions mit einer Analogie, indem er sagte, die künftige Stellung des Irischen Freistaates würde derjenigen der namentlich aufgeführten anderen Dominien, insbesondere derjenigen Kanadas, entsprechen. Der britische Premierminister war nicht bereit, weiter zu gehen. Auch waren die Dominien selbst nicht in der Lage, das zu tun. Als die Iren versuchten, wie es einige taten, die verfassungsrechtliche Stellung eines Dominions mit den Augen eines bestehenden Dominions zu sehen, gab es nutzlose Unklarheiten in dem, was sie erkennen konnten.

In einer Hinsicht war es sehr angebracht, daß die Dominien auf der Reichskonferenz im Sommer 1921 ihre eigene rechtliche Stellung besprachen. Doch die Debatte war für einen möglichen, aber sehr skeptischen Partner kaum überzeugend genug. Da war General Smuts, der versuchte, die verfassungsrechtliche Stellung eines Dominions klarer zu bestimmen. Zweifellos lehnte er das Reich ab und verfocht das Commonwealth. Aber es war ein Teil seiner Beweisführung, daß die Dominien, obwohl sie sich in der Praxis eines großen Maßes an Gleichberechtigung erfreuten, nach dem Gesetz und nach der Verfassung dem Vereinigten Königreich untergeordnet seien. Smuts wollte die Theorie der Praxis angleichen. Doch andere wollten das nicht. Da war der Premierminister Australiens. Offensichtlich liebte er die Vorstellung einer Definition der Beziehungen innerhalb des Reichs nicht. Er behauptete, daß hierfür kein Bedürfnis bestehe. »Der Unterschied zwischen der Stellung der Dominien jetzt und vor 25 Jahren ist sehr groß. Wir waren Kolonien, wir wurden Dominien. Uns ist die Stellung von Nationalstaaten zuerkannt worden ... Welch größerer Fortschritt ist denkbar? Was bleibt uns zu tun übrig? Wir gleichen ebenso vielen Alexandern. Welche anderen Welten bleiben uns, die noch zu erobern sind?« (32) Die irischen Führer, hätten sie die Gelegenheit gehabt, hätten ihm von den anderen Welten erzählen können, die sie zu erobern wünschten. Aber würde sie die verfassungsrechtliche Stellung eines Dominions mit der Zeit in die Lage versetzen, das zu tun? Weder die Südafrikaner noch die Kanadier waren überzeugt. Es gab andere Welten, die sie zu erobern wünschten. Doch zu jenem kritischen Zeitpunkt im Sommer 1921, als die verfassungsrechtliche Stellung eines Dominions erstmals

für Irland vorgeschlagen wurde, und noch mehr in den erbitterten Debatten im *Dáil* über den Vertrag etwa sechs Monate später, war es, wenn auch nur wegen dieser nicht zu Ende
geführten Debatte, für Lloyd George schwer zu bestimmen,
oder für die Iren oder sonst irgend jemand mit Sicherheit vor-
herzusagen, wie sich die Beziehungen der Dominien zum Reich
entwickeln würden — wie schwer dies war, kann man sich
vorstellen, wenn man z. B. heute fragen würde, welche Beziehungen zwischen den Ländern der Europäischen Wirtschaftsgemeinschaft im Jahr 2000 bestehen werden.

Heute weiß man, daß die Bewegung des Nationalismus in den
Dominien schon damals zu stark war, um eingedämmt zu
werden. »Die Tatsache der kanadischen und südafrikanischen
Unabhängigkeit«, sagte Michael Collins in der Debatte über
den Vertrag im *Dáil,* »ist etwas Echtes und Festes und wird
mit der Zeit an Echtheit und Festigkeit zunehmen.« Das erwies sich zweifellos als zutreffend. Er hatte auch recht, als er
sagte: »Wir sind das Wort ›Reich‹ losgeworden. Zum erstenmal wird in einem amtlichen Dokument das ehemalige
Reich ›die als Britisches Weltreich bekannte Gemeinschaft von
Nationen‹ genannt.« (33) Kevin O'Higgins, der wie die meisten, die den Vertrag unterstützten, nicht glaubte, daß die
verfassungsrechtliche Stellung eines Dominions die Vollendung
der Bestimmung Irlands sei, hoffte dennoch, daß das Weitere
durch Verhandlungen und friedliche politische Entwicklung
erreicht werden könnte. Auch das erwies sich im wesentlichen
als zutreffend. Die verfassungsrechtliche Stellung eines Dominions gewährte trotz der Befürchtungen einiger Kritiker
und sogar trotz der Formen, in die sie noch gehüllt war, ein
wesentliches Maß an Freiheit und öffnete den Weg für vollständige Unabhängigkeit. Das hätte zu der Zeit allgemein
erkannt werden können, wenn nicht ein besonderer Umstand

hinzugekommen wäre. Kevin O'Higgins wies darauf hin, als er sagte, daß der tadelnswerteste Aspekt des Vertrags die Gewaltandrohung gewesen sei, mit der Irland zu der Entscheidung gedrängt worden sei, diesem, wie er ihn nannte, »Miniaturvölkerbund« beizutreten. Er fuhr fort: »Er ist ein Bund freier Nationen genannt worden. Ich gebe zu, daß dem in der Praxis so ist; aber es ist unklug und wenig staatsmännisch, einen solchen Bund durch andere als freiwillige Bande zusammenhalten zu wollen . . . Ich gebe offen zu, daß im Fall Irlands die Verbindung nicht freiwillig ist, . . . die Stellung ist nicht gleichberechtigt.« (34) Irland wurde gezwungen, einem freien Bund beizutreten. Dieser Widerspruch, diese Belastung, die der verfassungsrechtlichen Stellung eines Dominions auferlegt wurde, als Lloyd George am 5. Dezember 1921 mit einem Ultimatum die Verhandlungen abbrach, heftete sich wie eine Klette an sie, die erst abgeschüttelt wurde, als die verfassungsrechtliche Stellung eines Dominions selbst abgelegt wurde.

Zahlreiche einzelne Einwände gegen die verfassungsrechtliche Stellung eines Dominions wurden in der Debatte über den Vertrag erhoben — Einwände gegen die Unterordnung, die sie hinsichtlich der Krone oder ihres Vertreters, des Generalgouverneurs, oder der Streitkräfte oder der Rechtsprechung bedeuten konnte. Aber in Wirklichkeit hielten sich derartige Beschränkungen der Souveränität Irlands oder auch der anderen Dominien nicht mehr lange. Auf der ersten Reichskonferenz im Jahr 1926, bei der die Iren eine aktive Rolle spielten, begann der eigentliche Prozeß der Neubestimmung der Beziehungen im Commonwealth. 1931, mit der Verabschiedung des Statuts von Westminster, wurden die Reste des alten Kolonialreichs zerstört, und der irische Außenminister, Patrick McGilligan, hatte im *Dáil* Grund für die Behauptung, die Iren hätten dabei eine große Rolle gespielt. In dieser Hinsicht verlieh die verfassungsrechtliche Stellung eines Dominions die Freiheit, Freiheit zu erringen. Sie mag nicht das Ziel gewesen sein, aber sie hatte das Tor zu diesem Ziel geöffnet. Der Weg dorthin war jedoch lang und gewunden, und junge Männer, die in einer Zeit revolutionärer Umwälzungen aufgewachsen sind, ziehen es im allgemeinen vor, schneller voranzukommen.

Aber wenn man, wie es der Historiker sollte, ein wenig tiefer geht, glaubt man das Kernproblem der Debatten von 1921 in einem anderen Licht zu sehen. Wie konnten am besten die Verbindung Irlands mit der als Britisches Weltreich bekannten Gemeinschaft von Nationen und die nationalen Bestrebungen der Iren in Einklang gebracht werden? Kanadier und Australier waren mit Genugtuung von der verfassungsrechtlichen Stellung einer Kolonie zu der eines Dominions fortgeschritten. Das war der Weg, den sie zu gehen wünschten. Sie fühlten, es war ein Weg, auf dem zu gehen für sie natürlich sei. Sie waren Siedlungsländer. In Irland gab es Siedlungsgrafschaften — im Nordosten. In einem Dominion war deren Einbeziehung natürlich, ihr Ausschluß dagegen unlogisch. Im übrigen war Irland kein Siedlungsland. Es war eine der historischen Nationen Europas. Es strebte nicht außereuropäische, sondern europäische nationale Symbole an. Die Republik, nicht die verfassungsrechtliche Stellung eines Dominions, war das Ziel. Diesen Umstand stellte mit charakteristischer Klarheit Austin Stack in der Debatte über den Vertrag heraus. Er erklärte: Angenommen, Irland würde sich laut Vertrag »der ganzen kanadischen Vollmachten« erfreuen; »ich jedenfalls kann von England weder die ganzen kanadischen Vollmachten noch drei Viertel der kanadischen Vollmachten noch die Hälfte der kanadischen Vollmachten annehmen. Ich stehe für das ein, was

Irlands Recht ist, volle Unabhängigkeit und nichts weniger als das.« (35) Was für die bestehenden Dominien natürlich und angemessen war, würde in der Tat, jedenfalls für ein geteiltes Irland, unnatürlich und unangemessen sein. Die Länder, die 1921 Dominien waren, mochten die Unabhängigkeit anstreben; Irland aber erstrebte darüber hinaus noch mehr — Unabhängigkeit und die Anerkennung einer getrennten, nationalen Eigenständigkeit. Die verfassungsrechtliche Stellung eines Dominions konnte damals zu dem einen führen, ohne notwendigerweise das andere einzuschließen. Und dafür war die verfassungsrechtliche Stellung eines Dominions gedacht, und zwar gut gedacht, doch für andere Verhältnisse. Und soweit die Briten glaubten, Irland würde durch die Gewährung der verfassungsrechtlichen Stellung eines Dominions sowohl psychologisch als auch verfassungsmäßig ein Dominion werden, irrten sie sich.

Hier kommt man auf eine einfache, aber grundsätzliche Tatsache zurück: Die verfassungsrechtliche Stellung eines Dominions war 1921 nicht mit der Stellung einer Republik in Einklang zu bringen. Untertanentreue gegenüber der Krone war damals ein wesentlicher Bestandteil davon. Diese Untertanentreue mußte in der Form eines Eides zum Ausdruck gebracht werden. Der Eid wurde in den Vertrag aufgenommen; er wurde in die Verfassung aufgenommen und konnte — wegen der grundsätzlichen Stellung, die den Bestimmungen des Vertrags durch die Verfassung gegeben wurde — nicht entfernt werden, ohne den Vertrag und damit die verfassungsrechtliche Stellung eines Dominions zu kündigen, von dem der Eid auf britisches Drängen ein wesentlicher Bestandteil war. Deswegen sagte de Valera in der Debatte über den Vertrag: »Ich bin gegen den Vertrag, weil er nicht das grundsätzlich Richtige erfüllt und uns nicht den Frieden bringt.« Und ferner erklärte

er: »Ich bin gegen diesen Vertrag, weil er die nationalen Bestrebungen der Iren und die Verbindung mit der britischen
Regierung nicht in Einklang bringt . . . Ich bin gegen diesen
Vertrag, weil er die Jahrhunderte des Konflikts zwischen den
beiden Nationen Großbritanniens und Irlands nicht beenden
wird.« Und warum? Weil der Vertrag nicht, wie de Valera
von einer auswärtigen Assoziierung behauptete, die getrennte,
eindeutige Existenz einer Republik anerkenne. Im Gegenteil,
er gäbe die republikanische Unabhängigkeit preis, indem er
Irland als Dominion in das Britische Weltreich einbezöge und
überdies, wie de Valera genauer sagte, den König als Ursprung
der Autorität der Exekutive in Irland anerkenne. »Glaubt
diese Versammlung«, sagte er, »daß das irische Volk sich in
den letzten ein oder zwei Jahren so sehr geändert hat, daß es
jetzt . . . die Person des britischen Königs, gegen dessen Streitkräfte es gekämpft hat, zu seinem Monarchen küren will?« (36)
Gegen den Gewinn der — zum Teil erst in Aussicht gestellten — Freiheit mußte die Preisgabe der Symbole gestellt
werden, die den nationalen Bestrebungen Ausdruck verleihen
sollten. Die Unterscheidung zwischen der verfassungsrechtlichen Stellung eines Dominions und der auswärtigen Assoziierung war scharf und nicht verschwommen, und das erklärt
zum Teil, warum die darauffolgende Spaltung tief und lang-
dauernd war. Es gibt Zeiten, in denen die äußeren Formen der
Verfassung Sachverhalte ausdrücken, die für viele Menschen
das Höchste bedeuten, und dies war ein solcher Augenblick.
Aus diesem Grund erweiterte die Auseinandersetzung über
die verfassungsrechtliche Stellung eines Dominions in Irland
— es klingt paradox, war aber nichtsdestoweniger wahr —
die Erfahrungen des Britischen Commonwealth der Nationen
und weckte weit über dessen Grenzen hinaus Interesse. Die
1921 gestellte Frage könnte folgendermaßen neu gefaßt wer-

den: Wie können nationale, republikanische Bestrebungen am besten mit einem monarchischen Reichs- oder Commonwealth-Staatensystem in Einklang gebracht werden? Die von irischer Seite vorgeschlagene Antwort war auswärtige Assoziierung, die das Wesen der verfassungsrechtlichen Stellung eines Dominions bewahrt hätte, aber die monarchischen Formen durch republikanische ersetzt hätte. 1921 hielten die britischen Unterhändler eine Erwägung dieser Lösung für unmöglich, wie sie es politisch auch war. Indien, eine historische Nation auf einem anderen Kontinent, stellte später dieselbe Frage, verbunden mit dem ausdrücklichen Wunsch, als Republik ein Mitgliedsstaat des Commonwealth zu bleiben. Indem man aus den irischen Erfahrungen lernte, mit denen viele führende Mitglieder der indischen verfassunggebenden Versammlung sehr vertraut waren, wurde das Problem der Beziehungen einer indischen Republik zum Commonwealth 1949 gelöst, wobei die Formel, mit der Indien den König als Oberhaupt des Commonwealth anerkannte, praktisch mit der von Präsident de Valera zu demselben Zweck im Dokument Nr. 2 von 1922 vorgeschlagenen Formel identisch war. Das Commonwealth ließ fortan völlige verfassungsmäßige wie auch politische Gleichberechtigung zu, wobei die Mitgliedsstaaten nach eigenem Wunsch monarchisch oder republikanisch sein konnten. Aber als das Commonwealth endlich die Antwort gefunden hatte, waren die Iren an dieser Frage längst nicht mehr interessiert.

DRITTES KAPITEL

Die verfassungsrechtliche Stellung der Dominien
und die Zolltarifreform 1921—1936

ZWEI GRUNDLEGENDE FRAGEN der verfassungsrechtlichen Stellung der Dominien blieben nach der Reichskonferenz von 1921 ungelöst. Die erste, von der Konferenz beiseite gelegt, aber nicht erledigt, war die Notwendigkeit — oder das Gegenteil — einer Neubestimmung der Beziehungen zwischen Großbritannien und den Dominien in einem Rahmen, der das Recht auf der Grundlage der Gleichberechtigung oder der Beinahe-Gleichberechtigung mit dem Verfassungsbrauch in Einklang bringen würde. Die zweite, mit der ersten verwikkelt, aber von ihr unterscheidbar, war die internationale Stellung der Dominien. Die Antworten auf beide Fragen wurden in dem Jahrzehnt 1921—1931 vor einem Hintergrund von Beziehungen innerhalb des Reichs gesucht und gefunden, der zum größten Teil in den fernen Vorkriegsjahren bestimmt worden war. Die Beschaffenheit dieses Hintergrundes bedingte sowohl die Forderung der Dominien nach Änderungen als auch die Formeln und die gesetzlichen Formen, in denen diese schließlich bewirkt wurden. Der Aufbau des britischen Reichssystems, wie es aus dem Ersten Weltkrieg hervorging, ist daher der geeignete Ausgangspunkt für eine Untersuchung der Gründe für seine darauffolgende Umwandlung und ihre Art. Es gab eine sowohl vom Reich wie auch von den Dominien bestimmte Voraussetzung für die Commonwealth-Lösung.

Nach dem Ende des Ersten Weltkriegs war der Aufbau des britischen Reichssystems zumindest in Umrissen klar erkennbar (1). Der König im Rahmen des Parlaments war im gesamten Reich souverän. Theoretisch konnte er für das gesamte Reich handeln und das Parlament in Westminster dafür Gesetze erlassen. Zwar wurden Gesetze, die die Dominien betrafen, nicht mehr vom Reichsparlament erlassen, aber die rechtliche Befugnis jenes Parlaments, dies zu tun, war in keiner Weise geschmälert worden. Die Verfassungen aller Dominien, einschließlich der 1922 verabschiedeten Verfassung des Irischen Freistaates, waren in britischen Parlamentsakten enthalten und leiteten nach Ansicht der britischen Regierung und der Regierungen der Dominien, abgesehen von der des Irischen Freistaates, ihre gesetzmäßige Kraft daraus ab. Das logische Gegenstück zu dieser übergeordneten britischen gesetzgeberischen Befugnis war die fortdauernde britische Aufsicht über die Gesetzgebung der Kolonien und der Dominien. In jedem Fall war die Zustimmung des Vertreters des Souveräns, des Generalgouverneurs, für die rechtsgültige Verabschiedung der Gesetze in den Dominien erforderlich. Zumindest in der Theorie war diese Zustimmung nicht selbstverständlich, da in jedem Dominion der Generalgouverneur nach wie vor berechtigt war, seine Zustimmung zu versagen oder eine Gesetzesvorlage der Entscheidung des Souveräns durch eine Kabinettsorder vorzubehalten. Ferner, selbst wenn die Zustimmung des Generalgouverneurs vorlag, lag es im Ermessen der Krone, ein Gesetz eines Dominions für ungültig zu erklären. Zwar wurden auch in diesem Fall diese Befugnisse allgemein als im Schwinden begriffen oder sogar als geschwunden erachtet, doch der Widerspruch der Dominien gegen ihre theoretische Fortdauer blieb bestehen. Es gab noch andere Reste der Reichsherrschaft, die, obwohl im Schwinden begriffen, offensichtlich noch nicht gänzlich geschwunden waren. Es gab das Gesetz über die Rechtsgültigkeit der Gesetze der Kolonien von 1865, das unter anderem feststellte, jede Gesetzgebung der Kolonien, die zu irgendwelchen Bestimmungen einer britischen Parlamentsakte im Widerspruch stand, wäre nach Maßgabe dieses Widerspruchs null und nichtig; dadurch wurde ausdrücklich die Unterordnung der ehemaligen gesetzgebenden Körperschaften der Kolonien unter das Parlament des Vereinigten Königreichs festgestellt. Diese Unterordnung war keineswegs hypothetisch. Es war eine Rechtsfrage, und, wie es der *Rechtsfall Nadans* 1926 zeigen sollte, das Gesetz mußte ausgelegt und, wenn nötig, angewandt werden. In der Praxis beschränkte das Gesetz über die Rechtsgültigkeit der Gesetze der Kolonien auch die Freiheit der Dominien, ferner Gesetze hinsichtlich der Berufung an den Rechtsausschuß des Kronrats, der Verleihung von Ehrentiteln und der Bestimmung einer nationalen Fahne zu erlassen, obwohl es im letzten Fall dem Irischen Freistaat ausnahmsweise freigestellt wurde, seine eigene freie Entscheidung zu treffen, da es sich dabei um Angelegenheiten handelte, in denen die vom Parlament zu Westminster verabschiedeten Gesetze übergeordnete Kraft besaßen.

Die rechtliche Unterordnung hatte ihr Gegenstück im Verfassungsbrauch. Der Generalgouverneur in einem Dominion war der Stellvertreter der Krone. Er war indessen auch der Beauftragte der britischen Regierung, durch den amtliche Mitteilungen an die Regierungen der Dominien weitergeleitet und von dem deren Mitteilungen an das Kolonialministerium entgegengenommen wurden. Ferner lieferte ein Generalgouverneur der Regierung in London Berichte über die politische Lage in einem Dominion und war berechtigt, sollte er dazu neigen oder die Umstände es verlangen, das Kolonialministerium um Rat über seine Handlungsweise anzugehen. In der Praxis hatte sich der Brauch herausgebildet, daß er diesen Rat nur einholen durfte, wenn Interessen des Reichs auf dem Spiel standen, doch der Generalgouverneur bestimmte, wann dies der Fall war. Abgesehen von Neuseeland lehnten die Dominien die in der Stellung des Generalgouverneurs eingeschlossene Zweiseitigkeit ab, ja sie mißtrauten ihr sogar. Dementsprechend versuchten sie, den Generalgouverneur seiner politischen und verwaltungstechnischen Aufgaben als Beauftragter der britischen Regierung zu entkleiden und ihn ausschließlich als eine königlich repräsentative Gestalt zu belassen, die lediglich die politischen und gesellschaftlichen Pflichten des Souveräns in Großbritannien zu erfüllen hatte. Hinzu kam die Frage der Ernennung. Bis 1921 hatte sich der Brauch eingebürgert, daß vor der Ernennung eines Generalgouverneurs die Regierung des betreffenden Dominions zumindest informell gefragt werden sollte, um wenigstens sicherzugehen, daß die von der Reichsregierung in Aussicht genommene Persönlichkeit der Dominion-Regierung nicht unwillkommen war. Aber das Vorschlagsrecht verblieb vorerst noch bei der Londoner Regierung. Es bedeutete eine Beruhigung für die Regierungen der Dominien, auf diese Weise so etwas wie ein nicht amtliches Veto erlangt zu haben; aber es entsprach nicht dem Recht, den König zu beraten. Darauf aber hatten sie es abgesehen.

Außenpolitisch bestand kein Zweifel, daß der Erste Weltkrieg einen bedeutenden Fortschritt in der internationalen Stellung der Dominien mit sich gebracht hatte, aber deren Wesen und Ausmaß blieb strittig. Die Dominien übten augenscheinlich die volle Selbstverwaltung innerhalb ihrer eigenen Grenzen aus, sie rekrutierten und befehligten ihre eigenen Streitkräfte, sie waren zu Beratungen über die Außenpolitik des Reichs herangezogen worden, und sie hatten eine beschränkte internationale Anerkennung beim Friedensschluß und als Mitglieder des Völkerbunds erhalten. Aber die Frage blieb offen: Waren sie souveräne Staaten? Es war dies eine Frage, die im Rahmen des internationalen Rechts diskutiert werden konnte und wurde. Aber es war auch eine, die im Rahmen des internationalen Brauchs erwogen werden mußte. Es war dieses zweite, woran die Dominien unmittelbar interessiert waren. Wie stand es mit ihrem Recht, internationale Verträge abzuschließen? Waren sie zu eigenen Vertretungen auf internationalen Konferenzen berechtigt? Wie sollte ihre Mitgliedschaft im Völkerbund ausgelegt werden? Indien war ebenfalls ein Mitglied, und es war offensichtlich kein souveräner Staat.

1919 hatte der Premierminister Kanadas eine von Präsident Wilson, Clemenceau und Lloyd George unterschriebene Erklärung erhalten, die besagte, daß »nach der richtigen Auslegung des ersten und zweiten Absatzes des Artikels IV (der Völkerbundsatzung) Vertreter der britischen Dominien mit Selbstverwaltung als Mitglieder des Rates (des Völkerbunds) gewählt oder ernannt werden können«. Dies sollte, und so wurde es auch allgemein aufgefaßt, die internationale Anerkennung der Dominien als eigene politische Gemeinschaften sichern — eine Stellung, die durch die Angleichung ihrer Position an die aller anderen Völkerbundsmitglieder in der Internationalen Arbeitnehmerorganisation (*International Labour Organization*) und durch die Gewährung der Stellung von selbständigen Staaten nach dem Statut des Ständigen Internationalen Gerichtshofs von 1920 stillschweigend anerkannt wurde (2). Aber, außer vielleicht durch logische Schlußfolgerung, bezeichnete eine derartige Anerkennung keinen ausdrücklichen Fortschritt in der Frage der Souveränität. Und sie hatte auch tatsächlich, wie die kanadische Regierung zu ihrem Leidwesen erfahren mußte, keine notwendigen Folgen hinsichtlich der gesonderten Vertretung auf internationalen Konferenzen. Diese hing von der Einladung oder der Form der Einladung der die Konferenz einberufenden Mächte ab; und die Mächte in jenen Jahren, die Vereinigten Staaten nicht weniger als das Vereinigte Königreich, neigten dazu, die Empfindlichkeiten, die Interessen und die neu erworbene Stellung der Dominien zu mißachten. Die übliche Reaktion der Dominien war, Neuseeland immer ausgenommen, einerseits ein gequälter Einspruch und andererseits der beharrliche Entschluß, die internationale Eigenständigkeit der Dominien in der Praxis durchzusetzen. Eigene diplomatische Vertretungen in fremden Hauptstädten waren ein Mittel, diese Absicht der Dominien zu fördern, und 1920 unternahm die kanadische Regierung die notwendigen Schritte für die Ernennung eines kanadischen Vertreters in Washington. Aus verschiedenen Gründen, nicht zuletzt weil kein genügend wohlhabender und entsprechend befähigter Kanadier bereit war, seine Mittel für ein diplomatisches Vorhaben auszugeben, das die kanadische Regierung zwar für richtig hielt, für das sie aber keine finanziellen Vorkehrungen traf, wurde der Posten erst 1926 besetzt; inzwischen hatte der Irische Freistaat mit der Ernennung eines irischen Botschafters in Washington 1924 die bahnbrechende Rolle der Kanadier auf diplomatischem Parkett übernommen (3).

Das Recht, Verträge abzuschließen, erwies sich als Probefall für die Stellung der Dominien. Bis 1919 war die Beteiligung der Dominien auf vorherige Beratung hinsichtlich solcher Vertragsabschlüsse beschränkt, in denen ihre Interessen wahrscheinlich berührt würden, außer — und das war eine wichtige Ausnahme — wenn es um Handelsverträge ging. Diesbezüglich wurde der durch den Gegenseitigkeitsvertrag von 1854 zwischen den Vereinigten Staaten und Kanada geschaffene Präzedenzfall anerkannt, mit dem Ergebnis, daß derartige Verträge von und für jene Kolonien ausgehandelt werden konnten, die sie wünschten, selbst wenn das dabei zustande gekommene Abkommen in der formalen Ratifizierung britisch blieb. Die Lage wurde 1894 umfassend geklärt, als auf Vorstellungen der auf der damaligen Konferenz in Ottawa vertretenen Kolonialregierungen der Staatssekretär bestimmte Grundsätze aufstellte, die im wesentlichen bis 1919 beibehalten wurden. Die Kolonien, bemerkte Lord Ripon (4), wünschten nicht die Befugnis, Verträge zu schließen, und es würde auch nicht möglich sein, sie ihnen zu gewähren, weil das die Zerstörung der Reichseinheit zur Folge haben würde. Aber eigene Verträge könnten in Zusammenarbeit mit den Kolonien für jene abgeschlossen werden, die sie wünschten, wobei jedoch eine Vorbedingung für deren Abschluß wäre, daß Zugeständnisse fremder Staaten mit nachteiligen Auswirkungen für die Interessen anderer Teile des Reichs nicht angenommen werden dürften und daß Zugeständnisse an fremde Staaten auf alle anderen Mächte ausgedehnt werden müßten, die vertraglich zur Meistbegünstigung berechtigt seien, und unentgeltlich auch auf alle anderen Teile des Britischen Reichs. Die Anwendung dieser Grundsätze wurde vor 1914 verschiedentlich erprobt, jedoch stets im anerkannten Rahmen einer einzigen Reichsautorität für Vertragsabschlüsse.

Wieviel wurde durch die bei Unterzeichnung des Friedensvertrags 1919 angewandten Verfahren theoretisch geändert? Wie erinnerlich, haben damals die Delegierten des Vereinigten Königreichs für das gesamte Reich unterzeichnet. Insoweit als ihre Unterschriften übergeordnete gesetzmäßige Kraft besitzen sollten, konnte billigerweise behauptet werden, daß der Grundsatz einer einzigen Reichsautorität für Vertragsabschlüsse unversehrt geblieben sei, obwohl den Gefühlen der

Dominien in der Praxis Zugeständnisse gemacht worden seien.
Sir Robert Borden hätte ein anderes Verfahren bevorzugt,
nach dem die Unterschriften des Vereinigten Königreichs auf
Großbritannien und das abhängige Reich beschränkt geblieben
wären und gesonderte Unterschriften der einzelnen Dominien
das Vorhandensein einer Befugnis der Dominien, Verträge zu
schließen, angedeutet hätten. Jedoch erreichte er nur den Aufschub der Ratifizierung des Friedensvertrags durch das Vereinigte Königreich bis zur Genehmigung durch die Parlamente
der Dominien (5). Das war ein Zugeständnis, das im Rahmen
des Reichs Bedeutung hatte, ohne wiederum international entscheidend zu sein. Die unentschiedene Auseinandersetzung der
Dominien mit Großbritannien über das Wesen der Befugnis
der Dominien, Verträge zu schließen, wurde daher in den
zwanziger Jahren fortgeführt. Dahinter standen die größeren
theoretischen Fragen der internationalen Stellung der Dominien und die mehr unmittelbaren praktischen Probleme der
Ausarbeitung und Kontrolle der Außenpolitik des Reichs.

1911 hatte Asquith erklärt, die Verantwortung für die Außenpolitik könne niemals geteilt werden. Während der Kriegsjahre wurde sie indessen gemeinsam getragen. Aber bedeutete
die Beteiligung der Dominien an der Erarbeitung der Außenpolitik im Reichskriegskabinett, daß ein System der gemeinsamen Verantwortung Großbritanniens und der Dominien für
die Außenpolitik des Reichs entstanden war? Die bei den
Friedensverhandlungen und bei der Unterzeichnung des Versailler Vertrags angewandten Verfahrensweisen legten, mit
gewissen Einschränkungen, diese Annahme nahe. Im übrigen
überlebte die Idee einer solchen gemeinsamen Verantwortung
das Verschwinden des Reichskriegskabinetts. Soviel ging aus
der Denkschrift des Kolonialministeriums über *Common Imperial Policy in Foreign Affairs* (Eine gemeinsame Reichs-

außenpolitik; 6) hervor, die im März 1921 dem Kabinett
als Vorbereitung für die Reichskonferenz in jenem Jahr vorgelegt wurde. Die Denkschrift erwähnte die Veränderungen,
die während des Krieges stattgefunden hatten. Sie erinnerte
daran: »Vor dem Weltkrieg war die Leitung der Außenpolitik in Theorie und Praxis der Regierung Seiner Majestät
vorbehalten.« Abgesehen von gelegentlichen Konsultationen
über bestimmte Fragen, »wurde die allgemeine Außenpolitik
des Reichs, wenn sie auch in der Tat weitgehend durch Rücksicht auf die politischen Ziele und die Interessen der Dominien
und Indiens beeinflußt war, immer noch von Ministern bestimmt und überwacht, die allein dem Parlament des Vereinigten Königreichs direkt verantwortlich waren.
Der plötzliche Ausbruch des Weltkriegs enthüllte die Wider-
sprüchlichkeit dieser Sachlage. Wirksame Konsultation während der kritischen Tage der Verhandlungen, in denen die
Regierung Seiner Majestät die Katastrophe abzuwenden
suchte, war unmöglich und wurde auch nicht versucht ...
Von Anfang an wurde klar erkannt, daß eine solche Situation
nicht noch einmal eintreten durfte.« Aber wie war das zu be-
werkstelligen? Das Kolonialministerium glaubte, die Antwort
sei in den Erfahrungen des Reichs beim Friedensschluß zu
finden. Die Friedensverhandlungen und der Vertrag von Versailles seien zwar »ein Wendepunkt von größter Bedeutung
für die verfassungsrechtliche Entwicklung des Britischen Commonwealth« gewesen, aber von weit größerer praktischer Bedeutung sei die Tatsache, daß durch die Versailler Delegation
des Britischen Weltreichs »den Ansichten und Wünschen jedes
einzelnen Mitglieds des Britischen Commonwealth in einer
einheitlichen, koordinierten Reichspolitik Wirksamkeit verliehen wurde«. Mit der Auflösung der Delegation des Britischen Weltreichs indessen »ist die Kontrolle des sich ständig

wandelnden Bereichs der Außenpolitik fast vollständig in die Hände des Vereinigten Königreichs zurückgefallen«. 1920 sei das Reichskabinett nicht zusammengetreten; man könne die internationale Situation nicht auf sich beruhen lassen. Wenn auch die Dominien weit ausgiebiger informiert worden seien als vor dem Krieg, hätten sie bei der Gestaltung der Politik keinen wesentlichen Anteil gehabt, »obwohl diese Politik möglicherweise Folgen von größter Tragweite für die ganze Zukunft des Reichs gehabt habe«. Die zu ziehende Schlußfolgerung, resümierte die Denkschrift des Kolonialministeriums, sei nicht, daß eine einheitliche Politik weniger notwendig geworden sei, sondern vielmehr, daß, je vollständiger die Gleichberechtigung sei, um so weniger ein Zustand tragbar sei, »in dem ein Mitglied der Gruppe ausschließlich die Kontrolle über eine Politik ausüben sollte, die die lebenswichtigsten Interessen und sogar die Existenz der anderen betreffen konnte«. Dringendst notwendig war daher die Einheitlichkeit der Politik; und das hauptsächliche praktische Problem bestand darin, ausreichende Mittel und Wege zu finden, über die Vertretung der Dominien durch Minister in London, verbesserte Kommunikationsmittel oder sonstwie, um so die bekannten Schwierigkeiten der ständigen Beratung zu überwinden.

Auf der Reichskonferenz unterstützte Lloyd George den Gedanken der Einheit durch gemeinsame Kontrolle. »Es gab eine Zeit, da Downing Street das Reich beherrschte«, sagte er den Vertretern der Dominien auf der Reichskonferenz; »heute beaufsichtigt das Reich Downing Street.« Ein halbes Jahr später, bei der Debatte über den britisch-irischen Vertrag, machte er genauere Angaben. Eine Million Mann seien aus den Dominien gekommen, um dem Mutterland in der Stunde der Not beizustehen. Aber obwohl sie gekommen seien, hätten ihre Regierungen die Politik nicht mitbestimmt, die Großbritannien in den Krieg geführt hätte. Sie sollten in Zukunft nicht in die widersprüchliche Lage gebracht werden, entweder Großbritannien bei einer Politik, die sie möglicherweise billigten oder nicht billigten, zu unterstützen oder es in schwierigen Zeiten im Stich zu lassen. Daher müsse es vor Entscheidungen Konsultationen geben. Das sei richtig; das sei gerecht; das sei auch vorteilhaft. Es müsse ein einziges Werkzeug der Außenpolitik geben, und unter den gegebenen Umständen könne dieses Werkzeug nur das britische Auswärtige Amt sein. Doch die Dominien beanspruchten ein Mitspracherecht bei der Bestimmung der zukünftigen Politik, und dieser Anspruch sei, erinnerte Lloyd George, freudig bewilligt worden. Auf der Reichskonferenz seien allgemeine Beschlüsse »mit der gemeinsamen Zustimmung des ganzen Reichs« gefaßt worden. Indem er sich für sein Thema erwärmte, steuerte der Premierminister dem Höhepunkt seiner Rede zu: »Die Beherrschung der Außenpolitik durch Großbritannien allein ist nun auf das ganze Reich übertragen worden. Das ist eine neue Tatsache ... Der Vorteil für uns ist, daß gemeinsame Überwachung auch gemeinsame Verantwortung bedeutet; und da die Bürde des Reichs so ungeheuer geworden ist, ist es gut, daß diese Bürde auch auf den Schultern dieser jungen Riesen liegt, die uns weiterhelfen sollen. Diese gemeinsame Verantwortung führt zu einer umfassenderen und ruhigeren Beurteilung der Außenpolitik. Sie hält voreilige Minister zurück und regt zaghafte an. Sie erweitert die Aussicht.« (7)

Das waren aufregende Gedanken. Sie forderten jedoch bestimmte Fragen heraus. War die gemeinsame Verantwortung nicht ein Trugbild, wenn es keine wirksame gemeinsame Kontrolle gab? Gab es eine wirksame Kontrolle? Wenn ja, durch welche Mittel wurde sie ausgeübt? Vielleicht hätte man damals solche Fragen für unvernünftig oder unzeitgemäß gehalten.

Dennoch, ungefähr neun Monate später, verlieh Lloyd George selbst bei einer Begebenheit, die in die Commonwealth-Geschichte als der Chanak-Zwischenfall eingegangen ist, diesen Fragen neues Gewicht und dramatische Dringlichkeit. Der Anlaß war die Nichtanerkennung der vertraglichen Regelung im Nahen Osten durch die Jungtürken unter Mustafa Kemal 1922. Sie griffen zu den Waffen und vertrieben die Griechen Hals über Kopf aus Kleinasien. Anfang September jenes Jahres sahen sich die Briten bei Chanak und an den Dardanellen als Hauptverteidiger Konstantinopels gegen den Ansturm des siegreichen türkischen Vormarsches. In dieser Situation einer militärisch ungeschützten und politisch gefährlichen Lage entschied sich Lloyd George, die Dominien um Hilfe anzurufen. Am 15. September schickte er den einzelnen Premierministern eine Depesche, in der er anfragte, ob die Regierungen der Dominien den britischen Standpunkt unterstützen und durch ein Truppenkontingent vertreten sein wollten. Allein schon die Bekanntgabe bewaffneter Unterstützung durch die Dominien, betonte die Depesche, würde eine sehr günstige Wirkung auf die Lage haben und könnte dazu beitragen, wirkliche Feindseligkeiten zu verhindern. Der Depesche folgte eine Presseverlautbarung, die besagte, daß die Dominien um Truppenkontingente gebeten worden waren: zur Verteidigung von Interessen, für die sie schon ungeheure Opfer gebracht hätten, und »von Boden, der durch das unsterbliche Gedenken an die Anzacs (*Australia and New Zealand Army Corps*, Australisches und Neuseeländisches Expeditionskorps) geheiligt ist«.

Die Antworten auf das Ersuchen des britischen Premierministers waren unterschiedlich. Neuseeland stimmte sofort zu. Die Antwort Australiens war beruhigend. Das konnte man allerdings nicht von der Antwort des neuen kanadischen Premierministers, William Lyon Mackenzie Kings, sagen. Am Samstag, dem 16. September 1922, war King in seinem Wahlkreis Nord York, und er erfuhr zum erstenmal von dem britischen Ersuchen durch die Frage eines Zeitungsreporters, welche Antwort Kanada darauf zu geben beabsichtige. Später erfuhr er, daß die Depesche selbst erst einige Stunden, nachdem die kanadischen Zeitungen die Presseverlautbarung aus London abgedruckt hatten, sein Büro in Ottawa erreicht hatte. Es hatte auch keine Information, geschweige denn die gemeinsamen Beratungen gegeben, die man als Vorbedingung einer gemeinsamen Verantwortung hätte erwarten können. Die Depesche sei die erste und einzige Mitteilung gewesen, die die kanadische Regierung von der britischen Regierung über die drohende Krise im Nahen Osten erhalten habe, erklärte King später dem kanadischen Unterhaus. Das Ganze, so argwöhnte King, und sein ganzes Leben lang war er sehr mißtrauisch, sei ein imperialistisches Mittel, um die »Zentralisation gegenüber der Autonomie hinsichtlich europäischer Kriege« zu erproben. Von diesem Gedanken ausgehend, entschied er sich für seine Antwort. Sie hatte den Vorzug der Einfachheit, der demokratischen Unfehlbarkeit und der vollständigen Unangreifbarkeit. Das Parlament, sagte er, solle entscheiden. Das Parlament tagte gerade nicht. Es hätte erst, wenn die Umstände es erfordern sollten, einberufen werden müssen. Das würde seine Zeit dauern — ein Umstand, der für Mackenzie King ebenso befriedigend wie für Lloyd George enttäuschend war. London stellte weitere Versuche zur Überredung an, und später protestierte auch der kanadische konservative Führer, Arthur Meighen, daß die kanadische Antwort hätte lauten müssen: »Bereit, jawohl bereit; wir stehen zu euch!« Aber Mackenzie King blieb nicht nur fest, sondern versteifte sich eher in seiner Ablehnung. Er stand nicht allein. General

Smuts unterstützte ihn (8). Auch die öffentliche Meinung Australiens war geteilt — Chanak wurde zu einer Streitfrage der Parteien —, und die Regierung protestierte insgeheim gegen die Schroffheit des Ersuchens von Lloyd George. Dennoch wurde der Chanak-Zwischenfall zu einem Wendepunkt in der Commonwealth-Geschichte, weil Mackenzie King ihn dazu machte.

In den unmittelbar darauffolgenden Jahren gab es zwei Auslegungen des Chanak-Zwischenfalls. Die erste besagte, er sei eine Warnung gewesen, eine gemeinsame Verantwortung anzunehmen, ohne volle vorherige gemeinsame Konsultation sicherzustellen. In Übereinstimmung hiermit wurde behauptet, der kanadische Premierminister sei beleidigt gewesen, weil er vorher über die britische Politik weder informiert noch konsultiert worden sei. Wäre das der Fall gewesen, meinte man weiter, hätte der Zwischenfall selbst in der Form, in der er tatsächlich stattgefunden habe, nicht stattfinden können. Ferner wären der kanadische Premierminister und die kanadische Regierung möglicherweise eher zur Mitarbeit bereit gewesen, wenn sie über die Tatsachen und die Gefahren der Lage im Nahen Osten vorher voll aufgeklärt worden seien. Was also vor allen Dingen notwendig war, waren wirksame staatliche Einrichtungen. Aber war das die richtige Auslegung? Was hatte Mackenzie King eigentlich gesagt? Er hatte dem kanadischen Parlament gesagt, es sei weder Rechtens noch angebracht, daß »irgendein Individuum oder irgendeine Gruppe von Individuen einen Schritt unternahm, der in irgendeiner Weise die Rechte des Parlaments in einer Angelegenheit einschränkte, die von so großem Interesse für das ganze Volk unseres Landes ist« (9). Er berief sich also auf die Oberhoheit des Parlaments. Diesen Grundsatz machte er zu seinem Standpunkt. Er hätte anders vorgehen können. Er hätte sich wie die australische Regierung über die mangelnde Konsultation beklagen können oder über das Fehlen jeden Anscheins von gemeinsamer Verantwortung bei der Gestaltung der Politik. Aber er tat weder das eine noch das andere. Der Grund war klar. Wären das die Hauptgründe für seine Einwände gewesen, hätte in der Tat durch wirksamere Einrichtungen, die eine wirkliche gemeinsame Verantwortung sichergestellt hätten, Abhilfe geschaffen werden können. Aber Mackenzie King wollte keine gemeinsame Verantwortung. Er meinte, sie sei ein Mittel, die Dominien auf die britische Politik festzulegen. Er strebte etwas ganz anderes an — die Entflechtung der Politik der Dominien von der Großbritanniens. Er wollte eine eigene Politik der einzelnen Dominien, nicht eine gemeinsame Reichspolitik, wie man auch immer dazu gelangen mochte. Es gab kein besseres Mittel, seine Absichten voranzutreiben, als die Berufung auf die Oberhoheit des Parlaments. Hiermit bekannte er sich zu einem unumstößlichen Grundsatz. Von diesem Grundsatz ließ er sich weder durch die Schmeicheleien der Imperialisten noch in späteren Jahren durch die mißliche Lage des Völkerbunds abbringen. King unterlag keinen Irrtümern bezüglich der weittragenden Folgen seines Standpunkts. Der von ihm aufgestellte Grundsatz konnte ebenso wirksam gegen internationale Verbindlichkeiten und Verpflichtungen wie auch gegen solche gegenüber dem Reich angewandt werden, und er wurde es auch.

Im Rückblick scheinen die Ziele der kanadischen Politik von bestechender Klarheit zu sein. Damals verursachte sie aber Verwirrung, vor allem in London — eine Verwirrung, die verzeihlicher ist, als kanadische Historiker es oft zugeben wollen. Aufgrund der Erfahrungen während des Kriegs war die britische Regierung überzeugt, daß die Dominien einschließlich Kanadas bei der Gestaltung der Außenpolitik be-

teiligt zu werden wünschten. Das traf im großen und ganzen
für Australien und Neuseeland und, solange General Smuts
im Amt war, auch mit einigen Einschränkungen für Südafrika
zu. Aber für Kanada unter der liberalen Regierung Mackenzie Kings war es eine Überzeugung, die sehr wohl geneigt war,
zu Mißverständnissen zu führen. Die kanadische Regierung
wünschte zwar die Kontrolle der Außenpolitik, der kanadischen Außenpolitik; aber weit davon entfernt, auf die Beteiligung an der Gestaltung einer gemeinsamen Reichs- oder Com-
monwealth-Außenpolitik Wert zu legen, wünschte sie sich
unter allen Umständen davon zu distanzieren. In Kanada
glaubte man, der Weg zur Autonomie führe nicht über die
gleichberechtigte Beteiligung an der Gestaltung einer einheitlichen Politik, sondern bestehe in der gesonderten Kontrolle
der einzelnen Dominien über ihre eigene Außenpolitik. Folgerichtig legten die Kanadier daher den Nachdruck auf eine
pluralistische Politik gegenüber der einheitlichen Politik des
Britischen Commonwealth der Nationen und auf Trennung
gegenüber der in der Denkschrift des britischen Kolonialamts
1921 befürworteten Einheit. Dies war es, was die nachfolgenden britischen Regierungen trotz der Erklärungen und der ver-
bitterten Einwände Mackenzie Kings nur schwer begriffen.
Dem Chanak-Zwischenfall folgten 1923 der Vertrag über die
Heilbutt-Hochseefischerei zwischen Kanada und den Vereinigten Staaten, 1924 der Vertrag von Lausanne und 1925
der Locarno-Pakt, die alle grundsätzlichen Fragen anrührten
und von denen zwei die Ursache für Auseinandersetzungen
zwischen England und Kanada waren. Der erste, der Vertrag
über die Heilbutt-Hochseefischerei, wurde vom kanadischen
Minister für Fischereiwesen mit Vertretern der Vereinigten
Staaten ausgehandelt, und Mackenzie King schlug der britischen Regierung vor, daß, da der geplante Vertrag allein

Kanada und die Vereinigten Staaten angehe und kein besonderes Reichsinteresse berühre, die Unterschrift des kanadischen
Ministers genügen würde. Das bedeutete, daß der britische
Botschafter absichtlich übergangen wurde, um das Recht Kanadas zu dokumentieren, einen eigenen Vertrag ohne das Eingreifen der Regierung des Vereinigten Königreichs auszuhandeln und zu unterschreiben. Die britische Regierung machte
gute Miene zum bösen Spiel, der britische Botschafter nicht,
und der Vertrag wurde in einer spannungsgeladenen Atmosphäre am 2. März 1923 in Washington unterzeichnet (10).
Mackenzie King hatte allen Grund, zufrieden zu sein, denn
er hatte einen Präzedenzfall geschaffen, auf den er großen
Wert legte, nämlich daß der kanadische Bevollmächtigte bei
einem fremden Staat für sich allein einen Vertrag unterzeichnen konnte, bei dem Kanada eine der vertragschließenden
Parteien war, und daß dieser Vertrag später auf Anraten der
kanadischen Regierung vom König ratifiziert werden konnte.
Er war ein für alle Dominion-Regierungen bedeutsamer Präzedenzfall, der 1923 auf der Reichskonferenz gebilligt wurde.
In einem lebenswichtigen Punkt gab er den Weg für die gesonderte Kontrolle über auswärtige Angelegenheiten durch die
Dominien frei. Als solcher wurde er auch in der Erinnerung
behalten. 30 Jahre später, am 2. März 1953, wurde auf der
Parlamentsanhöhe in Ottawa in Anwesenheit des amerikanischen Botschafters und des Premierministers, Louis St Laurent,
eine Gedenkfeier abgehalten, die die Fernsehkameras getreulich aufzeichneten. Nur eines fehlte — ein Heilbutt.
Jedoch müssen auch die Grenzen des durch den Heilbutt-
Vertrag geschaffenen Präzedenzfalls vermerkt werden. Der
Vertrag war ein Handelsvertrag, und das Recht der Dominien,
ihre eigenen Handelsverträge zu schließen, bestand schon seit
einiger Zeit. Es trifft zu, daß es eine entscheidende Abwei-

Krönung von Elisabeth II. (*1926) in der Westminster Abbey am 2. Juni 1953.

chung in der Verfahrensweise von früheren Präzedenzfällen gegeben hatte; denn bisher war bei jedem Schritt eine nominelle britische Kontrolle beibehalten worden, und zwar bei der Ernennung der Unterhändler der Dominien durch den König auf Anraten der britischen Regierung, bei der formalen Unterzeichnung des Vertrags durch einen britischen Vertreter und schließlich bei der Ratifizierung durch den König wiederum auf Anraten der britischen Regierung, und auf das alles war verzichtet worden. Aber was war die Kehrseite der Medaille? Bisher hatte die britische Regierung das Recht gehabt, ohne die Beteiligung der Dominien bei der Verhandlung oder der Ratifizierung für das ganze Reich einschließlich der Dominien Verträge zu schließen. Bestand dieses Recht noch? Oder mußten fortan Verträge, die das ganze Reich betrafen, getrennt von der britischen Regierung, für das Vereinigte Königreich und die abhängigen Gebiete, und von den Dominien einzeln für diese selbst abgeschlossen werden? Worum es letzten Endes ging, war die Frage, ob für Vertragsabschlüsse und infolgedessen auch für diplomatische Zwecke das Britische Weltreich als Einheit betrachtet werden sollte oder nicht. Das war die entscheidende Frage, die wiederum in einem englisch-kanadischen Rahmen erörtert wurde, vor allem bei den Abschlußverhandlungen der Friedensverträge mit der Türkei.

Die Präzedenzfälle von Versailles waren für die Dominien entscheidend als Ausgangspunkt für die Verfahrensweisen bei den Friedensschlüssen der Nachkriegszeit. Doch sie genügten keineswegs. Weder die britische Regierung noch die Regierungen der Dominien konnten allein über die Art und die Zusammensetzung einer britischen Vertretung auf einer internationalen Konferenz entscheiden. Andere Staaten hatten auch ihre Ansichten. Sie erhoben Einwände gegen die Vertretung der Dominien auf der Friedenskonferenz zwischen den

Alliierten und der Türkei in Lausanne. Die britische Regierung fügte sich, und der Versailler Präzedenzfall einer Delegation für das gesamte Britische Weltreich wurde nicht befolgt. Die Regierungen der Dominien wurden entsprechend über die diesbezügliche Lage und auch über die allgemeinen Richtlinien der britischen Politik unterrichtet. Sie wurden außerdem unterrichtet, daß sie zu gegebener Zeit aufgefordert werden würden, den abschließenden Vertrag zu unterzeichnen. Die kanadische Regierung warf daraufhin bestimmte Grundsatzfragen auf, über die sie in der Tat besorgt war, aber aus denen die britische Regierung auf kanadische Enttäuschung über die Nichteinladung schloß. Sie wurde in dieser Ansicht anscheinend durch Mitteilungen General Lord Byngs, des Generalgouverneurs von Kanada, bestätigt (11). Aber genaugenommen wünschte die kanadische Regierung gar nicht, vertreten zu sein, und sie war außerordentlich erleichtert, als die britische Regierung zunächst entschuldigend erklärte, daß ihre Vertretung undurchführbar sei. »Gott sei Dank wurden wir nicht eingeladen«, war offensichtlich die Ansicht aller Kabinettsmitglieder (12). Worum es Mackenzie King ging, war, die bestmögliche internationale Stellung aus der Tatsache der Nichteinladung herauszuschlagen. Insbesondere hatte er keineswegs die Absicht, der Unterzeichnung eines Vertrags durch Kanada zuzustimmen, über den er vorher nicht konsultiert worden war, an dessen Aushandlung Kanada nicht beteiligt war und an dem das Dominion auch kein unmittelbares Interesse hatte. Die Folge einer derartigen Nichtbeteiligung war, so schien es ihm, Befreiung von jeder Verpflichtung. Mackenzie King war darauf bedacht, die Stellung Kanadas in Lausanne von der in Versailles zu unterscheiden. In Versailles hatte Kanada ein unmittelbares und direktes Interesse. Unter solchen Umständen, bemerkte Mackenzie King in einer von seinem Biographen abgedruckten Notiz (13), sollte Kanada mit umfassenden Vollmachten vertreten sein, es sollte den Vertrag unterzeichnen, dem Parlament sollte Gelegenheit gegeben werden, ihm zuzustimmen, und die Erlaubnis zur Ratifizierung müßte durch den Generalgouverneur im Einvernehmen mit dem Ministerrat gegeben werden. Aber wo, wie in Lausanne, kein unmittelbares und direktes Interesse vorlag, sollte Kanada nicht vertreten sein, und wenn es nicht vertreten sei, sollte man die Unterzeichnung von ihm nicht erwarten, und wenn es nicht unterzeichnete, sollte es ihm überlassen bleiben, nach Maßgabe des Falles dem Vertrag zuzustimmen oder nicht, und die Erlaubnis zur Ratifizierung sollte von dieser Zustimmung abhängen. Unter diesen Voraussetzungen sollte Kanada, da es in Lausanne nicht vertreten gewesen sei, weder zur Unterzeichnung aufgefordert werden, noch sollte vom Parlament die Zustimmung verlangt werden oder der Generalgouverneur gebeten werden, den abschließenden Vertrag zu ratifizieren.

Die Darlegung des kanadischen Premierministers über die Rolle und die Verantwortlichkeiten eines Dominions bei Vertragsabschlüssen wurde in den ausführlichen Beschlüssen der Reichskonferenz 1923 über Vertragsabschlüsse anerkannt, als unter anderem festgelegt wurde, daß bei den auf internationalen Konferenzen ausgehandelten Verträgen »der bestehende Brauch der Unterzeichnung durch Bevollmächtigte für alle auf der Konferenz vertretenen Regierungen des Reichs beibehalten werden sollte«. Praktische Angelegenheiten neigen indessen dazu, komplizierter zu sein, als es die logische Analyse nahelegen mag, und diese Beschlüsse berücksichtigten nicht alle Möglichkeiten. Im speziellen Fall des türkischen Friedensvertrags war Kanada, da es auf der Konferenz von Lausanne nicht vertreten war, nicht verpflichtet, den abschließenden

Vertrag zu unterzeichnen. Aber Kanada, und hier lag der Haken, blieb rechtlich mit der Türkei im Kriegszustand, solange es den Vertrag nicht unterzeichnete. Die kanadische Stellung mußte daher genauer bestimmt werden. Um den Kriegszustand zu beenden, war es also doch notwendig, den Vertrag zu unterzeichnen und zu ratifizieren; doch als Mackenzie King dies tat, war er sehr darauf bedacht, das Maß der damit übernommenen Verantwortung genauestens zu umschreiben. Einen Vertrag zur Beendigung eines Kriegszustands zu unterzeichnen und dadurch tatsächliche oder moralische Verpflichtungen für die Zukunft zu übernehmen waren seiner Ansicht nach zwei verschiedene Dinge. King machte klar, daß das auf der Konferenz nicht vertretene Kanada keinerlei Verpflichtungen übernehme.

Die Debatten über Vertragsabschlüsse erhalten ihre Bedeutung durch ihre Auswirkung auf die internationale Stellung der Dominien einerseits und auf das Ausmaß der Verantwortung der Dominien für internationale Verpflichtungen des Reichs andererseits. King war bemüht, Kanadas internationale Stellung zu erhöhen und zugleich seine Verpflichtungen einzuschränken. In beiden Hinsichten widersprach er der Verpflichtung der Dominien durch Vertrag oder sonstwie zur Erfüllung von Verbindlichkeiten, die Großbritannien allein eingegangen war, und er spürte, daß dies in der Praxis die Folge jeder Annahme des Gedankens einer gemeinsamen Reichsaußenpolitik sein würde. »Eine gemeinsame Außenpolitik«, warnte sein engster Mitarbeiter, Dr. O. D. Skelton, 1923, »bietet ein Maximum an Verbindlichkeiten und ein Minimum an Kontrollmöglichkeiten. Sie verpflichtet ein Dominion im voraus zur Billigung von Handlungsweisen, von denen es wenig weiß und die es nicht gutheißen mag oder an denen es wenig unmittelbares Interesse haben mag. Der eigent-

liche Weg, auf dem die Dominien ihre Zuständigkeiten aus-
weiten können, ist der, auf dem solche Ausweitung in der
Vergangenheit zustande gekommen ist — indem sie ihrem
eigenen Volk und ihrem eigenen Parlament die letzte Entscheidung über ihre Handlungsweise vorbehalten.« (14) Das
Argument war logisch, die Schlußfolgerung überzeugend, und
sie bestimmte in der Tat den Kurs der kanadischen Politik.
Es muß indessen vermerkt werden, daß die Erweiterung der
Handlungsfreiheit der Dominien unvermeidlich den Spielraum der Reichsautorität einschränkte. Sollten letztlich die
Dominien einzeln ihre eigene Außenpolitik in jeder Hinsicht
bestimmen, so würde die Fähigkeit Großbritanniens, für das
ganze Reich zu sprechen, von der vorherigen Konsultation
mit den Dominien abhängen, und von deren Zustimmung in
jedem einzelnen Fall. Mackenzie King war sich im klaren
darüber, daß dies in kritischen internationalen Fragen ein
Hauptproblem der praktischen Politik darstellte. In den schon
erwähnten Aufzeichnungen gestand er ausdrücklich zu, daß
das Reich bei entscheidenden Verträgen, die Krieg und Frieden betrafen, als Einheit handeln würde, obwohl der Umfang
der Verpflichtungen seiner selbständigen Mitglieder eine Angelegenheit sein würde, deren Regelung im Licht der auf dem
Spiel stehenden materiell-rechtlichen Streitfragen von jedem
einzelnen Mitglied zu bestimmen wäre. Aber es war die Leitung, die unmittelbar von Bedeutung war, und es war nicht
anzunehmen, daß London einer solchen Neuauslegung der internationalen Verpflichtungen des Reichs ohne vorherige
gründliche Überprüfung zustimmen würde.
Die Reichskonferenz von 1923 lieferte dazu die Gelegenheit.
Die Hauptgegner waren Curzon, als britischer Außenminister,
und Mackenzie King. King hielt Curzon für den Archetyp
eines hochmütigen, überheblichen, zentralisierenden Imperia-

listen, während Curzon King »widerspenstig, lästig und dumm« (15) fand, obwohl er auch Grund hatte, sein außerordentliches Beharrungsvermögen zu bemerken. Während auf der Konferenz die Hauptfragen wie Außenpolitik, Handel, Verteidigung nacheinander überprüft wurden, erwog King, was gesagt worden war, und analysierte, was geschrieben worden war, damit keine Schlüsse gezogen oder Präzedenzfälle geschaffen werden konnten, nach denen eine gemeinsame Politik und zentralisierte Kontrolle unauffällig Billigung erfahren mochten. Von britischen Historikern ist weithin angenommen worden, daß Mackenzie King gegen Windmühlen anstürmte. Aber eine vollständigere Quellenlage macht klar, daß dem nicht ganz so war. Mag auch Whitehall nicht in der Hand von verschworenen Imperialisten gewesen sein, wie King nur zu gern anzunehmen bereit war, so bestand doch eine, aus der Einschätzung britischer Interessen abgeleitete Entschlossenheit, die diplomatische Einheit des Reichs zu erhalten, solange der Preis im Hinblick auf die Beziehungen innerhalb des Reichs nicht zu hoch war. Man glaubte, die Mittel zu besitzen, um dieses Ziel zu erreichen. Man hielt die Reichskonferenz für einen bedingten, obwohl offensichtlich zweitbesten, friedensmäßigen Ersatz für das Reichskriegskabinett, und man glaubte, sie würde zumindest in groben Umrissen die Politik für das ganze Reich erarbeiten können. Unter dieser Voraussetzung hatte man damit die staatlichen Einrichtungen und, wie man hoffte, auch einen genügend starken gemeinsamen Willen, um die Zustimmung für eine einheitliche Reichsaußenpolitik zu sichern. Aber King interessierte sich keineswegs für verbesserte staatliche Einrichtungen: Er lehnte zutiefst, ja leidenschaftlich das Ziel ab, dem diese staatlichen Einrichtungen dienen sollten. Er glaubte, daß im Krieg wie im Frieden nicht irgendeine wie auch immer zusammengesetzte Körperschaft, sondern jede autonome Regierung im Commonwealth ihre eigene Handlungsweise zu bestimmen habe. Seine Ansichten blieben weder unbemerkt noch unwidersprochen. Ein Eintrag in seinem Tagebuch hielt fest: »Lord Derby ... versuchte in der Frage, wie weit die Dominien allenfalls gehen würden, falls das Reich an irgendeinem Punkt angegriffen würde, mich unter Druck zu setzen. Ich fühlte mich verpflichtet, ihn zu unterbrechen und darauf hinzuweisen, daß die Mitarbeit Kanadas nicht als selbstverständlich angesehen werden könne. Ich stellte fest, daß, falls letztes Jahr ein Krieg gegen die Türken ausgebrochen wäre, es äußerst zweifelhaft gewesen wäre, ob Kanada irgendwelche Truppen gestellt hätte. Es war eine unangenehme und einigermaßen mißliche Angelegenheit ... Meiner Ansicht nach handelt es sich jedoch um die wichtigste von allen auf der gegenwärtigen Konferenz getroffenen Feststellungen.« (16) Zum Schluß, nach einer mehr als üblichen Hetze von Konsultationen und Entwurfsänderungen, gelang Mackenzie King die Hinzufügung eines zusätzlichen Abschnitts an das Kapitel des Konferenzberichts über auswärtige Beziehungen, der besagte, daß die Konferenz eine Konferenz der Vertreter der einzelnen Regierungen des Reichs gewesen sei, daß ihre Ansichten und Beschlüsse über Außenpolitik notwendigerweise der Entscheidungsgewalt der Regierungen und der Parlamente der verschiedenen Teile des Reichs unterlagen und daß sie hoffte, die Ergebnisse ihrer Beratungen würden deren Zustimmung erfahren. Nach der Ansicht Professor MacGregor Dawsons, der Kings Leben in dieser Zeit beschrieb, bestätigten diese Worte, daß das Reichskabinett von der Bühne abgetreten war, und ließen gleichzeitig den Schluß zu, daß die ehemalige Reichskonferenz mit ihren unverbindlichen Beratungen stillschweigend ihren Platz wieder eingenommen hatte (17).

Welche Bedeutung hatte das Ergebnis der Reichskonferenz von 1923 im weiteren Rahmen des Reichs? Professor Dawson (18) hat behauptet, diese Konferenz und nicht die nachfolgende von 1926 sei die entscheidende gewesen, weil die Konferenz von 1923 den Punkt bezeichnete, an dem das Reich sich von den zentralistischen Tendenzen der Kriegs- und Nachkriegsjahre abwandte und sich auf einen dauerhafteren Zustand zubewegte, der auf dem Nationalismus und der Unabhängigkeit der Dominien gegründet war. Nach dieser Ansicht wurde der Wandel 1923 eingeleitet und 1926 bestätigt. Es ist eine Beweisführung, die man nur mit Einschränkung gelten lassen kann. Die Konferenz von 1923 öffnete den Weg für eine Neufassung der Beziehungen innerhalb des Reichs im Rahmen einer Autonomie der Dominien, die sich über die Innenpolitik hinaus auf die Außenpolitik erstreckte; aber sie stellte nicht sicher, daß es die notwendige Übereinstimmung der Meinungen geben würde, damit dieser Weg gemeinsam beschritten werden konnte. Dieses notwendige Maß an Übereinstimmung mußte noch erzielt werden, und dessen Zustandekommen konnte nicht leicht vorausgesetzt werden.

Die Reichskonferenz von 1923 spiegelte sicherlich einen neuen Geist in den Beziehungen innerhalb des Commonwealth. Dafür war hauptsächlich King verantwortlich; aber man tut gut, sich daran zu erinnern, daß hinter King der Biograph Lauriers, Skelton, stand, der der Haupturheber des kanadischen diplomatischen Dienstes werden sollte. Niemand, der mit ihm gearbeitet habe, meinte Vincent Massey, könne übersehen, daß er antibritisch sei. 1940 bemerkte Lord Lothian noch schärfer, die Beziehungen zu seinen kanadischen Kollegen in Washington wären besser, wenn »Skelton die Zusammenarbeit mit irgend jemand nicht als ein Eingeständnis der Minderwertigkeit betrachtet« hätte. Und Professor Soward, nachdem er die amtlichen Aufzeichnungen studiert hatte, schloß rückblickend, Skelton sei im wesentlichen Nordamerikaner gewesen, »entschlossen, sich nicht in die europäische Machtpolitik verwickeln zu lassen, und der Zentralisation der Commonwealth-Politik in Downing Street feindlich gesinnt . . .« (19). Hinter den Kanadiern stand der wiedererwachende Nationalismus der Afrikaander, verkörpert in der Gestalt Hertzogs, der 1924 Smuts als Premierminister der Südafrikanischen Union ablösen sollte; und neben Hertzog stand die irische Regierung W. T. Cosgraves, die nach der Bewältigung ihrer innenpolitischen Probleme entschlossen war, jede sich bietende Gelegenheit zu ergreifen, um die internationale Stellung des Irischen Freistaats zu dokumentieren. 1923 wurde der Irische Freistaat, gegen den Wunsch der Briten, das erste Dominion, das eine ständige Vertretung beim Völkerbund einrichtete; 1924, als der Irische Freistaat einen Botschafter in Washington akkreditierte, hinterlegte er, trotz britischer Einwände, den Vertrag als internationales Abkommen beim Völkerbund. Offensichtlich nahmen die auf einen Wandel drängenden Kräfte an Stärke zu.

Im November 1924 wurde L. S. Amery im ersten Kabinett Stanley Baldwins zum Kolonialminister ernannt. Er machte es zur Bedingung seiner Amtsübernahme, daß das Kolonialministerium endlich in seine Bestandteile aufgegliedert und eine getrennte eigene Abteilung geschaffen werden sollte, die für die Beziehungen zu den Dominien verantwortlich war (20). 1925 wurde diese Teilung durchgeführt, und Amery wurde der erste Minister für Angelegenheiten der Dominien, obwohl er dieses neue Amt während seiner ganzen Amtszeit mit dem des Staatssekretärs für die Kolonien verband. Amery hatte seine eigenen Ansichten über die Form der Entwicklung der Dominien, und er stand dem Gedanken der gesonderten Verantwortlichkeit der Dominien für die Außenpolitik nicht wohlwollend gegenüber. 1917 hatte er die Konsolidierung der selbständigen Reichsteile auf der Grundlage der Errichtung ständiger staatlicher Einrichtungen zur Erarbeitung einer einheitlichen Reichspolitik in Erwägung gezogen, und 1921 hatte er auf den von Smuts gemachten Vorschlag einer Erklärung der Rechte der Dominien mit dem Hinweis geantwortet, daß diese »selbstverständlich eine Bestätigung nicht nur der vollständigen Unabhängigkeit und Gleichberechtigung der einzelnen Partner, sondern auch der unlösbaren Einheit aller unter König und Krone enthalten« sollte (21). Aber während Amery an eine gemeinsame Untertanentreue, eine gemeinsame Politik und ein gemeinsames Vorgehen dachte, sah er ein, daß derartige Ziele wirksamer durch rechtzeitige Zugeständnisse an die Ansichten der Dominien erreicht werden konnten als durch ein widerstrebendes Nachgeben gegenüber ihren Forderungen. Die allerwichtigste Aufgabe war für ihn die Erhaltung der Einheit des Reichs in einer Zeit des Übergangs. Amery war ein Mann, der an seinen Vorstellungen zäh festhielt, und er ging an die Probleme des Commonwealth in der nüchternen Tradition des Kolonialministeriums heran.

Der Abschluß und die Ratifizierung des Locarno-Vertrags von 1925 unterstrichen die Lehren für das Commonwealth, die aus dem Chanak-Zwischenfall und dem Vertrag von Lausanne gezogen werden konnten. In diesem Fall strebte man nicht nach einer gemeinsamen Initiative des Reichs in Europa, weil die Abstimmung der Politik der einzelnen, weit auseinanderliegenden Regierungen durch Konsultation zu große Schwierigkeiten in der Praxis zu bieten schien. Es sei unmöglich, sagte Sir Austen Chamberlain in der Debatte über den Locarno-Vertrag, auf die Dominien zu warten: »... die Weltpolitik steht nicht still ... Als Vertreter der Regierung

Seiner Majestät konnte ich nicht an den zahlreichen Versammlungen des Völkerbunds und an den zahlreichen Konferenzen der Vertreter anderer Staaten teilnehmen und sagen, ›Großbritannien hat sich noch nicht für eine Politik entschieden. Wir haben bisher noch nicht alle Regierungen des Reichs treffen können, und wir können nichts tun.‹ Das könnte für ein Reich möglich sein, das von Europa weit entfernt ist und in einer anderen Hemisphäre liegt. Für ein Reich, dessen Herz in Europa liegt, war das nicht möglich . . ., da jede Gefahr für den Frieden in Europa den Frieden dieses Landes gefährdete.« Demgemäß wurde der Locarno-Vertrag allein von der Regierung des Vereinigten Königreichs unterzeichnet, mit folgendem Vorbehalt in Artikel IX, daß »der gegenwärtige Vertrag weder irgendeinem britischen Dominion noch Indien eine Verpflichtung auferlegt, außer wenn die Regierung eines solchen Dominions oder Indiens die Übernahme einer solchen Verpflichtung zu erkennen gibt«. Tatsächlich tat dies keine. Ihre Gründe wurden bei einem Treffen eines Ausschusses der Reichskonferenz 1926, und zwar war es der Ausschuß für Beziehungen innerhalb des Reichs, angeführt. Für Kanada bemerkte Ernest Lapointe, der Justizminister, in einer vorbereiteten Erklärung, daß der Vertrag zusätzliche Verpflichtungen in einem europäischen Bereich bedeutete, der, obwohl er von Interesse für Kanada war, nicht »unsere erste Sorge« sei, während Mackenzie King hinzufügte, die Tatsache, daß die Vereinigten Staaten keine Verpflichtungen in europäischen Angelegenheiten eingegangen seien, habe die kanadische Regierung in eine einigermaßen schwierige Lage versetzt. General Hertzog war ebenso offen der Meinung, daß Südafrika nicht »noch tiefer auf Europa und Großbritannien berührende Angelegenheiten« eingehen sollte, »wenn dafür nicht gute Gründe aufgezeigt wurden«. Indem der Irische Freistaat sich eine Stellungnahme vorbehielt, stellte er sich in Wirklichkeit auf den gleichen Standpunkt; und der Premierminister Neuseelands stimmte zu, als er sagte, Neuseeland sei darüber sehr besorgt, daß es für »Verpflichtungen verantwortlich« werden würde, »die zu erfüllen es sehr schwierig finden könnte«. Stanley Bruce, der »sehr stark fühlte, daß es ein gemeinsames Handeln« der Dominien »geben sollte«, die den Locarno-Vertrag unterzeichneten, erhielt allein von Neufundland Unterstützung (22). Aber es ist wichtig festzustellen, daß die entgegengesetzte Meinung der Mehrheit der Dominien keine Ablehnung der Politik der britischen Regierung bedeutete, sondern lediglich besagte, daß der Vertrag in den Verantwortungsbereich der britischen Regierung falle. Es bedeutete auch nicht, daß die Dominien notwendigerweise von den Folgen, die aus der britischen Unterzeichnung des Vertrags entstehen mochten, abrücken würden; im Gegenteil, die auf der Reichskonferenz 1926 von den Staatsmännern der Dominien abgegebenen Stellungnahmen ließen zum größten Teil vermuten, daß sie geneigt sein würden, Großbritannien bei der Abwehr jeder Verletzung des in Locarno erstellten Sicherheitssystems zu unterstützen, vor allem da es, wie Lapointe vorsichtig bemerkte, ausschließlich Grenzen in Westeuropa betraf.

Die schon an sich bedeutsame Wandlung der internationalen Beziehungen des Commonwealth war außerdem ein Anzeichen dafür, daß tiefer liegende Kräfte am Werk waren. Es war nicht Mackenzie King mit seinem Beharren auf der Oberhoheit des Parlaments und der daraus logisch folgenden Notwendigkeit einer gesonderten Außenpolitik innerhalb des Commonwealth, der eine Klärung der Beschaffenheit der Beziehungen zwischen den Mitgliedstaaten verlangte oder forderte, es waren die Nationalisten in allen Dominien, sicherlich in Kanada, aber insbesondere auch in Südafrika und im Irischen

Freistaat. Als General Hertzog 1924 sein Amt antrat, unternahm er, wie einer seiner Biographen berichtet (23), ein »ein-
gehendes Studium« der Protokolle und Dokumente aller bisherigen Reichskonferenzen wie auch der verschiedenen Denkschriften einschließlich des Entwurfs von Smuts aus dem Jahr
1921. Seine erste Rede als Premierminister ging über das
Thema »Südafrika zuerst«, und Südafrikas Mitgliedschaft im
Commonwealth wurde stillschweigend vom nationalen Eigeninteresse abhängig gemacht.
General Hertzogs unmittelbares Ziel war, die Stellung Südafrikas im Commonwealth zu heben, indem er internationale
Anerkennung seiner unabhängigen Stellung anstrebte, und er
war dementsprechend besonders empfindlich, wenn es fremde
Mächte unterließen, Südafrika als gesonderte internationale
Einheit anzuerkennen. Als Amery Hertzog von der bevorstehenden Trennung des Ministeriums für Dominienangelegenheiten vom Kolonialministerium schrieb, versuchte er, ihn
auch in dieser Hinsicht zu beruhigen: »Ich glaube, die eigentliche Antwort, die Sie suchen«, schrieb Amery, »liegt in einer
Handlungsweise, die es fremden Ländern ermöglicht, den wesentlichen, eigentümlichen Charakter des Britischen Commonwealth zu begreifen. Natürlich hat die Tatsache, daß die
Nationen des Britischen Commonwealth sich langsam entwickelt haben, verhindert, daß ihre Existenz sich in der Außenwelt bemerkbar gemacht hat; und es wird einige Zeit
dauern, bis sich die ausländischen Regierungen bei internationalen Konferenzen daran erinnern, daß alle Regierungen Seiner Majestät zur Teilnahme und jede einzelne zu den gegenüber souveränen Staaten üblichen Höflichkeiten berechtigt
sind.« Aber Hertzog war nicht bereit, die Zeit abzuwarten.
Er wollte die Anerkennung sofort. Als er 1926 zur Reichskonferenz kam, dachte er an eine öffentliche Bestätigung der

Souveränität der Dominien auf der Grundlage der vollen Gleichberechtigung der Dominien mit Großbritannien im Commonwealth, und er war entschlossen, wenn dieses Ziel nicht erreicht werden konnte, heimzukehren und »das (südafrikanische) Veld« mit der Forderung nach republikanischer Unabhängigkeit »in Brand zu stecken«.

Das Kräftespiel innerhalb des Commonwealth und ebenso die besondere Stellung Kanadas als ältestes Dominion verbanden sich, um Kanada gleichsam in die Stellung eines Schiedsrichters zu versetzen. Südafrika und der Irische Freistaat beharrten, obwohl sie über die Mittel nicht einig waren, auf einer Neubestimmung der Beziehungen innerhalb des Commonwealth auf der Grundlage der Gleichberechtigung. Australien und Neuseeland zweifelten am Sinn derartiger dialektischer Übungen, so daß Kanada in seiner traditionellen Vermittlerrolle belassen wurde. Die kanadische Haltung war indessen weniger das Ergebnis einer zentralen Stellung oder gar einer theoretischen Voreingenommenheit als der Erfahrung und der Umstände, die die kanadische Regierung in der Person Mackenzie Kings, Ernest Lapointes und deren Berater veranlaßten, sich für die Neubestimmung zu entscheiden. Bevor der kanadische Premierminister zur Reichskonferenz nach London kam, hatte er Grund gehabt einzusehen, daß jene Formen, die W. M. Hughes 1921 als Erzeugnisse der Einbildung abgetan hatte, möglicherweise Wirklichkeit waren.

Die allgemeinen Wahlen in Kanada 1925 hatten keiner Partei die Mehrheit gebracht. Arthur Meighen und die Konservativen hatten im englischsprechenden Kanada überwältigend gesiegt, und King selbst war geschlagen; aber die Liberalen waren in der Lage, im Amt zu bleiben, solange sie sich der Unterstützung der Progressiven aus der Prärie erfreuten. In diese unsichere politische Situation platzte die Nachricht von einem

Zollskandal von schmerzlichem Ausmaß. Ein Tadelsantrag wurde im Unterhaus eingebracht. Nach einer Abstimmungsniederlage, jedoch nicht über den Tadelsantrag selbst, bat King den Generalgouverneur um die Auflösung des Parlaments. Der Generalgouverneur lehnte ab, mit der Begründung, daß Meighen eine Alternativregierung bilden könne. Meighen wurde dazu aufgefordert, bildete sein Kabinett und wurde dann unter melodramatischen Umständen im Unterhaus niedergestimmt. Meighen bat seinerseits um die Auflösung des Parlaments. Der Generalgouverneur kam seinem Verlangen nach. Mackenzie King führte den Wahlkampf vor dem Hintergrund der verfassungsrechtlichen Frage. Bedeutete die Verweigerung einer Parlamentsauflösung ihm gegenüber nicht vor allem eine untergeordnete Stellung Kanadas? Würde es dem Verfassungsbrauch entsprechen, wenn der König unter ähnlichen Umständen einem britischen Premierminister die Parlamentsauflösung verweigerte? Er behauptete, daß die erste Frage bejaht, die zweite verneint werden müßte, da in Großbritannien seit 100 Jahren keine Bitte um Auflösung des Parlaments abgelehnt worden sei. Er sicherte sich die gewichtige Unterstützung Professor A. B. Keiths, der glaubte, die Verweigerung der Auflösung des Parlaments gegenüber King sei eine Verleugnung »der Lehre von der Gleichberechtigung der Dominien und des Vereinigten Königreichs, und sie hat Kanada entschieden in die Stellung einer Kolonie zurückversetzt, aus der wir glaubten, daß es herausgewachsen sei«. Das Kolonialministerium indessen war vom Generalgouverneur nicht gefragt worden, und Amery weigerte sich, irgendeine Meinung zu äußern. In der Tat geht aus einem Brief General Byngs an König Georg V. hervor, daß der Generalgouverneur aus eigener Initiative und nach eigenem Urteil gehandelt hatte (24). Das änderte aber nichts an der Tatsache, daß sein

Urteil möglicherweise falsch war oder daß sein Vorgehen die Andeutung einer Befugnis in sich barg, die britische Monarchen oder Kolonialgouverneure eher im 19. als im 20. Jahrhundert für sich beanspruchen konnten.

Die Auseinandersetzung zwischen King und Byng war nicht die einzige Erfahrung, die Mackenzie King in seinem Entschluß bestärkte, auf Gleichberechtigung zu bestehen. 1926 lehnte der Oberste Gerichtshof von Alberta die Berufung eines Bittstellers namens Nadan gegen die Verurteilung durch einen Polizeirichter wegen Mitführung unverzollter alkoholischer Getränke in einem nicht zugelassenen Fahrzeug über die Grenze von Alberta nach Montana ab. Darauf legte Nadan beim Rechtsausschuß des Kronrats Berufung ein. Seine Berufung wurde — obwohl sie später abgelehnt wurde — zur Verhandlung zugelassen, mit der Begründung, daß die kanadische Gesetzgebung — Abschnitt 1025 des kanadischen Strafgesetzbuchs — mit der Absicht, solche Berufungen abzuschaffen, *ultra vires* (ungültig) sei, weil sie britischen Parlamentsakten des 19. Jahrhunderts widersprach, die in allen Fällen Berufungen an den Kronrat Ihrer Majestät zuließen (25). Das Gesetz über die Gültigkeit der Gesetze der Kolonien war noch in Kraft. Dieses Gesetz sah bekanntlich vor, daß jedes Gesetz der Legislative einer Kolonie, das zu einer britischen Parlamentsakte in Widerspruch stand, nach Maßgabe dieses Widerspruchs null und nichtig war. War dieses Urteil nicht ein schlüssiger Beweis für die noch bestehende untergeordnete Stellung Kanadas?

Als der kanadische Premierminister 1926 nach London kam, hatte er schwerwiegende Gründe, die rasche Abschaffung der noch verbleibenden Elemente der Unterordnung in den Beziehungen Großbritanniens zu den Dominien zu betreiben. Seine Einstellung war jedoch verschieden von der Hertzogs und, obwohl etwas ähnlicher, dennoch ungleich der des Irischen Freistaats. Die Sucher nach einer höheren Stellung der Dominien waren einer Meinung in dem Bestreben, die Stellung ihrer Länder zu erhöhen, aber nicht über die Mittel, mit denen dies erreicht werden sollte. Die Südafrikaner wünschten zuerst und vor allem eine ausdrückliche Erklärung; die Iren, die auf Erklärungen keinen großen Wert legten, wünschten die Elemente der Unterordnung eins nach dem andern zu beseitigen; während King, der bestrebt war, für Kanada volle Gleichberechtigung und Autonomie zu erreichen, seiner Gemütsart nach die abstrakte Definition so sehr ablehnte, daß er ihre Vorteile bezweifelte, vor allem im Hinblick auf die erbitterten Diskussionen, die ein derartiger Versuch auslösen würde (26). Er neigte daher vorerst dazu, jede derartige Diskussion zu vermeiden und sich auf einzelne Reformen zu konzentrieren, die die Ziele verwirklichen würden, die ihm vorschwebten. An erster Stelle auf seiner Liste stand die vollständige Trennung des Amts des Generalgouverneurs als Vertreter der Krone von dem des Bevollmächtigten der britischen Regierung. Eine derartige, früher schon unter anderen von Smuts befürwortete Trennung würde einerseits sicherstellen, daß der Generalgouverneur in einem Dominion fortan nur die Aufgaben eines konstitutionellen Monarchen wahrnehmen würde, und andererseits auf der zwischenstaatlichen Ebene zur Entwicklung eines Systems von Hohen Kommissaren führen, die ihre betreffenden Regierungen in anderen Hauptstädten des Commonwealth vertreten würden. Sein Vorschlag war der Konferenz willkommen und genehm; aber sofern King zuversichtlich genug war zu glauben, daß einzelne Reformen dieser Art die Forderungen Südafrikas befriedigen würden, so daß sie auf eine formale Erklärung verzichteten, hatte er sich getäuscht. Es trifft durchaus zu, daß weder Australien noch Neuseeland eine Erklärung wünschten und daß Amery von Anfang an nicht nur eine solche ablehnte, sondern außerdem behauptete, ein derartiger beispielloser Versuch, das Undefinierbare zu definieren, falle nicht in den Zuständigkeitsbereich der Reichskonferenz (27). Die Südafrikaner indessen gaben nicht nach.

Der Ausschuß für Beziehungen innerhalb des Reichs, den die Reichskonferenz eingerichtet hatte und dem die Premierminister und Hauptvertreter der Dominien angehörten, hielt seine erste Sitzung am 3. Oktober 1926 ab. Lord Balfour eröffnete als Vorsitzender die Verhandlungen mit einer Verlautbarung über Beziehungen innerhalb des Reichs. Vor 1914, bemerkte er (was bezweifelt werden mag), erschien das Britische Weltreich »fremden Beobachtern als das zerbrechlichste Gebilde. Ein Staat, der (soweit es seine europäischen Bestandteile betraf) hauptsächlich aus sechs Gemeinschaften mit Selbstverwaltung bestand, die weder durch eine zentrale Obrigkeit zusammengeschlossen noch in der Lage waren, einen einzigen Rekruten einzustellen oder einen einzigen Steuerschilling zu erheben, konnte, auf einer Landkarte eingetragen, gut aussehen, ist aber sicherlich als Kriegsmaschine unbedeutend.« Aber der Krieg hatte »diese glaubwürdige Annahme« widerlegt. Er hatte indessen auch das Reich unerklärt und unbestimmt zurückgelassen. Der Frieden brachte keine Erhellung, sondern fügte, wenn überhaupt etwas, den Unklarheiten weitere hinzu. Die allgemeine Beschaffenheit des Reichs war jedoch leicht zu bestimmen. Es könnte, meinte Lord Balfour, bequem in drei verschieden geartete Bestandteile zerlegt werden: 1. Großbritannien und die Dominien mit Selbstverwaltung, 2. Indien und 3. die abhängigen Gebiete der Staaten mit Selbstverwaltung einschließlich der Treuhandgebiete und auch der Kolonien. Die zuerst genannten Teile allein waren das besondere Anliegen des Ausschusses. Seine Mitglieder waren mit den Problemen beschäftigt, die »die neuartigste und dennoch charakteristische Eigentümlichkeit des Britischen Weltreichs« aufwarf, nämlich die Koexistenz innerhalb seiner Einheit von sechs (oder, einschließlich Neufundland, sieben) autonomen Gemeinschaften. »Die Feststellung dieser Tatsache«, fuhr Balfour fort, »ist, obwohl sehr einfach, kaum verständlich für Ausländer und hat zweifellos unter uns selbst Anlaß zu einigen nebensächlichen Schwierigkeiten gegeben.« Ihre Aufgabe sei es, die Außenwelt aufzuklären und diese »nebensächlichen Schwierigkeiten« zu beseitigen.

Waren sie »nebensächlich«? Offensichtlich glaubte General Hertzog das nicht. Er folgte bald nach Balfour mit einer Ansprache, die für die Beratungen des Ausschusses bezeichnend war und den Charakter des Berichtes bestimmte. Hertzog machte klar, er könne nur für Südafrika allein sprechen, aber er behauptete, daß es »ungeheuerlich und sicherlich unheilvoll« sein würde, wenn die Freiheit eines Dominions von dem Willen der anderen abhinge. »Die Dominien sind alle unabhängig und gleichberechtigt in ihrer Stellung, aber niemand hat das Recht zu behaupten, und ich hoffe, niemand wird dies behaupten, daß die aus dieser Unabhängigkeit und gleichberechtigten Stellung stammenden Rechte und Vorrechte für alle routinemäßig vereinheitlicht werden müssen. Das wäre der Tod der organischen Entwicklung innerhalb des Reichs, ein zum Verfall führender Stillstand.« Was aber Südafrika betraf, so war es »zwingend notwendig«, daß die Natur der Beziehungen zu den Dominien nicht unbestimmt bleiben durfte, weder in der Welt noch im Commonwealth selbst. Seit 1921 habe es nicht mehr irgendeinen Zweifel hinsichtlich des Charakters und des Ausmaßes der Unabhängigkeit der Dominien gegeben. Die britische Regierung habe den Domi-

nien versichert, sie seien »unabhängige Staaten«, »gleichberechtigt in der Stellung« und »gesondert berechtigt zur internationalen Anerkennung als unabhängige Staaten«. Aber die
so anerkannten Tatsachen seien weder bekanntgemacht noch
öffentlich verkündet worden. Das hätte geschehen sollen. »Wir
sind keine Geheimgesellschaft.« Indem Hertzog ausführlich die
Denkschrift General Smuts' von 1921 zitierte, kam er zu dem
Schluß, daß die Natur der verfassungsrechtlichen Stellung der
Dominien der Welt in maßgebender Weise verkündet werden
sollte. Smuts habe vor der Gefahr gewarnt, immer zu spät zu
sein: »Viel Unwille und Mißverständnisse hätten vermieden
werden können, wenn sein Rat damals befolgt worden wäre.«
Aber es sei immer noch nicht zu spät, und Hertzog schloß:
»Ich bitte inständig darum, das, was 1921 hätte getan werden
sollen, nun nicht länger hinauszuzögern.« Durch sein dringen-
des Verlangen stellte er sicher, daß es nicht hinausgezögert
wurde (28).
General Hertzog war nicht nur entschieden für eine Erklärung, sondern er kam gleich mit einem gewichtigen ersten
Entwurf nach England. Er wurde aufgefordert, diesen Entwurf dem Ausschuß vorzulegen, was er auch tat. Dieser Entwurf besagte, daß die Premierminister des Vereinigten Königreichs und der Dominien übereinstimmten, daß sie alle, jeder
für sich, Vertreter unabhängiger Staaten mit gleichberechtigter
Stellung, eigenem Anspruch auf internationale Anerkennung,
mit voneinander unabhängigen Regierungen und Parlamenten, durch ein gemeinsames Band der Untertanentreue zum
König vereinigt und freiwillig als Mitglieder des Commonwealth der Nationen zusammengeschlossen seien und daß sie
bestätigten, daß jede noch bestehende Form der Ungleichheit
oder Unterordnung ausschließlich von der freiwilligen Zustimmung des betreffenden angeschlossenen Staates abhinge,

daß ferner sie es für wünschenswert hielten, die verfassungsrechtliche Bindung zwischen Großbritannien und den Dominien sollte allen anderen Staaten bekannt gemacht und von
diesen anerkannt werden. Der Entwurf war ziemlich um-
ständlich, und das erklärt vielleicht zum Teil die einigermaßen
kritischen Anmerkungen von Kevin O'Higgins, der, obwohl
er zugab, Hertzog sei »ein sehr anständiger und liebenswerter
Mann«, auch klagte, daß er »sehr viel« rede, »und das nicht
allzu klar« (29). Aber auf alle Fälle behielt Hertzogs Entwurf
seine Bedeutung als die Grundlage der nachfolgenden ausführlichen Erörterung. Die nationalistische Initiative hinsichtlich einer Erklärung ging daher von Südafrika aus und erreichte ihren Zweck. Aber es gab auch andere Initiativen:
Kanada empfahl das Amt des Generalgouverneurs und verbesserte Konsultationen innerhalb des Reichs durch die Ernennung von Hohen Kommissaren in London sowie in den
Hauptstädten der Dominien — es war »eine Ungereimtheit
und eine Albernheit«, behauptete Mackenzie King, daß die
britische Regierung keinen Vertreter in Kanada haben sollte;
Irland wiederum wünschte die Beseitigung einiger besonderer
übriggebliebener Ungleichheiten, die die irische Delegation in
einer Denkschrift aufführte. Nicht die letzte Sorge der Iren
waren Berufungen an den Rechtsausschuß des Kronrats, die,
wie es die irische Delegation eindringlich empfahl, nach den
»Grundsätzen der Gleichberechtigung« behandelt werden sollten. Es stimme, wie die irische Vorlage über dieses Thema
behauptete, streng überein mit derartigen Grundsätzen, daß
eine Berufung an den Rechtsausschuß von den Gerichtshöfen
eines jeden Staates im Commonwealth zulässig sei, wenn er
die Fortsetzung derartiger Berufungen wünsche; aber es wäre
»eine Verletzung solcher Grundsätze, wenn man einem Staat,
der wünscht, daß Endgültigkeit in rechtlichen Fragen inner-

halb seiner eigenen Gebiete erreicht werden sollte, das Recht abstreitet zu bestimmen, daß dies der Fall ist« (30). Irland erreichte in dieser wie in den meisten anderen Angelegenheiten sein Ziel. Die Iren waren besorgt, Stück für Stück das, was vom Aufbau des Britischen Weltreichs übrigblieb, abzubauen. Deshalb bemerkte Kevin O'Higgins (in einer Erörterung der Vorschläge Hertzogs), daß eine Erklärung geringen Wert haben würde, wenn ihr die Tatsachen widersprächen. Aber die irische Delegation, die die auswärtige Assoziierung 1921 abgelehnt und als Mitglied der den Vertrag befürwortenden Partei die verfassungsrechtliche Stellung eines Dominions nur als Mittel, nicht aber als Endziel sich zu eigen gemacht hatte, scheint auf längere Sicht daran gedacht zu haben, die von der Republik zurückgelassene Leere durch eine britisch-irische Doppelmonarchie gemäß den frühen Vorstellungen des Sinn Féin auszufüllen. Das mag dazu beigetragen haben, daß sie auf die Bedeutung des unmittelbaren und gleichberechtigten irischen Zugangs zur Krone besonderen Wert legte.

Es gab zahlreiche weitere Entwürfe und Vorschläge, in deren Verlauf Amery wiederum den Begriff Britisches Weltreich einführte, während die Iren ein »gemeinsames Band der Untertanentreue« und die Südafrikaner eine »gemeinsame Staatsbürgerschaft im Reich« ablehnten. Schließlich wurde die von dem Ausschuß für die Beziehungen innerhalb des Reichs, dem alle Premierminister angehörten und über den Lord Balfour »etwas taub, teilweise schläfrig, aber mit einer durch die Jahre ungetrübten Geistesfrische ... mit einem Lächeln wie Mondschein auf einem Grabstein« (31) den Vorsitz führte, erarbeitete Definition im Bericht der Konferenz, die Balfours Namen trägt, veröffentlicht. Es ist ein Dokument, das als Ganzes betrachtet werden muß, wobei besondere Aufmerksamkeit, wenn schon nicht ungebührliches Gewicht, dem Ab-

schnitt zukommt, der durch das Mißverständnis einer Schreibkraft kursiv gedruckt wurde — das berichtet jedenfalls Amery,
obwohl man glauben möchte, die Schreibkraft habe einen besseren Sinn für Geschichte gehabt als die versammelten Premierminister — und der die Beziehungen des Vereinigten
Königreichs zu den Dominien in Worten beschreibt, die zu
den bekanntesten in der Verfassungsgeschichte Großbritanniens zählen (32).

Der Balfour-Bericht besagte, daß der Ausschuß für die Beziehungen innerhalb des Reichs der Meinung gewesen sei, es
sei ein vergebliches Unterfangen, eine Verfassung für das
ganze Reich niederlegen zu wollen, daß es aber ein wichtiges
Element gäbe, das von einem verfassungsrechtlichen Standpunkt schon seine volle Entfaltung erreicht habe. Dieses Element setze sich aus dem Vereinigten Königreich und den überseeischen Dominien zusammen. Ihre Stellung und gegenseitigen
Beziehungen könnten daher »leicht bestimmt« werden. »Sie
sind autonome Gemeinschaften innerhalb des Britischen Weltreichs, gleichberechtigt, in keiner Weise in irgendeiner Hinsicht
der Innen- oder Außenpolitik einander untergeordnet, dennoch vereinigt durch eine gemeinsame Untertanentreue zur
Krone und freiwillig zusammengeschlossen als Mitglieder des
Britischen Commonwealth der Nationen.« In diesem Satz wurden vier wichtige Kennzeichen der Mitgliedschaft im Britischen
Commonwealth, das das Vereinigte Königreich sowie die Dominien umfaßte, festgestellt: Die Dominien waren (a) autonome Gemeinschaften, (b) im Britischen Weltreich, (c) freiwillig verbunden als Mitglieder des Britischen Commonwealth
der Nationen und (d) vereinigt durch eine gemeinsame Untertanentreue zur Krone. Es gab eine absichtliche Verschiedenheit in der Wortwahl, die die Neuseeländer in die Lage
versetzte, ihr Verbleiben im Britischen Weltreich besonders zu

betonen, und auf der anderen Seite die südafrikanischen Nationalisten, die »autonomen« Gemeinschaften hervorzuheben.
Aber das war von zweitrangiger Bedeutung. Ebenso die Fragen der Auslegung, die sich ergaben über die Bedeutung der
Worte »freiwillig verbunden« — besagte das, daß ein Dominion frei war auszuscheiden, wenn es das wünschte, oder
nicht? — und »gemeinsame Untertanentreue«: Galt diese Untertanentreue einer gemeinsamen Krone oder nicht? Künftig
waren das Fragen, die zumindest innerhalb eines allgemein
anerkannten Rahmens erörtert werden konnten. Das ist es,
was den Bericht von 1926 so bedeutsam machte. Und indem
er die Sachverhalte näher bestimmte, die man in einer neuen
versuchsweisen zwischenstaatlichen Beziehung für grundsätzlich wichtig hielt, trug er zur Gestaltung der zukünftigen Entwicklung bei.

Den Rahmen, in den die 1926 kursiv gedruckte Definition
gestellt wurde, schrieb Lord Balfour auf seinem Bett ruhend
auf die Blätter eines Notizblocks, die er für seine ersten Entwürfe zu verwenden pflegte (33). Darin wurde festgestellt,
daß ein Ausländer, der versuchen würde, mit Hilfe dieser
Formel den wahren Charakter des Britischen Weltreichs zu
verstehen, »versucht sein könnte zu glauben, daß sie eher entworfen sei, um gegenseitige Einmischung unmöglich zu machen, als um gegenseitige Zusammenarbeit zu erleichtern« (34).
Aber der Ausländer, das braucht kaum gesagt zu werden,
würde sich irren. Die rasche Entfaltung der Dominien, fuhr
der Bericht fort, verlangte eine Anpassung an die sich wandelnden Umstände: »Der Zug zur Gleichberechtigung war
sowohl richtig als auch unvermeidlich.« »Geographische und
andere Umstände« machten eine Föderation »unmöglich«, und
die einzige Alternative sei Autonomie. Jedes Dominion sei
1926 in der Tat, wenn auch nicht immer in der Form, Herr

seines eigenen Geschicks und keinerlei Zwang unterworfen. Aber das Britische Weltreich »ist nicht auf Verneinung aufgebaut«. Es hinge von positiven Idealen ab. Freiheitliche staatliche Einrichtungen seien sein Lebensblut, freiwillige Zusammenarbeit sein Werkzeug. Und »während jedes Dominion jetzt und immer allein über Art und Ausmaß seiner Zusammenarbeit entscheiden muß, wird unseres Erachtens keine gemeinsame Sache dadurch gefährdet«. Gleichberechtigung, fuhr der Bericht fort, sei daher das die Beziehungen innerhalb des Reichs beherrschende Grundprinzip, nicht, wohlgemerkt, die gemeinsame Untertanentreue noch die freiwillige Verbindung. Doch die Grundsätze der Gleichberechtigung erstreckten sich nicht auf die Funktionen. Diplomatie und Verteidigung verlangten anpassungsfähige staatliche Einrichtungen, und das Vereinigte Königreich würde noch lange Zeit der vorherrschende Partner bleiben. Das traf sicherlich zu. Es war auch eine Unterscheidung, die die Imperialisten betonten, über die die Nationalisten dagegen hinwegsahen. Sie bestand während der Übergangzeit in ausgeprägter Weise fort, und sie machte die Beziehungen in den Jahren vor dem Zweiten Weltkrieg psychologisch schwierig (35). Grundsätzliche Gleichberechtigung ist nur schwer mit fortdauernder tatsächlicher Abhängigkeit zu vereinbaren.

Der Balfour-Bericht war »zuallererst eine genau zutreffende Beschreibung«. Er beschrieb, bemerkte Professor Hancock, »nicht nur die Form, sondern auch die Bewegung einer Staatengemeinschaft« (36). Professor Wheare bemerkte in seiner maßgeblichen Studie *The Statute of Westminster and Dominion Status* (Das Statut von Westminster und die Stellung der Dominien), daß die Bedeutung des Balfour-Berichts 1926 unterschätzt und infolgedessen diejenige des Statuts von Westminster 1931 überschätzt worden sei, weil die volle Tragweite

der in dem ersteren enthaltenen Definitionen nicht erkannt
worden sei, bis man fünf Jahre später versuchte, einige von
ihnen in strenge Gesetzesform zu übertragen (37) — oder, um
die Angelegenheit anders auszudrücken, der Balfour-Bericht
hatte die Grundsätze geklärt, auf denen das Britische Commonwealth beruhte, und was danach noch zu tun übrigblieb,
war die zwar wichtige, aber weniger bedeutende Aufgabe,
ihnen, wo nötig, Gesetzeskraft zu verleihen. Da die Gleichberechtigung das »Grundprinzip« war, bedeutete dies zunächst
die Beseitigung von Ungleichheiten. Sie umfaßten das Vor-
behaltsrecht, ob verpflichtend oder nach Gutdünken, das
Recht der Zurückweisung, die Abschnitte des Gesetzes über
die Gültigkeit der Gesetze der Kolonien von 1865, die erklärten, »eine Parlamentsakte oder irgendeine darin enthaltene Bestimmung soll sich auf jede Kolonie erstrecken, wenn
sie ausdrücklich oder sinngemäß auf diese Kolonie zutrifft...«,
und daß diejenige Gesetzgebung der Kolonien (Abschnitt II),
die zu irgendwelchen Bestimmungen einer Reichsparlaments-
akte im Widerspruch stand, »nach Maßgabe dieses Widerspruchs ... ungültig und unwirksam sein soll«. Selbst wenn
dieses Gesetz zur Zeit seiner Verabschiedung »ein Ermächti-
gungsgesetz, nicht ein einschränkendes Gesetz oder verbieten-
des Gesetz« (38) war, blieben seine Bestimmungen eindeutig
unvereinbar mit Gleichberechtigung. Es bestanden auch Beschränkungen der Befugnisse der Dominien, extraterritoriale
Gesetzgebung zu erlassen, was Ungleichheit bedeutete und
praktische Schwierigkeiten verursachte. Alle diese Angelegenheiten bedurften der ausführlichen und sachkundigen Untersuchung. Sie wurde von der Konferenz über die Wirkung der
Gesetzgebung der Dominien und die Gesetzgebung der Han-
delsschiffahrt (39) von 1929/30 und von der Reichskonferenz
(40) von 1930 durchgeführt. Wo es angebracht war, wurden

deren Empfehlungen in das Statut von Westminster aufgenommen.

Als die Reichskonferenz von 1926 das Grundprinzip der Gleichberechtigung aufstellte, hatte sie selbst entweder bestimmte Gepflogenheiten in den Beziehungen innerhalb des Commonwealth neu interpretiert oder Empfehlungen zur vollgültigen Anwendung dieses Prinzips gemacht. So unterbreitete die Konferenz Ratschläge dahingehend, daß eine geringfügige Änderung im Titel des Königs vorzunehmen sei, um der Stellung des Irischen Freistaates Rechnung zu tragen. Diese Abänderung faßte die Einsetzung eines Komma für das »und« zwischen Großbritannien und Irland ins Auge, so daß der Titel nunmehr lauten würde: »Georg V., von Gottes Gnaden, von Großbritannien, Irland und den Britischen Dominien jenseits der Meere König, Verteidiger des Glaubens, Kaiser von Indien«. König Georg V. stimmte dieser Abänderung nur widerwillig zu; denn in solchen Angelegenheiten liebte er, wie man sagte, den Wandel nicht (41). Hinsichtlich des Amtes des Generalgouverneurs empfahl die Konferenz, der Generalgouverneur in einem Dominion sollte nicht länger in irgendeiner Weise als Vertreter oder Bevollmächtigter der Regierung des Vereinigten Königreichs handeln und in allen wesentlichen Punkten dieselbe verfassungsmäßige Stellung im Hinblick auf die Verwaltung der öffentlichen Angelegenheiten innehaben wie der König im Vereinigten Königreich. Diese allgemeine Neubestimmung der Funktion befriedigte Mackenzie King, der seine Auseinandersetzung mit General Byng über die Befugnisse des Generalgouverneurs nicht vergessen hatte, während er klugerweise davon Abstand nahm, die Ausübung der königlichen Vorrechte oder die Stellung des Königs zu kommentieren. Die Reichskonferenz von 1930 führte diese Neubestimmung der Rolle und der Funktion des

Generalgouverneurs zu ihrem logischen Schluß, indem sie feststellte: ».. . die Parteien, die an der Ernennung eines Generalgouverneurs in einem Dominion interessiert sind, sind Seine
Majestät der König, dessen Vertreter er ist, und das betreffende Dominion ... Die Minister, die die Krone dabei beraten und dafür die Verantwortung tragen, sind die Minister
Seiner Majestät in dem betreffenden Dominion.« (42) Bei der
Ausübung dieser ausschließlichen Verantwortung der Dominien durch den Premierminister Australiens, J. H. Scullin,
setzte sich dieser, zur großen Verlegenheit Sidney Webbs, der
erstaunlicherweise als Lord Passfield im Kolonialministerium
verschanzt war, 1929 über die Wünsche König Georgs V.
hinweg, indem er trotz aller Einsprüche von seiten des Souveräns auf der Ernennung von Sir Isaac als erstem in Australien gebürtigen Generalgouverneur von Australien bestand
und sie auch durchsetzte (43).

Gleichberechtigung in der Beziehung der Dominien und des
Vereinigten Königreichs zur Krone wurde am sinnfälligsten
anerkannt, indem man ihnen die gleiche Verantwortung bei
der Bestimmung der Nachfolge zugestand. »Insofern die
Krone das Symbol des freiwilligen Zusammenschlusses der
Mitglieder des Britischen Commonwealth der Nationen ist
und da sie durch eine gemeinsame Untertanentreue zur Krone
verbunden sind, wäre es in Übereinstimmung mit der bestehenden verfassungsmäßigen Stellung aller Mitglieder des
Commonwealth in ihren Beziehungen zueinander, daß jede
Änderung in dem die Thronfolge oder die Titelfrage berüh-
renden Gesetz künftig der Zustimmung sowohl der Parlamente
der Dominien als auch der des Parlaments des Vereinigten
Königreichs bedarf.« (44) Diese 1929 niedergelegte Bestimmung über die Verantwortung der Dominien hinsichtlich der
Thronfolge wurde in die Präambel zum Statut von West-

minster aufgenommen. Amery hegte Bedenken, die Beziehung eines Dominions zur Monarchie könnte auf eine reine Personalunion hinauslaufen. General Hertzog andererseits war aus genau dem gleichen Grund sehr zufrieden, bis General Smuts behauptete, daß die neuformulierte Beziehung ein Ausscheiden ohne Zustimmung der anderen ausschloß. Hertzog antwortete, indem er im Parlament einen Änderungsantrag einbrachte, der den Bericht der Konferenz von 1929 unter der Bedingung annahm, daß der diesbezügliche Abschnitt nicht so verstanden werden sollte, als »beeinträchtige er das Recht irgendeines Mitglieds des Britischen Commonwealth der Nationen, aus dem Reichsverband auszuscheiden«. Das wurde von der Reichskonferenz von 1930 gebührend vermerkt. Die Präambel (45) des Statuts von Westminster 1931 faßte die bereits erzielten Übereinkommen hinsichtlich der Stellung der Dominien und der Thronfolge noch einmal in einem historischen Dokument zusammen und erklärte ferner, daß entsprechend der bestehenden verfassungsmäßigen Lage kein vom Parlament des Vereinigten Königreichs erlassenes Gesetz »sich auf die genannten Dominien, außer auf Ersuchen und mit Zustimmung jenes Dominions, erstrecken soll«. Die Akte selbst wiederholte dieses Grundprinzip, so daß künftig, als eine Sache des Rechts, das Parlament des Vereinigten Königreichs keine Gesetze für ein Dominion erlassen konnte, ohne das Ersuchen und die Zustimmung der Regierung oder des Parlaments des betreffenden Dominions. Umgekehrt klärte die Akte auch die Befugnisse der Parlamente der Dominien in Übereinstimmung mit den Grundsätzen der Reichskonferenz von 1926, indem sie ihnen die Vollmacht gewährte, in Angelegenheiten, die für die Dominien von Interesse waren, Gesetze zu erlassen, was bisher in die Zuständigkeit des Reichsparlaments gefallen war, Gesetzgebung in solchen Angelegenheiten zu widerrufen und Gesetze mit extraterritorialer Wirkung zu erlassen.

Übereinstimmend mit den in der Akte enthaltenen Grundsätzen wurden auf das Ersuchen einiger Dominien hin einige Beschränkungen ihrer Befugnisse beibehalten. Auf Ersuchen Kanadas nahm Abschnitt VII ausdrücklich die verschiedenen Britisch-Nordamerika-Akten von 1867 bis 1930 aus dem Wirkungsbereich des Statuts aus; auf Ersuchen der pazifischen Dominien schloß Abschnitt VIII gleichermaßen die Verfassungen Australiens und Neuseelands aus; der wiederum auf Ersuchen der Regierungen der betreffenden Dominien eingefügte Abschnitt X bestimmte, daß das Statut für Neuseeland, Australien und Neufundland (dessen Stellung als Dominion in Kürze aufgehoben werden sollte) nicht gelten sollte, außer wenn und nicht bevor es von ihrem jeweiligen Parlament angenommen worden war. Allgemein kann gesagt werden, das Südafrika und der Irische Freistaat das Statut ohne Vorbehalte annahmen, obwohl beide den Gedanken an eine britische Parlamentsakte als Urkunde ihrer Freiheit nicht besonders schätzten, daß Kanada es vorbehaltlich der Einschränkungen hinsichtlich seiner Verfassung annahm, daß aber weder Australien noch Neuseeland das taten, da sie die Befugnisse, die das Statut ihnen zu übertragen beabsichtigte, nicht wahrzunehmen gedachten. Diese unterschiedlichen Reaktionen werfen einiges Licht auf die Ansichten und Meinungen im Britischen Commonwealth zu jener Zeit (46).

Erst 1942 und 1947 wurde das Statut von Westminster in Australien beziehungsweise in Neuseeland angenommen. Die Gründe für das Zögern, das durch die im Krieg aufgetretenen praktischen Schwierigkeiten ein Ende fand, waren die, die Menzies 1937 in Canberra ausführte: »Ich glaube, daß die Art, wie die Balfour-Erklärung von 1926 und die Präambel

des Statuts von Westminster entworfen wurde, ... durchaus
Grund zu schwerwiegender Kritik gibt.« Die Erklärung von
1926 sei »ein außerordentlich schlechter Dienst« gewesen; der
Vorgang von 1926 bis 1931 »ein irregeleiteter Versuch«, etwas schriftlich zu fixieren, was »eine Angelegenheit des Geistes
und nicht der Buchstaben war«. W. M. Hughes (47) nannte fünf
Jahre später den Bericht von 1926 ein »ausgezeichnetes Dokument«: »Er berücksichtigte alles. Nichts entging ihm ... Jeder Premierminister ging vollauf zufrieden weg — Mr. Bruce,
weil er nichts änderte, was Australien berührte, Mr. Mackenzie
King, weil er Lord Byng die Meinung sagte, und General
Hertzog, weil er den südafrikanischen Bürgern versichern
konnte, daß der König von England nicht mehr König von
Südafrika war, obwohl es zutraf, daß der König von Südafrika auch König von England war.« Aber für Hughes war
das alles ein verfehlter Versuch, unvereinbare Ansichten miteinander in Einklang zu bringen. Diese australischen Ansichten begegneten denen eines Teils der Konservativen in Großbritannien, und *The Times* tat das Statut als ein Stück »reiner
Pedanterie« ab, für das es keine Begeisterung gäbe noch geben
könne, über das es aber auch keinen Grund zu großer Besorgnis gäbe.

Die Einstellung der Regierung Kanadas zu der Akte war ganz
anders, und man machte sich ihre Verabschiedung sofort zu-
nutze, um kanadische Berufungen an den Rechtsausschuß des
Kronrats in Strafgerichtsfällen abzuschaffen. In Südafrika
hatte das Statut wichtige politische Auswirkungen und verfassungsrechtliche Folgen. Für die Nationalisten war sein Inhalt befriedigender als sein Ursprung. Sie hielten die Feststellung eines südafrikanischen Ursprungs für das Grundgesetz
der Union im Gegensatz zum bisherigen britischen Ursprung
für eine Grundvoraussetzung der Gleichberechtigung inner-

halb des Commonwealth. Folglich schlossen sie, daß der Inhalt des Statuts von Westminster noch einmal vom südafrikanischen Parlament als ein südafrikanisches Gesetz verabschiedet werden sollte, um seinen Bestimmungen einheimische Rechtsgültigkeit zu verleihen. Das konnte nicht ohne die Gefahr von Komplikationen geschehen, unter denen die hauptsächlichste die Möglichkeit war, daß die durch eine Zweidrittelmehrheit gesicherten Paragraphen der südafrikanischen Verfassung von 1909, die das bestehende Wahlrecht in der Kapprovinz und die Gleichberechtigung der englischen und niederländischen Sprache sicherten, nunmehr durch einfache Mehrheit geändert werden konnten, wenn das südafrikanische Parlament so beschließen sollte. Als Hertzog und Smuts die Verabschiedung des Statuts von Westminster beantragten, hatten sie zu Protokoll gegeben, daß die Akte die durch Zweidrittelmehrheit gesicherten Paragraphen der südafrikanischen Verfassung nicht beeinträchtigen würde. Ihre Feststellung war vielleicht moralisch, aber sicherlich nicht rechtlich bindend, und die Tragweite des Statuts von Westminster für die durch Zweidrittelmehrheit gesicherten Paragraphen der südafrikanischen Verfassung blieb rechtlich unerprobt und sollte 20 Jahre später in einer größeren Verfassungskrise zur entscheidenden Frage werden. Die spätere Übereinkunft zwischen den beiden Generalen, die zunächst eine Koalitions- und dann eine Fusionsregierung zur Folge hatte, ermöglichte 1934 die Verabschiedung des Gesetzes über die Stellung der Union (48). Abschnitt II bezeichnete deren Hauptzweck: »Das Parlament der Union soll die höchste gesetzgebende Gewalt in und über der Union sein.« Als Folge hiervon wurde die Stellung des Königs als König von Südafrika betont und mittelbar die Lehre von einer teilbaren Krone verkündet. Mit allen diesen Mitteln suchte das Rechtsdenken der Afrikaander einen Weg

Jan Christiaan Smuts (1870–1950).
Er trat nach dem Burenkrieg für eine Versöhnung mit Großbritannien ein
und hatte Anteil am Aufbau des Völkerbundes.
1919 bis 1924 und 1939 bis 1948 Ministerpräsident der Südafrikanischen Union.

Englischer Truppentransport während der Fahrt zur Landung auf Gallipoli.

Englischer Sturmangriff bei Achi Baba auf Gallipoli.
Der monatelange Stellungskrieg gegen die Türken
endete mit einem englischen Mißerfolg.

zu finden, auf dem eine separatistische Politik, wenn sich die Gelegenheit dazu ergab, rechtlich durchgeführt werden konnte.

Die irische Reaktion war ganz anders, aber von vergleichbarer Komplexität. Auf den Konferenzen von 1929 und 1930 und bei dem Entwurf des Statuts von Westminster spielten die Iren eine sehr aktive Rolle. Patrick McGilligan, der irische Delegierte auf der Konferenz von 1930, erklärte im Juli 1931, daß mit der Verabschiedung des Statuts von Westminster das Reichssystem, »das in Jahrhunderten erbaut wurde«, endgültig zerstört worden sei. An seine Stelle sei ein Commonwealth der Nationen getreten. Es sei nicht ein Reich. Es sei ein Zusammenschluß freier und gleichberechtigter Nationen. Und der Irische Freistaat sei eine von diesen. Aber war *er* wirklich frei? Die politischen Gegner McGilligans waren keineswegs davon überzeugt. Die Regierung hatte das Recht auf direkten Zugang zum König errungen. Sie hatte ein eigenes irisches Staatssiegel für die eigene Ratifizierung von Verträgen erworben. Aber waren das die Dinge, die wirklich zählten? Was war mit dem Vertrag, jenem Vertrag, der unter Androhung »von sofortigem und schrecklichem Krieg« aufgezwungen worden war? Wie stand es mit dem verhaßten Untertaneneid? Wie stand es um den in der Amtswohnung des Vizekönigs residierenden Generalgouverneur, der die Gegenwart der Krone in der Verfassung versinnbildlichte? Wie stand es um die irische Neutralität, solange die Vertragshäfen noch in britischen Händen waren? Wie stand es um das Recht auf das Ausscheiden selbst? Alle diese Fragen wurden gestellt; sie waren die Münze der zeitgenössischen politischen Auseinandersetzungen. Und zumindest einige von ihnen sollten bald auf die Probe gestellt werden. Mit dem erneuten Aufstieg des republikanischen Nationalismus kam de Valera im Frühjahr

1932 an die Macht, und eine Folge war, daß die Periode, in der die Iren das Commonwealth neu gestalteten, zu Ende ging, bevor sie eigentlich begonnen hatte.

Die Verabschiedung des Statuts von Westminster hatte einige der Zweideutigkeiten in der Vertragsregelung von 1921 aufgedeckt. Der erste Artikel des Vertrags hatte erklärt, der Irische Freistaat sollte dieselbe verfassungsrechtliche Stellung haben wie das Dominion von Kanada, das Commonwealth von Australien, das Dominion von Neuseeland und die Südafrikanische Union, und der dritte Artikel hatte die Stellung Irlands genauer umschrieben unter Bezugnahme auf diejenige Kanadas, des ältesten Dominions. Der Vertrag war in seiner Gesamtheit mit dem Gewicht eines Grundgesetzes ausgestattet worden; daher besagten sowohl die Verfassungsakte als auch die Verfassung, daß, wenn irgendeine Bestimmung der Verfassung oder irgendeine Verfassungsänderung oder irgendein darunter verabschiedetes Gesetz in irgendeiner Hinsicht irgendeiner Bestimmung des Vertrags widersprach, waren sie nach Maßgabe dieses Widerspruchs »gänzlich ungültig und unwirksam«. Aber hatte hierin nicht schon immer die Möglichkeit eines Konflikts gelegen? Die Stellung Kanadas war nicht festgelegt; sie wandelte sich, sie entwickelte sich rasch. War es nicht so, daß nach den früheren Bestimmungen des Vertrags die Stellung Irlands sich ebenfalls entwickeln und fortschreiten sollte? Aber was dann, wenn derartige Fortschritte im Widerspruch zu den anderen Bestimmungen des Vertrags standen? War die Stellung Irlands in diesem Fall als starr und unveränderlich anzusehen? Die englischen Unentwegten vertraten diese Ansicht und versuchten aus diesem Grund, den Irischen Freistaat vom Statut von Westminster auszunehmen. Präsident Cosgrave widersprach; der Irische Freistaat wurde nicht ausgenommen. Als Präsident de Valera sein Amt antrat, verkündete er seine Absicht, den Untertaneneid aus der Verfassung zu entfernen. Er war nach dem Vertrag zwingend — obwohl Präsident de Valera sogar darüber seine Zweifel äußerte. Aber war er nach dem Statut von Westminster noch zwingend? Präsident de Valera stellte zwar diese Frage nicht; immerhin war das Statut eine britische Parlamentsakte. Er führte statt dessen Argumente an, die im Völkerrecht begründet waren. Er sagte J. H. Thomas, dem Staatssekretär für die Dominien, am 22. März 1932, daß die Verfassung die Verfassung des Volkes sei, daß die Regierung ein unveräußerliches Recht besitze, sie nach dem Willen des Volkes zu ändern. Das Volk habe seinen Willen geäußert. Es gäbe keinen Zweifel über seinen Entschluß, den Untertaneneid abzuschaffen. Er sei eine unerträgliche Belastung und ein Überbleibsel des Mittelalters. Er sei die Ursache aller Zwietracht in Irland seit dem Vertrag. Der Untertaneneid mache freundschaftliche Beziehungen zu Großbritannien unmöglich. Er sei ein in den vertraglichen Beziehungen zwischen Staaten einmaliger Fall, und er sei unter der Androhung von sofortigem und schrecklichem Krieg aufgezwungen worden (49). Er mußte verschwinden, und es war klar, daß er verschwinden würde, was die britische Regierung und irische Juristen auch immer sagen mochten.

Stellte Präsident de Valera bei seinem Angriff auf den Untertaneneid die Unantastbarkeit der gesamten vertraglichen Regelung in Frage? Nach einigen zunehmend scharfen Auseinandersetzungen, durch die der strittige Bereich sowohl verfassungsrechtlich als auch wirtschaftlich durch die Entscheidung der irischen Regierung, die Zahlung der jährlichen Bodenzinsen einzustellen, erweitert wurde, war J. H. Thomas überzeugt, daß dies zutraf. Er behauptete, der Untertaneneid sei nach dem Vertrag zwingend, er sei ein wesentlicher Bestandteil der Regelung von 1921, und der Vertrag als Ganzes sei eine Übereinkunft, »die nur durch gegenseitige Zustimmung abgeändert werden kann«. Präsident de Valera ließ sich dadurch nicht erschüttern. »Ob der Untertaneneid«, schrieb er am 5. April 1932, »ein wesentlicher Bestandteil des vor zehn Jahren geschlossenen Vertrags war oder nicht, ist jetzt nicht die Streitfrage. Die eigentliche Streitfrage ist, daß der Untertaneneid eine untragbare Belastung für das Volk dieses Staates bedeutet, und es hat in der förmlichsten Art und Weise erklärt, daß es dessen sofortige Beseitigung wünscht.« Das Volk wünschte auch die Abschaffung anderer Dinge, und man kam seinen Wünschen entgegen. Nach der Abschaffung des Untertaneneids von 1933 folgten eine Reihe von Verfassungsänderungen, die 1936 in der Abschaffung des Amts des Generalgouverneurs, sozusagen des Schlußsteins im Verfassungsgebäude der Dominien, ihren Höhepunkt erreichten. Die Verfassung von 1922 wurde zum reinen Flickwerk, und welche Gültigkeit der Vertrag als solcher auch noch haben mochte, rechtlich hatte er sie eingebüßt, seit das Gesetz zur Beseitigung des Untertaneneids 1933 die »Unvereinbarkeitsklausel« aus der Verfassung gestrichen hatte.

Hatten die Iren verfassungswidrig gehandelt? Es gab zwei widersprüchliche und paradoxe Antworten auf diese Frage. Die irischen Gerichtshöfe behaupteten noch 1934, indem sie sich auf die Verfassung von 1922 beriefen und auf die grundsätzliche Rechtskraft, die diese den Bestimmungen des Vertrags verlieh, daß die irische Regierung bei ihren Verfassungsreformen verfassungswidrig (*ultra vires*) handelte, weil ihr keine Vollmacht übertragen worden sei, die sie berechtigte, die Unvereinbarkeitsklausel in der Verfassung zu widerrufen. Aber der Rechtsausschuß des Kronrats fällte ein Jahr später in einem Urteil eine andere Entscheidung. Er stellte fest, daß es

die Verabschiedung des Statuts von Westminster gewesen sei,
die die gesetzgeberische Gewalt des Irischen Freistaats von
der vorher bestehenden Beschränkung befreit habe, und daß
dementsprechend das irische Parlament (*Oireachtas*) die Freiheit erlangt hätte, Gesetze zu erlassen, die im Widerspruch
zur Reichsgesetzgebung stünden — in der der Vertrag auch
verankert gewesen sei —, und daß es dies in der Tat auch
getan habe. Mit anderen Worten war nach britischem Recht,
wenn auch nicht nach irischem, die Revolution de Valeras im
rechtlichen Sinn überhaupt keine Revolution. Er hatte im verfassungsrechtlichen Bereich getan, wozu er nach britischem
Recht seit 1931 berechtigt war. In diesem Punkt wurde J. H.
Thomas der Boden unter den Füßen weggezogen (50).
Die Abdankung König Eduards VIII. 1936 war die erste
wichtige Erprobung der neuen verfassungsrechtlichen Einrichtungen. Alle selbständigen Mitglieder des Commonwealth
waren mit der Regelung der Thronfolge befaßt. In den frühen
Stadien der Krise beriet indessen Baldwin allein den König
als »Ratgeber und Freund«. Der König war der erste, der
vorschlug, daß Beratungen mit den Regierungen der Dominien
über die Frage einer möglichen morganatischen Ehe mit Mrs.
Simpson stattfinden sollten. Konsultationen folgten, aber zwischen den Regierungen und nicht, wie man hätte erwarten können, zwischen dem König und seinen Generalgouverneuren (51).
Die Regierungen der Dominien waren geschlossen gegen eine
Ehe in jeder Form. Der Premierminister Australiens, J. A.
Lyons, sprach von einer »weitverbreiteten Verurteilung«, falls
Mrs. Simpson Königin werden würde, und davon, daß eine
morganatische Ehe »den besten Traditionen der Monarchie«
widerspräche (52). Mackenzie King sagte, daß Kanada nicht
zustimmen würde, ganz gleich ob Mrs. Simpson Königin
werde oder nicht; General Hertzog sagte, daß die Abdankung

das kleinere Übel sei als diese Ehe: »Das erste würde eine tiefe Erschütterung bedeuten, das zweite eine ständige Wunde.« Der König dankte ab. Weil Australien und Neuseeland das Statut von Westminster nicht angenommen hatten, vermerkte die Abdankungsakte nur ihre Zustimmung. Kanada suchte um deren Verabschiedung nach und stimmte ihr zu. Die Regierung Südafrikas behauptete, in der Union sei keinerlei Gesetzgebung notwendig, worauf König Georg VI. gemäß den betreffenden Bestimmungen des Gesetzes über die Stellung der Südafrikanischen Union nach der Unterzeichnung der Abdankungsurkunde durch König Eduard VIII. am 10. Dezember 1936 die Nachfolge antrat. Diese Auslegung der verfassungsrechtlichen Stellung diente dazu, die besondere Stellung des Königs als König von Südafrika stärker hervorzuheben. Der Irische Freistaat nahm die Gelegenheit wahr, jeden Hinweis auf die Krone aus der Verfassung zu beseitigen und das Gesetz über Auswärtige Beziehungen zu verabschieden, das ausdrücklich die Pflichten bestimmte, die nach dem Ermessen des Exekutivrats des Irischen Freistaats von der Krone ausgeübt werden konnten. Das dauerte zwei Tage, so daß es zwischen dem 10. und 12. Dezember verfassungsrechtlich, wie Professor Wheare bemerkt hat, zwei Könige im Commonwealth gab (53). Dies ist eine Angelegenheit von Interesse für Verfassungshistoriker, doch von untergeordneter Bedeutung. Was sowohl wichtig als auch eindrucksvoll war, war das Maß an Übereinstimmung unter den Regierungen des Commonwealth während der ganzen Krise. Weil die Meinung Baldwins, daß die Krone »das letzte Bindeglied des Reichs« sei, in weiten Kreisen gebilligt wurde, nahmen alle, die seine Einheit erhalten wollten, ihre Verantwortung mit entsprechender Rücksicht auf die Größe der zu treffenden Entscheidungen wahr.

Das Commonwealth war indessen mehr als ein verfassungs-
rechtliches Experiment; es stellte, soweit es überhaupt etwas
darstellte, eine historisch gewordene Verbindung von Völkern
und Regierungen dar. Deren Interessen, ob getrennt oder gemeinsam, waren vielfältig, und während des Höhepunkts der
verfassungsrechtlichen Änderungen in den Beziehungen zwischen Großbritannien und den Dominien 1931 waren Völker
und Regierungen gleichermaßen mit der Wirklichkeit der internationalen Wirtschaft des 20. Jahrhunderts in ihrer rauhe-
sten Form befaßt.

Die Dominien schätzten ihre zolltarifliche Eigenständigkeit
ebenso, wie sie ihre politische schätzten. Doch im Rahmen der
Handelsbeziehungen hatte es seit der handelspolitischen Revolution um die Mitte des 19. Jahrhunderts kein zentralisier-
tes Reich mehr gegeben. Es handelte sich daher in den Jahren
zwischen den Kriegen für die Dominien nicht um den Abbau
eines Reichshandelssystems. Dieses war schon längst abgebaut
worden — durch die Reichsmacht selbst. Es gab, wie Joseph
Chamberlain zu seiner Enttäuschung erfahren mußte, keine
Möglichkeit, ein einheitliches Handelssystem innerhalb des
Reichs neu zu errichten. Aber während allgemeiner Freihandel
im Reich außerhalb des Bereichs der praktisch durchführbaren
Politik lag, blieb ein Reichszollverzugssystem lange Jahre hindurch immer im Bereich des Möglichen. Es gab eine Bedingung
für dessen Verwirklichung, wie eine Reichskonferenz nach
der anderen feststellte, und das war ein britischer Rückzug
von seinen Freihandelsgrundsätzen. Von schutzzöllnerischen
Dominien erhielt Großbritannien eine zolltarifliche Vorzugs-
behandlung; aber es gewährte nichts dafür. Würde Großbritannien unter bestimmten Umständen bereit sein, seine Lehre
oder sein Dogma vom Welthandel und seine handelspolitische
Konzeption preiszugeben?

Der Erste Weltkrieg begünstigte einen Meinungsumschwung zugunsten einer Reichswirtschaftspolitik. Die Betonung lag auf der wirtschaftlichen Verteidigung, auf dem wirtschaftlichen Belagerungszustand, doch das Ziel war wirtschaftliche Autarkie des Reichs. Die ausgefallensten Vorstellungen hegte ein Ausschuß unter dem Vorsitz Lord Balfours, der 1917 gebildet wurde, um die britische Handels- und Wirtschaftspolitik nach dem Krieg zu untersuchen. Er empfahl, daß alle neuen Zölle des Vereinigten Königreichs als Vorzugszölle zugunsten des Reichs gelten sollten. Die Reichskriegskonferenz hieß diese Empfehlung gut. Aber sobald der Sieg errungen und die wirtschaftlichen Belastungen des Krieges geringer geworden waren, ließ die Begeisterung für die wirtschaftliche wie für die politische Integration nach, und das Ziel von Reichsvorzugszöllen schien fast so entfernt wie eh und je zu sein. Aber nicht ganz. Die Konservative Partei war im Aufstieg, und unter den Konservativen gab es viele, die sich zu dieser Sache bekehrt hatten. 1923 erklärte der neue Führer der Konservativen, Stanley Baldwin, unvermittelt und offenbar ohne gründliche vorherige Überlegung, daß er den anstehenden Wahlkampf mit dem Programm von Reichsvorzugszöllen bestreiten wolle, um, wie Amery behauptete, »Lloyd George eins auszuwischen«. Er wurde geschlagen. Das war keine ermutigende Erfahrung. Aber die Partei und vielleicht auch das ganze Land bewegten sich merklich von einem früheren, oft unkritischen Glauben an den Freihandel weg.

Es war jedoch nicht eine langsam heranreifende Überzeugung, sondern eine Weltwirtschaftskrise, die schließlich die Veränderung herbeiführte. Als die Weltmärkte zusammenbrachen, suchten die Staatsmänner des Reichs Zuflucht innerhalb der Reichsgrenzen. Zweifellos hatte die Idee an sich eine gewisse Anziehungskraft, doch es war die verzweifelte Notwendigkeit, die sie zum Handeln trieb. Am 4. Februar 1932 brachte die britische Regierung die Gesetzesvorlage zur Erhebung eines Einfuhrzolls ein. Indem sie die Erhebung von Zöllen ermöglichte, eröffnete die Verabschiedung der Vorlage noch im selben Jahr den Weg für Reichsvorzugszölle. Eingedenk des Vorgangs der politischen Dezentralisation, der im Statut von Westminster seinen Höhepunkt erlebt hatte, und angefeuert durch den fehlgeschlagenen Versuch seines Vaters, nannte Neville Chamberlain die erneuten Anstrengungen, den Reichshandel zu beleben, »einen Versuch, das Reich noch einmal zusammenzuschließen« (54). Eine Reichswirtschaftskonferenz unter dem eifrigen und begeisterten Vorsitz von R. B. Bennett wurde nach Ottawa einberufen. Er begrüßte die Konferenz als einmalig unter allen anderen Versammlungen der Geschichte. »Angesichts der Notwendigkeit uneigennützigen und gemeinsamen Handelns«, sagte er, »sind die Aussichten auf Erfolg niemals sicherer gewesen.« Aber über der Konferenz von Ottawa lagen die Schatten der fallenden Preise, des Ruins zahlreicher Rohstoffproduzenten in den Dominien, unter ihnen die Weizenfarmer der kanadischen Prärie, die Milchfarmer Neuseelands und die Wollproduzenten Australiens, die zwischen 1928 und 1931 eine Abnahme von nicht weniger als 50 Prozent des Exportwerts ihrer Wolle hinnehmen mußten. Unter solchen Umständen ist es nicht verwunderlich, daß die Begeisterung, die zweifellos in Ottawa vorherrschte, für einige den Anschein nicht der natürlichen Spontaneität, sondern der erzwungenen Heiterkeit bei einer Hochzeitsfeier für Siebzigjährige hatte.

In Ottawa erging der Ruf nach verstärktem Handel innerhalb des Reichs. Jedoch der Wohlstand des Reichs war eng mit dem Welthandel verknüpft. »Alles, was dazu führt, die Ausfuhr des Vereinigten Königreichs ins Ausland zu behin-

dern«, sagte Baldwin, »muß die Kaufkraft seiner Bevölkerung
vermindern und so den Markt schädigen, von dem die Dominien in so großem Maß abhängen.« Der Sprecher eines aus-
führenden Industriestaats konnte nicht weniger sagen. Aber
Großbritannien war weiterhin bereit, die zollfreie Einfuhr
der Rohstoffprodukte der Dominien auf den Markt des Vereinigten Königreichs zuzulassen. Das war »die größte Wohl-
tat«, die Großbritannien den Dominien anbieten konnte. Seit
der Verabschiedung des Einfuhrzollgesetzes war es ein ausschließliches Vorrecht, dessen Wert durch die Erhöhung der
Zolltarife gegenüber ausländischen Konkurrenten noch erhöht
wurde. Diese Zollschranke wurde in einigen Fällen noch durch
mengenmäßige Beschränkungen auf der Grundlage festgesetz-
ter Anteile verstärkt. Als Gegenleistung erhielten britische
Industrieprodukte auf den Märkten der Dominien in verstärktem Maß Zollbevorzugung. Jedoch die Vorteile, die daraus sowohl Großbritannien als auch den Dominien erwuchsen,
wurden hauptsächlich durch die Erhöhung der Zollschranken
gegen das Ausland erzielt. Befürworter der Reichsvorzugszölle begrüßten dies, und R. B. Bennett sprach von dem »neuen
und größeren Reich«, das im Entstehen begriffen sei. Aber die
Liberalen, deren Ziel die allmähliche Durchsetzung des Freihandels in der Welt war, fühlten sich vor den Kopf gestoßen.
Am 17. Oktober 1932 äußerte Mackenzie King seine Bestürzung über die große »Schutzzollmauer«, die an den Grenzen
des Reichs errichtet würde und den Handel mit der übrigen
Welt zunehmend erschwere. Die Verfechter der Vorzugszölle
lehnten die Unterstellung ab, daß sie sich in einem Wirtschafts-
krieg mit der übrigen Welt befänden. Es ging ihnen um die
Entwicklung der Wirtschaftsquellen des Reichs, und sie behaupteten, daß sie ebensosehr von einem Ideal als von der
Notwendigkeit angetrieben seien. Ihre Wirtschaftspolitik sei

defensiv, die Wirtschaftspolitik des Belagerungszustands, und
sie hätten weder die Absicht noch wünschten sie, einen Wirt-
schaftskrieg mit ausländischen Staaten zu führen.

In Ottawa wurde hart verhandelt. Das Ergebnis war nicht
ein einziges Übereinkommen, sondern zahlreiche Übereinkommen. Ihre Reichweite und Verschiedenheit sowie die Einzelheiten machen eine allgemeine Bewertung der Ergebnisse
der Konferenz schwierig. In den unmittelbar darauffolgenden
Jahren zeigen die Statistiken eine Steigerung des Reichshandels. Aber war dies ausschließlich die Folge der Konferenz
von Ottawa? Zwischen 1932 und 1938 stiegen die Ausfuhren
Kanadas in das Vereinigte Königreich rasch an. Aber sie stiegen ebenso rasch nach den Vereinigten Staaten, mit denen es
kein Übereinkommen über Vorzugszölle gab. An sich entwer-
ten diese Zahlen keineswegs die Bedeutung der Ottawa-Übereinkommen für Kanada. Jene Übereinkommen sicherten dem
kanadischen Weizen den lebenswichtigen Markt im Vereinigten Königreich. Aber es bleibt die entscheidendere Frage, ob
die Ottawa-Übereinkommen die Richtung des kanadischen
Ausfuhrhandels änderten oder sogar umkehrten. Mackenzie
King und Bennett waren sich darin einig, daß »der wert-
vollste Markt, den dieses Dominion je gekannt hat«, für Kanada offengehalten werden und ihm erhalten bleiben müßte,
doch King zumindest war mit der Ausrichtung auf den britischen Markt allein nicht zufrieden. Er war bemüht, die
Grundlage für den Ausfuhrhandel Kanadas zu erweitern.
Multilaterale Übereinkommen waren ein entferntes Ziel, jedoch Verhandlungen mit den Vereinigten Staaten, um den
Handel auf seine ehemalige Höhe zurückzubringen, führten
zuerst zu zweiseitigen und 1938 zu dreiseitigen Handelsüber-
einkommen zwischen dem Vereinigten Königreich, den Vereinigten Staaten und Kanada, nach denen das Vereinigte Kö-

nigreich und Kanada Vorteile in ihren eigenen Märkten preisgaben und entsprechende Entschädigung auf den Märkten der Vereinigten Staaten erhielten. Infolgedessen nahm 1938, sechs Jahre nach der Konferenz von Ottawa, der größte dreiseitige Austausch von Handelsgütern in der Welt durch drei Handelsverträge, von denen Kanada zwei unterzeichnet hatte, konkrete Formen des gegenseitigen Vorteils an (55).

Australien machte in etwa die gleichen Erfahrungen wie Kanada. Es handelte sich darum, wie Professor Hancock bemerkt hat (56), daß die Reichsvorzugszölle gut waren, aber nicht ausreichten. Großbritanniens eigene landwirtschaftlichen Schutzzölle und Japans Bedeutung als Ausfuhrmarkt für Wolle (Japan nahm 1928/29 13,2 Prozent der australischen Wollausfuhr und 1932—1934 20 Prozent auf), als guter Kunde nach bilateralen Maßstäben und mit seiner Expansionspolitik, trotz des beunruhigenden Schleuderverkaufs von Textilien, mußten beide in Rechnung gestellt werden. Der Reichshandel stellte nur einen Teil der allgemeinen Interessen Australiens dar — einen wichtigen Teil, aber eben doch nur einen Teil, wie 1936 statistisch nachgewiesen wurde, als etwa 60 Prozent der australischen Ausfuhr in die Länder des Reichs gingen. 1937 wies Menzies darauf hin: »Wir sind dabei, einen Punkt in der Wirtschaftsgeschichte zu erreichen, wo ein starres Beharren auf dem vollständigsten Maß von Reichsvorzugszöllen die britischen Staaten daran hindern könnte, ihren eigentlichen Anteil an einer großen Bewegung zur Befriedung der Welt durch die Neubelebung des Handels zu übernehmen.« Dasselbe Argument wurde noch genauer formuliert, als gesagt wurde, daß Wolle eine zu große Sache sei, um ausschließlich innerhalb des Reichs gehandelt zu werden.

Was für Kanada und Australien und die anderen Dominien galt, galt in noch größerem Maß für Großbritannien. Es war für eine große Industrienation, die von Ausfuhrmärkten abhängig war, lebenswichtig, die ausländischen Märkte für ihre Waren zu behalten und zu entwickeln. Sie konnte es sich nicht leisten, sich von dem einengenden Rahmen des Commonwealth beschränken und begrenzen zu lassen. Dennoch lassen die Zahlen den Schluß zu, daß die Ottawa-Übereinkommen die Stellung der Dominien auf dem britischen Markt und die der britischen Waren auf den Märkten der Dominien etwas verbesserten. Zwischen 1929 und 1936 beliefen sich die britischen Einfuhren aus dem Reich im ersten Jahr auf 29,4 Prozent, 1932 auf 35,3 Prozent und 1936 auf 39,1 Prozent. Die Prozentzahl für 1932, im Jahr der Konferenz von Ottawa, spiegelte nicht die Ergebnisse jener Konferenz. Es bestand daher schon vor der Konferenz von Ottawa eine Neigung zu verstärkten britischen Einfuhren aus dem Reich. Die Zahlen zeigen, daß sie, hinsichtlich der Einfuhren, nach der Konferenz bestätigt und entwickelt wurde. Aber hätte diese Entwicklung nicht teilweise auf jeden Fall stattgefunden? Eine eingehende Untersuchung hat gezeigt, daß zumindest einige Handelsgüter auf den Ausfuhrlisten der Dominien nach Großbritannien, denen keine Zollbevorzugung gewährt wurde, unmittelbar nach der Konferenz von Ottawa eine auffälligere Zunahme verzeichneten als diejenigen, die den Vorzug der Zollvergünstigung genossen. Alles in allem bedingt die große Komplexität und Unterschiedlichkeit der Ottawa-Übereinkommen eine gewisse Vorsicht in der Beurteilung ihrer Ergebnisse. Das Mindeste, was gesagt werden kann, ist, daß in Ottawa die Möglichkeiten eines verstärkten Reichshandels untersucht wurden und daß als Ergebnis der Konferenz von Ottawa bessere Entwicklungsmöglichkeiten bestanden, als es sonst der Fall gewesen wäre. Doch schon in den dreißiger Jahren wurde die Unzulänglichkeit des Commonwealth-Handels vor allem für

Großbritannien und sein Wachstumspotential selbst bei günstigen Voraussetzungen sichtbar. Trotz des oberflächlichen Anscheins waren die Dominien in ihrem Handel wie in ihrer internationalen Politik genötigt, sich in zunehmendem Maß nach außen zu wenden.

VIERTES KAPITEL

Indien: Ein unbestimmtes Ziel

DIE DOMINIEN, deren Stellung im Balfour-Bericht näher bestimmt worden war und deren Namen in Abschnitt I des Statuts von Westminster aufgeführt waren, waren vorwiegend europäisch hinsichtlich ihrer Bevölkerung und gänzlich europäisch hinsichtlich ihrer Regierungen. Es gab Minderheiten außereuropäischen Ursprungs in Australien, in Kanada und in Neuseeland; es gab eine große nichteuropäische Mehrheit in der Südafrikanischen Union. Doch weder die Minderheiten noch die Mehrheit waren in der Lage, einen entscheidenden Einfluß auf die Regierung auszuüben. In Kanada und Südafrika waren es die kulturellen Spannungen zwischen Völkern europäischer Herkunft gewesen, die bis dahin einen gestaltenden Einfluß auf die nationale Politik ausgeübt hatten, und vielleicht kam es in der Vergangenheit aus diesem Grund keineswegs selten vor, sosehr es von kanadischen Gelehrten offen mißbilligt wurde, daß der Begriff »Rasse« auf die Beziehungen zwischen englisch- und französischsprechenden Kanadiern angewandt wurde, während sich die Begriffe »Rasse« und »rassisch« auf den Lippen südafrikanischer Politiker bis in die jüngste Zeit hinein gewöhnlich auf die Beziehungen zwischen Briten und Afrikaandern bezogen (1). Daß diese Beziehungen eine derartige Bezeichnung nicht rechtfertigten, wenn der Begriff »Rasse« genau genommen wurde, war in einem gewissen Sinn bedeutungslos; er war ein Begriff, von

dem man zumindest in Südafrika glaubte, daß er eine herkömmliche Berechtigung habe und besonders zutreffend sei,
weil der Begriff »kulturell« als eine schmerzstillende Beschreibung für die schmerzhafte Intensität der Feindseligkeit zwischen Engländern und Afrikaandern zu kritischen Zeitpunkten in ihrer gemeinsamen Geschichte erschien und einer rasch
sinkenden Bevölkerungszahl auch heute noch als solche erscheinen mag. Mehrrassige Mitgliedschaft im Commonwealth im
strengen Sinn, die die Mitgliedschaft von Staaten mit Selbstverwaltung bedeutete, die von Völkern unterschiedlicher rassischer
Herkunft bewohnt waren, nimmt demzufolge erst 1947 ihren
Anfang. Aus diesem Grund sprach der Premierminister von
Pakistan, Mohammed Ali, im März 1954 vom Jahr 1947
als von einer Jahreszahl in der Geschichte des Commonwealth,
die in der geraden Linie der Nachfolge von 1867 und 1926
stand und ebenso wichtig war wie diese beiden. Von der Britisch-Nordamerika-Akte leite sich die Vorstellung der Selbstverwaltung der Dominien her; die Definition der Stellung der
Dominien im Balfour-Bericht könne als Anfangsdatum des
zeitgenössischen Commonwealth angenommen werden; und
während in den Augen des Premierministers die verfassungsrechtliche Entwicklung danach »langsam, schmerzlich langsam« (2) gewesen sei, habe Südasien Selbstregierung erhalten;
und daraufhin sei die mehrrassige Mitgliedschaft im Commonwealth politische Wirklichkeit geworden — 80 Jahre nachdem
das Dominion von Kanada entstanden sei.

Die Verbindung zwischen Selbstregierung und Mitgliedschaft
im Commonwealth, auf die Mohammed Ali hinwies, hatte
sich als historische Vorbedingung eines erweiterten Commonwealth erwiesen; aber zumindest auf britischer Seite wurde
keineswegs immer angenommen, daß dies so sei. Radikale
Imperialisten wie Joseph Chamberlain, die großen Statthalter

Unterzeichnung des Versailler Vertrages am 28. Juni 1919 im Spiegelsaal des Versailler Schlosses. (In der Mitte von rechts nach links: Lloyd George, Clemenceau, Wilson).

Kampf zwischen irischen Nationalisten und englischer Polizei in der Nähe von Cork im Winter 1881.

Curzon, Cromer, Milner hatten gleichermaßen die bedeutsame Kunst des Regierens als das hervorragendste Vermächtnis Großbritanniens an das überseeische Reich betont. Unter Regierung verstanden sie indessen geordnete und unparteiische Verwaltung nichteuropäischer abhängiger Gebiete, nicht deren Regierung durch deren eigene Völker. Daß britische Siedler in Kanada oder in Australien oder in Neuseeland glaubten, sie hätten die Traditionen geerbt und wären daher berechtigt, die Kunst der ministerverantwortlichen Selbstverwaltung auszuüben, war eine Tatsache, die man je nachdem hinnehmen oder begrüßen konnte, aber sicherlich eine, die weder Überraschung noch Besorgnis erregte. Es war eine etwas andere Tatsache, wenn Europäer nichtbritischer Herkunft entsprechende Rechte beanspruchten. Weder Afrikaander noch Iren hielt man für sehr fähig, diese auszuüben, die ersten größtenteils, weil sie in ihren Vorstellungen vom Regieren zu patriarchalisch und gegenüber der Verbindung mit Großbritannien zu feindselig eingestellt waren, und die letzteren auch aus demselben Grund und weil sie zu unbeständig waren. Repräsentative Einrichtungen und ministerverantwortliche Selbstverwaltung für Nichteuropäer erschienen der traditionellen britischen herrschenden Klasse im Reich lange Zeit gänzlich unvorstellbar. Für eine spätere, mit Rassenproblemen belastete Zeit schien es eine einfache Erklärung zu geben — Rassenvorurteile. Aber sie genügte durchaus nicht. Die Reichsregierung war in ihren höheren Bereichen so aristokratisch wie autokratisch — das war der Kern der spöttischen Bemerkung von James Mill, die später mit Vergnügen von J. A. Hobson zitiert wurde (3), daß die Reichsverwaltung »ein weitläufiges System der Armenunterstützung außer Hause für die oberen Klassen« wäre; aber man hielt die große Mehrheit der Völker einschließlich aller nichteuropäischen Völker, die

»niederen Rassen«, eher aus darwinischen Vorstellungen der
Überlebensfähigkeit als aus Rassenvorurteilen, obwohl beides
in der Tat oft zusammenfiel, für unfähig, sich selbst zu regieren. Curzon, bemerkte Dr. Gopal (4), hatte keine Rassenvorurteile. Aber er fuhr fort: »Das war geistige Blindheit und
nicht eine sittliche Tugend. Von einem Mann, der sich nicht
einmal der unteren Klassen in Großbritannien bewußt war,
konnte man nicht erwarten, daß er die volle Bedeutung des
Problems der Rassenbeziehungen in Indien begreifen würde.«
Es war nicht Toleranz, sondern Empfindungslosigkeit, die eine
Rassendiskriminierung seitens Curzons ausschloß. Als Vizekönig stand Curzon auf einsamer Höhe; aber seine Empfindungslosigkeit wurde aus genau demselben Grund von zahlreichen, weniger bedeutenden Männern geteilt, die in minder
gehobenen Stellungen, doch in ähnlicher Abgeschlossenheit die
Verwaltung des Reichs aufrechterhielten.

Die Ansicht der regierenden Kreise, die die Vorzüge des britischen Regierungssystems lobten und sich gleichzeitig weiger-
ten, dessen Vorteile auf unterworfene Völker auszudehnen,
schuf in Indien eine widersprüchliche Situation. Es war der
Indische Nationalkongreß, der vom Tag seiner ersten Sitzung
1885 in Bombay die Einführung britischer parlamentarischer
Einrichtungen in Indien forderte, während die britischen Vertreter dessen, was Joseph Chamberlain einmal als »die beste
Regierungsform« beschrieb, weiterhin Zweifel daran äußerten, ob es ratsam sei, dem Verlangen der Kongreßpartei nachzukommen. Daher wurden die widerwillige Einführung des
Repräsentativsystems in Indien 1892 und dessen Erweiterung
in den Reformen Morleys und Mintos 1909 in weiten Kreisen
in Großbritannien, und zwar nicht nur nach Meinung der
Konservativen, als ein »Besänftigungsmittel für unmögliche
Bestrebungen« betrachtet. »Die Idee«, sagte Lord Kimberley,

ein ehemaliger liberaler Staatssekretär für Indien, im Jahr
1890, »eines parlamentarischen Repräsentativsystems für ein
so riesiges Land — fast so groß wie ganz Europa —, das eine
so große Vielzahl verschiedener Rassen beherbergt, ist eine
der verrücktesten Vorstellungen, die je in den Köpfen von
Menschen Platz gefunden hat.« (5) »Wir sind keine Verfechter des repräsentativen Regierungssystems für Indien im europäischen Sinn des Wortes«, schrieb im März 1907 der Vizekönig Lord Minto an Morley im Staatsministerium für
indische Angelegenheiten; »es könnte niemals den Instinkten
der zahlreichen Rassen, aus denen sich die Bevölkerung des
Indischen Reichs zusammensetzt, angemessen sein. Es wäre
ein dem Geschmack des Ostens nicht zusagender westlicher
Import.« In seiner Antwort billigte Morley die Ablehnung
»der Absicht oder des Wunsches, die Verpflanzung einer
europäischen, repräsentativen Regierungsform auf indischen
Boden zu versuchen«, und zwei Jahre später beruhigte er das
Oberhaus, indem er sagte, er halte es weder für wünschenswert noch für möglich noch für überhaupt denkbar, daß englische politische Einrichtungen auf Indien ausgedehnt werden
sollten (6). »Wenn ich in Indien ein parlamentarisches System
aufzubauen versuchte«, sagte er vor dem Oberhaus (7), als
er über die Reformen sprach, die mit seinem und des Vizekönigs Namen verbunden sind, »oder wenn gesagt werden
könnte, daß dieser Abschnitt der Reformen direkt oder
zwangsläufig zur Errichtung eines parlamentarischen Regierungssystems in Indien führen würde, möchte jedenfalls ich
überhaupt nichts damit zu tun haben.« Für die vorhersehbare
Zukunft »ist ein parlamentarisches Regierungssystem in Indien keineswegs das Ziel, das ich auch nur einen Augenblick
lang anstreben würde«. Nicht einmal mit dem Krieg und all
den Veränderungen, die er mit sich brachte, verschwand dieser

Ton des Zweifels. Der Simon-Ausschuß, der ausschließlich aus Briten bestand, verkündete in einem 1929 veröffentlichten Bericht die niederdrückende Weisheit, die aus Zweifeln und Bedenken entspringt. »Das britische parlamentarische System ... ist wie ein lange getragenes Kleidungsstück der Figur des Trägers angepaßt; aber es folgt daraus nicht, daß es jedermann paßt ... Der britische Parlamentarismus in Indien ist eine Übertragung, und selbst in den besten Übertragungen geht die eigentliche Bedeutung leicht verloren.« (8) Doch während der Ausschuß, wie andere vor und nach ihm, ziemlich ausführlich über andere demokratische Regierungsformen als die britische sprach — das amerikanische Präsidialsystem, wegen der starken, stabilen Exekutive, die es angeblich gewährleistete, und das schweizerische, mit seiner parteilosen Verwaltung, wurden gern als die bevorzugtesten· Alternativen genannt —, blieb es zumindest zweifelhaft, ob die britischen Verwaltungsbeamten in Indien oder die unter dem britischen System ausgebildeten Inder selbst befähigt gewesen wären, diese anzuwenden. Fest stand, daß das britische System das war, was die sich ihrer selbst bewußte indische öffentliche Meinung wollte, und es war auch das System, das, mehr als Geste des Vertrauens denn aus begründeter Überzeugung, 1917 zum Ziel der britischen Politik in Indien erklärt wurde.

Die Zweideutigkeit der britischen Einstellung zur zukünftigen Regierung Indiens war in der Natur der britischen Herrschaft in Indien begründet. Die britische Herrschaft (*Raj*) war auf eine merkwürdige Weise aus glanzvoller Zuversicht und innerer Unsicherheit zusammengesetzt. Die Zuversicht stellte sich viel leichter bei den Männern am Ort ein, bei den Militärs und Verwaltungsbeamten, den Gouverneuren und Vizekönigen in Britisch-Indien. Sie hielten die Schlüssel der Macht in Händen; sie bestimmten, wie diese angewandt werden sollte;

sie waren die Erben des Reichs, und 1902 und 1911 organisierten sie, ein wenig befangen vielleicht, Durbars in Delhi, bei
denen in beiden Fällen ein König und Kaiser glanzvoll in das
Rote Fort einzog, um die Reichsnachfolge der vorangegan-
genen Mogul-Herrscher zu unterstreichen; sie waren sich dessen bewußt, daß hinter ihnen, ihre Staatsherrschaft stützend,
nicht nur die einheimischen Machtinstrumente standen, sondern auch notfalls die Machtmittel eines Weltreichs. Dennoch
blieb hinter der manchmal äußerlichen und zuweilen glanz-
vollen Fassade einer absolutistischen Herrschaft die Wirklichkeit der geteilten Verantwortung. Die britischen Verwaltungsbeamten Indiens unterstanden einer Aufsicht. Es war eine
ferngelenkte Aufsicht, nämlich die des Staatssekretärs für Indien in London, des Kabinetts, dessen Mitglied der Staatssekretär war, und des Parlaments, dem das Kabinett verantwortlich war. Nichtsdestoweniger war auf diese Weise die
unumschränkte Herrschaft der Demokratie untergeordnet.
Diese Unterordnung war in der Praxis nur zeitweilig wirksam, und zuweilen war sie mehr störend als wirksam. Es hätte
in der Tat kaum anders sein können. Dennoch bestand diese
Unterordnung, und ihr Dasein wurde grundsätzlich und
praktisch immer wieder behauptet und durchgesetzt.
Die Art der Verwaltung Indiens und der Aufsicht durch das
Reich wurde festgelegt, als die Meuterei das Ende der Herrschaft der Ostindischen Kompanie ankündigte. In dem Gesetz
zur Verwaltung Indiens von 1858 wurde kurz und bündig
erklärt: »Indien wird von Ihrer Königlichen Majestät und
in ihrem Namen regiert werden, und alle Rechte hinsichtlich
irgendwelcher Gebiete, die von der besagten Kompanie ausgeübt worden wären, wenn dieses Gesetz nicht verabschiedet
worden wäre, sollen und werden von Ihrer Majestät und in
ihrem Namen ausgeübt werden ...« (9) Zusätzlich wurde der

Generalgouverneur durch eine königliche Proklamation mit der klangvolleren Amtsbezeichnung eines Vizekönigs ausgestattet, die man für einen Stellvertreter für angemessen hielt, der die hohe Verantwortung für die Verwaltung Indiens tragen und gleichzeitig der Gegenspieler des neuen Staatssekretärs für Indien sein sollte, der dem Kabinett und dem Parlament, nicht wie der Staatssekretär für die Kolonien, für eine Vielzahl von abhängigen Gebieten, sondern für ein ganzes Kaiserreich verantwortlich sein sollte, das Indien früher gewesen war und als das es bald wieder bezeichnet werden sollte. Der Vizekönig sollte bei der Ausübung seiner Pflichten in Indien durch einen Exekutivrat und einen Legislativrat unterstützt werden, der zunächst aus Staatsbeamten bestand, dem aber 1861 nicht weniger als sechs und nicht mehr als zwölf nichtbeamtete Mitglieder für die Beratung von Gesetzesvorlagen hinzugefügt wurden (10). Diese Reformen erweiterten die Grundlage der Regierung etwas; da aber der Legislativrat nur diskutieren durfte, wobei es den Mitgliedern verboten war, Fragen zu stellen oder Beschlüsse zu fassen, und der Vizekönig sich jederzeit über seinen Exekutivrat hinwegsetzen konnte, gab es keine wirksame Beschränkung der Autorität des Vizekönigs in Indien. Die Aufsicht darüber lag daher nicht in Indien, sondern in London, und ihre Wirksamkeit hing in der Praxis sehr von den Persönlichkeiten der Vizekönige und der Staatssekretäre sowie ihren gegenseitigen Beziehungen ab.

Es gab einige Parallelen, aber ebenso viele Gegensätze in der Verwaltung Indiens und Irlands. Während der Vereinigung Irlands mit Großbritannien waren die höchsten Exekutivbeamten in Irland der Vizekönig (*Lord Lieutenant*) und der Staatssekretär; während es aber üblich war, daß der eine oder andere von ihnen einen Sitz im Kabinett hatte, war es keines-

wegs immer der Staatssekretär, der ihn innehatte, und Balfour
war der Meinung, daß demjenigen Minister die eigentliche
Leitung der irischen Verwaltung obliege, der zufällig gleich-
zeitig im Kabinett und im Unterhaus war (11). Aber im Fall
Indiens schloß die große Entfernung eine derartige Möglich-
keit aus. Der Staatssekretär hatte kraft seines Amts seinen
Sitz im Kabinett, wogegen der Vizekönig während seiner
Amtsperiode in Indien residierte. Es gab folglich eine klarere
Abgrenzung der Stellungen und der Funktionen als im gleich-
zeitigen Irland. Der Staatssekretär für Indien hatte in
Kalkutta oder Delhi keine Exekutivpflichten, wie sie der
Staatssekretär für Irland in Dublin hatte, während der weit
entfernte Vizekönig wenig Gelegenheit hatte, das Kabinett
zu beeinflussen, wenn es Meinungsverschiedenheiten mit dem
Staatssekretär gab. Im allgemeinen führten die verschiedenen
Zuständigkeitsbereiche des Vizekönigs und des Staatssekretärs
sowie die streng voneinander getrennten Welten, in denen sie
sich bewegten, nicht zu persönlichen Kompetenzstreitigkeiten,
sondern zu dem Bewußtsein der gemeinsamen Teilnahme an
einem historischen Unternehmen. In dem Maß, in dem die
Verbindungen mit dem Orient durch die Fertigstellung des
Überlandkabels nach Indien 1868, durch die Eröffnung des
Suezkanals 1869 und die Fertigstellung des britischen Unterseekabels 1870 verbessert wurden, nahm die mögliche unmittelbare Beeinflussung der Verwaltung in Indien durch den
Staatssekretär in der Praxis zu (12). Aber grundsätzlich gab
es keine Änderung. Im Gegensatz wiederum zu dem Durcheinander in der Verwaltung Irlands seit Beginn der Union
mit Großbritannien war das Verhältnis zwischen Staatssekretär und Vizekönig gleich von Anfang genau bestimmt worden,
und es wurde je nach Bedürfnis später neu festgesetzt. So
bemerkte der Staatssekretär in einer amtlichen Depesche vom

24. November 1870 an die indische Regierung, daß »... das Risiko schwerwiegender Mißverständnisse sehr viel größer werden würde als bisher, wenn nicht Klarheit hinsichtlich eines entscheidenden Grundsatzes besteht, der von Anfang an dem gesamten System zugrunde gelegen hat. Dieser Grundsatz besagt, daß die letztliche Aufsicht und Leitung der Angelegenheiten Indiens bei der Regierung des Heimatlands liegt, und nicht bei den gemäß den Parlamentsakten durch die Krone ernannten und eingesetzten Behörden in Indien selbst: »Die in Indien errichtete Regierung ist (der Natur der Sache nach) der Reichsregierung in der Heimat untergeordnet. Und keine Regierung kann untergeordnet sein, wenn es nicht in der Macht der übergeordneten Regierung steht anzuordnen, was getan werden soll und was nicht, und wenn sie nicht durch die üblichen verfassungsrechtlichen Mittel ihre Beamten zum Gehorsam gegenüber den Richtlinien anzuhalten vermag, hinsichtlich der Handhabung der amtlichen Stellung und der Vollmachten, deren sie sich bei der Durchführung einer Politik bedienen sollen, die in letzter Instanz von den Beratern der Krone bestimmt worden ist.« (13)

Die Unterordnung, die der Staatssekretär erneut betonte, konnte den Vizekönigen unbequem sein, und sie war es auch, nicht zuletzt, wie man sich gut vorstellen kann, Lord Curzon. »Ich habe«, schrieb Curzon an den Staatssekretär, Lord George Hamilton, im Mai 1902, »über die Erfahrungen der letzten dreieinhalb Jahre nachgedacht ... Sie scheint mir den Wunsch seitens Ihrer Berater im Staatsministerium für Indien überzeugend zu bestätigen, mich bei der Arbeit, die ich hier zu unternehmen suche, zu behindern und sie zu vereiteln ... Ich möchte Sie bitten zu versuchen, sich in meine Lage zu versetzen. Hier arbeite ich den ganzen Tag und auch einen beträchtlichen Teil der Nacht, um das zu erfüllen, was ich für eine ernste und verantwortungsvolle Aufgabe halte. Ich erfülle die Aufgabe im Exil, in vollständiger Isolierung von allen Freunden und Beratern, umgeben von Kräften und Kombinationen, gegen die anzukämpfen oft großen Mut erfordert, ständig belästigt, fortwährend ermüdet und oft bei körperlicher Erschöpfung und Schmerzen. Wenn ich zusätzlich zu diesen Sorgen, gegen die ich meinen Kopf hochzuhalten vermag, ständig vom Indienrat in der Heimat belästigt, behindert und mißverstanden werden soll, gestehe ich offen, daß ich die Aufgabe lieber abgeben möchte.« Hamilton antwortete mit großzügigem Verständnis. »Gerade die Größe der Arbeit, die der Vizekönig tun kann«, schrieb er, »macht ihm jede Art von Aufsicht um so verhaßter ... Aber ist bei alledem die Lage des Vizekönigs in dieser Hinsicht aufreibender als diejenige der anderen Staatsbeamten und Minister des Britischen Weltreichs? Betrachten Sie den Premierminister in diesem Land oder den Leiter irgendeines der großen Staatsministerien, der dieses Staatsministerium im Unterhaus vertreten muß. Nehmen Sie die Stellung von Salisbury, Balfour, Beach oder Chamberlain: sie sind einer anderen und weitaus ärgerlicheren Form der Behinderung und Einmischung ausgesetzt als jeder anderen, der ein Vizekönig ausgesetzt sein kann. Nehmen Sie die großen Männer, die Ihnen in Ihrem Amt vorangegangen sind: Warren Hastings, Cornwallis, Wellesley, Hardinge und Dalhousie — sie mußten ihre Aufgaben alle unter den gleichen Bedingungen erfüllen, die Sie störend und hinhaltend finden, und ich glaube, mit Recht sagen zu können, daß keiner jener berühmten Vorgänger es mit einem so angenehmen Kollegen in diesem Land zu tun hatte wie mit meinesgleichen.« (14) Dennoch, hätte Curzon nicht erwidern können, daß die Behinderungen der Kollegen in London das Ergebnis persönlicher Debatten und Diskussionen waren und daß seine be-

rühmten Vorgänger in Indien tatsächlich weniger streng an
die Kandare genommen worden waren?

In diesen Auseinandersetzungen stand indessen mehr zur Debatte als die besondere Lage oder Persönlichkeit. Dahinter
stand die Frage der letztlichen Aufsicht. Curzon hatte in seinem amtlichen Schreiben die bestehende Tradition angegriffen, indem er die Ansicht äußerte, »die Schlüssel zu Indien
liegen weder in England noch im britischen Unterhaus. Sie
liegen in der Schreibtischschublade eines jeden jungen Staatsbeamten in diesem Lande« (15). Er irrte sich jedoch, und es
war für die damalige Zeit und für die Zukunft wichtig, daß er
sich irrte. Es wurde in den darauffolgenden Jahren üblich,
Reformen in der Verwaltung Indiens mit den durch einen
Bindestrich verbundenen Namen des Staatssekretärs und des
Vizekönigs zu bezeichnen — Morley-Minto im Jahr 1909 und
Montagu-Chelmsford im Jahr 1919 —, wobei dem üblichen
Verfassungsbrauch entsprechend der Name des Staatssekretärs an erster Stelle stand. Und der Brauch stimmte in diesem
Fall mit der politischen Wirklichkeit überein. Die Schlüssel zu
Indien lagen im britischen Unterhaus, insofern sie überhaupt
in britischen Händen waren. Der Staatssekretär fügte sich
notgedrungen der Meinung des Unterhauses und das Unterhaus selbst wiederum der Meinung des Volks. In den kritischen Jahren des 20. Jahrhunderts waren sowohl das Unterhaus als auch das Volk merklich eher zu Reformen bereit als
der Vizekönig, seine Berater und die britische Verwaltung in
Indien, und ihre Bereitwilligkeit, die sich in Abständen oder
sogar negativ äußerte, hatte größeren Einfluß darauf als die
Abneigung der Staatsverwaltung Indiens.

In der historischen Perspektive ist die Bestimmung der Politik
von entscheidender Bedeutung; aber was den Zeitgenossen am
meisten in die Augen fiel, war die Auswirkung der Regierung

und Verwaltung Indiens durch das Reich auf der menschlichen
Ebene. Welche Art Männer waren für die Verwaltung dieses
riesigen orientalischen Herrschaftsgebiets verantwortlich? Die
Antwort in bezug auf alle höheren Ämter der Verwaltung
war: Engländer — sorgfältig vorbereitet, durch Staatsprü-
fungen streng ausgewählt und, zusammen genommen, von hö-
herem Wert als die Verwaltungsbeamten in irgendeinem
anderen Teil des Reichs. Aber sie waren nichtsdestoweniger
die meiste Zeit zum größten Teil Engländer. Die Proklamation der Königin, die 1858 die neue Ordnung ankündigte,
hatte ausdrücklich alle ohne Rücksicht auf Rasse oder Glaubensbekenntnis zu Ämtern in der Verwaltung zugelassen, die
entsprechend qualifiziert waren. Doch in der Praxis gab es
einen großen Gegensatz zwischen Absicht und Durchführung,
den die politisch bewußten Inder sehr übel aufnahmen. Dieser
Gegensatz schuf unter anderem das, was als »Frage des indischen Staatsdienstes« bekannt wurde. Der Eintritt in den
Staatsverwaltungsdienst Indiens geschah durch eine Auslese-
prüfung. Die Prüfungsordnung war jedoch auf den Lehrplänen
der englischen Schulen aufgebaut, und die Prüfung selbst
wurde in England durchgeführt. Beides entmutigte unvermeidlich indische Prüflinge, ob Moslems oder Hindus. Für die
letzteren gab es die zusätzliche Schwierigkeit, daß Hindus,
die nach Übersee reisen, automatisch aus ihrer Kaste ausgeschlossen wurden und nach der Rückkehr genötigt waren, um
Neuaufnahme nachzusuchen. 1878 wurde außerdem das Alter
für die Prüfung von 22 auf 19 Jahre herabgesetzt — ein Alter,
in dem indische Prüflinge nicht die Schulausbildung gehabt
hatten, die es ihnen ermöglicht hätte, mit Aussicht auf Erfolg
mit englischen Schulentlassenen zu konkurrieren. In Indien
wurde die Forderung nach »gleichzeitigen Prüfungen« in
Großbritannien und Indien erhoben, um die indischen Kan-

didaten zumindest von der Notwendigkeit zu befreien, nach
Großbritannien zu reisen. Sie wurde 1893 grundsätzlich angenommen, und im Unterhaus wurde eine entsprechende Gesetzesvorlage verabschiedet. Aber selbst diese bescheidene
Verbesserung wurde erst 1919 in die Tat umgesetzt. Es wurde
treffend bemerkt, daß die Engländer sich im Osten einen
orientalischen Zeitbegriff angeeignet hätten.

Die personelle Zusammensetzung der Staatsverwaltung Indiens war eine Frage — eine politische Frage mit rassistischen
Obertönen —, die Anschauungsweise der Verwaltungsbeamten eine andere. Insofern sie sich in den idealisierten Vorstellungen ihrer Rolle widerspiegelte, verdankte diese Anschauungsweise ihre besonderen Merkmale der Geschichtsdarstellung
der Reiche der Alten Welt, wie sie von den alten englischen
Universitäten neu interpretiert und dort den zukünftigen Leh-
rern in Haileybury und anderen englischen Landheimschulen
(*Public Schools*) übermittelt wurde. Die Tugenden, die diese
Verwaltungsbeamten hoch einschätzten, waren Tapferkeit,
Unabhängigkeit des Urteils, Männlichkeit, Anständigkeit und
die unvoreingenommene Gerechtigkeit, die in den letzten
Worten König Davids von Israel den Herrschern nahegelegt
wird:

»Ein Gerechter herrscht unter den Menschen,
er herrscht in der Furcht Gottes,
und ist wie das Licht des Morgens, wenn die Sonne
aufgeht, am Morgen ohne Wolken . . .«

(2. Sam. XXIII, 3—4)

Mit diesen idealisierten Vorstellungen verband sich eine ver-
gilische Vorliebe für die soliden Tugenden des Landmannes
und gegen die unstete städtische »Intelligentsia«, verbunden
ihrerseits mit dem Vertrauen auf Charakterfestigkeit, Wirk-
lichkeitssinn und Urteilskraft eher als auf Ideenreichtum. Die

bleibenden Errungenschaften der britischen Verwaltung — die Einführung eines einheitlichen Rechts- und Gerichtswesens mit einer Kodifizierung des bürgerlichen und strafrechtlichen Gerichtsverfahrens, wie es Indien bisher nicht gekannt hatte, die Organisation der Verwaltung in den Distrikten, den Provinzen und im Zentrum Britisch-Indiens — sind an sich kennzeichnend für die Anschauungsweise der Verwaltungsbeamten und die Größe ihrer Leistung. Ihr Chronist hat in zwei Bänden eine Geschichte der Männer der indischen Staatsverwaltung geschrieben, die die angemessenen platonischen Untertitel *The Founders* (Die Gründer) und *The Guardians* (Die Wächter) haben. Aber das ganze Werk trägt den Titel: *The Men who Ruled India* (Die Männer, die Indien regierten; 16). Es waren Verwaltungsbeamte, die von auswärts kamen und von oben herab regierten. Die Schranken, die in der Praxis gegen die Anstellung von Indern bestanden, erhöhten ihre Isolierung in ihren Wohnungen, ihren Klubs, den Residenzen der Gouverneure und den Palästen der Vizekönige. Sie sonderten sich weitgehend zum eigenen Schutz ab gegen die Ideen derer, über die sie herrschten; aber mit der Zeit und der Entfernung machten auch Meinungsumschwünge in der Heimat keinen großen Eindruck mehr auf sie.

Als James Bryce im November 1888 Indien besuchte, kehrte er von dem Verwaltungsdienst ziemlich enttäuscht zurück. Er erkannte die Befähigung der Männer in den höheren Stellen an und vermerkte, daß sie intelligent und sehr fleißig seien, offensichtlich eine hohe Auffassung von ihrer Aufgabe und den Wunsch hätten, das Wohl der Bevölkerung Indiens zu fördern. Aber er fuhr fort: »Es scheint ihnen an Vorstellungskraft und Mitgefühl zu mangeln; sie scheinen durch die außergewöhnlichen und beispiellosen Gegebenheiten des Landes weniger angeregt zu sein, als man hätte erwarten können, mit geringer geistiger Initiative; zu herkömmlich englisch in ihrer Lebensweise und in ihren Gedanken, um der Lage gerecht zu werden ... Sie stehen den geistigen Bewegungen in der Welt ferner, als man vorzufinden gehofft hat.« (17) 15 Jahre später urteilte Lord Curzon, zugegebenermaßen aus einem Gefühl der Enttäuschung heraus, noch schärfer: »Wie oft habe ich Ihnen klargemacht«, schrieb er an den Staatssekretär, »daß es im indischen Verwaltungsdienst weder Originalität noch Ideen oder Vorstellungskraft gibt, daß die Beamten den gegenwärtigen Zustand für den besten halten und daß Änderung oder Verbesserung oder Reform ... ihnen kalte Schauer über den Rücken jagen.« (18) Das war ungerecht, aber es war etwas Wahres daran. Falls in Indien eine Wandlung eintreten sollte, würde der Anstoß britischerseits vom Unterhaus und von bestimmten Gruppen der öffentlichen Meinung in der Heimat ausgehen, ganz gewiß nicht von der großen Mehrzahl der britischen Verwaltungsbeamten oder Militärs in Indien. Sie begrüßten die Ideen des Liberalen Edwin Montagu gegen Ende des Ersten Weltkriegs tatsächlich ebensowenig wie die vorsichtigen Reformbestrebungen des Konservativen Lord Irwin ein Jahrzehnt später, während von ihrer Aufnahme Sir Stafford Cripps' 1942 gesagt werden kann, daß sie ebenso korrekt wie zurückhaltend war. Es liegt eine gewisse Ironie darin, daß es die größte Leistung dieser der Änderung abholden Männer war, die Voraussetzungen zu schaffen, ohne die der Wandel zum Chaos hätte führen können. In dieser Hinsicht hatte ihr Werk im Britischen oder in irgendeinem anderen westeuropäischen Weltreich nicht seinesgleichen.

Auf längere Sicht und in einem weiteren Rahmen war die britische Einstellung zu einem Wandel in Indien noch widersprüchlicher. Einerseits gab es die festverwurzelte Tradition, daß die britische Herrschaft in Indien eine bestimmte Zeit-

spanne und ein bestimmtes Ziel hatte. Die Mills unter den
Denkern und Thomas Munro, Mountstuart Elphinstone, Sir
Henry Lawrence und viele andere bekannten sich zu ihr. Sie
sprachen mit Macaulay vom »stolzesten Tag« in der britischen
Geschichte, wenn die britischen Verwaltungsbeamten in Indien, nachdem sie die Völker Indiens befähigt hätten, sich
selbst zu regieren, sich nach Erfüllung ihrer Aufgabe zurückziehen würden. Auch war es kein Zufall, daß diese Meinungen
der frühen Denker und Verwaltungsbeamten gern von jenen
zitiert wurden, deren Aufgabe es 1947 war, die Macht zu
übergeben. Doch darf keinen Augenblick angenommen werden, daß dieser Standpunkt in den dazwischenliegenden Jahren allgemein oder folgerichtig vertreten wurde. Während des
größeren Teils der von K. M. Panikkar als »die klassische
Epoche der europäischen Herrschaft in Asien« (19) beschriebenen und von 1840 bis 1914 datierten Zeit waren die meisten
britischen Verwaltungsbeamten in Indien eher geneigt, die
derzeitige Stunde der Größe für den »stolzesten Augenblick«
zu halten als irgendeinen zukünftigen Tag der Abdankung.
Das Britische Weltreich in Indien war in Curzons Sicht »das
Wunder der Welt« und »die größte Sache, die die Engländer
irgendwo unternehmen . . .« (20). Warum sollte er, warum
sollten Männer, die unter oder nach ihm arbeiteten, den Tag
seines Untergangs beschleunigen? »Niemand«, schrieb Curzons Nachfolger, Lord Minto, 1907, »glaubt fester daran als
wir, daß die Sicherheit und die Wohlfahrt Indiens von dem
Fortbestand der britischen Verwaltung abhängen . . .« (21)
Mit dem Sendungsbewußtsein in der gewissenhaften Erfüllung einer Großbritannien von der Vorsehung auferlegten
Aufgabe verband sich die wirklichkeitsnähere Einschätzung,
wie Curzon es ausdrückte: »Solange wir Indien beherrschen,
sind wir die größte Macht der Welt. Wenn wir es verlieren,

werden wir sofort auf den Rang einer drittklassigen Macht herabsinken.« Das war in der Tat ein wesentlicher Bestandteil der Überlegungen bezüglich des Reichs; mit den gleichen Worten bekämpfte Winston Churchill in den dreißiger Jahren die Pläne der vorwiegend konservativen nationalen Regierung zur Errichtung eines indischen Bundes mit Selbstverwaltung. Wer würde, wenn er einer solchen Ansicht huldigte, absichtlich die Stunde des Abzugs beschleunigen und so den britischen Abstieg von der Größe heraufbeschwören? Und auch für diejenigen, die den Sendungsglauben und das Urteil der Realpolitik in Frage stellten, gab es dennoch Zweifel und Unsicherheiten. Der Subkontinent war nicht nur riesig; seine Zukunft war auch dunkel. Selbst die römische Geschichte konnte keine zufriedenstellende Parallele zur britischen Herrschaft in Indien bieten, noch konnte die Weltgeschichte überhaupt einen Weg weisen, wie sie ihr natürliches Ende erreichen könnte. Macaulay war es bekanntlich schwergefallen, eine Mutmaßung über das Schicksal eines Staates zu wagen, der keinem anderen Staatswesen ähnelte, und er gab zu, daß die Gesetze, die sein Wachstum und seinen Verfall bestimmten, unbekannt waren. Seine Nachfolger ein Jahrhundert später behaupteten nur selten, daß es ihnen gelungen sei, sie zu bestimmen. Wenn es daher einen Wandel geben mußte, wie selbst Curzon zugestand, welche Richtung sollte er einschlagen? Es gab eine Antwort, und nur eine Antwort, die für diejenigen, die in der britischen politischen Tradition erzogen worden waren, einen vertrauten und beruhigenden Klang hatte. Sie besagte, daß die Völker Indiens über das Repräsentativsystem zur ministerverantwortlichen Selbstverwaltung und schließlich zur verfassungsrechtlichen Stellung eines Dominions fortschreiten sollten. Aber wie richtig diese vertraute Antwort einer zunehmenden Zahl von Menschen im britischen Parlament und in

der britischen Öffentlichkeit in der Heimat und der Mehrheit
der politisch bewußten Inder auch immer erschienen sein mag,
den britischen Verwaltungsbeamten in Indien erschien sie in
einer so ungewohnten Umgebung lange unanwendbar. Im
Rahmen des Commonwealth war das letzte halbe Jahrhundert der britischen Herrschaft (Raj) in Indien sehr aufschlußreich. Denn diese Herrschaft und ihre Mitarbeiter im Ministerium für Indien, wo im Gegensatz zu den Ministerien für die
Kolonien und für die Angelegenheiten der Dominien der Durham-Bericht kaum zu irgendeiner Zeit jungen Anwärtern für
den Staatsdienst zur Lektüre empfohlen wurde, sahen mit
einigen Einschränkungen letzten Endes ein, daß der vertraute
Weg selbst unter ungewöhnlichen Umständen der richtige war,
wenn auch nur aus dem Grund, weil ihnen kein anderer ausreichend bekannt war.

Die Fremdartigkeit und die Schwierigkeiten der Lage stehen
außer Zweifel. In den Städten und auf dem Land im Indien
des 20. Jahrhunderts konnten die Gegensätze zwischen großem Reichtum und tiefster Armut, Glanz und Elend, aufop-
fernder Unbescholtenheit und entwürdigender Verderbtheit
ihr Gegenstück nicht in der westlichen Welt des 20., sondern
des 18. Jahrhunderts finden, wo, wie Balzac bemerkte, »ein
immerwährendes Konkubinat von Überfluß und Armut, von
Laster und Tugend« einen wesentlichen Teil des Lebens im
vorrevolutionären Frankreich ausmachte. Politisch zerfiel Indien in die Provinzen Britisch-Indiens und die indischen Fürstenstaaten, die gut ein Drittel des Subkontinents und ein
Viertel der Bevölkerung umfaßten. Auf der tiefer liegenden
Ebene der Religion und Kultur war es in verschiedene Religionsgemeinschaften geteilt. Zur Zeit der Volkszählung
von 1931 gab es etwa 239 Millionen Hindus, 78 Millionen
Moslems, 4 Millionen Sikhs und 6 Millionen Christen auf dem

Subkontinent. Solange die fremde Reichsmacht blieb, war die Stellung der Klassen, Provinzen, Fürsten und Religionsgemeinschaften von oben her festgelegt. Sie mochten um einen Vorteil hier oder eine Verbesserung dort nachsuchen, aber ihre Bitte richtete sich an eine endgültige und absolute Obrigkeit. Sollte einmal die Stetigkeit dieser Obrigkeit zweifelhaft werden, mußte ein Kampf um Nachfolge oder Überleben einsetzen, und er setzte tatsächlich ein.

Die Forderungen des indischen Nationalkongresses, die Nachfolge zu regeln, schienen vielen seiner Mitglieder, und sogar vielen außerhalb, im Grund schlüssig zu sein. »Die Kongreßpartei allein«, sagte Gandhi auf der Round-Table-Konferenz in London 1931, »beansprucht, ganz Indien zu vertreten . . .« (22), und ihr, nur ihr allein, sollte die Macht übertragen werden. Dieser Forderung widersetzten sich die Fürsten — britische Beamte in indischer Kleidung nannte sie der Mahatma —, und sie beunruhigte zuerst und entfremdete schließlich die große Mehrheit der Moslems. Der Grund war klar. Die Kongreßpartei verlangte nicht nur Unabhängigkeit von den Briten, sondern erstrebte auch ein unabhängiges Indien, das auf demokratische Weise von der Bevölkerung, die ihren Willen durch repräsentative Institutionen kundtat, regiert wurde. In einem Land, in dem an erster Stelle die Religionsgemeinschaft zählte, mußten derartige Einrichtungen die letzte Macht in die Hände der zahlenmäßig größten Religionsgemeinschaft legen. Die uneingeschränkte Ausübung dieser Macht, die die Wahlarithmetik verlieh, konnte durch verfassungsrechtliche Einrichtungen dieser oder jener Art gemildert werden; aber keine verfassungsrechtliche Findigkeit konnte das Zahlenverhältnis verändern oder der Mehrheit die endgültige Autorität verweigern, die ihr die Wählerzahlen verliehen. Aus diesem Grund gab es unter den oberflächlichen

Schwierigkeiten der politischen Landschaft Indiens eine grundlegende einfache Schwierigkeit, die keiner der mit der Nachfolge befaßten Parteien — den Fürsten, der Kongreßpartei, der Moslem-Liga, den Briten — viel Bewegungsfreiheit ließ.

Die Fürsten, angefangen von den größten unter ihnen in Travancore, Haidarabad, Kaschmir und den Rajputen-Staaten bis herunter zu den kleinsten Rajas, die nur über ein paar tausend Morgen Land herrschten, waren für ihr eigenes Überleben angesichts der steigenden Flut des Nationalismus, der Demokratie und der feindseligen Kongreßpartei von der vertraglichen Verbindung mit der vorherrschenden Staatsmacht abhängig. Sie bestanden daher auf der Unverletzlichkeit dieser Verträge, von denen sie die entscheidende Sicherung für die Fortdauer ihrer Stellung und ihrer Privilegien ableiteten. Bis 1947 konnten die Fürsten mit dem wohlwollenden Verständnis einer Reichsmacht rechnen, die für deren Treue in der Kriegszeit dankbar und zufrieden war, in ihnen Inseln der Stabilität, um nicht zu sagen der Reaktion, zu sehen, die als Festungen gegen den Ansturm der volkstümlichen und linksgerichteten nationalen Revolution scheinbar gesichert stehen blieben. Als zweitgrößte Religionsgemeinschaft in Indien besaßen die Moslems allerdings eine etwas größere Handlungsfreiheit. Nichtsdestoweniger waren die Moslemführer, von Sayyid Ahmad im letzten Viertel des 19. Jahrhunderts bis zu Aga Khan im frühen 20. Jahrhundert und Jinnah in den Jahren zwischen den Weltkriegen, in jedem Fall gezwungen, sich eher früher als später mit der Frage zu befassen, wie die Stellung dieser großen und daher potentiell zersetzenden Religionsgemeinschaft einer Minderheit in einem Indien beschaffen sein würde, aus dem sich die britische Herrschaft (*Raj*) zurückgezogen hatte. Es gab zwei mögliche Antworten. Die erste war Aufgehen der kleineren Religionsgemeinschaft in einer

nationalen Bewegung vor der Unabhängigkeit und danach in
einem Nationalstaat, in dem unweigerlich die Religionsgemeinschaft der Mehrheit, der Hindus, die vorherrschende
Rolle spielen würde. Eine derartige Eingliederung oder Unterordnung der Interessen einer Religionsgemeinschaft bedingte:
erstens Vertrauen in den guten Willen und den Gerechtig-
keitssinn der Mehrheit und zweitens, und das auf einer tieferen Ebene, Anerkennung der Treue zum Nationalstaat vor
derjenigen zur Religionsgemeinschaft. Es gab Zeiten einer Wie-
derannäherung zwischen Moslems und Hindus, vor allem
während des sogenannten Lucknow-Pakts von 1916, als es so
aussah, als ob die erstgenannte Bedingung erfüllt oder fast erfüllt werden sollte. Aber die Zeiten eines derartigen gegenseitigen Verstehens erwiesen sich nicht als dauerhaft, und in allen
Fällen folgten ihnen anhaltende und intensivere Äußerungen
des Mißtrauens und schließlich der offenen Feindschaft. Wie
auch immer diese Meinungsverschiebungen historisch gedeutet
werden mögen, der Führerschaft der Moslems blieb letztlich
keine große Wahl. Reichte das Vertrauen einmal nicht mehr
aus, mußte sich die Minderheit nach Sicherungen umsehen. Sie
tat es 1906/07 und erhielt diese in den Morley-Minto-Reformen von 1909 mit getrennten Wählerlisten für die verschiedenen Religionsgemeinschaften und einer Verteilung der
Wählerstimmen zu ihren Gunsten. Anschließend war das Ziel
der Moslemführerschaft die Verteidigung, indem sie die Briten
an ihre Zugeständnisse als Ehrenpflicht erinnerten und indem
sie in den Jahren zwischen den Weltkriegen ihre Verteidi-
gungsstellung für den Anbruch der Mehrheitsherrschaft zu festigen suchten. Infolgedessen gingen sie Schritt für Schritt weiter: vom Zustand eines besonderen Stimmrechts zum Bestehen
auf einem Bundesstaat im Gegensatz zu einem Einheitsstaat,
von einem Bundesstaat mit einer starken Zentralregierung zu

einem Bundesstaat mit einer schwachen Zentralregierung, und schließlich zur Teilung.

Der indische Nationalkongreß seinerseits hatte jeden Grund, die einfache Forderung nach der Mehrheitsherrschaft in einem Einheitsstaat zu vertreten. Die Führung der Kongreßpartei forderte repräsentative Institutionen nach britischem Vorbild ohne Ansehen der Klasse oder des Glaubensbekenntnisses, eine einheitliche Regierungsform mit einem dem gewählten Unterhaus verantwortlichen Kabinett und letztlich ein unabhängiges Indien, in dem die Zersplitterung in Fürstenstaaten und verschiedene Religionsgemeinschaften von der politischen Landkarte verschwinden würde. Das Wesen ihrer Forderungen setzte ihre feindliche Einstellung gegenüber der britischen Unterstützung der Fürsten voraus, und während sie 1916 eine wahlrechtliche Begünstigung der Moslems noch hinnahmen, forderten sie später, vor allem in dem 1929 unter dem Vorsitz Motilal Nehrus ausgearbeiteten Verfassungsentwurf, einen Einheitsstaat mit äußerst geringen Zugeständnissen an die Minderheiten. Darin lag das natürliche Interesse der Kongreßpartei, und man kann vernünftigerweise behaupten, daß sie unter den Umständen nicht anders denken oder handeln konnte. Aber die schwierige Frage, deren sich ihre Führung in den kritischen Jahren gegenübersah, war, in welchem Ausmaß sie ihre Ziele im Interesse der nationalen Einheit ändern oder nicht ändern sollte.

Die britischen Absichten in Indien waren dem äußeren Anschein nach bis zum Ausbruch des Zweiten Weltkriegs am wenigsten eng umschrieben. Die politische Initiative lag in britischen Händen. Sie waren, vor allem im Hinblick auf den ständig latenten und schließlich offenen Konflikt um die Nachfolge in der Macht, sehr wohl in der Lage, den Zeitpunkt ihres Rückzugs zu beschleunigen oder zu verzögern. In weiten Kreisen der Kongreßpartei glaubte man, die britische Regierung verwende diese Handlungsfreiheit, um nach dem bewährten imperialistischen Grundsatz von Teilen und Herrschen die Stellung der Fürsten gegen das demokratische Indien zu stärken und die Moslem-Minderheit gegen die Hindu-Mehrheit abzusichern. Das erste kann kaum bestritten werden; das zweite, obgleich weniger leicht zu fassen, trifft aber sicher zu, insoweit die Behauptung durch den Hinweis auf bestimmte politische Maßnahmen oder Handlungen gestützt werden kann, von denen die wichtigeren die Teilung Bengalens, die Gewährung getrennter Wählerlisten und die Begünstigung der Moslem-Wähler in den Morley-Minto-Reformen waren. Beide warfen Streitfragen auf, die unter den sich wandelnden Verhältnissen bis 1947 ihren entscheidenden Charakter und ihre Bedeutung behielten.

Die erste Teilung Bengalens war das Werk Lord Curzons, der, geschäftig wie immer, 1902 seine Absicht kundgetan hatte, »die Frage der politischen Grenzen ganz allgemein zu überprüfen«, und dabei fand, daß diejenigen Bengalens »veraltet, unlogisch und der Wirksamkeit der Verwaltung abträglich« seien (23). »Ich möchte die Grenzen für die kommende Generation festlegen«, sagte er zu Sir Alexander Godley. Die Teilung Bengalens hatte einen zweifachen Zweck. Der erste, ein verwaltungstechnisches Ziel, war die Befreiung des Generalgouverneurs von der Verantwortung für die Verwaltung einer Provinz, die Lord Dalhousie 1853 für zu groß gehalten hatte und die nach seiner Ansicht dem Generalgouverneur »eine Last« aufgebürdet hatte, »die mit ihrem jetzigen Gewicht mehr ist, als ein sterblicher Mensch tragen kann«. Der zweite war, zumindest in seinen Auswirkungen, eine politische Absicht, nämlich eine neue Provinz Ost-Bengalen zu schaffen, die alle Gebiete umfaßte, in der die Moslems in der Mehrheit waren. Das bedeutete die Schaffung einer Provinz mit einer Moslem-Mehrheit aus einem Gebiet, wo die Moslems bisher ständig in der Minderheit gewesen waren. Die Moslems waren nicht alle geschlossen dafür, wobei insbesondere die landbesitzenden Klassen die Teilung der Provinz ablehnten, und die Hindus waren leidenschaftlich in ihrer Ablehnung. Tausende von Artikeln und Reden wurden gegen sie geschrieben und gehalten. Lord Curzon las sie. Er fand in ihnen »keine einzige Zeile mit einem stichhaltigen Argument; sie enthielten nichts als Rhetorik und Phrasen«. Die Teilung wurde 1905 durchgeführt. Sie wurde auf dem Durbar (Empfang) in Delhi 1911 rückgängig gemacht. Aber ihre Folgen waren weitreichend. Sie diente zugleich als ein kräftiger Ansporn für den indischen Nationalismus (24) und für den Separatismus der Moslems. Keines von beiden, und ganz sicherlich nicht das erste Ziel, hatte in der Absicht des Vizekönigs gelegen. Seine in einem amtlichen Schreiben an den Staatssekretär im November 1900 geäußerte Ansicht war: »Die Kongreßpartei stolpert ihrem Ende entgegen, und eine meiner höchsten Bestrebungen während meiner Amtszeit in Indien ist, ihr zu einem friedlichen Ableben zu verhelfen.« (25) Aber die Kongreßpartei ging trotz der Gegensätze zwischen verfassungsrechtlich Gemäßigten und Extremisten aus der Amtszeit dieses Vizekönigs nicht geschwächt, sondern gestärkt hervor.

Ein wichtiger Grund für die Neubelebung der Kongreßpartei war die Empörung über eine Teilung, von der man glaubte, daß sie die politische Absicht der Briten erweise, das Bewußtsein einer Moslem-Minderheit als Gegengewicht gegen den entstehenden indischen Nationalismus aufzubauen. Der Verdacht wurde noch verstärkt durch die Morley-Minto-Reformen, die den Moslems Wahlvorteile und getrennte Wählerlisten zugestanden. In den Jahren zwischen den beiden Weltkriegen war dieser Verdacht bei der Kongreßpartei verbreitet, und er nährte sich aus den Erfahrungen der Vergangenheit und aus der vermeintlichen Voreingenommenheit zahlreicher britischer Verwaltungsbeamten zugunsten der Moslems gegen- über den Hindus. Eine Vermutung ist aber, selbst wenn sie den Anschein der Wahrscheinlichkeit hat, nicht gleichbedeu- tend mit einer überzeugenden historischen Beweisführung. Je- doch politisch kann sie, und in diesem Fall war sie es fast mit Sicherheit, von entscheidender Bedeutung sein. Sie unterstellte eine ausdrückliche britische Absicht nicht zum frühzeitigen Rückzug, sondern zur Verlängerung der britischen Herrschafts- zeit durch die Betonung der einheimischen Gegensätze in In- dien. Eine derartige Auslegung der britischen Politik, sofern sie sich auf die Übereinstimmung der Taten und Worte be- stimmter britischer Führer zu verschiedenen Zeiten mit der festgelegten Regierungspolitik über einen längeren Zeitraum stützte, war offensichtlich eine starke Vereinfachung, und eine systematische Prüfung des erst jetzt verfügbaren Beweisma- terials ist notwendig, bevor ein endgültiges historisches Urteil gewagt werden kann. Ein Punkt in bezug auf den britischen politischen Hintergrund mag indessen hier vermerkt werden. Es bestand keine Übereinstimmung in der britischen Meinung über Indien. Im Gegenteil, in der kritischen Zeit war die sach- kundige Öffentlichkeit in Großbritannien sehr besorgt und geteilter Meinung über die britische Politik in Indien. Auch konnte sie nicht zu ihren Gunsten festgelegt werden. Keine britische Regierung konnte über einen längeren Zeitraum hin- weg eine Politik in Indien vertreten, die im Widerspruch zum allgemeinen Gepräge der britischen Reichspolitik stand oder in der Heimat nicht allgemein annehmbar war. Die entschei- denden Umstände, die die britische Handlungsfreiheit in In- dien während der Jahre zwischen den beiden Weltkriegen

einschränkten, waren daher aus dem Druck der indischen Nationalisten und der Reaktion der öffentlichen Meinung und
der des Parlaments in der Heimat auf diesen Druck zusammengesetzt. In Indien wurde das zweite gern unberechtigter-
weise übersehen.

Vor diesem Hintergrund der verschiedenen indischen und britischen Interessen vollzog sich die Entwicklung zur ministerverantwortlichen Selbstverwaltung und zur verfassungsrechtlichen Stellung eines Dominions. Die Morley-Minto-Reformen
hatten die indische Vertretung im zentralen Legislativrat und
in denen der Provinzen vergrößert und dadurch das Verlangen der Kongreßpartei nach Überschreitung der Grenzlinie,
die das bloße Repräsentativsystem von der Ministerverantwortlichkeit trennte, verstärkt. Die britische Regierung hatte
sich hinsichtlich ihrer endgültigen Absichten nicht gebunden,
und als Morley diesbezüglich angegriffen wurde, hatte er —
wie schon erwähnt — in einem philosophischen Agnostizismus
Zuflucht gesucht. Die erste Verpflichtung war diejenige, die
der Staatssekretär für Indien, Edwin Montagu, 1917 einging,
als er im Namen der Regierung erklärte, die ministerverantwortliche Selbstverwaltung sei das Ziel der britischen Herrschaft in Indien. Nachdem das Ziel einmal verkündet war, ging
die Debatte fortan um Form und Zeitplan, nicht mehr um Absichten. Sie waren beide wichtig. Die Regierungsform mußte
die Beziehungen zwischen Mehrheit und Minderheiten und
auch die zukünftige Stellung der Fürsten unmittelbar berühren, während es hinsichtlich des Zeitplans wahrscheinlich keine
Abweichung von der Tradition der imperialistischen Mächte,
wenig und spät zu tun, geben würde. Aber viel wichtiger war
die selbstauferlegte Beschränkung der britischen Handlungsfreiheit. Nach 1917 waren die Briten förmlich auf die ministerverantwortliche Selbstverwaltung für Indien festgelegt.

Das bedeutete eine indische Verfassung nach dem Vorbild eines Dominions. Die indischen Nationalisten begriffen rasch die Bedeutung der Waffe, die ihnen das britische Kabinett, ohne die Folgen ganz zu übersehen, in die Hand gegeben hatte. Ein Versprechen war gegeben worden, und die Inder waren entschlossen, daß die Briten es halten sollten. Als Adolf Hitler im November 1937 in der Reichskanzlei vor dem deutschen Generalstab sprach, faßte er diesen Aspekt der Lage knapp zusammen, als er bemerkte, daß die halben Maßnahmen Großbritanniens in Indien »den Indern die Möglichkeit gegeben hätten, die Nichterfüllung der britischen Versprechen hinsichtlich einer Verfassung später als Waffe gegen Großbritannien zu verwenden«.

Die Erklärung Montagus wurde im dritten Jahr des Ersten Weltkriegs nach dem Zusammenbruch des zaristischen Rußland und vor dem Kriegseintritt der Vereinigten Staaten gemacht, als sich das Schicksal wieder zugunsten der Deutschen zu wenden schien und als die Anwesenheit der Staatsmänner aus den Dominien und der Vertreter Indiens in London zu den Beratungen der Reichskriegskonferenz und des Reichskriegskabinetts als eine ständige Mahnung an die bewaffnete Hilfe aus dem überseeischen Reich diente. War es angesichts der massiven Beiträge Indiens zu den Streitkräften des Reichs nicht sowohl gerecht als auch vernünftig zu versuchen, das wachsende Nationalgefühl durch die Zusicherung vermehrter indischer Beteiligung an der Verwaltung des Subkontinents zu beschwichtigen? Und war es unter diesen Umständen nicht auch selbstverständlich, sich vorzustellen, daß sich die größere Beteiligung nach dem Vorbild eines Dominions entwickeln würde, zumal die Dominien wärend des Krieges entscheidend an Ansehen gewonnen hatten? Die Antwort auf beide Fragen, wie sie von den Mitgliedern des Kriegskabinetts gebilligt wurde, war zustimmend. Doch es blieb ihren Nachfolgern überlassen, auf der Grundlage dieser allgemein gehaltenen Zielsetzungen praktische politische Maßnahmen in die Wege zu leiten. Das war keine leichte Aufgabe.

Die Sprache der Montagu-Erklärung war die Sprache des Durham-Berichts und, einen Schritt weiter, der verfassungsrechtlichen Stellung eines Dominions. Aber was waren deren tatsächliche Folgen? Das Kriegskabinett war zu sehr beschäftigt, um sie zu bedenken. Aber eines Tages mußte man sich ihnen stellen. Zuerst mußte die Frage des Gebiets erwogen werden. Die Montagu-Erklärung sprach von Indien, nicht von Britisch-Indien. Diese Unterscheidung war nicht ohne Bedeutung. Die allmähliche Entwicklung der staatlichen Einrichtungen der Selbstverwaltung sollte, wie es in der Erklärung heißt, »mit der Absicht der fortschreitenden Verwirklichung der ministerverantwortlichen Regierung in Indien als ein wesentlicher Bestandteil des britischen Reichs« (26) das Ziel der britischen Herrschaft sein. Da Indien den ganzen Subkontinent umfaßte, bedeutete dies die Einbeziehung der indischen Staaten, und da das repräsentative Element in der großen Mehrheit dieser Staaten vollständig fehlte, bedeutete dies notwendigerweise ein langsameres Fortschreiten auf das Ziel hin, als es die Zustände in Britisch-Indien allein rechtfertigten. Im Rahmen der internationalen Beziehungen und auch der Beziehungen innerhalb des Britischen Commonwealth war eine andere Lösung wahrscheinlich undurchführbar, wie es die verfassungsrechtlichen Berater des Vizekönigs 1929 in der Tat bestätigten (27), als sie diese Frage neben anderen ähnlichen Fragen untersuchten, während in Indien selbst irgendeine Unterscheidung hinsichtlich der Ziele für Britisch-Indien und das Indien der Fürsten nicht zu Unrecht als ein klassisches Beispiel eines imperialistischen Versuchs der Taktik des »Teile und

herrsche« ausgelegt worden wäre. Aber der Preis für einen
gemeinsamen Fortschritt war der altbekannte, daß die zurückgebliebenen Staaten die weiter fortgeschrittenen hemmten.
Es gab gewichtigere Streitfragen. Ministerverantwortliche Regierung schloß die verfassungsrechtliche Stellung eines Dominions mit ein, war aber nicht gleichbedeutend damit. Das Gesetz von 1919 zur Verwaltung von Indien, das das Montagu-
Chelmsford-Reformprogramm verwirklichte, errichtete ein
zweigeteiltes Regierungssystem in den Provinzen Britisch-Indiens, wobei die Verantwortung für ausgewählte Bereiche indischen Ministern übertragen wurde, die gewählten indischen
Legislativen verantwortlich waren, und in der Zentralregierung ein Repräsentantenhaus und einen Staatsrat jeweils mit
einer Mehrheit von gewählten Mitgliedern, wobei keines von
beiden eine Aufsichtsbefugnis über den Vizekönig und dessen
Exekutive besaß, zusammen mit einer Fürstenkammer als beratender Körperschaft. Diese Reformen sollten Schritte auf
dem Weg zur ministerverantwortlichen Regierung sein, obwohl sie bescheidener waren, als die öffentliche Meinung in
Indien gehofft hatte. Aber sie hatten keine Bedeutung für die
Stellung Indiens. Sie dienten allerdings dazu, die Tatsache zu
unterstreichen, daß die Stellung Indiens im Commonwealth
und in der Welt dessen Regierungsform überholt hatte. Zu
Hause konnte die fortdauernde Abhängigkeit Indiens nicht in
Frage gestellt werden; im Ausland hatte es zumindest den
äußeren Anschein der Autonomie. Indien war zusammen mit
den Dominien auf der Reichskriegskonferenz von 1917 und
im Reichskriegskabinett vertreten; es war einer der Unterzeichner des Versailler Vertrags und ein Gründungsmitglied
des Völkerbunds. Zwar wurden seine Vertreter vom Staatssekretär ernannt, jedoch konnte man der Meinung sein, dies
allein verringere noch nicht die dem Land im Ausland einge-

räumte Stellung. Und auf jeden Fall hatte sich die internationale Eigenständigkeit Indiens schon weiter entwickelt als seine innere Selbstverwaltung. Dennoch war Selbstverwaltung — und nicht die verfassungsrechtliche Stellung eines Dominions — das erklärte Ziel der britischen Herrschaft. War es denn denkbar, daß Indien die verfassungsrechtliche Stellung eines Dominions ohne oder nur in Erwartung der Erwerbung und der Ausübung der ministerverantwortlichen Regierung zugestanden werden könnte? Rechtlich war es nicht unmöglich, wie spätere Entwicklungen im Commonwealth beweisen sollten, aber politisch war es ausgeschlossen, wenn auch nur, weil die britische Herrschaft (*Raj*), durch den raschen Fortschritt in der verfassungsrechtlichen Stellung der Dominien aufgeschreckt, darauf bedacht war, den Tag der Entstehung eines indischen Dominions eher hinauszuzögern als zu beschleunigen, und daher geneigt war, auf ministerverantwortlicher Regierung als Vorbedingung zu beharren.

Im April 1929 bat der Vizekönig, Lord Irwin, seine Ratgeber um eine Aufstellung über (a) die verfassungsrechtliche Stellung der Dominien und was sie in der Praxis auf Indien angewandt bedeuten würde, (b) inwieweit die britische Regierung jemals eine Verpflichtung eingegangen war, auf dieses Ziel hinzuarbeiten, (c) in welchem Maß die öffentliche Meinung in Indien dies gefordert hatte (28). Diese Fragen und die Antworten darauf enthüllten die Zwiespältigkeit der britischen Politik nach der Erklärung Montagus und auch die Schwierigkeiten des britischen Standpunkts von Delhi aus gesehen. Beides hatte eine gemeinsame Ursache. Im Jahr 1917 war die ministerverantwortliche Regierung für sich beruhigend, obwohl sie letzten Endes auf ein Dominion hinauslief. Sie hatte eine feststehende und bleibende Bedeutung, die verfassungsrechtliche Stellung eines Dominions dagegen nicht. Das Jahrzehnt nach der Erklärung Montagus erlebte die Umwandlung des alten Systems der Beziehungen Großbritanniens zu den Dominien, mit der gesicherten britischen Vorherrschaft, in die neue Staatenverbindung gemäß der Formel Balfours, mit Gleichberechtigung als der zugrunde liegenden Lehre. Es ist nicht weiter erstaunlich, daß die Berater der britischen Herrschaft in Indien (*Raj*) in der Tatsache, daß 1917 Indien ausdrücklich ministerverantwortliche Regierung versprochen worden war, Rückversicherung suchten. Das war auch im Montagu-Chelmsford-Bericht und in den Ausführungen des Vizekönigs, Lord Chelmsford, und des Staatssekretärs, Edwin Montagu, darüber noch einmal zugesichert worden. Der Herzog von Connaught hatte indessen bei der feierlichen Eröffnungssitzung des neuen Staatsrats und des neuen Repräsentantenhauses am 9. Februar 1921 eine Botschaft des Königs und Kaisers bekanntgegeben, die auf die »Anfänge von *Swaraj* (Selbstregierung) in meinem Reich« und auf »den weitesten Spielraum und die umfangreichen Möglichkeiten für den Fortschritt zu der Freiheit, deren sich meine anderen Dominien erfreuen«, Bezug nahm — eine Redewendung, die mehr als nur eine Auslegung zuließ; doch dann hatte sich Lord Reading, als Vizekönig, noch einmal auf gesicherteren Boden zurückgezogen, als er von der »hohen Bestimmung« sprach, die Indien als Partner im Britischen Weltreich erwartete. Der erste Staatssekretär der Labourpartei, Lord Ollivier, war verständlicherweise offenherziger, als er 1924 sagte, daß die Regierung Seiner Majestät selbst dasselbe endgültige Ziel anstrebe wie die indische *Swaraj*-Partei, nämlich »die ministerverantwortliche Dominion-Regierung Indiens«. Im wesentlichen wurde das von Stanley Baldwin am 24. Mai 1927 wiederholt, als er davon sprach, Indien würde »zu gegebener Zeit« in »gleichberechtigter Partnerschaft mit den Dominien«

stehen. Während diese späteren Feststellungen die Richtung des britischen Denkens andeuteten, waren sie nicht gleichbedeutend mit formellen Verpflichtungen. Einige von ihnen wurden 1924 verständlicherweise von der Kongreßpartei als Beweise dafür aufgegriffen, daß ministerverantwortliche Regierung notwendigerweise die verfassungsrechtliche Stellung eines Dominions mit einbegriff: trotz der gegenteiligen und umstrittenen Auslegung durch das Mitglied des Exekutivrates für innere Angelegenheiten Sir Malcolm Hailey, der für die Regierung Indiens sprach (29).

Der indische Nationalkongreß machte sich, im Gegensatz zu *Sinn Féin*, die Idee eines Dominions als Ziel zu eigen. 1906 verabschiedete er als sein Ziel »die Erreichung eines Regierungssystems für Indien ähnlich dem, dessen sich die Dominien des Britischen Weltreichs mit Selbstverwaltung erfreuen«. 1916 schlug die Kongreßpartei gemeinsam mit der Moslem-Liga vor, Indien sollte »von der Stellung eines abhängigen Gebiets auf die eines den Dominien mit Selbstverwaltung gleichberechtigten Partners im Reich emporgehoben werden«. 1924 erwähnte Gandhi als Alternativen für Indien *Swaraj* auf der Grundlage der Gleichberechtigung innerhalb oder, wenn die britische Regierung dies notwendig mache, außerhalb des Reichs. Die erste Empfehlung der Konferenz aller Parteien von 1928 unter dem Vorsitz Motilal Nehrus, die auf Artikel I des britisch-irischen Vertrags fußte, hatte folgenden Wortlaut: »Indien soll die gleiche verfassungsrechtliche Stellung innerhalb der als Britisches Weltreich bekannten Gemeinschaft der Nationen haben wie das Dominion von Kanada, das Commonwealth von Australien, das Dominion von Neuseeland, die Südafrikanische Union und der Irische Freistaat: mit einem Parlament, das befugt ist, Gesetze für den Frieden, die Ordnung und die gute Verwaltung Indiens zu erlassen, und

mit einer dem Parlament verantwortlichen Exekutive, und
soll bekannt und benannt sein als das Commonwealth von
Indien.« Es war und sollte ein Absatz sein, der ministerverantwortliche Regierung fest mit der verfassungsrechtlichen
Stellung eines Dominions verband. Motilal Nehru betrachtete
die verfassungsrechtliche Stellung eines Dominions nicht als
ein endgültiges Ziel; er sprach sich zugunsten einer »vollständigen Unabhängigkeit« aus, aber nicht gegen die volle verfassungsrechtliche Stellung eines Dominions, »so voll wie sie irgendein Dominion heutzutage besitzt« (30).

Die verfassungsrechtlichen Berater des Vizekönigs bemerkten
1929, daß, während die Forderung der Inder nach der gleichen Stellung wie die anderen Dominien gleich bleibe, sich
deren verfassungsrechtliche Stellung wandle und so das Wesen der Forderung verändere. Das war es, was die britische
Regierung zu einer vorsichtigeren Haltung bewogen hatte.
Man gab hierfür vornehmlich zwei besondere Gründe an: erstens den Inhalt des Balfour-Berichts über die Beziehungen
innerhalb des Reichs vom Jahr 1926 und zweitens die Behauptung der Inder, die verfassungsrechtliche Stellung eines
Dominions beinhalte nach diesem Zeitpunkt das Recht zum
Ausscheiden. Aber so beunruhigend die Aussicht auf die verfassungsrechtliche Stellung eines Dominions in ihren neugefaß-
ten und sich entwickelnden Erscheinungsformen in mancher
Hinsicht der britischen Herrschaft (*Raj*) in Delhi auch erscheinen mochte, es gab auch gegenteilige und beruhigendere Überlegungen. Da war die Unterscheidung, die der Balfour-Bericht
zwischen Stellung und Funktion gemacht hatte, die, wie es
dem Vizekönig von seinen Beratern eingeredet worden war,
ein Verhältnis zwischen Großbritannien und einem indischen
Dominion ermöglichen könnte, das zwar eine gleichberechtigte
Stellung zugestehen, aber eine fortdauernde funktionale Un-

gleichheit ermöglichen würde, die weiterhin die Ausübung britischer Verantwortung in bestimmten Bereichen erlauben würde. Noch wichtiger war das Gegenstück zum Bestehen der Kongreßpartei auf der verfassungsrechtlichen Stellung eines Dominions als notwendige Ergänzung der ministerverantwortlichen Selbstregierung — nämlich das Bestehen der britischen Regierung auf der ministerverantwortlichen Selbstregierung als notwendiger Entsprechung und Vorbedingung für die verfassungsrechtliche Stellung eines Dominions.

Die Auseinandersetzung trat mit der Veröffentlichung des Berichts des Simon-Ausschusses 1929 in ihre umstrittenste Phase ein. Der allein aus Briten bestehende Ausschuß, der zur Untersuchung der Arbeitsweise des durch das Gesetz zur Verwaltung von Indien 1919 geschaffenen zweigeteilten Regierungssystems ernannt und von indischen Führern und Parteien während seiner Erhebungen boykottiert wurde, sah die zahlreichen Schwierigkeiten der Übertragung eines Systems der ministerverantwortlichen Regierung auf Indien und vermied daher in seinem Bericht jeden Hinweis auf die verfassungsrechtliche Stellung eines Dominions als Ziel. Angesichts der Empörung der Inder machte der Vizekönig, Lord Irwin, dieses Versäumnis (31) am 31. Oktober 1929 in kategorischen Worten wieder gut, indem er sagte, aus der Erklärung von 1917 folge notwendigerweise, daß die Erreichung der verfassungsrechtlichen Stellung eines Dominions als das natürliche Ergebnis der verfassungsmäßigen Entwicklung Indiens betrachtet werden müsse. Aber bedeutete sie, trotz der öffentlichen Auseinandersetzungen, die sein Eingreifen auslösten und umgaben, einschließlich der scharfen Proteste des rechten Flügels gegen seine Zusicherungen der verfassungsrechtlichen Stellung eines Dominions in Großbritannien, wirklich einen Neuanfang? War es denkbar, daß sich die britische Regierung auf den Buchstaben einer ministerverantwortlichen Regierung versteift und den stillschweigend darin miteinbegriffenen Geist der verfassungsrechtlichen Stellung eines Dominions zurückgewiesen hätte?

Das Amt für innere Angelegenheiten (in Indien) hatte sein Memorandum vom Juni 1929 über die verfassungsrechtliche Stellung der Dominien für den Vizekönig fertiggestellt, bevor er seine Erklärung abgab. Die Beweisführung im Memorandum besagte, daß die Bedeutung der Unterscheidung zwischen ministerverantwortlicher Regierung und verfassungsrechtlicher Stellung eines Dominions praktisch belanglos war. Der diesbezügliche Abschnitt lautete: »... sind die Folgerungen aus der verfassungsrechtlichen Stellung eines Dominions jetzt so weitreichend, daß sich die Reichsregierung nicht in der Lage fühlt, ehrlich zu behaupten, die verfassungsrechtliche Stellung eines Dominions sei ebenso das Ziel ihrer Politik wie die ministerverantwortliche Regierung? Die Antwort dürfte negativ ausfallen, da die Folgen der verfassungsrechtlichen Stellung eines Dominions zusammen mit denen der ministerverantwortlichen Regierung betrachtet werden müssen. In beiden Fällen, ganz gleich ob das Ziel des Parlaments die ministerverantwortliche Regierung oder die verfassungsrechtliche Stellung eines Dominions ist, ist das Problem im wesentlichen dasselbe, nämlich wieweit die Regierung Indiens aus der äußeren Überwachung entlassen werden kann. In keinem von beiden Fällen kann die Verwirklichung der Politik durch einen Federstrich erreicht werden. Die verfassungsrechtliche Stellung eines Dominions kann in Wirklichkeit erst erreicht werden, wenn das Ziel der ministerverantwortlichen Regierung schon vorher erreicht worden ist. Wenn wir einmal annehmen, daß die ungeheuren Hindernisse auf dem Weg zur vollen ministerverantwortlichen Regierung erfolgreich beseitigt worden sind, daß die gesamte Exekutive und Legislative in Indien mit dem Willen der indischen Wählerschaft in Übereinstimmung gebracht worden ist und das (britische) Parlament überhaupt aufgehört hat, für die Regierung Indiens verantwortlich zu sein, dann würde vermutlich daraus folgen, daß die Reichsregierung, selbst wenn sie es wünschte, nicht mehr in der Lage sein könnte, Indien die gleiche Stellung wie den anderen autonomen Einheiten des Reichs zu verweigern, die auch die verfassungsrechtliche Stellung eines Dominions auf dem gleichen Weg der ministerverantwortlichen Regierung erreicht haben. Wenn irgend etwas an dieser Beweisführung wahr ist, dann könnte die Schwierigkeit für die Annahme der verfassungsrechtlichen Stellung eines Dominions als Ziel der britischen Politik kaum, wenn überhaupt, größer sein als die Schwierigkeit, die mit ministerverantwortlicher Regierung als der erklärten Politik des britischen Parlaments verbunden ist; und die Verflechtung beider Probleme kann als so eng betrachtet werden, daß die endgültige Erreichung der vollen ministerverantwortlichen Regierung automatisch die Verwirklichung der verfassungsrechtlichen Stellung eines Dominions nach sich ziehen dürfte.«

In den dreißiger Jahren wurde die Richtigkeit dieser Analyse bestätigt. Die bei jedem Schritt von den Unentwegten im Land und im Unterhaus angegriffene britische Regierung erreichte durch die Londoner Round-Table-Konferenzen in den Jahren 1930/31 und durch einen parlamentarischen Untersuchungsausschuß die Verabschiedung des Gesetzes zur Regierung Indiens von 1935, das Churchill mit großem Pathos als »ein gräßliches, von Pygmäen erbautes Scheindenkmal« (32) verurteilte. Sie bedeutete einen Fortschritt in Richtung auf die ministerverantwortliche Regierung in Britisch-Indien und auf einen Britisch-Indien und die Fürstenstaaten umfassenden ge-

samtindischen Bundesstaat ohne die geringste Andeutung, daß
die Bildung eines Bundes von ministerverantwortlicher oder
auch nur repräsentativer Regierung in den Fürstenstaaten abhängen würde.

Das Gesetz zur Regierung Indiens von 1935 war in seiner
ganzen Ausführlichkeit und Vielseitigkeit ein bedeutendes
Staatsdokument. Zu gegebener Zeit sollte es einem größeren
Zweck dienen, nämlich als Mittel zur Übertragung der Macht,
sowohl rasch als auch in verfassungsrechtlich geordneten Bahnen. Aber in seinen unmittelbaren Zielen war es nur teilweise
erfolgreich. Es hatte einen bedeutenden und einen grundsätzlichen Nachteil. Die Präambel, die das Gesetz als eine Maßnahme »zur weiteren Regelung der Regierung Indiens« beschrieb, enthielt keinen Hinweis auf die verfassungsrechtliche
Stellung eines Dominions, und das Gesetz enthielt auch keine
Bestimmungen zur Erreichung dieses Zieles. Aber der grundsätzliche Nachteil war die Tatsache, daß die Gesetzesvorlage
in London entworfen und beraten worden war. Die Verfassungen der anderen Dominien waren zu Hause entworfen
worden. Mahatma Gandhi beharrte darauf, daß die Verfassung eines freien Indien diesen Präzedenzfällen folgen sollte.
Da das Gesetz zur Regierung von Indien dies nicht tat, hatte
er keine Verwendung dafür und lehnte es trotz des Zuspruchs
von Pandit Nehru ab, seine Bestimmungen zu lesen. Unter
solchen Umständen war es nicht erstaunlich, daß das Gesetz
weder das Vertrauen noch die Zustimmung der nationalistischen Führer der Kongreßpartei und der Moslem-Liga gewann. Es war in der Tat ein sehr konservatives Schriftstück.
Der Indische Bund, den das Gesetz im Auge hatte, sollte erst
möglich werden, wenn zwei Drittel der Fürsten zugestimmt
hatten, und auch dann, falls und wenn sie das getan hatten,
sollte die Stellung der Fürsten im Bund stark abgesichert wer-

den. Eine 1937 für den Vizekönig erstellte Berechnung zeigte, daß, wenn die erforderliche Anzahl Fürsten dem Bund beitrat, es einen Bundestag mit 346 Mitgliedern geben würde und daß auf der Grundlage der Wahlergebnisse in den Provinzen die Kongreßpartei trotz ihrer dortigen eindrucksvollen Ergebnisse kaum mehr als 100 Sitze erobern könnte. »Eine Kongreßpartei mit einer Stärke von 100 Sitzen in einem Unterhaus von 346«, kommentierte der Staatssekretär, als ihm dieser Voranschlag unterbreitet wurde, »ist nicht sehr beunruhigend ...« (33) Nach Ansicht der Kongreßpartei war das Ausmaß und die Fülle der dem Vizekönig und den Provinzgouverneuren vorbehaltenen Vollmachten ebenso unannehmbar wie das Wahlsystem mit seinen eingebauten Gegengewichten und Gewichtsverschiebungen. Und die Kongreßpartei stand mit ihrer Ablehnung nicht allein. Jinnah sagte, das Gesetz bestehe zu 98 Prozent aus Vorbehalten.

Die bundesstaatlichen Bestimmungen des Gesetzes von 1935 traten niemals in Kraft, weil keine ausreichende Anzahl von Fürsten dem vorgeschlagenen Bund zustimmte. 1937 wurden jedoch nach den Bestimmungen des Gesetzes Provinzwahlen abgehalten. Sie bewiesen die starke Organisation der Kongreßpartei und deren Rückhalt beim Volk. Nach langwierigen Auseinandersetzungen zwischen den Führern der Kongreßpartei und dem Vizekönig über die Ausübung der Vorbehaltsrechte der Provinzgouverneure folgte den Wahlen die Bildung von Ministerien der Kongreßpartei in den Provinzen, in denen die Kongreßpartei die Mehrheit errungen hatte. Mit deren Bildung begann eine neue Epoche in der Geschichte Indiens.

Hinsichtlich der ministerverantwortlichen Regierung, der verfassungsrechtlichen Stellung eines Dominions und der Teilung bildete das Jahrzehnt von 1937 bis 1947 eine Einheit eigener

Art. Zu Beginn des Jahrzehnts hatte die britische Regierung eine Ausweitung des Bereichs der ministerverantwortlichen Regierung zugestanden, während sie ihre abwartende Einstellung zur verfassungsrechtlichen Stellung eines Dominions beibehielt und ihr Vertrauen auf einen Bundesstaat setzte; die Kongreßpartei und die Moslem-Liga bereiteten sich, nur im ersten Fall mit Erfolg (34), auf die Ausnutzung der politischen Möglichkeiten einer Massenwählerschaft vor; und die Kongreßpartei stellte sich darauf ein, das Ziel der verfassungsrechtlichen Stellung eines Dominions im Commonwealth zugunsten von *Purna Swaraj* oder vollständiger Unabhängigkeit abzulehnen. Am Ende des Jahrzehnts war die ministerverantwortliche Regierung eine Tatsache; der Gedanke der Föderation war tot, ohne jemals erprobt worden zu sein; und Indien war geteilt, aber nicht mehr in Britisch-Indien und die Fürstenstaaten, sondern in Pakistan und Hindustan. Die verfassungsrechtliche Stellung eines Dominions wurde endlich verwirklicht als ein Mittel, durch das die Macht wirksam und rasch übertragen werden konnte. Aber die konservativeren Kräfte in Großbritannien blieben mißtrauisch wegen der darin enthaltenen Möglichkeiten der Weiterentwicklung, und ebenso der Indische Nationalkongreß, der jahrelang den gewichtigen Bänden, in denen Professor A. B. Keith (35) mit beispielloser Gelehrsamkeit die noch bestehenden Ungleichheiten in der verfassungsrechtlichen Stellung der Dominien darlegte, zu viel und den wirklichen Taten Mackenzie Kings zu wenig Aufmerksamkeit schenkte, weil sie der Unabhängigkeit nicht entsprach. Die Hauptbeteiligten unterlagen so, in einer Zeit des Rückzugs des Reichs, der inneren Teilung und der nationalen Revolution, der Anziehungskraft der Lehren des Commonwealth, und zwar mit einem Nachdruck, den wenige von ihnen erkannten und die Nachwelt kaum glauben wird.

Fünftes Kapitel

Befriedung und Krieg:
Die Rolle des Commonwealth

»In diesem Mutterland«, sagte Winston Churchill dem Unterhaus in der Debatte über das Westminster-Statut im November 1931, »machten wir uns die Ansicht derer zu eigen, die die Verpflichtungen und Bindungen des Reichs auf ein Mindestmaß beschränkt wissen wollen; wir gaben das ganze System der Souveränität und des Verfassungsrechts preis, dem unsere Vorfahren und selbst noch die Spätviktorianer die größte Bedeutung beimaßen. Eingedenk dessen und eingedenk der Atmosphäre jener noch nicht lang zurückliegenden Tage sowie des Geistes jener Tage, kann ich mir nicht vorstellen, daß wir irrten, und ich kann mir nicht vorstellen, daß wir uns jetzt irren. Ich glaube, daß wir dort, wo es sich um die großen Dominien der Krone mit Selbstregierung handelt, verpflichtet sind, kühn die größere Hoffnung zu ergreifen ...« (1) Diese Worte könnten so ausgelegt werden, daß auf britischer Seite der ganze Vorgang der Neubestimmung ein Akt des Vertrauens gewesen war. Es war gewiß Vertrauen dabei, und dieses Vertrauen ließ sich um so leichter in den Jahren aufrechterhalten, als die Aussicht auf einen Weltkrieg entfernt oder für die begeisterten Anhänger des Völkerbunds nicht vorhanden zu sein schien. Es wurde kräftig unterstützt durch eine idealisierte Auffassung des Commonwealth, für die zahlreiche zeitgenössische Schriften, nicht zuletzt *Civitas Dei* von

Lionel Curtis, überschwenglich Zeugnis ablegen, und auch durch eine leidenschaftslosere Beurteilung, die in der neuen Beziehung einen Ausweg aus dem Imperialismus sah, und zwar durch einen Versuch der freiwilligen und gleichberechtigten Verbindung von Nationen. War nicht allein das letztere ein ausreichender Grund, um mit Großzügigkeit, Kühnheit und Phantasie vorzugehen?

Hätte es irgendeine durchführbare Alternative zum Commonwealth in der Form einer Reichsföderation oder eines anderen zentralisierenden Systems gegeben, so hätte es wahrscheinlich keine so überzeugte britische Antwort im Gegensatz zu der der Dominien gegeben. »Ich hatte Bedenken«, sagte Churchill über den Balfour-Bericht von 1926, »daß wir unnötigerweise alte, bekannte Wahrzeichen und Marksteine beseitigten, die trotz ihres Alters historische Bedeutung und historischen Wert besitzen. Ich erinnere mich, daß jener große Staatsmann, der verstorbene Lord Balfour, mit dem ich diese Angelegenheit sehr oft durchsprach, mir antwortete und mich bis zu einem gewissen Grad beruhigte, als er sagte: ›Ich glaube nicht an hölzerne Kanonen.‹ Ich hielt das für eine sehr bedeutsame Bemerkung. Er sah keinen Vorteil darin, Rechte und Befugnisse aufrechtzuerhalten, auf die wir uns in der Praxis nicht wirksam würden stützen können. Ich setze immer noch großes Vertrauen in die ruhige, leuchtende Weisheit jenes großen Mannes in seinen späten Jahren.« (2) Aber wären die Kanonen nicht hölzern gewesen, wäre Churchill wohl nicht so leicht ausgesöhnt gewesen. Diejenigen, die das 20. Jahrhundert für das Zeitalter des demokratischen Fortschritts und des einfachen Mannes in seiner ganzen natürlichen Rechtschaffenheit hielten, betrachteten den Abbau des Reichs mit leichtgläubiger Zuversicht, während diejenigen, die fürchteten, das Jahrhundert werde wahrscheinlich von Kriegen im allergrößten Maßstab beherrscht sein, über die gelockerten Bindungen im Commonwealth und die daraus folgende scheinbare Untergrabung der britischen Macht besorgt waren. Regierungen, und besonders britische Regierungen, waren in den dreißiger Jahren durch heraufziehende Gefahren gezwungen, sich selbst und andere zu fragen, was die verfassungsrechtliche Stellung der Dominien, wie sie zwischen 1926 und 1931 neu bestimmt worden war, hinsichtlich der Bereitwilligkeit und der Fähigkeit des Commonwealth zur Führung eines Krieges bedeutete. Die Verfasser des Balfour-Berichts hatten die Meinung geäußert, daß als Folge der vollen Autonomie der Dominien in äußeren wie in inneren Angelegenheiten keine gemeinsame Sache leiden würde. In den dreißiger Jahren wurde diese Überzeugung auf eine frühere und härtere Probe gestellt, als sie vorausgesehen haben können.

Als die Kriegsgefahr wieder auftauchte, mußten bestimmte grundsätzliche Überlegungen über die Rolle der Dominien jede britische Regierung beschäftigen. Die verfassungsrechtlichen Fortschritte der Dominien in den zwanziger und frühen dreißiger Jahren waren, obwohl nicht eigentlich das Nebenprodukt eines Sicherheitsgefühls, in vielen Kreisen wegen der vom Völkerbund gewährleisteten vermeintlichen Sicherheit gegen Krieg bereitwilliger hingenommen worden. Sobald diese Sicherheit unzureichend zu erscheinen begann, erkannte die amtliche und in der Tat auch die nichtamtliche Meinung in London zum erstenmal das neue Element der Unsicherheit in den britischen Planungen und Vorstellungen, das durch die getrennte Verantwortung der Dominien in der Außenpolitik bedingt war. Diese Erkenntnis wurde von einem neuen Verständnis für die Verschiedenartigkeit der Interessen der Dominien und der Faktoren, die deren Politik vermutlich beeinflussen würden, begleitet. Kanadas Sorge um die nationale

Einheit; Südafrikas Bestreben, europäische Kriege aus dem afrikanischen Kontinent fernzuhalten; Australiens Besorgnisse über einen Krieg auf zwei Ozeanen und sein Gefühl, Angriffen aus dem unmittelbaren Norden ausgesetzt zu sein; irischer Groll über die fortdauernde britische Besetzung der Vertragshäfen, nicht nur aufgrund der beeinträchtigten nationalen Souveränität, sondern auch als Einengung der irischen Handlungsfreiheit in der Praxis — alle diese Faktoren mußten in Betracht gezogen werden. Es genügte für die Regierung des Vereinigten Königreichs nicht, in allgemeinen Begriffen und im Interesse des Vereinigten Königreichs zu versuchen, dem neuen Ideal der gleichberechtigten Partnerschaft der Dominien im Commonwealth der Nationen Inhalt und Wirksamkeit zu geben, sondern sie mußte außerdem mit der Tatsache rechnen, daß künftig die Einheit der Politik des Commonwealth, selbst angesichts ernster Gefahren, nicht länger vorausgesetzt werden konnte, sondern in jedem Fall geduldig darauf hingearbeitet werden mußte. Es mußten Fragen von entscheidender Bedeutung gestellt werden. Unter welchen Umständen konnte das Vereinigte Königreich mit der Unterstützung der Dominien oder der Mehrheit der Dominien in einem Krieg rechnen? War es, genauer gesagt, sicher, daß die Dominien in einem Krieg zur Erzwingung der Autorität des Völkerbunds oder in einem Krieg zur Erhaltung der Friedensverträge, die so viele ihrer Führer verurteilt hatten und weiterhin ablehnten, oder in einem Krieg für die Sicherheit und das Fortbestehen des Reichs kämpfen würden? Das waren Fragen, auf die die Antworten in den frühen dreißiger Jahren noch ganz oder zum Teil ausstanden und die erst durch den Ernstfall geklärt werden konnten. Spätere Kommentatoren, der Fehlurteile aus der Vorkriegszeit zu sehr eingedenk, neigen dazu, die Fragen zu übersehen und infolgedessen die Leistung nicht zu beachten. Ein im wesentlichen geeintes Commonwealth trat 1939 in den Krieg ein und ging 1945 siegreich daraus hervor.

Die Probezeit für das Commonwealth begann, weltpolitisch gesehen, 1931 im Jahr des japanischen Angriffs auf die Mandschurei. Der Zeitpunkt dafür war gut gewählt. Es herrschte Verwirrung und Unordnung in China, und im Britischen Commonwealth und in den Vereinigten Staaten war man damit beschäftigt, durch die Anwendung nahezu verzweifelter Hilfsmaßnahmen die zusammenbrechenden Märkte zu stützen. Von den Dominien waren Australien und Neuseeland räumlich am meisten betroffen. Andere weit vom Pazifik entfernte Länder dachten, die Zeit sei gekommen, die Autorität des Völkerbundes durchzusetzen; aber selbst nach dem Unternehmen der japanischen Seestreitkräfte gegen Schanghai blieb die Haltung der australischen Regierung zurückhaltend. Wie es hieß, hielt die öffentliche Meinung militärische Maßnahmen für »undenkbar«, und die australische Regierung wartete im Bewußtsein der »Verwundbarkeit unseres leeren Nordens« und der fast vollständigen Abhängigkeit Australiens von der Königlichen Marine auf Großbritannien und die Vereinigten Staaten. Auch in Kanada war Vorsicht der Grundton. Die Regierung war bereit, die Beschlüsse des Völkerbunds anzuerkennen, glaubte aber, es sei nicht die Aufgabe einer kleinen Macht, die Initiative zu ergreifen. Es wurde berichtet, der kanadische Delegierte habe, da ausreichende Instruktionen aus der Heimat fehlten, in der Genfer Debatte über den Lytton-Bericht bezüglich der Vorgänge in der Mandschurei »überzeugend für beide Seiten der Frage« und im Grund genommen mit lobenswerter Vorsicht im Licht eines späteren Ereignisses gesprochen. Südafrika und der Irische Freistaat waren für einen härteren Kurs, aber sie waren auch weiter weg. Alles

in allem diente das Ergebnis des Zwischenfalls in der Mandschurei dazu, die Schwierigkeiten des gemeinsamen Handelns
im Fernen Osten ohne die Vereinigten Staaten zu unterstreichen und die Lehre klarzumachen, daß die Entschließung eines
nicht die ganze Welt umfassenden Völkerbunds im Pazifik
keine Gültigkeit haben konnte noch hatte. Wie verhielt es
sich im Mittelmeer?

Im September 1935 entschloß sich Mussolini zum Einmarsch
in Abessinien: »mit Genf, ohne Genf oder gegen Genf«. Diesmal gab es keinen Anlaß zu einer langwierigen Untersuchung
dessen, was vorgefallen war. Am 7. Oktober 1935 wurde
Italien vom Völkerbund als Aggressor gebrandmarkt. Alle
Dominien pflichteten dieser Erklärung bei. Kurz darauf folgte
in Genf die Rede des britischen Außenministers, Sir Samuel
Hoare, die in sehr klaren Worten die britische Unterstützung
des Völkerbunds und der Sanktionen verkündete. Wie weit
waren die Dominien selbst bereit zu gehen? Die Herbstwahl
in Kanada brachte Mackenzie King wieder ins Amt. Seine
Regierung gab eine Erklärung heraus, die besagte, daß das
Fehlen von drei Großmächten im Völkerbund, sein Versagen
bei der Durchsetzung der Abrüstung und die Abgeneigtheit
seiner Mitglieder, Sanktionen in überseeischen Ländern zu
erzwingen, die Schwierigkeit der Übernahme von Verpflichtungen im voraus vergrößert hätten. Folglich »erkannte« Kanada »keine Verpflichtung zur Durchführung militärischer
Sanktionen an, und darüber könnte nur das Parlament entscheiden«. Am 2. November 1935 plädierte der kanadische
Delegierte, Walter Riddell (3), der seine unzureichenden Instruktionen falsch auslegte und durch seinen eigenen Eifer
mitgerissen wurde, für Sanktionen hinsichtlich Petroleum,
Kohle, Eisen und Stahl gegen Italien. In Rom wurden diese
Sanktionen als »die kanadischen Vorschläge« gebrandmarkt.

In Ottawa las Mackenzie King seine Montagszeitung mit
Erstaunen«, während die Reaktion in Quebec scharf und un-
günstig war. Kurz darauf wurde Riddell berichtigt, in einer
Erklärung, die Ernest Lapointe, Justizminister, führender
Frankokanadier im Kabinett und lebenslänglicher politischer
Verbündeter Mackenzie Kings, erließ, während der kana-
dische Premierminister in Washington weilte. Die kanadische
Ablehnung bedeutete nicht Widerspruch gegen Sanktionen
dieser Art, sondern daß Kanada nicht wünschte, die Initiative
zu ergreifen. »Nur vom Ruhm der Führerschaft zog sich die
Regierung mit so raschen Schritten zurück«, schrieb ein Historiker der kanadischen Diplomatie (4). Aber Mackenzie
King war ernsthaft beunruhigt. »Was war das für ein un-
glückseliger Schritt Riddells in Genf«, schrieb er an Vincent
Massey. »Hätten wir nicht klar gemacht, daß es Riddell war,
der für sich selbst sprach, ... hätte man Kanada für alle Zeiten verantwortlich machen können, Europa in Flammen gesetzt zu haben...« (5) Später ging er so weit, dem kanadischen
Unterhaus zu sagen, daß, wenn sein rascher Rückzug von der
unvorsichtigen Initiative des kanadischen Delegierten nicht
gewesen wäre, »heute ganz Europa in Flammen stehen
könnte« (6). Die in Ottawa gezogene Lehre war die der ge-
botenen vorsichtigen Zurückhaltung, während die Gefahren
in Europa und dem Fernen Osten zunahmen.
Aus Südafrika, dem Irischen Freistaat und Neuseeland kamen
tatkräftige und fortdauernde Unterstützung für den Völkerbund und die Sanktionen gegen Italien. Die südafrikanische
Politik fußte fest auf den Interessen Südafrikas. In Genf
sprach der redegewandte Sprecher der Südafrikanischen
Union, Charles te Water, von der Gefahr, der sich abenteu-
ernde Nationen aussetzten, von den schwarzen Völkern Afrikas, die niemals ein Unrecht vergaben oder vergaßen, und

von der Gefahr für »unsere eigene weiße Zivilisation« durch die gewaltsame Ausbreitung europäischer Bestrebungen nach Afrika. Die Labour-Regierung Neuseelands unterstützte eifrig den Völkerbund mit Sanktionen. Ihr Ideal war soziale Sicherheit im Innern und internationale Sicherheit in Übersee. Im Irischen Freistaat war die Verhängung von Sanktionen gegen Italien von der Sache her bedeutungslos, aber psychologisch umstritten, weil Sanktionen, wenn auch nur nominell in ihrer Wirkung, durch ein katholisches Land gegen das Heimatland des Papsttums das Gewissen vieler Gläubigen beunruhigte. Auch bot die Tatsache, daß deren Verhängung enge Zusammenarbeit mit Großbritannien in Genf bedeutete, keine ausgleichende Empfehlung. Im Gegenteil, verletzt durch die Kritik der Opposition in diesem Punkt, wurde de Valera veranlaßt zu erwidern: »Wenn dein schlimmster Feind auf dem gleichen Weg in den Himmel geht wie du, kehrst du aus diesem Grund nicht um und gehst in die entgegengesetzte Richtung.« Aber es war auch ersichtlich, daß jede derartige englisch-irische Zusammenarbeit in internationalen Angelegenheiten nur unter der Schirmherrschaft des Völkerbunds möglich war. Die Deckung, die er bieten konnte, sah nach dem Dezember 1935, als das britische Eintreten für Sanktionen unter den Würdelosigkeiten des Hoare-Laval-Paktes zusammenbrach, nie mehr sicher aus. Auf einen Schlag wurde das Vertrauen in die Führung der Großmächte und in den Völkerbund selbst ernsthaft untergraben. »Wohin führen uns die Großmächte, die nicht das Vertrauen haben durchzuhalten?« fragte te Water (7). Andere stellten die gleiche Frage und erhielten keine beruhigende Antwort.

Die Reaktion der Dominien auf das Versagen des Völkerbunds in Abessinien war, allgemein gesprochen, eine zweifache: größeres Vertrauen in die Reichsverteidigung verbunden mit einer Politik der Befriedung. Unter den gegebenen Umständen war beides klug, selbst wenn das zweite nicht heroisch war. Ohne einen von der Mehrheit der Großmächte entschlossen unterstützten Völkerbund bestand die Gefahr, daß Versuche seitens des Britischen Commonwealth allein oder in Verbindung mit Frankreich, den Frieden auf der Grundlage des europäischen *status quo* zu erhalten, ihre gemeinsamen Kräfte überfordern oder ein gemeinsames Vorgehen nicht erzielen würden. Das erste legte eine vorsichtige Einschätzung der militärischen Mittel nahe, das zweite eine zurückhaltende Einstellung, vor allem dort, wo die Aggression in irgendeiner Weise begrenzt war oder sowohl eine verstehende als auch ablehnende Auslegung zuließ.

Der erste und, wie er später betrachtet wurde, entscheidende Schritt im Verlauf der Nazi-Aggressionen, nämlich die Remilitarisierung des Rheinlands im März 1936, löste, teilweise weil er verschiedene Auslegungen zuließ, keine eindeutige Verurteilung durch Großbritannien oder die Dominien aus. Ihre Regierungen unterstützten nicht die Ansicht der Franzosen oder gar die der Polen, daß dieser offenen Herausforderung des Versailler Vertrags und des frei ausgehandelten Locarno-Vertrags mit Gewalt Widerstand geleistet werden sollte. Lord Halifax erinnerte später abwehrend, aber zu Recht, daran, daß »es keinen Teil der britischen öffentlichen Meinung gab, der sich einem derartigen Vorgehen 1936 nicht direkt widersetzt hätte. Einen Krieg mit Deutschland vom Zaune zu brechen, weil es in seinen eigenen Hinterhof hineingegangen war ... und das außerdem zu einer Zeit, als man gerade mit ihnen (den Deutschen) den Zeitpunkt und die Bedingungen für ihr Recht der Wiederbesetzung besprach, war keine Sache, die das Volk verstehen konnte.« (8) Wenn sie in Großbritannien nicht verstanden wurde, gab es keine

Aussicht, daß sie in den entfernten Dominien verstanden würde. General Smuts äußerte für seinen Teil uneingeschränktes Verständnis für die Zurückhaltung Großbritanniens. »Wir sind außerordentlich stolz darauf«, sagte er, »wie es sich in die Bresche geschlagen hat.« (9) Dieses Lob wurde vielleicht um so mehr begrüßt, als es gänzlich unverdient war; denn das einzige, das die britische Regierung zu tun abgelehnt hatte, war, sich mit ihrem französischen Verbündeten »in die Bresche« zu schlagen.

Es gab drei Marksteine bei der Ausgestaltung Commonwealth-Politik zwischen 1936 und dem Kriegsausbruch. Der erste war die Reichskonferenz 1937, der zweite die tschechische Krise vom September 1938 und der dritte die englisch-französische Garantieerklärung für Polen im März 1939. Die im späten Mai und frühen Juni 1937 zusammentretende Reichskonferenz widmete der Erörterung der Außenpolitik sieben Sitzungen. Die Hauptsorge der Delegationen war die Formulierung ihrer jeweiligen Antworten auf das Versagen des Völkerbunds und, daraus abgeleitet, ihrer zukünftigen Einstellungen zur kollektiven Sicherheit. Furcht davor, einer unwirksamen und in Verruf geratenen internationalen Organisation verpflichtet zu sein, herrschte vor. Dem Völkerbundsvertrag, behauptete Hertzog, sei ein so schwerer Schlag versetzt worden, daß die Bestimmungen über Sanktionen (Artikel 10 und 16) — sie wurden inzwischen als ein Teil des Versailler Vertrags und als ein Mittel betrachtet, wodurch diejenigen, die behalten wollten, was sie bekommen hatten, dazu in die Lage versetzt wurden — als nicht vorhanden angesehen werden müßten. Der Völkerbund selbst, fuhr er fort, müsse auf etwas zurückgeführt werden, das den Realitäten der Lage entspräche, nämlich auf eine eher moralische Macht als auf eine für die kleinen Länder im Fall eines Angriffs verläßliche

Auf ihrer Reise durch das Commonwealth besuchte Königin Elisabeth II. 1953 die Bermudas.

Macht, weil jedes derartige Vertrauen den Eindruck erweckte, als würde man sich »auf ein Stück Holz verlassen, das sich schon als morsch erwiesen hatte und das jedesmal zerbrach, wenn es einer Beanspruchung ausgesetzt wurde«. Chamberlain und, das muß kaum erwähnt werden, Mackenzie King stimmten aufs wärmste zu. Es sei unmöglich, behauptete King, Abessinien wiederherzustellen oder das Unrecht wiedergutzumachen, das verübt worden sei, und jeder weitere Versuch, das zu tun, könne die Gefahr eines Brandes in Europa rascher herbeiführen. Es würde nur die Gefahr vergrößern, daß Kanada in einen Krieg des Völkerbundes verwickelt werden könne. »In Kanada«, sagte er seinen Kollegen, »ist das Volk darüber sehr enttäuscht, was im Völkerbund geschehen ist. In Kanada sagte das Volk, die Mitgliedschaft im Völkerbund stelle eine tatsächliche Gefahr dar, in einen Krieg hineingezogen zu werden.« Für seinen Teil »wolle er durchaus die kanadische Politik auf dem Völkerbund gründen. Wenn der Völkerbundsvertrag so bliebe, wie er zur Zeit sei, bedeute das die Unterstützung der kollektiven Sicherheit, an die er nicht glaube«. Mackenzie King war bereit, die kanadische Politik auf den Idealen, aber nicht auf den Grundsätzen des Völkerbunds zu gründen. Hertzog stimmte ausdrücklich zu, und die allgemeine Zustimmung von Bruce spiegelte am klarsten die australische Sorge, daß die japanische Frage wieder aktuell werden könnte. Nur Neuseeland widersprach diesen allgemeinen Annahmen, für das Savage erklärte, er könne keiner Sache beipflichten, die den Anschein hätte, daß sie den Völkerbund zerstöre. Solange die Kanone nicht geladen sei, sagte er ganz eindeutig im Hinblick auf die kanadische Delegation, gäbe es diejenigen, die bereit seien, »den Völkerbund zu unterstützen, aber sobald die Kanone geladen war, wollten sie nichts damit zu tun haben«. Die Mehrheit der Delegationen

indessen war nicht umzustimmen, und während der abschließenden Etappen der Konferenz zeigte sich außerdem
Mackenzie King selbst besorgt über die möglichen Verpflichtungen gegenüber dem Reich über den Völkerbund hinaus.
In Kanada, sagte er, gab es »eine große Furcht, daß das Land
auf der Reichskonferenz nicht an eine Verpflichtung gebunden
wurde, die sich aus der europäischen Lage ergab«. Es müsse
infolgedessen klargestellt werden, daß die Konferenz keine
Politik festlege, sondern nur eine Übereinstimmung der Meinungen widerspiegele, wobei die Entscheidungsbefugnis der
einzelnen Parlamente voll anerkannt bliebe (10).

Der veröffentlichte Bericht der Konferenz gab den Bestand
der Meinungen wieder, wie er in diesem privaten Gedanken-
austausch geäußert worden war, und unterstrich entsprechend
den vorherrschenden Wunsch der Dominien nach einer Loslösung von europäischen Problemen und nach einer Befreiung
von europäischen Verpflichtungen. Die nicht bestätigte Befürwortung Neuseelands für fortgesetzte und uneingeschränkte
Unterstützung des Völkerbunds wurde einer Fußnote anvertraut, während die Übereinstimmung in den Meinungen der
anderen in unverbindlichen Redewendungen über die Gründung ihrer Politik auf den Zielen und Ideen des Völkerbunds
ausgedrückt wurde.

Um jeden Preis waren deren Vertreter entschlossen, daß
ihre Länder keinesfalls Verpflichtungen gegenüber einer
sterbenskranken Institution eingehen oder annehmen sollten. Sie setzten ihr Vertrauen in die Schlichtung von
Streitfragen »durch Methoden der Zusammenarbeit,
der gemeinsamen Untersuchung und der Aussöhnung«.
Während sie selbst fest den Grundsätzen der Demokratie verschrieben waren, lehnten sie es ab, sich auf ideologische Auseinandersetzungen einzulassen, und gaben ihre Ansicht zu Pro-

tokoll, daß Unterschiede zwischen politischen Lehrmeinungen keine Hindernisse für freundschaftliche Beziehungen sein sollten. Hinter den glatten, selbstzufriedenen Redewendungen verbargen sich allerdings sicherlich Bedenken. Aber die Hoffnungen der großen Mehrheit der Führer des Commonwealth, ob aus dem Vereinigten Königreich oder den Dominien, richteten sich auf »internationale Befriedung« sowohl in politischen Beziehungen als auch im Handel. Das Ziel der Konferenz wurde am besten von General Hertzog zusammengefaßt: »Bei der Erreichung dieses hohen Zieles der Befriedung der Welt . . . steht die Aufgabe des Commonwealth klar umrissen da.«

Eines zumindest wurde daher von der Reichskonferenz klargestellt, daß nämlich ein einiges Commonwealth nicht kämpfen oder sich der Gefahr eines Krieges aussetzen würde, um die Autorität des Völkerbunds zu erhalten oder zu erzwingen. Mit anderen Worten, die kollektive Sicherheit auf der Grundlage des Völkerbunds wurde schon 1937 im Commonwealth als Versager betrachtet. Das engte den Bereich der freien Entscheidung ein, und es wurde alsbald wichtiger und als Folge davon auch schwieriger für Großbritannien sicherzustellen, daß die Bedingungen für die Mitarbeit der Dominien im Kriegsfall erfüllt wurden. Was waren sie? Sie waren in dem Wort »Befriedung« zusammengefaßt, das die Konferenz angenommen hatte, weil es angeblich den Weg beschrieb, der die beste Möglichkeit zur Erhaltung des Weltfriedens bot. Diese Schlußfolgerung war — abgesehen von Neuseeland — eine gemeinsame, aber sie leitete sich aus verschiedenen Voraussetzungen ab. Das wird häufig übersehen. Selbst in der Außenpolitik faßte man die Dominien damals — und in schriftlichen Äußerungen auch noch später — als eine Kategorie oder Art von Staaten mit gemeinsamen Ansichten und gemeinsamen Interessen auf. Das war keineswegs der Fall, was selbst ein kurzer Überblick über deren Hauptanliegen veranschaulichen wird.

1931 bis 1932 erkannte Australien, daß der Beschluß des Völkerbunds im Pazifik keine Wirkung hatte; es bedeutete für Australien keine Überraschung, daß er im Mittelmeer etwa drei Jahre später auch wirkungslos blieb. In Australien befürchtete man einen direkten Zusammenstoß der Königlichen und der italienischen Marine, weil Verluste der Königlichen Marine unter anderem zu einer Verschiebung der Kräfte im Pazifik führen könnten. Als dem italienischen Abenteuer in Ostafrika innerhalb eines Jahres die deutsche Wiederbesetzung des Rheinlands folgte, trat die Verwundbarkeit Australiens, sollte Großbritannien im Westen stark gebunden sein, offen zutage. Während der abessinischen Krise, bemerkte ein Zeitgenosse (11), sei das Vertrauen der australischen Öffentlichkeit in die Vorherrschaft der britischen Flotte zum erstenmal schwer erschüttert worden. Die Reaktion der Regierung war, die Verteidigungsausgaben zu erhöhen, wobei die Labour-Opposition für die Luftverteidigung den Vorrang verlangte, und auf diplomatischem Gebiet, soweit das in der Macht Australiens lag, das Ausmaß des Krieges räumlich zu begrenzen. Eingedenk dieser Ziele und Überlegungen, scheinen der australischen Regierung niemals Bedenken gegenüber dem Versuch gekommen zu sein, Italien zufriedenzustellen und es von Deutschland zu lösen. Um jeden Preis mußte ihrer Ansicht nach die Lebensader durch das Mittelmeer offengehalten werden. Die australische Regierung befürwortete auch kein Übereinkommen mit der UdSSR, weil die japanische Mitgliedschaft im Anti-Komintern-Pakt bedeutete, daß eine Kriegsbeteiligung Rußlands den Krieg wahrscheinlich auf den Pazifik ausdehnen würde. Gegenüber Japan war die australische Politik schwankend, aber in den letzten Friedensjahren bewegte sie sich merklich in Richtung auf die Befriedung hin, was die Schrottausfuhr von Port Kembla nach Japan beweist. Gegenüber Deutschland war die australische Haltung indessen handfester, und es bestand zu keinem Zeitpunkt Zweifel an der australischen Solidarität mit Großbritannien, falls es von den europäischen Diktatoren in einen Krieg hineingezwungen wurde.

In Kanada trat Mackenzie King vorsichtig auf. Nach der Reichskonferenz besuchte er Berlin und gab Hitler, der anscheinend höflich zuhörte, obwohl er wahrscheinlich nicht sonderlich interessiert war, einen klaren Überblick über die jüngsten Entwicklungen der Beziehungen innerhalb des Commonwealth. Er gab nach seinen eigenen Aufzeichnungen, die offenbar als einzige erhalten geblieben sind (12), eine Warnung ab, daß, wenn die Zeit »jemals kommen sollte, da irgendein Teil des Reichs glaube, die Freiheit, deren wir uns alle erfreuten, würde durch den aggressiven Akt einer fremden Macht beeinträchtigt, man sehen würde, daß alle sich zum Schutz der Freiheit zusammenschließen würden, die, wie wir entschlossen sind, nicht gefährdet werden dürfe«. Und während King, wie so mancher andere Besucher des deutschen Reichskanzlers zu jener Zeit, zu dem Schluß kam, daß Hitler sowohl patriotisch als auch im wesentlichen friedfertig war, begriff er, daß sich Hitler mit dem Gedanken an Ausdehnung in irgendeiner Form nach Osteuropa trug. Zu Hause verstärkte die kanadische Regierung die nationale Verteidigung, während der Premierminister weiterhin betonte, daß Kanada zu keinem bestimmten Vorgehen verpflichtet sei. Nur das Parlament könne entscheiden, was Kanada im Fall eines Weltkriegs tun würde. Das beunruhigte die Vorkämpfer des Reichs, die Vorkämpfer des Völkerbunds und die Vorkämpfer der kanadischen Neutralität. Gegen jeden von ihnen entfaltete er der Reihe nach die gleiche Beweisführung. Er könne Kanada nicht zu einem Krieg verpflichten, in den das Reich verwickelt worden sei, noch zu einem Krieg, den der Völkerbund gutgeheißen habe, noch zur Neutralität, weil jede dieser Verpflichtungen das Parlament seiner rechtmäßigen Entscheidungsfreiheit berauben würde. Seine Politik war auf zwei Ziele gerichtet: die Erhaltung der kanadischen Einheit und die Stärkung der Bindungen an die Vereinigten Staaten. Das zweite wurde merklich vorangetrieben, als am 18. August 1938 Präsident Roosevelt Kanada besuchte und in Kingston sagte: »Das Dominion von Kanada ist ein Bestandteil der Gemeinschaft des Britischen Weltreichs. Ich gebe Ihnen die Versicherung, daß das Volk der Vereinigten Staaten nicht untätig zusehen wird, wenn die Herrschaft über kanadischen Boden durch irgendein anderes Reich bedroht wird.« (13) Beide Überlegungen — die der nationalen Einheit und die der engeren Bindung an die immer noch isolationistischen Vereinigten Staaten — führten Mackenzie King dazu, Kanada immer mehr von den Tagesereignissen in Europa zu lösen, und beide stärkten scheinbar die Beweisführung zugunsten der Befriedung. Bevor Kanada in einen Krieg eintrat, meinte King, müsse er alle Kanadier von Quebec bis Vancouver überzeugen, daß es keine ehrenhafte andere Wahl gäbe. Er hoffte sogar, daß er mit der Zeit in der Lage sein würde, auch die Vereinigten Staaten davon zu überzeugen.

Einheit war auch das unerreichbare, aber lang ersehnte Ziel in der Südafrikanischen Union. Die Fusionsregierung, mit Hertzog als Premierminister und Smuts als stellvertretendem Premierminister, beruhte auf einem Übereinkommen, in strittigen und noch ungelösten politischen und verfassungsrechtlichen Fragen, wie vor allem der Sezession und der Neutra-

lität, verschiedener Ansicht zu sein. In der Außenpolitik
konnte sich die Fusionsregierung nur auf Untätigkeit einigen,
sobald das einigende Band des Völkerbunds sich aufzulösen
begann. Das Schlagwort lautete: »Südafrika zuerst«; die
Frage war, wie es ausgelegt werden sollte. General Hertzog
führte die meisten Übel der Zeit auf den schändlichen Versailler Vertrag zurück — den »monströsen Vertrag«, der seiner Ansicht nach seinen eigenen Sprößling, den Völkerbund,
ermordet habe und der die Hauptursache für die Bedrohung
des europäischen Friedens sei, weil er deutsche Versuche her-
ausfordere, die Ungerechtigkeiten zu beseitigen, die er den
Deutschen angetan habe. Der nächste Krieg, so weissagte er
nicht einmal, sondern viele Male, würde »das Kind von Versailles« sein. Die Verantwortung für die aggressiven Handlungen Hitlers sollte daher nicht so sehr Hitler als den Friedensverträgen zur Last gelegt werden und dem Vorgehen der
siegreichen Alliierten, die für deren Auferlegung 1919 und
deren Aufrechterhaltung seitdem verantwortlich gewesen
seien. »Wenn der Krieg tatsächlich kommt«, sagte er auf der
Reichskonferenz von 1937, »weil sich England weiterhin mit
Frankreich in einer Politik hinsichtlich Mittel- und Osteuropas
verbindet, die darauf abzielt, die Existenz Deutschlands zu
bedrohen, indem man sich weigert, die Ungerechtigkeiten des
Versailler Vertrags wiedergutzumachen, kann nicht erwartet
werden, daß sich Südafrika an dem Krieg beteiligt ...« (14)
Smuts hatte auch, obwohl er zu guter Letzt unterschrieb, damals und später gegen die Rachsucht bestimmter Bedingungen
des Versailler Vertrags protestiert und konnte sich daher nur
schwer von der Ansicht seines Premierministers distanzieren.
Ferner stimmte er mit Hertzog in dem Glauben überein, daß
südafrikanische Interessen nicht die Teilnahme Südafrikas an
einem Krieg verlangten, um die Gebietsregelungen nach dem

Krieg in Osteuropa zu verteidigen. Doch war er anderer Meinung als sein Premierminister, wenn er dachte und sagte, daß, falls England angegriffen oder bedroht werde, Südafrika kämpfen würde. Unter den damaligen Umständen hing das Überleben des Experiments der Fusion entweder von einer Politik der Befriedung oder im Fall eines Kriegs von einem *casus belli* ab, den Hertzog und Smuts gemeinsam entweder als südafrikanische Interessen berührend oder nicht berührend anerkannten.

Als sich die tschechische Krise im Spätsommer 1938 ihrem Höhepunkt näherte, war sich die britische Regierung bewußt, daß die drei größeren Dominien für eine Politik der Befriedung waren, daß der Irische Freistaat der Neutralität zuneigte und daß allein in Neuseeland die Ratsamkeit des Nachgebens ernsthaft bezweifelt wurde. In dem kritischen Monat September trugen die Hohen Kommissare der Dominien in London, Vincent Massey (Kanada), Stanley Bruce (Australien), te Water (Südafrika), J. W. Dulanty (Irischer Freistaat) — Neuseelands Vertreter, W. J. Jordan, blieb die ganze Krise hindurch in Genf —, einzeln oder gemeinsam dem Staatssekretär für die Angelegenheiten der Dominien, Malcolm MacDonald, dem Außenminister, dem Premierminister selbst, wenn sich die Gelegenheit dazu bot, und keineswegs zuletzt dem Herausgeber der *Times,* Geoffrey Dawson, ihre Ansichten vor. Einige Auszüge aus den Tagebucheintragungen des kanadischen Hohen Kommissars, Vincent Massey (15), genügen, um die Gefühle der Dominien in der Zeit zwischen Neville Chamberlains zweitem Besuch bei Hitler in Godesberg am 22. und 23. September, als er, nach seinen Worten vor dem Unterhaus, »dem Kanzler bittere Vorwürfe darüber machte, daß er es unterlassen hatte, in irgendeiner Weise auf die Anstrengungen, die zur Sicherung des Friedens gemacht wor-

den waren, einzugehen«, und München anzudeuten — in dem
Zeitraum also, da selbst Chamberlains Geduld erschöpft schien:
»24. September. Ein Treffen mit den Hohen Kommissaren
und Malcolm MacDonald im Kolonialministerium. Alle vier
H. K. (Jordan von Neuseeland ist in Genf) vertreten in der
entscheidenden Frage eine etwas andere Ansicht als MacDonalds betonte Einstellung. Wir sind alle bereit, einen höheren
Preis für den Frieden zu zahlen als er. Die Meinungsverschiedenheit besteht, weil die Dominien von Europa weiter entfernt sind, nicht weil unser Ehrgefühl weniger ausgeprägt ist.
Bruce ... ist entschieden der Meinung, daß die deutschen
Vorschläge nicht zu einem *casus belli* werden dürfen, und er
sagt das im Auftrag seiner Regierung ... te Water und Dulanty sprechen auch mit großer Heftigkeit ...«
»25. September. Bin sehr beunruhigt über die Einstellung der
Morgenzeitungen zur Krise. Entschiedene Verurteilung der
Chamberlain vorgelegten deutschen Vorschläge. ... Wenig
oder keine Berufung auf das ruhige Urteilsvermögen ... Ich
hatte mit Geoffrey Dawson in seinem Haus ein einstündiges
Gespräch, und er und ich stimmten überein, daß etwas getan
werden müsse. Ich schlug vor, daß er sich mit Halifax treffen
sollte, und auch Bruce, der als ehemaliger Premierminister
einen besonderen Einfluß unter den H. K. in solchen Angelegenheiten hatte, veranlassen sollte, alles in seinen Kräften
Stehende zu tun. ... Bruce übergab Chamberlain im Auftrag
seiner Regierung eine nützliche Botschaft — das ist eine Höchst-
leistung. Ich wünschte meine (Regierung) würde handeln!«
»26. September. 10.30 Uhr Treffen der H. K. mit MacDonald
im Kolonialministerium. Die Dinge sehen immer schlimmer
aus. Alle vier H. K. — Neuseeland ist immer noch abwesend —
sind der Meinung, daß nicht zugelassen werden darf, daß die
deutschen Vorschläge den Frieden zerstören.« ...

»27. September. ... Ein Gespräch mit te Water in meinem Haus am Abend — dann ein Treffen der H. K. mit Malcolm MacDonald im Dominionministerium —, nachdem die Beamten sich zurückgezogen hatten, unterhielten wir uns bis zwei Uhr morgens über das allgemeine Thema der Meinung der Dominien zur gegenwärtigen Frage. Wir alle machten von uns aus klar (und einige sprachen im Namen ihrer Regierungen), daß es in den Dominien eine gefährliche Reaktion auf die Entscheidung geben könnte, das Reich über die Frage, wie Hitler von einem Gebiet Besitz ergreifen sollte, das ihm grundsätzlich schon zugesprochen war, in einen Krieg zu stürzen. ... die Welt kann doch sicherlich nicht wegen Meinungsverschiedenheiten über einige wenige Quadratmeilen Land oder einige Tage hin oder her in einem Zeitplan in die Schrekken eines Weltkriegs gestürzt werden! Gott sei Dank ist das, wie ich glaube, Chamberlains Ansicht und die seines Kabinetts ...«

Sie war es in der Tat. Angesichts des starken amtlichen und persönlichen Drucks aus den Dominien zugunsten der Befriedung Hitlers in der tschechischen Krise vom September 1938 und der im allgemeinen begeisterten Zustimmung der Dominien zum Übereinkommen ist behauptet worden, die Dominien hätten eine direkte Verantwortung für München. Aber das wird durch die Tatsachen nicht erhärtet. Es trifft zu, daß die Regierungen der Dominien die Vermeidung eines Krieges über die Sudetenfrage — um fast jeden Preis — sowohl wollten als auch begrüßten. Als die australische Regierung im Repräsentantenhaus angegriffen wurde, weil sie nichts Wirksames getan habe, antwortete Menzies: »Wir sind mit dem britischen Premierminister in dauernder Verbindung gewesen. Wir haben gesagt: ›Dies ist ein großes Werk, das Sie vollbringen... Wir stehen vorbehaltlos hinter dem, was Sie tun, um

einen Krieg zu vermeiden.‹« (16) Aber es war Chamberlain,
der die Arbeit tat; und es waren die australische Regierung
und die der anderen Dominien, die hinter ihm standen. Es
hätte kaum anders sein können. Keines der Dominien hatte
vertragliche Verpflichtungen oder Verbindlichkeiten in Europa. Hätte die britische Regierung zu dieser Zeit einen anderen Weg als den der Befriedung Hitlers erwogen, dann hätte
sie sich in der Tat einer starken Opposition in den Dominien
gegenüber gesehen und hätte notwendigerweise mit der Aussicht auf einen Krieg mit einem geteilten Commonwealth
rechnen müssen. Unter diesen Umständen wäre Irland neutral
geblieben und Südafrika ein ebenso nichtkriegführendes
Land, da Smuts und Hertzog früh im September 1938 ein
Übereinkommen unterzeichnet hatten, in dem sie vereinbart
hatten, daß im Fall eines Krieges die Interessen Südafrikas
die Stellung eines nichtkriegführenden Landes verlangten.
Smuts hatte nur widerwillig zugestimmt, und seine Begeisterung für Chamberlain am 30. September — »ein großer Held
ist in den Schranken erschienen, Gott segne ihn« — spiegelte
seine Erleichterung über das Entkommen aus einer schmerz-
lichen Verlegenheit. Die Teilnahme Neuseelands, Australiens
und Kanadas wäre sicher gewesen; aber im Fall Australiens
und Kanadas hätte es zumindest Vorbehalte von starken Minderheiten über den *casus belli* gegeben. »Die Wahrscheinlichkeit, vor das Palament treten zu müssen, wenn sich Europa
im Krieg befand, war ein Albtraum«, sagte Mackenzie King
zu Malcolm MacDonald am 1. Oktober 1938; aber er war
bereit, die Beteiligung Kanadas zu befürworten. Hätte die
britische Regierung also eine entschlossene Zurückweisung der
Forderungen Hitlers erwogen und hätte diese Politik zu einem
Krieg geführt, dann hätte sie sich mit dem Fehlschlagen ihrer
langfristigen Absicht abfinden müssen, die grundsätzliche Ein-

heit des Commonwealth zu erhalten. Dies wendete die Regelung von München ab. Falls der Krieg später ausbrach, und nachdem die Westmächte Opfer, auch solche der Ehre, im Interesse des Friedens gebracht hatten, dann waren, wie der Premierminister Australiens, J. A. Lyons, sagte, »zumindest unsere Hände rein«. »Reine Hände«, gemeint sind Hände frei vom Makel der Verantwortung für die Anzettelung eines Krieges, waren unzweifelhaft eine Vorbedingung für die Einheit des Commonwealth im Krieg. Hätten die Tschechen zu jeder Zeit grundsätzlich einen festen Standpunkt bezogen und erklärt, daß sie lieber kämpfend untergehen wollten, als über die Einheit und Unversehrtheit ihres Landes mit Verbündeten oder Feinden zu verhandeln, dann hätte die nationalistische öffentliche Meinung im Commonwealth fast mit Sicherheit anders reagiert. Aber es gab kaum Anhaltspunkte für einen derartigen festen, kompromißlosen Standpunkt.

Britische Verteidiger des Münchener Abkommens, und vor allem die Mitglieder von Chamberlains Kabinett in ihren Memoiren, haben dem Einfluß der Dominien auf die britische Politik zur damaligen Zeit große Bedeutung beigemessen (17). Der Druck der Dominien, erinnerte sich Lord Templewood (Sir Samuel Hoare) später, war eine der Hauptüberlegungen bei der Gestaltung der Politik des Vereinigten Königreichs, und er bemerkte, wäre der Krieg im September 1938 ausgebrochen, »hätten wir mit einer gebrochenen Commonwealth-Front begonnen«. Die Kritiker des Münchener Abkommens, klagte Lord Halifax, »wußten entweder nicht oder kümmerten sich nicht sonderlich darum, daß große Zweifel darüber bestanden, ob das Commonwealth das Vereinigte Königreich bei einer Politik der aktiven Intervention zugunsten der Tschechoslowakei im Jahr 1938 geschlossen unterstützt hätte« (18). Die erste Ansicht von Lord Templewood war im

wesentlichen in dem schon angedeuteten negativen Sinn richtig, nämlich dem der Ablehnung des Gedankens eines entschlossenen Widerstands gegen die Forderungen Hitlers, selbst
auf die Gefahr eines Krieges hin; die zweite Feststellung von
Lord Halifax irrte eher nach der Seite der Untertreibung hin.
Es bestand mehr als Zweifel, es bestand Gewißheit, daß das
Commonwealth nicht geschlossen in einen Krieg eingetreten
wäre, um die Unversehrtheit der Tschechoslowakei zu erhalten. Ganz allgemein und schon lange vor der Münchner Krise
hatten die nationalistischen Dominien klar gemacht, daß sie
einen Krieg zur Aufrechterhaltung der Grenzregelungen des
Versailler Vertrags in Mitteleuropa nicht als gerechtfertigt betrachten würden, und insbesondere General Hertzog hatte auf
der Reichskonferenz von 1937 darauf hingewiesen, daß er nicht
bereit war, Südafrika an einem Krieg zur Erhaltung der Unversehrtheit der tschechoslowakischen Grenzen beteiligt zu sehen. Die Haltung der Dominien wurde in einem Gespräch des
britischen Botschafters mit dem französischen Premierminister
und dem Außenminister in Paris sowie in einem Memorandum (19) erläutert, das die britische Politik darlegte und das
am 7. September 1938 dem Außenministerium in Washington
durch den britischen Geschäftsträger überreicht wurde, der zusätzlich erklärte, daß es allmählich »klar werde, daß die
Dominien isolationistisch seien, und es keinen Sinn habe, einen
Krieg zu führen, an dem das Britische Reich zerbrechen
würde, während man versuchte, die Sicherheit des Vereinigten Königreichs zu gewährleisten«. Das gab den Standpunkt
der Dominien nicht getreu wieder, aber es traf im Hinblick
auf die unmittelbaren Aussichten zu. Als es geschrieben wurde,
hatte außerdem die britische Regierung noch keine Kenntnis
von dem Übereinkommen zwischen Hertzog und Smuts, das
beide Führer und deren Hauptgefolgsleute zu einer Politik

der Nichtbeteiligung Südafrikas am Krieg verpflichtete, im Fall eines Krieges wegen der Sudetenfrage.

Ganz abgesehen von der Ablehnung des Krieges wegen der tschechischen Frage auf der amtlichen Ebene zwischen den Regierungen, versuchten amtliche und nichtamtliche Vertreter der Dominien Einfluß auf die britische öffentliche Meinung auszuüben, und sie übten aus der Ferne zweifellos einen offenbar bedeutsamen, aber notwendigerweise schwer zu bestimmenden Einfluß aus. Zwei Hohe Kommissare der Dominien, Vincent Massey aus Kanada und S. M. Bruce aus Australien, standen in engem Kontakt mit Geoffrey Dawson, dem Herausgeber der *Times,* einer Zeitung, die den Nachrichten und Meinungen aus den Dominien großen Raum gewährte. Dawson war auch ein Mitglied des *Round Table,* und während der Einfluß des *Round Table* in dieser Zeit in Großbritannien nicht überschätzt werden darf, gab die Zeitschrift dennoch, da sie mit Nachrichtenmaterial von Gruppen aus Übersee beliefert wurde, die Ansichten der Dominien über Außenpolitik genauer und vollständiger wieder als irgendeine andere, und sie unterstützte sowohl in ihren Leitartikeln als auch in ihren Regionalbeiträgen entschieden die Befriedungspolitik. Jedoch, es ist ein weiter Schritt von der Feststellung, daß die Dominien amtlich oder nichtamtlich Großbritannien zur Verfolgung einer Politik der Befriedung gedrängt bzw. es dahingehend beeinflußt haben, zu der Behauptung, daß sie dafür verantwortlich waren. Um das zu beweisen, wäre es notwendig zu zeigen, wie D. C. Watt, der dieses Thema untersucht hat, zugibt, daß Neville Chamberlain in den frühen Entwicklungsstadien einer Politik, die er in besonderem Maß zu seiner eigenen machte, als Ergebnis der Rücksicht auf das Commonwealth und als Folge des Drucks der Dominien dazu getrieben wurde, sie anzunehmen. Nach dem bisher vorliegenden Beweismaterial scheint diese Annahme auf der Grenze zwischen aufregender Vermutung und bewiesenen historischen Tatsachen zu liegen. Kein ausreichendes Beweismaterial ist beigebracht worden, um zu zeigen, daß dem so war, und die Wahrscheinlichkeit läßt vermuten, daß dem nicht so war.

Was die größere Frage der Politik der Dominien in der Münchner Krise betrifft, so ist es der Mühe wert festzustellen, daß die Reihe der ihren Regierungen offenstehenden Alternativen, über die so zahlreiche, oft leichtfertige Urteile gefällt worden sind, kleiner war, als oft angenommen wird. Sie konnten, wie sie es auch taten, auf Zugeständnisse drängen, die den Krieg abwenden würden, oder sie konnten sich in die britische Politik fügen. Sie konnten nicht in ehrenhafter oder realistischer Weise Großbritannien dazu drängen, Schritte zu unternehmen, die ein unvorbereitetes Land mit einer so gut wie unverteidigten Hauptstadt in einen Krieg verwickelt hätten, in dem, wie die meisten Menschen mit Stanley Baldwin glaubten, der Bomber immer durchkommen würde. Nachdem diese Begrenzung der realistischen Entscheidungsmöglichkeiten zugestanden worden ist, wie es keineswegs immer geschieht, lautet das allgemeine Urteil, daß sich die Dominien von den ihnen offenstehenden Möglichkeiten für die falsche entschieden hätten. Hier darf ein Einspruch erhoben werden. Was im europäischen Rahmen »falsch« war, war nicht notwendigerweise im Rahmen des Commonwealth »falsch«. Hätte es dieses zusätzliche Jahr nicht gegeben, meinte Mackenzie King 1943, »hätte es überall gegensätzliche Entscheidungen gegeben«. Das ganze Beweismaterial legt den Schluß nahe, daß dies genau zutraf.

Die Politik der Befriedung scheiterte mit dem mitternächtlichen Marsch Hitlers auf Prag im März 1939. Diesmal wurde keine Saite nationalistischer oder rassischer Sympathie ange-

schlagen. Es waren nicht Deutsche, die mit ihrem eigenen
Volk wiedervereint wurden, sondern Tschechen, die der deutschen Herrschaft unterworfen werden sollten. Auch konnte die
Besetzung der Tschechoslowakei nicht als Wiedergutmachung
der Ungerechtigkeiten von Versailles gerechtfertigt werden.
Für die Staatsmänner der Dominien wie auch Großbritanniens hatten die Früchte der Befriedungspolitik nun einen
bitteren Geschmack, und während sie nicht zugaben, daß die
Politik ursprünglich falsch angelegt war, waren sie nun zu
ihrer Preisgabe bereit. Die Initiative ging von Großbritannien aus, und der Wandel in der britischen Politik wurde
durch die einseitige anglo-französische Garantieerklärung für
Polen vom 31. März 1939 dramatisch angezeigt. Churchill
schrieb später: »Die Geschichte kann durchsucht und durch-
wühlt werden, um ein Gegenstück zu finden zu dieser plötzlichen und vollständigen Kehrtwendung nach fünf oder sechs
Jahren einer leichtfertigen und beschwichtigenden Politik der
Befriedung und ihrer Umwandlung fast über Nacht in die
Bereitschaft, in einen offenkundig drohenden Krieg unter weit
schlimmeren Bedingungen und im größten Maßstab einzugehen.« Nur wenige Tage später, am 6. April 1939, gab Smuts
seinem Erstaunen in einem Brief Ausdruck. »Chamberlains
Garantie an Polen«, schrieb er, »hat uns einfach verblüfft —
vom Standpunkt des Commonwealth aus gesehen. Ich kann
mir nicht vorstellen, daß die Dominien Großbritannien in dieser Art Reichspolitik folgen werden, deren Gefahren für das
Commonwealth offenkundig sind. Wir erinnern uns noch an
das Chanak-Abenteuer von Lloyd George...« (20) Aber seine
frühe Reaktion war falsch. Die von der britischen Regierung
erkannte Notwendigkeit, neue, nahezu verzweifelte Schritte
zu unternehmen, um die Aggression aufzuhalten, wurde auch
— und es ist dies eine bemerkenswerte Tatsache — von den

Regierungen der Dominien anerkannt, die hinsichtlich des britischen Bruchs mit der Befriedungspolitik weder konsultiert noch gewarnt worden waren. Eine neue Commonwealth-Übereinstimmung für den Widerstand, die so plötzlich der Commonwealth-Übereinstimmung für die Befriedung folgte, kann billigerweise als ein Zeichen der Fähigkeit der Commonwealth-Länder gelten, gemeinsam zu denken und zu handeln. Und letztlich war eine derartige Übereinstimmung der Ansichten Großbritanniens und der Dominien in entscheidenden und kritischen Fragen die einzige Grundlage, auf der das Commonwealth in diesen schwierigen Tagen bestehen konnte. Während es Gemeinsamkeit in der Gesinnung gab, gab es keine Gemeinsamkeit in den Verpflichtungen. Im September 1939 hatten die Dominien keine auswärtigen militärischen oder politischen vertraglichen Verpflichtungen oder Abmachungen. Keines von ihnen war an den englisch-französischen Garantien für Rumänien, Griechenland oder Polen oder an dem englisch-polnischen Vertrag beteiligt. Ihre Hände waren frei. 1914 gingen sie in den Krieg, weil das Vereinigte Königreich im Krieg war. 1939 lag die Entscheidung bei jedem einzelnen von ihnen. Sie hatten völlige Entscheidungsfreiheit. Die Art, wie sie diese Freiheit ausübten, vermittelte eine neue Einsicht in die Bedeutung und die tieferliegenden Gegebenheiten, die hinter den verfassungsrechtlichen Entwicklungen der Jahre zwischen den Kriegen lagen.

Das Bundesparlament tagte am 3. September 1939 in Canberra; aber der Premierminister, R. G. Menzies, erklärte, ohne es zu konsultieren, in einer Rundfunkansprache: »Großbritannien befindet sich im Krieg, daher befindet sich Australien im Krieg.« Es gab einen König, eine Fahne, ein Anliegen. Die Reaktion Neuseelands war ähnlich, ohne identisch zu sein, da die neuseeländische Kriegserklärung später dem Parlament

vorgelegt und von ihm bestätigt wurde. Der Premierminister
Neuseelands prägte einen Satz, der die Gefühle eines Insel-
volks symbolisieren sollte. »Wo Großbritannien hingeht, gehen wir hin«, sagte Savage; »wo es steht, stehen wir.« Die
Regierung Neuseelands dachte in der Tat, Großbritannien
hätte etwas früher Widerstand leisten können; aber es gab
keine Beschuldigung, nur eine Redewendung am Schluß der
Botschaft nach London, die besagte, daß der Widerstand »nicht
einen Augenblick zu früh« aufgenommen worden sei.

In Kanada war es anders. Mackenzie King war niemals von
seiner Überzeugung abgegangen, daß das Parlament entscheiden sollte. Als der Tag kam, entschied das Parlament. Die
britische Kriegserklärung erfolgte am 3. September. Das kanadische Parlament trat am 7. September zusammen. Der
Premierminister sagte dem Unterhaus, er wolle es ganz klar-
stellen, daß das Parlament und keine andere Autorität die
Frage Frieden oder Krieg zu entscheiden hätte. Keiner könne
daher behaupten, Kanada werde in einen imperialistischen
Krieg hineingezogen. Sechs Tage trennten die Kriegserklärung
des Vereinigten Königreichs von der Kanadas, und in der
Zwischenzeit strömte der Nachschub aus den Vereinigten
Staaten über die kanadische Grenze, da Kanada noch nicht
als kriegführend galt. Die Erprobung der Politik Kings kam
am 9. September mit der Abstimmung. Weniger als fünf Par-
lamentsabgeordnete widersprachen der Beteiligung Kanadas
am Krieg, und so trat Kanada, in Übereinstimmung mit der
Geschäftsordnung, ohne namentliche Abstimmung im Unterhaus in den Krieg ein. Die Erreichung eines so großen Maßes
an Einmütigkeit zur Unterstützung der Beteiligung an einem
Krieg in einem kulturell geteilten Land, das an eine große,
der Neutralität verpflichtete Republik angrenzte, muß sicherlich als eine der hervorragendsten Leistungen gelten.

In Südafrika gab es keine Einmütigkeit. Das Kabinett war geteilter Meinung über die Frage Frieden oder Krieg, wobei der Premierminister, General Hertzog, unterstützt von fünf Ministern, das erste empfahl, und der stellvertretende Premierminister, General Smuts, mit der Unterstützung von sieben seiner Kabinettskollegen das letzte befürwortete. Notgedrungen wurde die Frage dem Parlament zur Entscheidung überlassen. Hertzog stellte einen Neutralitätsantrag im Unterhaus; Smuts brachte dazu einen Änderungsantrag ein, der die Beteiligung am Krieg ohne die Entsendung von Truppen nach Übersee vorschlug. Der Verlauf der Debatte schwankte, das Ergebnis blieb bis fast zuletzt zweifelhaft. Es gab zwei Reden, von denen man annahm, daß sie die Meinung der Abgeordneten entscheidend beeinflußten — in beiden Fällen gegen die Absicht der Redner. Die erste war General Hertzogs Übertreibung einer Sache, die im wesentlichen auf einer Auslegung des Gedankens »Südafrika zuerst« beruhte, durch die Einfügung einer aufreizenden und im wesentlichen nicht zur Sache gehörenden Verteidigung Hitlers. Die zweite war Übertreibung auf der anderen Seite durch Heaton Nicholls (21), einen englischsprechenden Abgeordneten aus Natal, der behauptete, das südafrikanische Parlament hätte keine Entscheidungsbefugnis, da alle Südafrikaner dem König Untertanentreue schuldeten, und da der König sich im Krieg befinde, befänden sich seine Untertanen *ipso facto* im Krieg. Die Wirkung dieser zweiten Rede, die, wie ihr Autor selbst freimütig zugab, »in der Kammer wie eine Bombe einschlug«, und um so verheerender wirkte, als sie von einem englischsprechenden Abgeordneten stammte, wurde zumindest gemildert durch den unmittelbar darauffolgenden Diskussionsbeitrag von B. K. Long, einem anderen englischsprechenden Abgeordneten, der behauptete, es gäbe nach dem Westminster-Statut keine Beschränkung der

Freiheit Südafrikas. Als die Reden beendet waren, zählten die Stimmenzähler 80 Stimmen für den Änderungsantrag von General Smuts, 65 für den ursprünglichen Antrag von General Hertzog. Aber die Spannung war noch nicht endgültig gewichen. Hertzog riet dem Generalgouverneur, Sir Patrick Duncan, das Parlament aufzulösen und alsbald eine allgemeine Wahl durchzuführen. Der Generalgouverneur lehnte ab, mit der Begründung, daß eine Wahl erst im Mai 1938 stattgefunden habe, bei der die zur Debatte stehenden Fragen der Wählerschaft vorgelegen hätten, daß die Gefahr eines Gewaltausbruchs bestehe und daß die Fähigkeit von Smuts, eine Alternativregierung zu bilden, bekannt sei. Es war das erste Mal in der Geschichte des Commonwealth, daß ein Generalgouverneur in einem Memorandum einem scheidenden Premierminister seine Gründe für die Verweigerung einer Parlamentsauflösung dargelegt hatte. Smuts bildete infolgedessen eine Regierung, die, verstärkt durch die Unterstützung der Wählerschaft bei der Wahl im Kriegsjahr 1943, bis 1948 im Amt blieb. Aber ihre Zusammensetzung machte klar, daß nicht nur das Experiment der Fusion gescheitert war, sondern daß mit Hertzogs Abgang und seinem Ausscheiden aus der Politik auch der Weg für den Wahlsieg der extremen oder geläuterten Nationalisten, wie man sie nannte, unter der Führung von Dr. Malan 1948 geebnet worden war.

Der Balfour-Bericht hatte zuversichtlich behauptet, daß kein gemeinsames Anliegen als Folge der getrennten Lenkung der Außenpolitik durch die Dominien leiden würde. Im September 1939 wurde sein Vertrauen gerechtfertigt. Es trifft zu, daß *Eire,* wie der Irische Freistaat nun genannt wurde, sich für die Neutralität entschied; aber damals war Eire schon in jeder Hinsicht ein Dominion besonderer Art und aus der Sicht seiner eigenen Regierung überhaupt kein Dominion mehr. Im übrigen waren die Dominien kraft eigener Entscheidung zu Schlüssen gekommen, die sie auf der Seite Großbritanniens und Frankreichs in den Krieg gebracht hatten. Sie waren vom Anfang bis zum Ende kriegführend, und ein Jahr lang war es nicht Großbritannien, sondern das Commonwealth, das allein stand. Jenes Jahr war vielleicht nicht nur für Großbritannien, sondern auch für das Commonwealth die ruhmreichste Stunde.

Der Beitrag des Commonwealth zum Sieg der Vereinten Nationen ist ein Teil der Geschichte des Zweiten Weltkriegs; einige Tatsachen mögen angeführt werden, die als Hinweis auf die Bedeutung des Kriegs in der Geschichte des Commonwealth dienen können. 1939 wurde Kanada zum Hauptquartier des gemeinsamen Luftwaffenausbildungsplanes Großbritanniens und des Commonwealth, durch den die Länder des Commonwealth einschließlich Großbritannien in die Lage versetzt wurden, ihre Flieger unter den günstigen kanadischen Bedingungen und in Sicherheit vor den Angriffen des Feindes auszubilden. Bis zum Frühjahr 1944 waren mehr als 86 000 Luftwaffenoffiziersanwärter auf diese Weise ausgebildet worden. Es gab eine kleinere, aber ähnliche Anlage in Rhodesien und viele andere derartige Beispiele gemeinsamer Verwendung der Einrichtungen und Hilfsmittel für den Land- und Seekrieg zum Vorteil einer gemeinsamen Sache. Auch gab es zu keinem Zeitpunkt ein Nachlassen in der Entschlossenheit des Commonwealth. In den dunklen Tagen, die dem Zusammenbruch Frankreichs folgten, gingen Botschaften von den Premierministern aller Dominien ein, die den britischen Entschluß zur Fortführung des Kampfes guthießen und Unterstützung durch Mannschaften und Material versprachen. Es gab in jenem schicksalhaften Sommer auch Beweise für eine zunehmende Zusammenarbeit zwischen dem kriegführenden Common-

wealth und den nichtkriegführenden Vereinigten Staaten in
der Form eines Übereinkommens über Stützpunkte für Zer-
störer zwischen dem Vereinigten Königreich und den Vereinigten Staaten und eines in Ogdensburg unterzeichneten
Verteidigungsabkommens zwischen Kanada und den Vereinigten Staaten. In dem Jahr, als das Commonwealth allein
stand, bewachten kanadische Divisionen die Küsten Großbritanniens gegen die Invasion; australische, neuseeländische und
indische Truppen kämpften ein zweites Mal zum Schutz der
Verkehrsverbindungen des Reichs durch den Mittleren Osten,
während die südafrikanischen Streitkräfte ihren Teil zu den
Feldzügen in Ostafrika beitrugen, bevor sie sich mit den anderen Streitkräften des Commonwealth in Nordafrika zusammenschlossen. Der Einbruch der Japaner in Südostasien
und die drohende Invasion Australiens führten zum Rückzug
der australischen Streitkräfte aus dem Mittleren Osten, zunächst um ihre eigene Heimat zu schützen und dann, nachdem
die japanische Bedrohung durch die Seesiege der Vereinigten
Staaten bei Midway und im Korallenmeer beendet worden
war, um an den heftigen Kämpfen auf den ganzen Südwestpazifik teilzunehmen. Der australischen Forderung nach Mitbestimmung bei der obersten Führung des pazifischen Krieges
wurde zumindest zum Teil durch die Bildung eines Kriegsrats
für den Pazifik 1941 entsprochen, mit dem Hauptquartier
zunächst in London und später gemeinsam in London und
Washington. Die Teilnahme der Dominien an den Übereinkommen zur »gegenseitigen Hilfe« mit den Vereinigten Staaten nach dem Beispiel des ursprünglichen Abkommens zwischen den Vereinigten Staaten und dem Vereinigten Königreich zog sie wirtschaftlich wie auch militärisch in den Einfluß-
und Machtbereich der Vereinigten Staaten. Ihre häufig aus
erster Hand stammenden Kenntnisse der gewaltigen Hilfs-

mittel, die die Vereinigten Staaten unter dem Druck eines Kriegs zur Verfügung stellen konnten, hatten ihre eigene bleibende Wirkung. Aber am tiefsten prägten sich den Gedanken und Erinnerungen der Völker des Commonwealth unvermeidlich ihre eigenen Kriegserfahrungen ein, vom September 1939 im Westen bis zum endgültigen Kriegsende August 1945 im Osten. Statistisch wurden die Zahlen und die Verluste der Streitkräfte des Commonwealth wie folgt veranschlagt, obwohl eine Generation lang nicht Zahlen, sondern Erinnerungen von Bedeutung waren:

Land	Mann-schafts-stärke	Gefallene	Vermißte	Verwun-dete	Kriegs-gefangene
Vereinigtes Königreich (22)	5 896 000	264 443[1]	41 327	277 077	172 592
Kanada	724 023	37 476	1 843	53 174	9 045
Australien	938 277[2]	23 265	6 030	39 803	26 363
Neuseeland	205 000[3]	10 033	2 129	19 314	8 453
Südafrika	200 000[4]	6 840	1 841	14 363	14 589
Indien	2 500 000[5]	24 338	11 754	64 354	79 849
Kolonien und Abhängige Gebiete	473 250	6 877	14 208	6 972	8 115

[1] Zusätzlich 93 000 gefallene Zivilisten
[2] Nettozahl der Berufssoldaten, Stand Juni 1945
[3] Einschließlich Frauen
[4] Annähernde Zahl
[5] Stand 1945

Der Ausbruch des Krieges forderte Fragen der politischen Organisation des Commonwealth heraus. Inwieweit hatten die Lehren des Ersten Weltkriegs für den Zweiten Gültigkeit?

Insbesondere, sollte wieder ein Reichskriegskabinett gebildet werden? Überlebende aus der vorhergehenden Periode, unter denen L. S. Amery keineswegs der Geringste war, behaupteten, daß es neu gebildet werden sollte. Es gab einen Meinungsaustausch, der aber wenig realitätsbezogen war. Die Änderungen in den Jahren zwischen den Kriegen sowohl in der Politik als auch in der Technik waren der Grund dafür. 1939 gab es bereits eine funktionierende Grundlage für gegenseitige Konsultation unter Gleichberechtigten, wie sie 20 Jahre früher noch nicht existiert hatte. Die Dominien hatten Hohe Kommissare in London, Großbritannien hatte Hohe Kommissare in den Hauptstädten der Dominien, und die Bedeutung, die diesem Amt in kritischen Zeiten beigemessen wurde, spiegelt sich darin, daß Winston Churchill 1940 ehemalige Kabinettsminister als Hohe Kommissare des Vereinigten Königreichs in Ottawa, Canberra und Pretoria ernannte. In London wurden die Treffen der Hohen Kommissare, die in zwangloser Form während der Zeit der Sanktionen gegen Italien begannen und während der Münchener Krise bestimmtere Formen und größere Bedeutung annahmen, zu einem wesentlichen Faktor der Zusammenarbeit im Commonwealth während der Kriegsjahre. Die Hohen Kommissare trafen sich oft mehr als einmal am Tag mit dem Staatssekretär für die Angelegenheiten der Dominien und besprachen mit ihm die großen und kleinen Fragen, die sich bei der Zusammenarbeit ihrer Länder in gemeinsamer Sache ergaben. Die Treffen waren informativ, und häufig waren die Auseinandersetzungen heftig. Sie erstreckten sich in den Jahren 1939/40 auf Themen wie die geeignete Antwort auf das Friedensangebot Hitlers nach der Eroberung Polens durch die Nazis, das Bedürfnis nach der Formulierung der Friedensziele der Alliierten und deren Inhalt, den Winterkrieg in Finnland und die Haltung des Commonwealth

gegenüber der UdSSR, die Erwünschtheit und die Möglichkeiten der militärischen Unterstützung der Finnen mit der
daraus folgenden Notwendigkeit zur Sicherung des Durch-
marsches von Truppen durch Schweden, und dann in rascher
Folge auf alle Fragen, die sich aus den Einfällen der Nazis
in Norwegen, den Niederlanden und dem Zusammenbruch
Frankreichs ergaben, einschließlich der Möglichkeit einer deutschen Invasion des neutralen Eire (23). Die Treffen boten den
Vertretern der Dominien ein Forum für die Erläuterung ihrer
Ansichten und die Darstellung ihrer Interessen. Es war für sie
von großer Wichtigkeit, daß der Staatssekretär für die Angelegenheiten der Dominien ein Mitglied des Kriegskabinetts
war, so daß er ihre Ansichten und Beschlüsse seinen Kollegen
übermitteln konnte. Das galt für den größten Teil der Kriegszeit.

Die Treffen der Hohen Kommissare wurden durch Besuche
einzelner Minister in London während des Kriegs und britischer Minister in den Hauptstädten der Dominien ergänzt.
Es gab auch in einem bisher nicht erreichten Umfang Briefwechsel und Mitteilungen. Die Verwendung von Telegraphen-
kabeln und Ferngesprächverbindungen — Lyons hatte sie
verwendet und Chamberlain während der Münchener Krise
aus dem Bett geholt — bedeutete, daß bei Entscheidungen in
kritischen Augenblicken kaum Zeit verlorenzugehen brauchte.
Angesichts von Konsultationen und Konsultationsmöglichkei-
ten in diesem Umfang, war die Forderung nach einem Reichskriegskabinett fühlbar schwach. Aber die Möglichkeit irgendeines koordinierenden Kabinetts oder Staatsrates wurde weiterhin befürwortet.

Die Forderung nach einem Reichskabinett oder einer Reichskonferenz in den ersten Jahren des Zweiten Weltkriegs diente
einem konstruktiven Zweck. Sie bewirkte eine öffentliche Dar-

legung der Nachteile des alten und der Vorteile des neuen
Systems der Beziehungen innerhalb des Commonwealth, über
das die Öffentlichkeit bisher kaum oder keine Gelegenheit zu
urteilen gehabt hatte. Den wesentlichsten Beitrag zur Debatte
lieferte Mackenzie King, nach dessen Ansicht ein Reichskabinett unerwünscht, unnötig und in Kriegszeiten »eine unmögliche Sache« (24) sei. Die Gründe für jeden dieser Einsprüche
verdienen Beachtung.

Warum war eine Reichskonferenz oder ein Reichskabinett in
Kriegszeiten unerwünscht? Sie waren nach Ansicht des kanadischen Premierministers unerwünscht, weil sie bedeuteten, daß
Premierminister und Fachleute aus ihren eigenen Ländern
fortgenommen werden würden, wo sie in Krisenzeiten am
nötigsten gebraucht wurden. Als Mackenzie King im Februar
1941 vor dem Unterhaus in Ottawa sprach, sagte er: »Ich
glaube, ich brauche nur die ehrenwerten Mitglieder dieses Unterhauses zu fragen, wenn sie in diesem Augenblick aufgerufen würden zu entscheiden, ob es besser wäre, den Premierminister Kanadas zum gegenwärtigen Zeitpunkt in einem
Staatsrat in London anwesend oder ihn hier in diesem Unterhaus in unmittelbarer Verbindung mit seinen Kollegen zu
haben und in der Lage, mit ihnen nicht nur von Tag zu Tag,
von Stunde zu Stunde, sondern von Augenblick zu Augenblick
zu beraten; ob sie nicht unter den obwaltenden Umständen
meinen, daß es für ihn besser wäre, hier an der Spitze seiner
Regierung zu sein, an der Spitze des Landes, das ihn ins Amt
gewählt hat.« (25) Und ganz abgesehen von dem — nicht
leichthin zu übergehenden — Vorrecht des kanadischen Parlaments oder anderer Parlamente der Dominien, gab es die
noch schwierigere Frage der Machtbefugnis. Wäre ein kanadischer Premierminister oder ein Kabinettsminister über einen
längeren Zeitraum als Mitglied eines vergrößerten Kriegska-

binetts in London anwesend, dann wäre sein leisestes Wort wahrscheinlich als die Meinung Kanadas angesehen worden. Es wäre für ihn gleichermaßen schwierig und peinlich, wegen strittigen Fragen seine Kollegen in Ottawa zu konsultieren oder nicht. Wenn er es sich zur Gewohnheit machen würde, sie zu konsultieren, würde er den Anschein erwecken, selbst geringe Vollmachten zu besitzen; zöge er es vor, sie nicht zu konsultieren, würde das Ergebnis geteilte Verantwortung und Unsicherheit über den Zuständigkeitsbereich sein, was kaum ohne verhängnisvolle Folgen bleiben könne. Alles in allem, der richtige Platz für den Premierminister eines Dominions war zu Hause, und Mackenzie King verlor bei seinem ersten Besuch in London während des Kriegs keine Zeit, seine Ansicht Churchill mitzuteilen. Als am 22. August 1941 die britische Regierung zu Ehren des kanadischen Premierministers im Savoy-Hotel ein Mittagessen gab und als die Unterhaltung allgemein geworden war, wandte sich Mackenzie King an Churchill und sagte: »Ich hoffe, Sie und Ihre Minister werden nicht erwarten, daß die Premierminister der Dominien ihre Länder länger als unbedingt notwendig verlassen.« (26) Aus ganz anderen Gründen stimmte dies mit Churchills eigenen Ansichten sehr gut überein.

Während derartige Überlegungen ein Reichskriegskabinett unerwünscht erscheinen ließen, machten es andere Faktoren durchaus entbehrlich. Der wichtigste Faktor war, nach Mackenzie Kings Ansicht, die Verbesserung der Nachrichten- und Verkehrsverbindungen in den dazwischenliegenden Jahren. Sie ermöglichten es den Regierungen der Dominien, mit der Regierung des Vereinigten Königreichs und untereinander in Verbindung zu bleiben: mittels Telegraf und Telefon, mittels kurzfristiger Ministerbesuche mit dem Flugzeug für bestimmte Zwecke, durch die in die Hauptstädte des Commonwealth entsandten Hohen Kommissare und mittels eines verhältnismäßig umfassenden Austausches von schriftlichen Mitteilungen über Angelegenheiten von Interesse oder Bedeutung für beide Seiten. Infolgedessen bestand kein Bedürfnis nach einem Commonwealth-Kabinett; denn es existierte, um wiederum Mackenzie King zu zitieren, »die vollkommenste fortlaufende Konferenz der Kabinette, die irgendeine Gruppe von Nationen überhaupt haben konnte«. »Sie haben bereits mehrere Kriegskabinette — ganze fünf Stück«, sagte er zu Churchill und fügte hinzu, zur Veranschaulichung eines Sachverhalts, der ihm sehr am Herzen lag: »Sie haben eine fortlaufende Konferenz mit dem ganzen Haufen; was wollen Sie mehr?«

Churchill, dem die Frage Mackenzie Kings rhetorisch vorgetragen wurde, aber an den sie eigentlich nicht gerichtet war, wollte, entgegen den unbegründeten Annahmen einiger späterer Kommentatoren, wie Mackenzie King jedoch bereits wußte, nicht mehr. Und der einzige Überlebende des früheren Reichskabinetts, Feldmarschall Smuts, telegraphierte zur »unermeßlichen Genugtuung« Kings um diese Zeit an Churchill: »Ich war froh, Mackenzie Kings unmißverständliche Verurteilung der Agitation für ein Reichskabinett zu sehen. Es scheint mir bei den großen in Afrika und dem Pazifik drohenden Gefahren wenig ratsam zu sein, alle unsere Premierminister in London zu versammeln. Unser Commonwealth-System ist durch seine Dezentralisation zur Führung eines Weltkriegs gut gerüstet, und die auseinandergezogene Führung in allen Teilgebieten ist eher ein Segen als ein Hindernis. Ich stimme mit ihm überein, daß unser System der Nachrichten- und Verkehrsverbindungen kaum zu wünschen übrig läßt.« (27) Und obwohl die Australier, die im Pazifik Gefahren ausgesetzt waren, die weder Kanada noch Südafrika bedrohten,

diese Ansichten niemals teilten, ergibt sich aus dem nun vorliegenden Beweismaterial, daß unter der extremen Belastung
eines Weltkriegs die vorherrschende Meinung im Commonwealth die Zusammenarbeit durch ein System der zwanglosen
Beratungen bevorzugte. Die Debatte ging weiter, vor allem
im Jahr 1944; am Ergebnis jedoch konnte kaum ein Zweifel
bestehen. In den folgenden Jahren war es das Ziel der meisten
und möglicherweise aller Regierungen des Commonwealth,
daß diese Konsultation etwas sichern sollte, was, ohne den
allgemeinen Sprachgebrauch zu strapazieren, als eine fortlaufende Konferenz der Kabinette bezeichnet werden konnte.

Warum ging Mackenzie King, und Mackenzie King allein
unter seinen Zeitgenossen, weiter und bezeichnete eine Reichskriegskonferenz oder ein Reichskriegskabinett als »unmöglich«? Obwohl er sie nicht besonders erwähnte, war eine
vorherrschende Überlegung stillschweigend in seiner Beweisführung inbegriffen. Diese Überlegung war Macht. Das Vorhandensein irgendeiner solchen zentralen Reichskörperschaft
würde bedeuten, daß Macht und ungeteilte Verantwortung
für deren Ausübung, soweit Kanada betroffen war, nicht mehr
in Kanada verbleiben würde. Deswegen war ein Reichskriegskabinett »unmöglich«. Ob Mackenzie King die richtige Antwort gab oder nicht, zumindest stellte er die richtige Frage.
Wo würde die Macht liegen? Und er hielt es für »unmöglich«,
daß sie hinsichtlich Kanadas in irgendeinem entscheidenden
Umfang außerhalb Kanadas lag.

Aufeinanderfolgende australische Regierungen vertraten
ganz andere Ansichten. Sie wünschten, wenn nicht ein Reichskriegskabinett, so doch die Vertretung der Dominien und insbesondere Australiens im britischen Kriegskabinett. Sie meinten, eine derartige Vertretung sei wesentlich, wenn den
australischen Belangen geziemende Aufmerksamkeit gezollt

und den Problemen des Pazifik angemessene Beachtung gewidmet werden sollte. Churchill indessen war nicht entge-
genkommend. Gegenüber Arthur Fadden, der Menzies am
29. August 1941 als Premierminister folgte, faßte Churchill
seine Ansichten in einem Telegramm (28) zusammen, das
seinen berechtigten Platz neben der Rede Mackenzie Kings
vom Februar 1941 als eine Darlegung der in Frage stehenden
Grundsätze bei allen Auseinandersetzungen über die Bildung
eines Reichskriegskabinetts oder eines Staatsrats einnimmt.
Der Gedankengang der Beweisführung Churchills war der,
daß das Kabinett, welchem vorzustehen er die Ehre habe, dem
Parlament verantwortlich und im Amt sei, weil seine Mitglieder sich gemeinsam der Unterstützung der Mehrheit des
Unterhauses erfreuten. Die Anwesenheit eines australischen
Ministers, der der Legislative des Commonwealth von Australien verantwortlich wäre, als Mitglied dieses Kabinetts,
würde wesentliche Veränderungen nach sich ziehen. Während
in der Praxis der Premierminister eines Dominions immer
eingeladen worden sei, seinen Platz im Kabinett des Vereinigten Königreichs einzunehmen und während seines Besuchs vollen Anteil an den Beratungen der Regierung zu nehmen, sei dies der Fall gewesen, weil er das Haupt der
Regierung eines Schwesterdominions gewesen sei, von dem
man annehmen konnte, daß er in der Lage sei, mit voller
Machtbefugnis und nicht nur aufgrund von Instruktionen aus
der Heimat für das Dominion zu sprechen, dessen Regierung
er führte. Aber ein anderer Minister eines Dominions, außer
dem Premierminister, sei überhaupt kein Führer, sondern nur
ein Abgesandter. Das entziehe ihm die Autorität, und sein
möglicher Beitrag zu den Beratungen des Kriegskabinetts
wiege nicht den Nachteil der größeren Zahl, die seine Anwesenheit nach sich ziehen würde, auf. Die Premierminister von

Kanada, Südafrika und Neuseeland, bemerkte Churchill, hätten gesagt, daß sie eine derartige Vertretung nicht wünschten, und einige von ihnen hätten eine betont gegensätzliche Einstellung mit der Begründung eingenommen, daß niemand anderer als der Premierminister für ihre Regierungen sprechen könne, es sei denn aufgrund von Instruktionen. Sonst könnte es passieren, daß die Handlungsfreiheit der Regierungen der Dominien durch Entscheidungen eingeengt werden könnte, an denen sich ihre Minister in London beteiligt hätten. Vom Standpunkt des Vereinigten Königreichs sei der Vorschlag gleichermaßen unannehmbar. Die Aufnahme von vier Vertretern der Dominien würde das Ausscheiden der gleichen Anzahl britischer Minister aus dem Kriegskabinett nach sich ziehen. Das würde die Grundlage der Koalitionsregierung zerstören, da Churchill nicht bereit war, die Anzahl der Mitglieder zu vermehren, so daß es für die wirksame Führung der Geschäfte zu groß werden würde.

Churchill schlug Fadden als Kompromiß die Möglichkeit der Ernennung eines besonderen Gesandten vor, um alle speziellen Aspekte der gemeinsamen Kriegsanstrengungen zu besprechen, zugleich wies er jedoch darauf hin, daß ein solcher Gesandter weder ein verantwortlicher Partner in der täglichen Arbeit der Regierung sein würde oder sein könnte, noch daß, wenn er als ständige Einrichtung in London verbleibe, die Gefahr des Nebeneinanders der Stellung eines derartigen Gesandten und des australischen Hohen Kommissars in London bestehe. Eine solche Gefahr sei unvermeidlich, und man müsse mit ihr rechnen, vor allem im Hinblick auf die Tatsache, daß das ganze System der Hohen Kommissare durch täglichen Kontakt mit dem Staatssekretär für die Angelegenheiten der Dominien gut funktioniere.

Die australische Regierung entschloß sich, als der Vorschlag

eines besonderen Gesandten von Churchill ihr vorlag, die Ernennung eines Ministers als Vertreter im britischen Kriegskabinett voranzutreiben. Die Wahl fiel auf einen älteren
Staatsmann und früheren Premierminister, Sir Earle Page,
der zur Zeit seiner Ernennung Handelsminister war. Bevor
er London erreichte, stürzte die Regierung Fadden. Die Labour-Regierung Curtins, die sie ersetzte, forderte Sir Earle
Page auf, weiterhin als Australiens bevollmächtigter Gesandter im Kriegskabinett im Amt zu bleiben, doch seine Autorität
war durch die Tatsache untergraben, daß er nun nicht ein
Mitglied der Regierung, sondern einer Oppositionspartei war.
Nach seiner Ankunft in London umriß Sir Earle Page das
Wesen seiner Mission in Worten, die besagten, daß sie teils
repräsentativ und teils informatorisch war. Es sei seine Aufgabe, sagte er (29), »persönliche Verbindung auf Kabinetts-
ebene zwischen dem Vereinigten Königreich und den Regierungen des Commonwealth zu schaffen. Der Hauptzweck
(meiner) Mission wird die Darlegung der Ansichten Australiens über bestimmte anstehende Probleme der Kriegsstrategie
und die Schaffung der besten Einrichtungen zur Erhaltung
eines Systems der direkten Vertretung im Kabinett in London
sein.« Aber die Art der Vertretung Australiens (oder anderer
Dominien) im britischen Kabinett war Sache des britischen
Premierministers, und Churchill gab nicht zu erkennen, daß
er bereit war, seine Befugnis in dieser Hinsicht preiszugeben.
Sir Earle Page wohnte den Sitzungen des Kabinetts auf Einladung bei, wenn Angelegenheiten, die für Australien von
Interesse waren, zur Diskussion standen, jedoch nicht von
Rechts wegen. Daran hielt Churchill fest. Das war nicht das,
was die Australier wollten, die befürchteten, daß die Beschäf-
tigung mit dem Krieg in Europa zur Vernachlässigung des
Pazifik führen könnte. Aber sie mußten sich notgedrungen

fügen, und die Angelegenheit endete mit dem Rücktritt von Sir Earle Page im Jahr 1942 und der Ernennung von Stanley Bruce zum australischen Vertreter im Kriegskabinett über und neben seinem Amt als Hoher Kommissar.

Inzwischen hatte der Angriff der Japaner auf Pearl Harbour im Dezember 1941 die schlimmsten Befürchtungen Australiens bestätigt und es in verzweifelt sorgenvollen Monaten, seiner Flugzeuge und seiner weit weg im Mittleren Osten befindlichen erfahrenen Truppen beraubt, als »Waisenkind des Pazifik« zurückgelassen, wie es die Nazi-Propaganda darstellte. Die Reaktion war heftig. Während erneut Forderungen nach größerer Mitbestimmung in London erhoben wurden, erkannte die Labour-Regierung Australiens, daß Hilfe von den Vereinigten Staaten kommen mußte und daß die entscheidenden strategischen Beschlüsse in Washington gefaßt werden würden. Der Premierminister äußerte seine Ansicht über die wirkliche politische und strategische Lage Australiens in undiplomatischen, aber treffenden Sätzen. »Wir lehnen es ab«, schrieb er in einem Zeitungsartikel (30), »die Entscheidung zu akzeptieren, daß der Kampf im Pazifik als ein untergeordneter Teil des gesamten Konflikts behandelt werden muß.« Benötigt werde »ein gemeinschaftlicher Plan, der die größten den Demokratien zur Verfügung stehenden Machtmittel mobilisierte, mit dem Ziel, Japan zurückzuwerfen«. Australien, fuhr er fort, »blickt nach Amerika, frei von irgendwelchen Gewissensbissen hinsichtlich unserer herkömmlichen Bindungen an das Vereinigte Königreich. Wir kennen die Probleme, denen sich das Vereinigte Königreich gegenübergestellt sieht. Wir kennen die ständige Gefahr der Invasion . . . Aber wir wissen auch, daß Australien fallen kann, während Großbritannien weiter durchhält. Wir sind jedoch entschlossen, daß Australien nicht fallen wird . . .«

Durch den Pazifischen Kriegsrat erhielt Australien eine Stimme bei der Gestaltung der strategischen Entscheidungen im pazifischen Krieg. Sie war zwar nicht so einflußreich, wie es die Regierung erhofft hatte, jedoch für die Zukunft weit wichtiger. Australien wurde entschieden in den strategischen Machtbereich der Vereinigten Staaten hineingezogen. In mehr als nur einem Sinn war das Australiens Schicksalsstunde.

Als es klarwurde, daß, so schwer und langwierig die Aufgabe auch sein mochte, sowohl Deutschland als auch Japan eine vollständige Niederlage erleiden würden, zeigten die Staatsmänner des Commonwealth erneutes Interesse für Methoden der Commonwealth-Zusammenarbeit in der Nachkriegszeit. Im September 1943 schlug der australische Premierminister nach einer altherkömmlichen australischen Tradition, und wiederum mit pazifischen Problemen im Vordergrund seiner Überlegungen, die Bildung eines Commonwealth-Rats vor, dem ein Commonwealth-Sekretariat zur Seite stehen sollte. Beide sollten eine engere Zusammenarbeit im Commonwealth sowie in der Außen- und Verteidigungspolitik ermöglichen. Im November 1943 befürwortete Feldmarschall Smuts in einer Rede vor dem Verband der Parlamentarier des Reichs in London (31), in der er anerkannte, daß, so groß auch das moralische Prestige des Commonwealth nach dem Krieg sein mochte, es unvermeidlich materiell geschwächt daraus hervorgehen würde, eine Verbindung der Staaten des Commonwealth mit den gleichgesinnten demokratischen Staaten der westeuropäischen Küste, um zusammen eine Macht zu bilden, die der UdSSR und den USA an Größe gleichkam und in der Lage war, zwischen ihnen das Gleichgewicht zu halten. Schließlich legte Lord Halifax, damals britischer Gesandter in Washington, im Januar 1944 in Toronto ganz ähnliche Ansichten dar. Er sprach von der Notwendigkeit der Einheit des

Commonwealth in der Außenpolitik, zumindest in den wesentlichen Fragen; denn seiner Meinung nach »können wir, wenn wir unsere berechtigte Rolle bei der Erhaltung des Friedens spielen wollen, sie nur als geeintes, lebensfähiges, zusammenstehendes Commonwealth spielen« (32). So interessant diese Vorschläge auch waren, die Antworten, die sie hervorriefen, waren wichtiger. Allgemein gesprochen, waren diese ablehnend. Die Regierungen des Commonwealth wünschten weder formale Einheit in der Politik noch zentralisierte Einrichtungen, um diese herbeizuführen. Sie glaubten nicht nur, daß das für sie »ein Schritt auf dem Weg nach gestern« sein würde, wie der wortgewaltige Herausgeber der *Free Press*, John Dafoe, aus Winnipeg schrieb, sondern auch, daß dies im internationalen Bereich nicht zur Aussicht auf einen dauernden Frieden beitragen, sondern diese eher vermindern könnte. Nicht durch die Erneuerung des Gleichgewichts der Kräfte in weltweitem Maßstab, sondern durch die Bildung einer wirksamen internationalen Organisation, unterstützt durch alle friedliebenden Staaten, könnte der Frieden am besten erhalten werden. Hierüber sprach sich niemand so nachdrücklich aus wie Mackenzie King. Am 31. Januar 1944 bemerkte er im kanadischen Unterhaus im Hinblick auf die vermeintliche Notwendigkeit der Erhaltung eines entsprechenden Gleichgewichts der Kräfte in der Nachkriegszeit: »Feldmarschall Smuts glaubte, daß dies durch die enge Verbindung des Vereinigten Königreichs mit ›den kleineren Demokratien Westeuropas‹ erreicht werden könne ... Auf der anderen Seite erklärte Lord Halifax: ›Nicht nur Großbritannien allein, sondern das Britische Commonwealth und das Britische Reich müssen die vierte Macht in jener Staatengruppe sein, von der nach der Vorsehung der Frieden der Welt hinfort abhängen wird.‹

Mit dem, was die von diesen beiden hervorragenden Männern des öffentlichen Lebens vorgebrachte Beweisführung besagt, kann ich mich nicht einverstanden erklären.

Es trifft zwar zweifellos zu, daß der Friede der Welt von
der Erhaltung einer großen Überlegenheit der Macht auf der
Seite des Friedens abhängt, so daß diejenigen, die den Frieden
zu stören wünschen, keine Aussicht auf Erfolg haben können.
Aber ich muß fragen, ob der beste Weg, das zu erreichen, die
Suche nach dem Gleichgewicht der Kräfte zwischen drei oder
vier Großmächten ist. Sollten wir nicht, oder müssen wir nicht
vielmehr darauf abzielen, die notwendige Überlegenheit der
Macht zu erreichen, indem ein wirksames, internationales System geschaffen wird, innerhalb dessen die Zusammenarbeit
aller friedliebenden Länder freiwillig erstrebt und gewährt
wird?« (33)

Es war Mackenzie Kings Ansicht, die sich durchsetzte. Bei
dem Treffen der Premierminister des Commonwealth, die sich
im Frühjahr 1944 in London versammelten, wurde jeder Vorschlag abgelehnt, daß neue Einrichtungen zur Koordinierung
der Politik des Commonwealth nötig seien. Im Gegenteil, das
Vertrauen der Premierminister in die bestehende Unabhängigkeit in der Politik, verbunden mit einer aktiven, zwanglosen gegenseitigen Beratung wurde ausdrücklich bestätigt.
Das Lob, welches der kanadische Premierminister in einer
Rede vor beiden Kammern des Parlaments diesem System
zollte, das »eine dauernde Beratung der Kabinette« ermöglichte, wurde von seinen Kollegen im Commonwealth wiederholt, abgesehen von Curtin, der weiterhin meinte, daß das
System, obwohl es soweit gut sei, nicht weit genug gehe. Aber
was auch immer für Meinungsverschiedenheiten bestanden,
eine Tatsache war offenkundig: Innerhalb des Commonwealth
blieb jenes Vertrauen in die Dezentralisation, die General

Botha vor mehr als 30 Jahren begeistert hatte, nicht nur ungetrübt, sondern wurde durch die Erfahrungen des Zweiten
Weltkriegs noch bestärkt. 1944 versammelten sich die Führer
des Commonwealth nicht zu einer Reichskonferenz, sondern
zu einem Treffen der Premierminister, für dessen bezeichnende
Merkmale man das Fehlen jeder Formalität oder einer zwin-
genden Tagesordnung hielt, das den vertraulichen Meinungsaustausch zwischen den Premierministern ungehemmt durch
die beengende Anwesenheit amtlicher Berater ermöglichte. In
der nach dem zweiten Treffen der Premierminister in London
im Frühjahr 1946 veröffentlichten Verlautbarung (34) wurden die Gespräche als »ein zwangloser Austausch der Meinungen« beschrieben, und man sagte ihnen nach, daß sie
»außerordentlich zur Erhellung zahlreicher Probleme« und
zum »gegenseitigen Verständnis der angesprochenen Fragen-
kreise« beigetragen hätten, wobei man die »bestehenden Methoden der Konsultation dem Charakter des Britischen Commonwealth für besonders angepaßt« hielt und »irgendwelchen
starren Einrichtungen vorzuziehen«. Das Commonwealth, dessen Ansehen in der Zeit nach dem Sieg durch die Opfer dieser
Verbindung freier Völker in einem freiwilligen Zusammenschluß in denkwürdiger Weise gestiegen war, hatte den Höhepunkt erreicht, und die Führer des Commonwealth schritten
zuversichtlich in die neue Zeit.

SECHSTES KAPITEL

*Indien: Die Übereinkunft mit dem Schicksal
der Teilung*

DER AUSBRUCH des Zweiten Weltkriegs leitete den letzten
Zeitabschnitt der britischen Herrschaft in Indien ein. Seine
Wirkung war eine zweifache. Einerseits verstärkte der Krieg
die indische Forderung nach Unabhängigkeit, während er andererseits den britischen Willen und die britische Fähigkeit,
dem zu widerstehen, zunehmend schwächte. Die daraus folgende Möglichkeit oder Wahrscheinlichkeit eines früheren
Rückzugs der britischen Herrschaft, als bisher auf beiden Seiten
erwartet worden war, verschärfte ihrerseits durch das natürliche Wirken der Gesetze der Politik den Kampf um die Nachfolge in der Macht in Indien. Während früher die Kongreßpartei und die Moslem-Liga Seite an Seite gestanden hatten,
standen sie spätestens im März 1940, als die Moslem-Liga auf
ihrer Versammlung in Lahore ihre Forderung nach eigenen
mohammedanischen Heimatländern und einem eigenen mohammedanischen Staat erhob, einander Auge in Auge gegenüber. Wo es einst die Möglichkeit des Zusammenschlusses im
Rahmen der Unabhängigkeit gegeben hatte, gab es jetzt, in
der Ausdrucksweise einer späteren Zeit, die Konfrontation.
Der zweifache Druck des Ringens um die nationale Unabhängigkeit und um die Beherrschung der Hebel der Macht
nach der Unabhängigkeit machte sich in einem einzigen Zusammenhang geltend, wobei das eine bei jedem Schritt auf das

andere wirkte. Dieser Zusammenhang wurde auf höchster politischer Ebene von der Politik der britischen Regierung demonstriert, die sich ihrerseits aus unmittelbaren militärischen Überlegungen und langfristigen verfassungsrechtlichen Zielsetzungen zusammensetzte. Zuerst der Krieg und dann, zum großen Teil als Folge davon, die Festigung der britischen Meinung zugunsten einer alsbaldigen Übergabe der Macht, verliehen dieser Politik im Rückblick einen klaren Umriß, den sie historisch gesehen nicht besaß. Nichtsdestoweniger bildet die Tatsache der britischen Fortschritte während und unmittelbar nach dem Krieg zur indischen Unabhängigkeit auf der Grundlage der ministerverantwortlichen Regierung und der verfassungsrechtlichen Stellung eines Dominions einen notwendigen Hintergrund für jede Analyse der Beziehungen zwischen verfassungsrechtlichem Fortschritt und innerer Teilung.

Der Ausbruch des Krieges unterstrich nicht so sehr das Maß der Autonomie, das Indien bisher erreicht hatte, wie das Ausmaß seiner Abhängigkeit. Der Vizekönig, Lord Linlithgow, erklärte für Indien den Krieg, ohne die Führer der größten indischen Parteien, der Kongreßpartei und der Moslem-Liga, zu einer Beratung einzuberufen. Verfassungsrechtlich war die Handlung des Vizekönigs gerechtfertigt, weil die bundesstaatlichen Bestimmungen des Gesetzes über die Regierung Indiens von 1935 noch nicht in Kraft getreten waren. Aber verfassungsrechtliche Gültigkeit war kein Ausgleich für ein so schwerwiegendes Versagen der politischen Urteilskraft. Die Kongreßpartei insbesondere hegte darüber einen tiefen Groll, und Pandit Nehru verglich die Stellung der Dominien einschließlich Irlands, deren verschiedene Parlamente die Vollmacht besaßen zu entscheiden, ob sie Nazi-Deutschland den Krieg erklären sollten oder nicht, mit der Indiens, das zum Krieg verpflichtet wurde, ohne daß auch nur seine repräsentativen politischen

Persönlichkeiten gefragt worden wären (1). Nach diesem ungünstigen Anfang sollte es keine dauernde Verbesserung der Beziehungen zwischen England und Indien oder insbesondere zwischen Engländern und der Kongreßpartei für die Dauer des Krieges geben. Hierin lag eine gewisse Ironie, da die britische und die indische Meinung ganz allgemein, hinsichtlich der Gründe, aus denen der Krieg geführt wurde, weit davon entfernt waren, im Gegensatz zueinander zu stehen, sondern im wesentlichen übereinstimmten.

Es bestanden Unterschiede in der Einstellung der Moslem-Liga und der Kongreßpartei zur Zusammenarbeit während der Kriegszeit, wobei diejenige der Liga im wesentlichen pragmatisch war, während die Kongreßpartei ihre Stellung bezeichnenderweise in begrifflichen Formen umriß. Sie bekundete Zuneigung für die Sache der Alliierten, die sich aus ihrer Liebe zur Freiheit und ihren starken, in den Beschlüssen der Kongreßpartei in der Vorkriegszeit enthaltenen antifaschistischen und antinationalsozialistischen Gefühlen ableitete; aber sie behauptete, daß trotz dieser Bindungen eine Zusammenarbeit mit Großbritannien wegen der fortgesetzten Abhängigkeit Indiens ausgeschlossen sei. Ein unfreies Indien könne nicht für die Freiheit kämpfen. Dies war die Grundsatzerklärung der Kongreßpartei. Konnte man berechtigterweise daraus schließen, daß ein freies Indien unter der Führung der Kongreßpartei die Sache der Alliierten mit Waffen unterstützen würde? Die Antwort, und sie war offenkundig von weitreichender Bedeutung für die Gestaltung der britischen Politik, blieb umstritten. Im Dezember 1939 traten die Regierungen der Kongreßpartei in den Provinzen zurück, weil sie sich nicht an den von einer fremden Staatsmacht gelenkten Kriegsanstrengungen beteiligen wollten. An sich und für die Zukunft war das ein bedeutsamer Schritt. Aber er lieferte keine abschließende Antwort über die mögliche Einstellung unter ganz anderen Bedingungen. Eine solche konnte nur auf weniger greifbaren und notwendigerweise hypothetischen Tatsachen fußen. Der Hauptteil der Kongreßpartei, eingedenk der leidenschaftlichen Verurteilung der militaristischen Regierungen sowohl in Europa als auch in Asien durch Jawaharlal Nehru vor dem Krieg, hätte vermutlich der Beteiligung am Krieg auf der Seite der verbündeten Westmächte zugestimmt, vorausgesetzt sie wäre aufgrund der eigenen Entscheidung Indiens und unter seinen Bedingungen erfolgt. Aber es gab auch die Jünger des bereits als das Gewissen der Kongreßpartei betrachteten und verehrten Mahatma Gandhis, die ohne Einschränkung seiner Lehre vom gewaltlosen Widerstand huldigten und glaubten, sie hätte im internationalen wie im einheimischen Bereich unbegrenzte Gültigkeit. 1942 waren sie zusammen mit Gandhi bereit, ausschließlich einen derartigen gewaltlosen Widerstand gegen eine japanische Invasion aus dem Nordosten zu befürworten. Im übrigen konnte die britische Regierung, selbst angenommen sie wäre zu einem für sie selbst beruhigenden Schluß über die Mitarbeit einer Regierung der Kongreßpartei während der Kriegszeit gekommen, die indische Frage nicht nur aus Rücksicht auf die Kongreßpartei allein betrachten. Es gab auch die Moslem-Liga und die Fürsten. Versprach im Hinblick auf das Überleben Großbritanniens — und nichts weniger stand zwischen 1940 und 1942 auf dem Spiel — das Zugeständnis der Freiheit an Indien einen wesentlichen Vorteil, selbst wenn man annahm, daß dadurch die Hilfe der Kongreßpartei bei der Fortführung des Kriegs gewonnen werden konnte, wenn die Folgen die Entfremdung der königstreuen fürstlichen Verbündeten und die Eröffnung eines Machtkampfs zwischen Kongreßpartei und Moslem-Liga in Indien sein würden? Selbst wenn die

Antwort zustimmend gewesen wäre, war sie bestenfalls eine Mutmaßung, und wenige Regierungen sind in Kriegszeiten bereit, sich derart gefährliche Mutmaßungen zu erlauben. So kam es, daß von 1939 an die britische Regierung sich in einem Dilemma befand, aus dem es, trotz späterer leichtgläubiger Kommentare, kein Entrinnen gab. Es mag sehr wohl sein, daß die Hauptverantwortung für ein solches Dilemma bei ihr selbst lag und daß in der Kriegszeit Großbritannien den Preis für die zaudernde Politik der späten zwanziger und der frühen dreißiger Jahre bezahlte.

Im Licht dieser sich verringernden Bewegungsfreiheit und der Wirkung der aufeinanderfolgenden großen Krisen des Krieges müssen die britischen Versuche gesehen werden, einen Ausweg aus der verfassungsrechtlichen Sackgasse in Indien zu finden. Am 23. Oktober 1939 erinnerte der Staatssekretär, Lord Zetland, das Kriegskabinett daran, daß, als das Parlament »die verfassungsrechtliche Stellung eines Dominions als Ziel angenommen habe, das Gefühl vorherrschte, die Reise würde eine lange sein; aber der Ausbruch des Krieges bewirkte, daß uns die Bedeutung der verfassungsrechtlichen Stellung eines Dominions für Indien neuerdings bewußt wurde...« (2). Die Art der britischen Vorschläge während der Kriegszeit unterstrich die Richtigkeit dieser Analyse. Der erste, kurz nach dem Zusammenbruch Frankreichs erfolgte Vorschlag war das sogenannte »Angebot vom August« 1940. Es schlug die sofortige Vergrößerung des Rates des Vizekönigs vor, um eine bestimmte Anzahl von Vertretern der indischen politischen Parteien einzubeziehen, aber nicht viel mehr. Weitere Versuche zur Ausarbeitung einer Verfassung wurden entschlossen auf die Zeit nach Beendigung des Krieges verwiesen, obwohl zugestanden wurde, daß, wenn die Zeit dafür gekommen sei und in Übereinstimmung mit dem Vorgehen in den

Dominien, jede neue Verfassung in Indien entworfen werden sollte. Aber selbst in diesem Zusammenhang wurde in kompromißlosen Worten nochmals die Verpflichtung Großbritanniens gegenüber den Fürsten betont und darauf hingewiesen, daß es der britischen Regierung nicht möglich sei, die Übertragung ihrer Verantwortung für den Frieden und das Wohlergehen Indiens an irgendein Regierungssystem in Betracht zu ziehen, dessen Vollmachten »durch große und machtvolle Bestandteile des nationalen Lebens in Indien« unmittelbar abgelehnt wurden (3). Das Angebot schloß mit der Erwartung, als Folge der indischen Zusammenarbeit im Krieg würde ein neues gegenseitiges Verständnis entstehen, das den Weg zur »Erlangung jener freiwilligen und gleichberechtigten Teilhaberschaft im Britischen Commonwealth« bereiten würde, »welche das erklärte und gebilligte Ziel der Krone des Reichs und des britischen Parlaments bleibt«.

Das »Angebot vom August«, dessen bescheidene Anziehungspunkte zum größten Teil nur in Aussicht gestellt und bedingt waren, wurde von der Kongreßpartei abgelehnt und von der Moslem-Liga, obgleich mit einigen wohlüberlegten Einschränkungen, zurückgewiesen. Es folgte eine Zeit der verfassungsrechtlichen Ruhe. Sie endete 1942, in jenem Jahr des Unheils für die alliierten Armeen im Osten. Am 11. März erklärte der Premierminister vor dem Unterhaus, daß die Krise »in den Angelegenheiten Indiens, die durch den japanischen Vormarsch entstanden ist, uns in dem Wunsch bestärkt hat, alle Kräfte des indischen Lebens zu sammeln, um das Land vor der Bedrohung durch den Angreifer zu schützen«. Infolgedessen habe sich das Kriegskabinett entschlossen, einen aus ihrer Mitte, den Lord Geheimsiegelbewahrer Sir Stafford Cripps, nach Indien zu entsenden, um frühere britische Erklärungen und vor allem das »Angebot vom August« 1940 über die ver-

fassungsrechtliche Stellung eines Dominions für Indien genauer
zu erläutern und um »alle Klassen, Rassen und Glaubensbekenntnisse in Indien von unserem ehrlichen Entschluß« zu
überzeugen, daß »die Beschlüsse, denen wir zugestimmt haben und von denen wir glauben, daß sie eine gerechte und
endgültige Lösung darstellen, ihren Zweck erfüllen werden«.
In der Tat waren die Beschlüsse des Kriegskabinetts, was ihre
Genauigkeit betraf, wenn auch nicht grundsätzlich, ein entscheidender Fortschritt gegenüber allem, was bisher abgefaßt
worden war. Ihr Kern war die verfassungsrechtliche Stellung
eines Dominions, wobei die Verfassung der neuen Indischen
Union, wie es die Kongreßpartei ständig gefordert hatte, in
Übereinstimmung mit Dominion-Präzedenzfällen von einer
indischen verfassunggebenden Versammlung entworfen wer-
den sollte. Das neue Dominion sollte »mit dem Vereinigten
Königreich und den anderen Dominien durch eine gemeinsame
Untertanentreue zur Krone verbunden, aber ihnen in jeder
Hinsicht gleichgestellt und in keiner Weise in irgendeinem
Bereich seiner inneren und äußeren Angelegenheiten untergeordnet« sein (4). Was überdies beabsichtigt war, wie Sir
Stafford Cripps nach seiner Ankunft in Indien klarstellte, war
die verfassungsrechtliche Stellung eines Dominions ohne Einschränkung oder Bedingung. Auf einer Pressekonferenz in
Neu-Delhi wurde er gefragt, ob es dem neuen Dominion frei-
stehen würde auszuscheiden. Er antwortete bejahend. Er
wurde gefragt, ob es Kanada freistehe auszuscheiden. Er antwortete: »Selbstverständlich.« Während diese Antworten, als
sie berichtet wurden, Georg VI. einigen Grund zur besorgten
Überlegung gaben (5), wirkten sie in Delhi, soweit ihnen
Glauben geschenkt wurde, einigermaßen beruhigend. Indessen
blieb das Angebot der verfassungsrechtlichen Stellung eines
Dominions, das Sir Stafford Cripps auf diese Weise darlegte,

obwohl uneingeschränkt, nur in Aussicht gestellt. Noch einmal wurde die Ausarbeitung einer Verfassung zurückgestellt, bis der Sieg errungen war. Das war eine bittere Enttäuschung für das nationale Gefühl der Inder. Es bestand die Gewißheit der Verzögerung und für viele keine entsprechende Zuversicht über den Sieg. Es wurde behauptet, Gandhi habe von einem nachdatierten Scheck auf eine zahlungsunfähige Bank gesprochen, und selbst wenn die Redewendung nicht seine eigene Erfindung war — sie ist K. M. Panikkar zugeschrieben worden —, huldigte er dieser Ansicht. Auch wurde die Enttäuschung der Kongreßpartei in verfassungsrechtlicher Hinsicht nicht durch die Aussicht auf irgendeine sofortige Übertragung wesentlicher Verantwortung in indische Hände gemildert. Auf dem Höhepunkt des Kriegs im Osten glaubte die britische Regierung, sie müsse die letzte Verfügung über die Machthebel und die direkte Kontrolle der Verteidigung in Indien beibehalten. Infolgedessen war das meiste, was sie den Händen der Inder zu einer solchen Zeit zu übertragen bereit war, nur von geringer Bedeutung für die Regierung. Überdies waren es zwar die wichtigsten, aber nicht die entscheidenden Gründe für die ablehnende Haltung der Kongreßpartei. Der Vorschlag von Cripps beinhaltete einen neuen Grundsatz des Nichtbeitritts, aufgrund dessen jede Provinz von Britisch-Indien, die nicht bereit war, die nach dem Krieg zu entwerfende Verfassung anzunehmen, das Recht hatte, ihre derzeitige verfassungsrechtliche Stellung ungeschmälert und außerhalb der Indischen Union beizubehalten. Später wurde hinzugefügt, daß die britische Regierung bereit sei, einer neuen Verfassung zuzustimmen, die den nicht beigetretenen Provinzen, falls sie es wünschten, insgesamt dieselbe verfassungsrechtliche Stellung einräumte wie der Indischen Union. Die Bekanntgabe des Grundsatzes des Nichtbeitritts vergrößerte den Verdacht der Kongreßpartei gegenüber den britischen Absichten. Das Endergebnis war die Ablehnung des Angebots von Cripps, zuerst durch die Kongreßpartei und dann durch die Moslem-Liga. Dem Fehlschlag dieser Mission folgte im August 1942 die Billigung einer »Räumt-Indien«-Entschließung (6) durch die Kongreßpartei, die zur Rebellion und zur Gefangensetzung der hauptsächlichen Führer der Kongreßpartei für die weitere Dauer des Krieges führte.

Wenn die Cripps-Mission auch ihre unmittelbaren Absichten nicht erreichte, so hatte sie doch bei ihren langfristigen Zielen Erfolg. In Indien, und gewiß nicht weniger bedeutsam in London, änderte sie den Inhalt der Diskussionen über die britisch-indischen Beziehungen. Churchill, der Cripps, den radikalen, sozialistischen Freund Nehrus, nicht ohne Genugtuung in sehr ungewisser Mission nach Indien hatte abreisen sehen und der auch in der Lage war, deren Mißlingen mit Standhaftigkeit zu ertragen, sagte dem König bald darauf, daß »seine Kollegen und beide oder alle drei Parteien im Parlament durchaus bereit waren, nach dem Krieg Indien an die Inder auszuliefern« (7). Genauer gesagt, konnte es keinen Widerruf des Angebots einer verfassunggebenden Versammlung und der verfassungsrechtlichen Stellung eines Dominions geben. Und auf dieser Grundlage wurden Verhandlungen nach dem Krieg wiederaufgenommen, zuerst auf der Konferenz in Simla und dann, nach der Amtsübernahme der Labour-Regierung in Großbritannien, durch die Entsendung einer Abordnung des Kabinetts, bestehend aus Lord Pethick-Lawrence, dem Staatssekretär für Indien, Sir Stafford Cripps, dem Handelsminister, und A. V. Alexander, dem ersten See-Lord, nach Indien im Frühjahr 1946. Es konnten keine ernsthaften Zweifel mehr über die Absichten der britischen Regierung bestehen. Die erste Absicht war, die Einheit Indiens zu erhalten, und die zweite, die Macht zum frühest möglichen Zeitpunkt zu übergeben. Diese zweifache Zielsetzung war jedoch widersprüchlich. Die Einheit konnte möglicherweise erhalten werden, wenn die Unabhängigkeit hinausgezögert wurde; die Unabhängigkeit wiederum konnte sofort zugestanden werden, jedoch um den Preis der Einheit. Soviel zumindest wurde durch die indische Antwort auf die Abordnung des Kabinetts und ihren Bericht klargemacht.

Die Abordnung untersuchte die Möglichkeit einer Teilung, nur um sie abzulehnen, und schlug vor, daß es eine sowohl Britisch-Indien als auch die Fürstenstaaten umfassende Indische Union mit Verantwortung für Außenpolitik, Verteidigung und Verkehrswesen geben sollte. Alle anderen Zuständigkeitsbereiche und alle übrigen Befugnisse sollten den Provinzen übertragen werden, und die Provinzen sollten frei sein, sich zu Gruppen zusammenzuschließen, wobei jede Gruppe in die Lage versetzt werden sollte, die Zuständigkeitsbereiche der Provinzen zu bestimmen, die gemeinsam behandelt werden sollten (8). Dieser dreistufige Aufbau mit seiner schwachen Mitte, seinen möglichen Gruppierungen und seinen stark gesicherten Provinzregierungen war das Äußerste, was die Abordnung des Kabinetts für möglich hielt, um den Erwartungen der Minderheiten zu genügen, wenn der Rahmen einer bundesstaatlichen Einheit erhalten bleiben sollte. Ihre am 6. Mai 1946 endlich in der Form einer Verlautbarung der Abordnung des Kabinetts und des Vizekönigs veröffentlichten Vorschläge wurden anfänglich zwar mit Vorbehalten hinsichtlich Pakistan von der Moslem-Liga und unter bestimmten Bedingungen von der Kongreßpartei angenommen. Derartig bedingte Antworten zu dieser späten Stunde ließen an sich nichts Gutes für die Aussicht auf Einheit erwarten. Die dadurch ausgelösten Bedenken wurden durch das Fehlschlagen der ersten Versuche des Vizekönigs vollauf bestätigt, eine gemeinsame Teilnahme der Kongreßpartei und der Moslem-Liga an einer vorläufigen Regierung zu erreichen, die von der Abordnung des Kabinetts zur Vorbereitung der Übertragung der Verantwortung vorgesehen war, oder zu irgendeiner Zeit an einer verfassunggebenden Versammlung, um eine Verfassung für Indien zu entwerfen. Unter diesen Umständen war die britische Regierung gezwungen, die Preisgabe des einen oder des anderen ihrer Ziele in Betracht zu ziehen. Einheit und eine frühzeitige Übertragung der Macht waren offenkundig nicht vereinbar, und die Feindschaft der Religionsgemeinschaften war augenscheinlich so heftig, daß die Einheit unter keinen Umständen oder zu irgendeinem vorhersehbaren Zeitpunkt die Übertragung der Macht überdauern würde. Wenn dem so war, lagen die Möglichkeiten der Übertragung an eine einzige Nachfolgebehörde nicht in der Zukunft, sondern gehörten bereits der Vergangenheit an.

Die letzte Phase vom Herbst 1946 bis zum Sommer 1947 war gekennzeichnet: durch die Bildung einer Zwischenregierung, in der Vertreter der Kongreßpartei und der Moslem-Liga in feindseliger Verbindung die Verantwortung für die Führung der indischen Verwaltung übernahmen; durch die Einberufung der längst versprochenen verfassunggebenden Versammlung, die indessen von den Vertretern der Moslem-Liga boykottiert wurde; durch die Ankündigung der »festen Absicht« der britischen Regierung am 20. Februar 1947, »die notwendigen Schritte zu unternehmen, um die Übertragung der Macht in verantwortliche indische Hände bis zu einem Datum nicht später als Juni 1948 zu bewirken« (9); durch die Ankunft von Lord Mountbatten im März 1947 als letzter Vizekönig, der die Tatsache begrüßt hatte, »daß seine Aufgabe die Ablösung einer Regierungsform und die Einsetzung einer neuen war«

In einem Triumphzug wird der irische Streikführer Larkin nach seiner Begnadigung von der Menge durch die Straßen von Dublin getragen.

Nach dem Casements Putsch im Frühjahr 1916 wurden die Grafen Plunkett zum Tode verurteilt. Das Urteil wurde allerdings nur an dem ältesten der Brüder vollstreckt.

*Treffen des britischen Premierministers Chamberlain, Mussolinis, Hitlers
und des französischen Ministerpräsidenten Daladier vor Beginn der Unterzeichnung
des Münchner Abkommens am 29. September 1938.*

(10); durch die darauffolgenden Wochen der heftigen und dramatischen Erörterungen zwischen dem neuen Vizekönig und den indischen Führern, von Alan Campbell Johnson (11) für spätere Generationen in seinem Buch *Mission with Mountbatten* festgehalten; durch die sich daraus ergebende endgültige Annahme oder das Sichfügen der Führer der Kongreßpartei und der Moslem-Liga in die Unvermeidbarkeit der Teilung; durch die Verkündung der Teilung und die Übertragung der Macht an zwei Nachfolge-Dominien durch den Vizekönig auf einer Pressekonferenz am 4. Juni, auf der er mit nie versagender Sicherheit fast hundert ihm von indischen und Weltkorrespondenten gestellte Fragen beantwortete (12); durch die Verabschiedung der Akte über die Unabhängigkeit Indiens in beiden Kammern des Parlaments zu Westminster, die im Unterhaus vom Premierminister, Clement Attlee, in einer Rede eingebracht wurde, die ein passendes und bewegendes Zitat von Mountstuart Elphinstone enthielt und einen Hinweis, der damals für glücklicher gehalten wurde, als es einige Jahre später der Fall gewesen wäre, auf den ähnlichen Vertrauensbeweis von Campbell-Bannerman bei der Wiedergewährung der Selbstverwaltung an die besiegten Buren (13), »der sowohl 1914 als auch 1939 Früchte trug«; und schließlich um Mitternacht vom 14. auf den 15. August 1947, durch die Entstehung der zwei neuen Dominien Indien und Pakistan, wobei Mohammed Ali Jinnah in Karachi, der neuen Hauptstadt eines neuen Staats, von »der Erfüllung des Geschickes der mohammedanischen Nation« sprach und Pandit Nehru in Delhi über die langen Jahre nachsann, seitdem »wir eine Zusammenkunft mit dem Schicksal verabredeten«, und darüber, daß die Zeit gekommen sei, »in der wir unser Versprechen einlösen werden« (14).
Es hatte sich jedoch als eine Verabredung mit dem Schicksal

der Teilung erwiesen. Die Errichtung Pakistans durch die Moslems bedeutete sowohl die Enttäuschung der Hoffnungen der Kongreßpartei als auch eine Niederlage der britischen Interessen. Das erste war offenkundig, und das zweite wurde in einem Brief von Lord Wavell an den König klargestellt, in dem er von der lebenswichtigen Notwendigkeit, nicht nur für das Britische Commonwealth, sondern auch für die ganze Welt, »eines geeinten, starken und freundlich gesinnten Indien« sprach (15). Warum blieb dann Indien nicht geeint? Das bleibt eine der beunruhigendsten und schwierigsten Fragen der neueren Geschichte des Commonwealth. Um eine Antwort zu finden, ist es notwendig, den chronologischen, verfassungsrechtlichen Weg zu verlassen und die Interessengegensätze, Hoffnungen und Befürchtungen zu untersuchen, die die Lage und den Geisteszustand verursachten, aus denen sich die Teilung ergab.

Im Gegensatz zu dem, was oft angedeutet wird, gibt es heute keinen Beweis, daß die Vorteile und Nachteile der Teilung als Lösung für das größte Gemeinschaftsproblem Indiens durch irgendeinen der Hauptbeteiligten sorgfältig erwogen oder überdacht wurden, bevor die Teilung in Kraft trat. Es ist leicht, durch Worte irregeleitet zu werden. Aber dialektische Auseinandersetzungen über strittige Vorschläge sind an sich kein Beweis, daß solche Vorschläge im Hinblick auf die politische Wirklichkeit vorgebracht, kritisiert oder abgelehnt werden. Sicherlich war es der Fall, daß nach der Lahore-Entschließung (16) der Gesamtindischen Moslem-Liga im März 1940 — der sogenannten »Pakistan-Entschließung«, obwohl der Ausdruck Pakistan darin nicht vorkam — die Teilung ihre leidenschaftlichen Verfechter, ihre empörten Gegner und diejenigen hatte, die sich mit Mahatma Gandhi entsagend mit einer Aussicht abfanden, die ihnen weniger widerwärtig erschien als der Gedanke der erzwungenen Einbeziehung einer Minderheit in einen Einheitsstaat. Jedoch war die Auseinandersetzung nicht praktisch und zielbewußt; eher war sie weitläufig und gefühlsbetont. Die verwendete Sprache war auf der einen Seite die der mohammedanischen Heimatländer und eines Heiligen Kriegs zu deren Verteidigung; auf der anderen Seite, um eine Redewendung zu verwenden, die Gandhi zu seiner eigenen machte, die der Vivisektion von Mutter Indien. Es gibt weder seitens der Befürworter noch seitens der Gegner vor 1947 Beweise für Überlegungen über die Folgen der Teilung bezüglich Verwaltung, und noch weniger, abgesehen von Allgemeinheiten, bezüglich Grenzen, Wirtschaft, gesellschaftlicher Spaltung, Verkehrswesen, Verteilung der Vermögensguthaben oder Kontrolle der Bewässerungsanlagen. So viel war in der Tat verständlich. Die Moslem-Liga kämpfte für die Verwirklichung »eines unmöglichen« Zieles; die Kongreßpartei, um eine Kriegslist zu vereiteln, von der ihre Führer bis zu dem »Großen Massaker von Kalkutta« im August 1946 (und in einigen Fällen bis 1947) glaubten, sie sei ersonnen worden, um eine starke Verhandlungsposition für die Sicherung der Rechte der mohammedanischen Minderheit in einem unabhängigen Indien zu gewinnen. Wenn die Aufzeichnungen der Kongreßpartei veröffentlicht, und vor allem wenn die Akten des Ministeriums für Indien in London der Forschung zugänglich gemacht werden, wird es in jedem einzelnen Fall von Interesse sein, das Datum der ersten umfassenden Analyse, falls überhaupt vorhanden, der zu erwartenden allgemeinen Folgen der Teilung Indiens zu erfahren.

Es war nicht so sehr die Verworrenheit als die Art der Beziehungen in Indien am Vorabend der Teilung, die Vorhersagen schwierig machte und von einer wirklichkeitsnahen Einschätzung der zukünftigen Möglichkeiten abschreckte. Die wich-

tigsten dieser Beziehungen waren ohne Ausnahme Dreiecks-
verhältnisse. Es gab die drei größten Religionsgemeinschaften:
die Hindus, die Moslems und die Sikhs in abnehmender Größenordnung; es gab die drei politischen Gruppierungen: die
Fürsten, die Moslem-Liga und den Indischen Nationalkongreß
in aufsteigender Reihenfolge der Bedeutung; und es gab
schließlich die drei Schiedsrichter über das nationale Geschick:
die Briten, die Kongreßpartei und die Moslem-Liga. In jedem
Dreiecksverhältnis gab es die Neigung — das ist fast ein Gesetz der Politik —, daß sich die Kleineren gegen den Größeren
verbanden. Die Liga betrachtete infolgedessen die Ansprüche
der Fürsten freundschaftlicher als die Kongreßpartei; fast bis
zuletzt, bis Jinnah 1946 sich überzeugte, daß der Vizekönig,
Lord Wavell, als »letzter Vertreter der geographischen Einheit« betrachtet werden mußte, neigte die Moslem-Liga zu
größerem Verständnis oder zumindest dazu, ein wenig empfänglicher für britische Vorschläge zu sein als die Kongreßpartei. Zu einer Zeit, bevor Gandhi die Partei der Kastenlosen
ergriff, schien tatsächlich die Liga bereit, diese zu unterstützen,
und bis zum Frühjahr 1947 gab es zeitweilige und heute noch
geheimgehaltene Verhandlungen mit den Sikhs, vermutlich
auf der Grundlage der Eigenständigkeit der Sikhs in einem
ungeteilten Pandschab. Die Briten zeigten ihrerseits eine Voreingenommenheit für die Kastenlosen und die Minderheiten
im allgemeinen, die die Kongreßpartei für nicht ausschließlich
selbstlos hielt. Es gab auch den ständigen Verdacht der Kongreßpartei, der erst in der Zeit unmittelbar vor der Teilung
zerstreut oder teilweise zerstreut wurde, die Briten seien den
Moslems gegenüber willfähriger. Hinter den Beschuldigungen
oder Behauptungen, die größtenteils schwer zu erhärten
waren, lagen die Widersprüchlichkeiten, die Unaufrichtigkei-
ten und die taktischen Winkelzüge, die von einem Dreiecks-

verhältnis in politischen Situationen nicht zu trennen sind. Absicht und Wirklichkeit waren schwer von Ränken und Kunstgriffen zu unterscheiden, manchmal selbst von denjenigen, die sie anwandten. Im Irrgarten der Winkelzüge wurde der Richtungssinn leicht getrübt. Das Vorhandensein so vieler Möglichkeiten schreckte anscheinend von einer überlegten Einschätzung der Wirklichkeit ab — nicht zuletzt in einem bemerkenswerten Fall seitens der Regierung von Indien und des Londoner Ministeriums für Indien.

Aufeinanderfolgende britische Regierungen und Vizekönige erlagen, wie jetzt fraglos klar zu sein scheint, einer schwerwiegenden Überschätzung der Macht und der Autorität der indischen Fürsten. Sogar die Labour-Regierung war zum Teil ein Opfer derartiger Fehlbeurteilung, und was die Vizekönige betraf, erwies sich nur der letzte, vielleicht weil er selbst aus königlichem Geblüt war, in dieser Hinsicht frei von Täuschungen. Über die Jahre war diese britische Überschätzung ein erschwerender Faktor auf dem indischen Schauplatz. Innerhalb weniger Monate nach der Übergabe der Macht erwiesen sich die Fürsten, wie Gandhi früher behauptet hatte, auf jeden Fall als nicht viel mehr denn »britische Beamte in indischer Kleidung«. Und wenn *einige* unter einer Anzahl schätzenswerter Herrscher mit Gemeinsinn nicht als »Sündenpfuhle«, wie Pandit Nehru einmal behauptet hatte, entlarvt wurden, dann mag das teilweise daran gelegen haben, daß der politische Berater der Fürsten, Sir Conrad Corfield, im Mai 1947 zum Ärger Mountbattens und zu Nehrus Zorn seinen Untergebenen in der Politischen Abteilung befahl, vertrauliche Berichte, die ein schlechtes Licht auf das öffentliche oder private Verhalten der Fürsten warfen — »Überspanntheiten« war das bevorzugte Wort hinsichtlich des letzteren —, aus den Akten herauszunehmen und schätzungsweise vier Tonnen davon zu verbrennen (17). Aber zu Beginn desselben Jahres, 1947, gab es diejenigen, die Hoffnung faßten oder hegten, daß zumindest die größeren Fürstenstaaten in einem unabhängigen Indien ein eigenständiges Dasein führen könnten. Es gab Anfragen von fürstlichen Beamten über die Beschaffenheit des äußeren Anschlusses, und in Bombay besprachen Geschäftsleute die Möglichkeiten der Entwicklung in Haiderabad und Travancore in der Annahme, daß sie als eigenständige Einheiten die festgefügten und zahlungsfähigsten Teile eines neuen Indien sein könnten. Vergleiche mit dem 18. Jahrhundert waren beliebt, und wenn sie auch zu künstlich waren, um überzeugend zu wirken, veranschaulichten sie zumindest eine Richtung im britischen und indischen Denken — eine Richtung, die, nebenbei bemerkt, gänzlich im Widerspruch stand zu dem britischen Interesse an der Bildung eines oder, wenn es sein mußte, zweier starker, dauerhafter Nachfolgestaaten nach der Unabhängigkeit. Auch war die Geneigtheit der Briten sowohl auf amtlicher als auch auf nichtamtlicher Ebene, die mögliche Rolle der Fürsten zu übertreiben, nicht ohne bleibende Bedeutung. Es waren die Fürsten, und nicht, wie es die Kongreßpartei verlangt hatte (18), die Völker der Fürstenstaaten, die kraft der Befugnis zur Unterzeichnung oder Nichtunterzeichnung der Beitrittsverträge mit einer der beiden Nachfolgemächte nach dem Erlöschen der britischen Herrschaft in die Lage versetzt wurden, das Geschick der Fürstenstaaten zu bestimmen. Es wird behauptet, die Vollmacht sei ihnen von der Labour-Regierung gegeben worden, teilweise um die konservative Opposition in Westminster zu besänftigen. Ob dies so war oder nicht — und auf den ersten Blick muß es fraglich erscheinen —, die Tatsache der Entscheidungsvollmacht der Fürsten machte eine Vorhersage über die Fürstenstaaten und deren Beitritt schwierig und in einigen Fällen,

wie in Haiderabad und offensichtlich selbst für die fürstlichen
Berater in Kaschmir, geradezu unmöglich (19). Sicherlich gab
es Verpflichtungen der Ehre, sehnsüchtige Vorstellungen eines
»Prächtigen Ostens« und einen Glauben an die Stabilität der
autokratischen Herrschaft; aber im wesentlichen entsprang das
anhaltende britische Vertrauen in die Fürsten der langdauernden Beschäftigung mit den Winkelzügen einer dreigeteilten
politischen Lage.

Im Kampf um die Macht auf der höchsten Ebene, d. h. zwischen den Briten, der Kongreßpartei und der Liga, waren es
die Briten, denen für gewöhnlich die Rolle der dritten Partei
zugeteilt wurde. Nach Ansicht der Kongreßpartei hatten die
Briten in Indien etwa 40 Jahre lang vor der Teilung eine
Politik des Teilens und Herrschens verfolgt. »Es ist die herkömmliche Politik Großbritanniens«, klagte Gandhi nach der
Ablehnung des »Angebots vom August« 1940 durch die Kongreßpartei, »das Zusammengehen der Parteien zu verhindern.
›Teile und herrsche‹ ist der stolze Wahlspruch Großbritanniens gewesen. Die britischen Staatsmänner sind für die Zwietracht in den Reihen der Inder verantwortlich, und die Zwietracht wird andauern, solange das britische Schwert Indien
in der Knechtschaft hält.« (20) Das war die Sprache der Politik,
nicht der Geschichte. Der Gedanke »Teile und herrsche«
fehlte jedoch in den Vorstellungen der britischen Beamten und
Staatsmänner des 20. Jahrhunderts nicht. Soviel wird aus den
Akten klar, die sich mit der Regierung der Liberalen in den
Jahren vor dem Ersten Weltkrieg befassen, und nicht notwendigerweise nur in bezug auf Indien. Auch in den dreißiger
und vierziger Jahren war dieser Gedanke lebendig. Lord Zetland, der beim Ausbruch des Zweiten Weltkriegs Staatssekretär für Indien war, bemerkte die Genugtuung, ohne sie zu
teilen, die die Beweise für die Zwietracht der Religionsge-

meinschaften bei den »Unentwegten« hervorriefen, unter denen Churchill keineswegs der Geringste war (21), während der Vizekönig, Lord Linlithgow, größtenteils deswegen die verfassungsrechtliche Stellung eine Dominions für Indien für ein noch weit entferntes Ziel hielt. »Selbstverständlich kann niemand sagen«, schrieb der Vizekönig im Januar 1939, »wie in einer weit entfernten Zeit oder im Fall internationaler Erschütterungen einer bestimmten Art die endgültigen Beziehungen zwischen Indien und Großbritannien aussehen werden, . . . aber daß es irgendeinen allgemeinen Eindruck geben soll . . . , daß die öffentliche Meinung in der Heimat oder die Regierung Seiner Majestät die Räumung in irgendeiner absehbaren Zeit ernsthaft in Erwägung zieht, erscheint mir erstaunlich.« (22) Zweifellos spürten die Führer der Kongreßpartei, daß dies die Meinung des Vizekönigs war. Überhaupt: je mehr sich die britische Regierung mit der Stellung der Minderheiten beschäftigt zeigte, um so verdächtiger erschien sie der Kongreßpartei. Wenn, wie Gandhi behauptete, das Problem der Religionsgemeinschaften unlösbar war, solange die dritte Partei blieb, und wenn, wie die Briten behaupteten, sie nicht gehen durften, bis es gelöst war, konnte das nicht bedeuten, daß sie immer dableiben würden? Oder, um den Zwiespalt in einen breiteren, unpersönlichen Zusammenhang zu stellen, wie war die britische Ansicht, die Lösung des Problems der Religionsgemeinschaften sei eine notwendige Vorbedingung ihres Abzugs, mit der Überzeugung der Kongreßpartei in Einklang zu bringen, der Abzug der Briten sei eine notwendige Vorbedingung für dessen Lösung?

Es gab jedoch eine entgegengesetzte Analyse. Sie wurde der Round-Table-Konferenz 1931 durch einen hervorragenden indischen Liberalen vorgelegt. An die Stelle des »Teile und herrsche« der Kongreßpartei setzte er: »Wir teilen, und ihr

herrscht.« Zum logischen Schluß getrieben, bedeutete dies vermutlich, daß die Zwietracht letzten Endes eine einheimische
Angelegenheit war. Bei der Round-Table-Konferenz wurden
die Dinge nicht derart auf die Spitze getrieben. Fürsten und
Moslems waren sich einig in der Behauptung, daß sie nicht
den Wunsch hatten, »Ulsters in Indien« zu schaffen. Aber
war das wirklich so? Hinsichtlich einiger Fürsten (und ihrer
Freunde) erscheint es fraglich; im Hinblick auf die Moslems
stellte sich die grundlegende Frage: Waren sie eine Religionsgemeinschaft, die zweitgrößte in Indien, oder waren sie eine
getrennte Nation? Wenn sie das erste waren, dann hätte als
Form des Selbstschutzes, wie es tatsächlich bis mindestens 1940
der Fall war, begrenzte Zusammenarbeit mit den Briten und
der Kongreßpartei in der Ausarbeitung einer bundesstaatlichen Struktur erwartet werden können, in der die Stellung
der Moslems zumindest in den Provinzen mit einer Moslem-
Mehrheit gegen eine Regierung abgesichert wurde, die zweifellos unter jeder Form repräsentativer Regierung durch Abgeordnete der großen Hindu-Mehrheit im Land beherrscht
worden wäre. Wenn aber die Moslems nicht die zweitgrößte
Religionsgemeinschaft in Indien waren, sondern eine getrennte
Nation, dann war jede derartige Politik der begrenzten Zusammenarbeit eine Vorsichtsmaßnahme und ein erster Schritt
zur Forderung nach gesonderter nationaler Anerkennung. In
diesen Dingen sind Worte nicht entscheidend. Aber sie sind
wichtig, vor allem wenn sie mit dem Nachdruck ausgesprochen werden, den ihnen Jinnah auf der Versammlung der
Moslem-Liga in Lahore im März 1940 gab. Er rügte die Briten
wegen ihrer Auffassung, eine Regierung durch Parteien auf
politischer Ebene sei die beste Regierungsform für jedes Land.
Er griff die *Times* an, weil sie früher, nachdem sie die Unterschiede nicht nur der Religion, sondern auch des Rechts und

der Kultur zwischen Hindus und Moslems anerkannt hatte, zu dem Schluß gekommen war, daß im Lauf der Zeit »der Aberglaube aussterben und Indien zu einer einzigen Nation umgebildet werden wird«. Für Jinnah war es nicht eine Frage des Aberglaubens und daher der Zeit, sondern der grundsätzlichen Glaubenslehre und der Gesellschaftsauffassung. »Hindus und Moslems«, sagte er, »haben zwei verschiedene Religionsphilosophien, Sittenlehren, Literaturen. Weder heiraten sie einander, noch essen sie miteinander. In der Tat, sie gehören zwei verschiedenen Kulturen an. Ihre Ansichten über dieses Leben und das Leben nach dem Tod sind verschieden... Die Moslems sind keine Minderheit im herkömmlichen Sinn des Wortes... Die Moslems sind in jedem Sinn des Worts eine Nation, und sie müssen ihre Heimatländer, ihr Gebiet und ihren Staat haben.« (23)

Wenn an der Behauptung Jinnahs tatsächlich etwas Wahres ist, dann scheint daraus logisch zu folgen, daß die Briten von der letzten Verantwortung für die Teilung Indiens freigesprochen werden müssen; oder in der Sprache der zeitgenössischen Dialektik: Es hatte in dieser Hinsicht wenig Bedeutung, ob die dritte Partei blieb oder ging. Wäre es den Briten gelungen, die Einheit zu erzwingen, dann hätte die Folge, unterstellt man die Richtigkeit der Analyse Jinnahs, durchaus der blutigste Bürgerkrieg in der Geschichte Asiens sein können, wie er es 1947 androhte. Denn das Wesen dieser Beweisführung war, daß es die Einheit Indiens war, die künstlich und aufgezwungen war, die Teilung dagegen natürlich. Und als Abschluß ist es bemerkenswert, daß einer aus der Führungsspitze der Kongreßpartei, der furchterregende Vallabhbhai Patel, aufgebracht durch die Unnachgiebigkeit der Moslem-Liga und vermutlich auch unter dem Einfluß der Überredungskünste Mountbattens, im Mai 1947 gegenüber Maulana Azad, dem führenden Moslem in der Kongreßpartei, zugunsten der Teilung argumentierte, indem er sagte: »Ob es uns gefällt oder nicht, es gibt zwei Nationen in Indien.« (24) Wenn auf der anderen Seite die Analyse Jinnahs in ihren wesentlichen Punkten angezweifelt werden soll, dann sind die Argumente für eine tiefergehende Untersuchung der Ziele und Absichten der Politik der Briten wie auch der Kongreßpartei und der Moslem-Liga ausschlaggebend. Zunächst muß festgehalten werden, daß, während Jinnah seine Pakistan-Forderung im März 1940 aufstellte, es keine Gewißheit darüber gab, ob ihre dramatische Verkündung ein Vorwand oder eine buchstäbliche Darstellung seiner Ziele war. Berichte über Gespräche, die er damals im Lahore führte, legen den Schluß nahe, daß er, trotz der Heftigkeit seiner Sprache, möglicherweise selbst unentschlossen war (25).

Was auch immer die Entschließungen von Lahore für die Zukunft bedeuten mochten, sie deuteten zu der Zeit eine Verschiebung in der Dringlichkeit der moslemischen Anliegen an. Während die Kongreßpartei fortfuhr, an einer Front gegen die Briten zur Sicherung der Unabhängigkeit zu kämpfen, war die Moslem-Liga in einen Zweifrontenkrieg gegen die Briten und gegen die Kongreßpartei verwickelt; und nach 1940 nahm die zweite Front noch größere Bedeutung an. Hiermit war die Behauptung der Kongreßpartei, sie vertrete die Meinung der indischen Nationalisten, offenkundig abgelehnt. Als die Regierungen der Kongreßpartei in den Provinzen nach zweieinhalbjähriger Amtszeit im Dezember 1939 zurücktraten — über der Frage der Verweigerung der Zusammenarbeit während des Krieges —, erklärte Jinnah Freitag, den 22. Dezember 1939, als Tag der Befreiung von »Tyrannei, Unterdrückung und Ungerechtigkeit«, unter denen die Moslems Indiens während der Herrschaft der Kongreßpartei gelitten hätten. Die Quelle und der Ursprung der moslemischen Beschwerden sind nicht umstritten. Sie lagen in der Tatsache, daß die Kongreßpartei nach ihren überwältigenden Wahlsiegen in den Provinzen 1937 Einparteienregierungen auch in den Provinzen gebildet hatte, in denen die Moslem-Liga Koalitionsregierungen erwartet hatte, bei denen sie Teilhaber gewesen wäre. Diese Zurückweisung und Ablehnung der Moslem-Liga leitete sich aus der Überzeugung der Kongreßpartei her, daß sie ganz Indien vertrat. Es gab dementsprechend keine Notwendigkeit für politische Zugeständnisse an eine Minderheitengruppe oder insbesondere für die Zuerkennung einer Ministerrolle an die Liga, die sowieso in den Wahlen schlecht abgeschnitten hatte. Sicher würde es in den Provinzregierungen Moslems geben; aber sie würden Moslems der Kongreßpartei sein oder Moslems der Liga, die als Vorbedingung für ihre Ernennung aus der Liga ausgetreten und der Kongreßpartei beigetreten waren. Diese allgemeine Annahme wurde durch die Überzeugung bestärkt, wie es Jawaharlal Nehru und Rajendra Prasad beide in ihren aufgezeichneten Erinnerungen vermerkt haben (26), daß die Gepflogenheiten der britischen Kabinettsregierung übernommen werden sollten. Wenn es Mitglieder der Liga in den Provinzregierungen gab, etwa in den Vereinigten Provinzen (*United Provinces*) und Orissa, was wurde dann aus den Vorstellungen über die kollektive Ministerverantwortlichkeit? »Mitglieder der Kongreßpartei«, erinnerte sich Rajendra Prasad (27), »meinten, es widerspreche dem Geist der parlamentarischen Demokratie, irgendeinen Außenseiter in die Regierung aufzunehmen.« Wenn Moslems in die Regierung aufgenommen werden sollten, dann hatten zuerst diejenigen Moslems Anspruch darauf, die treue Mitglieder der Kongreßpartei waren, und nicht die Anhänger der Liga, wie eifrige Parteimitglieder ge-

flissentlich betonten. Im Rückblick jedoch, wie es schriftliche
Aufzeichnungen nahelegen und persönliche Gespräche unterstreichen, bezweifelten die meisten der hervorragenden Führer der Kongreßpartei die Richtigkeit ihrer Entscheidungen
von 1937. Und einer der Führer der Kongreßpartei, keineswegs erstaunlicherweise der weitsichtigste und mutigste Moslem in der Kongreßpartei, Maulana A. K. Azad — der die
ganzen Kriegsjahre hindurch als Präsident der Kongreßpartei
dienen sollte —, erhob damals Einwände und kämpfte vergeblich, um diese ausschließenden Entscheidungen zu verhindern oder rückgängig zu machen, die zumeist von den eifrigen
Parteigenossen in den Provinzen gefordert wurden. Es war
eine Frage des politischen Urteils. Auf jeden Fall scheint die
Entscheidung im Rückblick unklug gewesen zu sein. Ob sie
mehr war, ist Ansichtssache. Sir Penderel Moon glaubt, sie
sei »die Quelle und der Ursprung aller Übel« gewesen, und
behauptet, daß die Führer der Kongreßpartei für den entscheidenden Wandel in der Einstellung der Moslems, von der
Bereitschaft, eine Zusammenarbeit in einem gesamtindischen
Bundesstaat in Betracht zu ziehen, zur Beharrung auf Trennung, »obgleich ganz unbeabsichtigt, verantwortlich waren«.
Die Kongreßpartei »wünschte leidenschaftlich, die Einheit Indiens zu erhalten. Sie handelte beharrlich so, daß die Teilung
zur Gewißheit wurde.« (28) Aber, so kann vernünftigerweise
gefragt werden, rührte die Teilung Indiens von einer so verhältnismäßig geringen Ursache her? Waren nicht grundlegende
Kräfte am Werk? Ein Irrtum oder eine Reihe von Irrtümern
im Urteil ist eine Sache, die Ursache eines so schwerwiegenden
politischen Ereignisses wie die Teilung für gewöhnlich eine
andere. Oder, um die Streitfrage anders zu stellen, war die
Teilung unlöslich mit der Lage Indiens verbunden oder nicht?
Wenn ja, war die Taktik von sekundärer Bedeutung; nur

wenn dem nicht so war, war sie, ganz gleich ob gut oder schlecht ersonnen, von vorrangiger Bedeutung.

Bevor der Begriff Pakistan aus dem Bereich der Planung in den der bevorstehenden Verwirklichung gelangen konnte, mußten bestimmte Bedingungen erfüllt sein. Die erste war, daß die Reichsmacht zunehmend für die von der Moslem-Liga erhobenen Forderungen empfänglich werden mußte. Das geschah in der Tat und wird von V. P. Menon und anderen, die ihm folgten (29), der Politik der Verweigerung der Mitarbeit und Teilnahme an den Provinzregierungen seitens der Kongreßpartei während des Krieges zugeschrieben. Das ist eine Ansicht, der nur mit sehr großem Vorbehalt zugestimmt werden kann, da die Verweigerung der Zusammenarbeit während des Kriegs fast mit Sicherheit eine Voraussetzung für das Weiterbestehen der Einheit der Kongreßpartei war. Übertriebene Politik sicherte außerdem das Überleben der gemäßigten Führerschaft während des Kriegs und deren Sieg danach. Aufgrund der Annahme dieser Politik gab es keine bedeutsamen, bleibenden Feinde zur Linken; hingegen hätte die Zusammenarbeit während des Krieges die Kongreßpartei gegenüber der Liga gespalten und dementsprechend mehr oder weniger geschwächt. Aber wenn eine solche Erklärung auch mutmaßlich bleiben muß, ist das schrittweise Entgegenkommen der britischen Seite gegenüber den Forderungen der Moslem-Liga kaum umstritten. Die britische Verlautbarung, die dem »Angebot vom August« 1940 beigegeben war, bemerkte: »Es versteht sich von selbst, daß sie (die Regierung des Vereinigten Königreichs) die Übertragung ihrer derzeitigen Verantwortung für den Frieden und das Wohlergehen Indiens an ein Regierungssystem, dessen Autorität von großen und machtvollen Teilen des nationalen Lebens Indiens geradezu abgelehnt wird, nicht in Betracht ziehen könnte.« (30)

Verständlicherweise ging die Cripps-Mission in einer veränderten und vom Standpunkt der britischen Regierung schwächeren Lage in dieser Hinsicht noch weiter als das »Angebot vom August«. Die geplante Dominion-Verfassung respektierte »das Recht jeder Provinz Britisch-Indiens, die nicht bereit ist, der neuen Verfassung zuzustimmen, ihre gegenwärtige verfassungsrechtliche Stellung beizubehalten«, oder sollten solche den Beitritt verweigernde Provinzen »es wünschen, wird die Regierung Seiner Majestät bereit sein, einer neuen Verfassung zuzustimmen, die ihnen dieselbe vollgültige Stellung einräumt wie der Indischen Union« (31). Der Einführung »dieses neuartigen Grundsatzes der Beitrittsverweigerung« folgten nach zwei Konferenzen in Simla die absichtlich ungenauen Empfehlungen der Abordnung des Kabinetts von 1946, die eine dreistufige verfassungsrechtliche Struktur vorsahen, mit einer Zentralregierung an der Spitze und in einer Mittelstellung dreier Provinzgruppen, von denen eine aus vorwiegend Hindu-Provinzen, die anderen beiden aus vorwiegend Moslem-Provinzen zusammengesetzt waren. Sie alle sollten jene Gegenstände behandeln, die die in jeder Gruppe zusammengeschlossenen Provinzen gemeinsam zu diskutieren wünschten, und zuunterst die Provinzen selbst, die alle anderen Gegenstände behandeln und alle übrigbleibenden Rechte besitzen sollten (32). Sicherlich war das nicht gleichbedeutend mit Pakistan; denn wie schon bemerkt, hatte die Abordnung des Kabinetts die Teilung erwogen und entschieden abgelehnt. Aber der Rat der Moslem-Liga ging in der Annahme nicht fehl, daß in diesen Vorschlägen »die Grundlage und die Gründung von Pakistan« beschlossen lag.

Die zweite Vorbedingung für die Gründung Pakistans war die geschlossen hinter der Liga stehende Meinung der Moslems. Trotz der durch die geographische Verteilung der Mos-

lem-Bevölkerung bedingten Schwierigkeiten und der Abneigung einer größeren Zahl von Moslems, als heute vermutet
wird, die Teilung in Betracht zu ziehen, wurde auch diese Bedingung im wesentlichen erfüllt. Um das Ausmaß, in dem dies
der Fall war, zu würdigen, ist es nur nötig, die Wahlergebnisse
von 1937 und 1946, insoweit sie die Moslem-Liga betrafen,
einander gegenüberzustellen. Während zum früheren Zeitpunkt die Liga selbst in den Provinzen mit einer Moslem-
Mehrheit nur mittelmäßige Ergebnisse erzielt hatte, vereinigte
sie zum späteren Zeitpunkt in fast — wenn nicht in allen —
Fällen beinahe die Höchstzahl der möglichen Stimmen auf
sich. Das war eine bemerkenswerte Leistung im Hinblick sowohl auf die Führung als auch auf die Organisation. Dabei
war ein Element die Überspitzung der Streitfragen. Das war
eine lohnende Methode — aber eine, die einen manchmal entsetzlichen Preis forderte. Die Liga verkündete ihren Tag der
Befreiung, ihre Tage des Protestes und schließlich am 16. August 1946 den Tag der Direkten Aktion, an dem die schwarzen
Fahnen der Moslem-Liga über den Wohnungen der Moslems
flatterten. Er gab in Kalkutta den Anlaß für das, was als
»Großes Massaker von Kalkutta« in die Geschichte eingegangen ist und das nirgendwo in so abscheuerregender Anschau-
lichkeit geschildert wird wie auf den zurückhaltenden Seiten
von General Sir Francis Tukers *While Memory Serves* (So-
lang die Erinnerung reicht; 33). Man kann wohl fragen, ob
Pakistan ohne die Gewalttätigkeit der Religionsgemeinschaften gegründet worden wäre.

Es gab eine weitere Bedingung der Teilung. Die Liga mußte
mit der Kongreßpartei gleichgestellt werden oder, wie Jinnah
es auszudrücken liebte, Pakistan mit Hindustan. Zahlenmäßig bedeutete das die Gleichstellung einer Minderheit mit einer
Mehrheit. Es war anderswo geschehen. Es war in Irland ge-

Roosevelt und Churchill vor der Verabschiedung der Atlantik-Charta.

Premierminister Churchill bei einem Frontbesuch in Algier 1943.

Im St. James Palast trafen am 14. September 1932 die englische und die indische Delegation zur zweiten Round Table-Konferenz zusammen.

schehen, als den sechs Grafschaften Nordirlands und den 26 Grafschaften Südirlands in dem im Gesetz über die Regierung Irlands von 1920 vorgesehenen Rat von Irland, jenem »fleischlosen und blutleeren Skelett«, wie Asquith ihn nannte, die gleiche Anzahl Vertreter zugebilligt wurde (34). Rein rechnerisch ließ sich eine derartige gleichberechtigte Stellung in beiden Fällen nicht verteidigen. Aber, wie Jinnah behauptete, die Auseinandersetzung ging nicht um Zahlen und auch nicht um Religionsgemeinschaften, sondern um Nationen. Nationen waren gleichberechtigt ohne Rücksicht auf ihre Größe. Er erreichte sein Ziel auf der ersten Konferenz in Simla 1946, als die Vertretungen der Liga und der Kongreßpartei gleichgestellt wurden, mit einem scharfen Protest der Liga gegen die Ernennung eines Moslems, Maulana Azad, als einen ihrer Vertreter durch die Kongreßpartei. Es war »eine symbolische Herausforderung«. Jinnah war in der Tat der entschiedenste Verfechter einer Zwei-Nationen-Theorie, der bis jetzt innerhalb der Grenzen des Britischen Weltreichs aufgetreten ist. Positiv forderte er mit Nachdruck eine unzweideutige Anerkennung der besonderen Nationalität des mohammedanischen Indien, die zumindest in Bengalen nicht selbstverständlich war; negativ wünschte er die Rückführung des Anspruchs der Kongreßpartei, für das gesamte Indien zu sprechen, auf das Recht, für Hindustan zu sprechen. Nehru wurde als Hindu-Imperialist abgetan, Gandhi als ein Mann, mit dem es unmöglich war zu verhandeln, weil er in seiner ungeheuren Selbsttäuschung fest davon überzeugt war, daß er nicht nur ein Sprecher des Hinduismus allein sei; Maulana Azad, jenes Urbild eines Moslems der Kongreßpartei, wurde als ein Überläufer, ja sogar als ein Quisling, verurteilt; der Gedanke eines weltlichen Staates wurde als Teil eines Plans von bezeichnender hinduistischer Schlauheit für die Festigung der Hindu-

Herrschaft über das gesamte Indien lächerlich gemacht. Indessen war in den Forderungen Jinnahs ein Preis sogar für ihre Formulierung enthalten. Die Liga konnte den Anspruch der Kongreßpartei, für ganz Indien zu sprechen, am wirksamsten dadurch anfechten, daß sie sich immer enger in der starren Vorstellung eines zukünftigen religionsgemeinschaftlichen Staats einsperren ließ.

Schließlich gab es eine letzte Bedingung der Trennung. Auf die Forderung der Kongreßpartei, daß die Briten Indien räumen sollten, antworteten die Moslems mit der Forderung, daß sie teilen und abziehen sollten — und zwar in dieser Reihenfolge. Hierin war wiederum die Liga größtenteils erfolgreich. Es trifft zu, daß die Teilung, die sie verlangte, nicht die war, die sie erhielt. Die vollständige Forderung ging nach einem zwei Gebiete umfassenden unabhängigen Staat Pakistan, eines im Nordwesten, bestehend aus dem Pandschab, Sind, der Nordwestlichen Grenzprovinz und Britisch-Belutschistan, das andere im Nordosten, bestehend aus Bengalen und Assam. Die Bewilligung dieser Forderung hätte zweifellos einen lebensfähigen Staat geschaffen. Aber die Forderung beruhte auf der Zugehörigkeit zur Religionsgemeinschaft, und, wie die Abordnung des Kabinetts folgerte, »jede Beweisführung, die zugunsten von Pakistan verwendet werden kann, kann nach unserer Ansicht gleichermaßen zugunsten eines Ausschlusses der nichtmohammedanischen Gebiete aus Pakistan verwendet werden« (35). Es folgte die Teilung des Pandschab und Bengalens, und Jinnah verblieb nur das, was er einmal verächtlich als »ein verstümmeltes, von Motten zerfressenes Rumpfpakistan« abgetan hatte.

Am 24. August 1946 wurde eine zunächst vorwiegend aus Mitgliedern der Kongreßpartei zusammengesetzte Zwischenregierung ernannt, bei deren Beratungen Lord Wavell mit ruhmvoller, wenn auch wenig hilfreicher soldatischer Zurückhaltung den Vorsitz führte. Erst nachdem diese Regierung einige Zeit bestanden hatte, entschloß sich die Moslem-Liga, der Einladung, ihr beizutreten, Folge zu leisten. Die Kongreßpartei mußte dann über die Neubildung der Regierung entscheiden und insbesondere über die wichtigeren Posten, die der Liga angeboten werden sollten. Unter starkem Druck von Sardar Vallabhbhai Patel, der verständlicherweise darauf bedacht war, die Kontrolle über das Ministerium des Inneren und damit über die Beziehungen zu den Fürsten zu behalten, und gegen die Warnungen Maulana Azads war das wichtigste Ministeramt, das man den Moslems anbot, das Finanzministerium. Als Chaudhary Mohammed Ali die Nachricht hörte, soll er Jinnah gesagt haben, daß sie einen großen Sieg für die Liga bezeichne. Das traf auch in einigen Punkten zu. Der Posten wurde durch Liaqat Ali Khan besetzt, und als Liaqat Finanzminister wurde, vermerkt Maulana Azad, kam er in den Besitz des Schlüssels zur Regierung. Jeder Vorschlag eines jeden Ministeriums war seiner genauen Prüfung unterworfen: »Nicht ein Chaprasi konnte in irgendeinem Ministerium ohne die Zustimmung seines Ministeriums eingestellt werden.« (36) Darüber hinaus entwarf Liaqat einen Haushaltsplan, dessen Lasten, wie beabsichtigt, schwer auf die wohlhabenden Unterstützer der Kongreßpartei fielen. Und um zu geringfügigen Dingen herabzusteigen: obwohl angezweifelt werden mag, daß Taktgefühl zu diesem späten Zeitpunkt noch von großer Bedeutung war, ist es dennoch der Mühe wert festzustellen, daß die Minister der Kongreßpartei in der Behandlung ihrer neuen Kollegen von der Liga nicht taktvoll waren. Die Minister der Kongreßpartei pflegten sich vor den Sitzungen der Zwischenregierung zum Tee zu versammeln. Die Einladung an die neuen Regierungsmitglieder der Liga, an diesen Versammlungen teilzunehmen, kam vom Privatsekretär Pandit Nehrus. Sie waren beleidigt (37) und nahmen nie teil. Aber vielleicht hätten sie sowieso nicht daran teilgenommen.

Mit der Verlautbarung vom 20. Februar 1947 übernahm die britische Regierung wieder die Initiative. Die Verlautbarung (38) setzte der britischen Herrschaft in Indien eine achtzehnmonatige Frist bis zum Juni 1948. Wochenlang wurde sie in Delhi der sorgfältigsten und peinlichsten Prüfung unterworfen; aber man fand, daß sie ohne eine Spur der Zweideutigkeit war. Die gestellte Frist vergrößerte die Aussicht für Pakistan, verringerte aber die Wahrscheinlichkeit seiner geordneten Bildung und Errichtung. Im April erklärte Liaqat Ali Khan, daß, obwohl die Verlautbarung das Entstehen von Pakistan voraussetze und daher zu begrüßen sei, die gestellte Frist zu kurz sei. Eine Hauptstadt müsse noch gewählt, Regierung und Verwaltung organisiert und der Nachlaß Britisch-Indiens aufgeteilt werden. Innerhalb weniger Wochen wurde die gestellte Frist um fast ein Jahr verkürzt, als der 15. August 1947 als der Zeitpunkt der Machtübergabe festgesetzt wurde. Die Folge war, die doppelte Auswirkung der Verlautbarung vom 20. Februar zu verstärken. Die Gründung Pakistans rückte dadurch näher, seine frühe Verwaltung jedoch wurde um so schwieriger.

Die von der britischen Regierung wiedergewonnene Initiative wurde vom letzten Vizekönig ausgenutzt. Sein hervorragender Beitrag, wie er von Delhi aus zu der Zeit gesehen wurde, war der, einen Eindruck von Zielstrebigkeit auf britischer Seite zu einem Zeitpunkt zu vermitteln, als mit der nachlassenden Kontrolle religiöse Spannungen in einen Bürgerkrieg hätten umschlagen und zu einer teilweisen Auflösung führen können. Es wurde Geschichte gemacht, und Lord Mountbatten lieferte das Drama dazu. Vielleicht gab es ein Element der Selbsttäuschung in der neuen Verständigung, die er mit den Führern der Kongreßpartei zuwege brachte. Nehru, meint Michael Edwardes, hielt Mountbatten für einen »aufrichtigen englischen Sozialisten«, »eine Art Philippe Egalité in Marineuniform« (39). Wichtig war indessen die mit der Führung der Kongreßpartei, aber nicht mit der der Liga herbeigeführte persönliche Verbindung. Überdies spürte Mountbatten in kleineren wie in größeren Dingen die Zeit für den Wandel. Er war ständig dabei, »Tee mit dem Hochverrat zu trinken« — ein gegen den Empfang Gandhis durch Lord Irwin in den frühen dreißiger Jahren von den Unentwegten gebrauchter Ausdruck des Mißfallens —, und im Geschäftszimmer des Rektors der Universität zu Delhi empfand Sir Maurice Gwyer, ein ehemaliger Oberrichter von Indien, geheime Belustigung bei der Betrachtung der Listen derer, die jetzt endlich im Haus des Vizekönigs gastlich bewirtet wurden.

Der erste Plan Mountbattens, manchmal unehrerbietig als der »Piepmatz-Plan« bezeichnet, der die Übergabe der Macht an die einzelnen Provinzen betraf, wurde vom Kabinett in London erwogen, aber von Nehru zornig abgelehnt, weil er wahrscheinlich zur Auflösung geführt hätte. Sein einziger Vorzug, wenn es überhaupt ein Vorzug war, war der, daß er eine Meinungsumfrage über die mögliche Entstehung eines unabhängigen und vereinigten Bengalen zugelassen hätte. Der zweite Plan, verfassungsrechtliche Stellung eines Dominions für zwei Nachfolgestaaten, wurde nach seiner eigenen Darstellung von V. P. Menon (40), dem Beauftragten für Reformen, entworfen und im wesentlichen angenommen. Niemals in seiner ganzen Geschichte hat augenscheinlich die Idee des Commonwealth einen so entscheidenden Beitrag zur Lösung eines so großen Problems geliefert.

Zwei letzte Fragen bleiben. Die erste ist, warum stimmten die

Führer der Kongreßpartei schließlich der Teilung zu? Die Antwort war wohl eine dreifache. Sie verfolgten ehrgeizige Bestrebungen für Indien, und diese ehrgeizigen Bestrebungen
konnten ohne eine starke Zentralregierung nicht erfüllt werden. Solange die Mehrheit der Moslems in einem vereinten
Indien blieb, bedeutete dies, daß eine starke Zentralregierung
nicht in Frage kam. Die zweite, von Vallabhbhai Patel gehegte, aber keineswegs allgemein von seinen Kollegen geteilte
Antwort war die Überzeugung, daß Pakistan nicht lange überleben würde. Er war überzeugt, berichtet Maulana Azad, der
kein wohlmeinender Zeuge war, daß Pakistan »nicht lebens-
fähig« sei und »in kurzer Zeit zusammenbrechen« werde (41).
Obwohl weniger bestimmt, glaubte auch Nehru nicht, daß es
überdauern könne (42). Die dritte vorherrschende Überlegung
war die Frage der Zeit. Die Führer der Kongreßpartei hatten
lange um die Unabhängigkeit gekämpft; sie waren jetzt al-
ternde Männer, und sie waren nicht bereit, die Unabhängigkeit noch weiter hinauszuzögern. Hier lag in der Tat der wesentliche Unterschied zwischen der Kongreßpartei und der
Liga und eine Quelle der Kraft für Jinnah. Er war bereit, die
Unabhängigkeit auf die Teilung warten zu lassen, während
seine Gegner größtenteils nicht bereit waren, sie auf die Einheit warten zu lassen. Gleichwohl stimmten nicht alle von ihnen in diesem Punkt überein. Bis zuletzt blieb Maulana Azad
davon überzeugt, daß die Zeit auf der Seite der Einheit
stand (43). Ein, zwei Jahre des Aufschubs, und der Plan der
Abordnung des Kabinetts mit seiner schwachen Zentralregierung und seinen Provinzgruppierungen würde sich als annehmbar erweisen. Patel war gegen ihn, ebenfalls Nehru, und
schließlich schien sich Gandhi selbst mit der Teilung abgefunden zu haben. Azad hatte als Moslemmitglied der Kongreßpartei seine eigenen Gründe für die Beharrung auf der Einheit

und seine eigenen Gründe für die Bedenken über die Folgen der Teilung. Aber wenn er auch in diesem Punkt recht behalten sollte, kann doch gefragt werden, ob seine eigenen Empfehlungen wirklichkeitsnah waren.

Die mögliche Verschiebung der Unabhängigkeit für ein Jahr oder länger im vermeintlichen Interesse der Einheit regt zu bestimmten Fragen an. Waren die Mittel der indischen Beamtenschaft und der britischen Armee in Indien zu diesem Zeitpunkt den Verpflichtungen gewachsen, die ein derartiger Aufschub zweifellos nach sich ziehen würde? War die britische Öffentlichkeit in der Heimat bereit, die Anstrengung zu tragen, die notwendig sein mochte? Wenn nicht, wer sollte Indien in der Zwischenzeit regieren? Die Moslem-Liga, schlug Gandhi vor: ein verzweifelter, aber nicht von ihm stammender Plan — Rajagopalachari hatte ihn 1940 vorgeschlagen, auch um die Teilung abzuwenden. Die Kongreßpartei wollte davon nichts wissen. Vor allem: Hatte Maulana recht in seiner Annahme, daß sich die Leidenschaften mit der Zeit abkühlen würden? War es nicht wahrscheinlicher, daß sie durch die Verzögerung in der Tat weiter erhitzt würden? War es nicht wahrscheinlicher, daß, weit entfernt davon, die Bestrebungen der Fürsten zu verhindern, die ablehnende Haltung der Liga zu ändern, die kompromißlose Haltung der Kongreßpartei aufzuweichen, alles verschärft werden würde? Und wie stand es um die Sikhs, die die Teilung im Juni 1947 annahmen? Es wird behauptet, daß deren Führer, Meister Tara Singh — jene prophetisch anmutende Figur, dessen Worte die Milde seines wallenden Bartes so sehr Lügen straften —, im späten Februar 1947, während er ein blankes Schwert auf einer Massenkundgebung im Pandschab zückte, ausrief: »Oh, Hindus und Sikhs! Seid zur Selbstzerstörung bereit ... Ich habe die Fanfare erschallen lassen. Macht die Moslem-Liga fertig!« und

»Tod dem Staat Pakistan!« (44) Einige Jahre später verkündete er seine Glaubenslehre: »Ich glaube an das Chaos.«
Was im Frühjahr 1947 zu erkennen war, ließ vermuten, daß,
wenn die Fliehkraft der Ereignisse erschlaffen würde, es zumindest unwahrscheinlich war, daß die Gefahr des Chaos im
zentralen und nördlichen Indien abnehmen könnte. Wenn die
Regelung zum falschen Zeitpunkt erfolgte, dann war sie eher
zehn Jahre zu spät erfolgt als ein oder zwei Jahre zu früh.
Eine Tragödie indessen gab es, und zweifellos hätte beim gleichen Zeitplan ein Teil davon vermieden werden können.
Aber was leicht übersehen wird und nicht übersehen werden sollte, ist der Umstand, daß, nachdem einmal Teilung die
Lösung sein sollte, es sich nicht einfach darum handelte, ob
es eine Tragödie schlechthin oder nur eine Tragödie im Pandschab sei, sondern darum, ob eine noch größere Tragödie sich
ereignen sollte, als sich in der Tat ereignet hatte.
Nach Ansicht Großbritanniens und Pakistans gab es zwei
Nachfolgestaaten der britischen Herrschaft (raj); nach der vorherrschenden indischen Ansicht hingegen gab es einen Nachfolgestaat und einen losgelösten Staat. Die Unterscheidung ist
mehr als nur eine Wortbedeutung. Wenn es zwei Nachfolgestaaten gab, dann war jeder gleichermaßen zur Teilung der
Mittel und der Staatsautorität innerhalb der vorgesehenen
Bereiche berechtigt. Wenn es jedoch einen Nachfolgestaat gab,
von dem Gebiete zur Bildung eines losgelösten Staates abge-
trennt wurden, dann war anzunehmen, daß die Mittel und
die Staatsautorität an den Nachfolgestaat übergingen, es sei
denn, daß sie ausdrücklich dem losgelösten Staat zugesprochen
wurden. Nach britischem Gesetzesrecht kann die Streitfrage
rasch entschieden werden. Nach den Bestimmungen der in
ihrer Präambel als »Eine Akte, um Vorkehrungen für die
Errichtung zweier unabhängiger Dominien in Indien zu tref-

fen ...« beschriebenen Indischen Unabhängigkeits-Akte von 1947 gab es zwei Nachfolgestaaten. Artikel 1 (1) lautet: »Vom 15. Tage des August 1947 an werden in Indien zwei unabhängige Dominien errichtet, die als Indien beziehungsweise Pakistan bezeichnet werden sollen.« (45) Aber konnte die Streitfrage durch Verweis auf das britische Gesetzesrecht allein entschieden werden? Der Indische Nationalkongreß verneinte es. Er forderte, daß das Dominion Indien als Person des internationalen Rechts wie das Indien vor der Teilung fortdauern sollte, und der Beauftragte für Reformen in Indien, V. P. Menon, schlug dem Vizekönig vor, nachdem er die Gesetzgebungsabteilung zu Rat gezogen hatte, daß das Indien nach der Teilung mit dem Indien vor der Teilung gleichbedeutend bleiben würde. »Es war unsere feste Ansicht«, schrieb er, »daß weder eine Veränderung im Umfang des Staatsgebiets noch ein Wandel in seiner Verfassung das Wesen des Staates berühren konnte« (46). Hinsichtlich der internationalen Stellung wurde diese Ansicht gebilligt (oder im Fall Pakistans nach einem Protest und mit Einschränkungen hingenommen), mit dem Ergebnis, daß Indien nach der Unabhängigkeit ein Mitglied der Vereinten Nationen und aller internationalen Organisationen blieb, während Pakistan, als neuer Staat, um solche Mitgliedschaft nachsuchen mußte.

Psychologisch war und ist die Frage der Nachfolge oder der Loslösung nicht so einfach, wie es im britischen Gesetzesrecht oder in der internationalen Gepflogenheit aussah. Die jeweiligen Bezeichnungen für die zwei Staaten waren an sich bedeutsam. Sie hießen Indien und Pakistan, nicht Hindustan und Pakistan, wie Jinnah und die Moslem-Liga es für folgerichtig hielten und wünschten. Der Grund war klar. Hinter der Bezeichnung Indien lag der konsequent vom Indischen Nationalkongreß erhobene und niemals, auch nicht im Augenblick der Teilung preisgegebene Anspruch, daß er nicht nur eine Klasse oder eine Religionsgemeinschaft vertrat, sondern eine Nation, und daß diese Nation Indien war. Als der Gesamtindische Ausschuß der Kongreßpartei am 14. Juni 1947 in Delhi zusammentrat, um den Plan der Teilung vom 3. Juni zu ratifizieren, enthielt die die Teilung billigende Entschließung folgende Worte: »Die Geographie und die Gebirge und die Meere haben Indien geformt, wie es ist, und keine menschliche Tätigkeit kann diese Gestalt verändern oder sich seinem endgültigen Geschick in den Weg stellen ... Das Bild Indiens, das wir lieben gelernt haben, wird in unseren Gedanken und in unseren Herzen bleiben. Der AICC (Gesamtindische Ausschuß der Kongreßpartei) vertraut ernsthaft darauf, daß, wenn die gegenwärtigen Leidenschaften abgeklungen sind, die Probleme Indiens in ihrer eigentlichen Größenordnung gesehen und die falsche Lehre von zwei Nationen in Indien entkräftet und von allen preisgegeben werden wird.« (47) Acharya Kripalani, der Vorsitzende der Kongreßpartei, veröffentlichte am 14. August 1947, am Vorabend der Unabhängigkeit, eine Verlautbarung, die besagte, daß es ein Tag der Trauer und der Zerstörung für Indien sei. Kripalani war ein Mann aus Sind. Aber er war auch der Vorsitzende der Kongreßpartei. Seine gefühlsbetonte Reaktion auf die Teilung wurde in weiten Kreisen geteilt. Sie schloß weder die Einwilligung in das Vorhandensein von Pakistan aus noch das friedliche Zusammenleben mit ihm. Aber sie beruhte auf Überlegungen und leitete sich aus Ansichten über die Teilung und deren Bedeutung ab, die auf der anderen Seite der Grenze weder geteilt wurden noch der Natur der Sache nach geteilt werden konnten.

Auf dem Subkontinent zumindest ist die Teilung Indiens noch nicht in die Geschichte eingegangen. Dafür berührte sie allzu schmerzhaft empfindliche Punkte. Die Reibungsflächen

schrumpften in den darauffolgenden Jahren zunehmend ein —
die Streitkräfte und die Beamtenschaft wurden geteilt, das
Staatseigentum und die staatlichen Mittel wurden aufgeteilt,
soweit das möglich war, selbst der Streit um die Wasser des
Indus wurde 1960 mit Hilfe der Weltbank endlich beigelegt.
Aber die Verringerung der Streitpunkte führte zu keiner entsprechenden Verminderung der Schärfe. Kaschmir blieb, und
nicht nur Kaschmir. Hinter Kaschmir lagen die so gut wie un-
vereinbaren Auslegungen dessen, was 1947 geschehen war.

Hätte die Teilung Indiens abgewendet werden können? Das
ist eine Frage, auf die eine Antwort, die über allseitige Zustimmung verfügt, bislang nicht aufgetaucht ist und wahrscheinlich auch noch lange nicht auftauchen wird. Aber zwei
Punkte können in unmittelbarem Zusammenhang mit der Teilung genannt werden. Der erste ist, daß die britische Labour-
Partei, die ihre erste Mehrheitsregierung 1945 bildete, sich seit
1920 nicht nur der Selbstverwaltung, sondern der Selbstbestimmung für Indien verschrieben hatte — eine zugegebenermaßen niemals genau bestimmte und gewöhnlich eingeschränkte Redewendung: in den von Parteikonferenzen verabschiedeten Entschließungen, die der Hoffnung Ausdruck gaben, daß
Indien sich entscheiden würde, im Commonwealth zu bleiben,
und daß ihr Führer Clement Attlee, Premierminister in den
kritischen Jahren 1945—1947, ein persönliches Interesse an
den indischen Angelegenheiten hatte. Vertieft durch die un-
glücklichen Erfahrungen in dem Simon-Ausschuß, dessen Mitglied Attlee war, und niedergelegt in seinen kritischen Kommentaren zur Gesetzesvorlage zur Regierung Indiens von
1935, galt Attlees Sorge dem Ziel, daß das von der Labour-
Partei gegebene Versprechen der Selbstbestimmung während
seiner Amtszeit eingelöst werden sollte (48). Daher hätte
wahrscheinlich keine britische Regierung den Angelegenheiten

Indiens einen so großen Vorrang eingeräumt oder sorgfältiger nach einer Lösung auf der Grundlage der Einheit gesucht, die sowohl ihrer Staatskunst zur Ehre gereichte als auch die britischen Interessen und die des Commonwealth förderte. Wenn es ihr mißlang, wie hätte irgendeine andere britische Regierung zu diesem späten Zeitpunkt Erfolg haben können? Und das führt zum zweiten, schon unterstrichenen Punkt, nämlich zur schrumpfenden Handlungsfreiheit der Regierungen, Parteien und Führer. Die Teilung war das Ergebnis einer Dreieckssituation, die den Bereich der Entscheidungsmöglichkeiten einengte und notwendigerweise die Bewegungsfreiheit selbst einer zielbewußten Regierung oder aufgeklärter Führer beschränkte. Alle waren die Gefangenen einer Richtung der Politik, die ständig ihre Entscheidungsfreiheit bedrängte. »Es hätte keine Teilung gegeben«, bemerkte Nehru im März 1958, wäre Mountbatten als Vizekönig »ein Jahr früher« nach Indien gekommen (49). Er hätte die britische Regierung »überfahren«, und die Geschwindigkeit der Übergabe hätte sie abgewendet. Aber ist eine solche Ansicht glaubwürdig?

Man war sich damals der unvermeidlichen Folgen der politischen Gesamtlage bewußt, wenn man sie auch nicht gebührend in Rechnung stellte. Einige Monate vor der Teilung wurden die Probleme Indiens von einem bekannten Geschäftsmann und Mitglied der Kongreßpartei erörtert. Er sprach, wie es damals üblich war, über die beinahe unlöslichen Probleme des Dreiecksverhältnisses und von den spaltenden Einflüssen der dritten Partei. Aber das Thema wurde nicht ganz in den gewohnten Bahnen entwickelt. Es gab zwar Anklagen gegen die dritte Partei, aber irgendwie schienen sie nicht auf die dritte Partei zuzutreffen. Erst nach einiger Zeit wurde klar, daß es nicht die Briten waren, die verurteilt wurden, sondern die Moslems. Sie sollten augenscheinlich — und das stimmte mit

den Ansprüchen der Kongreßpartei überein, für ganz Indien zu sprechen — als dritte Partei in Indien gelten. Könnten sie, 80 Millionen von ihnen, vom Schauplatz weggezaubert werden, dann würde um die neugefundene Freundschaft zwischen Großbritannien und Kongreß-Indien alles gut bestellt sein. So widersprüchlich es auch erscheinen mag, dieser Sprecher der Kongreßpartei war vielleicht in der britischen Auffassung der Geschichte des Subkontinents zu gut bewandert. Er nahm an, wie die Briten bereit sind zu glauben, das wichtigste Ereignis in der Geschichte Indiens seien die Folgen der europäischen Expansion (50). Aber die Teilung Indiens deutete an, daß dies nicht der Fall war. Letztlich waren es nicht die britischen, sondern die mohammedanischen Eindringlinge in Indien, die den stärkeren, weil tiefer begründeten Einfluß auf die Ereignisse hatten. Bis zum Frühjahr 1947 hatte sich diese Ansicht allmählich durchgesetzt, und es erklärt in etwa eine Bemerkung von B. R. Ambedker, des Führers der Kasten mit Sonderrechten in der Verfassunggebenden Versammlung, daß der Krieg, »dessen Aussicht eine beträchtliche Anzahl Leute in diesem Land zu unterstützen scheinen, nicht ein Krieg gegen die Briten sein wird. Er wird ein Krieg gegen die Moslems sein.« (51)
Schließlich bleibt die, in ihrem üblichen Zusammenhang akademische, aber für die Teilung Indiens und anderswo grundsätzliche Frage: Was ist eine Nation? Wie soll sie bestimmt werden? Gibt es irgendein Kriterium, nach dem geurteilt werden kann, ob es in dem Subkontinent zwei Nationen gab oder nicht? Oder trifft es zu, daß die politische Wissenschaft derartige Abstraktionen nicht behandelt und daß nur die Geschichte durch Versuche und Irrtümer und viel Leid darauf die Antwort geben kann?

DRITTER TEIL

DAS COMMONWEALTH

»Ich glaube, der hauptsächliche Wert dieser Erklärung und dessen, was ihr vorausgegangen ist, war, daß sie ein Element der Heilung alter Wunden in unseren Beziehungen zu bestimmten Ländern mit sich gebracht hat. Wir sind ihnen in keiner Weise untergeordnet, und sie sind uns in keiner Weise untergeordnet. Wir werden unseren Weg gehen, und sie werden ihren Weg gehen. Aber unser Weg wird, wenn nicht irgend etwas Unvorhergesehenes geschieht, ein freundschaftlicher Weg sein; auf jeden Fall werden Versuche unternommen werden, einander zu verstehen. Und die Tatsache, daß wir diese neue Art der Verbindung mit einem Element der Heilung alter Wunden begonnen haben, wird für uns gut sein, für sie gut sein und, wie ich meine, für die Welt gut sein.«

Jawaharlal Nehru vor der Indischen Verfassunggebenden Versammlung am 16. Mai 1949 zur Erklärung der Premierminister vom April 1949 über die Mitgliedschaft Indiens als Republik

»Der Sturm des Wandels weht durch diesen Kontinent.«

The Right Hon. Harold Macmillan in einer Ansprache an beide Kammern des Parlaments in Kapstadt am 3. Februar 1960

»England ist in der Tat eine Insel, vom Meer umgeben, durch wirtschaftlichen Austausch, Märkte und Bedarf an Versorgungsgütern mit den verschiedensten und oft entferntesten Ländern verbunden.«

Präsident de Gaulle bei der Erklärung zur Ausübung des Vetorechts der französischen Regierung gegen den Beitritt Großbritanniens zur EWG am 14. Januar 1963

ERSTES KAPITEL

*Die verfassungsrechtliche Umwandlung
des Commonwealth*

DIE NEIGUNG zur Dezentralisation während des Kriegs hielt
mit zunehmender Kraft nach dem Krieg an. Sie zeigte sich unausgesprochen in der Einstellung des Commonwealth zu den
neuen internationalen Organisationen und ausgesprochen in
der Überprüfung der verfassungsrechtlichen Formen, vor allem denjenigen der Staatsbürgerschaft und der Krone.

Als die Commonwealth-Führer im April 1945 in London zu-
sammentraten, war ihre Hauptaufgabe die Prüfung der auf
der Dumbarton-Oaks-Konferenz vorbereiteten und in Jalta
ergänzten beziehungsweise abgeänderten Vorschläge für die
Charta der Vereinten Nationen. Smuts hielt den Entwurf im
Grund für zu juristisch-dogmatisch und unterbreitete seinen Kollegen eine redegewaltige Erklärung, die zusammen mit
einem früheren und nüchterner abgefaßten Entwurf von Sir
Charles Webster im wesentlichen die Präambel zur UN-
Charta bildete. Es war gerade Smuts, der den Gedanken der
»Grundrechte der Menschheit« einführte, der später gegen
seine eigene Rassenpolitik und die seiner Nachfolger gewandt
werden sollte (1). Aber im wesentlichen kümmerten die Commonwealth-Führer nicht die Wendungen, sondern der Inhalt.
Und der Inhalt trennte sie.

In den darauffolgenden Auseinandersetzungen über die Bestimmungen der Charta in San Francisco gab es keinen An-

schein einer einheitlichen Einstellung des Commonwealth. Im Gegenteil, ein Merkmal der Konferenz von San Francisco war der Gegensatz der Meinungen über eine Anzahl entscheidender Bestimmungen zwischen dem Vereinigten Königreich als einem der fünf Großmächte und denjenigen der Dominien, die zu den wichtigsten Mittleren Mächten gezählt werden mußten, wobei Australien, dessen Vertreter, Dr. H. V. Evatt, die Kenntnisse eines Fachmanns für verfassungsrechtliche Fragen mit einer bemerkenswerten Schärfe in der Ausdrucksweise verband, gegenüber dem Vetorecht der Großmächte besonders kritisch war. Auch gab es keine Abordnung des Britischen Weltreichs oder des Commonwealth, weder für die Verhandlungen von Friedensverträgen noch um ihnen eine Unterschrift für das gesamte Commonwealth anzufügen. Jedes Dominion unterzeichnete in alphabetischer Reihenfolge als eine der unabhängigen, verbündeten Nationen, die den Krieg geführt hatten.

Entwicklungen in den internationalen Beziehungen hatten ihr Gegenstück in Entwicklungen innerhalb des Commonwealth. Die Bezeichnung Dominion wurde zunehmend mißbilligt, bevor sie endgültig aufgegeben wurde; das Dominion-Ministerium wurde in Ministerium für Commonwealth-Beziehungen umbenannt; Staatsbürger des Commonwealth wurde als eine annehmbare Alternative zu britischer Untertan gebilligt; und wichtiger noch, die Grundlage der Staatsbürgerschaft wurde verändert. Die Initiative in diesem letzten Fall kam aus Kanada.

Im September 1945 teilte die kanadische Regierung der Regierung des Vereinigten Königreichs mit, sie halte es für wünschenswert, ein Gesetz zur Bestimmung der Bedingungen für die kanadische Staatsbürgerschaft einzubringen. So wie diese Bedingungen im darauffolgenden Gesetz über die kanadische

Staatsbürgerschaft von 1946 bestimmt wurden, standen sie im Widerspruch zu den herkömmlichen Vorstellungen über die rechtliche Stellung britischer Untertanen. Es war bisher — außer im Irischen Freistaat — als Wesenszug der Vorstellung von Reich und Commonwealth erachtet worden, daß es eine gemeinsame Staatsbürgerschaft geben sollte und daß das Gewohnheitsrecht, nach dem alle innerhalb der Herrschaftsgebiete des Königs geborenen Personen britische Untertanen waren, unangetastet bleiben sollte. Während auf diese Weise alle die gleiche rechtliche Stellung hatten, waren die Vorrechte, die sich daraus ableiteten, verschieden, da jedes Mitglied des Commonwealth mit Selbstregierung eigenmächtig über seine Wahl- und Einwanderungsgesetze entschied; und während die diesbezügliche Gesetzgebung für gewöhnlich die Tatsache der allen gemeinsamen rechtlichen Stellung berücksichtigte, wurde sie durch deren Vorhandensein nicht beeinflußt, wie die Einwanderungsgesetze der Dominien vielfach bewiesen. Nur im Vereinigten Königreich war die »offene Tür« hinsichtlich der Einreise, der politischen Rechte und der gleichen Möglichkeiten für alle britischen Untertanen, ganz gleich welches ihr Ursprungsland war, gesetzlich verankert. Aufgrund der beschränkten Gültigkeit in der Praxis und in anderer Hinsicht erschien der alte, aus weiträumigeren Zeiten stammende Begriff nicht mehr realistisch oder annehmbar in Übersee. Die kanadische Gesetzgebung änderte — unter Berücksichtigung der Einwände gegen das herkömmliche System — die Grundlage der Staatsbürgerschaft, indem sie die Bedingungen der kanadischen Staatsbürgerschaft festsetzte und dann bestimmte, daß alle kanadischen Staatsbürger britische Untertanen waren. Das britische Staatsbürgerschaftsgesetz von 1948 übernahm die neuen Grundsätze. Es schuf eine örtliche Staatsbürgerschaft, die »des Vereinigten Königreichs und der Kolonien«, von der

die für alle geltende rechtliche Stellung des britischen Untertanen oder des Commonwealth-Staatsbürgers, eines zum erstenmal verwendeten Begriffs, sich herleitete. Die meisten der
anderen Mitgliedstaaten des Commonwealth verabschiedeten
Gesetze auf der gleichen Grundlage, die die örtliche Staatsbürgerschaft zur grundlegenden rechtlichen Stellung machte
und die Vorrechte der für alle geltenden rechtlichen Stellung
eines britischen Untertanen oder eines Commonwealth-Staatsbürgers im allgemeinen auf der Grundlage der Gegenseitigkeit bestimmten, wobei jedoch das Vereinigte Königreich seine
Politik der offenen Tür hinsichtlich der Einwanderung bis zum
Einwanderungsgesetz von 1962 beibehielt (2). In diesen Änderungen spiegelte sich die Anerkennung der grundlegenden
rechtlichen Stellung der »Nationen« gegenüber dem »Commonwealth«, das sie umfaßte.

Schwerwiegendere Streitfragen erhoben sich nach 1945 in bezug auf die Mitgliedschaft. Der Balfour-Bericht hatte von der
gemeinsamen Untertanentreue zur Krone als einem herkömmlichen Merkmal bzw. einer Bedingung der verfassungsrechtlichen Stellung eines Dominions gesprochen. Die in der Präambel zum Statut von Westminster wiederholten Worte des Berichts, verstärkt durch die Erinnerung an die unbedingte Ablehnung irgendeiner Möglichkeit der Verhandlung über den
Beitritt einer irischen Republik durch Lloyd George, wurden
weithin, obschon nicht allgemein (3), so verstanden, als würden sie die Untertanentreue zum Hauptfaktor im Leben des
Commonwealth erheben und damit den Gedanken an die Mitgliedschaft einer Republik fast als hochverräterische Irrlehre
ausschließen. Diese, seit der Verabschiedung des Gesetzes über
Auswärtige Beziehungen von 1936 durch die irischen Beziehungen zum Commonwealth in Frage gestellten Annahmen
wurden in den Jahren 1948 bis 1949 über den Haufen gewor-

fen durch die irische Entscheidung, eine zweideutige Beziehung wegen der angeblichen Unvereinbarkeit der republikanischen irischen und der monarchischen Commonwealth-Einrichtungen zu beenden, und durch die fast gleichzeitige indische Bitte, die Mitgliedschaft einer Republik auf der Grundlage der formellen Anerkennung zu ermöglichen. Trotz der zeitlichen und inhaltlichen Überschneidung des Ausscheidens der irischen und der Zulassung der indischen Republik wurden die aufgeworfenen Probleme getrennt behandelt. Das war nicht zufällig; es war ein Ziel der britischen Politik, die beiden Streitfragen auseinanderzuhalten.

Die Stellung des Commonwealth zu den irischen verfassungsrechtlichen Entwicklungen wurde auf der Reichskonferenz 1937 auf der Grundlage einer vom Staatssekretär für Dominionangelegenheiten, Malcolm MacDonald, vorbereiteten Denkschrift behandelt. Während der Abdankungskrise vom Dezember 1936 hatte die irische Regierung, wie erinnerlich, ein Gesetz über Auswärtige Beziehungen verabschiedet, das den Exekutivrat des Irischen Freistaats ermächtigt hatte, die Verwendung der Unterschrift des Königs auf den Beglaubigungsschreiben zu genehmigen, die fremden Staatsoberhäuptern von irischen diplomatischen Vertretern überreicht werden sollten, und im folgenden Jahr wurde eine neue, nur dem Namen nach nichtrepublikanische Verfassung dem Volk in einem Volksentscheid vorgelegt und von ihm gebilligt. Die britische Regierung machte einen schüchternen Versuch, auf diese Entwicklungen zu antworten: im Fall des Gesetzes über Auswärtige Beziehungen im nachhinein, mit Bezug auf die Verfassung vorausschauend, als die Reichskonferenz zusammentrat, wobei sie die allgemeine Linie verfolgte, daß, während »sie selbstverständlich nicht sagte, daß die Gesetzgebung keinen grundlegenden Unterschied in der Lage erzeugte«, sie nichtsdestoweniger feststellte, daß »wir bereit seien, sie so zu behandeln, als erzeuge sie keine solche grundlegende Änderung«. Sie fragte, ob die Dominion-Regierungen eine solche Ansicht im allgemeinen billigen würden. Die Antwort war zustimmend. Mackenzie King hegte keinen Zweifel an ihrer Richtigkeit; Hertzog, der meinte, daß, »was auch immer die britische Regierung jetzt im Hinblick auf Irland tut, meiner Ansicht nach von höchster Wichtigkeit für die Zukunft des Commonwealth ist«, hielt den vorgeschlagenen Kurs für »sehr vernünftig« und konnte in der Tat keinen Grund sehen, warum der Irische Freistaat, selbst wenn er sich zu einer Republik erklärte, aufhören sollte, ein Mitglied des Commonwealth zu sein, solange der Titel des Königs unverändert blieb und der König weiterhin als Symbol des Commonwealth anerkannt wurde; indessen gab es auf australischer Seite beim Premierminister Lyons Bedauern über die irische Entwicklung und bei Stanley Bruce die Hoffnung, daß »wir die irische Frage nicht zu ernst nehmen werden« oder daraus eine Streitfrage machen. Neville Chamberlain faßte die Diskussion zusammen, indem er sagte, daß die Nachteile irgendwelcher Entscheidungen, die die Wirkung haben würden, den Irischen Freistaat hinauszudrängen, wenn er im Commonwealth verbleiben wollte, so offenkundig seien, daß sie nur gerechtfertigt werden könnten, »wenn sie eindeutig notwendig wären, um das Commonwealth vor einem schlimmeren Schicksal zu bewahren. Wir haben nicht die Absicht, irgendwelche Bedingungen festzulegen, die, wenn der Irische Freistaat sie nicht erfüllen würde, ihn aus dem Commonwealth ausschließen würden.« Von dieser Stellung wichen die britische Regierung und die Dominion-Regierungen in den kommenden Jahren nicht ab.

Die Natur der irischen Verbindung mit dem Commonwealth blieb zweideutig, als der Krieg zu Ende ging. Die britische

Regierung und die Regierungen der Dominien fuhren ihrerseits fort, Eire — die für den Irischen Freistaat nach 1937
übliche irische Bezeichnung — als ein Mitglied zu betrachten, in Übereinstimmung mit der 1937 formulierten Ansicht,
daß die republikanische irische Verfassung von 1937 im Zusammenhang mit dem Gesetz über Auswärtige Beziehungen
vom vorhergehenden Jahr nicht als grundlegende Änderung
in den irischen Beziehungen zum Commonwealth betrachtet
werden müsse, wie sie im Vertrag von 1921 niedergelegt worden waren. Da die gemeinsame Untertanentreue ein her-
kömmliches Merkmal der verfassungsrechtlichen Stellung
eines Dominions war, bedeutete diese Ansicht notwendigerweise in einem gewissen Maß irische Untertanentreue. Die irische Regierung hatte jedoch die Untertanentreue aufgekündigt, und die bei zahlreichen Gelegenheiten von de Valera
geäußerte irische Ansicht ging dahin, daß Eire aus diesem
Grund kein Mitglied sein konnte, sondern daß es nach 1937
ein mit dem Commonwealth äußerlich verbundener Staat außerhalb des Commonwealth war, der der Krone keine Untertanentreue schuldete und der in Wirklichkeit eine Republik
war, wenn er auch nicht ausdrücklich in der Verfassung so
bezeichnet wurde. Die irische Verbindung blieb daher, trotz
auseinandergehender und widersprüchlicher Auslegungen ihrer
Natur, wegen des beidseitigen Interesses und vermutlich aufgrund eines stillschweigenden amtlichen Übereinkommens, bestehen. Aber während es die Politik der Regierungen war,
den schlafenden Löwen nicht zu wecken, gab es andere, die es
für ihre Pflicht hielten, ihn zu wecken. Im Irischen Parlament
(*Dáil*) fragten die Abgeordneten Flanagan und Dillon bei
jeder passenden und unpassenden Gelegenheit den Premierminister (*Taoiseach*), ob der Staat eine Republik sei oder nicht,
ein Mitglied des Commonwealth oder nicht (4), während auch

in Westminster die Labour-Minister durch Fragen der Unionisten belästigt wurden, ob Eire ein Dominion sei und ob es
z. B. als Dominion vorher über die durch die Unabhängigkeit
Indiens und Pakistans notwendig gewordenen Änderungen
in den königlichen Bezeichnungen und Titeln befragt worden
sei, worauf der Unterstaatssekretär, Patrick Gordon Walker,
antwortete, daß es (Eire) als Mitglied des Commonwealth befragt worden sei — als Regierung innerhalb des Commonwealth (5). Konnten die scharfsinnigen, aber politisch unsicheren Zweideutigkeiten des Gesetzes über die Auswärtigen Beziehungen angesichts solch übelwollender Sticheleien noch einem nützlichen Zweck dienen? De Valera, der schon 1947 die
Verwendung der Ermächtigungsbestimmungen des Gesetzes in
anderer Richtung in Erwägung zog, um so durch eine gesetzliche Verordnung die erforderlichen Formalitäten von der
Krone auf den Präsidenten zu übertragen, hegte offenbar einige Bedenken. Aber bevor er die Gelegenheit hatte, seine
Absichten zu erkennen zu geben, wurde die Lage durch die allgemeinen Wahlen von 1948 verändert, die seine Amtsenthe-
bung und die Bildung einer Mehrparteienregierung unter
J. A. Costello herbeiführten. Eine einschneidendere Lösung
wurde sogleich wahrscheinlich, da der neue Premierminister
(*Taoiseach*) von Anfang an das Gesetz über die Auswärtigen
Beziehungen kritisiert hatte und mit Unterstützung der Ar-
beiterpartei und der Republikaner im Amt war. Während
einer Reise nach London im Frühjahr 1948 bemerkte er überdies mißbilligend, daß Attlee bei einem amtlichen Empfang in
Downing Street 10 einen Trinkspruch auf »den König« als
passend für das Land seiner Gäste ausgebracht hatte und damit zu erkennen gab, daß nach britischer Ansicht Eire immer
noch der britischen Krone Untertanentreue schuldete und ein
Mitglied des britischen Commonwealth der Nationen blieb (6).

Die grundsätzliche Entscheidung, das Gesetz über die Auswärtigen Beziehungen zu widerrufen und den Staat formell zur Republik zu erklären, wurde durch die neugebildete Mehrparteienregierung im Sommer 1940 einstimmig gefällt, wie Costello später enthüllte (7), aber die tatsächliche Bekanntgabe erfolgte durch Costello während eines Besuchs in Kanada, unter dem Druck der Anfragen von Zeitungen, nachdem unbefugte Mitteilungen über die frühere Grundsatzentscheidung durchgesickert waren. Der Zeitpunkt der Bekanntgabe, und nicht das Ereignis, war und bleibt Anlaß für viele Überlegungen, wobei das Gewicht, das den aufreizenden Handlungen des Generalgouverneurs, Feldmarschall Lord Alexander von Tunis, eines Ulstermannes, zugeschrieben werden muß, ungewiß bleibt. Wichtiger waren die Folgen. Es gab nicht, wie in den dreißiger Jahren, eine Auseinandersetzung über das Recht der Loslösung, und daher nach britischer Ansicht über Eires Recht der Loslösung. Aber im irischen Fall blieb noch ein Punkt ungeklärt: Bedeuteten der bevorstehende Widerruf des Gesetzes über Auswärtige Beziehungen und die Entscheidung, den Staat formell zur Republik zu erklären, notwendigerweise das Ausscheiden aus dem Commonwealth? Costello wurde diese Frage, angeblich durch einen Vertreter der TASS-Nachrichtenagentur, auf einer Pressekonferenz in Ottawa gestellt. Er gab eine bejahende Antwort und erledigte so eine Streitfrage, die sonst noch als ungeklärt hätte aufgefaßt werden können. Es ist nicht bekannt, ob diese Antwort vorher überlegt war, noch ob das Ausscheiden eine im Kabinett beschlossene Sache war, als es dem Widerruf des Gesetzes über Auswärtige Beziehungen grundsätzlich zustimmte.

Die Gesetzesvorlage zur Bildung der Republik Irland wurde am 24. November 1948 im Irischen Parlament (*Dáil*) eingebracht. Die Präambel stellte fest, daß es eine Akte sei, a) um das Gesetz über Auswärtige Beziehungen zu widerrufen, b) um zu erklären, daß die Bezeichnung des Staates die Republik von Irland sein sollte, und c) um den Präsidenten in die Lage zu versetzen, die Exekutive oder jede Funktion der Exekutive im Zusammenhang mit den auswärtigen Beziehungen des Staates auszuüben. Das umschrieb genau die Absicht der Akte. Als er die Gesetzesvorlage einbrachte, sagte der Premierminister (*Taoiseach*): »Diese Gesetzesvorlage wird in einer einfachen, klaren und unzweideutigen Weise die langwährende und tragische Verbindung dieses Landes mit der Einrichtung der britischen Krone auflösen und für immer auflösen, und sie wird jenseits aller Zweideutigkeiten und Spitzfindigkeiten klarmachen, daß die nationale und internationale Stellung dieses Landes die einer unabhängigen Republik ist.« Die Maßnahme sei nicht im Geist der Feindseligkeit gegenüber dem britischen Volk oder gegenüber der Einrichtung der britischen Krone entworfen oder geplant worden; im Gegenteil, eine Folge ihrer Verabschiedung würde sein, daß die Beziehung Irlands zu Großbritannien »auf eine bessere und festere Grundlage gestellt« werden würde »als je zuvor«; und es würde »undenkbar« sein, fuhr Costello fort, daß die Irische Republik sich weiter von den Nationen des Commonwealth entfernen würde, mit denen »wir eine so lange und, wie ich meine, so fruchtbare Verbindung in den vergangenen 25 oder 26 Jahren gehabt haben« (8). Jedoch schlug er genau das vor.

Es gab sogleich zwei praktische Fragen zu lösen. Wurden irische Staatsbürger als Folge des irischen Ausscheidens in Großbritannien und im übrigen Commonwealth zu Ausländern? Und nahmen die bestehenden Zollvergünstigungen ein Ende? Im Hinblick auf die erste Frage war der Schlüssel im Gesetz über die britische Staatsbürgerschaft von 1948 zu finden, das in Wirklichkeit britische und irische Staatsbürgerschaft gegensei-

tig austauschbar gemacht hatte. Staatsbürger von Eire sollten
nach den Bestimmungen des britischen Gesetzes nicht mehr
britische Untertanen sein, obwohl sie in Großbritannien so
behandelt werden sollten, als ob sie es seien. Nach der Bekanntgabe des irischen Ausscheidens lief die Frage daher darauf hinaus, ob die Bestimmungen eines unter bestimmten Umständen verabschiedeten Gesetzes unter anderen Umständen
weiterhin anwendbar sein würden. Die Antwort war im gegenseitigen Einvernehmen der britischen und irischen Regierungen bejahend, und zwar auf der Grundlage einer weiterhin gültigen Gegenseitigkeit. Man gelangte auf beiden Seiten
im eigenen staatlichen Interesse zu dieser Antwort, und sie
wurde zumeist, wenn schon nicht allgemein, begrüßt. —
George Bernard Shaw bemerkte für seinen Teil, und nachdem
er fast ein halbes Jahrhundert in England gelebt hatte: »Ich
werde hier immer Fremder sein, ganz gleich ob ich mich als
ausländischer Staatsbürger melden muß oder nicht, weil ich
hier einer der wenigen Leute bin, die objektiv denken.« Diese
Abmachungen über die Staatsbürgerschaft bildeten in Wirklichkeit die Grundlage für eine »Beziehung besonderer Art« und
standen im Einklang mit Costellos Auffassung über eine fortdauernde, aber künftig nichtamtliche irische Verbindung mit
dem Commonwealth.

Im Hinblick auf den Handel wurde befürchtet, nach dem
Ausscheiden bestehe die Gefahr, daß das Vorhandensein von
Vorzugszöllen zwischen Großbritannien und Irland angegriffen werden würde, weil es der Klausel über das Meistbegün-
stigungsrecht in Handelsverträgen mit fremden Ländern widersprach und ebenso dem 1947 in Genf geschlossenen Allgemeinen Zoll- und Handelsabkommen. In diesem Punkt jedoch
war die irische Regierung immer und, wie es sich erwies, zu
Recht zuversichtlich. Sie behauptete, daß die sehr engen und

schon lange bestehenden Handelsbeziehungen zwischen den beiden Ländern eine besondere Behandlung rechtfertigten, und insbesondere verwies sie auf die Tatsache, daß die Liste des Genfer Abkommens die Länder des Commonwealth namentlich und einzeln aufführte, ohne eine allgemeine Überschrift, die besagte, daß die gegenseitigen Vorzugszölle durch die Mitgliedschaft im Commonwealth bedingt waren. Außerdem schloß Irland 1950 einen Freundschafts-, Handels- und Schiffahrtsvertrag mit den Vereinigten Staaten, wodurch es unter anderem sicherstellte, daß die Fortsetzung der bestehenden Meistbegünstigungen in Washington nicht in Frage gestellt werden würde. Infolgedessen gab es im Hinblick auf den Handel auch Zustimmung zu dem Gedanken einer »Beziehung besonderer Art«, die sich in den unmittelbar darauffolgenden Jahren für beide Länder als vorteilhaft erwies, insbesondere aber für die Industrieexporte Großbritanniens.

Was war die Antwort auf das irische Ausscheiden im weiteren Rahmen des Commonwealth? Mit der möglichen Ausnahme des kanadischen Premierministers waren die Minister des Commonwealth vorher nicht in Kenntnis gesetzt worden. In diesem Punkt drückte sich der Lordkanzler, Lord Jowitt, der sich übrigens nicht darüber beklagte, klar aus; und den konservativen Kritikern, die behaupteten, die Labour-Minister hätten nicht genug getan, um die irische Regierung von diesem Schritt abzuhalten, antwortete er, daß ihnen die Gelegenheit dazu nicht geboten worden sei und daß er außerdem überzeugt sei, daß, wenn irgendeiner von ihnen »mit der Beredsamkeit eines Demosthenes und in größerer Ausführlichkeit als selbst Gladstone« zu den Iren gesprochen hätte, »es ihm nicht gelungen wäre — wie es mir nicht gelungen ist« (9). Soweit also wurde das Ausscheiden Irlands ohne Rücksprache mit dem Commonwealth entschieden. Dennoch spielte das

Commonwealth, trotz der fehlenden vorhergehenden gegenseitigen Beratung und der Abwesenheit der irischen Abgeordneten beim Treffen der Premierminister des Commonwealth im Oktober 1948, vermutlich zum letztenmal, eine Rolle — und, wie man annehmen darf, eine nicht ganz unnütze Rolle — in irischen Angelegenheiten.

Diese Rolle des Commonwealth hatte zwei Seiten. Die erste war negativ. Die britische Regierung erwog die Möglichkeiten einer schärferen Reaktion, unter anderem hinsichtlich der Staatsbürgerschaft und des Handels, auf das irische Ausscheiden, als sie in der Tat äußerte. Soviel läßt sich wohl berechtigterweise aus der Verteidigung der getroffenen Abkommen durch den Lordkanzler gegen die konservativen Kritiker schließen. Großbritannien, behauptete er, sollte überlegen, wo seine eigenen Interessen lagen, und er machte klar, daß er nicht bereit sei, aus Groll Maßnahmen zu unterstützen, die Großbritannien mehr schädigen würden als Irland. Aber dann fuhr er in der Erklärung fort, daß, wenn die britische Regierung einen anderen Weg eingeschlagen hätte als denjenigen, für den sie sich entschieden hatte, »wir im genauen Gegensatz zum Rat der Vertreter Kanadas, Australiens und Neuseelands gehandelt hätten . . .« (10). Juristen wählen ihre Worte sorgfältig. Was war der Grund für diese Bemerkungen? Zur Zeit des Treffens der Premierminister des Commonwealth im Oktober 1948 fanden getrennte Besprechungen, zuerst in Chequers und dann in Paris, zwischen den Vertretern der irischen Regierung und denen der britischen, kanadischen, australischen und neuseeländischen Regierung statt. Bei diesen Besprechungen ergab sich — und Costello bestätigte später, daß der berechtigterweise aus den Bemerkungen des Lordkanzlers zu ziehende Schluß richtig war — so etwas wie eine einheitliche Ansicht der »alten Dominien« des Inhalts, es sollte

nicht zugelassen werden, daß das Ausscheiden Irlands den
Beziehungen zwischen Irland und den anderen Ländern des
Commonwealth schadete und daß, soweit dies möglich war,
sogar der Weg für seine Rückkehr offengehalten werden
sollte — Australiens Labour-Premierminister, Ben Chiffley,
erwähnte später diesen Punkt mit einigem Nachdruck (11).
Als Peter Fraser, der Premierminister Neuseelands, gefragt
wurde, welchen Unterschied das Ausscheiden Irlands in der
Haltung Neuseelands gegenüber Irland machen würde, antwortete er: »Welchen Unterschied könnte es geben? Es hat
immer Freundschaft bestanden.« Und in dem neuseeländischen
Gesetz über die Republik Irland (12) wurde ausdrücklich festgestellt, daß die Gesetze Neuseelands in bezug auf die Republik Irland weiter gelten sollten, »wie sie gelten würden,
wenn die Republik Irland ein Teil des Herrschaftsbereichs Seiner Majestät geblieben wäre«. In den Worten des Rechts
konnte die Freundschaft nicht weiter gehen!
Aber nach dem Ostersonntag 1949, als die Republik ausgeru-
fen wurde, war Irland in keinem Sinn mehr ein Teil des Herrschaftsbereichs Seiner Majestät. Das machte der verfassungsrechtlichen Zweideutigkeit durch die Lösung aller formalrecht-
lichen Bindungen ein Ende — »das Tanzen auf einer Nadel-
spitze«, sagte Costello, »war vorüber«. Das machte einen psychologischen Unterschied. Professor J. D. B. Miller von der
Nationalen Universität Australiens hat bemerkt, daß »die
Vereinbarungen von 1948 mit gegenseitigem Einverständnis
ein ›Bezahlt‹ unter die ganze Rechnung setzten. Abgesehen
von einem belanglosen Hin und Her zwischen der Regierung
von Menzies in Australien und der irischen Regierung über die
Ernennung des australischen Gesandten in Eire, bieten die
späteren Beziehungen zwischen Eire und den älteren Dominien dem Historiker wenig.« (13) In mehr formalrechtlicher

Hinsicht nahmen irische Vertreter an den Treffen der Premierminister nicht mehr teil. Es wäre interessant, Mutmaßungen über die Ansichten anzustellen, die sie bei den aufeinanderfolgenden Krisen geäußert haben könnten, durch die das
Commonwealth nach 1949 hindurchging: Mitgliedschaft afrikanischer Staaten, die Suez-Krise, der Gemeinsame Markt,
das Ausscheiden Südafrikas, Südrhodesien. Zwei Dinge stehen
fest. Das eine ist, daß eine bezeichnende Stimme, nämlich die
einer europäischen Nationalgesinnung, verlorenging, und es
mag sehr wohl sein, daß das Commonwealth, vor allem im
Hinblick auf zwei der genannten Streitfragen, deswegen
ärmer geworden war. Das andere ist, daß Irland 20 Jahre
später verfassungsrechtlich Teil einer großen Mehrheit gewesen wäre. Republiken statt Monarchien waren innerhalb des
Commonwealth die Regel geworden, und ein Ausscheiden aus
diesem Grund war unbegründet. Es bleibt in der Tat eine der
Ironien der Geschichte, daß Irland in dem Jahr ausschied, in
dem Indien als Republik ein Mitglied wurde. Wie erklärt sich
der augenscheinliche Widerspruch? Die Antwort ist nicht in
einfachen verfassungsrechtlichen Gegensätzen zu finden, sondern in der historischen Wirklichkeit, die sie darstellten. Nach
1916 versinnbildlichte in Irland die Republik die Sache der
Unabhängigkeit; in Indien dagegen ging es um die Unabhän-
gigkeitsbewegung, der die Republik nur zufällig beigegeben
war. Das versetzte die indische Regierung in die Lage, wie es
Pandit Nehru dem indischen Parlament damals ins Gedächtnis rief, sich an den Präzedenzfall der irischen auswärtigen
Assoziierung zu halten, der den Indern gezeigt hätte, daß es
möglich sei, die republikanische Gesinnung mit der Mitgliedschaft im Commonwealth in Einklang zu bringen, aber auch
hinsichtlich des Monarchen, als des symbolischen Oberhaupts
des Commonwealth, nachgiebig zu sein. Soweit folgten andere

dem Weg, den Irland vorausgegangen war, während es vorzog, andere Wege zu gehen. Die Geschichte wurde indessen durch genauere Überlegungen stark beeinflußt. Im Augenblick der Entscheidung trat die Republik Indien dem Commonwealth bei, und die Republik Irland trat aus ihm aus wegen der verschiedenen Auffassung der jeweiligen staatlichen Interessen durch die jeweilige Regierung.

Im Fall Irlands wurden diese Interessen zunehmend im europäischen Zusammenhang gesehen. Danach blieben die irischen Beziehungen zu Großbritannien grundlegend; aber die Beziehungen zum Commonwealth schienen, trotz der verwandtschaftlichen Bindungen zu den älteren Dominien, denen im großen Maß ihre »Freundschaft« zuzuschreiben war, ein künstlich geschaffener Überbau zu sein. Das Gegenstück zum Ausscheiden Irlands war infolgedessen die Verbindung Irlands mit dem europäischen Wiederaufbauprogramm, sein Beitritt zum Europarat als Gründungsmitglied in den vierziger Jahren und sein Abschluß des britisch-irischen Freihandels-Abkommens in den sechziger Jahren, schließlich der Antrag Irlands, die Verträge von Rom vorbehaltlos oder bedingungslos zu unterschreiben. Im weitesten Sinn können alle diese Entwicklungen aufgefaßt werden als eine Äußerung der Verschiebung der irischen Interessen von den überseeischen Ländern, wo sich viele irische Auswanderer niedergelassen hatten, zu dem geographischen Raum, von dem Irland ein Teil war. Weder zum ersten noch zum letzten Mal könnte dies, mit gewissen transatlantischen Einschränkungen, als ein Sieg der Geographie über die Geschichte dargestellt werden, zumindest wenn die in der Ausdrucksweise der Gaullisten »der Küste vorgelagerten Inseln« ein Teil des Gemeinsamen Marktes werden.

Indien war das Gegenstück zu Irland. Wenn die indische Neigung zur republikanischen Gesinnung weniger tief im Natio-

nalbewußtsein eingebettet war, so war der Sog seiner kontinentalen Umgebung in den Nachkriegsjahren um so stärker.
»Starke Winde wehen über ganz Asien«, erklärte Pandit
Nehru (14) bei der Eröffnung der Panasiatischen Konferenz
in Neu-Delhi im März 1947, und es gab viele, die dieser Versammlung der Führer eines sich wieder erhebenden Erdteils
beiwohnten, die glaubten, daß das Ende des westlichen Imperialismus auch allen formalen Beziehungen zu den West-
mächten ein Ende setzen sollte. »Asien den Asiaten« war die
Losung, und in jenen Tagen der starken Gemütsbewegung,
verbunden mit kühnen Erwartungen, meinte man, die Entwicklung freundschaftlicher Verbindungen innerhalb eines so
lange im Schatten fremder Herrschaft gestandenen Erdteils
wäre ein vorrangiges oder sogar ausschließliches Ziel. Die
Schaffung eines asiatischen Blocks war eine Möglichkeit, die
dementsprechend in weiten Kreisen erörtert wurde, und die
Hoffnung wurde geäußert, daß Südost- und Südasien ein neu-
tralisierter Raum werden könnte. Dennoch, so anziehend
auch immer derartige Vorschläge auf den ersten Blick scheinen mochten, genauere Untersuchungen brachten innerhalb
Asiens Gegensätze an den Tag und auch andere Tatsachen,
die ihre Durchführbarkeit zweifelhaft erscheinen ließen, ganz
abgesehen von ihrer Klugheit. Schloß das Interesse der Länder dieses Raumes an der Seefahrt in Wirklichkeit nicht eine
Politik des Rückzugs aus der Weltpolitik bzw. der Isolierung aus? War es überdies auf lange Sicht klug, die asiatischen
Länder mit ihren großen und unterernährten Bevölkerungen
auch nur politisch vom technologisch fortgeschrittenen Westen
zu lösen? »Dienst an Indien bedeutete Dienst an den Millionen, die leiden« (15), erklärte Pandit Nehru, als der indische
Unabhängigkeitstag anbrach. Aber konnte dieser Dienst geleistet werden, ohne alle die Hilfe, zu der der Westen über-

redet werden konnte? Was auch immer die endgültigen Antworten waren, die Tatsache, daß solche Fragen gestellt und daß derartige Überlegungen notwendigerweise von den asiatischen Führern aufgeworfen wurden, beeinflußte ihr Denken über die mögliche zukünftige Verbindung mit dem Westen.

Es gab indessen auch andere entgegenwirkende Faktoren. Als die zwei Hauptziele der Außenpolitik Indiens und Pakistans wurden nationale Freiheit für die Kolonialvölker und die Beendigung der ungleichen Behandlung der Rassen verkündet. An sich bedeuteten diese Ziele Feindschaft gegen den europäischen Imperialismus. So deutlich auch zwischen der liberalen Politik Großbritanniens — sie wurde in Indien, Burma und Ceylon angewandt und von Attlee knapp zusammengefaßt, in dem Sinne, daß das Commonwealth keine unfreiwilligen Mitglieder zu haben wünsche — und der damaligen asiatischen Politik des »reaktionären Imperialismus« der Niederlande und Frankreichs unterschieden wurde, stellte man doch fest, daß Großbritannien das größte Kolonialreich behielt und daß seine weiträumigen Besitzungen in Afrika zum größten Teil vom Ziel der Selbstregierung weit entfernt schienen. Außerdem wurde bemerkt, wie es in einer von hervorragenden und unabhängigen Indern verfaßten Denkschrift über die Commonwealth-Frage heißt (16), daß »in der Südafrikanischen Union und in einigen der britischen Kolonien in Afrika rassische Vorurteile die Gesetzgebung und Verwaltung hinsichtlich der Inder beherrschen«; es wurde daher gefordert, »daß wir keine Verbindung mit dem Britischen Commonwealth haben sollten, dessen Politik durch eine so schreiende Mißachtung unserer wahren Rechte beeinträchtigt ist«. Sicherlich schien die Tatsache, daß Südafrika als Mitglied des Commonwealth von sich aus die unterschiedliche Behandlung der Rassen als politischen Grundsatz erzwang, manchem führenden Mitglied der

Kongreßpartei 1947 ein ausreichender Grund zu sein, warum Indien, sobald die Übergangsvorteile der Mitgliedschaft eingebracht worden waren, ausscheiden sollte. Überdies waren die älteren Dominien, abgesehen von Südafrika, größtenteils britisch und fast gänzlich europäisch nach Herkunft und Einstellung, während die Inder sich niemals mehr als in der Zeit nach der Unabhängigkeit der Tatsache bewußt waren, daß sie Bürger eines Vaterlands mit Überlieferungen und Traditionen waren, die in die vorgeschichtliche Zeit zurückreichten, und mit einem kulturellen Einfluß, der sich zu verschiedenen Zeiten über große Teil Asiens ausgebreitet hatte. »Am Anfang der Geschichte«, sagte Pandit Nehru in seiner Rede vom 14. August 1947, »begann Indien seine endlose Suche, und unwegsame Jahrhunderte sind erfüllt mit seinem Streben und mit der Größe seiner Erfolge und seiner Mißerfolge.« (17) Konnte ein Land mit einem Schatz altehrwürdiger Tragödien und Triumphe ein überzeugendes Gefühl der Befriedigung in der Mitgliedschaft in einem Commonwealth finden, das formal durch die Symbolik eines anderen Volks, einer anderen Rasse und Kultur geeint wurde? Die verfassungsrechtliche Stellung eines Dominions als ein praktischer Notbehelf zur Überwindung des toten Punkts bei der Übergabe der Macht im Jahr 1947 war offensichtlich eine Sache; als ein bleibendes Element im indischen Leben war sie etwas ganz anderes.

Das Problem der Beziehungen Indiens zum Commonwealth verlangte sowohl Untersuchung als auch Überlegung seitens der indischen Führer, denn in ihren Händen lag die Entscheidungsfreiheit. Einigen schien die Entschließung der Verfassunggebenden Versammlung vom 22. Januar 1947, die erklärt hatte, daß Indien eine souveräne, unabhängige Republik werden würde, die Frage erledigt zu haben. Auch wenn die republikanische Gesinnung in Indien nicht das doktrinäre, kompromißlose Gepräge der irischen republikanischen Gesinnung nach dem Osteraufstand von 1916 besaß, glaubten die indischen Führer, daß eine Republik die einzige Regierungsform sei, die den Umständen entsprach. Monarchische Einrichtungen erinnerten an die Briten und vor diesen an die Moghul-Kaiser. Überdies war eine Republik die einzige Regierungsform, die es unzweifelhaft klarmachte, daß Indien eine unabhängige Nation war. Es konnte und wurde behauptet, daß die verfassungsrechtliche Stellung eines Dominions auch volle Autonomie gewährte; aber diese Argumente überzeugten nur teilweise. Langwierige und zeitweilig etwas bittere Auseinandersetzungen über das Recht eines Dominions, auszuscheiden oder in einem Krieg, in den das Vereinigte Königreich verwickelt war, neutral zu bleiben, hatten nicht leicht auszuräumende Zweifel über das Ausmaß der Autonomie aufkommen lassen. Es gab indessen einen näherliegenden Umstand, der sehr wohl entscheidend gewesen sein kann. Pakistan hatte sich an die Mitgliedschaft im Commonwealth gebunden. Schied Indien aus, bedeutete das nicht, insbesondere im Hinblick auf die Streitigkeiten über die Verteilung der Guthaben, das Flüchtlingseigentum, die Gewässer und vor allem Kaschmir, die Möglichkeit eines gegen Indien eingestellten Commonwealth? Am 16. April 1948 schrieb Tej Bahadur Sapru, der erfahrene Gemäßigte, der zweimal Präsident des National-Liberalen Bundes gewesen war, an M. S. Aney, den Gouverneur von Bihar: »Es wird ein Entschließungsantrag im Gesamtindischen Ausschuß der Kongreßpartei eingebracht werden, der die vollständige Trennung jeglicher Verbindung mit England fordert. Ich erhebe keinen Einwand dagegen, daß Indien sich zu einer Republik erklärt; aber ich glaube, es wäre zumindest zum jetzigen Zeitpunkt unklug, eine Entschließung dieser Art anzunehmen. Pakistan verfolgt eine andere Politik. Es erhält im Augenblick viel mehr Unterstützung von England als Hindustan und wird wahrscheinlich noch mehr Unterstützung bekommen, wenn die Indische Union ihre Verbindung mit England vollständig löst. Können Sie nicht Ihren Einfluß geltend machen und Ihre Freunde in der Kongreßpartei überreden, nicht jegliche Verbindung mit England zu lösen?« (18) Am 19. April 1948 schrieb Sapru nochmals über dasselbe Thema, und zwar mit gleichlautenden Worten sowohl an Chakravarti Rajagopalachari, der im Juni dieses Jahres Lord Mountbatten im Amt ablösen und der letzte Generalgouverneur Indiens sein sollte, und an den Gouverneur von Bombay, wie folgt: »Ich dachte immer, daß die republikanische Regierungsform, über die in der Verfassunggebenden Versammlung so beredt gesprochen wurde, einer Verbindung mit England keinesfalls im Weg steht. Wenn man die Verbindung mit England vollständig abschneidet und Pakistan fortfährt, ein Dominion zu sein, und wenn in Zukunft zwischen Hindustan und Pakistan Schwierigkeiten entstehen, warum sollte man die Briten tadeln, wenn sie Pakistan offen militärische Hilfe leisten? Die Beziehungen zwischen den beiden Dominien Hindustan und Pakistan sind zur Zeit keineswegs besonders freundlich. Sie können leicht schlechter werden ... Daher schreibe ich Ihnen offen, daß, welche Regierungsform auch immer errichtet werden mag, man zumindest noch für einige Zeit nicht aus dem Britischen Commonwealth der Nationen austreten darf.« Der Gouverneur von Bombay, der seine volle Übereinstimmung mit diesen Ansichten erklärte, zeigte den Brief Jawaharlal Nehru, während Rajagopalachari bemerkte, daß das, was Sapru über die Vereinbarkeit der republikanischen Regierungsform mit den Beziehungen zum Commonwealth gesagt habe, »ganz richtig und jetzt ziemlich weitgehend anerkannt« sei. Diesbezüglich war der irische Präzedenzfall wichtig. »Ich stimme vollkommen mit Ihnen überein«, hieß es in einem Brief an Sapru, »daß, wenn der Staat Irland fortfährt, ein Mitglied des Britischen Commonwealth zu sein, obwohl er eine Republik ist, es überhaupt keinen Grund gibt, warum Indien dieses sofort verlassen sollte, weil es eine Republik sein wird.« (19)

Die Frage des fortgesetzten Verbleibs im Commonwealth betraf neben Indien und Pakistan auch zwei kleinere asiatische Länder. Birma, das nach dem Gesetz über die Regierung von Indien von 1935 von Indien getrennt worden war, hatte die ganze Härte des Kriegs und der feindlichen Besetzung zwischen 1941 und 1945 erfahren. Aber die Propaganda der Japaner zum Thema »Asien den Asiaten« hatte eine kaum durch die Härte ihrer Militärherrschaft geminderte Wirkung gehabt, und mit der Wiederkehr friedensmäßiger Zustände kamen jüngere, mit der alten Ordnung unzufriedene Männer an die Macht, unter denen Aung San hervorragte. Sie forderten die Unabhängigkeit, und die britische Regierung erklärte mit Nachdruck, daß sie der Freiheit Birmas nichts in den Weg zu legen oder in irgendeiner Weise die Entscheidungsfreiheit Birmas über den Verbleib oder den Austritt aus dem Commonwealth keinesfalls einzuschränken gedenke, und kam ihnen mehr als die Hälfte des Wegs entgegen. Im Januar 1947 kam eine birmanische Delegation unter der Führung von Aung San nach London, um Absprachen über die Übertragung der Macht zu treffen. Von einer Untersuchung der Möglichkeit des Verbleibs einer birmanischen Republik im Commonwealth nach irischem Vorbild wurde abgeraten, weil sie angesichts der im Hinblick auf die indische Unabhängigkeit und Mitgliedschaft noch zu treffenden Entscheidungen sowohl undurchführbar als auch unerwünscht war. Das positive Ergebnis der Besprechungen mit der Regierung des Vereinigten Königreichs war

ein Abkommen, die Commonwealth-Frage weiterhin in der
Schwebe zu belassen, eine Verfassunggebende Versammlung
in Birma einzuberufen, zu der im April des Jahres in der Tat
Wahlen durchgeführt wurden, und den Vorgang der Übertragung der Macht innerhalb eines Jahres abzuschließen. Die
Wahlen ergaben eine überwältigende Mehrheit für den Antifaschistischen Volksfreiheitsbund, die Partei Aung Sans, und
am 16. Juni brachte Aung San einen Entschließungsantrag in
der Verfassunggebenden Versammlung ein, der verkündete,
daß die Verfassung die »einer Unabhängigen, Souveränen
Republik mit dem Namen Union von Birma« sein sollte. Sie
sollte außerhalb des Commonwealth bestehen. Die Ermordung Aung Sans und acht anderer im Exekutivrat einen Monat später änderte die Haltung der Verfassunggebenden Versammlung gegenüber der Mitgliedschaft im Commonwealth
nicht, und als der Verfassungsentwurf im September gebilligt
wurde, war es nur noch notwendig, die erforderlichen Gesetze im Parlament des Vereinigten Königreichs zu verabschieden, um den Vorgang der Trennung abzuschließen (20). War
das nicht auch ein Schritt, den Indien unbedingt tun würde?
Als die birmanischen Führer handelten, hegten sie zumindest
daran keinen Zweifel. Sie hatten sich geirrt.

Das Ausscheiden Birmas wurde durch den Übergang eines
anderen asiatischen Landes, Ceylons, zur verfassungsrechtlichen Stellung eines Dominions ausgeglichen. Seit 1931 hatte
sich die Insel einer repräsentativen, wenn auch nicht ministerverantwortlichen Regierung erfreut. Während des Kriegs
war seine strategische Bedeutung groß, und seine von den steigenden Wogen des Nationalismus in Asien beeinflußte Bevölkerung war demnach in einer guten Stellung, die Selbstregierung anzustreben. London ging zunächst etwas zögernd
darauf ein, wurde aber um 1945 entgegenkommender, und die

Regierung des Vereinigten Königreichs erklärte dann ihre Bereitschaft, bei der Einführung der Selbstverwaltung mit der Bevölkerung Ceylons eng zusammenzuarbeiten. Maßgebend wurde diese Politik von dem Argument des Kolonialsekretärs Arthur Creech-Jones beeinflußt, daß, was dem indischen Nationalismus nach der Politik der Verweigerung der Zusammenarbeit während des Kriegs durch die Kongreßpartei gewährt worden war, der Bevölkerung Ceylons nach ihrer Zusammenarbeit nicht gut vorenthalten werden konnte. Unter der Soulbury-Verfassung von 1946, die größtenteils auf den Empfehlungen eines Ausschusses beruhte, dessen Vorsitzender Lord Soulbury gewesen war, erlangte die Insel in allen Angelegenheiten der Innenpolitik die Selbstverwaltung. Im Juni 1947 erklärte der Kolonialsekretär vor dem Unterhaus, daß die Regierung des Vereinigten Königreichs dabei sei, mit der Regierung von Ceylon über die Änderung der Verfassung zu verhandeln, um Ceylon in äußeren wie in inneren Angelegenheiten die volle Selbstregierung zu gewähren. Im November 1947 wurde die Gesetzesvorlage zur Unabhängigkeit Ceylons im Parlament eingebracht, und das Gesetz trat am 4. Februar 1948 in Kraft. Es wurde durch Abkommen über Verteidigung und auswärtige Angelegenheiten ergänzt, die am 11. November 1947 unterzeichnet wurden. Das erste war kurzlebig, weil es 1956 auf Ersuchen der Regierung Ceylons beendet wurde, während Ceylon es gemäß dem zweiten unternahm, die Entschließungen der früheren Reichskonferenzen anzunehmen und zu befolgen und sich an die überkommenen Grundsätze und den Brauch der Beratungen des Commonwealth zu halten. Ihrerseits unternahm es die Regierung des Vereinigten Königreichs, den Antrag Ceylons auf Mitgliedschaft in den Vereinten Nationen zu unterstützen, die wegen russischer Einwände erst 1956 erreicht wurde (21).

Der Übergang Ceylons von der verfassungsrechtlichen Stellung einer Kolonie zu der eines Dominions war »das erstemal in unserer Geschichte«, wie Lord Addison, der Lordsiegelbewahrer und ehemalige Staatssekretär für die Dominien, bei der Einbringung der zweiten Lesung der Gesetzesvorlage zur Unabhängigkeit Ceylons am 4. Dezember 1947 im Oberhaus bemerkte (22), »daß eine Kolonie, die dieses System der Selbstregierung von sich aus entwickelt hatte, ausdrücklich nachgesucht hat, ein Dominion in unserem Commonwealth zu werden; . . . aber wir hoffen und erwarten, daß es nicht das letztemal sein wird«. Wie ermutigend die Bedeutung der Mitgliedschaft Ceylons in London auch scheinen mochte, hinsichtlich der Anziehungskraft des Commonwealth für nichteuropäische Völker hing die Aussicht auf ein Commonwealth in Asien letztlich von der Entscheidung Indiens und Pakistans ab. Würden sie dem von Birma aufgestellten Beispiel folgen oder dem Vorbild Ceylons?

Das Treffen der Premierminister des Commonwealth in London im Oktober 1948 war in der Geschichte des Commonwealth bemerkenswert, weil zum erstenmal die drei neuen Dominien Asiens auf einer solchen Versammlung vertreten waren. Aber wenn die Anwesenheit ihrer Premierminister das äußere Zeichen einer neuen Phase in den Beziehungen innerhalb des Commonwealth war, einer Phase, in der nichtbritische und nichteuropäische Völker gleichberechtigt an den Beratungen des Commonwealth teilnehmen sollten, wurde die Form ihrer Mitgliedschaft oder ihrer Beziehung zum Commonwealth in den Vollsitzungen überhaupt nicht besprochen. Im Gegenteil, das Treffen befaßte sich mit den Fragen der Verteidigung, der Sicherheit und der wirtschaftlichen Entwicklung, und obwohl die Folgen der irischen Aufhebung des Gesetzes über Auswärtige Beziehungen am Rand behandelt

werden mußten, hielt man sich an ein früheres Übereinkommen, daß verfassungsrechtliche Fragen, die die asiatischen Dominien betrafen, links liegen gelassen werden sollten. Die Absicht dieser für Attlee bezeichnenden vernünftigen Taktik war
es, die Premierminister der asiatischen Dominien in die Lage
zu versetzen, aus erster Hand einige Erfahrung über die Arbeitsweise des Commonwealth zu sammeln, bevor sie ihre Entscheidung über die zukünftige Beziehung ihrer Länder zu ihm
trafen.

Seitdem Indien, Pakistan und Ceylon »in das Commonwealth eingetreten sind«, sagte Liaquat Ali Khan, der Premierminister Pakistans, nach dem Treffen, »hat sich sein Aussehen gewandelt — jetzt ist es ein Commonwealth freier Nationen, die an die gleiche Lebensart und an die gleiche Demokratie glauben. Meiner Ansicht nach sind diese Ideen sogar
stärker als rassische Bindungen.« Seine Worte deuteten das Gefühl zumindest eines asiatischen Führers an, daß es eine genügend starke geistige Gemeinsamkeit geben könnte, um für
die asiatischen Dominien einen bleibenden Platz im Commonwealth zu finden. Es gab auch Anzeichen für zustimmendere
nochmalige Überlegungen in Indien. In wohlüberlegten Redewendungen beschloß die Versammlung der Kongreßpartei am
18. Dezember 1948 in Jaipur: »Im Hinblick auf die Erreichung der vollständigen Unabhängigkeit und der Errichtung
einer Republik Indien, die diese Unabhängigkeit versinnbild-
lichen und Indien eine Stellung unter den Nationen der Welt
geben wird, die ihm billigerweise zukommt, wird die gegenwärtige Verbindung mit dem Vereinigten Königreich und dem
Commonwealth der Nationen notwendigerweise geändert
werden müssen. Indien wünscht indessen, alle die Bindungen
mit anderen Ländern zu erhalten, die nicht im Widerspruch
zu seiner Handlungsfreiheit und Unabhängigkeit stehen, und

die Kongreßpartei würde eine freiwillige Verbindung mit den unabhängigen Nationen des Commonwealth im Interesse ihres gemeinsamen Wohlergehens und der Förderung des Weltfriedens begrüßen.«

Indessen warf die Entschließung von Jaipur, indem sie eine entgegenkommendere Haltung der Kongreßpartei gegenüber der Mitgliedschaft im Commonwealth wiedergab, unausgesprochen die Frage auf, der sich Staatsmänner des Commonwealth im April 1949 unausweichlich gegenübergestellt sahen. Es war ein republikanisches Indien, das die Fortsetzung der Verbindung mit dem Commonwealth erwog. Von keiner Seite kam der Vorschlag, daß Indien auf die republikanische Staatsform zugunsten der Mitgliedschaft verzichten würde oder sollte. Die Frage war, konnten die beiden miteinander in Einklang gebracht werden? Das Problem war grundsätzlich dem ähnlich, das die Iren 1921 aufgeworfen hatten, obwohl es in Wirklichkeit einen Unterschied gab, insofern Indien bereits ein Dominion war, was Irland nicht gewesen war. Zweifellos stärkte dies schon an sich die Verhandlungsposition Indiens. Es war ein bestehender Partner, der beabsichtigte, eine republikanische Verfassung anzunehmen, und den Wunsch äußerte, auch danach vollberechtigtes Mitglied des Commonwealth zu bleiben. Aber trotzdem konnte der indische Wunsch, die republikanische Staatsform mit der vollberechtigten Mitgliedschaft in Einklang zu bringen, nur durch eine Veränderung, wenn auch nur in diesem besonderen Fall, eines der überkommenen Kennzeichen der Mitgliedschaft, nämlich der Untertanentreue zur Krone, wie sie im Balfour-Bericht umschrieben und in der Präambel zum Statut von Westminster wiederholt worden war, erfüllt werden.

Die Frage der Mitgliedschaft der Indischen Republik wurde zu einer Zeit aufgeworfen, als die Form und der Aufbau des

Commonwealth in London eben einer kritischen Prüfung unterzogen wurde. Der britische Premierminister war Vorsitzender eines Kabinettsausschusses über Commonwealth-Beziehungen, der 1947 mit dem Auftrag eingesetzt wurde, eine
Formulierung zu finden, die es »der größtmöglichen Zahl unabhängiger Einheiten ermöglichte, ohne übertriebene Einheitlichkeit in ihren inneren Verfassungen, dem Commonwealth
anzugehören«. Bis zum März 1948 waren, wie der Biograph
König Georgs VI. berichtet (23), alle Bemühungen auf Versuche gerichtet, irgendeine Form der Beziehung über die Krone
zu entwerfen; aber danach wurden andere, weniger einengende Möglichkeiten, einschließlich der Errichtung eines
»Commonwealth Britischer und Angeschlossener Staaten«,
untersucht. Im Januar 1949, nachdem es eine beträchtliche
Diskussion in der Öffentlichkeit gegeben hatte und einige
Monate nachdem die Gesetzesvorlage über die Republik Irland im irischen Parlament (*Dáil*) eingebracht worden war,
veröffentlichte der Untersuchungsausschuß über Commonwealth-Beziehungen eine Denkschrift, die, wie man sich wohl
denken kann, mit großem Interesse vom König gelesen
wurde. Sein Privatsekretär, Sir Alan Lascelles, faßte den
Punkt, der zur Entscheidung stand, in folgenden Worten zusammen: ».... Wir sind an der Wegkreuzung angelangt. Folgen wir einer Abzweigung, dann sagen wir Indien, daß es
gehen muß, wenn es nicht einverstanden ist, der Krone Untertanentreue zu zollen. Dann wird es gehen — mit den Folgen, die jedermann voraussehen kann.
Folgen wir der anderen Abzweigung, dann stimmen wir
dem Grundsatz einer ›engeren und weiteren‹ Mitgliedschaft im Commonwealth zu: Wir geben zu, daß der Balfour-
Bericht berichtigt werden muß; daß die ›allen gemeinsame
Untertanentreue zur Krone‹ nicht mehr die unabdingbare

Voraussetzung der Mitgliedschaft ist; daß es möglich ist, daß
Staaten, die die Krone nicht anerkennen, mit anderen Worten Republiken, sich der Mitgliedschaft mit allen ihren politischen und wirtschaftlichen Vorteilen erfreuen . . .« (24)
So ausgedrückt erschien die Mitgliedschaft von Republiken
zweifellos etwas beunruhigend. Aber Lascelles erinnerte den
König auch an eine Warnung Mackenzie Kings des Inhalts,
daß jeder Versuch, eine »Verbindung« zwischen einem republikanischen Indien und der Krone zu finden, »unvermeidlich
dazu führen« würde, »die Stellung und die Funktionen des
Souveräns zum Gegenstand der heftigsten politischen Auseinandersetzungen nicht nur in Indien selbst, sondern in der
ganzen Welt zu machen«. Am 17. Februar 1949, nachdem er
die Denkschriften der »Zehn Punkte« und der »Acht Punkte«
des indischen Premierministers geprüft hatte, unterbreitete
Attlee selbst dem König eine Stellungnahme, in der er zugab,
daß es für ihn immer schwierig gewesen sei, irgendeine andere
zufriedenstellende Verknüpfung des Commonwealth zu entdecken als die der Untertanentreue zur Krone, und daß er
infolgedessen nicht einsehen könne, »wie eine Republik aufgenommen werden kann«. Gleichzeitig war er von dem
Wunsch Indiens beeindruckt, Mitglied zu bleiben, und von
den nachdrücklich vertretenen Ansichten vor allem Australiens und Neuseelands, daß Indien dazu in die Lage versetzt
werden sollte. Überdies, sollte Indiens Bitte abgelehnt werden,
würde es wahrscheinlich an die Spitze einer europafeindlichen
asiatischen Bewegung treten, während, wenn es blieb, »es
die großartige Möglichkeit gibt, in Südostasien etwas Ähnliches wie die Westeuropäische Union aufzubauen«. Was die
verfassungsrechtliche Seite betraf, so glaubte der Premierminister, es sei eine offene Frage, ob die Zulassung einer Republik zur Ausbreitung der republikanischen Staatsform führen

würde oder ob die Beharrung auf der Untertanentreue als
notwendige Bindung nicht zum Austritt anderer Commonwealth-Staaten führen könnte. Nur eine Commonwealth-
Konferenz, schloß er, könne entscheiden, und es sei unmöglich
vorauszusagen, »welche Entscheidung von der Konferenz getroffen werden wird«. Aber einige Tage später hatte der Premierminister selbst entschieden, daß die politischen Vorteile
einer Mitgliedschaft Indiens groß genug waren, um die Anpassung des Commonwealth zu rechtfertigen, einen republikanischen, der Krone keine Untertanentreue schuldenden Staat
einzubeziehen. Das Kabinett erklärte sich am 3. März mit
dieser Entscheidung einverstanden (25).

Die Premierminister des Commonwealth, einschließlich jener
der drei neuen asiatischen Dominien, trafen sich im April
1949 in London wieder, um die Frage zu entscheiden. Attlee,
mit seinem langjährigen Interesse an Indien und seinem Vertrauen in die Zukunft des Commonwealth, hatte für ausführliche vorhergehende Beratungen auf der Grundlage eines persönlichen und brieflichen Gedankenaustausches schon vor dem
Treffen der Premierminister Vorsorge getroffen, und als Ergebnis seiner Voraussicht und der Vorarbeiten wurde in der
kurzen Zeit von sechs Tagen Übereinstimmung erzielt. Der
Wortlaut der zum Abschluß des Treffens veröffentlichten Verlautbarung erklärt deren Inhalt: »Während der vergangenen Woche haben sich die Premierminister des Vereinigten
Königreichs, Australiens, Neuseelands, Südafrikas, Indiens,
Pakistans und Ceylons und der kanadische Außenminister
zum Meinungsaustausch über die wichtigen verfassungsrechtlichen Fragen versammelt, die sich aus der Entscheidung Indiens ergeben, eine republikanische Form der Verfassung anzunehmen, und auch seinem Wunsch, seine Mitgliedschaft im
Commonwealth fortzusetzen.

Die Besprechungen haben sich mit den Auswirkungen einer derartigen Entwicklung auf den bestehenden Aufbau des Commonwealth und auf die verfassungsrechtlichen Beziehungen seiner Mitglieder zueinander befaßt. Sie sind in einer Atmosphäre des guten Willens und des gegenseitigen Verständnisses geführt worden und haben als historischen Hintergrund die Fähigkeit des Commonwealth gehabt, die Einheitlichkeit seiner Zielsetzung zu stärken, während es seine Organisation und seine Verfahrensweisen den sich wandelnden Umständen anpaßt.

Nach eingehenden Besprechungen sind die Vertreter der Regierungen aller Commonwealth-Länder übereingekommen, daß die getroffenen Entscheidungen in folgender Erklärung festgehalten werden sollen: Die Regierungen des Vereinigten Königreichs, Kanadas, Australiens, Neuseelands, Südafrikas, Indiens, Pakistans und Ceylons, deren Länder als Mitglieder des Britischen Commonwealth der Nationen vereint sind und der Krone gemeinsame Untertanentreue schulden, die auch das Sinnbild ihres freiwilligen Zusammenschlusses ist, haben die bevorstehenden verfassungsrechtlichen Veränderungen in Indien erwogen.

Die Regierung Indiens hat die anderen Regierungen des Commonwealth von der Absicht des indischen Volkes in Kenntnis gesetzt, daß unter der neuen Verfassung, deren Verabschiedung unmittelbar bevorsteht, Indien eine souveräne, unabhängige Republik werden wird. Die Regierung Indiens hat jedoch Indiens Wunsch erklärt und bekräftigt, seine vollgültige Mitgliedschaft im Commonwealth der Nationen fortzusetzen, und seine Anerkennung des Königs als Sinnbild des freiwilligen Zusammenschlusses seiner unabhängigen Mitgliedsnationen und in dieser Eigenschaft als Oberhaupt des Commonwealth. Die Regierungen der anderen Länder des Commonwealth billigen die Fortdauer der Mitgliedschaft Indiens und erkennen sie in Übereinstimmung mit dem Wortlaut dieser Erklärung an, ohne daß die Grundlage ihrer eigenen Mitgliedschaft im Commonwealth hierdurch verändert wird.

Infolgedessen erklären das Vereinigte Königreich, Kanada, Australien, Neuseeland, Südafrika, Indien, Pakistan und Ceylon hiermit, daß sie als freie und gleichberechtigte Mitglieder des Commonwealth der Nationen vereint bleiben, die freiwillig im Streben nach Frieden, Freiheit und Fortschritt zusammenarbeiten.

Diese verfassungsrechtlichen Fragen sind der einzige Gegenstand der Besprechung bei den Vollsitzungen der Premierminister gewesen.«

Die getroffene Regelung war, wie man bemerken wird, auf einen bestimmten Fall bezogen, nicht allgemein. Es gab keine Entscheidung, daß eine Republik als solche ein vollgültiges Mitglied des Commonwealth sein konnte. Die Konferenz stellte einfach fest, daß, wenn Indien gemäß seiner neuen Verfassung eine souveräne unabhängige Republik werden würde, es in Übereinstimmung mit seinen eigenen Wünschen ein vollgültiges Mitglied des Commonwealth bleiben und den König als Sinnbild des freiwilligen Zusammenschlusses seiner unabhängigen Mitgliedsnationen und in dieser Eigenschaft als Oberhaupt des Commonwealth anerkennen würde. Die Indische Republik schuldete daher der Krone keine Untertanentreue, und der König hatte keinen Platz in ihrer Regierung. In dieser Hinsicht bedeutete die Regelung einen Bruch mit der in der Präambel des Statuts von Westminster niedergelegten Lehre, in der erklärt wurde, die Mitglieder des Commonwealth seien »durch gemeinsame Untertanentreue zur Krone vereint«. Die republikanische Staatsform, in der Vergangenheit gleichbedeutend mit Ausscheiden, wurde nun als verein-

bar mit der vollgültigen Mitgliedschaft angenommen. Es ist
behauptet worden, daß sich diese Vereinbarkeit nur auf den
Fall Indiens erstreckte und daß eine einzelne Ausnahme keine
neue Kategorie schuf und die allgemeinen Bedingungen der
Mitgliedschaft im Commonwealth nicht änderte. 1955 und
1956 kam man jedoch überein, daß Pakistan und Ceylon ihre
Mitgliedschaft auf der gleichen Grundlage beibehalten sollten,
und daraufhin entschied sich die Mehrheit der afrikanischen
Commonwealth-Staaten, den gleichen Weg einzuschlagen.
Die indische verfassungsrechtliche Regelung war nicht wegen
ihrer metaphysischen Feinheiten wichtig, sondern weil sie viel
dazu beitrug, verfassungsrechtliche Formen mit der politischen
Wirklichkeit in Einklang zu bringen. In den Dominien, und
insbesondere in den älteren Dominien von vorwiegend britischer Herkunft, war die Treue zur Krone eine starke, einigende Kraft gewesen. Für sie alle blieb die verfassungsrechtliche
Stellung unverändert. Aber die anderen Traditionen und die
völlig andere Geschichte Indiens verlangten nach einer anderen Symbolik, die mit der Zustimmung aller seiner Partner im
April 1949 als vereinbar mit der Mitgliedschaft im Commonwealth angenommen wurde.
In Delhi pflichtete die Verfassunggebende Versammlung mit
nur einer Gegenstimme der in London erzielten Regelung bei.
Das gab die Meinungsunterschiede in Indien nicht genau wieder; denn die Regelung wurde von den Sozialisten wie von
den Kommunisten kritisiert, sowohl damals als auch später,
als die ersten allgemeinen Wahlen in Indien in den Jahren
1951 und 1952 durchgeführt wurden. Dennoch war die allseitige Genugtuung über die erzielte Lösung unverkennbar.
Nach welchem Maßstab sie auch beurteilt werden mag, diese
freundliche Aufnahme war ein auffallender Beweis für die
Anpassungsfähigkeit und fortdauernde Lebensfähigkeit der

Commonwealth-Idee. Pandit Nehrus sorgfältig ausgewogene Sprache trug einiges zu ihrer Erklärung bei. »Offensichtlich treten wir dem Commonwealth bei«, sagte er vor der Verfassunggebenden Versammlung, »weil wir glauben, daß es für uns und für bestimmte Anliegen in der Welt, die wir voranzutreiben wünschen, vorteilhaft ist. Die anderen Länder des Commonwealth wollen, daß wir bleiben, weil sie glauben, daß es für sie vorteilhaft ist ... In der Welt von heute, in der so viele zerstörenden Kräfte am Werk sind, in der wir oft am Rand des Krieges stehen, ist es, glaube ich, keine sichere Sache, die Auflösung irgendeiner bestehenden Verbindung zu fördern, ... es ist besser, eine Verbindung der Zusammenarbeit, die in dieser Welt Gutes tun kann, zu erhalten statt sie zu zerstören.« Er gab zu, daß er »ein schlechter Unterhändler« sei, daß er nicht mit den »Bräuchen des Marktplatzes« vertraut sei und daß er in London geglaubt habe, es sei »weitaus wertvoller, in freundschaftlichem Einvernehmen und gegenseitigem guten Willen eine Entscheidung zu erzielen, als ein Wort hier oder da auf Kosten des guten Willens zu erreichen« (26). Es gab ein gegenseitiges und wesentliches Interesse an einer solchen Regelung, auf britischer Seite am Handel, an der Investition und der Sicherheit, auf indischer Seite an der Stabilität, der Entwicklungshilfe und als Gegengewicht zu Pakistan. Aber abgesehen von diesen Interessen, gab es darüber hinaus Großzügigkeit auf indischer Seite, der die Premierminister des Commonwealth mit einsichtigem Verständnis entgegenkamen. Zwei Männern — Jawaharlal Nehru und Clement Attlee — gebührt das hauptsächliche Verdienst für die Regelung. In den frühen fünfziger Jahren, trotz der Unterschiede in der Haltung der jüngeren und älteren Mitglieder gegenüber der weltpolitischen Lage, folgten einige kurze und im Rückblick goldene Jahre der Zuversicht hinsichtlich eines vielrassigen Commonwealth und seines möglichen Beitrags zum gegenseitigen Verständnis in der Welt.

Die Regelung von 1949 änderte die Stellung der Krone im Commonwealth. Die Zeit der möglicherweise selbstzerstörerischen Unnachgiebigkeit in dieser Streitfrage war beendet, obwohl die Frage aufgeworfen werden kann, in Anbetracht des Ausscheidens Birmas und Irlands und der kritischen Debatte über die republikanische Mitgliedschaft Indiens, ob es nicht einen Mangel an Voraussicht gegeben hatte, indem man nicht früher die Bedeutung der zentralen Stellung der Krone im Commonwealth des Statuts von Westminster für voraussichtliche Nachkriegsprobleme und nicht zuletzt für eine mögliche nichteuropäische Mitgliedschaft im Commonwealth erwogen hatte. Auf jeden Fall konnte die Krone nach 1949 nicht mehr mit Baldwin als das »einzige Band« bezeichnet werden. Es gab nicht mehr gemeinsame Untertanentreue als Vorbedingung der Mitgliedschaft, sondern nur sozusagen als Wahlmöglichkeit. Das Ergebnis der freien verfassungsrechtlichen Wahl war eine Verschiedenheit verfassungsrechtlicher Beziehungen, die sich 1953 in der Vielzahl der Titel niederschlug, mit denen Königin Elizabeth II. bei ihrer Krönung ausgestattet wurde. Lediglich der neueste Titel, »Oberhaupt des Commonwealth«, war allen gemeinsam. Mit der Zeit wurde er für die Mehrheit der Commonwealth-Staaten die einzige formale Anerkennung der Stellung der Krone. Das war hauptsächlich deswegen, weil eine unmittelbare Beziehung in der Form der Untertanentreue für unabhängige Staaten mit einer nichtbritischen Bevölkerung nicht angemessen schien, aber auch weil das monarchische System nach britischem Vorbild eine dem Parlament verantwortliche Exekutive voraussetzte. Da in den darauffolgenden Jahren der Brauch in Afrika und anderswo fortgesetzt wurde, die Macht zunächst wie in Indien einer nachfolgenden Staatsautorität mit monarchischer Form zu übertragen, folgte der Unabhängigkeit meist nach einem Zeitraum von einem oder mehreren Jahren die Ausrufung einer Republik, die mit der ausdrücklichen Zustimmung der Premierminister des Commonwealth im Verband des Commonwealth verblieb. Das diente als weiterer Anlaß für nationale Feiertage, war aber kaum der Erhöhung der Würde der Krone im Commonwealth zuträglich.

Ein afrikanisches Beispiel mag genügen, um den Vorgang zu veranschaulichen und um einige der Ursachen anzudeuten, die ihm zugrunde lagen. Im März 1961 bestätigte die Regierung Tanganjikas ihre Absicht, um die Mitgliedschaft im Commonwealth nachzusuchen, und dem stimmten später die bestehenden Mitglieder des Commonwealth zu. Tanganjikas Mitgliedschaft war zunächst monarchisch in der Form. Nach erneuter Überlegung wurde indessen entschieden, daß das Land ein Jahr nach der Unabhängigkeit, nämlich am 9. Dezember 1962, eine Republik werden sollte. Die Gründe wurden in einem vermutlich von Julius Nyerere, dem Führer der stärksten nationalen Partei, entworfenen Weißbuch dargelegt: »Am 9. Dezember 1961 wurden wir — urplötzlich — eine Monarchie. Durch die Entscheidung, im Commonwealth zu verbleiben, ohne sofortige Vorkehrung für die Einführung einer republikanischen Regierungsform zu treffen, folgten wir unwillkürlich dem von anderen nichtrepublikanischen Ländern aufgestellten Präzedenzfall. Die Königin, als Oberhaupt des Commonwealth und Souverän seiner verschiedenen Mitgliedsländer, wurde unser Souverän . . .

Diese unmittelbare Verbindung Tanganjikas mit der britischen Monarchie war etwas ganz Neues; denn bis zum 9. Dezember war die Verbindung nur mittelbar. Als die britische Regierung am Ende des Ersten Weltkriegs die Verantwortung

für die Verwaltung Tanganjikas übernahm, war es nicht als
Kolonie oder als Schutzgebiet, sondern kraft des Großbritannien
nien vom Völkerbund übertragenen Mandats. Solange das
Mandat und das Treuhandsystem andauerte, war Tanganjika
nicht ein Teil des Herrschaftsgebiets Ihrer Majestät, und die
Beziehung zwischen der Bevölkerung Tanganjikas und der
Krone war eine mittelbare Beziehung, die von der Stellung
des Monarchen als Staatsoberhaupt in dem mit der Aufgabe
der Verwaltung des Gebiets beauftragten Land abhing. Für
Tanganjika ist daher die britische Monarchie immer eine fremde
de Einrichtung gewesen.« (27)
Die Unabhängigkeit, fuhr das Weißbuch fort, habe das Gefühl
der Entfremdung vergrößert. Tanganjika sollte daher eine
eigenständige republikanische Regierungsform haben. Diese
war mit der Mitgliedschaft im Commonwealth vereinbar, und
diese Mitgliedschaft war nach Ansicht des Premierministers
Kawawa ein Band, »das zu erhalten sehr wichtig ist«. Warum?
um? Weil »wir, ob wir es mögen oder nicht, etwas Gemeinsames
sames haben und einander verstehen«. Und auch weil das
Commonwealth ein besseres gegenseitiges Verständnis in der
Welt fördere: »Wenn wir ein Mittel zum gegenseitigen Verständnis
ständnis auflösen, tun wir, glaube ich, der Welt keinen guten
Dienst.« (28)
Bei der Mitgliedschaft von Republiken im Commonwealth
folgte man daher dem indischen Präzedenzfall. Aber im Unterschied
terschied zu Indien enthielt die Veränderung in Tanganjika
mehr als die Preisgabe eines fremden und die Annahme eines
einheimischen Symbols nationaler Einheit. Sowohl der Inhalt
als auch die Form der Regierung waren strittig. Auch das
wurde im Weißbuch klargestellt. »Allgemein gesprochen«,
lautete es, »gibt es zwei Arten einer Republik. Es gibt Republiken
bliken, in denen das Staatsoberhaupt die gleiche verfassungs-

rechtliche Stellung innehat wie ein konstitutioneller Monarch: Seine Stellung ist größtenteils zeremoniell und formal. Es ist das ›Westminster-Modell‹. Außer in sehr ungewöhnlichen Umständen handelt er nur auf Rat des Premierministers oder des Kabinetts, die die eigentliche Regierung darstellen. Diese Trennung zwischen formaler Autorität und wirklicher Autorität kann in Ländern verstanden werden, wo sie als Ergebnis historischer Entwicklung zustande gekommen ist ... Eine derartige Trennung ist jedoch unserer Überlieferung vollkommen fremd. Die einem Häuptling oder einem König oder — in einer Republik — einem Präsidenten entgegengebrachte Ehrerbietung und Achtung sind Kräfte, die von der Macht, die er ausübt, nicht zu unterscheiden sind.

Die andere Art der Republik ist die, in der der Präsident der Republik sowohl Staatsoberhaupt als auch Oberhaupt der Regierung ist. Er ist ein Ministerpräsident mit Exekutivgewalt. Diese Art ist es, die die Regierung vorschlägt.« Die Vorliebe für das Modell der amerikanischen Präsidialverfassung im Unterschied zu dem parlamentarischen von Westminster konnte daher, wie im Fall Tanganjikas, eine Bedeutung für die herzustellende Beziehung zur Krone und für die Form der Mitgliedschaft im Commonwealth haben.

ZWEITES KAPITEL

Der Höhepunkt des Commonwealth
und der Beginn der Desillusionierung

DIE LETZTE STUFE in der Umwandlung des britischen Weltreichs in ein Commonwealth der Nationen war das Ergebnis
teils der Überzeugung, teils der Erfahrung und vielleicht zum
größten Teil der Umstände. Großbritannien und die Dominien standen in beiden Weltkriegen Seite an Seite, vom Ausbruch bis zum siegreichen Ende. Ihre Gesamtbeteiligung an
ihnen war länger als die irgendeines anderen Landes auf beiden Seiten (1). Die Dominien waren aus eigener freier Wahl
in den Zweiten Weltkrieg eingetreten. Ein Jahr lang hatten
sie, nach der nicht ganz zutreffenden Redewendung Churchills, »allein gestanden«, und sie hatten ihren Beitrag auf
jedem Kriegsschauplatz geleistet, vom Mittelmeer und Westeuropa bis nach Südostasien und dem Pazifik. Den Völkern
Großbritanniens und der Dominien schien es, als habe ihr
Versuch eines freien und gleichberechtigten Zusammenschlusses eine denkwürdige Rechtfertigung erfahren. Aber im Kolonialreich war es ganz anders. Es ging, trotz der Beweise eines
neuen sozialen Bewußtseins, wie sie in den Gesetzen über
koloniale Entwicklung und Wohlfahrt und vor allem in dem
in schöpferischer Voraussicht im Sommer 1940 verabschiedeten Gesetz verkörpert waren, mit beflecktem Ansehen und
selbst entehrt aus dem Zweiten Weltkrieg hervor. Das lag unmittelbar an dem Zusammenbruch Südostasiens vor dem An-

sturm der Japaner und vor allem an dem Verlust Singapurs, der größten Demütigung für die britischen Waffen in neuerer Zeit. Im belagerten Großbritannien während des Krieges deutete man die Auflösung des westlichen Kolonialismus in Asien nicht im Sinn verfehlter Strategie, unzureichender militärischer Vorbereitungen, ungenügender Zuteilung militärischer Mittel und dringend benötigter Luftkriegsunterstützung, sondern eher vor dem Hintergrund leichtlebiger, Gin trinkender, demoralisierter Kolonialisten, die den Romanen Somerset Maughams oder den lächerlichen Überheblichkeiten in Noël Cowards *Mad Dogs and Englishmen* entnommen waren. Auf längere Sicht kann man annehmen, wie A. J. P. Taylor am Ende seiner *Englischen Geschichte 1914–1945* bemerkt, daß »überkommene Werte« während des Kriegs »viel an Kraft einbüßten. Andere Werte nahmen ihren Platz ein. Die Größe des Reichs schwand dahin; der Wohlfahrtsstaat begann.« (2) Aber es war das »Reich« in seinem begrenzten Sinn, das im Schwinden begriffen war. Es war die schwindende Bedeutung des abhängigen Reichs und das vermehrte Gewicht der freien Dominien, die sich zur selben Zeit verbanden, um einen alten Glauben an das Reich zu zerstören und einen neuen an das Commonwealth hervorzubringen.

Zu einer weithin geteilten Überzeugung und den Erfahrungen des Kriegs kamen die Umstände der Nachkriegswelt. Diese Welt wurde von zwei Großmächten beherrscht, die beide antikolonialistisch eingestellt waren. Die Geisteshaltung und die Vorstellungen hinter dem russischen und amerikanischen Antikolonialismus waren sehr verschieden. Aber was nach 1945 ins Gewicht fiel, war ihre gemeinsame Abneigung gegen die Kolonialherrschaft. Das ermutigte sogleich den Antikolonialismus unterworfener Völker, verminderte die Fähigkeit und möglicherweise auch den Willen der westlichen Groß-

mächte einschließlich Großbritanniens, dem zu widerstehen, was der Lauf der Geschichte zu sein schien. Aber hier wurde wieder, zumindest in den Vereinigten Staaten, zunehmend zwischen dem Britischen Commonwealth und dem Britischen Weltreich unterschieden. Immerhin war der nördliche Nachbar der Vereinigten Staaten das älteste Dominion und mit Großbritannien Gründungsmitglied des Commonwealth der Nationen. Kein vernünftiger Amerikaner, obwohl das zugegebenermaßen nicht für alle Amerikaner zutraf, glaubte noch, daß Kanada, das eine so bemerkenswerte Rolle im Krieg gespielt hatte und das unter der Führung Mackenzie Kings so bestimmt und trotzdem wohlüberlegt seine Selbständigkeit unterstrichen hatte, ein politisch von Großbritannien abhängiges Gebiet war. Selbst in der UdSSR und später sogar in China nahm man das Commonwealth zur Kenntnis als etwas, das sich von dem Überbleibsel eines Reichs unterschied. An sich betrachtet, neigten daher die durch das neue Gleichgewicht der Kräfte in der Welt bedingten äußeren Umstände dazu, den Fortschritt des Commonwealth zu fördern in fast dem gleichen Maß, in dem sie auf die Auflösung des Reichs drängten. Was noch zu prüfen übrigblieb, war die Meinung der bisher unterworfenen Völker. Daß sie antiimperialistisch waren, wurde nicht mehr ernsthaft bezweifelt. Aber waren sie bereit, selbst zwischen Reich und Commonwealth zu unterscheiden und die Mitgliedschaft in einer Gemeinschaft von Staaten in Erwägung zu ziehen, die historisch aus dem Reich erwachsen war, oder würden die Erinnerungen an Eroberung oder das Bewußtsein der Ausbeutung in der Vergangenheit, verstärkt durch den wachsenden asiatischen und afrikanischen Nationalismus, sie zu einer Unabhängigkeit jenseits der Grenzen dieser Gemeinschaft fortreißen?
Die indische Unabhängigkeit und Mitgliedschaft im Common-

wealth, verstärkt durch diejenige Pakistans und Ceylons, lieferte die erste entscheidende Formulierung einer Antwort, und zwar aus der angesehensten aller Quellen. Das Bild des Commonwealth erschien dadurch in neuem Glanz in den Augen asiatischer, afrikanischer und auch anderer kolonialer nationalistischer Führer wie auch in denen der bisher wenig begeisterten oder gewöhnlich skeptischen linksstehenden Progressiven in Großbritannien und in den älteren Dominien. Das Zeitalter von Smuts und King ging zu Ende, und an ihre Stelle trat allmählich Jawaharlal Nehru, antifaschistisch, antiimperialistisch, rationalistisch, nationalistisch und internationalistisch, eine würdige Figur, mit Ansichten, die für einen ungewöhnlich weiten Bereich der Meinungen in einer neuen, vielrassigen Gesellschaft von Nationen bestimmend waren. Aber es bedurfte mehr als der persönlichen Anziehungskraft oder der neuentdeckten Begeisterung für eine vielrassige Gemeinschaft, um ein wirksames Fortbestehen oder auch nur ein Überleben zu sichern. Das neue vergrößerte Commonwealth, eurasisch in seiner Mitgliedschaft in dem Jahrzehnt 1947 bis 1957, mußte erst, trotz des gegensätzlichen Zerrens und Drängens der übrigen Welt auf seine Mitglieder, seine Fähigkeit zusammenzuhalten unter Beweis stellen, gerade als seine Mitgliedstaaten versuchten, mit den Gegebenheiten ihrer eigenen Beziehungen ins reine zu kommen. Was am meisten benötigt wurde, war Zeit, um die nationalen Empfindlichkeiten zu lindern und um eine annehmbare Form der Verbindung auszuarbeiten, die auf Gleichberechtigung und Anerkennung der gegenseitigen Abhängigkeit gegründet war. Doch an Zeit mangelte es in der Welt nach dem Krieg sehr.

Das Commonwealth genügte sich in keiner Weise selbst; seine Mitgliedstaaten waren weder in der Lage, ihre eigenen Nachkriegsprobleme zu vernachlässigen noch sie aufzuschieben, bis

eine einheitliche Meinung im Commonwealth darüber zu erkennen war. Großbritannien und Kanada mußten ihre Beziehungen zu Europa und zu der im Entstehen begriffenen atlantischen Staatengemeinschaft bestimmen; Australien und Neuseeland mußten im Licht ihrer Kriegserfahrungen über ihre
zukünftige Beziehung zu den Vereinigten Staaten entscheiden; die asiatischen Mitglieder mußten zum erstenmal eine
regionale und internationale Politik formulieren, die für die
nationalistischen, antikolonialistischen Gefühle ihrer Völker
annehmbar war und gleichzeitig mit ihren nationalen politischen und insbesondere wirtschaftlichen Interessen im Einklang
stand. Die Verfolgung derartig verschiedener und zeitweilig
widersprüchlicher Ziele im Rahmen des Commonwealth war
ein Beweis für die Anpassungsfähigkeit seines dezentralisierten Systems der Zusammenarbeit durch gegenseitige Beratung.
Hierauf wurde von den Regierungen und ihren Beamten großer Wert gelegt. Was indessen in den frühen Jahren dieses
neuen Commonwealth-Experiments meist übersehen wurde,
war die Tatsache, daß es in der Praxis eine Grenze für eine
derartige Anpassungsfähigkeit geben mußte, selbst wenn sie
keiner theoretischen Bestimmung zugänglich war, über die
hinaus ein sinnvolles Fortbestehen des Commonwealth für
seine Mitgliedsstaaten aufhörte. Jener Grenze zwischen dem
Sein und dem Nichtsein näherte man sich in der internationalen Politik und der Rassenpolitik in den beiden Nachkriegs-
jahrzehnten, in denen, so widersprüchlich es auch scheinen
mag, die Idee des Commonwealth Inhalt und Gehalt hinsichtlich gesellschaftlicher, wirtschaftlicher und bildungspoliti-
scher Zusammenarbeit erwarb, wie sie sie nie zuvor besessen
hatte.

In den ersten Nachkriegsjahren wurde das Denken im Commonwealth von den Problemen der regionalen Sicherheit, der

internationalen Bündnisse und des Kalten Kriegs beherrscht.
Schon 1943 hatte sich Smuts darüber Gedanken gemacht, wie
das Commonwealth durch Verbindung mit den freien Völkern der westeuropäischen Küste zur Stabilität in Europa und
der Welt beitragen könnte (3). In der Form, in der er sie vor-
trug, wurden diese Gedanken nicht verwirklicht. Smuts dachte
an eine Verbindung gleichgesinnter Staaten Westeuropas und
des Commonwealth, die zusammen eine dritte Kraft bilden
würden, die das Gleichgewicht zwischen der UdSSR im Osten
und den Vereinigten Staaten im Westen halten würde, während die Gruppierung, die schließlich entstand, regional war,
wodurch unwillkürlich die überseeischen Mitglieder des Commonwealth aus der Mitgliedschaft in ihr ausgeschlossen wurden und ihr Gewicht in der Waagschale der Macht vermindert
wurde. Dennoch waren die überseeischen Commonwealth-
Mitglieder während der frühen und größtenteils auf Verteidigung gerichteten Stadien der Entstehung der Westeuropäischen Union besorgt um die Absichten und die Zusammensetzung und vor allem um die Rolle Großbritanniens innerhalb der Westeuropäischen Union, was sie angesichts der jüngsten Geschichte auch sein mußten.
Die strategischen Verpflichtungen, die das Vereinigte Königreich in Westeuropa nach dem Krieg vor allem im Fünf-
Mächte-Pakt von Brüssel vom März 1948 einging, waren im
allgemeinen den Regierungen der älteren Dominien aufgrund
des gemeinsamen Interesses an der militärischen Sicherheit
des Bündnisgebiets willkommen. Nach bestehendem Brauch
wurde der Vertrag selbst von keinem der Dominien unterschrieben, aber es gab in der Bereitschaft Kanadas, als Mitglied an
der Arbeit des in London eingerichteten ständigen militärischen Rates nach den Bestimmungen des Vertrags mitzuarbei-
ten, Anzeichen für ein entscheidendes Abweichen von den

Präzedenzfällen der Vorkriegszeit. Es existierten tatsächlich in politischer, nicht in militärischer und noch weniger in wirtschaftlicher Hinsicht Bedenken der Dominien über die mögliche und fortschreitende Eingliederung des Vereinigten Königreichs in eine rein europäische Gruppierung. Vor allem in Australien und Neuseeland spürte man schon zu diesem frühen Zeitpunkt, daß, je enger sich Großbritannien Europa näherte, um so weiter es sich notwendigerweise vom Commonwealth entfernen mußte, mit der Folge, daß seine Mittel nicht ausreichten, um seine Stellung in der überseeischen Welt und insbesondere östlich von Suez aufrechtzuerhalten. Um diese Bedenken zu zerstreuen, betonte Attlee im Mai 1948, daß die Regierung des Vereinigten Königreichs hinsichtlich der Entwicklung in Westeuropa »in engster Verbindung mit den anderen Ländern des Commonwealth...« geblieben sei, »... und wir nehmen sehr große Rücksicht auf ihre Ansichten... Ich wurde durch die Andeutung beunruhigt..., daß wir uns irgendwie enger an Europa anschließen würden als an unser Commonwealth. Die Nationen des Commonwealth sind unsere engsten Freunde. Während ich mich so eng wie möglich mit den anderen Nationen verbinden möchte, müssen wir uns daran erinnern, daß wir nicht ausschließlich eine europäische Macht sind, sondern Mitglied eines großen Commonwealth und eines Reichs...« (4) Für das überseeische Commonwealth waren diese Worte beruhigend; und auf dem Treffen der Außenminister des Commonwealth in Colombo 1950 wurde ausdrücklich festgestellt, daß »es keinen Widerspruch zwischen der von der Regierung des Vereinigten Königreichs verfolgten Politik in bezug auf Westeuropa und der Erhaltung der überkommenen Bindungen zwischen dem Vereinigten Königreich und dem übrigen Commonwealth zu geben braucht...« (5). Größere und für das Commonwealth entzweiendere Fragen wurden indessen durch die Ausweitung der militärischen Bündnisse außerhalb Europas aufgeworfen.

Britisch-amerikanische Übereinstimmung in den großen Fragen der Außenpolitik war schon lange als ein Hauptziel der kanadischen Politik anerkannt worden. Sie erhielt im Nordatlantikpakt 1949, den die Vereinigten Staaten, Großbritannien und Kanada unterschrieben, ihre formale Erfüllung. Der Vertrag kennzeichnete den Beginn einer neuen Phase in den außenpolitischen Vorstellungen Kanadas und, wie sich zeigen sollte, auch in denen des Commonwealth. Die zielbewußte kanadische Rolle in den Verhandlungen und die darauffolgende kanadische Unterschrift unter dem Vertrag deuteten auf eine entscheidende Abwendung von der kanadischen und in der Tat von der allgemeinen Abneigung der Dominien, bestimmte Verpflichtungen zu übernehmen, die ein so ausgesprochenes Merkmal ihrer Politik zwischen den Kriegen gewesen war. Im kanadischen Fall trieben zwei Ursachen zu diesem entscheidenden Bruch mit der Vergangenheit. Die erste, schon erwähnte Ursache war das gemeinsame britisch-amerikanische Vorgehen. Die zweite war Erfahrung. »Wir müssen«, sagte 1948 Louis St. Laurent, der Staatssekretär für auswärtige Angelegenheiten, »auf jeden Fall die tödliche Wiederholung der Geschichte der Vorkriegsjahre vermeiden, als die Nazi-Aggressoren ihre Opfer eines nach dem anderen erledigten. Ein derartiger Vorgang wird nicht am Atlantik stehenbleiben.«(6)

Er kam auch am Pazifik nicht zum Stehen. Angeregt durch die lebhaften Erinnerungen daran, wie die Seemacht der Vereinigten Staaten den drohenden japanischen Einfall durch die entscheidenden Siege bei Midway und im Korallenmeer abgewendet hatte, folgten Australien und Neuseeland 1951 dem kanadischen Vorbild und unterzeichneten ein Pazifisches Sicherheitsabkommen mit den Vereinigten Staaten. Es war der erste Vertrag mit einem fremden Land, den die beiden pazifischen Dominien unterschrieben, und da Großbritannien zum Verdruß Churchills daran nicht beteiligt war, bedeutete der Vertrag in der Tat die künftige militärische Abhängigkeit dieser beiden Mitglieder des Commonwealth von den Vereinigten Staaten in derselben Weise, wie der Nordatlantikpakt die Abhängigkeit Kanadas und Großbritanniens selbst von der amerikanischen Macht angezeigt hatte. Für Australien und insbesondere für Neuseeland weit draußen am Ende der Verbindungslinien bedeutete der Vertrag einen Sieg des strategischen Realismus über tiefe, gefühlsmäßige Bindungen. Er führte unmittelbar zur Verbindung Australiens und Neuseelands mit der Politik der Vereinigten Staaten im Fernen Osten und in Südostasien, die 1967 ihren zeitweiligen Höhepunkt in der australischen Beteiligung am Krieg in Vietnam in Divisionsstärke an der Seite der Vereinigten Staaten erreichte, während Großbritannien und die anderen Mitglieder des Commonwealth neutral blieben und zum größten Teil kritischen Abstand wahrten.

1954 wurde das Netz der Regionalbündnisse mit der umstrittenen Schaffung der Südostasiatischen Bündnisorganisation aufgrund des Manila-Pakts auf Südostasien ausgedehnt. Dieser Vertrag unterstrich nicht die Einheit des Commonwealth, sondern die Zwietracht im Commonwealth. Großbritannien, Australien und Neuseeland waren Unterzeichner, ebenfalls Pakistan, aber nicht Indien und Ceylon. Nehru wurde durch den Vertrag verärgert. Sein Hauptgrund zur Klage war, daß wesentliche Entscheidungen über Asien ohne Zustimmung der hauptsächlich davon betroffenen asiatischen Staaten gefällt wurden. »Asiatische Probleme, asiatische Sicherheit und asiatischer Friede«, klagte er im September 1954, »werden nicht nur besprochen, sondern in bezug auf sie werden hauptsächlich von nichtasiatischen Ländern Schritte unternommen und Verträge geschlossen.« »Unsere ehrenwerten Mitglieder mögen sich an die alten Tage erinnern . . .«, sagte er dem Lok Sabha ein wenig später, »als die Großmächte Interessensphären in Asien und anderswo hatten — natürlich waren die Länder Asiens zu schwach, um irgend etwas zu unternehmen. Das Ringen war zwischen den Großmächten, und sie kamen daher manchmal überein, die Länder in Interessensphären aufzuteilen. Es scheint mir, daß gerade dieser Manila-Vertrag gefährlich auf Interessensphären abzielt, die von mächtigen Ländern beherrscht werden sollen . . .« (7)

Abgesehen von der Tatsache, daß Pakistan den Vertrag unterzeichnete, war die kritische indische Einstellung zwei Hauptgründen zuzuschreiben. Das Hauptziel der Außenpolitik Indiens war, Süd- und Südostasien als ein Gebiet ohne Krieg zu bewahren, und man nahm an, daß in dieses Gebiet hineinreichende Militärbündnisse diesem Ziel abträglich sein würden. Der andere Grund, dem während des Koreakriegs oft gefühlsbetont Ausdruck verliehen wurde, war der Verdacht, daß die westliche Welt, als deren Teil die Vereinigten Staaten betrachtet wurden, fast ebenso gefühllos gegenüber dem Leiden war, wie sie gegenüber der Unterwerfung alter asiatischer Völker gewesen war. Die Entgegnung auf die vertraglichen Bindungen der älteren Commonwealth-Länder, verstärkt im Jahr 1954 durch Pakistan, war daher in Delhi das erneute Pochen auf die Vorzüge der Politik der Bündnisfreiheit, der sich Indien seit der Unabhängigkeit verschrieben hatte und von der man nicht ohne Grund glaubte, sie habe wesentlich zur Beendigung des Koreakriegs beigetragen. Diese Politik wurde 1954 in der Präambel zum chinesisch-indischen Ver-

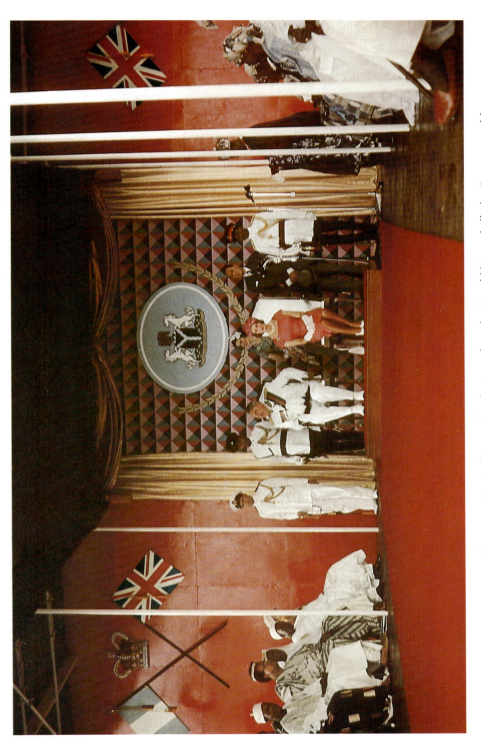

Das seit 1960 unabhängige Nigeria feierte 1963 die Ausrufung der Republik innerhalb des Commonwealth.

trag über Tibet genau umschrieben, in der die *Panch Shila* oder *Fünf Grundsätze,* zusammengefaßt in den Schlagworten gegenseitige Koexistenz, Zusammenarbeit und Nichteinmischung in die inneren Angelegenheiten befreundeter Länder, verkündet wurden. Danach nahm die Bündnisfreiheit in der indischen Außenpolitik den Charakter einer Glaubenslehre an, die weithin unter den neutralen Nationen Beifall erhielt, nicht zuletzt in den afrikanischen Ländern, die bald unabhängig werden sollten.

Der Gegensatz zwischen Bündnispolitik und Bündnisfreiheit, der die älteren von den neueren Mitgliedern des Commonwealth — immer mit der Ausnahme Pakistans — trennte, belastete die Zusammenarbeit und das System der Beratung im Commonwealth, die seine Grundlage bildeten. Wenn die Mitgliedstaaten sich nicht über entscheidende Fragen der Weltpolitik einigen konnten, waren sie doch noch bereit, darüber zu beraten und zu verhandeln? Die Antwort war bis 1954, dem Jahr, in dem sich die Wege trennten, weil Indien den SEATO-Pakt und ein Abkommen zur militärischen Unterstützung Pakistans durch Amerika übel vermerkte, anscheinend im großen und ganzen bejahend. Bis zu diesem Zeitpunkt war die Beratung über manche Fragen, wie zum Beispiel die Anerkennung der Chinesischen Volksrepublik und die Beendigung des Koreakriegs, eingehend, ununterbrochen und fruchtbar, selbst da, wo es, wie im Fall der Anerkennung, keine Übereinstimmung über das Vorgehen bei einigen Regierungen gab. Es gab auch eine Reihe von Minister- und Premierministertreffen; und die fast regelmäßige Teilnahme daran von Männern, die große innenpolitische und in manchen Fällen weltweite Verantwortung trugen, war ein eindrucksvoller Beweis für die Lebensfähigkeit und Kraft des neugebildeten Commonwealth. Dennoch war die Genugtuung nicht

mehr so ungetrübt wie in früheren Jahren. Die Beratung der
Kabinette dauerte an; es war das Hauptmittel, wodurch ein
Experiment der Zusammenarbeit zwischen Nationen von
einer Art, die in der Geschichte nicht ihresgleichen hat, nicht
ohne Erfolg durchgeführt wurde; sie brachte und hielt einflußreiche Männer aus allen Kontinenten zusammen, wie es vielleicht nichts anderes hätte erreichen können. Dennoch wurde,
trotz dieser Leistungen, im Lauf der Jahre der Beifall für das
System zurückhaltender, das Vertrauen darauf beschränkter.
Wo es keine Übereinstimmung über Verteidigungspolitik gab,
konnte es wenig fruchtbare Besprechungen über Verteidigung
geben. Sollte das auch für den weiten Bereich der Fragen gelten, die die Weltpolitik der Jahre des Kalten Krieges beherrschten?
Man wird sich erinnern, daß Ceylon 1947 in einem amtlichen
Schriftstück (8) zustimmte, allgemein die Grundsätze und die
Praxis der Commonwealth-Beratungen in bezug auf auswärtige Angelegenheiten einzuhalten. In keinem späteren Fall
wurde diese Formel wiederholt. Sie gehörte früheren, weniger zweifelerfüllten Jahren an. In der Thronrede zur Eröffnung des Parlaments in Westminster 1955 stellte die Königin
fest: »Meine Regierung wird die Beratung innerhalb des
Commonwealth zur Erreichung unserer gemeinsamen Ziele
und Absichten fortsetzen und verstärken.« (9) Auch das wurde
nicht in dieser ausführlichen Form wiederholt. So wird es verständlich, daß die britische Regierung es unterließ, ihre Partner im Commonwealth im voraus über die als Folge der Ver-
staatlichung des Suezkanals durch Nasser gemeinsam unter-
nommene englisch-französische Intervention am Suez im folgenden Jahr zu konsultieren oder zu informieren. Für dieses
Versäumnis gelten die Worte des berühmten Urteils von Gre-
ville über die plötzliche und überraschende Bekehrung Sir

Robert Peels in der Emanzipationsfrage der Katholiken: »Ich verstehe nicht, wie er von dem Vorwurf der Unaufrichtigkeit freigesprochen werden kann, außer auf Kosten seiner Klugheit und Voraussicht.«

Als zweites muß festgestellt werden, daß für ein Commonwealth, das gewohnt war, die Beratung oder, wenn die Zeit dafür nicht ausreichte, die sofortige Information über unmittelbare Absichten für die Grundlage seines zwanglosen Systems der zwischenstaatlichen Zusammenarbeit zu halten, das absichtliche Unterlassen der Beratung durch den Seniorpartner eine Abkehr von den Grundsätzen und einen Bruch des üblichen Vorgehens bezeichnete, und damit das fehlende Vertrauen der britischen Regierung in ihre Fähigkeit, die Commonwealth-Partner zu überreden, das Unternehmen zu billigen, auf das sie sich einzulassen entschlossen war. Auf diese Weise trug sie zu dem Gefühl der Empörung bei, mit dem viele von ihnen die Nachricht davon aufnahmen. Natürlich hätte es so oder so offenen und unverhüllten Widerstreit der Meinungen im Commonwealth gegeben; aber durch vorhergegangene Beratung hätte sehr wohl die gefährliche Schärfe der Bitterkeit etwas abgeschwächt werden können. Es ist wahr, daß, selbst wie die Dinge lagen, der Ton der meisten Korrespondenten, die geneigt waren, das englisch-französische Vorgehen am Suez zu verurteilen in der kanadischen Presse, im allgemeinen kritischer war als irgendwo sonst in den älteren Dominien und eher ein Ton des Schmerzes und der Trauer als des Zornes war: »fast tränenreich«, wie der Korrespondent des *Economist* bemerkte, »als wäre ein geliebter Onkel wegen Vergewaltigung verhaftet worden« (10). Aber in den ersten asiatischen Stellungnahmen milderte Überraschung und Bedauern kaum die Schärfe der Verurteilung. Der Premierminister Indiens konnte sich, »nach einer beträcht-

lichen Erfahrung in der Außenpolitik«, an keinen »roheren
Fall der unverhüllten Aggression« erinnern und meinte: »In
der Mitte des 20. Jahrhunderts kehren wir zu den räuberischen
Methoden des 18. und 19. Jahrhunderts zurück.« (11)
Die Regierung von Indien sandte einen offiziellen Protest
nach London; Rajagopalachari, der geachtetste unter den älteren Staatsmännern, empfahl, Indien sollte aus dem Commonwealth austreten (12), während es Lester Pearson, dem kanadischen Außenminister, wie vielen anderen weniger gut In-
formierten in den ersten Tagen der Kämpfe so erschien, als
sei das Commonwealth an »den Rand der Auflösung« geraten (13). Der Unwille ging indes nicht nur in eine Richtung.
Es ist für Regierungen ebenso wie für Einzelpersonen schwierig, Zurechtweisung ohne Groll hinzunehmen, selbst wenn
deren Ausdruck für ehrlich und das Urteil für ausgewogen
gehalten werden. In einer Hinsicht schien die indische Verurteilung selbst für diejenigen, die geneigt waren, ihr zuzustimmen, etwas einseitig, und rückblickend hob Sir Anthony Eden
diesen offenkundigen Mangel hervor. »Die indische Reaktion«, schrieb er (14), »war bemerkenswert. Nehru erklärte in
einer Rede, während ›jedes einzelne Ereignis, das in Ägypten
vorgefallen war, sonnenklar‹ sei, könne er ›der sehr verwir-
renden Lage in Ungarn‹ nicht folgen.« Die Zurückhaltung des
indischen Premierministers in seinem Urteil über die Handlungsweise der Sowjets in Ungarn, die als Teil des Preises für
den Ablenkungsangriff am Suez betrachtet werden konnte,
lieferte in der Tat Vergeltungsmunition für ihre Verfechter.
Ein Feldzug der gegenseitigen Beschuldigung, ohnegleichen in
der Geschichte des Commonwealth, war eröffnet; wie und
wann würde er zu Ende gehen?
War der britische Vormarsch am Suez übereilt, so war der
Rückzug meisterhaft. Er wurde durch das Wiederauftauchen

einer weitgehenden Übereinstimmung in den Ansichten des Commonwealth erleichtert. »Großbritanniens Handlungs- weise, das sage ich persönlich — und ich werde es wagen, auch wenn ich es als einziger sagen muß — war tapfer und richtig« (15): So äußerte sich der australische Premierminister, Robert Menzies, schon am 12. November 1956 —, und seine Wort- wahl verriet, daß er mit dieser Ansicht allein stand. Abge- sehen von Sir Anthony Eden, der sich bald aus dem öffent- lichen Leben zurückziehen sollte, war Menzies unter den füh- renden Staatsmännern des Commonwealth der einzige, der das sagte. Im übrigen förderten zwei allgemeine Überlegun- gen, sowohl bei denen, die anfänglich zustimmten, als auch bei denen, die dagegen waren, Zurückhaltung und ruhigere Ein- schätzung. Einerseits verstärkte die Aussicht auf eine mög- liche Auflösung den Wert des Commonwealth, andererseits wurde anerkannt, daß das Suezabenteuer nicht nur mit der jüngsten britischen Politik in Übersee nicht übereinstimmte, sondern auch den Tatsachen der britischen Machtstellung nicht entsprach. Zusammen förderten die beiden Überlegungen eine Commonwealth-Politik, die nach außen den *status quo ante* wiederherstellte, aber nach innen eine Neuordnung der Beziehungen im Commonwealth kennzeichnete. Für das über- seeische Commonwealth blieb Großbritannien der wichtigste und vorherrschende Partner, jedoch mit einer Führerrolle, die weniger wahrscheinlich auf Unterstützung oder zumindest Einwilligung in zweifelhaften und strittigen Fragen rechnen konnte als bisher; während in Großbritannien selbst, und vor allem in den Reihen der herrschenden Konservativen Partei, die überlieferte Annahme, daß das Commonwealth ein Aktiv- posten sei, zum erstenmal in Frage gestellt wurde: eine pein- liche, aber nicht von der Hand zu weisende Erkenntnis. Es bestand in psychologischer Hinsicht eine Verbindung zwischen den bösen Erfahrungen von 1956 und der Art und Weise des britischen Aufnahmeantrags in den Gemeinsamen Markt sechs Jahre später, selbst wenn dieser Antrag hauptsächlich durch wirtschaftliche Überlegungen bestimmt wurde.

Eine Lehre aus der Suezkrise konnte nicht übersehen werden. In Commonwealth-Beziehungen wie in anderen Dingen zählen nicht die gebräuchlichen Verfahrensweisen, sondern der Inhalt und die Absicht. Zu dieser Zeit wurde allzuviel Gewicht gelegt auf jene und zu wenig auf diese Fragen. Das Ministerium für Commonwealth-Beziehungen ging dazu über, die Zahl der in einem Jahr an andere Commonwealth-Regierungen gesandten Depeschen (16) zu veröffentlichen — 20 000 mochten es sein oder 30 000 oder sogar 60 000. Nach dem Zusammenhang zu schließen, in dem diese Zahlen veröffentlicht wurden, schien man zu erwarten, die Öffentlichkeit würde ihnen entnehmen, daß die Zunahme eine wachsende Vertraulichkeit — um eine fest im Wortschatz des Commonwealth verankerte, bedauerliche Redewendung zu verwenden — in den Beziehungen zwischen den Commonwealth-Regierungen andeutete. Aber sie konnte auch — und dies scheint im Rückblick wahrscheinlicher — Meinungsunterschiede andeuten, die in zunehmendem Maß schwerer zu überwinden waren, zweifellos verbunden mit einer Verminderung des Kurswerts der Kabeldepeschen im Commonwealth.

Vom Standpunkt des Commonwealth war die Suezkrise eher die Spiegelung als die Ursache der sich wandelnden Vorstellungen vom Commonwealth. Sir Winston Churchill hatte, als er 1955 bei dem letzten Treffen der Premierminister, an dem er teilnehmen sollte, den Vorsitz führte, von ihm als von »einer brüderlichen Vereinigung« (17) gesprochen. Dies war eine Beschreibung, von denjenigen gern gebraucht, die all die Jahre als Vertreter einer verhältnismäßig kleinen Gruppe

souveräner Staaten, die alle in Übereinstimmung mit den
Grundsätzen des britischen parlamentarischen Systems regiert
wurden, eng zusammengearbeitet hatten. Sie war vielleicht in
den wenigen Jahren einer ausschließlich eurasiatischen Mitgliedschaft besonders zutreffend, als Mutter-Tochter-Gleich-
nisse überholt waren (18) und es ein frisches und lebendiges
Gefühl für ein Experiment mit gleichberechtigten Beziehungen zwischen Völkern und Regierungen verschiedener Rassen
gab. Ein Jahrzehnt später wäre die Verwendung von »brüderlicher Vereinigung« gekünstelt erschienen, und ein australischer Berichterstatter, Professor J. D. B. Miller, kam dem
Geist jener späteren Zeit näher, als er vom Commonwealth
als von einem »Zweckverband« (19) schrieb, bei dem die gefühlsmäßige Anziehungskraft, vor allem im Vereinigten Königreich selbst, stark verringert war und das Fortbestehen daher von der Berechnung des nationalen Vorteils seitens aller
Mitgliedstaaten abhing. Das wurde auch in traditionsbewuß-
ten Kreisen offenkundig, wo die Kluft zwischen Wirklichkeit
und Schein am ausgeprägtesten war, nämlich bei der Ausweitung des Commonwealth nach Afrika. Aber es war auch bereits vor der afrikanischen, sogar schon vor der asiatischen
Mitgliedschaft erkennbar und ergab sich zwangsläufig aus der
Idee des freiwilligen Zusammenschlusses.
Die politische Umwandlung des afrikanischen Kontinents
während des Jahrzehnts 1957—1967 beherrschte die politischen Vorgänge im Commonwealth und tatsächlich auch in
der ganzen Welt. Daß eine afrikanische Revolution einer
größeren asiatischen Revolution folgen würde, war an sich
nicht überraschend. Das bedeutet nicht, daß die Unabhängigkeit in Britisch-Afrika eine Folgeerscheinung des beendeten
Kolonialismus in Asien war, obwohl der indische Unabhän-
gigkeitskampf zweifellos den Weg für die Unabhängigkeit in

Afrika ebnete: ohne ausgedehnten Kampf in vielen Fällen, in einigen überhaupt ohne Kampf. Selbst im Zeitalter des spätviktorianischen Imperialismus war die britische Ausdehnung in Afrika größtenteils durch die britische Sorge um die Festigung und Sicherung des Indischen Reichs (20) bestimmt, und daher war der Schluß, daß die Politik in Afrika von den Entwicklungen in Südasien bedingt sein sollte, im britischen Denken wohlbegründet. Was daher der Erklärung bedarf, ist nicht so sehr die Tatsache des Wandels als vielmehr die Geschwindigkeit und das Ergebnis im Hinblick auf die Mitgliedschaft im Commonwealth. Ghana, offensichtlich nicht durch die Suezkrise des vorhergehenden Jahres entmutigt, wurde nach erlangter Unabhängigkeit 1957 das erste afrikanische Mitglied des Commonwealth. Nigeria folgte 1960 nach einer dreijährigen Pause, und dann kamen in immer rascherer Folge Sierra Leone und Tanganjika 1961, Uganda 1962, Kenia und Sansibar, das später zusammen mit Tanganjika die Union von Tansania bilden sollte, 1963, Njassaland umbenannt in Malawi und Nordrhodesien umbenannt in Sambia 1964, Gambia 1965 und zwei der dem Hohen Kommissar unterstehenden Schutzgebiete in Südafrika, nämlich Basutoland als Lesotho und Betschuanaland als Botswana 1966, während Swasiland 1968 folgte. Die Umwandlung erscheint noch bemerkenswerter, wenn sie ganz allgemein dargestellt wird. Am 1. Januar 1957 besaß das Britische Kolonialreich in Afrika noch seine weiteste Ausdehnung; am 31. Dezember 1967 blieb in Wirklichkeit nichts davon zurück, und dem Namen nach nur das kurz darauf unabhängig gewordene Swasiland und das von Zwangsmaßnahmen umlagerte und von Rebellen verwaltete Südrhodesien. Oder vom Commonwealth aus gesehen: Während es am 1. Januar 1957 keine afrikanischen Mitgliedstaaten gegeben hatte, gab es Ende 1967 nicht weniger als zwölf (21), die sich alle freiwillig für die Mitgliedschaft entschieden hatten und von denen bis zu diesem Zeitpunkt keine, auch nicht unter den Belastungen der Rhodesienfrage, die Mitgliedschaft aufgekündigt hatte.

Warum wurde der Vorgang nicht mehr in die Länge gezogen? Zwei Gründe können genannt werden. Einer, der handgreiflichere, war der lautstarke Nationalismus vieler afrikanischer Staaten, verstärkt durch den Druck der antikolonialistischen Ansichten in den Vereinten Nationen und der antikolonialistischen Ansichten in der ganzen Welt. Weniger offenkundig, aber in der späteren Phase ebenso wirklich, war die Entschlossenheit der britischen konservativen Regierung, ihre kolonialen Verpflichtungen nicht nur in Afrika, sondern in Westindien und Südostasien, im Mittelmeer und anderswo, selbst auf den über die Meere verstreuten Inseln zu beenden, und zwar nicht nur in Afrika, sondern auch in den Westindischen Inseln, wo Jamaika, Trinidad und Tobago 1962 unabhängige Staaten wurden, während Barbados und das festländische Guayana 1966 folgten; in Südostasien, wo die Unabhängigkeit Malaysias 1957 begann und die des sezessionistischen Singapurs 1965; im Mittelmeer mit der Unabhängigkeit Zyperns nach einem vierjährigen Notstand im Jahr 1960 und der Maltas 1967; und anderswo, zuletzt sogar auf den Inseln wie Mauritius, die in den Weltmeeren verstreut lagen, ganz unabhängig davon, ob es ein starkes einheimisches Verlangen nach dieser unabhängigen Stellung gab oder nicht.

Die Richtung der britischen Überlegung wurde in einer Ansprache des britischen Premierministers in Kapstadt 1960 gegen Ende einer Reise durch das Commonwealth und die britischen Kolonien in Afrika zum erstenmal öffentlich angedeutet.

Am 3. Februar 1960 sagte Premierminister Macmillan, der »sehr offenherzig« sprach, in einer gemeinsamen Sitzung der beiden Kammern des südafrikanischen Parlaments: »Was Regierungen und Parlamente im Vereinigten Königreich seit dem letzten Krieg in der Gewährung der Unabhängigkeit an Indien, Pakistan, Ceylon, Malaya und Ghana getan *haben* und was sie für Nigeria und andere sich jetzt der Unabhängigkeit nähernde Länder tun *werden* — das alles tun wir, obwohl wir dafür die volle Verantwortung übernehmen müssen und werden, in dem Glauben, daß es der einzige Weg ist, die Zukunft des Commonwealth und der freien Welt auf eine feste Grundlage zu stellen.

All das berührt Sie selbstverständlich tief und nachhaltig. Denn nichts, was wir in dieser kleinen Welt tun, kann in einem Winkel getan werden und verborgen bleiben. Was *wir* heute in West-, Zentral- und Ostafrika tun, wird jedermann in der Union bekannt, ganz gleich welcher Sprache, Hautfarbe oder Tradition er ist.

. . . in unserem eigenen Verantwortungsbereich muß ein jeder tun, was er für richtig hält. Was wir Briten für richtig halten, ist das Ergebnis einer langen Erfahrung sowohl von Fehlschlägen als auch von Erfolgen in der Verwaltung dieser Angelegenheiten. Wir haben versucht, die Lehren aus beiden zu beherzigen und anzuwenden... Diese unsere Erfahrung erklärt, warum es unser Ziel gewesen ist, in jenen Ländern, für die wir die Verantwortung getragen haben, nicht nur die materielle Lebenshaltung zu erhöhen, sondern eine Gesellschaft zu schaffen, die die Rechte des einzelnen achtet — eine Gesellschaft, in der den Menschen die Möglichkeit geboten wird, sich zu ihrer vollen Größe zu entfalten, und das muß nach unserer Ansicht die Möglichkeit einer zunehmenden Teilnahme an der politischen Macht und Verantwortung einschließen; eine Gesellschaft schließlich, in der das Verdienst des einzelnen, und zwar das

Verdienst des einzelnen allein, das Kriterium für den Aufstieg eines Menschen ist, politisch oder wirtschaftlich.«

Die Wirkung der unerwartet deutlichen Herausforderung von seitens des britischen Premierministers wurde erhöht durch Redewendungen am Anfang der Ansprache, die zur gangbaren Münze afrikanischer Stellungnahmen wurden. Der auffallendste aller Eindrücke, die er auf seinen Reisen in Afrika gesammelt hatte, sagte Macmillan, war »von der Gewalt dieses afrikanischen nationalen Bewußtseins. An verschiedenen Orten mag es verschiedene Formen annehmen. Aber es ist überall da. Der Wind des Wandels weht durch diesen Kontinent.« (22) Das traf zu. Es traf auch zu und war nicht ohne Bedeutung, daß es in Downing Street einen Kurswechsel gab. Darüber indessen zog es Macmillan verständlicherweise vor, nichts zu sagen. Britische Siedler in Kenia und den beiden Rhodesien sollten bald den Hauch des Antikolonialismus aus London und auch aus dem einheimischen Afrika spüren, in dem, was einer von ihnen später *So Rough a Wind* (Ein so rauher Wind; 23) nannte.

Die Konservativen sind im britischen Parteiensystem in der Lage, einschneidende Maßnahmen durchzuführen, wie Parnell sehr wohl verstand, als er zuerst ein Bündnis mit den Konservativen anstrebte, um die Selbstverwaltung für Irland 1885 durchzusetzen. Infolgedessen war eine konservative Regierung in der Lage, ohne ernsthaften innenpolitischen Widerstand, die britischen kolonialen Verpflichtungen in Afrika, Südostasien, Westindien und anderswo mit einer Geschwindigkeit aufzulösen, die von den führenden kolonialen Fachleuten in Großbritannien nicht in Erwägung gezogen worden war, die die Mehrheit ihrer eigenen Gefolgsleute überraschte und eine Minderheit entsetzte, und, nebenbei bemerkt, viele ihrer Kritiker weit hinter sich zurückließ: neutralgesinnte

Antikolonialisten, Kommunisten, den Sonderausschuß über Kolonialismus der Vereinten Nationen und sogar Gelehrte jenseits des Atlantik, von denen einer noch 1960 die Briten wegen »eines Mangels an historischer Einsicht und einer gewissen sittlichen Blindheit in menschlichen Dingen« in ihrer Kolonialpolitik tadelte, wobei er offenkundig die Tatsache übersah, daß zu der Zeit die britische Regierung sich bereits Gedanken machte, wie sie ihren noch verbleibenden kolonialen Besitzungen, ob in Afrika oder anderswo, in der kürzestmöglichen Zeit die Unabhängigkeit gewähren könnte (24). In Tanganjika wurde die Macht einige Jahre vor dem von der führenden nationalistischen Partei zunächst geforderten oder von einer durch die UNO ausgesandten Mission empfohlenen Zeitpunkt übertragen. Auf der Londoner Unabhängigkeitskonferenz für Malta im Juli 1963 hielt es der Kolonialminister, Duncan Sandys, für notwendig, die Delegierten Maltas zu beruhigen, indem er sagte: »Wir haben nicht den Wunsch, Malta in die Unabhängigkeit zu drängen . . .«, während er auf der Konferenz über Britisch-Guayana später im selben Jahr mit allen Anzeichen einer zunehmenden Verärgerung über die Notwendigkeit sprach, innenpolitische Meinungsverschiedenheiten beizulegen, um die Pläne der Regierung Ihrer Majestät für eine baldige Übertragung der Macht nicht zu verzögern (25). An die Stelle des für das Reich geltenden Grundsatzes »Teilen und Herrschen« wurde eine für das Commonwealth besser geeignete Ermahnung gesetzt: »Vereinigen und Abdanken«. Der Kolonialminister der im Oktober 1964 gebildeten Labour-Regierung, Anthony Greenwood, erklärte, sein Hauptziel im Kolonialamt sei es, »sich selbst arbeitslos zu machen«, und 1966 hatte er es bereits geschafft: Das Kolonialamt bestand nicht mehr.

Der tatsächliche Abschluß der Politik der Überführung eines

Reichs in ein Commonwealth war Grund genug für ein neues
Selbstvertrauen, ja sogar eine gelegentliche Härte in den britischen Entgegnungen auf die antikolonialistischen Kritiker in
den Vereinten Nationen. Nachdem der britische Außenminister, Graf Home, in einer Debatte über den Kolonialismus
in der Vollversammlung der Vereinten Nationen vom 1. Oktober 1963 auf »den bösartigen Angriff« Indonesiens »auf
uns« nach der Errichtung der Föderation von Malaysia und
auf den Abbruch der diplomatischen Beziehungen zwischen
Somalia und dem Vereinigten Königreich wegen der umstrittenen Grenze Kenias hingewiesen hatte, fuhr er fort: »Diese
Ereignisse erscheinen uns als befremdende Nebenerscheinun-
gen in der Gewährung der Unabhängigkeit, die uns als Politik
von jedem asiatischen und afrikanischen Land aufgedrängt
wird.« Für Großbritannien war die einzige Frage nicht, *ob* ein
Land unabhängig werden sollte, sondern nur, *wann.* »Das
einzige Hindernis für die Übertragung der Macht vom Vereinigten Königreich an die Regierung des betreffenden Landes
ist, daß wir sichergehen wollen, daß, wenn die Unabhängigkeit gewährt wird, das Land in der Lage sein wird, wirtschaftlich mit seinen Mitteln auszukommen, und daß es vom Tage
der Unabhängigkeit an eine Verfassung annimmt, die sich
zum Wohl aller Teile der Bevölkerung auswirken wird ...«
Er hoffte, Großbritannien könne »in diesen Kolonialangelegenheiten mit der Mehrheit der Vereinten Nationen zusammengehen, da es die Grundsätze der uneingeschränkten Selbstbestimmung, des Mehrheitsprinzips und des Minderheitenschutzes anerkannte« (26).
Lord Homes Beitrag in den Vereinten Nationen verdient aus
drei Gründen Aufmerksamkeit. Es dauert immer einige Zeit,
bis Vorurteile verschwinden, und die Tatsache, daß eine westliche imperialistische Macht sich absichtlich der Überreste ihres

Reichs entledigte, war zu unerwartet, um rasch Wurzeln zu schlagen. Die Antikolonialisten führten den Feldzug fort, weil sie nur langsam einsahen, daß der Feldzug im Hinblick auf Großbritannien abgeschlossen war. Der zweite Grund, warum Lord Homes Rede Aufmerksamkeit verdient, ergibt sich aus dem ersten. In den Jahren nach der Unabhängigkeit Indiens wurde weithin behauptet, nicht zuletzt in den Vereinigten Staaten, daß ein in Kolonialisten und Antikolonialisten gespaltenes Commonwealth nicht überleben könne. Diese Ansicht, die unter anderem die Stärke der antikolonialistischen, das Commonwealth befürwortenden Gefühle in Großbritannien und vor allem in der damals herrschenden Labour-Partei falsch einschätzte, war offenkundig unbegründet. Alle waren nun Antikolonialisten, wie zur Zeit Harcourts alle Sozialisten gewesen waren, und wenn es daher auch einige befremdliche Gestalten in den Reihen gab, die sich nach einer Gelegenheit auszubrechen umschauten, so zwang sie die geschlossene öffentliche Meinung mehr oder weniger, im Glied zu bleiben. Auch gab es keinen Grund, daran zu zweifeln, daß bei dem Zustandebringen dieses neuen Maßes an Übereinstimmung in einer möglicherweise entzweienden Streitfrage der Einfluß der asiatischen Mitglieder des Commonwealth über eine Reihe von Jahren entscheidend war. In diesem Sinn erwies sich das Commonwealth, das 1947 entstand, als ein Commonwealth neuer Art, wie Professor Rajan behauptete (27).

Schließlich mag die Behauptung Lord Homes, die Frage für Großbritannien sei nicht *ob*, sondern *wann* ein Land unabhängig werden sollte, als Kriterium für die britische Politik zu dieser Zeit dienen. Gewiß hatte sie noch einige Jahre vorher nicht allgemein gegolten. Am 28. Juli 1954 erklärte der Staatsminister für Kolonialangelegenheiten, Hopkinson, vor dem Unterhaus, die Regierung Ihrer Majestät hätte entschie-

den, daß die Zeit gekommen sei, in der Entwicklung von Einrichtungen der Selbstverwaltung für Zypern »einen neuen
Anfang« zu machen; aber es ergab sich nach Befragung, daß
diese Entwicklung nicht zur Selbstregierung führen sollte. Im
Gegenteil: »Es gibt bestimmte Gebiete im Commonwealth,
die wegen ihrer besonderen Umstände niemals erwarten können, völlig unabhängig zu sein.« (28) Wie Louis Napoleon
einmal bemerkte: »Nie darf man in der Politik ›niemals‹ sagen«, und die Vernachlässigung derartig einfacher politischer
Voraussicht bei dieser Gelegenheit forderte ihren grausamen
Preis in der britischen Verwicklung in dem jahrelangen Hader
auf der Insel. Anderswo gab es kein Gegenstück zu einer solchen Politik der Verneinung und in der Tat auch nicht zu einer
Lage von solcher Verworrenheit, und anderswo, vielleicht mit
Ausnahme Kenias, gab es keinen organisierten nationalen
Aufstand gegen die britische Herrschaft.

In den frühen Jahren der afrikanischen wie der asiatischen
Entkolonialisierung neigte man dazu, die Macht stufenweise
zu übertragen: innere Selbstverwaltung, wobei einige Befugnisse vorbehalten blieben, vollständige innere Selbstverwaltung, wobei der Erste Minister in einem einer gewählten
Volksvertretung verantwortlichen Kabinett Premierminister
wurde, Erwägung der verwaltungstechnischen Bedürfnisse
und der inneren Sicherheit, Untersuchung der Stellung der
Minderheiten, wofür der Bericht des Willink-Ausschusses über
Nigeria das klassische Dokument aus dieser Zeit auf diesem
Gebiet darstellte (29), die Einberufung einer Verfassungskonferenz als Vorbereitung zur Zustimmung zu einer Verfassung
mit der Aufnahme von irgendwelchen notwendigen Absiche-
rungen der Grundfreiheiten oder der Menschenrechte oder
des Minderheitenschutzes, wie in der nigerianischen Verfassung (30) von 1960 und der von Trinidad und Tobago von

1962, dann die in einer Unabhängigkeitsakte des britischen Parlaments verkörperte Unabhängigkeit, wobei alle Regierungen des Commonwealth eingeladen wurden, der Mitgliedschaft im Commonwealth zuzustimmen. Eine bestimmte Zeit wurde eingeräumt, um jeden Schritt zu prüfen und um Bedenken vor allem seitens der Minderheiten zu hören, und das alles im Rahmen eines Zeitplans, der die britische Regierung im voraus festlegte und verpflichtete. Später gab diese stufenweise Übertragung der Macht, die entweder stillschweigend einbegriffene oder ausdrücklich erwähnte Bedingungen für jeden folgenden Schritt enthielt, einer Übertragung statt, bei der die Zeit drängte. Kennzeichnend dafür, bemerkte ein zeitgenössischer Beobachter (31), war »eine zunehmende Bereitschaft, die Vorbereitungen für die Unabhängigkeit als ein Planspiel der Konferenzen in Lancaster House zu sehen, als eine Herausforderung an das Verhandlungsgeschick des Vorsitzenden und nicht als eine Pflicht, einen verfassungsrechtlichen Rahmen zu finden, der dem Volk des betreffenden Landes wirklich zusagte und Bezug auf seine Bedürfnisse und Verhältnisse nahm«. Eine gewisse Bestätigung dessen mag in dem spürbaren Niedergang des Inhalts und der Güte der Reden der britischen Minister bei der Einbringung von Unabhängigkeitsakten im Unterhaus gesehen werden. Was einmal ein Wagnis der Staatskunst gewesen war, war nun kaum mehr als eine Formalität. Während dies hauptsächlich den Wandel, wenn nicht im Standpunkt, so doch zumindest in der Stimmung seitens der Weltmacht widerspiegelte, war es auch, wie billigerweise hinzugefügt werden muß, zum Teil das Ergebnis zunehmender Erfahrung. In den 20 Jahren nach dem Zweiten Weltkrieg brachte das Commonwealth zusammen wahrscheinlich die größte Anzahl schriftlicher Verfassungen hervor, die jemals in einer so kurzen Zeitspanne verfaßt worden sind.

Die zahlreichen bundesstaatlichen Einrichtungen, die verschiedenartigen Gewichtsverteilungen zwischen Exekutive und Legislative, die Einrichtungen der richterlichen Kontrolle, alle
waren sie da, um nachgeahmt oder ausgenutzt zu werden, wie
es die Umstände erheischten. Was fehlte — und es sollte bald
ein ziemlich großes Bedürfnis danach bestehen —, war eine
Skizze, die als Vorlage für die Bildung von Einparteienstaaten
dienen konnte.

Die britische Regierung förderte die Bildung von Bundesstaa-
ten in Westindien, Malaysia und Zentralafrika, aber in Wirklichkeit überlebte keiner von ihnen unversehrt. Im Fall Westindiens lagen die Gründe für das Mißlingen einerseits in der
Stärke der regionalen Bindungen, die sich einer umfassenden
Mitgliedschaft in den Weg stellte — Britisch-Honduras, bemerkte der Bundespremierminister, Sir Grantley Adams, »hat
ebensowenig die Absicht, dem Bund beizutreten, wie ich die
Absicht habe, in einem Sputnik gen Himmel zu fahren!« —
und den psychologischen Widerstand gegen den Gedanken der
Föderation verstärkte, und andererseits in den wirtschaftlichen Unterschieden, die eine Absprache über eine allgemein
annehmbare Zuweisung der Steuerlasten unmöglich machten.
Die Föderation von Malaysia überlebte zwar, aber nur nach
dem Ausscheiden der von Chinesen beherrschten Hafenstadt
Singapur. Beide verblieben im Commonwealth-Verband und
vor allem im Bereich der Verteidigungsinteressen Englands,
Australiens und Neuseelands, wodurch Malaysia entscheidende
Unterstützung bei seiner Auseinandersetzung mit Indonesien
erhielt und der Stützpunkt Singapurs von der dortigen Regierung Großbritannien als strategische Operationsbasis östlich
von Suez zur Verfügung gestellt wurde. Es war indessen aufschlußreich, daß es in zunehmendem Maß Australier waren,
die Großbritanniens historische Rolle östlich von Suez zu er-

halten wünschten, und die Briten, die sie unter wirtschaftlichem Druck zu verringern und loszuwerden wünschten. Der dritte Bundesstaat — derjenige der beiden Rhodesien und Njassalands — warf grundsätzliche Fragen auf und stellte dadurch Großbritannien und das Commonwealth vor ihr letztes großes Problem der Entkolonialisierung.

Den guten Willen vorausgesetzt, warf die Beendigung des Kolonialismus, d. h. der Herrschaft über fremde Völker, Fragen auf, die teilweise technischer und teilweise politischer Natur waren, das will besagen, daß in jedem Fall entschieden werden mußte, wem und wie die Macht übertragen werden sollte. Beides konnte für gewöhnlich von der Reichsmacht mit einer gewissen Unparteilichkeit und Sachlichkeit entschieden werden. Aber die Beendigung der Herrschaft in Gebieten, wo es Kolonisten im griechisch-römischen Sinn gab, stellte zwar die gleichen technischen Probleme, warf aber auch politische Fragen in so scharfer Form auf, daß sie im Grunde genommen anderer Art waren. Volkstümliche Gefühle, vor allem in dem betreffenden Gebiet, aber auch im Heimatland, spielten möglicherweise eine Rolle und beeinflußten das Urteilsvermögen und die Handlungen der Regierungen. Irland zwischen 1886 und 1921 hatte hierfür ein klassisches Beispiel geliefert. In Süd-, Zentral- und Ostafrika hatten britische Kolonisten, in den meisten Fällen mit Unterstützung ihrer Landsleute, gesiedelt und waren in verschiedenem Maß privilegierte, einflußreiche oder herrschende Minderheiten geworden, die sich in kultureller Hinsicht und vor allem in der Rasse von den einheimischen Mehrheiten unterschieden. Für gewöhnlich, aber nicht immer, ermutigten wohlgesonnene Sprecher den Gedanken der Partnerschaft, aber während sich dies den liberal Gesinnten aufs wärmste empfahl, sorgten sich die hauptsächlich Beteiligten, eingedenk des bevorstehenden Abzugs der Reichsregierung, mehr um die Nachfolge in der Macht. Es war im Grund diese Sorge, die den Zusammenbruch des langerwogenen, aber schließlich etwas hastig improvisierten bundesstaatlichen Experiments in Zentralafrika verursachte.

Die Föderation kam 1953 zustande und umfaßte Südrhodesien, das eine von einer europäischen Siedlerminderheit aufgrund eines beschränkten, aber nicht starren Rassenwahlrechts beherrschte ministerverantwortliche Selbstverwaltung kannte; Nordrhodesien mit einer weißen Bevölkerungsgruppe im Kupfergürtel, aber einer vom Kolonialministerium in London gesteuerten Verwaltung; und Njassaland auch in der Zuständigkeit des Kolonialministeriums, arm an Mitteln, aber mit einer durch die Arbeit der Missionsschulen verhältnismäßig fortgeschrittenen afrikanischen Bevölkerung. Zumindest theoretisch war die Föderation auf der Grundlage einer endgültigen, gleichberechtigten Partnerschaft zwischen europäischen Minderheiten und afrikanischen Mehrheiten in den drei Gebieten geplant, und aus diesem Grund waren in die Verfassung Sicherungen für die Afrikaner eingebaut.

Die Vorteile der Föderation im Hinblick auf Verwaltung, Verkehrswesen und Entwicklung der Rohstoffquellen wurden nicht ernsthaft bezweifelt. Sie besaß wirtschaftliche Vorteile für alle ihre Bestandteile, vor allem für Njassaland, das ärmste der drei Länder. Aber die Politik stand im Widerspruch zur Wirtschaft, und unter diesen Umständen und zu diesem Zeitpunkt mußte die Politik obsiegen. Die Föderation der beiden Rhodesien und Njassalands war nicht so sehr an sich falsch geplant als zur falschen Zeit und am falschen Ort. Sie stammte aus einer Zeit, als die Afrikaner die europäische Herrschaft, wenn nicht annahmen, so doch hinnahmen. Diese Zeit ging gerade in dem Augenblick zu Ende, als die Föderation gebildet wurde. Den politisch bewußten Afrikanern in allen drei Gebieten schien die Föderation hauptsächlich eine Einrichtung zur Verlängerung der Zeit des Kolonialismus und der wirtschaftlichen Ausbeutung zum Vorteil der europäischen Minderheiten zu sein. Der Bericht eines Untersuchungsausschusses unter dem Vorsitz von Richter Devlin über Unruhen in Njassaland 1959 vermerkte die Entschlossenheit der afrikanischen Mehrheit zur eventuellen Auflösung der Föderation. Und warum? Der Bericht enthielt eine knappe Antwort: »Föderation bedeutet die Vorherrschaft Südrhodesiens; die Vorherrschaft Südrhodesiens bedeutet die Vorherrschaft der Siedler; die Vorherrschaft der Siedler bedeutet die Fortdauer der rassischen Unterordnung...« (32) Ein Jahr später führte der zur Überprüfung der Arbeitsweise der Verfassung von Rhodesien und Njassaland ernannte Ausschuß unter dem Vorsitz Lord Moncktons den gleichen Punkt noch weiter aus. Er berichtete: »Es ist unvermeidlich und natürlich, daß die vor sieben Jahren noch undenkbar ferne Aussicht auf Unabhängigkeit den Afrikanern jetzt als ein Recht erscheinen muß, das ihnen nicht länger vorenthalten werden sollte; und rassische Vorurteile, weit davon entfernt, in dem Bewußtsein einer vielrassigen Nationalität aufgegangen zu sein, sind schärfer und stärker geworden. Es erscheint jetzt vielen Afrikanern, als stehe nur noch die Anwesenheit des politisch hinter der Bundesverfassung verschanzten europäischen Bevölkerungsteils zwischen ihnen und der Form der Freiheit, die in den meisten anderen Teilen des Kontinents ihren afrikanischen Landsleuten schon gewährt worden ist.« (33) Die britische Regierung entschloß sich, die Föderation aufzulösen. Der Vorgang war schmerzhaft — wie schmerzhaft, kann am besten aufgrund der Schilderung des Bundespremierministers, Sir Roy Welensky (34), beurteilt werden; es gab Vorwürfe gegen irreführende Versicherungen von britischen Ministern oder sogar gegen nicht eingehaltene Zusagen, und Mißtrauen wurde zwischen den britischen Siedlern in Rhodesien und der britischen Regierung gesät, das sich später zur offenen Feindschaft verschärfte. Dennoch hatte ein britischer Sprecher schon 1954 auf einer Commonwealth-Konferenz in Lahore, ironischerweise zur großen Bestürzung konservativer Delegierter, bemerkt, daß, wenn zu irgendeinem Zeitpunkt Großbritannien gezwungen sein würde, zwischen den weißen Siedlern, die in Afrika die Rassendiskriminierung praktizierten, und der »Demokratie der Goldküste« zu wählen, es sich im ureigensten Interesse und im Interesse der Einheit des Commonwealth auf die Seite der Afrikaner schlagen müßte (35). Genau das geschah neun Jahre später in Zentralafrika. Am 31. Dezember 1963 wurde die Föderation aufgelöst, und in Njassaland und Nordrhodesien wurde, wie schon in Kenia, den Vorrechten und der Macht der Siedler ein Ende gesetzt. Aber in Südrhodesien waren die Siedler, deren bevorrechtete Minderheitenstellung die britische Regierung für politisch entbehrlich hielt und die die afrikanische Mehrheit politisch abzubauen wünschte, zahlreicher und entschlossen, sich zu widersetzen. Im Rahmen eines vielrassigen Commonwealth sollte der Widerstand, den sie dem Gegenwind entgegensetzten, im Lauf der Zeit heikle Fragen aufwerfen, die empfindliche, rassische Saiten berührten.

Eine Folge der Übertragung der Macht in Afrika — nach der in Asien — war die Erhebung der rassischen Gleichberechtigung oder der Vielrassigkeit zu einem von der Gemeinschaft der Staaten im Commonwealth geteilten grundlegenden Prinzip. In einer früheren Zeit galten die Untertanentreue zur Krone und dann nach 1949 die ministerverantwortliche parlamentarische Regierung als Voraussetzung der Mitgliedschaft. Aber nach dem indischen Vorbild nahmen asiatische und afrikanische Staaten die republikanische Regierungsform an, bis die Zahl der republikanischen Mitgliedstaaten die der monarchischen übertraf. Richtete man sich wiederum nach der Anzahl, so praktizierten um die Mitte der sechziger Jahre ein Drittel der Mitglieder nicht mehr die parlamentarische Regierung nach dem Vorbild Westminsters, und man kam überein, obwohl in manchen Fällen nicht ohne Bedenken, daß dies eine innere Angelegenheit sei. Aber hinsichtlich der Ordnung der Rassenbeziehungen wurde ein derartiger Anspruch entschieden abgelehnt. Südafrika lieferte, wie längst vorauszusehen war, den Probefall; denn während das Commonwealth sich auf Gleichberechtigung und Vielrassigkeit hinbewegte, erzwang die Regierung der Union in Südafrika die Durchsetzung ihrer Theorie der Rassentrennung, die zunächst als Apartheid bezeichnet und dann angesichts der weltweiten Kritik doppelsinniger als getrennte Entwicklung neu formuliert wurde und die anfangs kaum von der Rassendiskriminierung zu unterscheiden war, obwohl sie als ihr erklärtes Ziel die Trennung der Afrikaner und Europäer in rassisch gleichartige Staaten in einem südafrikanischen Commonwealth hatte. Die Probe kam, wie es der Zufall wollte, als ältere verfassungsrechtliche Fragen mit neueren und jetzt vorherrschenden rassischen zusammenstießen.

Den Hintergrund bildeten die Entwicklungen in Südafrika. 1960 plante die Panafrikanische Kongreßpartei eine Reihe von Protestdemonstrationen gegen die Paßgesetze, und am 21. März marschierten viele Tausend Afrikaner auf die Polizeistation in Sharpeville bei Vereeniging. Ihre Führer behaupteten, sie hätten sich zu einem friedlichen Protest versammelt; die Polizei, die das nicht glaubte, eröffnete aus Karabinern und automatischen Handfeuerwaffen das Feuer: 67 Afrikaner wurden getötet und etwa 180 verwundet. Das Blutbad, von dem Pressephotos in der ganzen Welt verbreitet wurden, verursachte eine Welle des Entsetzens. Eine Woche später am 31. März marschierten etwa 30 000 Nichteuropäer auf Kapstadt und wurden erst unweit des Stadtzentrums aufgehalten. Während die Rassenfrage in Südafrika so anscheinend ihren gewalttätigen Höhepunkt erreichte, beschloß die Regierung der Nationalisten, der Zeitpunkt für die Ausrufung einer Republik sei gekommen. Der Vorschlag wurde, wie es durchweg versprochen worden war, einem Volksentscheid unterworfen — bei dem das Stimmrecht auf Europäer beschränkt war — und angenommen. Eine republikanische Verfassung, die den Generalgouverneur durch einen Staatspräsidenten ersetzte, ging im Januar 1961 in die erste Lesung und wurde später vom südafrikanischen Parlament verabschiedet.

Als die Premierminister des Commonwealth sich vom 8. bis 17. März 1961 in London versammelten, hatten sie, wie die übrige Welt, jeden Grund, »sich an Sharpeville zu erinnern«, und ihnen lag ein Antrag der Regierung der Südafrikanischen Union um Fortsetzung der Mitgliedschaft im Commonwealth vor. Die Präzedenzfälle im Commonwealth im Hinblick auf Indien, Pakistan, Ceylon und Ghana legten nahe, daß einer in der herkömmlichen Form abgefaßten Bitte um Fortsetzung der Mitgliedschaft als Republik zugestimmt werden würde, sofern allein verfassungsrechtliche Erwägungen in Frage kamen. Aber während die Unterscheidung zwischen verfassungsrechtlichen und weitergreifenden politischen Erwägungen von der Mehrzahl der Premierminister des Commonwealth (36) als erwünscht anerkannt wurde, wobei John Diefenbaker von Kanada eine bemerkenswerte Ausnahme bildete, wurde der Antrag Südafrikas zum Anlaß einer allgemeinen Aussprache über die Rassenpolitik Südafrikas, wie es die öffentliche Meinung in zahlreichen Ländern des Commonwealth verlangte.

Diese Aussprache fand, wie eine kurze Verlautbarung am
15. März feststellte (37), mit der Zustimmung des südafrikanischen Premierministers, Dr. Verwoerd, statt. Der Angriff
auf Südafrika wurde nicht von einem afrikanischen oder
einem asiatischen Führer geleitet, sondern vom kanadischen
Premierminister, »der, mit einer Entschließung seines Parlaments bewaffnet, eintraf und seine Ansichten mit großer
Leidenschaft darlegte«, wobei ihn auch »einige Zwischenfragen
über die Indianer und Eskimos in Kanada« nicht von seinem
Kurs abbrachten (38). Die kanadische Initiative, die an sich
für den Umschwung gegen die südafrikanischen Rassengesetze
im ganzen Commonwealth kennzeichnend war — Menzies
mißbilligte die Politik, während er der Aussprache darüber
im Rahmen des Commonwealth nicht zustimmte —, trug zu
der sich abzeichnenden Übereinstimmung im Commonwealth
bei.

Spätere Berichte der Premierminister an ihre jeweiligen Parlamente enthüllten etwas von dem schwankenden Kurs der
Aussprache der Premierminister und von deren dramatischem
Abschluß (39). Im Mittelpunkt der Auseinandersetzung stand
die Tatsache, daß Dr. Verwoerd weder bereit war sich zu entschuldigen noch Zugeständnisse zu machen. Apartheid war seiner Ansicht nach nicht eine Sache der Bequemlichkeit oder der
Zweckdienlichkeit: Sie war ein Ausdruck der richtigen Ansicht
über die Rassenbeziehungen und mußte als solche mit dem
kompromißlosen Eifer einer religiösen Überzeugung verteidigt werden. Es würde keine Veränderung in der Anwendung
oder der Richtung dieser Politik geben, und seine Common-
wealth-Kollegen, mit der Aussicht entweder auf Zustimmung
und den drohenden Preis der Spaltung oder auf scharfe Kritik, wählten den zweiten Weg. Dr. Verwoerd kürzte die
Aussprache ab, als er die Zurückziehung des südafrikanischen

Antrags bekanntgab, wodurch er den 31. Mai, den 51. Jahrestag der Gründung der Union und den schon für die Ausrufung der Republik bestimmten Tag als den Tag bestimmte, an dem die Mitgliedschaft Südafrikas im Commonwealth erlöschen würde.

Dr. Verwoerd behauptete später, daß er diesen Schritt mit »großem Bedauern« getan habe. Südafrikas Ersuchen sei in der Erwartung gestellt worden, daß ihm bereitwillig entsprochen werden würde, »wie es mit Zustimmung Südafrikas in den vorhergehenden Fällen von Indien, Pakistan, Ceylon, Ghana, ... trotz unserer großen Meinungsverschiedenheiten mit ihnen, geschehen war«; aber er sei über den Geist der Feindschaft und der Rachsucht gegenüber seinem Land erstaunt und erschüttert gewesen. Das hätte klargemacht, daß eine fortgesetzte Mitgliedschaft Südafrikas nicht länger begrüßt werden würde. Er glaubte, dies bezeichne »den Anfang der Auflösung des Commonwealth«. Die Stellungnahmen seiner Premierministerkollegen, abgesehen von Sir Robert Menzies, der sich wegen der Commonwealth-Auseinandersetzung über die inneren Angelegenheiten eines Mitgliedstaats »tief bestürzt« zeigte, waren bedauernd, bekundeten aber auch in verschiedenem Maß ihre Erleichterung über den Austritt Südafrikas. Der Präsident von Pakistan dachte, daß das Commonwealth im Endergebnis als eine stärkere Organisation daraus hervorgehen würde; Diefenbaker glaubte, daß Südafrikas Austritt unvermeidlich gewesen sei, weil eine Diskriminierung hinsichtlich der Rasse oder der Hautfarbe nicht fortdauern könne, wenn das Commonwealth »eine Kraft zum Guten« sein solle; Frau Bandaranaike von Ceylon sah darin »eine dramatische Verteidigung der Gleichberechtigung und der menschlichen Würde, für die das Commonwealth eintritt«; Nehru, obwohl er, und offenbar nicht ohne Grund, be-

zweifelte, daß die Entscheidung in irgendeiner Weise den Nichteuropäern in der Union helfen würde, zweifelte kaum daran, daß ihre Wirkung »die Stärkung des Commonwealth« sein würde; und Macmillan, für den das Ergebnis das Scheitern anfänglicher Bestrebungen darstellte, äußerte ganz einfach sein Bedauern, daß die Umstände einen Bruch unvermeidlich gemacht hätten. Unausgesprochen schwang die Überzeugung mit, daß ein Wendepunkt in der Geschichte des Commonwealth erreicht worden war, und die Hoffnung übertraf die Sorge im Hinblick auf das, was er bedeuten könnte. Weithin wurde bemerkt, daß dies der erste Fall war, bei dem sich die Ansichten der Regierung des Vereinigten Königreichs in einer Angelegenheit von entscheidender Bedeutung für die Innenpolitik des Commonwealth nicht durchgesetzt hatten. Fast unbemerkt blieb die Tatsache, daß die Streitfrage in einer spannungsgeladenen Atmosphäre in London von den Premierministern selbst entschieden wurde, scheinbar ohne ständige Beratung mit ihren eigenen Kabinetten und nach längerwährenden Aussprachen, deren Gang anscheinend nicht unbeeinflußt blieb von einem gehaltvollen Artikel von Dr. Julius Nyerere, dem damaligen Premierminister von Tanganjika und späteren Präsidenten von Tansania, der im *Observer* vom Sonntag, dem 21. März 1961, veröffentlicht wurde und warnend darauf hinwies, daß Tanganjika, das erst am 9. Dezember des Jahres unabhängig werden sollte, nicht »irgendeiner ›Verbindung von Freunden‹ beitreten kann, die einen Staat einschließt, der absichtlich und unbarmherzig eine Rassenpolitik verfolgt« (40). Die Stärke der panafrikanischen Gesinnung, deren entschiedenster Verfechter der Präsident von Ghana, Dr. Nkrumah, war, begann sich in den Ratsversammlungen des Commonwealth bemerkbar zu machen.
Als die südafrikanische Regierung entschied, aus dem Com-

monwealth auszutreten, deutete sie eine Entschlossenheit an, sich durch den Gegenwind nicht von ihrem Kurs abdrängen zu lassen, sondern ihm zu widerstehen. Sie hatte Vertrauen in ihre Fähigkeit, und auf kurze Sicht schätzte sie das tatsächliche Kräfteverhältnis in Afrika richtiger ein als die Mehrheit ihrer Kritiker. Die Europäer in Südafrika waren schon alteingesessen, ihre Gesellschaft ruhte auf reichen Rohstoffquellen und einer wirtschaftlichen Erfahrung ohnegleichen auf dem Kontinent, die zu einer Wachstumsrate fähig war, die die Republik unter die führenden Nationen in der Welt einreihte. Aber es gab auch eine andere, vor kurzem angesiedelte europäische Gemeinschaft, ohne vergleichbare wirtschaftliche Mittel, die auch beschloß, dem Gegenwind zu trotzen. Es waren die Weißen von Südrhodesien, die unter einer Bevölkerung von 4 Millionen Afrikanern weniger als 200 000 zählten.

Nach Auflösung der Föderation von Rhodesien und Njassaland wurden Nordrhodesien als Sambia und Njassaland als Malawi unabhängige Mitgliedstaaten des Commonwealth, Südrhodesien dagegen nicht. Fast 20 Jahre lang waren die Premierminister Südrhodesiens und der Föderation nacheinander zu den Treffen der Premierminister aus Gefälligkeit, aber ohne Rechtsanspruch eingeladen worden. Es war jedoch weithin angenommen worden, jedenfalls in Großbritannien und Rhodesien, daß der Rechtsanspruch so oder so im Zuge der Unabhängigkeit folgen würde, die aus grundsätzlichen Erwägungen nicht vor, sondern unmittelbar nach der Erlangung der Stellung eines unabhängigen Mitglieds durch einen afrikanischen Staat kommen würde. Dieser Status wurde 1957 von Ghana erreicht, Nigeria und ost- und zentralafrikanische Staaten folgten; aber weit entfernt von Anzeichen für eine Beförderung Rhodesiens gab es Beweise für einen Wandel in der amtlichen britischen Einstellung, die den Siedlern und ihren Ansprüchen kritisch gegenüberstand. Unabhängigkeit und Mitgliedschaft im Commonwealth sollten zumindest von Zusicherungen für eine Mehrheitsregierung der Afrikaner in einer halbwegs vorhersehbaren Zukunft abhängig gemacht werden. Die Siedler, die die Auflösung der Föderation noch frisch in der Erinnerung hatten, beschlossen, wenn es sein mußte, eher kämpfend unterzugehen als ihre herrschende Stellung stufenweise abzubauen, was sonst unvermeidbar schien. Als zunehmend klarwurde, daß sie die Unabhängigkeit nicht mit verfassungsmäßigen Mitteln erreichen konnten, drohten sie, diese auf ungesetzmäßigem Weg und durch eine einseitige Unabhängigkeitserklärung Rhodesiens an sich zu reißen. »Es sollte in Rhodesien keine Illusionen geben«, wurden sie vom Labour-Premierminister Großbritanniens, Harold Wilson, gewarnt, »über die Fähigkeit und die Entschlossenheit der britischen Regierung, mit äußerster Strenge gegen jeden Akt der Rebellion vorzugehen; oder über die Auswirkungen der Fülle der internationalen Verurteilungen, denen sich Rhodesien aussetzen würde.« Aber die weißen Rhodesier unter der Führung Ian Smiths waren von ihrem Weg nicht abzubringen. Am 11. November 1965 erklärten sie einseitig die Unabhängigkeit; der erste Siedleraufstand gegen die britische Herrschaft seit dem amerikanischen Unabhängigkeitskrieg. Die einseitige Unabhängigkeitserklärung (UDI = *Unilateral Declaration of Independence*) wurde in Afrika als eine Herausforderung des neuen Afrikanertums empfunden, als ein Prüfstein für die guten Absichten Großbritanniens und des Commonwealth und als ein Ausdruck der Absicht der Siedler, die Grundrechte der Afrikaner zu mißachten. Ihr wurden nacheinander lautstarke Proteste, Handelssanktionen durch Großbritannien und andere Commonwealth-Staaten und schließlich Sanktionen durch die Vereinten Nationen, aber keine Gewalt entgegengesetzt. Großbritannien, das allein in der Lage war, Gewalt anzuwenden, war dazu nicht bereit; während die afrikanischen Staaten, die selbst die militärischen Mittel nicht besaßen, leidenschaftlich versuchten, Großbritannien zu überreden, Gewalt anzuwenden. Ein Ergebnis war, daß das durch das Bestehen und noch mehr durch das Überleben des Siedlerregimes in Rhodesien entfachte Mißtrauen und die sich daraus ergebenden Gegensätze das Commonwealth in Afrika fast zu Fall brachten. Ein anderes war, daß das Commonwealth gemeinsam zum erstenmal ein aktives Vorgehen in einer Angelegenheit suchte und beschloß, die grundsätzlich nur die britische Regierung in London und eine Kolonie unter ihrer Hoheitsgewalt und in ihrem Verantwortungsbereich betraf. Wie dieses Vorgehen zustande kam, erlaubt eine Einsicht in den Aufbau und die Spannungen in einem vielrassigen Commonwealth.

Es bestand weitgehende Übereinstimmung in der Einstellung der aufeinanderfolgenden britischen Regierungen zu den Bedingungen, unter denen Südrhodesien die Unabhängigkeit gewährt werden konnte, sobald die Föderation aufgelöst worden war. Sie wurden zuerst durch die konservative Regierung als fünf Grundsätze aufgestellt, die durch die nachfolgende Labour-Regierung am 21. September 1965 wiederholt und im Januar 1966 durch die Hinzufügung eines sechsten erweitert wurden. Diese Grundsätze waren folgende: 1. Der Grundsatz und die Absicht des unbehinderten Fortschritts in der Richtung auf eine Mehrheitsregierung, die schon in der Verfassung von 1961 enthalten war, müßte erhalten und verbürgt werden. 2. Es müßte auch Sicherheiten gegen eine rückschrittliche Änderung der Verfassung geben. 3. Es müßte eine sofortige Verbesserung in der politischen Stellung der afrikanischen Bevölkerung geben. 4. Es müßte Fortschritte zur Beendigung der unterschiedlichen Behandlung der Rassen geben. 5. Die britische Regierung müßte die Gewißheit haben, daß jede Grundlage einer vorgeschlagenen Unabhängigkeit für die Bevölkerung Rhodesiens als Ganzes annehmbar sein würde. 6. Es müßte sichergestellt werden, daß es ohne Rücksicht auf die Rassenzugehörigkeit keine Unterdrückung einer Mehrheit durch eine Minderheit oder einer Minderheit durch eine Mehrheit geben würde.

Diese Grundsätze sahen keine sofortige Übergabe der Machtbefugnisse von Europäern an Afrikaner vor, die in London in der Tat im Hinblick auf die Zwietracht der Afrikaner in Rhodesien und die Eignung der afrikanischen Führungsschicht in der Kolonie als unrealistisch betrachtet wurde, aber sie suchten sicherzustellen, daß die Macht über eine Reihe von Jahren ohne die Möglichkeit der Zurücknahme fortschreitend übertragen werden würde. Es war indessen genau diese Aussicht auf die stetige Unterhöhlung ihrer Stellung, der die Siedler oder die große Mehrheit von ihnen durch ihre einseitige Unabhängigkeitserklärung zuvorzukommen versucht hatten. Würden wirtschaftliche Zwangsmaßnahmen genügen, um sie zu überreden, den Schritt rückgängig zu machen, im wesentlichen zum *status quo ante* zurückzukehren, die sechs Grundsätze anzuerkennen und so den Weg für eine afrikanische Mehrheitsregierung in absehbarer Zeit freizugeben? Die britische Regierung, die nur um den Preis der Spaltung der öffentlichen Meinung zu Hause und der Gefahr des Zusammenstoßes mit der Republik von Südafrika in der Lage war, Gewalt anzuwenden, war zuversichtlich, daß die Antwort bejahend ausfallen würde.

Am 10. Dezember 1965 erklärte der britische Premierminister vor dem Unterhaus, die von Großbritannien verhängten wirtschaftlichen Maßnahmen, um Rhodesien zum frühestmöglichen Zeitpunkt zur verfassungsmäßigen Regierung zurückzubringen, wären hart und würden Leiden verursachen; aber die Regierung meinte, daß »rasche und wirksame Maßnahmen weniger Leiden herbeiführen werden als ein langausgedehnter Kampf«. Jedoch die Zuversicht des Premierministers wurde von der Mehrheit der afrikanischen Staaten nicht geteilt, die nach einem Krieg gegen Rhodesien riefen, selbst wenn er die Gefahr der Einbeziehung Südafrikas in sich barg.

Als Versuch, das wachsende afrikanische Mißtrauen gegen den Beschluß Großbritanniens und auch gegen seinen guten Willen auszuräumen und so die bedrohte Einheit des Commonwealth zu erhalten, fanden 1966 zwei Treffen der Regierungsoberhäupter des Commonwealth statt — eine Bezeichnung, die sowohl Präsidenten als auch Premierminister umfaßt: eines in Lagos im Januar auf Einladung von Sir Abubakar Tafawa Balewa, des Premierministers der Föderation von Nigeria, das andere in London im September. Das Treffen in Lagos war bemerkenswert, weil es das erste Treffen war, das außerhalb Großbritanniens abgehalten und von dem ein Jahr vorher eingerichteten Commonwealth-Sekretariat vorbereitet wurde. Beides waren Tatsachen, die nicht ohne Beziehung zueinander waren; denn das Vorhandensein eines Sekretariats erleichterte die Vorbereitung von Konferenzen in anderen Hauptstädten als London. Eine Folge war, daß nicht wie bisher der britische Premierminister, sondern der Premierminister des Gastlandes, der Föderation von Nigeria, den Vorsitz führte. Das war von einer gewissen Bedeutung, da die Lagos-Konferenz auf den Vorschlag Nigerias hin einberufen worden war, um ein einziges Thema zu besprechen — Rhodesien. Zwei Mitgliedstaaten, Ghana und Tansania, die ihre Beziehungen zu Großbritannien wegen der Rhodesienfrage schon

abgebrochen hatten, waren nicht vertreten, während Australien einen Beobachter entsandte und so, wie Sir Robert Menzies erklärte, die Besorgnis seiner Regierung andeutete, daß
andere Commonwealth-Länder sich in etwas einmischen würden, was eigentlich in die Zuständigkeit Großbritanniens fiel,
und durch das Drängen auf Gewaltanwendung in Rhodesien
das Gebäude des Commonwealth in Gefahr bringen würden.
Die abschließende Verlautbarung bestätigte in der Tat, daß
die Zuständigkeit und die Verantwortung, Rhodesien in die
Unabhängigkeit zu entlassen, bei Großbritannien lag. Aber
sie erkannte auch an, daß das Problem von weitreichender
Bedeutung für Afrika war, und die Staatsmänner des Commonwealth sprachen von der Gefahr für alle vielrassigen Gemeinschaften, besonders in Ost- und Zentralafrika, und für
die Zukunft des vielrassigen Commonwealth selbst, wenn die
Lage in Rhodesien andauerte. Während jedoch alle übereinstimmten, daß der Rebellion ein Ende gesetzt werden sollte,
äußerten einige ihre Besorgnis, daß die bisher unternommenen
Schritte sie nicht beendet hatten. Die Anwendung militärischer Gewalt wurde erörtert, und man kam überein, daß sie
nicht ausgeschlossen werden konnte. Andererseits behauptete
der britische Premierminister, daß nach den ihm vorliegenden
Gutachten der Fachleute die zunehmende Wirkung der wirtschaftlichen und finanziellen Sanktionen die Rebellion in einigen Monaten, wenn nicht in Wochen, beenden könnte. Seine
Vorhersage wurde mit allgemeinem und, wie sich zeigen sollte,
berechtigtem Zweifel aufgenommen. Infolgedessen beschloß
die Konferenz, gleichsam als Rückversicherung, zwei ständige
Ausschüsse zu ernennen, die aus Vertretern aller Commonwealth-Länder zusammengesetzt waren. Diese würden sich
mit dem Generalsekretär in London treffen, und einer von
ihnen sollte regelmäßig die Wirkung der Sanktionen überprü-

fen, ein anderer hingegen ein besonderes Commonwealth-Programm zur Unterstützung der Ausbildung von Afrikanern aus Rhodesien für zukünftige Verantwortung zusammenstellen. Die Regierungsoberhäupter stellten es dem Ausschuß für Sanktionen frei, den erneuten Zusammentritt ihrer Konferenz zu empfehlen, wenn es für notwendig erachtet wurde, und sie beschlossen, auf jeden Fall im Juli noch einmal zusammenzutreffen, wenn die Rebellion nicht vorher beendet worden wäre (41). Das Commonwealth, über dessen Schicksal Großbritannien einmal gewacht hatte, sollte nun Großbritannien als Wachhund beigegeben werden. Das wurde hingenommen, obwohl man in Whitehall nicht allgemein Gefallen daran fand.

Die rhodesische Rebellion war in der Tat im Juli noch nicht beendet und auch noch nicht im September, als sich die Premierminister, nach dem von ihnen selbst festgelegten Zeitplan etwas verspätet, wieder in London trafen. Zwischen den beiden Konferenzen gab es formlose Gespräche britischer Staatsbeamter mit Regierungsmitgliedern Rhodesiens. Auf britischer Seite zielten die Gespräche darauf ab festzustellen, ob eine Grundlage für Verhandlungen bestand: Es waren, wie man zu sagen pflegt, Gespräche über Gespräche und durchaus unverbindlich. Sie dienten eher dazu, trotz britischer Beteuerungen, das afrikanische Mißtrauen gegen die britischen Absichten zu vergrößern. Während die Gespräche in Abständen andauerten, nachdem einem angeblichen Scheitern die Wiederaufnahme folgte, wurde dieses Mißtrauen ständig größer. Es beherrschte die Konferenz im September.

An dem Treffen im September nahmen teil: die Regierungsoberhäupter von Australien, Großbritannien, Kanada, Zypern, Gambia, Guayana, Malawi, Malaysia, Malta, Neuseeland, Sierra Leone, Singapur und Uganda, der stellvertretende Premierminister von Jamaika sowie Minister und Regierungsvertreter von Ghana, Trinidad und Tobago, Indien, Pakistan, Sambia, Ceylon und Nigeria. Nur Tansania entsandte keine Delegation. Neun der elf Tage des Treffens waren Rhodesien gewidmet. Die meisten Regierungsoberhäupter äußerten ihre feste Überzeugung, Gewalt sei das einzige sichere Mittel, das rechtswidrige Regime in Rhodesien zu stürzen. Die britische Regierung indessen, nicht gänzlich isoliert, beharrte fest auf ihren Einwänden gegen Gewaltanwendung als Mittel zur Erzwingung einer verfassungsmäßigen Regelung. Es wurde auch sehr starker Druck auf den Premierminister ausgeübt, Großbritannien sollte eine kategorische Erklärung des Inhalts abgeben, daß die Unabhängigkeit nicht vor der Mehrheitsregierung auf der Grundlage des allgemeinen Erwachsenenstimmrechts gewährt werden würde. Hier gestand der Premierminister vieles zu, ohne allerdings alles zuzugestehen. Er räumte ein, jede Regelung müßte unzweifelhaft für die ganze Bevölkerung Rhodesiens annehmbar sein, und dies bedeutete, daß es keine Unabhängigkeit vor der Mehrheitsregierung geben könne, wenn nicht nachgewiesen würde, daß die ganze Bevölkerung Rhodesiens etwas anderes wünsche. Die Zuversicht über die Wirkung der Sanktionen war geringer als im Januar. Dem rechtswidrigen Regime sollte daher von der britischen Regierung ein Ultimatum gestellt werden. Es besagte, daß, wenn die ersten und unentbehrlichen Schritte zur Beendigung der Rebellion und zur Übertragung der vollziehenden Gewalt an den Gouverneur nicht vor Ende des Jahres erfolgten, die britische Regierung an erster Stelle alle bisherigen Vorschläge für eine verfassungsmäßige Regelung widerrufen und insbesondere danach nicht bereit sein würde, dem Parlament eine Regelung vorzuschlagen, die die Unabhängigkeit vor der Mehrheitsregierung vorsah, und daß sie an zweiter Stelle bereit sein würde, eine Entschließung im Sicherheitsrat gemeinsam mit den anderen Regierungen einzubringen, die bestimmte verpflichtende wirtschaftliche Sanktionen gegen Rhodesien verhängte (42).

Die zeitliche Begrenzung, verstärkt durch die Drohung mit internationalen Schritten, bedeutete eine Verschärfung des Kampfes und dessen Ausweitung. Doch die Annahme dieser Entschließung räumte weder die Zweifel aus noch ließ sie die Kritik verstummen. Der Außenminister von Sambia, der vor dem Ende des Treffens abreiste, bemerkte, Sambia habe aus der Konferenz nichts gewonnen — Präsident Kaunda war der hauptsächliche und beharrliche Verfechter der Gewaltanwendung durch die Briten, um die rhodesische Rebellion zu beenden und die Unbotmäßigen zur Räson zu bringen. Der Vizepräsident von Kenia war gemäßigter; er bemerkte, obwohl die afrikanischen, asiatischen und westindischen Delegationen nicht alles erreicht hätten, was sie sich erhofft hätten, sei doch die sehr gefährliche Gewährung der Unabhängigkeit vor der Mehrheitsregierung vermieden worden. Harold Wilson hingegen, der dem starken Druck des Commonwealth in einer Lage ausgesetzt war, die ihm wegen der portugiesischen und südafrikanischen Lücken im Ring der Handelssanktionen wenig Bewegungsfreiheit ließ, meinte: »Wir haben es allmählich satt, für ein Regime den Kopf hinzuhalten, das keine Rücksicht auf die internationale Meinung nimmt. Wir haben in den letzten zehn Tagen einen sehr hohen Preis dafür zahlen müssen. Wir haben wegen der Handlungsweise einer kleinen Gruppe von Menschen der sehr großen Gefahr der Auflösung des Commonwealth gegenübergestanden.«

Das Ultimatum mit der auf Ende des Jahres festgesetzten Frist führte zu weiteren Gesprächen zwischen der britischen Regierung und dem Smith-Regime, wobei der Gouverneur, eine isolierte Gestalt, nachdem die Telefonleitungen in seiner Residenz in Salisbury durchgeschnitten worden waren, weiterhin als Mittelsmann und beharrlicher Befürworter von Verhandlungen diente. Im November fand ein Besuch des Commonwealth-Sekretärs in Rhodesien statt, und am 1. Dezember teilte der Premierminister, der Grund hatte zu glauben, daß »wir auf Rufweite an eine Lösung herangekommen sind«, dem Unterhaus die überraschende Nachricht mit, daß er noch am selben Abend zu einem »Gipfelgespräch auf See« mit Ian Smith bei Gibraltar an Bord des *H. M. S. Tiger* fliegen würde. Die Gespräche dauerten zwei Tage. Ein vorläufiges Schriftstück für eine verfassungsmäßige Regelung wurde entworfen, und Smith wurde Gelegenheit zu einer Besprechung mit seinen Kollegen in Salisbury gegeben, bevor sie es insgesamt annahmen oder ablehnten. Sie lehnten es ab. Das später veröffentlichte (43) Schriftstück legte den Grund zu einer langfristigen, verfassungsmäßigen Regelung im Rahmen der sechs Grundsätze und skizzierte auch die Art und Weise, wie eine sofortige Rückkehr zu gesetzmäßigen Zuständen erfolgen und die Billigung der neuen Vorschläge einer unabhängigen Verfassung durch die gesamte rhodesische Bevölkerung festgestellt werden könnte. Während das rhodesische Regime angeblich bereit war, die verfassungsrechtlichen Vorschläge anzunehmen, meldete es Bedenken gegen das skizzierte Verfahren für die Rückkehr zu gesetzmäßigen Zuständen an, insbesondere im Hinblick auf die beträchtlichen Vollmachten, die dem Gouverneur für die Zwischenzeit übertragen werden sollten, so daß angesichts der Natur dieser Vollmachten die rhodesische Regierung, wie Mr. Smith behauptete, »außerordentlich töricht sein würde, wenn sie den Inhalt ihrer derzeitigen Verfassung für den Schatten einer noch zu entwerfenden mythischen Verfassung preisgeben würde« (44). Der Ablehnung

folgte unverzüglich ein britischer Antrag an die Vereinten
Nationen auf Verhängung bestimmter Sanktionen, die auf den
Druck der afrikanischen Staaten im Commonwealth hin auf
Öl ausgedehnt wurden, und eine Erklärung, daß alle bisheri-
gen, von der britischen Regierung gemachten Angebote
ungültig geworden seien und daß es infolgedessen keine
Unabhängigkeit vor der Mehrheitsregierung geben würde
(NIBMAR = *no independence before majority rule*).
In den frühen Stadien der Rhodesienkrise und ebenso als im
Oktober 1968 die Gespräche bei Gibraltar wieder aufgenom-
men wurden, betonte die britische Regierung den verbindlichen Charakter der sechs Grundsätze und der Verpflichtungen,
die sie eingegangen war, als sie die Commonwealth-Verlaut-
barungen von Lagos und London unterschrieb.
In keiner früheren Phase des Vorgangs der Entkolonialisierung war die Beteiligung des Commonwealth an der Gestaltung der britischen Politik so ausgeprägt oder die britische
Bewegungsfreiheit so eingeengt gewesen. Auch waren die
Grenzen der britischen Herrschaft noch nie über längere Zeit
so schmerzhaft offenbar gewesen. Auf kurze Sicht schien der
politische Preis für das Commonwealth in Afrika hoch zu
sein. Ernüchterung breitete sich aus und wurde durch Aufruhr in Afrika vertieft. Auf die Lagos-Konferenz folgte
nach wenigen Tagen eine Militärrevolte in Nigeria, das bisher
der dauerhafteste und auch volkreichste Commonwealth-
Staat in Afrika gewesen war, wobei die Premierminister der
Nord- und Westregion ermordet und der Premierminister der
Föderation, der bei der Konferenz mit vornehmer Würde den
Vorsitz geführt hatte, entführt und später tot aufgefunden
wurde. Im benachbarten Ghana wurde weniger als einen Monat später Präsident Nkrumah, während er auf einem Staats-
besuch in Peking weilte, ebenfalls durch eine Militärrevolte

entmachtet. Aber diese Ereignisse waren keineswegs die Ursache eines Vorurteils der Regierung und der Bevölkerung Großbritanniens, wenn sie auch dazu dienten, es zu verstärken. Nicht auf Afrika, und in der Tat auch nicht auf andere Teile des Commonwealth in Übersee, richteten sie ihre Hoffnungen, sondern auf die engere Umgebung der Heimat — auf Europa.

Nicht lange nach dem Austritt Südafrikas wurden Schritte unternommen, die einen Kurswechsel der britischen Politik bewirkten. Am 13. Juni 1961 gab Harold Macmillan bekannt, drei ranghöhere Minister würden die Hauptstädte des Commonwealth besuchen, um mit den Regierungen des Commonwealth über die Beziehungen Großbritanniens zur Europäischen Wirtschaftsgemeinschaft Beratungen zu führen. Die Ankündigung wurde zu Recht als ein Anzeichen für eine entscheidende Verschiebung in der britischen Politik gedeutet. Aus diesem Grund gelang es den drei Abgesandten auch mehr, Bedenken über die politischen und wirtschaftlichen Folgen einer britischen Mitgliedschaft in der EWG für das überseeische Commonwealth hervorzurufen, als die Regierungen des überseeischen Commonwealth von deren Erwünschtheit zu überzeugen. Während die wirtschaftliche und politische Stärke Westeuropas als ein allgemeines Interesse des Commonwealth anerkannt wurde und während in den Verlautbarungen, die nach den Unterredungen veröffentlicht wurden (45), ausdrücklich zugegeben wurde, daß die Mitgliedschaft Großbritanniens in der EWG eine Angelegenheit sei, über die die britische Regierung zu entscheiden habe, äußerten australische Minister, um ein bezeichnendes Beispiel zu nennen und die am 11. Juli veröffentlichte Verlautbarung zu zitieren, ihre Sorge über »die schwächende Wirkung, die, wie sie glaubten, diese Entwicklung auf die Commonwealth-Beziehung haben würde«. Während sie sich

»nicht berechtigt fühlten, Einwände gegen die Eröffnung von Verhandlungen durch die britische Regierung zu erheben«, machten sie klar, daß »das Ausbleiben eines Einwands unter diesen Umständen nicht als Zustimmung aufgefaßt werden könne«. Als die Frage gemeinsam von den Ministern des Commonwealth erwogen wurde, die an dem Treffen des Beratenden Wirtschaftsrats des Commonwealth in Accra vom 12. bis 14. September 1961 teilnahmen, führten die kanadischen Vertreter eine so scharfe Sprache, daß der Eindruck entstand, die kanadische Regierung glaube, Großbritannien müsse sich zwischen dem Commonwealth und der EWG entscheiden. Die amtliche Verlautbarung (46) selbst sprach von »den schwerwiegenden Befürchtungen und der Sorge« aller überseeischen Commonwealth-Vertreter im Hinblick auf »die möglichen Folgen der von dem Vereinigten Königreich eingeleiteten ersten Schritte«.

Die Verlautbarung von Accra stellte eine extremere Ansicht dar, als sie in späteren Verhandlungen oder auf dem Treffen der Premierminister des Commonwealth im September 1962 zum Vorschein kam. Die Schwierigkeiten der wirtschaftlichen Lage Großbritanniens und das Fehlen irgendeiner überzeugenden Alternative im Rahmen des Commonwealth zur Mitgliedschaft in der EWG wurden in zunehmendem Maß deutlich. Auf dem entscheidenden Gebiet des Außenhandels blieb der Export des Vereinigten Königreichs in das Commonwealth zwischen 1955 und 1963 fast auf dem gleichen Stand, während sich sein Export in die USA und die EWG mehr als verdoppelte. Es ist wahr, daß der Export in die Commonwealth-Länder 1962 einen größeren Wert behielt als derjenige in die USA und die EWG zusammengenommen; und noch bedeutsamer war der Umstand, daß der Export in das Commonwealth sich in jedem Jahr auf 1032 Millionen Pfund im Ver-

gleich zu 720 Millionen Pfund in die EWG belief (47). Mit
anderen Worten: Der Handel mit dem Commonwealth blieb
ungeheuer wertvoll und machte etwa ein Drittel des gesamten
Handels von Großbritannien aus. Aber er stand entweder
still oder ging langsam zurück und enthielt, wie es den meisten Wirtschaftsfachleuten schien, wenig Wachstumsmöglich-
keiten. Dennoch gab es im überseeischen Commonwealth, vor
allem in den älteren Dominien, immer noch viele, auch wenn
sie das alles zugaben, die einige Dinge für wahr hielten, die
General de Gaulle (48) am 14. Januar 1963 sagte, als er das
Vetorecht seines Landes gebrauchte, um die Verhandlungen
über den Eintritt Großbritanniens in Europa zu beenden. Sie
waren geneigt zuzustimmen, daß Großbritannien in der Tat
ein seefahrendes Inselvolk war, durch seine Geschichte, seine
politischen und finanziellen und wirtschaftlichen Beziehungen
mit vielen und entfernten Ländern verbunden. Während sie
sich im allgemeinen mit dem Gedanken einer Mitgliedschaft
Großbritanniens im Gemeinsamen Markt, mit mühsam ausgehandelten Sicherungen und Vorbehalten in ihrem besonderen
Interesse, abgefunden hatten, war ein vollständiges Aufgehen
in der EWG, von dem der General behauptete, daß es früher
oder später die notwendige Voraussetzung der Mitgliedschaft
sein würde, etwas, was andere Mitgliedstaaten des Commonwealth mit Bestürzung sahen. Daher war die Verstimmung
über die Schroffheit und die Verspätung — nach Monaten
des Überlegens und Verhandelns, an dem alle Regierungen
des Commonwealth in gewissem Maß beteiligt waren — der
Verkündung des Präsidenten nicht ganz frei von einem Gefühl
der einstweiligen Erleichterung. Jetzt war die Zeit da, neue
Vorkehrungen zu treffen. Der Lauf der britischen Politik war
aufgehalten worden, aber ihre Richtung wurde nicht verändert. Wo Macmillan aufgegeben hatte, setzte Wilson vier

Jahre später wieder ein. Bis dahin war die Auseinandersetzung im Commonwealth abgeschlossen, abgesehen von einigen offenherzigen australischen Protesten; wo möglich, waren neue Vereinbarungen getroffen worden oder wurden gerade getroffen — 1967 übertraf zum erstenmal der Handel Australiens mit Japan seinen Handel mit Großbritannien — und die Folgen für das Commonwealth wurden eher resigniert als zuversichtlich abgewartet. In der Mitte des 19. Jahrhunderts war Großbritannien, indem es seine eigene kommerzielle Revolution durchführte, »in Wirklichkeit von seinem eigenen Reich abgefallen« (49); und in Übersee wurde angenommen, daß Großbritannien im späteren 20. Jahrhundert ebenfalls unter dem Zwang der wirtschaftlichen Umstände sich von einem Commonwealth lösen würde, das, obwohl es nicht mehr ein britisches war, nichtsdestoweniger von Großbritannien ins Leben gerufen worden war.

Drittes Kapitel

Männer des Commonwealth: Smuts, Mackenzie King und Nehru

GESCHICHTE UND UMSTÄNDE förderten — vielleicht bestimmten sie sogar — das Entstehen des Commonwealth in irgendeiner Form. Aber sie bestimmten nicht seine Gestalt, und noch weniger bestimmten sie diese im voraus. Sie muß auf den Einfluß von Einzelpersonen und in gewissem Maß auf den gemeinsamen Willen der Völker zurückgeführt werden. Das letztere, zu allen Zeiten schwer einzuschätzen, ist in diesem Fall hauptsächlich anzusehen als Entgegnung auf Herausforderungen und in weniger anstrengenden Tagen als stillschweigende Übernahme der für das fortdauernde Bestehen des Commonwealth notwendigen Tätigkeiten. Das erstere, die Rolle der Persönlichkeit, die zuweilen scheinbar mit täuschender Leichtigkeit in Aufzeichnungen gekennzeichnet wird, die überzeugende und zuweilen sogar in persönlicher Hinsicht abschließende Deutungen über die Entwicklungen, die sie beschreiben, zu bieten scheinen, stellt mit gewissen Einschränkungen einen fruchtbareren Boden für Überlegungen dar. Die Entstehung bzw. das Vorhandensein eines Commonwealth der Nationen gab vielen Menschen in amtlicher oder nichtamtlicher Eigenschaft Gelegenheit zur Beeinflussung oder versuchten Beeinflussung eines Bereichs der internationalen Beziehungen, die sie sonst nicht gehabt hätten. Chamberlain und Milner, Laurier und Deakin, Borden und Hughes, Botha und

Campbell-Bannerman, Balfour, Hertzog und O'Higgins, Amery, Irwin, Mountbatten, Mackenzie King, Curtin, Fraser, Menzies, Attlee, Liaqat Ali Khan, Louis St. Laurent, Macmillan, die Bandaranaikes, Abubakar Tafawa Balewa, Julius Nyerere, Lester Pearson unter den Staatsmännern und zahlreiche andere dazu; ferner Jebb, Lionel Curtis, Geoffrey Dawson und die Anhänger des *Round Table*, J. W. Dafoe und kanadische Liberal-Radikale, K. M. Panikkar unter Interpreten oder Propheten; und nicht zuletzt, wenn auch einer weiteren Öffentlichkeit weniger bekannt, zahlreiche ausgezeichnete Verwaltungsbeamte — sie alle drückten der Politik, der Auffassung oder dem Denken dieser Verbindung von Nationen ihren Stempel auf und sind, außerhalb ihrer eigenen Länder, hauptsächlich oder größtenteils wegen ihrer Wirkung darauf bekannt. Es gibt andere, von größerem Format, an deren Einfluß man in einem weitergreifenden Zusammenhang denken muß: J. A. Hobson unter den Schriftstellern, Smuts, Churchill, Gandhi, Nehru, Jinnah, de Valera und Nkrumah unter den nationalen Führern, die das Commonwealth jedoch zumindest in einigen Fällen nicht weniger nachhaltig geprägt haben als diejenigen, für die seine Entwicklung im Ganzen oder zum Teil eine Hauptbeschäftigung war.

Es wäre zweifellos möglich, die Geschichte des Commonwealth in biographischer Weise zu schreiben, und in vieler Hinsicht würde sie erhellend sein. Aber historisch wäre der Versuch fast ebenso schief, obwohl zweifellos sehr viel unterhaltsamer, als die verfassungsrechtliche Zwangsjacke, in die die Geschichte so lange schon hineingezwängt worden ist. Sie wäre schief, weil sie auf einer falschen Gleichsetzung des Menschen mit den Umständen beruhen würde. Es waren die Umstände, die in erster Linie durch die britische Ausdehnung und Siedlung in Übersee ins Spiel gebracht wurden und das Experiment des Commonwealth ermöglichten und bedingten. Was für die einzelnen Politiker übrigblieb, und dies war viel, war, wo immer sie konnten, die Aufgabe, den politischen, kulturellen und menschlichen Bindungen, die sie als Folge geerbt hatten, eine Bedeutung in der Gegenwart und einen Sinn für die Zielsetzung der Zukunft zu verleihen. Das System war wichtig, aber ebenso die Männer, die es handhaben oder entwickelten. Wie waren diese Männer beschaffen? Was waren ihre vorherrschenden Interessen und Ziele? Francis Bacon schloß seinen Essay über die Größe der Königreiche mit der Überlegung, daß, während »kein Mensch mit Vorbedacht (wie die Schrift sagt) seinem Wuchs eine Elle zufügen kann, in diesem kleinen Bau eines menschlichen Körpers; . . . im großen Rahmen der Königreiche und im Gemeinwohl steht es in der Macht der Fürsten oder der Stände, ihren Königreichen Herrlichkeit und Größe hinzuzufügen.« Das Zeitalter der Fürsten ist vorüber; aber selbst in einem Jahrhundert der wissenschaftlichen Entdeckungen, der technologischen Umwälzung und des gemeinen Mannes können Einzelpersonen in Stellungen der Macht oder in der symbolischen Bedeutung immer noch den Ruf von Staaten oder Gemeinschaften verbessern oder verringern und jene historische Tradition entweder bereichern oder schmälern, die den Weg, den ein Land oder eine Gemeinschaft gegangen ist, erhellt und so dazu dienen kann, Licht auf einige Strecken des zukünftigen Weges zu werfen.

Im Mai 1902, als die Buren in Vereeniging die Frage Friede
oder Krieg erörterten, behauptete Smuts, daß Friede geschlossen werden müsse. Seine Darlegung der Frage war wirklichkeitsnah und unwiderlegbar, obwohl die unterdrückte Leidenschaft auf dem Höhepunkt durchbrach. »Brüder, wir waren entschlossen, bis zum bitteren Ende durchzustehen; laßt
uns wie Männer zugeben, daß das Ende für uns gekommen
ist — in einer sehr viel bittereren Weise gekommen ist, als
wir es je für möglich hielten.« (1) Er war 31 Jahre alt, und er
war besiegt. Sein Biograph nannte es »eine merkwürdige
Niederlage« (2). Sie liefert indessen einen Hinweis zum Verständnis der merkwürdigsten aller Laufbahnen im Commonwealth.

Sein Biograph, Professor Hancock, hat Smuts von beiden Seiten gezeigt. Zu Lebzeiten Smuts' blieb der großen Mehrheit
seiner Verehrer in England und dem Commonwealth die ver-
borgene, die Burenseite unbekannt. Aber für Smuts war sie
die Heimat. Von dorther stammte seine Liebe zum Bergstei-
gen und sein Gefühl für den gleichmäßigen Pulsschlag des
Farmerlebens, in denen er sein ganzes Leben lang Frieden
fand. Dort ging er, hochbegabt und lernbegierig, zur Schule,
wobei er an den Spielen »des unreifen Elements« nicht teilnahm und keinen Grund hatte, jenem langsamen, beharrli-
chen, drei Jahre jüngeren Büffler D. F. Malan besondere Aufmerksamkeit zu schenken. Stellenbosch und dann Cambridge
folgten, mit Einsern und Auszeichnungen auf dem ganzen
Weg. Aber in Cambridge entschädigten die Ehrungen nicht für
die Entfernung von der Heimat. In seinem ersten Jahr war
er »gänzlich verlassen«. Dennoch gaben Cambridge und England ihm ihr Gepräge. »Ein anglisierter Afrikaander ist eine

ebenso verabscheuungswürdige Kreatur wie ein anglisierter Schotte«, glaubte sein Wohltäter und früher Ratgeber, Professor Marais, ihn warnen zu müssen (3). Die Ereignisse der darauffolgenden Jahre schienen die Warnung überflüssig gemacht zu haben.

Einem unangebrachten, vom Jameson-Einfall zerstörten Vertrauen auf Rhodes folgte die Auswanderung Smuts' in den Transvaal, wo er Krügers Generalstaatsanwalt wurde und eine der führenden Persönlichkeiten in der Republik nach dem Präsidenten. Er verhandelte mit Milner, der ihn für großherzig hielt, seine außergewöhnlichen Fähigkeiten erkannte, aber sein Beharrungsvermögen und seine politische Einsicht bezweifelte. Seinerseits sah Smus zuletzt ein — obwohl er versucht war, Milner zu »den akademischen Nullen, die sich für große Staatsmänner des Reichs halten« zu zählen —, daß Milner entschlossen war, die Republik vor die Wahl zu stellen zwischen totaler Kapitulation oder totalem Krieg. Man entschied sich für das zweite. Smuts machte Feldzüge mit. Er stellte fest, daß ihm »das Soldatenleben ... außerordentlich gut zusagt« (4). Es rüstete ihn überdies am Anfang des Jahrhunderts für das, was der vorherrschende internationale Zug seiner Zeit sein sollte — Kriegsvorbereitungen und Krieg. Aber 1902, nach der Begeisterung der Kommandoüberfälle, kam das Ende nicht nur in Gestalt der Niederlage, sondern der Niederlage in einem Krieg, von dem Smuts glaubte, daß er seinem Volk ungerechterweise aufgezwungen worden sei. »Vielleicht ist es das Schicksal unseres kleinen Volkes«, überlegte er in dem ersten Brief, den seine Frau nach mehr als einem Jahr, einem Jahr, in dem ihr Sohn starb, von ihm erhielt, »auf dem Altar der Ideale der Welt geopfert zu werden; vielleicht sind wir ausersehen, ein Volk von Märtyrern zu sein.« (5)

Die Niederlage, und vor allem die Niederlage unter solchen Umständen, fördert für gewöhnlich Verzweiflung oder Aufstieg auf außergewöhnlichen Wegen. Es sind die Besiegten, nicht die Sieger, die es nötig haben, schlau zu sein. »Smuts«, schrieb ein Beamter des Kolonialministeriums über ihn zur Zeit seines berühmten Besuchs bei Campbell-Bannerman im Frühjahr 1906, »ist ein Bure und ein Rechtsanwalt. Seine Denkschrift ... weist die ganze Schlauheit seines Volkes und Berufes aus« (6). Darin lag ein Teil Wahrheit. Smuts kümmerten nicht die Mittel, sondern der lange Aufstieg aus der Niederlage. Der bemerkenswerteste Schritt war dabei sein berühmtes Treffen mit Campbell-Bannerman am Mittwochabend, dem 7. Februar 1906. Das Treffen war »die schöpferische Begegnung« (7) seines politischen Lebens. Mit zunehmendem Alter wurde die Erinnerung daran bei Smuts immer lebhafter, obwohl die Akten des Kolonialministeriums deutlich machen, daß es niemals ganz die Bedeutung hatte, die er ihm zuschrieb. Aber sein Instinkt war gesund. Ein Mann, der besiegt worden ist, ist meist ein guter Kenner der politischen Großzügigkeit, die den Weg zur Wiederherstellung nach der Niederlage öffnet. Es folgte der 4. März 1907, der Tag, an dem Smuts als Mitglied der Regierung »Seiner Majestät« im Transvaal vereidigt wurde. Er schrieb darüber an Merriman: »Man ist geneigt, ein Ereignis wie dieses als eine Selbstverständlichkeit anzusehen ...; aber trotzdem, von einer höheren Warte aus gesehen, ist es in Wirklichkeit äußerst bemerkenswert. Meine Gedanken gingen zurück nach Vereeniging — getrennt vom Heute durch nur sechs kurze Jahre — und zur Entschlossenheit, letztlich doch zu gewinnen, die mich selbst dort aufrecht hielt in jener dunkelsten Stunde unserer Geschichte.« (8) Und noch einen Schritt weiter auf dem Weg nach oben in der Verfassunggebenden Versammlung im Jahr 1909:

Patrick Duncan bemerkte, wie »der fruchtbare Geist von
Smuts sich damit beschäftigt, Kompromisse über strittige Fragen ... zu erreichen. Er kümmert sich nicht viel darum, was
er an verfassungsrechtlichen Grundsätzen oder an Macht und
noch weniger an materiellen Interessen preisgibt, solange er
glaubt, daß die Sache in einer Gestalt angenommen wird, die
nicht so fest verwickelt ist, daß er sie nicht hinterher als Mitglied einer starken Regierung mit einem fügsamen Parlament
lösen kann ...« (9)

Smuts war zuversichtlich genug zu glauben, daß das Beispiel
der Großzügigkeit ansteckend wirken würde. Aber in einer
Hinsicht hatte er selbst dafür gesorgt, daß das nicht geschehen
würde. Der ursprüngliche Entwurf der betreffenden Bestimmung des Vertrags von Vereeniging besagte, daß den Eingeborenen das Stimmrecht erst nach der Einführung der
Selbstverwaltung gegeben würde. Es war Smuts, wie Professor Hancock gezeigt hat, der nach einigen Änderungsver-
suchen den Artikel ganz neu faßte: »Die Frage der Gewährung des Stimmrechts an die Eingeborenen wird erst nach der
Einführung der Selbstverwaltung entschieden werden.« (10)
An die Stelle des klaren Hinweises, daß den Eingeborenen zu
einem späteren Zeitpunkt das Stimmrecht gewährt würde, trat
ein Stimmrecht, das im Ermessen derjenigen lag, die ihren uneingeschränkten Widerspruch gegen dessen Gewährung geäußert hatten. Hier ist, je nach Standpunkt, ein klassisches
Beispiel für die Formulierungskunst von Smuts oder für seine
Schlauheit. Selbstverständlich lag die letzte Verantwortung
für die Annahme des veränderten Entwurfs bei der britischen
Regierung. Aber Smuts erreichte, was er und sein Volk wollten. Im Jahr 1902, so kann billigerweise behauptet werden,
war es seine Pflicht, und zwar eine um so heiligere für ihn,
weil er nur Wahl-Transvaaler war, aus der Niederlage zu ret-

ten, was er nur konnte. Aber die Ansichten, die er während der Entstehungszeit der Union äußerte, deuten an, daß es für ihn eine Grenze gab, über die hinaus das Beispiel der Großzügigkeit nicht wirken konnte. Die Eingeborenen, dachte er weiterhin, blieben besser außerhalb der Politik, und während seiner folgenden langen Jahre der Macht trug er dazu bei, sie in der Stellung zu halten, in der er sie vorgefunden hatte.

Smuts war besonders interessiert an der Versöhnung von Buren und Briten und an der Union, die diese Versöhnung versinnbildlichte. Bei der Verfolgung des ersten Ziels ging er weit und schnell vor — zu weit und zu schnell nach Ansicht der Mehrheit seiner Afrikaander-Volksgenossen. Schon zur Zeit der Verfassunggebenden Versammlung meinte Patrick Duncan, daß Botha und Smuts »im Begriff waren, die wahre nationale Gesinnung zu verlieren, und von den anglisierenden Einflüssen des Transvaal angesteckt worden sind. Bothas Vorliebe für Bridge beunruhigte einige von ihnen ernstlich, vor allem da er an einem Sonntagabend beim Kartenspiel angetroffen wurde. Es ist eines jener geringfügigen Dinge, die der Vorstellungskraft des nüchternen Buren als ein Anzeichen für den Abfall von . . . den Idealen des Volkes erscheinen.« (11) Im eigentlichen Sinn fiel Smuts niemals ab. Aber zuweilen wurde er doch gefährlich unempfindlich für einige der innigsten Sehnsüchte seines eigenen Volkes. Er vernachlässigte die Sprache, er war unklug, richtiger ohne Glück, in seiner Entgegnung auf die Rebellion von 1941, und, beschäftigt mit den Problemen des Commonwealth und der Weltpolitik in London, verlor er so sehr die Berührung mit dem Ursprung seines eigenen Seins, daß er zutiefst bereute, sich 1918 nicht als Kandidat für das Parlament habe aufstellen lassen. Sollte der Preis für das zunehmende Aufgehen in der Idee und den Möglichkeiten des Commonwealth die Loslösung von seinem eigenen Afrikaander-Volk sein? Das war ein Verdacht und weit mehr als ein Verdacht für viele, die keine Genugtuung empfanden bei dem Schauspiel eines Burengenerals, der als »Handlanger des Reichs« Erfüllung fand.

Der Preis der Loslösung indessen war etwas, was in der Zukunft zu entrichten war. In den letzten Kriegsjahren mag sie in London geradezu ein Vorteil gewesen sein. Smuts hatte eine Fülle von Erfahrungen und Gaben, an die wenige seiner Zeitgenossen heranreichen konnten. Berufssoldaten, das ist wahr, neigten dazu, seiner Strategie kritisch gegenüberzustehen, Berufsphilosophen dazu, ihm vom Philosophieren abzuraten (12), während Politiker meinten, in der Behandlung von Problemen mittlerer Reichweite sei das Urteilsvermögen Smuts' nicht ganz zuverlässig gewesen. Selbst wenn das zutreffen sollte, so bleiben dennoch seine hervorragenden Eigenschaften, verstärkt durch einen fast beängstigenden Fleiß. Niemand kann die abschließenden Kapitel des ersten Bandes der von Professor Hancock verfaßten Biographie lesen, die den Beitrag von Smuts zur Schaffung der Royal Air Force, zur Umwandlung des Reichs in ein Commonwealth, zur Planung für eine zukünftige internationale Ordnung und zum Denken über Krieg und Frieden schildern, ohne sein Verständnis für die Geschichte jener Jahre zu vertiefen und ohne Smuts die Eigenschaft der Größe, wenn auch einer fehlbaren, zuzuerkennen.

Hinter dem Commonwealth-Staatsmann und dem internationalen Staatsmann blieb der durch seine Erfahrungen geprägte Mann derselbe. Während des Burenkriegs wußte Smuts genug, um zu erkennen, daß es ein anderes England gab als das von Rhodes, Chamberlain und den Imperialisten des späten 19. Jahrhunderts. Selbst wenn es schwer zu glauben ist, daß Andeutungen von John Bright eine so große Rolle spielten, wie Professor Hancock meint, gab es die lästige, unmögliche, aufdringliche, »vom Himmel gesandte Botschafterin«, als »unser Volk der Ausrottung geweiht zu sein schien« — Emily Hobhouse. Zu ihr, zu Quäkern, Antiimperialisten und Pazifisten, die für Südafrika in seiner Stunde der Not gearbeitet und gesprochen hatten, blieb die Verbindung von Smuts beständig. Jahre danach, als er Mitglied des Kriegskabinetts war, schildert uns sein Biograph, wie Smuts seine Wochenenden verbrachte, nicht mit Lloyd George in Churt, auch nicht mit anderen politischen Kollegen, sondern in geistesverwandterer Umgebung mit denjenigen, die dem Reich mißtrauten und den Krieg verabscheuten. Emily Hobhouse, die seinen Namen in großen Druckbuchstaben in der *Times* sah, »jenem mächtigen Organ, das der Gottheit nacheifert; denn es fällt den einen und erhebt den anderen«, hoffte, daß irgend etwas von dem alten »Oom Jannie« geblieben war; genug, um sich an einem Zusammensein mit der »Pazifistin und Antiimperialistin, die zu sein ich stolzer als je bin«, Gefallen zu finden. Dies genügte. Freundschaften, die auf die Tage der Niederlage zurückgingen, wurden immer noch geschätzt. Weit entfernt von den Zitadellen der Macht, die ihn so stark anzogen, erholte sich Smuts bei denen, die sie verachteten. Das mag als ein Beispiel der Schlauheit hingestellt werden; es mag aber ebensogut als ein gesundes Mittel gegen die Korruption der Macht betrachtet werden.

Wenn der Geist von Smuts und seine Leidenschaft eingespannt waren, wie bei seinen Friedensbemühungen, dann erschien der Mann in seiner vollen Größe. General Botha, der in den Augen Smuts' und vieler anderer mit Campbell-Bannerman den Stempel der Großzügigkeit trug, schrieb auf seine Papiere zur Tagesordnung, nachdem er den Vertrag von Versailles am 28. Juni 1919 unterzeichnet hatte: »Heute erinnere ich mich

an den 31. Mai 1902 (Vereeniging).« Ein Jahr lang oder länger
war dieser Gedanke Smuts nicht aus dem Sinn gekommen.
Von 1900 bis 1902 hatte Milner den totalen Sieg und die bedingungslose Kapitulation angestrebt; von 1917 bis 1918 trat
Smuts für begrenzte Ziele, einen frühen Frieden und vor allem für Großmut im Sieg ein. Der Geist der Großmut indessen erfüllte Versailles nicht. Nachdem seine Bitten abgewie-
sen worden waren, entschloß sich Smuts, aufgewühlt im Herzen und im Geist, den Vertrag nicht zu unterzeichnen. Am
Ende unterschrieb er doch, als ein Mann ohne Illusionen, als
ein Sünder, wie er sagte, unter den übrigen (13). Es war Treue
zu Südafrika und zu Louis Botha, dessen treuer Freund er in
ruhigen wie in stürmischen Zeiten war, die ihn zu diesem
Entschluß bewog; wohl auf Kosten jener weitergehenden Erwartungen einer leidenden Menschheit, die wenigstens er mit
seiner Vorstellungskraft verstand. Aber in der Tat kann eine
politische Entscheidung selten so schwergefallen sein. Die
ganze Haltung von Smuts zur Friedensregelung war zweideutig, und es war seine Erfahrung, die sie dazu machte. Er saß
mit den Siegern in Versailles; aber sein Herz war viel öfter
bei den Besiegten. Auch er war besiegt worden.
Für Smuts waren 1919 nicht nur »die zuversichtlichen Jahre«
(*The Sanguine Years*) des ersten Bandes von Professor Hancocks Biographie zu Ende gegangen; auch seine Bewegungsfreiheit sollte künftig beschränkt sein. Nach Bothas Tod war
Smuts, und blieb es für den Rest seiner Tage, ob im Amt oder
nicht, gefangen im politischen System Südafrikas. An Bord
schrieb er im Juli 1919, daß er sich wie Odysseus fühle, der
endlich heimkehre und überlege, »was wird Odysseus in seinem kleinen Ithaka tun?« (14) Angesichts der unmittelbaren
Vergangenheit von Smuts war es eine verständliche Überlegung; bei seinem nationalen Hintergrund war es nicht weniger

verständlich, daß seine südafrikanischen Kritiker seine allgemein bekannte Hingabe an derartige Betrachtungen verurteilten. In beiden Fällen wäre nicht viel Schaden angerichtet worden, wäre sein Ithaka klein gewesen. Aber das war es nicht, weder im geographischen Sinn noch, was weit wichtiger war, in der politischen Wirklichkeit. Im Gegenteil, es umfaßte die meisten Probleme, die das 20. Jahrhundert beunruhigen, und einige von ihnen in ihrer schärfsten Form. Dem zurückkehrenden Odysseus, überragend ausgestattet mit Geist und Erfahrung, fehlte eine der erforderlichen Eigenschaften, um mit ihnen fertig zu werden — die Neigung, ihnen beständig und über die Jahre hin den Vorrang einzuräumen, den sie verlangten.

In seinen früheren Jahren hatte Smuts die volle Schwere der langfristigen Bedeutung der Eingeborenenfrage verstanden und überlegt, daß neben der Grundtatsache der Beziehungen zwischen Schwarz und Weiß die Meinungsverschiedenheiten zwischen Buren und Briten oberflächlich erscheinen mußten und sich als vergänglich erweisen würden. Aber während seines ganzen politischen Lebens, und niemals entscheidender als im Fusionsministerium der dreißiger Jahre, ordnete er das erste dem zweiten unter. Englisch-afrikaanse Zusammenarbeit blieben bei ihm vorrangig, wie bei der Bildung der Union. Das mag verfehlt gewesen sein; aber es war ein überlegter Entschluß, an dem er beständig festhielt. »Südafrika«, schrieb er in einer Gefühlsaufwallung am 6. September 1939, »hat eine geteilte Seele; aber wenn wir der Vision vor 40 Jahren treu bleiben, wird diese Seele noch eins werden. Zeit ist ein ursächlicher Faktor, und es hat noch nicht genug Zeit gegeben.« Die noch einmal durch den Krieg so tief geteilte Seele war eine europäische Seele. Es war jene Teilung, die er zu heilen suchte, und seine Einstellung zur Eingeborenenfrage war be-

dingt durch diese übergeordnete Absicht. »Laßt sie sich entwickeln«, blieb seine Philosophie der Rassenbeziehungen —
wenn sie so genannt werden darf —, und erst in seinen letzten
Amtstagen begann er zu spüren, daß sie sich weit und rasch
entwickelten. »Die Hautfarbe macht mir überall einen Strich
durch die Rechnung« (15), klagte er im November 1946. Schon
damals traf es zu. Zum Teil zahlte er den Preis für leichtfer-
tiges Hinnehmen von Kompromissen während der dreißiger
Jahre, aber mehr noch den Preis der politischen Langlebigkeit.
Die Reihenfolge der Dringlichkeiten änderte sich, und er war
zu alt, um sich gleichzeitig zu ändern.

Dieser Mangel an Einsicht und Verständnis in der Rassenfrage ist ihm weder von weißen Vertretern der Rassenherr-
schaft noch von liberalen Menschenfreunden noch von den Führern eines neuen Afrika verziehen worden. »Es scheint mir
immer bedauerlich gewesen zu sein«, schrieb Häuptling Luthuli, »daß ein so begabter Mann wie Smuts nicht wegen seines
Festhaltens an .einem Grundsatz, sondern wegen seiner Be-
schränktheit in Vergessenheit geraten ist. Dennoch, da er zu
Hause niemals auf Grundsätzen beharrte, war das vielleicht
gerecht.« Und Häuptling Luthuli kam von da zu dem nieder-
schmetternden Urteil: »Es schien uns nicht von großer Bedeutung zu sein, ob die Weißen uns noch mehr Smuts gaben oder
zu Malan überwechselten.« (16)

Zu dem Ruf Smuts' als Staatsmann trugen seine häufigen
Stellungnahmen zur Weltpolitik wenig bei. Seine Erfahrungen
in Versailles bedingten sein Denken und waren der Grund
für viele seiner Einsichten und auch für seine Fehlbarkeit als
Führer in den Jahren zwischen den Kriegen. Es war kein groß-
herziger Friede gewesen; seiner Ansicht nach hätte es einer
sein müssen. Der Unterschied erklärte vieles; aber nicht ganz
so viel, wie Smuts zwischen 1935 und 1938 meinte. Infolge-

dessen spiegelten seine Erklärungen zu europäischen Angelegenheiten, zu denen er sich genötigt glaubte und die er machte, ohne die geheimen Informationen aus London gesehen zu haben, die etwa General Hertzog als Premierminister eines Dominions zugeschickt bekam, in erstaunlicher Weise die falschen Vorstellungen jener Zeit wider. Er konnte sich auch in denkwürdiger Weise irren, wie 1943, als er, während er eine mögliche zukünftige Verbindung Westeuropas mit dem Commonwealth umriß, von Frankreich sprach, als sei es als Großmacht untergegangen, und fortfuhr: »Wir können von Frankreich als von einer Großmacht sprechen, aber solches Gerede wird ihm nicht sehr viel helfen. Wir haben es mit einer der größten und weitreichendsten Katastrophen in der Geschichte zu tun, dergleichen ich noch nicht gelesen habe ... Frankreich ist vergangen und wird für unsere Zeit vergangen sein und vielleicht für manchen zukünftigen Tag.« (17) Das waren Worte, die später in Paris weder übersehen noch verziehen wurden.

Was für falsche Vorstellungen Smuts über Europa auch gehabt haben mag, er reagierte in heldenhafter Weise auf die Herausforderung eines zweiten deutschen Kriegs. Größtenteils kraft seiner eigenen Persönlichkeit und Überzeugung, führte er im September 1939 Südafrika auf der Seite der Alliierten in den Krieg. Wenige werden geneigt sein, die Beurteilung der Bedeutung seiner Handlungsweise und ihrer Folgen in jener Zeit durch seinen Biographen anzuzweifeln. Von 1939 bis 1943, bemerkt Professor Hancock, war die Leistung von Smuts ungeheuer. »Wenn das Bild Hitlers nicht diesem Planeten aufgeprägt werden sollte, war sein Land (die Südafrikanische Union) geopolitisch notwendig, und er war politisch notwendig. Das Kap der Guten Hoffnung machte seinem Namen Ehre und übernahm wieder einmal seine historische Vorrangstellung in der Meeresstrategie. Ohne den Verbindungsweg um

das Kap hätte das Commonwealth den Krieg kaum über-
stehen können; ohne das Commonwealth hätten die Russen
und die Amerikaner ihn kaum gewonnen. Aber der Sieg in
Afrika änderte das alles. Fortan war das Mittelmeer wieder
offen, und der Verbindungsweg um das Kap, obgleich noch
nützlich, war nicht mehr unentbehrlich.

Es war die Ironie des Schicksals, daß Smuts und sein Land
sich so sehr durch die Siege entwertet sehen mußten, für deren
Erringung sie so viel getan hatten.« (18)

Die Zukunft barg eine noch tiefere Ironie. Falls Südafrika sich
von seinen Freunden im Britischen Commonwealth lossagte,
hatte Smuts im September 1939 behauptet, würde der Tag
kommen, an dem es sich in einer gefährlichen Welt allein wie-
derfinden würde. Es sagte sich nicht los; dennoch kam nichtsdestoweniger der Tag, an dem es sich allein wiederfand. Aber
zu dieser Zeit lag die Welt von Smuts in Trümmern.

Nicht nur in Afrika, sondern im ganzen Commonwealth überschatteten die Folgen, verbunden mit der Erinnerung an die
Teilnahmslosigkeit Smuts' in Fragen der Rassenpolitik, seinen späteren Ruf. Dennoch sollten Rassenbeziehungen, so dro-
hend sie im Geist einer nachfolgenden Generation aufragen
mögen, nicht die Voraussicht oder die Leistung auf anderen
Gebieten verdecken, die in früheren Zeiten mindestens ebenso
unmittelbar in ihrer Bedeutung und ebenso herausfordernd
in ihrer Natur waren. Die Union selbst, die denkwürdige Teilnahme an zwei Weltkriegen, eine unvergleichliche Vorstellung
von den Grundsätzen, die die Umwandlung des Reichs in ein
Commonwealth bestimmten — das sind Dinge von sicherlich
mehr als ausgleichendem Gewicht. In der Sicht der Geschichte
war es schließlich nicht die Hautfarbe, sondern der Krieg, der
Friede und deren Folgen, die die Jahre der politischen Reife
von 1897 bis 1945 bei Smuts beherrschten, und was die Zei-

ten unmittelbar verlangten, gab Smuts in hohem Maß. Es mag
sein, daß er mehr, als gemeinhin zugestanden wird, anderen
verdankte: vor und während des Ersten Weltkriegs Botha,
einem Mann von weiseren Ratschlägen, obgleich mit nicht
vergleichbaren geistigen Leistungen, und während des Zweiten Weltkriegs J. H. Hofmeyr, dem »Wunderknaben« früherer Jahre, der für drei oder vier Ministerien die Verantwortung übernahm und auch stellvertretender Premierminister
war, während Smuts seine Rolle auf einer größeren Bühne
spielte; dessen Beziehungen zu Smuts blieben allerdings zögernd und gereichten keineswegs immer Smuts zur Ehre (19).
Jedoch irrte sich die Menge, die Smuts in Johannesburg auf
seinem Siegeszug zujubelte, als der Zweite Weltkrieg mit der
Übergabe Japans endgültig zu Ende gegangen war, nicht in
ihrer überschwenglichen Huldigung für einen Mann, der ein
ganzes Leben lang überragende Gaben als Führer und konstruktive politische Vorstellungskraft gezeigt hatte.
In all den Jahren, zumindest bis 1945, war das Vertrauen
Smuts' in das Commonwealth nicht gemindert, sondern vergrößert worden. Für ihn war es die fortdauernde Grundlage
für die Wiederversöhnung von Buren und Briten in der Heimat und die hauptsächliche Hoffnung für den Frieden in
Übersee. »Ich glaube fest«, schrieb er im Januar 1940, »an
das Commonwealth, nicht nur seinetwillen und wegen Südafrika, sondern als der erste zögernde Anfang großer Dinge
für die Zukunft der Welt.« Dieses Vertrauen, auch wenn es
durch die Philosophie verschönt war, entsprang der Erfahrung. Und in dieser Erfahrung gab es zwei entscheidende
Ereignisse — Niederlage und Wiederversöhnung. Das zweite
war durch das erste bedingt, und es war der Mann, der besiegt worden war, der wahrhafter als irgendeiner seiner Zeitgenossen die Bedeutung spürte, mit der das Wort »Common-

wealth der Nationen« verbunden werden konnte, und die in
ihm enthaltene Vision der gleichberechtigten Bruderschaft derer, die geherrscht hatten, mit denen, die beherrscht worden
waren. Wenn ihn irgend jemand von den Vorteilen der verfassungsrechtlichen Stellung eines Dominions für Irland hätte
überzeugen können, erinnerte sich de Valera viele Jahre später, wäre es Smuts gewesen, der während eines geheimen
Besuchs in Dublin am 5. Juli 1921 unter dem unwahrschein-
lichen Decknamen Smith deren Merkmale mit einer Überzeugungskraft und Folgerichtigkeit darlegte, neben denen
Lloyd Georges spätere Erklärungen seicht und unecht erschienen (20). Smuts, der Mann, der in seinen jüngeren Tagen von
»einem Jahrhundert des Unrechts« geschrieben hatte, der
glaubte, daß er selbst dessen Höhepunkt erlebt hatte, sprach
in seinem späteren Leben mit abgehackter, teilweise fremd-
artiger Betonung zu dem Volk, das das »Unrecht« begangen
hatte, als nehme es in freundschaftlicher und gleichberechtigter
Verbindung mit seinem eigenen Volk am Commonwealth der
Nationen teil, an das er, selbst in den dunkelsten Tagen des
Zweiten Weltkriegs, als an das stolzeste politische Denkmal
aller Zeiten dachte. Ob zutreffend oder falsch, es war ein Urteil, das wenige Menschen durch ihre eigene Erfahrung besser
befähigt waren zu fällen.

W. L. MACKENZIE KING:
PREMIERMINISTER DER PREMIERMINISTER

So wie man häufig von Edmund Spenser als dem Dichter
der Dichter spricht und Gustave Flaubert oft für den Schriftsteller der Schriftsteller hält, so mag man Mackenzie King für
den Premierminister der Premierminister halten. In jedem

Fall gilt ihre Anziehungskraft weniger der Öffentlichkeit als
dem Fachmann — sei er Dichter, Schriftsteller oder Politiker.
Allen gemeinsam jedoch ist die Beherrschung einer Kunst-
fertigkeit in einer Weise, die wahrscheinlich in allen ihren
Feinheiten nur von denjenigen geschätzt werden wird, die
eben dieselbe Kunst ausüben. William Lyon Mackenzie King
war nicht ein Mann großer Geistesgaben; er besaß Macht ohne
Volkstümlichkeit, er verabscheute das Auffällige, er war eine
bestrickende, keineswegs eine beherrschende Persönlichkeit,
und es bestände wenig Grund, sich seiner zu erinnern, hätte
es nicht seine überragende Meisterschaft in der Kunst der Politik
gegeben.

Erinnerungen und Biographien vor allem der englischen Staatsmänner des 19. Jahrhunderts waren der bevorzugte Lesestoff
Mackenzie Kings. Zweifellos las er sie, wie er die meisten
Dinge tat, vor allem wegen des möglichen politischen Ge-
winns, nicht zum Vergnügen; aber was auch immer der Beweggrund war, die Tatsache macht das biographische Denkmal um so zutreffender, das in einem mehr als viktorianischen
Maßstab (wenn es auch etwas an der damals üblichen Zurückhaltung mangelte) als das Werk vieler Hände in sechs Bänden (davon zwei auf der Grundlage der Tagebucheintragungen seiner späteren Jahre) Gestalt annimmt, um die Erinnerung an seine Taten zu wahren (21). Der Untertitel des zweiten Bandes der Biographie *The Lonely Heights* (Die einsamen
Höhen) ist dem Gesamtwerk angemessen — solange er nicht
ein falsch angebrachtes Mitleid für die Person, die der Gegenstand des Werkes ist, erzeugt. King war zielstrebig in seiner
Entschlossenheit, die Höhen zu erreichen und zu halten, und
er schätzte es, allein zu sein. Selbst wenn seine engsten Freunde
seinen Landsitz in Kingsmere nach dem allerkürzesten Aufenthalt verließen, hielt sein Tagebuch für gewöhnlich seine

Genugtuung darüber fest, wieder allein zu sein, um unbe-
schwert mit seinem Hund an der Seite auf den Feldern spa-
zierenzugehen. Ob er einsam war, weil er zielstrebig war,
oder zielstrebig, weil er einsam war, bleibt ein Gegenstand für
Mutmaßungen. Aber daß er bei der Jagd nach der Macht und
bei der Ausübung der Macht zielstrebig war, steht außer
Zweifel. Das war in der Tat der bleibende Quell der Stärke
für einen, dem, wie er selbst sehr wohl wußte, viele der oberflächlichen Gaben der Führerschaft fehlten.

Mackenzie Kings Aufmerksamkeit für Einzelheiten — jenes
Kennzeichen des Fachmannes in jeder menschlichen Tätigkeit —
wurde sprichwörtlich. Er wünschte immer, die Dinge und vor
allem die Wörter genau richtig zu haben. Er hielt wenig Reden, ohne hinterher zu klagen, daß für deren Vorbereitung
nicht genug Zeit zur Verfügung gestanden habe. Er freute
sich fast wie ein Kind, wenn eine Rede gut ankam, und seine
Genugtuung kannte keine Grenzen, wenn es seinen Worten gelang, seinen Tory-Gegnern Unbehagen zu bereiten. Im Alter,
inspiriert durch das Beispiel Roosevelts und Churchills, wurde
er ermutigt, öfter unvorbereitet zu sprechen, und die späteren
Seiten in *The Record* enthalten zahlreiche Ausdrücke des Be-
dauerns, daß er das in früheren Jahren nicht häufiger getan
hatte. Wenn er indessen dadurch Gelegenheiten verpaßt hatte,
war er auch Gefahren aus dem Weg gegangen. Auf lange Sicht
lohnte sich für ihn seine Sorgfalt bei der Auswahl der Worte.
Jene, für seine Sekretäre wie auch für ihn selbst sorgenvollen
und anstrengenden Tage der Vorbereitung stellten nicht ver-
schwendete Zeit dar, sondern Zeit, die der Festigung seiner
politischen Stellung zugute kam. Er schöpfte daraus auch eine
größere Kenntnis der Bedeutung von Wörtern und des tieferen Sinns von Redewendungen, und er war zuweilen in der
Lage, diese mit verheerender Wirkung gegen sorglose oder un-

überlegte Behauptungen von politischen Gegnern anzuwenden. Sie versetzte ihn auch auf Reichs- und Commonwealth-Konferenzen in die Lage, kleine, aber bedeutsame Punkte in den Entwürfen aufzugreifen, deren Folgen sonst hätten übersehen werden können. Eine derartige unermüdliche Aufmerksamkeit für Einzelheiten war nicht nur ein Teil des Mannes, sondern ein wichtiger Umstand für sein politisches Überleben.

Mackenzie King, schreibt Dr. Neatby, »war kein Kreuzfahrer, der begierig war, auf einem weißen Schlachtroß in die Vergessenheit zu reiten«. Das war sicherlich wahr. Aber während ihm das Gefühl einer selbstaufopfernden Hingabe fehlte, hatte Mackenzie King ein Anliegen. Dieses Anliegen, dem er sowohl Freunde als auch Grundsätze opferte, wenn er glaubte, daß die Umstände es erforderten, war die Einheit Kanadas. Kein anderer Führer und keine andere Partei als die Liberale, die einzige wahrhaft nationale Partei, wie er glaubte, waren wirklich in der Lage, diesem Anliegen zu dienen. Aber eine Vorbedingung für einen derartigen Dienst sowohl für ihn selbst als auch für die Liberale Partei war die beharrliche Beibehaltung einer gemäßigten, vermittelnden, nationalen Stellung in allen Streitfragen. In all den schwierigen Lagen, die sich in der Politik einstellen, so behauptete King, »muß es irgendwo einen Punkt geben, an dem ein geeigneter Ausgleich erzielt werden kann«. Unbeirrbar suchte er danach. Genau diese Redewendung — »ein geeigneter Ausgleich« — faßte das Wesen seiner Ansichten über die Politik zusammen. Und diese Einschätzung der Bedeutung des Ausgleichs machte ihn entsprechend mißtrauisch gegenüber Extremen. »Der extreme Mann«, bemerkte er einmal einem Freund gegenüber, »ist immer mehr oder weniger gefährlich, aber nirgendwo mehr als in der Politik. In einem Land wie dem unseren ist es besonders wahr, daß die Kunst des Regierens größtenteils eher eine Suche nach Versöhnung als nach Übertreibung der Gegensätze ist — so nah wie möglich an die goldene Mitte heranzukommen.« Das war so, weil, wie King bei einer anderen Gelegenheit bemerkte, die Schwierigkeit »der Erhaltung der Einheit in Kanada in der Tat so sehr groß ist« (22).

Mackenzie King trat an die Reichs- und Commonwealth-Beziehungen vom Standpunkt seiner dauernden Beschäftigung mit der nationalen Einheit heran, verstärkt durch ein natürliches Mißtrauen gegen Imperialisten und deren vielfältige Machenschaften. Während das Reich sicherlich Zwietracht säen würde, würde das Commonwealth ebenso gewiß dazu beitragen, Kanada zu einen. Sein Streben ging daher dahin, die Überreste eines zentralisierten Reichs zu beseitigen und nur solche Bindungen an ihre Stelle zu setzen, die mit einem dezentralisierten Commonwealth vereinbar waren. Aber während er sein Ziel mit der täuschenden Klarheit des Zielstrebigen sah, schienen ihm die aufeinanderfolgenden britischen Regierungen, mit denen King zu tun hatte, über die Commonwealth-Ziele unsicher und in den zwanziger Jahren in vielerlei Hinsicht unentschlossen zu sein. Die kalte Empörung, mit der er Lloyd Georges imperialistische Überschwenglichkeit bei Chanak dämpfte, ist in die Geschichte eingegangen, während King in bezug auf Ramsay MacDonald nur den einzigen Zweifel hegte, den offenkundig sein Biograph teilt, ob der erste Labour-Premierminister Großbritanniens dumm oder unzuverlässig oder beides zugleich war. Infolgedessen fuhr Mackenzie King mit »achtsamer Wachsamkeit und hartnäckiger Beharrlichkeit bei jeder Wendung« in seinen Versuchen fort, Aufklärung über das Wesen der verfassungsrechtlichen Stellung eines Dominions zu bringen und die Winkelzüge der Konservativen und Widerspenstigen in Downing Street zu

vereiteln. »Bourbonen« nennt sie sein Biograph, und bemerkt
zustimmend, wie »erstaunlich geduldig« der kanadische Premierminister versuchte, inmitten der Kniffligkeiten der Konferenzberatungen und der Vertragsabschlüsse, sie die Wesens-
züge der Autonomie der Dominien verstehen zu lassen. Aber
Ramsay Macdonald, das ist klar, blieb entweder unverständig
oder entschlossen, nicht zu verstehen. »Über die grundlegende
Auffassung der zukünftigen Beziehungen innerhalb des
Reichs«, schließt Dr. Neatby schroff im Hinblick auf diese
Jahre, »hatte Mackenzie King recht und Downing Street unrecht.« (23) Wenn damit gemeint ist, daß Mackenzie King die
treibenden Kräfte richtig erkannt und das Ergebnis für die
Commonwealth-Beziehungen sozusagen auf mittlere Entfernung vorausgesehen hatte, scheint dieses Urteil gerechtfertigt
zu sein.

Im Hinblick auf das politische und persönliche Geschehen
wurden die Fragen des Commonwealth in den frühen Jahren der Amtszeit Kings von Streitigkeiten und Gegensätzen
in der Innenpolitik überschattet, in denen Obertöne der
Reichsprobleme mitschwangen. Auf keine traf dies mehr zu
als auf die verworrene dreiseitige Beziehung zwischen King,
Meighen und Byng, die die kanadische Haltung auf der
Reichskonferenz 1926 so nachdrücklich bestimmte. Obwohl
Dr. Neatby Kings eigene Meinung nicht teilt, daß die verfassungsrechtliche Streitfrage die allgemeinen Wahlen von
1926 entschied — sie wurden ausgeschrieben, wie erinnerlich,
als der Generalgouverneur Meighen die Parlamentsauflösung
zugestand, die er King verweigert hatte: Er meint vielmehr,
daß es die Leidenschaft der Überzeugungen Kings war, die ihm
Stimmen einbrachte (24) —, ist er sich bewußt, daß der Wahlsieg King den beneidenswerten Ruf der politischen Unfehlbarkeit einbrachte. Dieser Ruf hatte, wegen der dabei ange-

sprochenen Fragen des Reichs, auch außerhalb Kanadas Geltung. Er war nicht gänzlich unverdient. In den Wechselfällen des Schicksals, die den King-Byng-Zwischenfall sowohl bemerkenswert als auch denkwürdig machen, hatte King zwar Glück, aber auch eine Verläßlichkeit des Urteilsvermögens und eine Beherrschung des Wesentlichen, deren sich sein Nebenbuhler, Meighen, dessen Fähigkeiten in der Debatte er fürchtete, nicht rühmen konnte. Aber es war auch kein Ereignis, das King bewußt Wertschätzung einbringen sollte, trotz des großen politischen Fachwissens, das er an den Tag legte. In der Tat, das stärkste Gefühl mag das der Sympathie für Lord Byng sein, den Soldaten, der von Anfang an durch die der Politik gänzlich fremde Vorstellung von *fair play* irregeleitet wurde; er bewies mehr Voraussicht, als oft zugestanden wird. Er lehnte es vielleicht unklugerweise, aber nicht unverzeihlicherweise ab, die verfassungsrechtlichen Werke von Berriedale Keith und Kenneth Pickthorn zu studieren, die Mackenzie King vorsorglich in die Gouverneursresidenz mitgebracht hatte, mit der Begründung, »daß die Lage anders war als irgend etwas, das zu irgendeiner Zeit aufgetaucht war«, und er antwortete, trotz eines Geburtstagstelegramms von Mackenzie King während des Wahlkampfs (dessen Absendung entsprechend in Kings Tagebuch mit Ausdrücken des Eigenlobs über seine Beachtung der verfassungsmäßigen Gepflogenheiten sogar in einer Zeit der Spannungen festgehalten wurde), nicht mit einer Weihnachtskarte zu Weihnachten 1926, wie King später ohne Genugtuung Gelegenheit hatte festzustellen. Zweifellos war die Zeit gekommen, als der Soldat meinte: »Jetzt reicht's.«

Mackenzie King kam 1926 zur Reichskonferenz, nachdem er seinen entscheidenden verfassungsrechtlichen Sieg schon davongetragen hatte. Deswegen war er eher in der Lage, die

Anläßlich der Commonwealth-Konferenz 1968 empfängt Königin Elisabeth II. die Premierminister und Staatsoberhäupter der Mitgliedsstaaten.

Vermittlerrolle zu übernehmen, die ihm am meisten lag. Vincent Massey schrieb später über King, daß er »den größten Beitrag zur Versöhnung« auf der Konferenz geleistet habe, und erinnerte sich, daß Amery von ihm sprach als von »der großen konstruktiven Persönlichkeit unter den Staatsmännern der Dominien«. Aber was daraus letztlich hervorgeht, ist die Tatsache, daß Mackenzie King, wohlvertraut mit den Folgerungen aus dem Grundsatz der Gleichberechtigung als Prüfstein der zukünftigen Commonwealth-Beziehungen, besonders geeignet war, zur Auffindung eines Ausgleichs beizutragen. Wenn ferner angenommen wird, daß, wie es sein Biograph nahelegt, Mackenzie King der einzige Premierminister war, der glaubte, daß das Commonwealth gestärkt aus der Konferenz hervorgegangen sei (25), so ist das kennzeichnend erstens für ein größeres Vertrauen auf die Idee, als ihm für gewöhnlich zugeschrieben wird, und zweitens für seine Überzeugung, daß die nationale Einheit Kanadas durch seine freie und gleichberechtigte Verbindung mit dem neugebildeten Commonwealth gestärkt werden würde.

Den Höhepunkt seines politischen Glücks hatte Mackenzie King erreicht, als er in den allgemeinen Wahlen 1930 geschlagen wurde und infolgedessen während der Jahre der großen Wirtschaftskrise nicht im Amt war. Er war unerfahren als Oppositionsführer und mehr als gewöhnlich über die ihm auferlegte Verantwortung besorgt; aber kennzeichnenderweise ließ er in seinem zielstrebigen Entschluß nie nach, die Macht wiederzugewinnen. Bei einer der drei Gelegenheiten, bei denen er mehr als vier Stunden im Unterhaus sprach, war es seine Absicht, alle Versprechungen, die R. B. Bennett während des Wahlkampfes gemacht hatte, im Protokoll festzuhalten. Auf lange Sicht war das ein wirkungsvolles Vorgehen; aber nur ein Führer, der alles andere den Erwägungen der Macht unterordnete, hätte gewagt, dem Unterhaus die ungeheure Weitläufigkeit dieser zugegebenermaßen formlosen Zusammenstellung zuzumuten. Später kam seine Rede über den Haushalt, wiederum von mehr als vier Stunden Länge und ohne irgendeinen vorgesehenen Abschluß, nur zu Ende, weil Bennett zu einem ungünstigen Zeitpunkt lachte und King sich, indem er bemerkte: »Der Premierminister lacht«, unter dem begeisterten Beifall seiner Anhänger setzte (26). Er erlaubte sich zu denken, daß der Beifall der Wirksamkeit seines improvisierten Abschlusses galt; jedoch mit gebührender Achtung vor der bekannten Ausdauer kanadischer Parlamentarier kann er ebensogut durch die Erleichterung angeregt worden sein, daß die Rede, ähnlich wie Swinburnes Fluß, irgendwo sicher den Weg zum Meer gefunden hatte. Aber in den dreißiger Jahren war King im Amt, und seine schon geschilderte Unterstützung der Politik der Befriedung bleibt, für ihn weniger erfreulich, ein Teil der Geschichte des Commonwealth. Im Gegensatz zu anderen sah er niemals einen Grund, sie zu bereuen. Denkwürdig war sein Besuch bei Hitler im Jahr 1937, als ihn der deutsche Kanzler als ein Mann der tiefen Aufrichtigkeit und als echter Patriot beeindruckte, der, trotz einiger expansionistischer Bemerkungen im Hinblick auf Osteuropa, keinen Krieg gegen Frankreich oder England plante. Es ist klar, und es bleibt erstaunlich, daß Mackenzie King nicht so sehr getäuscht — es gibt keinen Beweis, daß Hitler 1937 einen Krieg gegen den Westen plante — als düpiert wurde (27).

Mackenzie King war, oberflächlich betrachtet, ebenso schlecht für das Überleben als Kriegspremierminister gerüstet wie Asquith oder Neville Chamberlain. Doch im Gegensatz zu ihnen überlebte er. Wie er das tat, mag in *The Mackenzie King Record* (28) nachgelesen werden, der auf Auszügen aus dem Tagebuch beruht, das er seit seinem Knabenalter führte. Es ist

eine erhellende, wenn auch nicht immer eine begeisternde Geschichte. Im Krieg wie im Frieden entsprach Mackenzie Kings
Auffassung von der Führerschaft, was kaum gesagt werden
muß, nicht der romantischen Tradition Churchills. Sie war
weit entfernt davon. »Ich glaube wirklich«, schrieb er am 26.
September 1940, »mein größtes Verdienst liegt in den zahlreichen unklugen Schritten, die ich verhindert habe.« (29) Ein
Führer, erklärte er später dem Führer der Progressiv-Konser-
vativen Partei, könne führen »solange er sich an die Richtlinien hielt. Ich glaubte nicht, daß es ein Kennzeichen der
Führerschaft war, zu versuchen, die Leute das tun zu lassen,
was man von ihnen wollte...« (30) Er betrachtete sich im
wesentlichen als einen Vertreter des kanadischen Volks. Seine
Macht ging vom Volk aus, und er glaubte, daß »das Volk
einen untrüglichen Instinkt in den meisten Regierungsange-
legenheiten hat, wenn es allein gelassen wird«. Es wird nicht
von persönlichen Interessen beherrscht, wie das bei besonders
begünstigten Einzelpersonen leicht der Fall ist, sondern eher
»durch einen Sinn für das, was dem allgemeinen Wohl am
besten dient«. Als ihn im August 1941 Beaverbrook in London
fragte, wie er die öffentliche Meinung so zutreffend einschätze,
antwortete Mackenzie King, daß er das tue, was er für richtig
halte, und daß er sich an eine ministerverantwortliche Selbstregierung und an die Oberhoheit des Parlaments in allen Dingen halte. Das Volk, fuhr er fort, verstehe gesunden Menschenverstand; es glaube, »daß man zu seinem Wort stehen
wird«. Er schrieb seinen Erfolg diesen Dingen zu; vor allem
der Tatsache, daß er mit dem Volk als Träger der Regierung
eng verbunden gewesen sei.
Mackenzie King war sowohl beleidigt als auch bestürzt durch
Kritik an seiner Führung während des Kriegs. Er war geneigt,
und für den größten Teil des Zeitraums nicht ganz ohne

Grund, sie für Kritik von Amateuren an einem Fachmann der Kunst des Regierens zu halten. Er war auch nach der Art englischer Konservativer in Krisenzeiten geneigt zu schließen, daß derartige Kritik im wesentlichen »parteigebunden« war. Er war, wie Laurier vor ihm, berufen, dies zu erdulden — in politischen Schwierigkeiten war er beklagenswerterweise geneigt, auf den Garten Gethsemane Bezug zu nehmen —, und er schrieb in der Tat denen, die ihn angriffen, selten glaubwürdige Beweggründe zu. Unter der Anspannung des Kriegs wurden die Obertöne nach der Art Gladstones in vielen seiner Äußerungen ausgeprägter. Er hatte dasselbe Gefühl für die Vorsehung, die seine Handlungen lenkte, und, wie die Kritiker von beiden behaupten würden, die gleiche Fähigkeit, sich selbst und andere mit wohlklingenden moralischen Gemeinplätzen zu täuschen. King war stolz, daß er im Parlament die Bibel zur Grundlage seines Glaubens erklärt hatte, und er hoffte immer, »der Tag würde kommen, an dem er im kanadischen Parlament genau dafür eintreten könnte, wofür Gladstone im öffentlichen Leben Englands eingetreten war, nämlich dafür, daß politische Handlungen auf religiösen Überzeugungen begründet sein sollten und diese letzteren bekannt und kühn behauptet werden sollten«. Diese Überzeugungen hielten ihn unter dem Druck der Verantwortung im Amt während des Kriegs aufrecht; aber sie schwächten weder die Entschlossenheit, mit der er handelte, noch die Rücksichtslosigkeit seiner Handlungen, wenn er glaubte, daß die Interessen seiner Partei oder seines Landes — und er unterschied nicht immer sehr sorgfältig zwischen beiden — es verlangten. 1940 bemerkte er über seine eigene letzte Rundfunkansprache in einer Wahl, die er mit seinem bekannten sicheren politischen Instinkt zeitlich festgelegt hatte, daß er »besonders froh« war »über ihre Hinweise auf den Ton des öffentlichen Lebens«, und nach einem entscheidenden Sieg der Liberalen glaubte er, daß sein eigener Name und derjenige Lapointes in der Geschichte des Landes verbunden bleiben würden »als ein nicht ungewisses Vorbild für diejenigen, die uns in der Verwaltung der öffentlichen Angelegenheiten folgen mögen« (31).

Während Mackenzie King das Beispiel und das Vorbild ganz nach der Art Gladstones betonte, teilte er dessen Ablehnung von Kreuzfahrten nicht. Es gibt keinen Wahlfeldzug in Midlothian, für den er in der Erinnerung behalten werden wird; er erwog die Folgen zu genau, um jemals für unsichere, weitabgelegene Anliegen einzutreten. Wäre er türkischen Greueltaten in Bulgarien gegenübergestellt worden, hätte er möglicherweise — nach einigen seiner Bemerkungen über die Kleidung des Moderators der Generalversammlung zu urteilen, den er während seines Aufenthalts in Balmoral im August 1941 predigen hörte, wie einige Männer der Freikirche in der damaligen Zeit — eine etwas lauwarme Sympathie für die götzenanbetenden »Oblatenverehrer« der orthodoxen Kirche empfunden, die hingemetzelt wurden. Aber das sollte nicht die Tatsache verdecken, daß Mackenzie King trotz seiner — im Gegensatz zu Gladstone — Ablehnung des Aufsehenerregenden in Wort und Tat im innersten Kern seines Seins wie Gladstone ein Gefühl für »die Politik der tugendhaften Leidenschaft« hatte (32). Die »tugendhafte Leidenschaft«, die er spürte, war nicht für die hingemetzelten Bulgaren und gegen die unaussprechlichen Türken; sie war für Kanada und gegen den Imperialismus. Wenn es keinen Wahlfeldzug gab, dann deswegen, weil die Imperialisten im Gegensatz zu den Türken dazu keinen Anlaß boten. Doch niemand konnte bezweifeln, daß das glimmende Feuer der selbstgerechten Leidenschaft vorhanden war. Noch 1944 entfachte es Lord Halifax, als er in

seiner Unwissenheit in Toronto über eine gemeinsame Außenpolitik nach dem Krieg sprach.

Mackenzie Kings instinktive Furcht vor den Machenschaften
der Imperialisten verstärkte sich womöglich noch während
des Kriegs. Asquith, so erinnerte sich Haldane, bemerkte einmal über John Bright: »Hier ist der einzige Mann im öffentlichen Leben, der emporgestiegen ist, ohne von der Londoner
Gesellschaft verdorben worden zu sein.« King stimmte bis ins
letzte der Unterstellung jener Bemerkung zu. Die Gesellschaft
war verderblich, vor allem die Londoner Gesellschaft, und, was
noch schlimmer war, sie würde wahrscheinlich durch schlaue
Beeinflussung die Kanadier von der Treue abbringen, die sie
zuerst und zu allen Zeiten Kanada schuldeten. »Es bedurfte
einer Menge Mut, wenn ich es selbst sagen darf, um sich fest
an die Richtlinien zu halten, die ich für richtig hielt, um nicht
von der Gastfreundschaft beeinflußt zu werden.« (33) So schrieb
er eines Abends in London während des Treffens der Premierminister des Commonwealth im Frühjahr 1944, als sein Ansehen in Kanada und im Commonwealth auf dem Höhepunkt
war. »Je mehr ich«, schrieb er ein paar Tage später, »über
die Methoden des heftigen Drucks, die angewandt worden
sind, nachdenke, um so empörter bin ich. Es macht mich zit-
tern, daran zu denken, worauf sich Kanada hätte einlassen
können, wenn eine anders beschaffene Person im Amt gewesen
wäre. Was mich ärgert, sind die gesellschaftlichen Kunstgriffe
und die anderen Aufmerksamkeiten, die aufgewendet werden, um bestimmte Angelegenheiten zu erledigen, um das
Denken eines Mannes auch gegen sein besseres Wissen zu beeinflussen. Ich glaube, ich bin durch diesen Kampf hindurch-
gegangen, ohne zu wanken.« (34) Seine Befürchtungen waren
nicht grundlos; aber es ist erstaunlich, daß sie in dieser Zeit
so lebhaft gehegt wurden. Seine Freundschaft mit Churchill war

fest gegründet, und seine Ansichten über die Zukunft des Commonwealth waren gebilligt worden. Geschichte, insbesondere Familiengeschichte, wird gewöhnlich als Grund für die Befürchtungen vermutet. Sicherlich wurden Erinnerungen an seinen Rebellen-Großvater mütterlicherseits leicht zum Leben erweckt. Aber an der Wurzel stand seine Überzeugung, daß, wie stetige Wachsamkeit der Preis für fortdauernde Macht war, so kompromißloses Beharren die Bedingung für den gewünschten Erfolg sei. Darin irrte er sich nicht.

Der Abneigung Mackenzie Kings gegen ein zentralistisches Reich entsprach seine wachsende Zuneigung, sogar gelegentliche Begeisterung, für die Commonwealth-Idee. Beide waren abgeleitet. Der Kern der Sache war Kanada. Es waren die Interessen seines Landes und dessen Stellung in der Gesellschaft der Staaten, die ihn bewegten. »Meine erste Pflicht gilt Kanada.« Das vergaß er selten. Er hatte harte Worte für diejenigen, die scheinbar bereit waren, Kanada den Interessen der Krone oder des Reichs oder der nordamerikanischen Einheit zu opfern. »Meine Ansicht ist«, schrieb er 1941, »daß die einzig richtige Haltung, die Kanada einnehmen sollte, diejenige einer Nation ist, die gegenüber Großbritannien und den Vereinigten Staaten ganz auf sich gestellt ist.« Nur wenn Kanada eine solche Richtung einschlage, könne es die Anerkennung seiner nationalen Einheit sichern (35). Weil Mitgliedschaft im Commonwealth mit voller Gleichberechtigung der Stellung dieses Ziel förderte, schätzte er die Mitgliedschaft im Commonwealth. Im Dezember 1942 verwies er auf »die Anstrengungen, die die Amerikaner machen werden, um die Entwicklung in diesem Land nach dem Krieg zu beherrschen und um Kanada aus dem Bereich des Britischen Commonwealth der Nationen in ihren eigenen Herrschaftsbereich zu bringen. Ich bin unbedingt gegen irgend etwas dieser Art. Ich will sehen, daß Kanada sich als Nation weiterentwickelt, um mit der Zeit, wie es unser Land sicherlich werden wird, die größte Nation des Britischen Commonwealth zu sein.« (36)

Mackenzie Kings Auffassung der kanadischen Interessen, verbunden mit seinem Glauben an die parlamentarische Regierungsform, bestimmte gewissermaßen im voraus seine Haltung gegenüber Entwicklungen im Commonwealth während des Kriegs. Es gibt eine Schilderung in *The Record*, wie Mackenzie King dazu kam, die zutreffende Redewendung »eine ständige Konferenz der Kabinette« zu prägen, und wie viele Überlegungen er im allgemeinen der Frage widmete, wie die volle parlamentarische Verantwortung mit irgendeinem wirksamen Mittel der Zusammenarbeit im Commonwealth in Einklang gebracht werden konnte. Er scheint 1941 Menzies, zumindest teilweise, von der Unzweckmäßigkeit eines Reichskriegskabinetts überzeugt zu haben, und die Begründung seiner Einwände gegen dessen erneute Bildung sowie die Beteuerung seines Vertrauens in die bestehenden Methoden der Beratung während seines ersten Besuchs in London im Krieg riefen eine persönliche Botschaft der warmherzigen Zustimmung von General Smuts hervor (37). In den Angelegenheiten des Commonwealth sorgte er sich ständig um die Bedeutung der Wörter. 1944 fragte er zuerst Cranborne und später Churchill nach der Bedeutung der damals gängigen Redewendung »Reich und Commonwealth« und erhielt sehr verschiedene Antworten! Er war darauf bedacht sicherzustellen, daß nicht nur eine »Politik« in der Einzahl, sondern »politische Anschauungen« in der Mehrzahl in Verlautbarungen erscheinen sollten. Er führte den Unterschied zwischen einem Treffen der Premierminister und einer Reichskonferenz vor Churchill und anderen Mitgliedern des Kriegskabinetts aus, die, vielleicht nicht ganz überraschenderweise, einige Schwierigkeiten bei der Erfassung aller der Feinheiten der Unterscheidung empfanden, denen King so hohen Wert beimaß. Mit charakteristischer Aufmerksamkeit für Einzelheiten und durch ständige Wiederholung der Hauptrichtlinien seiner Gedanken übte Mackenzie King den entscheidenden Einfluß auf das Commonwealth der letzten Kriegsjahre und der ersten Nachkriegsjahre aus. Das ist eine eindrucksvolle Achtungsbezeigung für die zusammengefaßte Wirkung seiner sorgfältig gesammelten Argumente in einem internationalen Zusammenhang, wenn man bedenkt, daß Churchill, Smuts und Curtin unter denen waren, mit denen er es zu tun hatte.

Mackenzie Kings Beitrag zum Commonwealth spiegelte indessen ebensosehr die Schwächen wie die Stärken seines fachmännischen Vorgehens. Sein Fleiß, seine politische Durchschlagskraft, seine Hochschätzung der Interessen Kanadas am Commonwealth auf lange Sicht — sie alle waren vorhanden. Aber ein gutes Urteilsvermögen kann nicht auf das Bedürfnis nach volkstümlicher Anziehungskraft verzichten. Mackenzie King hatte die Regierung im Auge, aber wenn das neugeschaffene Commonwealth die Rolle spielen sollte, die er ihm zudachte, dann würde es sich auch den Völkern empfehlen müssen. Hier stellte sich seine Ablehnung des Auffälligen seiner Einsicht in den Weg. Er konnte die Notwendigkeit eines dramatischen Elements in der demokratischen Führung vor allem in Kriegszeiten nicht verstehen, wie es Churchill und Roosevelt so gut verstanden. Am 6. August 1941 erhielt er eine Botschaft von Churchill über den britischen Hohen Kommissar, Malcolm MacDonald, die der Hoffnung Ausdruck verlieh, Mackenzie King würde das Treffen im Atlantik zwischen Churchill und Präsident Roosevelt billigen. Doch Mackenzie King billigte es nicht. In sein Tagebuch schrieb er an dem Abend: »Ich meine, man nimmt das Risiko eines Spielers auf

sich, mit großem Einsatz und erschreckenden Verlusten, selbst
dem eines Reichs, sollte irgendein Unheil das Glücksspiel be-
fallen. Für mich ist es der Höhepunkt der Sucht nach Reklame
und Zurschaustellung. Im Grund ist es eine Sache der Eitelkeit.
Es besteht kein Bedürfnis nach irgendeinem Treffen dieser
Art. Alles Wesentliche kann besser durch Telegraphenverbin-
dungen erreicht werden, ergänzt durch Konferenzen zwischen
den Beamten selbst. Weder der Premierminister Großbritanniens noch der Präsident der Vereinigten Staaten sollten zu
diesem Zeitpunkt ihr Land verlassen.« (38) Er irrte sich. Es
war ein Treffen, das dem belagerten Großbritannien Hoffnung gab und den besiegten, aber nicht unterworfenen europäischen Völkern Ermutigung. Mit mehr Berechtigung, aber
aus denselben Gründen, tat er jeden Gedanken an eine frühzeitige Reichskonferenz im Krieg ab. Das unauffällige, ge-
schäftsmäßige Arbeiten hinter den Kulissen, das er in bezug
auf andere, ohne Rücksicht auf die Umstände, für richtig hielt,
übte er selbst. Mit ruhiger Beharrlichkeit drängte er auf Anerkennung von Kanadas Kriegsbeitrag; aber er enthielt sich,
selbst wenn er glaubte, daß die Umstände es erforderlich
machten, jeglichen dramatischen Protests. Innerhalb von zwei
Wochen nach dem amerikanischen Kriegseintritt sprach er in
einer Kabinettssitzung von den Problemen, die wahrscheinlich entstehen würden. Er wies darauf hin, »daß es für Kanada notwendig sein könnte, Churchills Schwierigkeiten zu
verstehen, keine Bevorzugung zwischen den Dominien zu zeigen. Auch bei der Rücksichtnahme auf eine gewisse Angriffslust Amerikas und dessen wahrscheinliches Streben nach allei-
niger Kontrolle. Auch eine gewisse Vergeßlichkeit Großbritanniens und der USA im Hinblick auf den Beitrag Kanadas
zum Kampf.« (39) Das bewies erstaunliche Voraussicht. In
diesen wenigen Sätzen sind die Hauptthemen des Bandes von

Professor Trotter und C. C. Lingard in der Reihe *Canada in World Affairs* enthalten (40). Wie der Herausgeber von *The Record,* J. W. Pickersgill, bemerkte, sollte Mackenzie King Grund haben, alle die Angelegenheiten zu beklagen, die er vorausgesehen hatte, noch bevor der Krieg vorüber war. Heftiger öffentlicher Protest gegenüber einer bestimmten, gut ausgewählten Streitfrage hätte sehr wohl mehr Wirkung haben können als die Reihe schmerzlicher Vorwürfe, die einmal Whitehall und ein anderes Mal Washington übermittelt wurden. Aber das war nicht seine Art. Auch stand es nicht im Einklang mit dem Hauptziel seiner Kriegspolitik: die Zusammenführung Großbritanniens und der Vereinigten Staaten in einem großen Bündnis der englischsprechenden Völker. Ein Teil des Preises, den er zahlte, war die Unterschätzung seiner sehr beträchtlichen Leistung durch das Volk, und ein anderer Teil war die falsche Auffassung des Volks von seinen Zielen.

Mackenzie King empfand eine dauernde und menschliche Genugtuung, wenn er über die Veränderungen nachdachte, die die Zeit in Reich und Commonwealth zuwege gebracht hatte, und er neigte dazu, darüber zu philosophieren. Als der Generalgouverneur, Graf von Athlone, und seine Frau, Prinzessin Alice, während der ersten Kriegskonferenz in Quebec im Farmhaus in Kingsmere wohnten, stellte King folgende Betrachtungen an: »Wie wenig konnte mein Großvater ahnen, als er im Gefängnis und in der Verbannung war, oder mein Vater und meine Mutter, als sie ihre Opfer für die Erziehung der Kinder brachten, daß eines Tages einer mit ihrem Namen den Präsidenten der Vereinigten Staaten und den Premierminister Großbritanniens in der Zitadelle von Quebec (wo die sterblichen Überreste des Vaters meines Vaters liegen) während eines Weltkriegs zu Gast haben würde und daß in der

gleichen Woche die Enkelin Königin Viktorias ihren Augenblick der Erholung und der Ruhe und des Friedens im Heim
eines der Ihren finden würde.« (41) Sobald aber der Vorschlag
gemacht wurde, daß dem Generalgouverneur bei diesem internationalen Ereignis eine prominentere Stellung eingeräumt
werden sollte als dem Premierminister Kanadas, kam der
Realist wieder schroff zum Vorschein.

Mit der fortschreitenden Veröffentlichung der biographischen
Bände und vor allem von *The Record* wurde Mackenzie
King ein leichter erkennbarer Kanadier. Er war, wie der aber-
gläubische John Aubrey etwa drei Jahrhunderte früher, »ein
wenig geneigt, übernatürlichen Beziehungen Glauben zu
schenken«. Er gab sich nordamerikanischen neugotischen Lieb-
habereien hin, als er in Kingsmere Ruinen sammelte. Viel
mehr Bedeutung wird wahrscheinlich weiterhin seinen Überspanntheiten zugemessen werden, da die Neue Welt von ihren
Männern des öffentlichen Lebens größere Anpassung erwartet
als die Alte. Aber nicht als komplizierte Persönlichkeit, sondern als Fachmann mit hervorragenden Fähigkeiten in der
Kunst der Politik wird Mackenzie King in Kanada und im
Commonwealth fortleben. Er war ein kühl berechnender
Politiker. Vielleicht war er etwas mehr. Er mag sogar mit der
Zeit als eines jener seltenen Wesen angesehen werden, als ein
Staatsmann in der Verkleidung eines Politikers. In den Jah-
ren, als die kanadische Einheit nicht bedroht und die westliche
Welt nicht in einen Krieg gestürzt war, mögen sein Urteils-
vermögen und seine Fähigkeit zur Zurückhaltung unterschätzt
worden sein. Die Verdienste der sachlichen Verwaltung aller
Angelegenheiten durch Attlee lernte man in weiten Kreisen
Großbritanniens erst schätzen, nachdem man sich das auf-
sehenerregende Suez-Abenteuer geleistet hatte. Aber was auch
immer die Veränderungen im Ruf Mackenzie Kings sein wer-

den, die die Zeit mit sich bringen wird, die sorgfältig aufgezeichneten Überlegungen und Handlungen eines Premierministers der Premierminister werden weiterhin von all denjenigen gelesen und erwogen werden, deren Augen sich aus Interesse oder Ehrgeiz auf den Parlamentshügel in Ottawa richten
werden. Und solange ein vorwiegend durch die parlamentarische Regierungsform regiertes Commonwealth bestehen
wird, werden Erinnerungen an diesen stacheligen, vorsichtigen, unauffälligen und einsamen Mann zurückbleiben, um
zu führen, zu beraten und zu warnen.

Jawaharlal Nehru:
Der Sprecher des liberalen Internationalismus

»Zu der Zeit konnte er kaum als Politiker gelten. Er war ein
Revolutionär. Wann immer irgendeine winzige Hoffnung auf
eine Lösung auftauchte, war er sofort bei der Hand, um auf
einen extremeren Kurs zu drängen, und seine Anstrengungen wurden verstärkt durch ein schönes Äußeres und eine glü-
hende Beredsamkeit ... Er war zu der Zeit ein Agitator, der
in stürmischen Versammlungen Erfolg hatte, in denen Entschließungen, die die britische Herrschaft untergraben sollten,
inmitten wilder Aufregung angenommen wurden. Er war
einer der wichtigsten Vertreter der neuen Kriegspropaganda,
die, ohne Rücksicht auf die Wahrheit, den Haß mit eiskalter
Logik organisierte.« (42) Es war die Zeit der späten zwanziger
Jahre; der Mann war Jawaharlal Nehru, der begabte Sohn
eines angesehenen Vaters; und der Verfasser Lord Birkenhead, in seiner Biographie von Lord Halifax, der unter dem
Namen Lord Irwin Vizekönig war und mit wohlmeinendem
liberal-imperialistischem Blick die verfassungsrechtliche Stel-

lung eines Dominions für Indien angestrebt hatte, die zwar
Autonomie innerhalb des Britischen Weltreichs zugestehen
würde, aber nicht die vollständige Unabhängigkeit, die der
jüngere Nehru forderte. Mit der Zeit und mit der Entwicklung
des Commonwealth schliff sich der Unterschied ab; aber selbst
eine Generation später fanden es Engländer von konservativer Gesinnung schwierig, frühere Eindrücke von dem ansehn-
lichen Inder mit seiner englischen Schulbildung und seinen imperialistischen Freunden zu vergessen (43), der seine wohl-
habende Familie in Allahabad verließ, um die britische Herrschaft in Indien herauszufordern, mit Waffen, die in der Waf-
fenschmiede des englischen liberalen Denkens geschmiedet und
mit der scharfen Schneide der marxistischen Dialektik ge-
schärft worden waren. Smuts, der gegen die Briten gekämpft
hatte, konnte vieles verziehen und mehr als verziehen werden; aber gegen Nehru, selbst als er der ältere Staatsmann
des Commonwealth geworden war, behielt man vieles in Erinnerung. Beide waren Intellektuelle, beide Graduierte der
Universität Cambridge, der eine in Rechtswissenschaft, der
andere in den Naturwissenschaften; beide waren sowohl Nationalisten als auch Internationalisten, beide waren Führer
von charismatischer Anziehungskraft, wie es Mackenzie King
in keiner Weise war. Aber während Smuts, und hierin lag
vielleicht vom Standpunkt der dauernden britischen Empfindlichkeiten aus gesehen der entscheidende Unterschied, in der
Sozialpolitik wie in der Rassenpolitik ein Traditionalist war,
blieb Nehru sowohl ein nationaler als auch ein stark vom
Marxismus beeinflußter sozialer Revolutionär, obwohl er in
seinem späteren Leben gegenüber seinem starren begrifflichen
Rahmen kritisch und gegenüber seiner dialektischen Gewißheit feindlich eingestellt war. Dieser Unterschied spiegelte sich
in praktischen Dingen. Während Smuts seine Fähigkeiten un-

mittelbaren und bestimmten Zwecken widmete — der Erringung des Sieges in einem Krieg, der Neubildung des Commonwealth, der Schaffung einer neuen Weltordnung —, befürwortete Nehru in der Verfolgung von Zielen, die ebenso
löblich erscheinen mochten, Mittel und gebrauchte Argumente, die in vielen Fällen nicht nur in einem Großteil der
dahinterliegenden Gedankengänge revolutionär, sondern in
ihrer Auffassung oder Darstellung abstrakt waren. Bündnislosigkeit, die *Panch Shila* oder Fünf Grundsätze, Räume »ohne
Krieg«, verbunden mit schmerzlicher Zurechtweisung und Ermahnung derer, die ihre Sicherheit in Bündnissen suchten und
ihre Stärke gegen einen möglichen Angriff aufbauten — all
das bezeugte eine Haltung, eine Politik oder, und vielleicht
vor allem, eine Sprache, die viele in Großbritannien nur
schwer ertrugen. In der Vergangenheit waren es die Briten
gewesen, die die anderen über die Torheit ihrer Wege belehrt
hatten — sie fanden es daher doppelt schwierig, mit Gleich-
mut die in geistig-sittliche Worte gefaßten Ermahnungen eines anderen zu ertragen. Sie bemerkten Unstimmigkeiten oder
entdeckten solche, wo keine bestanden. Sie neigten dazu, Nehrus Ansichten über die Nichtanwendung von Gewalt mit denen von Gandhi zu verbinden oder zu verwechseln, und nachdem sie das getan hatten, wiesen sie mit dem Finger anklagend
auf Nehrus Politik in Kaschmir oder auf die indische Einverleibung von Goa durch Gewalt bzw. die Androhung von Gewalt. Nehrus sofortige und uneingeschränkte Verurteilung des
Suez-Abenteuers, verbunden mit einer verspäteten und eingeschränkten Brandmarkung der gewaltsamen russischen Unterdrückung des gleichzeitigen ungarischen Aufstands — an sich
schon ein Fehlurteil, das ein politisches Vorurteil andeutete,
das sich aus der Überempfindlichkeit gegenüber der Art des
Imperialismus herleitete, gegen die er gekämpft hatte, und eine

unzulängliche Empfindlichkeit gegenüber Äußerungen eines Imperialismus, den er nicht kannte — stieß viele vor den Kopf, nicht nur Anthony Eden. Zu allen Zeiten und bei allen Gelegenheiten setzte sich Pandit Nehru politischen Gefahren aus durch seine Gewohnheit, internationale Angelegenheiten mit Leitsätzen zu verbinden und darüber zu philosophieren, wie sie geregelt werden sollten. Für konservative Pragmatiker war das erste belanglos und das zweite, wenn sie sein Gegenstand waren, schwer zu verzeihen.

Viele der Dinge, die Jawaharlal Nehru bei der Rechten verdächtig machten, dienten dazu, sein Ansehen bei den liberalen Internationalisten der Linken zu vergrößern. Über Smuts hing der Schatten der Eingeborenenpolitik (oder ihres Fehlens), und während Liberale und Nationalisten gleichermaßen sein Bestehen auf einem bis zum äußersten dezentralisierten Commonwealth begrüßten, blieb er für sie eine rätselhafte Gestalt, aufgeklärt in seinen Vorstellungen von einer Weltordnung, aber der Vorkämpfer eines weißen Imperialismus in Afrika: zu sehr mit der unversehrten Erhaltung der Hoheitsgewalt der nationalen Staaten beschäftigt, um der glaubwürdige Wortführer einer neuen internationalen Gesellschaft zu sein, die die Menschenrechte hochhielt und befürwortete; zu sehr mit der Machtpolitik beschäftigt, um den Ansprüchen der Schwachen und Unterdrückten genügend Aufmerksamkeit zu widmen. In Nehru fanden sie ihr Ideal. Begabt, beredt, empfindsam, besaß er zugleich persönliche Anziehungskraft und die Gabe, mühelos zu führen. Sein Ruf als Gegner nicht nur des Imperialismus, sondern in den dreißiger Jahren auch des Nazismus, Faschismus und japanischen Militarismus war einwandfrei. Auf seinen Reisen in Europa hatte er die Annäherungsversuche Mussolinis verachtet, die schreckliche Bedeutung des Bürgerkriegs in Spanien erkannt, mit kritischem

Blick von der Zuschauertribüne des Unterhauses auf Neville Chamberlain heruntergesehen, als dieser in der dramatischen Debatte vor seinem Flug nach München sprach, und war der Ansicht, daß dort ein Mann sei, in dessen Antlitz »kein Adel« zu sein schien, der »zu sehr wie ein Geschäftsmann« aussehe, der offenkundig »nicht ein Mann der Vorsehung, sondern ein Mann der Erde, irdisch« sei (44). Nehru hatte seine Zeitgenossen in der Sprache eines Internationalisten in der Art Churchills vor den schrecklichen Folgen des erstarkenden Militarismus in Europa und Asien gewarnt, und als er 1940 in Gorakhpur wegen Aufruhrs vor Gericht stand, erinnerte er daran, daß es wenig Engländer gegeben habe, die so beharrlich und offenherzig den Faschismus oder den Nazismus verurteilt hätten wie er. Hatte er nicht, nachdem er »mit Schmerz und Qual« gesehen hatte, »wie ein Land nach dem anderen im Namen dieser Befriedung verraten wurde und wie die Lichter der Freiheit ausgelöscht wurden«, Grund zur Empörung darüber, daß »die Hunderte von Millionen Inder« 1939 »ohne Rücksprache mit ihnen oder ihren Vertretern in einen gewaltigen Krieg« gehetzt wurden, der »im Namen der Freiheit und der Selbstbestimmung« ausgetragen wurde? (45) Als für ihn die Stunde kam, als Premierminister eines unabhängigen Indien die Bühne der Geschichte zu betreten, zeigte er, wie damals bemerkt wurde, seine Fähigkeit, sich großer Verantwortung würdig zu erweisen. »Er hat sich«, schrieb Rajagopalachari an Sapru im April 1948, »in einer sehr bemerkenswerten Weise entwickelt ... Sie müssen das an Jawaharlal mit natürlicher Freude und Genugtuung bemerkt haben.« (46) Während es Nehru immer an der Eignung für eine nachhaltige und zweckmäßige Verwaltungstätigkeit ermangelte, konnten es ihm, was Sinn für Stil und passende Gelegenheit betrifft, wenige gleichtun. Von der Mitternacht vom 14./15. August

1947, als die Kongreßpartei »ihre Verabredung mit dem Schicksal einhielt«, bis zu jener denkwürdig bewegenden Rundfunkansprache ein Jahr danach, die Indien und der Welt die Ermordung Gandhis mitteilte — »das Licht ist aus unserem Leben gewichen, und es herrscht überall Finsternis«; denn »unser geliebter Führer, Bapu, wie wir ihn nannten, der Vater der Nation, ist nicht mehr«; von Massenversammlungen in den Hauptstädten Asiens, von den Treffen der Premierminister in London, an denen er unfehlbar teilnahm, bis zu der dramatischen Symbolik der Feierlichkeiten zum Tag der Republik in Delhi am 26. Januar eines jeden Jahres, zu den Empfängen für Staatsoberhäupter und Präsidenten, Premierminister und revolutionäre Führer aus der ganzen Welt, am Abend im Roten Fort, wo er bei der Zeremonie in tadelloser Gandhi-Mütze und in weißem *achkan* mit einer roten Nelke im Knopfloch den Vorsitz führte, mißlang es ihm selten, seine Zuhörer durch seine Persönlichkeit und seinen durchdringenden Sinn für den Lauf der Geschichte zu beeindrucken.

Jawaharlal Nehru war ein fruchtbarer Schriftsteller — mit autobiographischen Fragmenten in fast jedem Werk — und ein guter Redner. Die Breite seiner Anziehungskraft lag in seiner Fähigkeit, die Bestrebungen seiner Zeit ebensosehr wie die seines eigenen Volks wiederzugeben und zu den Millionen der indischen Dorfbewohner wie auch zu der neuen politischen Führerschicht der Städte in ihren eigenen Worten zu sprechen. Er vermochte es, weil er ruhig und unmittelbar, immer mit einem Mikrophon bewaffnet, ganz persönlich sprach — so als sei er unter engen Freunden und offenkundig erfreut, ihnen seine Gedanken mitteilen zu können — und auch weil er, wie zutreffend gesagt worden ist, sowohl als Mensch als auch in seiner Redeweise »die Überfeinerung mit einer gewissen natürlichen Einfachheit überwand« (47). Weltlich und humanistisch, war Nehru der Sprecher einer liberal-reformistischen Einstellung sowohl gegenüber der Zwietracht der Religionsgemeinschaften und der Kasten zu Hause als auch gegenüber den Fragen des Krieges oder des Friedens in Übersee. Er wankte nie in seinem Glauben an die parlamentarische Regierungsform in Indien, und anstelle der tiefgehenden, schmähenden und propagandistischen Polemik der Großmächte im Kalten Krieg, die er bedauerte, drängte er auf ruhige Gespräche in Konferenzen auch über die schwierigsten Streitfragen. Es lag eine überragende Eigenart in seiner Anziehungskraft für Intellektuelle, für manchmal befangene Aufgeklärte, für die jüngeren Generationen, die durch die Drohung der nuklearen Vernichtung niedergedrückt waren und weder psychologische Befriedigung noch geistesverwandte Zuflucht in den Bündnissen der Jahre des Kalten Kriegs fanden. Die neue, hoffnungsfrohere, bedeutsamere, idealistischere und, man mag hinzufügen, einfachere Einstellung zu den Schwierigkeiten der internationalen Beziehungen, die sie suchten, fanden sie wie nirgends anders in den Aussprüchen des Premierministers von Indien. Der adlige verwestlichte Brahmane aus Kaschmir wurde so das Sprachrohr der neuen klassenlosen Gesellschaften der Mitte des 20. Jahrhunderts. Er haßte den Krieg und verurteilte die Aufrüstung und die Bündnisse, von denen er glaubte, daß sie noch einmal dazu führen würden; er war empört über die Anmaßungen der Rassisten, ob in Asien oder Afrika; er war der geschworene Todfeind des Imperialismus; er war der zornige Verfechter der Minderbegünstigten, und vor allem wünschte er, die technologische Revolution des 20. Jahrhunderts in den Dienst der überbevölkerten und unterernährten Gebiete der ehemaligen kolonialen Welt zu stellen. Wenn Jawaharlal Nehru so sehr in der Welt und dem Commonwealth der fünfziger Jahre aufragte, so

deshalb, weil er mit Weitblick, mit hervorragender Beherrschung einer Sprache, die nicht seine eigene war, und mit seltenen Führungsgaben so viele der Bestrebungen seiner Zeit
ausdrückte.

Während die Anziehungskraft Nehrus weltweit war, schlug
sein Herz immer mehr für den Kontinent und das Volk, dem
er angehörte. Es gab zwar eine Zeit, da er mit seiner westlichen Schulbildung meinte, er sei »eine komische Mischung
des Ostens und des Westens geworden«, »überall nicht an der
rechten Stelle, nirgends zu Hause ... Ich bin ein Fremder und
Ausländer im Westen. Ich kann ihm nicht angehören. Aber
auch in meinem eigenen Land habe ich manchmal das Gefühl
des Verbannten.« (48) Jedoch gereift und unter dem Einfluß
Gandhis schlug er im Land seiner Geburt tiefe Wurzeln.
Unaufhörlich kehrte er als Premierminister von Indien zu
dem Thema eines nach einem langen Schlaf erwachenden
Indien und Asien zurück. Er sprach von der Beachtung, die
der Westen nach langer Vernachlässigung den asiatischen Interessen und asiatischen Ansichten schenken müßte; vom
»Schmerz in der Seele Asiens«, von »der ungeheuren Gärung
des Wandels« in einem Kontinent, dessen Wachstum fast zwei
Jahrhunderte lang aufgehalten worden war (49). Obwohl
ihn vieles bei dieser stürmischen Wiederauferstehung eines
Kontinents bestürzte oder betrübte, zweifelte er nicht daran,
daß, mit nationaler Freiheit und der Beendigung der »furchtbaren Armut« eines so großen Teils seiner Bevölkerung, Asien
zu »einem mächtigen Faktor für Sicherheit und Frieden« werden würde. »Die Philosophie Asiens«, sagte er, »ist immer die
Philosophie des Friedens gewesen.« »Indien«, sagte er zu
einem anderen Zeitpunkt, »mag in der Weltpolitik neu sein
und seine militärische Stärke im Vergleich mit der der Riesen
unserer Zeit unbedeutend. Aber Indien ist reich an Gedanken

und Erfahrungen und ist auf dem Abenteuer des Lebens durch weglose Jahrhunderte gezogen. In seiner ganzen, langen Geschichte war Indien für den Frieden eingetreten, und jedes Gebet, das ein Inder erhebt, schließt mit einer Bitte um Frieden.« (50)

Die Skeptiker waren nicht überzeugt, aber zumindest eine Zeitlang wurde das Bild Gandhis bis zu einem gewissen Grad nicht nur einer Nation, sondern einem Kontinent aufgedrängt. Es wurde durch die indische Unnachgiebigkeit in Kaschmir und das indische Vorgehen in Goa befleckt und durch die chinesischen Angriffe auf die Grenzen Indiens 1962 zerstört. In allen diesen Fällen wurde der Ruf Nehrus geschädigt, und darüber sind weitere Bemerkungen erforderlich.

Der Maharaja von Kaschmir schloß sich Indien an. Die Umstände waren strittig, aber der Anspruch Indiens beruhte auf der Rechtmäßigkeit und der Endgültigkeit dieses Anschlusses. Nehru, der Liberale, bot einen Volksentscheid an. Er war in keiner Weise dazu verpflichtet. Nehru, der Kaschmiri und Nationalist, fand eine Reihe von Gründen, einige überzeugend, andere nicht überzeugend, um sicherzustellen, daß es bei dem Angebot blieb. Für seinen eigenen Ruf wäre es besser gewesen, wenn er sein Vorgehen einfach mit der Unterschrift des Maharaja auf einer in der Indischen Unabhängigkeitsakte anerkannten Beitrittserklärung begründet hätte. Aber Nehru wünschte über die Rechtmäßigkeit hinaus noch die Zustimmung der Bevölkerung von Kaschmir. Diese erhielt er nie, was in einem gewissen Sinn der Weltöffentlichkeit Genugtuung verschaffte. Ebenso wünschte Nehru in Goa durch Überredung in dessen Besitz zu gelangen; schließlich wurde er angesichts der portugiesischen Unnachgiebigkeit und des politischen Drucks im eigenen Land überredet, Gewalt zu billigen. Für den Nationalisten stellte die Gewinnung Goas

die Erfüllung der nationalen Bewegung zur Unabhängigkeit
dar, und auch in diesem Fall erwies sich Nehrus Nationalismus stärker als seine internationale Gesinnung, die eine Änderung nur durch friedliche Mittel zuließ. Nach seiner eigenen
nationalen Beweisführung, die von seinen Kritikern im Westen zu Unrecht abgelehnt wird, mag sein Irrtum sehr wohl
darin bestanden haben, zu lange gezögert zu haben. Wäre es
in den späten vierziger Jahren nicht vernünftig gewesen, die
Macht in den kleinen portugiesischen Enklaven in Indien
unmittelbar nach der Unabhängigkeit Indiens zu übernehmen? Das Bild eines friedfertigen Asien schließlich wurde
durch die chinesischen Einfälle über die indische Grenze im
Oktober und November 1962 brutal zerschlagen. Viele hatten
Nehru gewarnt, nicht zuletzt Acharya Kripalani im Lok
Sabha (51), aber in den Traumbildern einer chinesisch-indischen Freundschaft befangen, hatte er ihre Worte nicht beher-
zigt. Es war daher bittere Ernüchterung, die ihm das Bekennt-
nis entlockte: ».Wir waren dabei, mit der Wirklichkeit in der
modernen Welt den Kontakt zu verlieren.« (52) Darin spiegelte sich nicht nur die Tragödie eines Mannes oder auch nur
eines Landes; die Hoffnungen eines neuen unabhängigen
Asien waren brutal zerschlagen worden.
Nehru deutete die Idee des Commonwealth neu, so daß sie
seiner eigenen Anschauung von internationalen Beziehungen
entsprach. Das Commonwealth sei eine durch die Geschichte
zusammengefügte Verbindung von Regierungen und Völkern,
die — und das war für ihn von größter Bedeutung — Indien
sowie seinen anderen asiatischen Mitgliedern eine gleichberechtigte Stellung mit den Mitgliedern europäischer Herkunft
gäbe und den asiatischen Regierungen Möglichkeiten biete, die
Weltpolitik vor allem im Hinblick auf Asien zu beeinflussen,
die ihnen sonst nicht in ganz der gleichen Weise offengestan-

den hätten. Das Commonwealth sei, allgemeiner gesagt, ein Mittel, die technologischen Errungenschaften des Westens mit den Jahrhunderte alten Weisheiten des Ostens in fruchtbarer Partnerschaft zu vereinen. Es sei eine Brücke zwischen Völkern und Kontinenten. Es müsse auf der tiefsten Ebene vielrassig gestaltet werden. Es sei auch so etwas wie ein Beispiel für die Welt in der Anwendung der Grundsätze Gandhis auf die Beziehungen zwischen Staaten in Umständen, von denen man für gewöhnlich erwartet hätte, daß sie zur Entfremdung und bleibenden Feindschaft führen müßten. Mahatma Gandhi, bemerkte Nehru, »lehrte uns eine Handlungsweise, die friedfertig war: dennoch war sie wirksam und zeitigte Ergebnisse, die uns nicht nur zur Freiheit führten, sondern auch zur Freundschaft mit denjenigen, mit denen wir bis gestern noch in Streit lagen« (53). Und später, bei einer Ansprache vor dem kanadischen Parlament, kehrte Nehru zu demselben Thema zurück. »Ich bin überzeugt«, sagte er, »daß diese Entwicklung (Indiens Mitgliedschaft als Republik) in der Geschichte des Commonwealth — zeitlich und räumlich ohne Parallele — ein bedeutsamer Schritt zum Frieden und zur Zusammenarbeit in der Welt ist.

Von noch größerer Bedeutung ist die Art, wie sie erreicht wurde. Noch vor wenigen Jahren stand der indische Nationalismus im Kampf mit dem britischen Imperialismus, und dieser Konflikt brachte in seinem Gefolge Böswilligkeit, Verdacht und Bitterkeit, obwohl es wegen der Lehren unseres großen Führers Mahatma Gandhi weit weniger Feindseligkeit gab als in irgendeinem anderen nationalistischen Kampf gegen eine fremde Herrschaft. Wer hätte damals gedacht, daß Mißtrauen und Bitterkeit größtenteils so rasch verschwinden würden, um der freundschaftlichen Zusammenarbeit zwischen freien und gleichberechtigten Nationen Raum zu geben? Das ist eine Leistung, die sich alle diejenigen, die damit zu tun hatten, billigerweise als Verdienst anrechnen können. Es ist ein hervorragendes Beispiel für die friedliche Lösung schwieriger Probleme: einer Lösung, die Bestand hat, weil sie nicht andere Probleme schafft. Die übrige Welt täte gut daran, dieses Beispiel zu beachten.« (54)

Pandit Nehru neigte dazu, bei der Art der anfänglichen Erwerbung der Mitgliedschaft Indiens in Freiheit und Gleichheit länger zu verweilen als bei der späteren Handhabung. Dies teilweise deswegen, weil er wünschte, die Grenzen der Tätigkeit und der Zusammenarbeit innerhalb des Commonwealth jenseits allen Zweifels und allen Streits festzulegen. »Vermutlich«, sagte er 1950, »stellen sich manche Leute vor, daß unsere Verbindung mit dem Commonwealth in irgendeiner Weise unsere Handlungsfreiheit beschränkt oder einengt... Dieser Eindruck ist vollständig unbegründet ... Wir können jede beliebige Politik durchführen ohne Rücksicht darauf, ob wir im Commonwealth sind oder nicht.« (55)

Er unterstrich gegenüber Pakistan den Grundsatz der Nichteinmischung und Indiens Widerstand gegen irgendeinen Commonwealth-Gerichtshof oder irgendeine Commonwealth-Vermittlerrolle bei Streitigkeiten im Commonwealth. Und gegen die an Bündnissystemen beteiligten Mitglieder des älteren Commonwealth (und Pakistan nach 1954) betonte er Indiens Nichtbeteiligung an einer gemeinsamen Kriegs- oder Verteidigungspolitik. »Wir haben niemals«, erklärte er kategorisch im Lok Sabha im Juni 1952, »die Verteidigungspolitik im Commonwealth besprochen, weder gemeinsam noch getrennt.« Er äußerte sich ebenso freimütig über die politische und verfassungsrechtliche Unabhängigkeit Indiens. »Die Republik Indien«, sagte er, »hat mit England weder verfassungsrechtlich noch rechtlich irgend etwas zu tun.« In der Tat lag die Anziehungskraft des Commonwealth in seiner Freiheit von Vorstellungen der Verpflichtung oder der Bindung: »Unsere Verbindung mit dem Commonwealth ist deswegen bemerkenswert, weil sie uns überhaupt in keiner Weise bindet . . .« (56) Konnte die Mitgliedschaft Indiens demnach nur in negativem Sinn beurteilt werden? Darauf ist die Antwort zum Teil, daß sie oft in negativem Sinn dargestellt wurde, um den Kritikern keine Angriffsmöglichkeit zu geben. Aber im wesentlichen ging Nehru niemals von seiner ursprünglichen konstruktiven Einstellung ab. Er, mehr als irgendein anderer, hatte Indien in das Commonwealth gebracht, und er stand unbeugsam zu seiner Handlungsweise im Glauben, er habe gute Gründe dafür. Diese ließen aber ihrem Wesen nach keine öffentliche Darlegung zu. »Wir tun fast nichts«, sagte er im Dezember 1950, »ohne uns mit den Ländern des Commonwealth zu beraten.« Er glaubte, derartige Beratungen seien an sich nützlich und wertvoll wegen der Möglichkeiten, die sie boten. Denjenigen, die wünschten, daß Indien wegen der Rassenpolitik Südafrikas ausscheiden sollte, antwortete Nehru 1952, das sei grundsätzlich einer der Gründe, warum er glaube, daß Indien bleiben sollte. Und warum? Durch die Mitgliedschaft »haben wir bessere Möglichkeiten, die große Politik des Commonwealth zu beeinflussen, als wir sonst hätten. Das Verbleiben im Commonwealth bedeutet ein Treffen ein- oder zweimal im Jahr und gelegentliche Beratungen und Hinweise. Sicherlich ist das kein zu hoher Preis für die damit verbundenen Vorteile.« Er zweifelte nie daran, daß diese Vorteile beträchtlich seien, nicht zuletzt deshalb, weil, so wie Indien anderen Einflüssen offenstehe, es »die Möglichkeit gäbe, daß wir auch andere in der richtigen Richtung beeinflussen können« (57). Diese zutreffende Richtung war größeres Verständnis in der Welt für indische und asiatische Probleme, für die

Stärke der antikolonialistischen, antirassistischen Gesinnung und die Sorge der Menschheit um den Frieden. Und wie weit das Commonwealth in diese Richtung gedrängt wurde, zeigt sich in zahlreichen gemeinsamen Beschlüssen und manchmal in Redewendungen oder Ausdrucksweisen amtlicher Verlautbarungen, die unverkennbar das Gepräge der Gedanken und des Sprachgebrauchs Nehrus aufweisen. Auch wenn das Gefühl für eine sich entwickelnde Partnerschaft nach der Suezkrise 1956 niemals seine frühere Anziehungskraft wiedergewann, war es nicht ganz geschwunden. »Ich wünschte, ich könnte dem Unterhaus«, sagte Harold Macmillan nach seiner Rückkehr von einer Reise durch das Commonwealth 1958, »ein Bild von den Tausenden von Menschen aufzeichnen, die in Schahjahans großem Hof im Roten Fort versammelt waren. Hier war mehr als die überlieferte Höflichkeit des indischen Volks. Ich hatte sowohl zu diesem Zeitpunkt als während der Zusammenkünfte, die ich mit dem indischen Premierminister ... und seinen Kollegen hatte, ein wirkliches Gefühl der Partnerschaft im wahrsten Sinn des Worts.« (58) Wenn es auf der indischen Seite Gandhi gewesen war, der den Grundstein der Partnerschaft gelegt hat, so war es Jawaharlal Nehru, der darauf aufgebaut hatte. Selbst wenn es sich erweisen sollte, daß seine Dienste hauptsächlich seiner eigenen Generation nützten, bleiben sie dennoch ehrenhaft und spiegeln seine Großherzigkeit wider.

Man wird sich an Nehru nicht nur wegen seiner Fehlurteile, sondern mehr noch wegen seiner Einsichten in das Innere der Menschen erinnern. In den Tagen vor der Teilung bleibt noch genau zu ermitteln sein sicherlich beträchtlicher Anteil an der Verantwortung für die Ablehnung der angebotenen Zusammenarbeit mit der Moslem-Liga in den indischen Provinzregierungen 1937, für die den Moslems gewährten Möglichkei-

ten zur Stärkung ihrer Stellung während des Kriegs, für die
Unfähigkeit der Kongreßpartei, die tatsächliche Drohung der
Moslems, Indien zu spalten, richtig einzuschätzen, bevor dies
unmittelbar bevorstand. Nach 1947 als Premierminister eines
unabhängigen Staats, hat sich Nehru dem Vorwurf ausgesetzt,
die Verkündung von hochtönenden Grundsätzen für Außenpolitik gehalten zu haben, den wahrscheinlichen Preis der
Bündnislosigkeit im Hinblick auf die Isolierung mißachtet
zu haben, gegenüber der Drohung eines chinesischen Angriffs
in den fünfziger Jahren blind gewesen und in Kaschmir
abwechselnd entschlossen und unentschlossen gewesen zu sein.
Die Anklage ist schwerwiegend, im wesentlichen deswegen,
weil Nehru von Natur aus ein Führer war mit Ideen, die
sehr unbeständig, zuweilen unvereinbar waren, und oft mit
ungenügender Berücksichtigung der Tatsachen der indischen
Machtstellung und seiner eigenen Stellung verfolgt wurden,
die aber dennoch oft anregend, neuartig, in ihren Absichten
erhebend und in ihren Folgen wohltätig waren. Eine dieser
Ideen war Indiens Mitgliedschaft in einem Commonwealth
vieler Völker und vieler Rassen. Sie war zu seinen Lebzeiten
erstaunlich fruchtbar. Hätte es ihn nicht gegeben, wäre Indien
fast mit Sicherheit nicht der erste republikanische Mitglied-
staat des Commonwealth geworden, und wäre die Mitgliedschaft Indiens nicht gewesen, hätten sich Nationalisten in anderen Teilen Asiens und, mehr noch, in Afrika ihrerseits kaum
für die Mitgliedschaft entschieden. Mit dem späteren Beitritt
antiimperialistischer asiatischer und afrikanischer Staaten zu
einem Commonwealth, das aus einem Kolonialreich entstanden war, durch Verfahrensweisen, die so gebräuchlich wurden, daß sie aufhörten, Erstaunen auszulösen, erzielte eine
Idee ihren glänzendsten Sieg. Nicht Smuts, nicht Mackenzie
King, sondern Nehru war der Baumeister dieser Errungen-

schaft. Auf kurze Sicht kann sie nichts beeinträchtigen; auf
längere Sicht wird ihre Fortdauer von dem wirklichen Vorhandensein jener Vorzüge abhängen — die Fähigkeit des
Heilens, die gleichberechtigte Verbindung der Rassen, die Bereitschaft und die Fähigkeit der wohlhabenderen Commonwealth-Staaten, den ärmeren zu helfen —, von denen Nehru
in seinen hoffnungsvolleren Augenblicken glaubte, das Commonwealth besäße sie.

»Jawaharlal ist mein politischer Erbe. Er mag anderer Meinung sein als ich, während ich lebe. Aber wenn ich nicht mehr
bin, wird er anfangen, meine Sprache zu sprechen.« So hatte
es Gandhi beim Treffen des Gesamtindischen Ausschusses der
Kongreßpartei in Wardha 1942 vorausgesagt. Seine Vorhersage erwies sich im wesentlichen als zutreffend. In nationalen
und internationalen Angelegenheiten gebrauchte Nehru die
Sprache und äußerte die Gedanken des Mahatma. Aber hinter
den Worten blieben die Unterschiede der politischen Einstellung und der Weltanschauung bestehen. Nehrus Einstellung
zu den menschlichen Belangen war zugleich weniger beschränkt
und hoffnungsfroher als Gandhis (59). Das Indien, von dem
Nehru träumte, würde sich nicht auf Selbstverwirklichung
und Selbstbestimmung beschränken, sondern würde bei den
politischen, sozialen und wissenschaftlichen Umwälzungen des
Zeitalters eine führende Rolle spielen. Er sprach von den
dynamischen Ansichten und dem Geist des Abenteuers, die
Indien in vergangenen Zeiten ausgezeichnet hatten, und überlegte: »So alt wir sind, mit Erinnerungen, die in die frühe
Morgenröte menschlicher Geschichte und menschlichen Stre-
bens zurückreichen, müssen wir im Einklang mit unserer jetzigen Zeit wieder jung werden...« (60) Nehru betrachtete die
Mitgliedschaft Indiens im Commonwealth auf der Grundlage
der Lehre Gandhis von Versöhnung, ergänzt durch seine eige-

ne überschwengliche, hoffnungsvolle humanistische Deutung der Stellung Indiens in der Weltpolitik. Es muß auch daran erinnert werden, daß die Beziehung Indiens zum Commonwealth eines von vielen Dingen war, das nicht notwendigerweise für Nehru von höchster Bedeutung, aber dennoch zu verwirklichen der Mühe wert war. Es gab viele andere — von denen einige notwendigerweise nicht verwirklicht wurden. In seinen letzten Jahren hatte Nehru Zeilen neben sich liegen, die er von Robert Frost abgeschrieben hatte:

»Die Wälder sind schön und dunkel und tief,
Aber ich habe Versprechen zu halten,
Und Meilen zu gehen, bevor ich schlafe,
Und Meilen zu gehen, bevor ich schlafe.« (61)

Er war indessen seine Meilen auf der Straße des Commonwealth gegangen, und die Spuren seiner Schritte blieben deutlich darauf zurück.

VIERTES KAPITEL

Die Lehre der Geschichte

»HIER SITZE ICH UND REGIERE ES MIT MEINER FEDER: Ich schreibe, und schon ist es geschehen; und durch einen Ratsschreiber regiere ich Schottland jetzt, was andere nicht mit dem Schwert vermochten.« (1) Dies mag als das britische Ideal der Reichsregierung gelten — reibungslos, wirtschaftlich, wobei ein Ratsschreiber als Werkzeug genügte; und friedfertig. Doch während sich König Jakob I. von England und gleichzeitig Jakob VI. von Schottland mit diesen Worten brüsten konnte, er habe es in seinem nördlichen Königreich erreicht, konnte kein britischer Staatsmann des 19. Jahrhunderts, geplagt durch die »kleinen Reichskriege« und deren Kosten, einen so glücklichen Zustand auch nur anstreben. Das Reich war schon zu groß, zu verschiedenartig zusammengesetzt und zu kostspielig, um eine unmittelbare und wirtschaftliche Ausübung der Autorität oder eine vernünftige Aussicht auf allgemeinen Frieden zuzulassen. Im Gegenteil, im viktorianischen Zeitalter war seine Verwaltung in den Augen weiter Kreise, und nicht zu Unrecht, mit Schwierigkeiten, Unkosten und Kriegen verbunden. Diese Verbindung bedeutete, daß die Erörterungen über das Reich selten aufhörten. Um 1870 war zumindest ein Ergebnis der Erörterungen offenkundig, daß es nämlich, wie Lord John Russell feststellte, kein Zurück mehr geben konnte: *»Tu regere imperio populos, Romane, memento.«* (2) Das Britische Weltreich war der Erbe des römischen Weltreichs im 19. Jahrhundert; es hatte seine Siedlungskolonien und unterworfene Völker anderer Rassen unter seiner Herrschaft, und während es, anders als das römische Reich, die Konkurrenz der europäischen Weltreiche hatte, mit denen es kämpfen mußte, übertraf es sie alle an Größe und, wie die meisten Engländer des 19. Jahrhunderts behauptet oder, wahrscheinlicher noch, einfach angenommen hätten, ebenso an Aufgeklärtheit seiner Verwaltung. Und die Zukunft dieses Reichs, wie sie z. B. in den keineswegs unkritischen, für Ausdehnung plädierenden Vorlesungen Sir John Seeleys von 1881 umrissen wurde, war die von noch weiteren Gebietserwerbungen und von einem Höhepunkt, der noch bevorstand. Das spätere 19. Jahrhundert konnte im Rückblick durchaus, und nicht nur in Indien, als das goldene Zeitalter des Britischen Weltreichs betrachtet werden.

Anders als Schottland unter König Jakob war dieses Reich nicht mit einem Federstrich zu regieren. Letzten Endes wurde das Britische Weltreich, wenn nicht durch das Schwert, so doch im Bewußtsein seines Vorhandenseins regiert. Mit gewissen Einschränkungen bildeten bisweilen die britischen Siedlungskolonien in Übersee eine erwähnenswerte Ausnahme. Sie wurden nicht durch Gewalt gehalten; vielmehr waren sie durch Verwandtschaft mit Großbritannien verbunden. Es war ihr Mutterland; sie waren seine Kinder. Sicherlich sollte man annehmen, daß wenigstens sie, noch mehr als das Schottland König Jakobs, durch einen Federstrich regiert werden könnten. Aber das Gegenteil stellte sich heraus. Sie waren weit entfernt, ihre Völker hatten einen unabhängigen Sinn und waren auch gewohnt, sich an der Regierung zu beteiligen; und die amtlichen Schreiben, durch die notgedrungen die Weisungen übermittelt wurden, brauchten noch, wie in den Tagen Burkes, Monate, um über die Meere hin- und herzugehen. Ein allzu großer Verlaß auf den Federstrich des Reichs würde in der Tat eher als alles andere den Rückgriff auf das Schwert des Reichs erforderlich machen. Aus diesem Grund veranlaßten Überlegungen des Eigeninteresses, verbunden mit gesundem Menschenverstand, die Übergabe der Verantwortung für die innere Regierung dieser Siedlungskolonien an ihre eigenen Völker. Das war der Schritt, der die Gründung des Commonwealth bezeichnete. Er wurde nicht mit irgendeinem derartigen Ziel vor Augen unternommen. Vielmehr wurde er unternommen, um weitere unnötige Zwistigkeiten zu vermeiden, und in einer Weise, die dem Gefühl der Viktorianer entsprach: dem Gefühl für Verantwortung, für Wirtschaftlichkeit — Verteidigung, daran muß immer gedacht werden, war kostspielig, und der Ausspruch Gladstones, daß Selbstverwaltung Selbstverteidigung erzeugt, traf immer zu — und ihrem Glauben an die Eignung britischer Menschen, wo auch immer sie sich befanden, sich selbst zu regieren.

Der erste und entscheidende Schritt in der kolonialen Selbstverwaltung, die zum Commonwealth führte, wurde in Britisch-Nordamerika unternommen. Ihm folgten andere, manchmal auf die Initiative der Reichsregierung hin, wie im Fall der Kapkolonie, aber für gewöhnlich unter dem Druck der Kolonisten, mit dem Ergebnis, daß Ende des Jahrhunderts allgemein und insbesondere vom Kolonialminister, Joseph Chamberlain, angenommen wurde, der Wunsch der Kolonisten, ihre inneren Angelegenheiten selbst zu regeln, sollte für gewöhnlich erfüllt werden. »Die Mutter der Parlamente«, wie J. B. Haldane in der Debatte über die Gesetzesvorlage über das Commonwealth von Australien behauptet hat, »zwingt ihre Kinder nicht.« (3) Das traf damals schon zu. Aber diese Behauptung forderte eine Frage heraus. Wer waren ihre Kinder? Sollten buchstäblich nur diejenigen britischer

Englische Truppen während der Besetzung des Sueskanals 1956.

Britische Soldaten kontrollieren im arabischen Viertel
von Port Said Einwohner bei der Nahrungsverteilung.

*Im Juli 1951 erhielt auf Beschluß der Vereinten Nationen
das von britischen Truppen besetzte Libyen seine Unabhängigkeit.*

Abstammung als solche gelten? Der irische Abgeordnete, der Haldane unterbrach, um zu sagen: »Wir stimmen dieser Behauptung nicht zu«, legte die Redewendung vermutlich nicht so engherzig aus. Auch die Führer der besiegten Burenrepubliken, die mit Gewalt in den Bereich des Reichs eingebracht worden waren, und ebenso die Gemäßigten des Indischen Nationalkongresses, die zu Beginn des Jahrhunderts die Selbstverwaltung nach dem Vorbild der Dominien als das Ziel ihrer politischen Bestrebungen verkündeten, glaubten nicht, daß es eine durch Verwandtschaft festgesetzte Grenze für die Anwendung von Zwang oder für die verfassungsrechtliche Autonomie geben sollte.

Das Niederbrechen dieser Grenze und damit nacheinander der Schranken der Kultur und der Rasse war ein wichtiger Teil der wachsenden Erfahrung des Commonwealth. Hinsichtlich der Kultur war es mit den Franzosen in Kanada geschehen; aber dann hatten sie die Selbstverwaltung innerhalb der beruhigenden Grenzen einer Konföderation mit einer englischsprechenden Mehrheit erhalten. Der entscheidendere Durchbruch kam zwei Generationen später, als die Buren in Südafrika, die vorausbestimmt waren, die Mehrheit in der europäischen Gemeinschaft der Union zu bilden, die Selbstverwaltung zurückerstattet bekamen. Es folgte der Irische Freistaat, nach versuchtem Zwang, der Narben zurückließ, die nicht heilten; aber die Rassenschranke wurde erst niedergerissen, als Indien seine Unabhängigkeit erhielt, 80 Jahre nach der Bildung des ersten Dominions. Das war ein Ereignis von entscheidender Bedeutung in der Geschichte des Commonwealth.

Bis 1947 hatte innerhalb des Commonwealth mit Selbstregierung der Nachdruck auf der verfassungsrechtlichen Stellung der Dominien und deren Gleichberechtigung in jeder Hin-

sicht mit Großbritannien gelegen, nicht auf der Grenzausweitung der nationalen Freiheit auf nichtbritische abhängige
Gebiete. Im späteren 19. und frühen 20. Jahrhundert hatten
sich Kanada (abgesehen von Quebec), Australien und Neuseeland und das englischsprechende Südafrika bereit gezeigt,
moralische oder nötigenfalls materielle Unterstützung für die
britische Herrschaft oder Ausdehnung zu gewähren. 1889
hatten Kanada und Australien Truppen entsandt, um im
Sudan zu kämpfen; kanadische, australische und neuseeländische Kontingente hatten im Burenkrieg gekämpft, wobei die
Australier durch irische nationalistische Abgeordnete während
der Beratung der Gesetzesvorlage über das Commonwealth
von Australien kritisiert wurden, weil sie bereit waren, bei
der Unterdrückung der Freiheiten anderer mitzuhelfen, während sie ihre eigenen zu sichern gedachten; und gemeinsam
hatten sich die Dominien besorgt gezeigt, ihre eigene regionale
Vorherrschaft zu sichern und zu verewigen. Vor 1914 waren
Australien und Neuseeland eifrig darauf bedacht, eine angelsächsische Hegemonie im Pazifik zu errichten und den Fremden herauszuhalten, und 1919 lehnte der Premierminister
Australiens rundweg die Idee der Rassengleichheit ab, während in Südafrika Briten und Buren sich hauptsächlich in ihrer
Entschlossenheit einig waren, die Herrschaft einer europäischen Minderheit über eine afrikanische Mehrheit zu festigen.
Die Friedensverträge von 1919, die die Verantwortung für
die ehemaligen deutschen Kolonien im Pazifik und in Südwestafrika Australien und Neuseeland im ersten und Südafrika im zweiten Fall übertrugen, obgleich nur als Mandat,
stärkten eine kurze Zeit lang das »imperialistische« Element
in der alten Tradition der Dominien.
Ein antiimperialistischer Zug auf nationaler Ebene kam 1921
mit der Einbeziehung des Irischen Freistaats in den Kreis

der Dominien in das Commonwealth. Was seine begrifflichen Wurzeln betrifft, so entsprang indessen der irische Antiimperialismus europäischen und nicht außereuropäischen Quellen; und teilweise aus diesem Grund, aber auch wegen drängender irischer Angelegenheiten in der Heimat, machte er keinen Anspruch auf eine theoretische Behauptung der Rechte der nichteuropäischen Kolonialvölker, von der britischen Herrschaft befreit zu werden. Aber nach dem Beitritt Indiens und Pakistans 1947 war die Lage verändert. Seitdem war die Stimme des nichteuropäischen Antikolonialismus beharrlich und lautstark in den innersten Ratsversammlungen des Commonwealth zu hören. Es war mehr diese Tatsache als die Ereignisse in Afrika selbst, so wichtig der Aufruhr von 1949 an der Goldküste und die Mau-Mau-Rebellion in Kenia zweifellos waren, die britische und andere Staatsmänner des Commonwealth geneigt machten, ihre Einstellung gegenüber dem abhängigen Reich neu zu überdenken. Es war kein Zufall, sondern eher das Ergebnis einer gereiften Erfahrung, daß innerhalb von zwei Jahrzehnten nach der indischen Unabhängigkeit die Mutter der Parlamente nicht nur aufgehört hatte, irgendein früher unter ihrer Oberhoheit stehendes Gebiet (mit der unerwünschten Ausnahme Rhodesiens) zu zwingen oder einen Versuch in diese Richtung zu machen, sondern gar die Möglichkeit des Zwangs aufgegeben hatte oder im Begriff war, es zu tun. Abgesehen von einigen wenigen kleinen verstreuten Vorposten und Inseln, war nichts übriggeblieben von dem Reich, in dem die Sonne nie untergegangen war, und es gab keinen Anlaß mehr für die Witzelei, daß sie dies nicht tat, weil selbst der allmächtige Gott diesem im Dunkeln nicht trauen konnte.

Das Ende des Reichs, allgemein gesehen und einschließlich Südasiens sowie des Kolonialreichs, wird gern als Ergebnis des Widerstands der unterworfenen Völker und der sich wandelnden Machtverhältnisse in der Welt ausgelegt. Beides waren sehr wichtige Elemente, aber sie waren nicht allein ausschlaggebend. Wären sie es gewesen, bestünde 1968 kein nachfolgendes Commonwealth nach dem Willen von mehr als 25 unabhängigen Staaten. Es gab einen weiteren Faktor: die Reaktion des Britischen Weltreichs auf einen derartigen Druck. Sie war charakteristisch, und sie war bedingt durch Ideen und durch die Geschichte. Kein Volk des Westens, bemerkte Professor Plamenatz (4), hat die Freiheit mehr geschätzt als die Briten und die Franzosen oder hat so viel getan, um sie zu erläutern und die Regeln und Einrichtungen auszuarbeiten, die notwendig sind, um sie zu verwirklichen. Sie haben auch die größten Reiche in Asien und Afrika errichtet. Diese Hochschätzung der Freiheit, die neben dem Reich einherging, war der eine Faktor, so wie die Lehren aus der Geschichte bei der Bestimmung der britischen Reaktion der andere war. Es war die Vergangenheit, die zuerst in einem begrenzten und vornehmlich britisch-kolonialen Zusammenhang nahelegte, daß angesichts der nationalistischen oder gleichsam nationalistischen Forderungen nach Autonomie eine andere Möglichkeit als die des Widerstands oder der Abdankung vorhanden war. Diese Möglichkeit war Assoziierung, die schließlich im Sinn der Gleichberechtigung ausgelegt werden sollte. War einmal der Gedanke der gewaltsamen Unterwerfung preisgegeben — und dies geschah zu verschiedenen Zeiten in bezug auf verschiedene Völker und Räume —, bot eine derartige Assoziierung anstelle der trostlosen Aussicht auf Abdankung mit einer endgültigen Lösung aller Bindungen die Möglichkeit einer neuen und nach dem Ersten Weltkrieg einer erprobten Beziehung auf der Grundlage der zunehmenden Zusammenarbeit zwischen Gleichberechtigten. Wieweit auf britischer

Seite ein Element der Illusion vorhanden war, über das, was vor sich ging, bleibt strittig. Aber selbst wenn man zugesteht, daß man auf britischer Seite zu einer allzu hoffnungsvollen Auslegung dessen neigte, was das Commonwealth, das das Reich ablöste, im Hinblick auf den fortdauernden britischen Einfluß bedeuten würde, diente diese Einbildung lediglich dazu, die abschließenden Schritte der britischen Entkolonialisierung psychologisch zu erleichtern, und zwar auf eine Weise, die sonst unvorstellbar gewesen wäre.

In Corneilles *Cinna* versucht Maxime, ein republikanischer Verschwörer, Kaiser Augustus zur Abdankung zu überreden und auf diese Weise unter späteren Generationen berühmt zu werden, weniger weil er ein Reich erobert, sondern weil er es verachtet und aufgegeben habe. Cinna antwortete Maxime:

>»Man gibt nicht preis die wohlerworb'ne Größe,
>Und ohne Herzenspein behält man das,
>Was schuldlos man gewinnt. Je edler, größer,
>Je köstlicher das Gut, dem man entsagt,
>Um so viel mehr hält's der Entsagende
>Für schlecht erworben.«

Es ist nicht erstaunlich, daß Augustus auf die Beweisführung Cinnas und nicht auf diejenige Maximes einging; denn, was auch immer der Ruhm bei der Nachwelt sein mag, weder Kaiser noch Reiche sind leicht zu überreden, ihre Herrschaft preiszugeben. Es trifft zu, daß es in Großbritannien zwischen den Kriegen und vor allem während und nach dem Zweiten Weltkrieg Beweise für eine Abkehr — Verachtung wäre ein zu starkes Wort — vom Reich gibt, das in weiteren Kreisen, obgleich mit weniger Berechtigung als zu irgendeiner Zeit vorher, mit Klassengegensätzen, mit der Ausbeutung in Übersee, die die Grundlagen der kapitalistischen Gesellschaft zu Hause untermauerte, und mit dem Krieg verbunden worden war.

Aber während infolgedessen eine nochmalige Überprüfung des Reichsgedankens einem großen Teil des linken Flügels als ein passendes und notwendiges Gegenstück zum Aufkommen des Wohlfahrtsstaats und des Friedens erschien, mußte der Verzicht in einem Land mit einer so langen Tradition der Größe des Reichs tiefe Meinungsverschiedenheiten und Gewissenserforschungen selbst unter erklärten Antiimperialisten verursachen. Er verursachte in der frühen Nachkriegszeit beides; aber danach wurde er schrittweise als eine nationale Politik anerkannt. Zwei Dinge insbesondere verhalfen dazu, dies herbeizuführen: im positiven Sinn die Aussicht auf Mitgliedschaft im Commonwealth, die die Schärfe der Endgültigkeit milderte, und im negativen Sinn die früheren Erfahrungen im Commonwealth, die vor den Gefahren des Versuchs einer Unterdrückung warnten. Ohne diese Aussicht als Ermutigung oder die Erfahrungen als Warnung hätte es auch im Fall Großbritanniens, trotz der massiven antikolonialistischen Meinung in der Heimat, die mit »der Zersplitterung« großer Reiche verbundenen Kriege gegeben: wie Bacon vermutete, daß es immer sein würde.

Ein Preis mußte entrichtet werden. Während das Vorhandensein und die Erfahrungen des Commonwealth die Beendigung des Reichs erleichterten, machte das frühere Vorhandensein des Reichs, verbunden mit seinem zunehmend raschen Verfall, das Leben des Commonwealth um so schwieriger. Es gab wenig Zeit für die Neuordnung: Die Ideen hielten mit der Wirklichkeit nicht Schritt; die Vergangenheit des Reichs belastete die Gegenwart des Commonwealth; dem Reich angemessene Einstellungen wurden in das Commonwealth übernommen, und was mit dem ersten verbunden gewesen war, überlebte, um das letztere zu beunruhigen.

Die psychologische Übertragung vom Reich auf das Commonwealth, unvermeidlich unter allen Umständen, war um so ausgeprägter, weil die Engländer ihre ganze Aufmerksamkeit einem Element im Entwicklungsprozeß widmeten. Dieser Prozeß umfaßt von Natur aus sowohl Fortdauer als auch Wandel; aber die britische Betonung lag durchweg auf dem ersten. Zwar konnte niemand bei der revolutionären Lage in Irland 1921 und der beinahe revolutionären Aussicht in Indien 1947 daran zweifeln, daß sich mit der jeweiligen Übertragung der Macht an einheimische Nachfolgeautoritäten ein schwerwiegender Wandel vollzog. Aber spätere Machtübertragungen in Südostasien, Afrika, Westindien und anderswo, in Übereinstimmung mit Präzedenzfällen und Verfahrensweisen, die zunehmend vertrauter wurden und in fast jedem Fall ohne Anzeichen ernsthafter Auseinandersetzung zur Mitgliedschaft im Commonwealth führten, hatten eher eine verzögerte als eine sofortige Wirkung auf die öffentliche Meinung Großbritanniens. Es dauerte einige Zeit, bis besitzanzeigende imperialistische Einstellungen, wie sie z. B. in Hinweisen auf »unser Commonwealth« zum Ausdruck kamen, verschwanden. Großbritannien vergaß, klagte Frau Pandit nach siebenjähriger Tätigkeit als indischer Hoher Kommissar in London, »daß man ein Commonwealth nicht regieren kann, wie man ein Reich regiert« (5). In gewissem Sinn ermutigte der tatsächliche Vorgang der Umwandlung Großbritannien dazu. Aber in den Gebieten, die selbst aus einem Zustand der Abhängigkeit zu souveräner Unabhängigkeit übergegangen waren, gab es keine Möglichkeit einer solchen Vergeßlichkeit. Niemand in Daressalam konnte nach dem 9. Dezember 1961 daran zweifeln, daß die politische Autorität bei Julius Nyerere und der herrschenden Partei lag, deren Führer er war, oder in Nairobi nach dem 12. Dezember 1963, daß sie bei Jomo Kenyatta lag (der im Alter dazu bestimmt war, als der erfahrene Staats-

mann des Commonwealth in Afrika zu gelten). Auch konnte
niemand dem Premierminister von Malta, Dr. Borg Olivier,
zuhören, als er Königin Elizabeth II. in Anwesenheit der
Hohen Kommissare des Commonwealth und der diplomatischen Vertreter von etwa 20 Nationen im November 1967 im
Palast aus dem 16. Jahrhundert, der mehr als zwei Jahrhunderte lang die Residenz des Großmeisters des Malteser-
ordens gewesen war, als Königin von Malta und als »ein
sichtbares Zeichen« der nationalen Einheit der Insel und ihrer
drei Jahre alten Unabhängigkeit (6) begrüßte, ohne daß sich
ihm die Wirklichkeit des Wandels aufdrängte. Aber in Großbritannien selbst und in der übrigen Welt verminderte nichts
so sehr die Beachtung der Rolle des Commonwealth bei der
Unterstützung eines derartigen Wandels als die Leichtigkeit,
mit der er in den meisten Fällen durchgeführt wurde, und der
Anschein der Stetigkeit, mit der er absichtlich ausgestattet
wurde.
Nur in einem Fall wurde diese Stetigkeit unterbrochen. Im
Fall Zyperns gab es eine Zeitspanne zwischen der Beendigung
der britischen Herrschaft und dem Beitritt der Inselrepublik
zum Commonwealth unter der Präsidentschaft ihres eigen-
mächtigen Erzbischofs, und zwar mit Zustimmung der griechischen und türkischen Vertreter — im ersten Fall für eine
Probezeit — und auch der Kommunisten mit der ungewöhnlichen Begründung, daß unter den durch eine »lange Zeit der
kolonialen Knechtschaft« geschaffenen Umständen keine unmittelbare Alternative zur Mitgliedschaft im Commonwealth
übrigblieb (7). Dieser zypriotische Bruch zwischen dem Ende
des Reichs und dem Beginn des Commonwealth hielt nicht nur
die Waage zwischen Wandel und Stetigkeit, sondern unterstrich, daß das Element der Stetigkeit vom Wunsch der Vertreter eines unabhängigen Volkes abhing. In der Zeit nach

1945 war dies in jedem Fall so, aber nirgendwo sonst wurde es ausdrücklich angezeigt, *nachdem* die Übertragung der Macht durchgeführt worden war.

Der Entwicklungsvorgang der Umwandlung des Reichs in ein Commonwealth hatte eine weitere, allgemeingültige Folge. Sie bedeutete, daß es keine Trennungslinie zwischen Reich und Commonwealth gab, sondern statt dessen einen langwierigen Vorgang der Umwandlung, während dessen die beiden nebeneinander existierten und (wie Palmerston geradeaus über den »halb byzantinischen Entwurf« klagte, der zuerst von Sir Giles Gilbert Scott für den Gebäudekomplex in Whitehall vorgeschlagen wurde, in dem eine Zeitlang das Dominion- und das Kolonialministerium untergebracht werden sollten) nebeneinander aussahen, als wären sie »weder das eine noch das andere: eine regelrechte Promenadenmischung« (8), weder Reich noch Commonwealth. Aber während Palmerston, trotz des »entsetzlichen Zustands geistiger Verwirrung«, in die er den Architekten versetzte, verfügen konnte, daß das Gebäude im italienischen Stil gebaut werden sollte, konnten die Vorgänge des friedlichen politischen Übergangs, was auch immer der von der Zeit geforderte Preis war, nicht derart entscheidend abgekürzt werden. In der Tat mag bei einzelnen Gebieten in den späteren Entwicklungsstufen der Zeitraum sehr wohl eher kürzer als länger gewesen sein, als dies bei den örtlichen Umständen erforderlich gewesen wäre. Aber selbst wenn dem so war, verminderte es nicht das Problem für ein Commonwealth, das mit einem noch fortdauernden Reich verstrickt war und darunter in der volkstümlichen Auffassung und oft auch in der Achtung litt.

Die fortdauernde Verbindung des Commonwealth mit dem Reich war das Ergebnis nicht einer allumfassenden Idee, sondern der Zeit und der sich entfaltenden Umstände. Reich bedeutete die Regierung von Menschen durch eine übergeordnete Autorität; Commonwealth, im idealistischen Sinn von Lionel Curtis als die Regierung von Menschen durch sich selbst verstanden, beruhte zumindest auf der Grundlage der Regierung der Völker durch sich selbst. Auf jeden Fall und ganz gleich mit welchen Einschränkungen, stellten Reich und Commonwealth unvereinbare und gegensätzliche Begriffe dar, die ein halbes Jahrhundert lang oder noch mehr in einer politischen Einheit zusammengefaßt waren.

Die Regierung von Menschen durch sich selbst war das Ideal und in vielen Fällen das auszeichnende Merkmal des Commonwealth während des größten Teils seiner Geschichte; es fand seinen Ausdruck in der Übernahme und wo nötig in der Anpassung des britischen Systems der parlamentarischen Regierung an die überseeischen Bedingungen. Dies bedeutete, mit möglichen Abwandlungen und Einschränkungen, daß eine gemeinsame Form der Politik und der Verwaltung ins Leben gerufen wurde, die ihrerseits eine Gemeinsamkeit der Erfahrungen schuf, die ein starkes, wenn nicht das stärkste Band des Commonwealth war.

Das in andere Umgebungen und andere Gesellschaften verpflanzte Modell von Westminster war, vor allem in den Augen eines kritischen ausländischen Betrachters, hauptsächlich bemerkenswert wegen des Anscheins der Künstlichkeit oder sogar der Widersinnigkeit, der seinen Verfahrensweisen anhaftete. »Die Eröffnung und Schließung der Sitzungsperiode«, schrieb André Siegfried von dem, was er in Ottawa von ihnen gesehen hatte, »werden gerade so wie in London mittels einer mit der Einfachheit der kolonialen Umwelt nicht ganz in Einklang stehenden veralteten Zeremonie durchgeführt, der aber die Kanadier aller Rassen und Klassen treu zugetan sind. Was die Debatten betrifft, so haben sie teil an jener merkwürdigen Mischung von Disziplin und *laisser-aller,* die alle englischen Versammlungen, von denen die Frauen ausgeschlossen sind, kennzeichnen. Die Abgeordneten behalten im Sitzen ihre Hüte auf, ungezwungene Haltung ist erlaubt — wird sogar für ein Zeichen eleganter Nachlässigkeit gehalten. Die Abgeordneten nennen einander nicht bei ihren eigenen Namen, sondern mit dem des betreffenden Wahlkreises. Dies erzeugt oft eine seltsam fremdartige Wirkung in der französisch-kanadischen Sprache, wie die folgende Einleitung: ›*Monsieur l'orateur, l'honorable membre pour Québec a dit...*‹ (Herr Sprecher [d. h. Parlamentsvorsitzender], der ehrenwerte Abgeordnete für Quebec hat gesagt ...). Zustimmung wird angezeigt durch tönende gutturale Rufe: ›Hört, Hört!‹ Der ganze Eindruck ist durchweg britisch.« Aber A. Siegfried bemerkte weiter, und er war sehr wohl in der Lage dazu, daß die Frankokanadier sehr stolz darauf waren, irgendwie mit der verehrungswürdigen *Mater Parliamentorum* (Mutter der Parlamente) verbunden zu sein (9). Der Ehrgeiz, damit verbunden zu sein, und jener Stolz über den Anschluß an Westminster wurde weithin von nichtbritischen wie auch britischen Völkern geteilt. Noch 1954 wurde die einheitliche Durchführung der parlamentarischen Selbstregierung und ein gemeinsamer Glaube an die Demokratie auf einer Commonwealth-Konferenz (10) als die Grundlage der zwischenstaatlichen Beziehungen im Commonwealth anerkannt, selbst wenn sie an sich nicht genügten, um diese zu erhalten. Historisch war das von großer Bedeutung.

Anfängliche Bindungen an die parlamentarische Regierung in Übersee waren an sich nicht überraschend. Völker britischer Abstammung hatten sie geerbt; Völker nichtbritischer Herkunft hatten in der Abhängigkeit gelernt, sie sich zu wünschen. Wenige Vorstellungen sind irriger oder beharrlicher als die,

Großbritannien habe widerstrebenden abhängigen Gebieten parlamentarische Einrichtungen aufgedrängt. Dies traf für Afrika in den dreißiger Jahren unseres Jahrhunderts sowenig zu, wie es von Südasien in früheren Jahrzehnten nicht wahr gewesen ist. Die britische Einstellung zur Regierung in afrikanischen Kolonialgebieten wurde 1937 in einer zur Information der Vertreter der Dominien auf der Reichskonferenz herumgereichten Denkschrift kurz zusammengefaßt, die besagte, daß fast genau das Gegenteil der Fall war (11). Man verließ sich, stellte die Denkschrift fest, nicht auf die Entwicklung parlamentarischer Institutionen in afrikanischen abhängigen Gebieten, sondern auf die indirekte Herrschaft mit Hilfe von einheimischen Einrichtungen. Das Ziel war, »den Eingeborenen zu einem guten Afrikaner« zu machen, und dieses Ziel »kann nicht erreicht werden, wenn wir alle Einrichtungen, alle Traditionen und alle Bräuche des Volkes zerstören und ihnen das aufdrängen, was wir für bessere Verwaltungsmethoden und bessere Grundsätze halten, aber damit alles das zerstören, was die Verwaltung wirklich in Berührung mit den Gedanken und den Bräuchen des Volks bringen kann«. Schon aus diesem Grund war die direkte Herrschaft nicht möglich, da sie »die Aufbürdung britischer Ideen durch die Vermittlung einer Bürokratie aus halbgebildeten eingeborenen Schreibkräften« bedeuten würde, während im Gegensatz dazu die Politik der indirekten Herrschaft darauf abzielte, einen delegierten Staatsapparat zu errichten, »wobei eingeborene Herrschaft und eingeborene Einrichtungen erhalten und unterstützt werden«. Aus diesem Grund, glaubte das Kolonialministerium, war es höchst wichtig, »den zersetzenden Einflüssen« Einhalt zu gebieten, »die die Autorität der Häuptlinge über ihre Völker beeinträchtigen; denn wenn die Autorität untergraben wird und vollständig verschwindet, ist die einzige

Grundlage zerstört, auf der es möglich ist aufzubauen«. Man hoffte in der Tat auf schriftkundige und fortschrittliche Häuptlinge zu einem Zeitpunkt, als die städtische afrikanische Elite anfing, die Zukunft im Rahmen der politischen Parteien und der Volksvertretungen zu sehen. Infolgedessen war es nicht das Kolonialministerium, sondern es waren die einheimischen Führer afrikanischer (und anderer) abhängiger Gebiete, die immer mehr nach dem Vorbild von Westminster ministerverantwortliche Regierung verlangten, wobei die hauptsächliche Einschränkung der Schutz der Minderheiten, nicht zuletzt der europäischen Minderheiten, im Rahmen der im britischen System einbegriffenen Mehrheitsherrschaft war. Es waren die Briten, die ihre Einstellung änderten und schließlich den Forderungen aus Übersee nachkamen.

Nirgendwo wurde die tatsächliche Lage knapper dargelegt als in einigen Abschnitten des Soulbury-Berichts über die Verfassungsreform in Ceylon von 1945: »Die Verfassung, die wir für Ceylon empfehlen, spiegelt in weitem Maß die Form der britischen Verfassung wider, ihre Verfassungsbräuche und festen Regeln, und mag aus diesem Grund die Kritik herausfordern, die so oft und so wohlbegründet gegen Versuche erhoben wird, eine Regierung für ein östliches Volk nach dem Muster einer westlichen Demokratie einzurichten.

Wir sind uns sehr wohl bewußt, daß Selbstregierung nach dem britischen parlamentarischen Vorbild, die mittels eines im Lauf von Jahrhunderten entwickelten Verfahrens durchgeführt wird, für ein anderes Land nicht angemessen oder durchführbar sein mag, und daß, wo die Geschichte, Tradition und Kultur jenes Landes denen Großbritanniens fremd sind, die Aussicht auf die erfolgreiche Verpflanzung britischer Einrichtungen gering erscheinen mag. Aber es folgt daraus nicht, daß die Erfindung von Umstellungen oder Abänderungen der britischen Regierungsform, um unterschiedlichen Umständen anderswo entgegenzukommen, in irgendeiner Weise erfolgreicher sein wird. Es ist leichter, neue verfassungsrechtliche Einrichtungen und frische konstruktive Lösungen vorzuschlagen, als die Schwierigkeiten und Nachteile vorauszusehen, die sich daraus ergeben mögen. Auf alle Fälle, indem wir für Ceylon eine Verfassung nach britischem Muster empfehlen, empfehlen wir eine Regierungsmethode, über die wir etwas wissen, eine Methode, die das Ergebnis einer sehr langen Erfahrung ist, die durch Versuch und Irrtum erprobt worden ist und die funktioniert und im großen und ganzen gut funktioniert.

Aber wie dem auch sei, die Mehrheit — die politisch bewußte Mehrheit der Bevölkerung Ceylons — bevorzugt eine Verfassung nach britischem Vorbild. Eine derartige Verfassung ist ihr eigener Wunsch und wird ihnen nicht aufgedrängt. Es ist richtig, daß, wäre sie unserer Ansicht nach offenkundig ungeeignet für Ceylon, es unsere Pflicht wäre, trotz der Forderungen der Einwohner Ceylons, in diesem Sinn zu berichten. Wir könnten keine Verfassung nach britischem Muster empfehlen und dann, wenn ihr Versagen offenkundig geworden wäre, lediglich erwidern: ›Vous l'avez voulu, Georges Dandin.‹ (Sie haben es so gewollt, Georges Dandin.)

Aber wir glauben, daß Ceylon sehr wohl befähigt ist für eine Verfassung nach britischem Vorbild ...« (12)

Keines Menschen Wissen, bemerkte John Locke, geht über seine Erfahrungen hinaus; oder, um einen mittelalterlichen, aber ebenso einschlägigen Grundsatz zu zitieren, Nemo dat quod non habet — niemand gibt, was er nicht hat. Beides bedingte die britische Einstellung. Die Briten besaßen die Erfahrung der parlamentarischen Regierung, und ihr politisches Wissen ging im tieferen Sinn nicht über diese Erfahrung hinaus. Parlamentarische Regierung war die einzige Sache, von der sie hoffen konnten, daß sie sie weitergeben könnten. Aber, und das war die andere Seite der Gleichung der Machtübertragung, diese eine Sache, die die Briten besaßen, war genau das, was die abhängigen Völker anfänglich wollten. Selbst wo, wie in Pakistan, Ghana, Nigerien oder andernorts, diese Regierungsform bald verdrängt oder ausgesetzt werden sollte, war ihre anfängliche Übernahme wichtig, wenn auch nur zur Erleichterung zuerst des Übergangs von der Abhängigkeit zum Commonwealth und dann zur ersten Zeit der neuen Commonwealth-Beziehung. Und auf seltsame Weise bemerkenswert war die Tatsache, daß die Rassenpolitik in Südafrika und Südrhodesien, während sie an sich und vor allem in Rhodesien ein Grund zur Entfremdung war, dazu beitrug, das Gefühl der Bindung des Commonwealth an eine überkommene, liberale, repräsentative, ministerverantwortliche parlamentarische Lösung zu vertiefen, sogar seitens jener Staaten, die selbst den Parlamentarismus beseitigt hatten.

Das parlamentarische Regierungssystem bestimmte von vornherein das Commonwealth-System der Zusammenarbeit durch Konsultation, von der Zeit der ersten Kolonialkonferenz 1887 über die Reichskonferenzen bis zu den Treffen der Premierminister und Staatsoberhäupter. Es bedeutete, daß die letzte Autorität bei den ihren Parlamenten verantwortlichen Kabinetten oder, in manchen Fällen in den letzten Jahren, bei einem Staatsoberhaupt und seinen Beratern ruhte. Während der beiden Weltkriege, die in der frühen Commonwealth-Geschichte eine so große Rolle spielten, gab es keine entscheidende Abkehr vom parlamentarischen Brauch, und das Reichskriegskabinett des Ersten Weltkriegs sowie die ständige Konferenz der Kabinette, die sich im Zweiten abwickelte, zeigten beide erneut und in einer Zeit der Gefahr die Anhänglichkeit des älteren Commonwealth an das parlamentarische System. Diese

Anhänglichkeit, diese Form der Zusammenarbeit, wurde in die Zeit der asiatischen und der frühen afrikanischen Mitgliedschaft übernommen. Abgeleitet von der parlamentarischen Regierung, war sie das zweite grundlegende Element in der Erfahrung des Commonwealth. Sie besaß auch ihre charakteristischen Vorzüge und Beschränkungen.

Das System der Zusammenarbeit bedeutete, daß das Commonwealth auf allen Ebenen, zumindest bis zur Schaffung eines Commonwealth-Sekretariats 1965, nicht durch eine amtliche verwaltungstechnische Organisation handelte, sondern mittels Diskussion und Konsultation, wie es Parlamentariern selbstverständlich erschien. Wenn in der Tat die Diskussion für das eigentlich Bestimmende der Demokratie gehalten wird, wie es A. D. Lindsay in *The Essentials of Democracy* fordert, dann war das Commonwealth in seinen beratenden Verfahrensweisen demokratisch. Aber solche Diskussion, wobei Entscheidungen von den einzelnen Regierungen im Licht dieser Diskussion zu treffen waren, war nicht leicht mitzuteilen oder einer weiteren Öffentlichkeit bekannt zu machen. Zu der vorsichtigen Zurückhaltung der Regierungen kam so ein dem System innewohnendes Problem der Kommunikation hinzu. »Nimm die Feder, Matuszewicz«, sagte Talleyrand dem russischen Polen, der die Berichte vieler europäischer Kongresse nach 1815 entwarf, »du, der du alle neutralen Wörter kennst.« (13) Commonwealth-Konferenzen wurden in der Tat gut betreut durch Beamte, die »alle neutralen Wörter« kannten. Aber selbst wenn das nicht der Fall gewesen wäre, hätte es dem Vorgang des Zusammenschlusses durch Diskussion seiner eigenen Natur nach notwendigerweise an dramatischen Eigenschaften und an volkstümlicher Anziehungskraft gefehlt. Er war vernünftig, er war liberal, er war demokratisch, und er war langweilig.

Hinter Stacheldraht wurden Mitglieder der Mau-Mau in Kenia gefangengehalten.

*Im Verlauf ihrer Reise durch Ghana begrüßen Ashanti-Häuptlinge
und deren Gefolge die englische Königin und ihren Mann.*

Demonstration gegen die Unabhängigkeit Rhodesiens 1964 in London.

Zusammentreffen von Harold Wilson und Ian Smith
an Bord der »Fearless« am 11. Oktober 1968.

Das Beinahe-Erreichen einer Reihe von Commonwealth-Ziel-
setzungen in der Unabhängigkeit und im freiwilligen Zusammenschluß aller ehemaligen unterworfenen Völker warf Probleme auf, die die Grenzen der früheren Commonwealth-
Geschichte sprengten. Zwischen 1940 und 1968 erhöhte sich
die Gesamtmitgliedschaft souveräner Staaten im Commonwealth von sechs auf 28. Selbst wenn alles andere gleich geblieben wäre, war es offenkundig schwieriger, die Zusammenarbeit von 28 Staaten durch die herkömmlichen Mittel der
Reichskonferenzen oder der ständigen Konferenz der Kabinette zu erhalten, als von sechs. Zu dem Problem der Anzahl
kam das Problem der Interessen oder genauer der Reichweite
der Interessen hinzu. Beim Ausbruch des Zweiten Weltkriegs
wurde das Commonwealth vom Vereinigten Königreich beherrscht. Kanada, das älteste Dominion, war zu der Zeit in
drei ausländischen Hauptstädten vertreten; 1968 in 55. Im
Commonwealth früherer Zeiten gab es nur einen Staat mit
dem Bestreben und den Mitteln, weltweite Interessen zu verfolgen, nämlich das Vereinigte Königreich. Im späteren Commonwealth gab es sieben oder acht Staaten mit aktiv verfolgten Interessen, die, wenn nicht weltweit, so zumindest mehr
als regional oder kontinental waren. Im Gegensatz dazu gab
es jedoch in dieser späteren Zeit andere Staaten, deren Interessen eng begrenzt waren. Ihre politischen, wirtschaftlichen
und verwaltungstechnischen Mittel waren schon für die Aufrechterhaltung ihrer jüngst gewonnenen unabhängigen Eigenstaatlichkeit angespannt. In dem Maß, in dem sich die Zahl
und die Reichweite der Interessen vermehrten, veränderten
sich unvermeidlich das System und vor allem die Art der
Commonwealth-Treffen, die dessen Brennpunkt waren.
Dem äußeren Anschein nach war eine Versammlung von 25
oder mehr Premierministern und Staatsoberhäuptern ein ein-

drucksvolles wie auch ein aufregendes Ereignis. Aber sie ließ
nicht den freien Austausch von Meinungen oder die vertraulichen Mitteilungen zu, auf die in früheren Zeiten so großer
Wert gelegt worden war. Im Gegenteil, mit der größeren Zuhörerschaft entwickelte sich eine Neigung, die nationalen Interessen oder Politik auf Kosten der Diskussion wiederholt
darzulegen, und das keineswegs immer mit Rücksicht auf die
Gegebenheiten der Macht oder der für eine bestimmte Handlungsweise verfügbaren Mittel. Infolgedessen wurde das Commonwealth durch die Vergrößerung der Mitgliedschaft zum
erstenmal mit den Schwierigkeiten konfrontiert, mit denen
früher die Vereinten Nationen, der Völkerbund und die europäischen Kongresse des 19. Jahrhunderts zu kämpfen hatten, die bei dem Versuch auftraten, die Vertretung von Staaten, ungleich an Größe und Mitteln, mit den Tatsachen des
politischen und wirtschaftlichen Lebens in Beziehung zu setzen.
Auf den europäischen Kongressen der nachnapoleonischen
Zeit war es Brauch, daß Vertreter kleinerer wie auch größerer
Mächte anwesend waren und daß alle gleichermaßen an Sitzungen von allgemeinem Interesse teilnahmen, doch war es
das Vorrecht der größeren allein, an allen Sitzungen teilzunehmen. Ein derartiges Vorgehen, obwohl es in abgewandelter
Form in Erwägung gezogen wurde, empfahl sich für das Commonwealth nicht. Ein an sich einleuchtender Grund war, daß
unter den kleineren ohne Ausnahme auch die neueren Mitgliedstaaten zu finden waren, deren Vertreter infolgedessen
geneigt waren, scharf auf jeden Vorschlag zu reagieren, wenn
scheinbar für ihre unabhängige Stellung nachteilige Unterscheidungen hinsichtlich der politischen Größe getroffen werden
könnten. Ganz allgemein indessen wurde darauf hingewiesen, daß jede derartige Unterscheidung, selbst wenn sie auf
internationalen Konferenzen durch die Erfordernisse der

Machtpolitik verlangt wurde, der Vorstellung brüderlicher zwischenstaatlicher Beziehungen im Commonwealth fremd war. Aus allen diesen Gründen mußte das Commonwealth sich notgedrungen seiner neuen Mitgliederzahl anpassen, wobei die Mitglieder auf nichtamtliche Vorkehrungen für begrenzte Konsultationen zurückgriffen, wenn die Umstände dies ihrer Ansicht nach verlangten.

Die Zunahme der Mitgliederzahl des Commonwealth fiel zeitlich etwa zusammen mit einer merklichen Verschiebung in den Hauptanliegen des Commonwealth in dem Jahrzehnt nach der Suezkrise, wenn sie auch nicht dafür verantwortlich war. Im negativen Sinn entmutigten die Meinungsgegensätze über viele der größeren Fragen der internationalen Politik den Gedanken daran, den Versuch zu wagen, das Commonwealth für diplomatische oder Verteidigungszwecke einzusetzen, während im positiven Sinn es dahingehend Druck gab, neue Ziele zu verfolgen. Der Liberalismus und seine sich ausdehnenden Grenzen gehörten der Vergangenheit an; die Zukunft gehörte der Entwicklung, dem wirtschaftlichen Wachstum und der Wohlfahrt. Jeder Beitrag, den das Commonwealth zu ihrer Förderung machen konnte, mußte notwendigerweise begrenzt und unvollständig sein. Seine Mitglieder konnten gemeinsam anregen oder beitragen; sie konnten für gewöhnlich keine volle Verantwortung übernehmen. Es war dementsprechend realistischer, nicht im Rahmen von Commonwealth-Lösungen zu denken, sondern bescheidener im Rahmen von Commonwealth-Beiträgen. Das war in der Tat bedingt durch das ungünstige Verhältnis innerhalb des Commonwealth zwischen entwickelten und unterentwickelten Ländern und ihrer jeweiligen Bevölkerung. Aber innerhalb der durch die Mittel des Commonwealth im Verhältnis zu den Bedürfnissen des Commonwealth auferlegten Grenzen und im Bewußtsein dieser Grenzen gab es eine bedeutsame Verschiebung der Interessen des Commonwealth, die ihren Ausdruck fand in einem gemeinsamen Versuch, gemeinnützige wirtschaftliche und soziale Zielsetzungen zu fördern. Unter diesen war die Organisation der Hilfe für Wohlfahrt und Entwicklung innerhalb des Commonwealth; neue gemeinsame Unternehmungen in der technischen und Hochschulausbildung, aufgrund des Berichts einer 1959 in Oxford abgehaltenen Konferenz; Zusammenarbeit zwischen Berufsverbänden und mannigfacher Austausch; und gemeinsame Versuche zur Erhöhung des Lebensstandards, zuerst unter dem Colombo-Plan, der 1960 ein Jahrzehnt seines Wirkens (14) in Süd- und Südostasien vollendete, und später durch seinen Einsatz, in abgewandelter Form, in Afrika. Diese neuen Zielsetzungen und die Möglichkeit ihrer weiteren Förderung führten 1965 auf afrikanische Anregung hin zur Schaffung eines Commonwealth-Sekretariats, das hauptsächlich einen vermehrten Zustrom der Hilfe für Entwicklung und Wohlfahrt anregen sollte, indem es ein notwendiges Mittel für die Vereinheitlichung und Leitung der Planung bot und die Regierungen ermutigte, politische Beschlüsse in die Tat umzusetzen, deren Durchführung zwar gemeinsam auf den Treffen der Commonwealth-Premierminister gebilligt worden war, die aber später für ihre Verwirklichung das Handeln der einzelnen Staaten erforderten. Staatliche Einrichtungen konnten indessen nur noch am Rand nützlich sein. Was ins Gewicht fiel, war das Vorhandensein von Mitteln und der Wille der Regierungen, die darüber verfügten, den Ausgaben für derartige Zwecke den Vorrang einzuräumen.

In den frühen Tagen der mehrrassigen Mitgliedschaft erfreuten sich die Staatsmänner des Commonwealth daran, diesen großartigen Versuch der Zusammenarbeit zwischen Völkern

und Nationen auf allen Kontinenten zu preisen; von dem
Commonwealth als einer Brücke zwischen Ost und West zu
sprechen, zwischen entwickelten und unterentwickelten Gesellschaften, zwischen Europäern, Asiaten und Afrikanern;
seinen einmaligen Charakter hervorzuheben und es als ein
Modell von dem hinzustellen, was die ganze Welt eines Tages
werden könnte. Und gab es selbst in späteren und weniger
hoffnungsfrohen Jahren nicht einen gewissen bleibenden
Grund für Genugtuung und Hoffnung angesichts der Tatsache, daß die Regierungen so vieler Völker die Mitgliedschaft
im Commonwealth gesucht oder beibehalten hatten? Von Indien mit einer Bevölkerung von fast 400 Millionen bis zu
Lesotho mit einer Bevölkerung von einer Dreiviertelmillion,
von dem ungestümen Panafrikanismus in Kwame Nkrumahs
Ghana zum sozialen Konservativismus in Tunku Abdul Rah-
mans Malaysia, von dem dünnbesiedelten Neuseeland, wo,
wenn die Sturzwellen des Stillen Ozeans sich an der bewal-
deten Küste bei Kiakoura brachen, man die Empfindung haben konnte, daß hier das Ende der Welt war, so sicher wie
es jemals in den »traurigen meerumtosten Einöden von
Lyonesse« (15) gewesen war, bis zu den Westindischen Inseln,
die zu weit verstreut waren, um eine politische Einheit zu
bilden, zu eng historisch verbunden, um sich als völlig voneinander getrennt zu empfinden, hatten Länder und Völker
beschlossen, sich an dem Band des Commonwealth zu beteiligen. Dieses Band wurde vom Delegierten Maltas auf der Konferenz der Commonwealth-Parlamentarier in Kampala 1967
als ein Symbol der Gemeinsamkeit in der Unabhängigkeit bezeichnet, und er fügte hinzu, daß »die Ankunft in Uganda
als Parlamentsmitglied einer freien und souveränen Nation
des Commonwealth ein Gegenstand des Stolzes im Urteil der
Geschichte« war (16).

Die Redewendung war zutreffend. Der Stolz im Urteil der
Geschichte lag in der Erarbeitung eines politischen Rahmens,
der die Grenzen der nationalen, wenn auch nicht immer der
persönlichen Freiheit erweitert hatte. Das war es, was viele
Commonwealth-Führer selbst erfahren hatten und weswegen
sie in vielen Fällen Grund hatten, bewegt zu sein. Sie zweifelten selten daran, selbst wenn, wie in vielen Teilen Afrikas, der
Unabhängigkeit Unruhe, militärische Putsche oder sogar wie
in Nigeria Bürgerkrieg folgten, daß die Ausweitung der Grenzen der Freiheit das Hauptanliegen des Commonwealth gewesen war und blieb. Es war zuerst im Rahmen einer liberalnationalistischen politischen Philosophie und Regierung entworfen worden; es wurde innerhalb dieses Vorstellungsrah-
mens entwickelt und ausgelegt, und selbst als die Anziehungskraft dieser Ideen abnahm, blieb das Commonwealth aufgrund
der Erfahrungen und der Art der Beziehungen, die es errichtet
hatte, so eng mit ihnen verbunden, daß es schwierig war, sich
eine Zukunft in einem anderen Rahmen vorzustellen.
Um die Mitte der sechziger Jahre gab es indessen in verschiedenen Teilen des Commonwealth weniger Beweise für eine
derartige Zukunft. Während die Akzentverschiebung von der
internationalen Politik zur gemeinsamen Anstrengung in der
Politik der Entwicklung und der Wohlfahrt dazu diente, dem
Commonwealth eine zeitgemäßere und menschlichere Anziehungskraft zu verleihen, unterstrich sie auch die Unzulänglichkeit der wirtschaftlichen Mittel des Commonwealth. In der
Vergangenheit hatte man sich in allen Gebieten auf Großbritannien verlassen; und in der Tat, die Vorstellung von der
britischen Macht und Überlegenheit im Commonwealth überlebte die Wirklichkeit. Aber nach dem Rückzug vom Suez-
Abenteuer 1956, der Zurückweisung in Europa, der Herausforderung durch die rhodesischen Rebellen, deren Bastionen

selbst nach dem dritten Posaunenstoß der Sanktionen nicht zusammenbrachen, einem schrumpfenden Handel, einer Reihe von Zahlungsbilanzkrisen (und dem größtenteils damit zusammenhängenden Abzug der britischen militärischen Anwesenheit östlich von Suez) wurde der Niedergang der Machtstellung Großbritanniens sowohl im Commonwealth als auch in der Welt fortschreitend und sogar erschreckend klar. Weder militärisch, wirtschaftlich noch politisch konnte es wie in früheren Jahren die feste materielle Grundlage des Commonwealth bieten oder infolgedessen seine frühere bestimmende Rolle bei der Gestaltung der Politik beibehalten. Wie sollte dann seine Einstellung zum Commonwealth sein?

Im späten 19. Jahrhundert hatte Sir John Seeley, als er die frühere britische Ausdehnung bedachte und die »ungeheure« zukünftige Größe Großbritanniens voraussah, bemerkt, daß einige Länder wie Holland und Schweden »verständlicherweise ihre Geschichte in einem gewissen Grad als abgeschlossen betrachten konnten«; die praktische Lehre für sie sei die »der Resignation«. Hatte jene Lehre ihre ironische Bedeutung für ein späteres Großbritannien? Wenn ja, dann sträubte man sich, sie als endgültig hinzunehmen. Die Auseinandersetzung über die Rolle Großbritanniens dauerte an, obwohl die Möglichkeiten zugegebenermaßen sehr zusammengeschmolzen waren, einige Obertöne aus geräumigeren Tagen aber noch zu hören waren. »Die Frage ist keine gewöhnliche«, hatte Disraeli seiner Zuhörerschaft im Kristallpalast 1872 gesagt. »Sie ist: wollt ihr euch damit zufriedengeben, ein gemütliches England zu sein, gestaltet und geformt nach einer kontinentalen Politik, oder wollt ihr ein großes Land sein, ein imperialistisches Land . . .« Und wie erinnerlich hatte Gladstone erwidert, daß das Reich nicht der Ursprung der britischen Macht war, die sich nicht von weitausgedehnten Besitzungen herleitete, sondern von dem Volk und dem Reichtum »dieser Inseln«. Ein Jahrhundert später hielt man die Streitfrage immer noch »nicht für eine gewöhnliche«. Aber in weiten Kreisen war man der Ansicht, daß eine ausreichende Grundlage für eine im Geist der Hoffnung eher als der Resignation aufgefaßte Zukunft entweder in Großbritannien selbst lag, äußerlich verbunden vielleicht mit anderen europäischen oder atlantischen Mächten, oder ansonsten in uneingeschränkter britischer Beteiligung an einer weiteren europäischen oder möglicherweise nordatlantischen Gemeinschaft. Nach beiden Ansichten gab es keinen Platz für das Commonwealth, das das Reich Disraelis verdrängt hatte. Und aus diesem Grund wurde mit zunehmender Eindringlichkeit gefragt, wieweit die Mitgliedschaft in einer verstreuten Gemeinschaft von Staaten, in der die Überlegenheit Großbritanniens nicht mehr stillschweigend anerkannt wurde, noch britischen Interessen diente. »Man wollte Frankreich an der Spitze Europas haben«, bemerkte Paul Reynaud in seiner Kritik an General de Gaulle, »und nicht Europa selbst.« Das war auch die grundlegende britische Einstellung zum Commonwealth gewesen: Großbritanniens Regierungen hatten die Führerschaft gewünscht, aber hatten nicht folgerichtig ein Commonwealth gewollt. Wenn die Führerschaft verdient, jedoch nicht zugestanden werden sollte, welche Haltung sollte man einnehmen? Selbst derartige Fragestellungen, was auch immer die Antwort darauf sein mochte, deuteten an, daß sich für Großbritannien das Zeitalter des Vertrauens in das Commonwealth seinem Ende zuneigte.

Sir Robert Menzies, Australiens Premierminister von 1939 bis 1941 und ununterbrochen von 1952 bis 1966, hatte ein Traumbild des Reichs und des Commonwealth, das aus den Tagen stammte, als es dem Namen nach, der Treue nach, größtenteils der Zusammensetzung und den gemeinsamen Zielen nach britisch war. Ihm bedeutete es, wie er sich einmal erinnerte, »König Georg und Königin Maria, wie sie zu ihrem Jubiläum in die Halle von Westminster kamen ... in Chequers Winston Churchill, der Mut und Vertrauen ausstrahlte ... australische Jungen in müden, aber siegesgewissen Gruppen in Tobruk und Benghazi ..., in Canberra, in Wellington, in Ottawa, in Pretoria, wo sich die Parlamentarier treffen, ähnlich wie diejenigen, die sich 700 Jahre vorher in Westminster versammelt hatten; in Melbourne die Rechtsanwälte, die das zuerst in Westminster gestaltete englische Gewohnheitsrecht ausübten, ... Hammond in Sydney und Bradman in Lords und McCabe in Trent Bridge, während Grace und Trumble im Geist zusahen ...« (17). 1968 bedeutete es für die meisten Leute wahrscheinlich viel weniger, vielleicht Smith und Sanktionen, während Rhodes und Lobengula im Geist zusahen. Ein konservativer Kritiker hatte einige Jahre vorher in *The Times* vom Commonwealth als von »einer gigantischen Farce« geschrieben (18). *Le Figaro* (19) tat es am Vorabend des zweiten britischen Antrags um Aufnahme in den Gemeinsamen Markt als »*naguère qu'une chimère*« (»unlängst noch eine Chimäre«) ab, und — eine letzte Ironie — ehemalige Imperialisten, »Lobredner vergangener Zeiten«, hingen an ihm, weil sie nun »nichts von ihrem eigenen« hatten, als dem Sprößling des Reichs. Aber wenn es auch auf alle oder auf irgendeines dieser Dinge zurückgeführt worden war oder zurückgeführt wurde, behielt es doch seinen eigenen unangezweifelten Platz in der langen Sicht der Geschichte. Dort konnte man es sehen als das Ergebnis und die Verkörperung einer geschichtlichen Erfahrung, für alle gekennzeichnet durch berühmte verfassungsrechtliche Marksteine, jedoch nicht zu begreifen in dem einengenden Zusammenhang einer verfassungsrechtlichen Dokumentation noch in dem, »was ein

Schreiber einem anderen sagte«, sondern im Rahmen eines historischen Vorgangs, der das Leben von Millionen betroffen hatte und der in der nationalen Freiheit und der Partnerschaft — zumindest während der kritischen Jahre des Übergangs — der Mehrheit der Völker seinen Höhepunkt erreicht hatte, deren Geschicke ehemals von dem größten der europäischen Reiche bestimmt worden waren. Es mag sein, daß beim Erreichen dieses Ziels das Commonwealth seine Daseinsberechtigung verlor oder daß es andernfalls noch andere Anliegen zu fördern hatte. Aber die Deutung der Vergangenheit soll weder »der Tyrannei des Zeitgenössischen« (20) unterworfen noch von unsicherer Spekulation über die Zukunft beeinflußt werden. Sie ist ein Zweck, der sich selbst genügt.

Anmerkungen

Vorwort (Seite 13—16)

1. Lord Morley an Lord Minto, 2. Mai 1907. India Office Library, MSS. Eur. D. 573/2.

Erster Teil

Erstes Kapitel (Seite 19—64)

1. W. S. Churchill, *My African Journey*, London 1908, Neudruck 1962, S. 3 und 144
2. George Bennett, *The Concept of Empire, Burke to Attlee 1774—1947*, 2. Auflage London 1962, ist eine gute Auswahl, der die angeführte Kritik keineswegs gerecht wird.
3. Hansard, *Parliamentary Debates* (Commons), Serie III, Band XIX, Spalte 536
4. Earl of Ronaldshay, *The Life of Lord Curzon*, Band II, London 1928, S. 230; Philip Woodruff, *The Men Who Ruled India*, Band II, London 1953/54, S. 199, verweist auch auf dieses Ereignis. Das Zitat stammt aus einer am 11. Dezember 1907 in Birmingham gehaltenen Rede, nachgedruckt in G. Bennett, a.a.O., S. 354 ff.
5. W. F. Monypenny und G. E. Buckle, *The Life of Disraeli*, Band V, London 1910—1929, S. 194 ff., und Hansard, *Parliamentary Debates* (Lords), Band CCXXXIX, Spalte 777
6. *The Annual Register* 1886, S. 181
7. *Merriman Papers*, Public Library, Kapstadt
8. Wie es in den Aufzeichnungen Rhodes' in seinem Landhaus zu Muizenberg vermerkt ist.
9. F. H. Underhill z. B. erwähnte in seinem vorzüglichen Werk *The British Commonwealth*, Durham N. C. 1956, das die Zeit seit dem Durham-Bericht behandelt, Rhodes überhaupt nicht.
10. Vgl. hierzu eine interessante und spekulative Behandlung dieser Frage durch D. A. Low, *Lion Rampant* in *Journal of Commonwealth Political Studies*, 1964, Band II, Nr. 3, S. 235—250.
11. A. P. Newton, *A Hundred Years of the British Empire*, London 1940, S. 240 f.

12. Sir Kenneth Roberts-Wray, *Commonwealth and Colonial Law*, London 1966, S. 98–116, liefert eine maßgebende Analyse der Erwerbung der Kolonien. J. M. Ward, *Empire in the Antipodes, The British in Australasia 1840–1860*, London 1966, S. 53 f., faßt die Ereignisse in Neuseeland zusammen.

13. *The Cambridge History of the British Empire*, Band VIII, 2. Aufl. Cambridge 1963, S. 516

14. S. G. Millin, *Rhodes*, Neuauflage London 1952, S. 229. Vgl. auch D. A. Low, a.a.O., S. 244.

15. Monica Hunter, *Reaction to Conquest*, 2. Aufl. London 1961, S. 8

16. Prakash Tandon, *Punjabi Century, 1857–1947*, London 1961, S. 12 bis 13

17. D. A. Low, a.a.O., S. 237. Vgl. J. G. Lockhart und The Hon. C. M. Woodhouse, *Rhodes*, London 1963, S. 479, für eine Schilderung dieses Ereignisses.

18. J. D. Kestell, *Through Shot and Flame*, London 1903, S. 285. Kestell war Feldkaplan Präsident Steyns und Sekretär der beiden Regierungen der Republiken.

19. A. G. Gardiner, *The Life of Sir William Harcourt*, Band I, London 1923, S. 497

20. Zitiert in S. R. Mehrotra, *India and the Commonwealth, 1885–1929*, London 1965, S. 47

21. Sir Michael O'Dwyer, *India as I Knew It, 1885–1925*, London 1925, Kapitel XVII und XVIII, schildert die Ereignisse und die Gründe, die ihn als Gouverneur des Pandschab veranlaßten, die Handlungen Dwyers zu decken, obwohl er einige seiner späteren Maßnahmen ablehnte.

22. Jawaharlal Nehru, *An Autobiography*, London 1936, S. 43 f. und S. 190

23. Jawaharlal Nehru, *The Discovery of India*, Kalkutta 1946, S. 281

24. The Marquess of Crewe, *Lord Rosebery*, Band I, London 1931, S. 185 f.

25. Vgl. auch Lord Rosebery, *Oliver Cromwell: A Eulogy and an Appreciation*, London 1900

26. Zitiert nach S. R. Mehrotra, *On the Use of the Term Commonwealth*, in *Journal of Commonwealth Political Studies*, November 1963, Band II, Nr. 1, S. 10.

27. *Fabianism and the Empire: A Manifesto by the Fabian Society*, London 1900; die Zitate stammen von den Seiten 1, 8 und 32, 15 und 23; 49–50, Anm. 1.

28. Dr. Mehrotra hat viele solcher Fälle entdeckt und in seinem Aufsatz beschrieben.

29. Richard Jebb, *Studies in Colonial Nationalism*, London 1905, S. 1

30. *Merriman Papers*, 24. Juni 1909

31. Vgl. W. K. Hancock, *Survey of British Commonwealth Affairs*, Band I, London 1937, S. 53, Anm. 2

32. *Minutes of Proceedings of Imperial War Conference*, 1917, Cd. 8566, Seite 5

33. a.a.O., S. 40 f.

34. a.a.O., S. 47; vgl. auch J. C. Smuts, *War-Time Speeches*, London 1917, Seite 13–19

35. Nachdruck in W. K. Hancock und Jean van der Poel, *Selections from the Smuts Papers*, Band III, Cambridge 1966, S. 510 f.; vgl. auch J. C. Smuts, *War-Time Speeches*, S. 25–38, wo eine revidierte Version zu finden ist.

36. *Minutes of Proceedings of Imperial War Conference*, Cd. 9177, S. 18

37. W. K. Hancock und Jean van der Poel, a.a.O., Band III, S. 518

38. *Gladstone Papers*, MS. 44632, Fol. 36–45 und 111–130. Den Hinweis auf diese Tatsache verdanke ich Herrn Dr. D. G. Hoskin. Gladstone lagen auch Auszüge aus der Verfassung der Vereinigten Staaten vor.

39. *Campbell-Bannerman Papers*, B. M., MS. 41243, Fol. 62

40. W. K. Hancock und Jean van der Poel, a.a.O., Band II, S. 374, Brief vom 8. Januar 1908, und S. 417 f., Brief datiert vom (?) März 1908, sowie *Merriman Papers*, 26. Oktober 1908, wo die Verfassungskommentare zu finden sind.

41. Vgl. die Rede des Rt. Hon. C. R. Attlee, nachgedruckt in N. Mansergh, *Documents and Speeches on British Commonwealth Affairs, 1931–1952*, Band II, London 1953, S. 685.

42. Zitiert von S. R. Mehrotra, *Imperial Federation and India, 1868–1917*, in *Journal of Commonwealth Political Studies*, November 1961, Band I, Nr. 1, S. 33.

43. N. H. Carrier und J. R. Jeffery, *External Migration: A Study of the Available Statistics, 1815–1950*, HMSO, London 1953, S. 33. Zur irischen Auswanderung vgl. O. MacDonagh, *Irish Emigration to the United States of America and the British Colonies During the Famine* in R. Dudley Edwards und T. Desmond Williams, *The Great Famine*, Dublin 1956, vor allem S. 388.

44. CAB. 32, E-6. Die Denkschrift wurde für die Reichskonferenz 1921 vorbereitet.

45. L. S. Amery, *My Political Life*, Band II, London 1953, S. 385 und 389 f.

46. W. K. Hancock, *Survey*, Band I, S. 60 f.

47. Roberts-Wray, a.a.O., S. 9. Vgl. allgemein S. 7–14 für eine Behandlung dieses und anderer Präzedenzfälle.

48. *Parliamentary Debates* (Commons), 1949, Band 464, Spalte 643 f.

ZWEITES KAPITEL (Seite 65—115)

1. J. S. Mill, *Representative Government*, London 1861, Neudruck London 1910, in *Utilitarianism, Liberty and Representative Government*, S. 377

2. Sir Charles Lucas (Hg.), *Lord Durham's Report on the Affairs of British North America*, 3 Bände, Oxford 1912, gekürzte Ausgabe: Sir R. Coupland, *The Durham Report*, Oxford 1945

3. Vgl. Chester New, *Lord Durham's Mission to Canada*, Ottawa 1963, The Carleton Library, Nr. 8, S. 53—58 und S. 161

4. *The Creevey Papers*, hg. von Sir H. Maxwell, London 1905, S. 374

5. Man sagt oft, es sei das einzige Denkmal, aber das entspricht nicht den Tatsachen. Schon auf dem gegenüberliegenden Ufer des St.-Lorenz-Stroms steht das für General Murray und den Marquis de Lévis gemeinsam errichtete Denkmal.

6. G. W. Pierson, *Tocqueville and Beaumont in America*, New York 1938, S. 319—324. Die Skizze des Obelisken befindet sich gegenüber Seite 320.

7. Hansard, *Parliamentary Debates* (Commons), 16. Januar 1838, Band XL, Spalte 41

8. a.a.O., Spalte 309—310. Eine repräsentative Auswahl von Auszügen aus dieser Debatte ist abgedruckt in G. Bennett, *The Concept of Empire*, 2. Aufl. London 1962, S. 115—124.

9. Die Vehemenz von Mackenzies Worten ist am besten eingefangen in seinen eigenen Reden und Schriften, die voller Zorn, Protest und Empörung gegen das sind, was er als Ungerechtigkeit empfand. Sie sind abgedruckt in Margaret Fairleys Sammlung, *Selected Writings 1824 to 1837*, Toronto 1960. Mackenzie selbst schilderte diese Ereignisse in *The late rebellion — exhibiting the only true account of what took place at the memorable seige of Toronto, in the month of December 1837*, Toronto 1937.

10. Helen Taft Manning, *The Revolt of French Canada, 1800—1835*, London 1962, liefert den Hintergrund der Revolte und die früheren Gedanken Papineaus sowie dessen Lebenslauf. Für eine allgemeinere Analyse vgl. D. G. Creighton, *Dominion of the North*, Cambridge (Mass.) 1944, 2. Aufl. Toronto 1958, Kap. V.

11. G. W. Pierson, a.a.O., S. 319—324

12. Ch. Lucas, *Lord Durham's Report*, Band II, S. 16

13. a.a.O., S. 70

14. a.a.O., S. 77 f.

15. a.a.O., S. 72 f.

16. Der Ausdruck war unter Reformern schon einige Zeit vor dem Besuch Lord Durhams in Oberkanada geläufig, aber er war weder klar definiert noch in seiner Bedeutung allgemein anerkannt; vgl. Chester New, a.a.O., S. 28—41.

17. Ch. Lucas, a.a.O., Band II, S. 279 f.

18. a.a.O., S. 282

19. *Cambridge History of the British Empire*, Band II, 2. Aufl. Cambridge 1963, Kap. X; J. R. M. Butler, *Colonial Self-Government, 1838—1852*, S. 342 f.

20. Charles Buller, *Sketch of Lord Durham's Mission to Canada in 1838,* abgedruckt in Ch. Lucas, a.a.O., Band III, S. 340; vgl. Chester New, a.a.O., S. 50

21. Ch. Lucas, a.a.O., Band II, S. 288

22. J. M. de Moine, *Quebec Past and Present,* S. 277—280

23. Nur ein Flügel des Schlosses war übriggeblieben. Dieser war für den Hohen Kommissar und sein Gefolge zu klein. Darum wohnte er im Parlamentsgebäude Quebecs, das später (1854) niederbrannte. Lord Durham *»en fit raser les ruines«* des Schlosses: vgl. E. Gagnon, *Notes sur le Château St Louis* in *Transactions* 1880/81, Literary and Historical Society of Quebec.

24. Charles Buller, *Sketch of Lord Durham's Mission to Canada in 1838;* Ch. Lucas, a.a.O., Band III, S. 370

25. *The Union Act, 1840,* 3 und 4 Vict. c. 35; vgl. auch D. G. Creighton, *Dominion of the North,* 2. Aufl. Toronto 1965, S. 250

26. Zitiert nach C. A. Bodelsen, *Studies in Mid-Victorian Imperialism,* New York 1935, S. 18, Anm. 1.

27. *Selections from the Speeches of John, First Earl Russell 1817 to 1841 and from Dispatches 1859 to 1865,* Band II, London 1870, S. 66—69, abgedruckt in A. B. Keith, *Selected Speeches and Documents on British Colonial Policy 1763—1917,* Band I, Oxford 1948, S. 173—178

28. Vgl. C. A. Bodelsen, a.a.O., Kap. I.

29. Douglas Pike, *Paradise of Dissent, South Australia 1829—57,* London 1957, untersucht kritisch Wakefields Rolle bei der Gründung der Kolonie.

30. *Responsible Government for Colonies,* London 1840; abgedruckt in E. M. Wrong, *Charles Buller and Responsible Government,* Oxford 1926. Vgl. auch Paul Knaplund in *James Stephen and the British Colonial System, 1813—1847,* Madison 1953, kritische Neubewertung von Bullers Anklageschrift gegen Stephen.

31. Hansard, *Parliamentary Debates* (Commons), 23. Januar 1838, Spalte 384 ff.

32. R. B. Pugh, *The Colonial Office* in *The Cambridge History of the British Empire,* Band III, Kap. XIX, S. 723

33. Hansard, *Parliamentary Debates* (Commons), 6. März 1838, Band XLI, Spalte 476—683

34. Sir Arthur G. Doughty, *The Elgin-Grey Papers, 1846—1852,* Band I, Ottawa 1937, S. 351 f.

35. Zitiert in *The Cambridge History of the British Empire,* Band II, Seite 680.

36. D. G. Creighton, *The Victorians and the Empire* in *The Canadian Historical Review,* 1938, Band XIX, S. 144

37. C. A. Bodelsen, a.a.O., S. 59

38. *Agenda for the Study of British Imperial Economy 1850—1950* in *The Journal of Economic History,* Band XIII, 1953, Nr. 3, S. 257

39. D. G. Creighton, *The Victorians and the Empire,* a.a.O., S. 141

40. A. G. Doughty, *Elgin-Grey Papers,* a.a.O., Band I, S. 448

41. D. G. Creighton, *Dominion of the North*, 2. Aufl. Toronto 1965, Seite 256 f.

42. D. G. Creighton, *The Victorians and the Empire*, a.a.O., S. 144

43. John Gallagher und Ronald Robinson, *The Imperialism of Free Trade* in *The Economic History Review*, 1953, Band VI, Nr. 1, S. 1—15. Vgl. auch a.a.O., April 1962, Band XIV, wo eine Kritik von O. G. Macdonagh, *The Anti-Imperialism of Free Trade*, zu finden ist. Der Ausdruck »unsichtbares Reich« *(informal empire)* als Bezeichnung für die Ausdehnung der britischen Finanz- und Handelsmacht und der indirekten Herrschaft über die Grenzen der Reichshoheit hinaus ist angeblich zuerst von Professor C. R. Fay in *Imperial Economy and its Place in the Foundation of Economic Doctrine 1600—1932*, Oxford 1934, verwendet worden; vgl. R. W. Winks, *The Historiography of the British Empire-Commonwealth*, Duke 1966, S. 58.

44. Earl Grey, *The Colonial Policy of Lord John Russell's Administration*, Band I, London 1853, S. 17 f.

45. G. S. Graham, *A Canadian Declaration of Independence* in *The Listener*, 5. Nov. 1959

46. Die Denkschrift und die amtlichen Schreiben sind abgedruckt in A. B. Keith, a.a.O., Band II, S. 51—83.

47. Vgl. A. R. M. Lower, *Colony to Nation*, 4. durchgesehene Aufl. Toronto 1964, S. 281—289 und 379 f.

48. Zitiert nach Donald Creighton, *The Road to Confederation*, Toronto 1964, S. 37.

49. a.a.O., S. 136—140

50. *Public Archives of Canada*, Serie G, Band 221A, 7. Sept. 1866; zitiert nach W. Menzies Whitelaw, *Reconstructing the Quebec Conference* in *The Canadian Historical Review*, 1938, Band XIX, S. 137

51. *The Quebec Resolutions* sind abgedruckt in A. B. Keith, a.a.O., Band I, S. 245—263.

52. *The Confederation Debates in the Province of Canada, 1865*, hg. von P. B. Waite, The Carleton Library, Nr. 2, Ottawa 1963, S. 57.

53. *Le Monde*, 26. Juli 1967, S. 6, Spalte 1

54. Zitiert nach G. W. Pierson, *Tocqueville and Beaumont in America*, New York 1938, S. 343 f.

55. *The Confederation Debates*, Ed. Waite, a.a.O., S. 49

56. Zitiert nach Alexander Brady in *The Transfer of Institutions*, hg. von W. B. Hamilton, Duke 1964, Kap. III; *Canada and the Model of Westminster*, S. 68. Professor Bradys Analyse auf S. 59—80 ist knapp und aufschlußreich.

57. André Siegfried, *The Race Question in Canada*, London 1907, S. 133

58. A. B. Keith, a.a.O., Band I, S. 292. Der Einfachheit halber wird hier auf Keith verwiesen. Macdonalds Reden sind jedoch auch, und zwar ausführlicher wiedergegeben in *The Confederation Debates*, Ed. Waite, a.a.O., S. 39—48, 130 f., 134 f., 139—146, 155 ff.

59. A. B. Keith, a.a.O., Band I, S. 292

60. Hierüber vgl. A. Brady, *Democracy in the Dominions*, 3. Aufl. Toronto 1958, S. 44—49.
61. Vgl. K. C. Wheare, *Federal Government*, 3. Aufl. London 1953, Seite 19—21
62. *Borden Papers*, Nachlaß von Sir Robert Laird Borden im Nationalarchiv, Ottawa
63. 30 und 31 Vict., c. 3
64. D. G. Creighton, *Macdonald*, Band I, S. 646
65. Hansard, *Parliamentary Debates* (Commons), 28. Februar 1867, Band CLXXXV, Spalte 1184
66. D. G. Creighton, *The Road to Confederation*, Bd. I, S. 421 f.
67. D. G. Creighton, a.a.O., S. 423 f.
68. D. G. Creighton, *Dominion of the North*, 2. Aufl. Toronto 1965, Seite 312 f.

DRITTES KAPITEL (Seite 116—180)

1. W. K. Hancock, *Smuts. The Sanguine Years 1870—1919*, Cambridge 1962, S. 108—110. Siehe auch Alan Paton, *Hofmeyr*, Kapstadt 1964, S. 73.
2. Vgl. C. W. de Kiewiet, *British Colonial Policy and the South African Republics, 1848—1872*, London 1929, S. 2 f., über Ansichten der südafrikanischen Geschichte, und von demselben Verfasser *A History of South Africa, Social and Economic*, Oxford 1941, S. 47 f., über das Wesen seiner Probleme.
3. W. K. Hancock und Jean van der Poel, *Selections from the Smuts Papers*, Cambridge 1966, Bd. I, S. 117
4. James Bryce, *Impressions of South Africa*, London 1897, S. 571
5. A. F. Hattersley, *Slavery at the Cape* in *The Cambridge History of the British Empire*, Band VIII, S. 272—277
6. G. McC. Theal, *History of South Africa South of the Zambesi, 1834 to 1854*, Kapstadt 1926/27, S. 90—115; *The Cambridge History of the British Empire*, Band VIII, S. 324 ff., und E. A. Walker, *The Great Trek*, London 1934
7. Die Wanderwege der *Voortrekker* wurden auf einer Ausstellung im Archiv der Kapprovinz im Jahr 1964 anschaulich dargestellt.
8. Siehe J. S. Galbraith, *Reluctant Empire: British Policy on the South African Frontier, 1843—54*, Kalifornia 1963, sowie eine Rezension dieses Buches von E. A. Walker in *The Historical Journal*, 1965, Band VIII, Nr. 1, S. 145 ff.
9. Den Hinweis auf diesen Sachverhalt verdanke ich Herrn Dr. Ernst Kohl von der Deutschen Afrika-Gesellschaft. Der Originaltext ist bei G. W. Eybers, *Select Constitutional Documents illustrating South African History, 1795—1910*, London 1918, S. 364, abgedruckt.

10. Für die einzige angeblich authentische Darstellung der Entdeckung, die Jacobs selbst im hohen Alter gab, siehe Eric Rosenthal, *River of Diamonds*, Kapstadt 1957, S. 10—12.

11. Hedley A. Chilvers, *The Story of de Beers*, London 1939, S. 6 f.

12. Es gibt zwei wichtige Arbeiten zur britischen Politik in Südafrika in dieser Zeit. Die erste ist C. W. de Kiewiet, *The Imperial Factor in South Africa*, Cambridge 1937, und die zweite Dr. C. F. Goodfellow, *The Policy of South African Confederation, 1870—1881*, Kapstadt 1967. Dr. Goodfellows Arbeit enthält (Kap. 2) eine Darstellung des Planes von Sir George Grey in den fünfziger Jahren und eine Bewertung seiner Auswirkungen auf die späteren Vorschläge Carnarvons.

13. G. McC. Theal, *History of South Africa, 1873—1884*, Band I, London 1919, S. 271

14. Die Schlacht war Gegenstand einer Arbeit von Sir R. Coupland, *Zulu Battle Piece: Isandhlwana*, London 1948.

15. Hansard, *Parliamentary Debates* (Lords), Band CCLXXXVI, Spalte 7—8

16. James Bryce, *Impressions of South Africa*, Neuauflage London 1899, S. XXI—XXIII

17. J. S. Marais, *The Fall of Kruger's Republic*, Oxford 1961, S. 1

18. Vgl. Alan Paton, *Hofmeyr*, Kapstadt 1964, S. 7 und 158. »Onze Jan« war ein Vetter J. H. Hofmeyrs, über den Paton eine Biographie verfaßt hat.

19. H. Marshall Hole, *The Making of Rhodesia*, London 1926, S. 17—18

20. A. G. Gardiner, *Pillars of Society*, London 1913, S. 12—15

21. *German Diplomatic Documents, 1871—1914*, ausgewählt und übersetzt von E. T. S. Dugdale, Band III, London 1928, S. 114

22. Es besteht Unsicherheit darüber, wann und wie der beachtliche Beitrag von Rhodes bezahlt wurde; siehe C. C. O'Brien, *Parnell and his Party*, Oxford 1957, S. 266, Anm. 4.

23. J. S. Marais, a.a.O., S. 88

24. Ein Gedenkband mit Photographien des Präsidenten zur Erinnerung an die Reise auf der Eisenbahnlinie nach Delagoa-Bay wird in Krügers Haus in Pretoria, heute ein Museum, aufbewahrt.

25. John Buchan, *Memory Hold-the-Door*, London 1940, S. 99

26. J. S. Marais, a.a.O., S. 89

27. J. L. Garvin, *The Life of Joseph Chamberlain*, Band III, London 1932—1934, S. 71 f.

28. Die Geschichte des Einfalls behandelten Jean van der Poel, *The Jameson Raid*, Kapstadt 1951, und Elizabeth Pakenham, *Jameson's Raid*, London 1960. Siehe auch Ethel Drus, *A Report on the Papers of Joseph Chamberlain relating to the Jameson Raid and the Inquiry* in *Bulletin of the Institute of Historical Research*, 1952, Band XXV, sowie *The Question of Imperial Complicity in the Jameson Raid* in *English Historical Review*, Oktober 1953, Band LXVIII.

29. Alfred Austin, *Jameson's Ride*. Es ist verständlich, daß dieses Gedicht in die späteren Ausgaben der gesammelten Gedichte Austins nicht aufgenommen wurde.

30. J. L. Garvin, a.a.O., Band III, S. 78

31. E. Pakenham, a.a.O., verteidigt in ihrem Werk Chamberlain; J. van der Poel, a.a.O., und J. S. Marais, a.a.O., hingegen beschuldigen ihn. Professor Marais' Anklage steht im 4. Kapitel seines Werkes und ist auf S. 94 f. zusammengefaßt. Bei dem Mangel an Beweisen in manchen Punkten scheint seine Auffassung die wahrscheinlichste zu sein.

32. N. Rich und M. H. Fisher (Hg.), *The Holstein Papers*, Band I, Cambridge 1955–1963, S. 162 f.

33. Eine Photographie im Museum von Daressalam, wo der Oberst in den Jahren 1893–1895 deutsche Truppen befehligte, läßt die Beschreibung zutreffend erscheinen.

34. E. T. S. Dugdale (Hg.), *German Diplomatic Documents, 1871–1914*, Band II, S. 287

35. E. Pakenham, a.a.O., S. 96

36. R. C. K. Ensor, *England 1870–1914*, Oxford 1936, S. 246, und J. S. Marais, a.a.O., S. 210 ff.

37. Siehe *The Milner Papers, South Africa 1897–1899*, hg. von C. Headlam, Band I, London 1931–1933, S. 212, und auch J. S. Marais, a.a.O., S. 200 ff., für eine Darstellung des Wahlkampfes.

38. Zitiert bei J. S. Marais, a.a.O., S. 196.

39. *Milner Papers*, Ed. Headlam, Band I, S. 221 f.

40. J. S. Marais, a.a.O., S. 298, Anm. 1

41. *Milner Papers*, Ed. Headlam, Band I, S. 349–353

42. R. C. K. Ensor, *England 1870–1914*, Oxford 1936, S. 250 f.

43. Für eine Darstellung vor allem der Rolle von Smuts vor und während der Konferenz in Bloemfontein siehe W. K. Hancock, *Smuts. The Sanguine Years*, Cambridge 1962, Kap. V.

44. a.a.O., S. 99

45. *Milner Papers*, Ed. Headlam, Band I, S. 407–415. Für eine Darstellung der Konferenz siehe Kapitel XV.

46. *Fabianism and the Empire*, London 1900, S. 13

47. Dies ist der Titel des ersten Kapitels von Professor G. H. Le May, *British Supremacy in South Africa, 1899–1907*, Oxford 1965. Die Zitate sind S. 36 entnommen.

48. Zitiert G. H. Le May, a.a.O., S. 89; siehe auch Kapitel III und IV.

49. Das Protokoll ist niedergelegt in *The Peace Negotiations* von J. D. Kestell, Sekretär der Regierung des Oranje-Freistaates, und D. E. Van Velden, Sekretär der Regierung der Südafrikanischen Republik, London 1912.

50. a.a.O., S. 59

51. S. 76 f.

52. a.a.O., S. 79–87

53. a.a.O., S. 91

54. *Merriman Papers,* Public Library, Kapstadt

55. Die Darstellung auf den folgenden Seiten ist ausführlicher wiedergegeben in N. Mansergh, *South Africa 1906–1961. The Price of Magnanimity,* London 1962.

56. Lord Riddell, *More Pages from My Diary, 1908–1914,* London 1934, S. 144. Siehe auch Randolph Churchill, *Churchill,* London 1967, Band II, S. 144–156, und R. Hyam, *Elgin and Churchill at the Colonial Office, 1905–1908,* London 1968, S. 103–136 für eine ausführliche Analyse der Umstände, die zur Entscheidung für die Wiedergewährung der Selbstverwaltung führten.

57. Hansard, *Parliamentary Debates* (Commons), 1906, Band CLXII, Spalte 84

58. Dies geht unter anderem aus den *Campbell-Bannerman Papers* im British Museum, London, hervor.

59. J. A. Spender, *The Life of Sir Henry Campbell-Bannerman,* Band II, London 1923, S. 237 f.

60. W. K. Hancock, *Smuts,* Band II, Cambridge 1968, S. 518

61. *Merriman Papers*

62. Der erste Brief befindet sich unter den *Merriman Papers,* Smuts an Merriman, 28. November 1906; der zweite vom 1. August 1907 in W. K. Hancock und Jean van der Poel, *Selections from The Smuts Papers,* Band II, S. 355.

63. a.a.O.

64. a.a.O.

65. Die maßgebende Darstellung ist die von L. M. Thompson, *The Unification of South Africa, 1902–1910,* Oxford 1960.

66. Zitiert bei L. M. Thompson, a.a.O., S. 169.

67. C. O. 417/351 ff. 392–393

68. G. H. Le May, *British Supremacy in South Africa, 1899–1907,* Oxford 1965, S. 177

69. C. O. 291/112

70. *Merriman Papers*

71. a.a.O., Brief vom 13. März 1906; auch in W. K. Hancock und Jean van der Poel, *Selections from the Smuts Papers,* Band II, S. 242, abgedruckt.

72. W. K. Hancock und Jean van der Poel, *Selections from the Smuts Papers,* Band II, S. 526. Brief an Merriman vom 2. Oktober 1908.

73. a.a.O., S. 440 ff., Smuts an Hobson, 13. Juli 1908

74. a.a.O., S. 530 ff., Brief vom 16. Dezember 1908

75. a.a.O., S. 446 ff., Brief vom 19. Juli 1908

76. Hansard, *Parliamentary Debates* (Lords), 1909, Band II, Spalte 767

77. *Milner Papers,* Ed. Headlam, Band I, S. 178, und G. H. Le May, a.a.O., S. 11–12, wo der ganze Absatz zitiert ist.

Viertes Kapitel (Seite 181—224)

1. J. A. Froude, *Oceana, or England and Her Colonies,* London 1886, S. 82
2. James Bryce, *Impressions of South Africa,* London 1899, S. 589
3. J. A. Froude, a.a.O., S. 103
4. André Siegfried, *Democracy in New Zealand,* London 1914, S. 63
5. a.a.O., S. 48 und 90
6. Alan Moorehead, *Copper's Creek,* London 1963, Kap. I
7. Edward Gibbon Wakefield, *A Letter from Sydney, the Principal Town of Australasia, Together with the Outline of a System of Colonisation,* London 1829, S. 201 f.
8. C. W. Dilke, *Greater Britain,* London 1885, S. 391
9. N. H. Carrier und J. R. Jeffrey, *External Migration, 1815—1950,* H. M. S. O., 1953, S. 95
10. Elie Halévy, *A History of the English People in the Nineteenth Century,* Band III: *The Triumph of Reforms,* Neuaufl. London 1961, S. 230—233; A. G. L. Shaw, *Convicts and the Colonies. A Study of Penal Transport from Great Britain and Ireland to Australia and other parts of the British Empire,* London 1966, gibt im Anhang (S. 363—368) detaillierte Statistiken über die Zahl der Gefangenen, ihrer Ursprungsländer sowie ihrer australischen Bestimmungen auf der Grundlage glaubwürdiger Erinnerungen.
11. E. G. Wakefield, a.a.O., S. 201
12. E. G. Wakefield, a.a.O., S. 169 f.
13. Vgl. Keith Sinclair, *A History of New Zealand,* London 1961, S. 52
14. N. H. Carrier und J. R. Jeffrey, a.a.O., S. 95
15. Zur Jahrhundertfeier der Ankunft der Canterbury-Siedler im Jahr 1851 stellte 1951 ein Kaufhaus in Christchurch die Darstellung der Landung einer viktorianischen Familie im Schaufenster aus: der Vater mit Gehrock und Zylinder, die Mutter mit Haube und Turnüre; den Eltern folgen ein Knabe und ein Mädchen, während im Hintergrund solide viktorianische Möbel an Land gehievt werden. Als Antwort auf Proteste, weil die Mutter keinen Ehering trug, wurde ihr ein überdimensionaler Ring aufgemalt!
16. Zitiert in Harold Miller, *New Zealand,* London 1950, S. 143.
17. F. W. Eggleston, *Reflections of an Australian Liberal,* Melbourne 1953, Kap. III, und A. G. L. Shaw, a.a.O., S. 358
18. E. H. Hargraves, *Australia and its Gold Fields,* London 1855, S. 114 ff.; siehe auch C. M. H. Clark, *Select Documents in Australian History 1851—1900,* Sydney 1955, S. 3—4
19. Zitiert in C. M. H. Clark, a.a.O., S. 5—8.
20. H. Miller, a.a.O., S. 75 f.
21. Zitiert in C. M. H. Clark, a.a.O., S. 473.
22. Gouverneur Grey an Earl Grey am 3. Mai 1847, zitiert nach W. K. Jackson und G. A. Wood, *New Zealand Parliament and Maori Re-*

presentation in *Institute of Commonwealth Studies*, Reprint Series Nr. 22. Der Artikel bietet eine wertvolle knappe Zusammenfassung der gesamten Fragestellung.

23. Keith Sinclair, *The Origins of the Maori Wars*, Wellington 1957,. S. 85—110

24. H. Miller, a.a.O., S. 53; siehe Kap. V und öfter.

25. W. K. Jackson und G. A. Wood, a.a.O., S. 387—394

26. A. Siegfried, a.a.O., S. 350 f.

27. Angus Ross, *New Zealand Aspirations in the Pacific in the Nineteenth Century*, Oxford 1964, S. 112 f. und Kap. XVI

28. a.a.O., S. 290

29. K. Sinclair, *A History of New Zealand*, 2. Aufl. London 1961, S. 165

30. F. L. W. Wood, *Understanding New Zealand*, New York 1944, S. 61 ff.

31. A. Siegfried, a.a.O., S. 50—56

32. A. Siegfried, a.a.O., S. 61

33. James Bryce, *Modern Democracies*, Band II: *New Zealand*, London 1921, S. 300—302, und W. P. Reeves, *The Long White Cloud*, 4. Aufl. London 1950, S. 302 f.; siehe auch A. Siegfried, a.a.O., S. X—XI, über Seddon.

34. A. Siegfried, a.a.O., S. 97 ff.

35. K. Sinclair, *William Pember Reeves, New Zealand Fabian*, Oxford 1965, ist eine Lebensbeschreibung.

36. C. M. H. Clark, a.a.O., S. 477 f.

37. C. W. Dilke, *Greater Britain*, London 1885, S. 285 f.

38. Zitiert in M. Clark, *Sources of Australian History*, Neudruck Oxford 1963, S. 433.

39. C. M. H. Clark, a.a.O., S. 475

40. a.a.O., S. 474 ff.

41. J. A. La Nauze, *Alfred Deakin. A Biography*, Band I, Melbourne 1965, S. 158 und 167; Kap. VIII enthält viel Material über die Rolle Deakins und die Entstehung der Föderation.

42. Zitiert nach A. B. Keith, *Speeches and Documents on British Colonial Policy, 1763—1917*, Band I, Oxford 1918, S. 344.

43. L. F. Crisp, *The Parliamentary Government of the Commonwealth of Australia*, London 1949, S. 1 f.

44. A. Deakin, *The Federal Story*, hg. von J. A. La Nauze, 2. Aufl. Melbourne 1963; siehe auch J. A. La Nauze, *Deakin*, Band I, S. 171, und Kap. VIII.

45. A. B. Keith, a.a.O., S. 347

46. A. B. Keith, a.a.O., S. 351

47. A. B. Keith, a.a.O., S. 361

48. 63 und 64 Vict. c. 12

49. J. A. La Nauze, *Deakin*, Band I, S. 190 und Kap. VIII

50. Vgl. K. C. Wheare, *The Constitutional Structure of the Commonwealth*, Oxford 1960, S. 50 ff.

51. L. F. Crisp, a.a.O., S. 224 ff.
52. L. F. Crisp, a.a.O., S. 236
53. Geoffrey Sawer, *Australian Government Today*, Neuauflage Melbourne 1964, S. 26 f.
54. James Bryce, *Modern Democracies*, Band II, London 1921, S. 181
55. a.a.O., S. 178

FÜNFTES KAPITEL (Seite 225—286)

1. J. R. Seeley, *The Expansion of England*, London 1883, S. 2
2. a.a.O., S. 8
3. a.a.O., S. 14
4. a.a.O., S. 13
5. a.a.O., S. 11
6. a.a.O., S. 16
7. a.a.O., S. 300
8. a.a.O., S. 293
9. a.a.O., S. 46
10. a.a.O., S. 302 ff. und 196
11. a.a.O., S. 16
12. W. F. Monypenny und G. E. Buckle, *The Life of Disraeli*, Band V, London 1910—1929, S. 194; auch zitiert in G. Bennett, *Concept of Empire*, Neuaufl. London 1962, S. 257.
13. Philip Magnus, *Gladstone*, Neuaufl. London 1963, S. 264
14. J. R. Seeley, a.a.O., S. 11 f.
15. W. C. B. Tunstall, *The Cambridge History of the British Empire*, Band II: *Imperial Defence, 1815—1870*, S. 806; C. P. Stacey, *Canada and the British Army, 1846—1871*, Toronto 1936, S. 43; auch zitiert in R. A. Preston, *Canada and »Imperial Defense«*, Durham, N. C., 1967, S. 23.
16. Hansard, *Parliamentary Debates* (Commons), Band CC, Spalte 1900 ff. Das Zitat von Gladstone ist abgedruckt in G. Bennett, a.a.O., S. 254 f.; Hansard, a.a.O., Band CLXV, Spalte 1060, die Resolution über den Mills-Ausschuß.
17. W. F. Monypenny und G. E. Buckle, a.a.O., Band V, S. 193
18. Siehe D. C. Gordon, *The Dominion Partnership in Imperial Defense, 1870—1914*, Johns Hopkins 1965, Kap. II, und R. A. Preston, a.a.O., Kap. I. Über die späteren Entwicklungen siehe auch *The Cambridge History of the British Empire*, Band III, Kap. V: *Imperial Problems in British Politics, 1880—1895* von R. E. Robinson, und Kap. VII, *Imperial Defense 1870—1897* von W. C. B. Tunstall.
19. C. W. Dilke, *Greater Britain*, Band II, London 1868, S. 151
20. H. W. Lucy, *A Diary of Two Parliaments*, Band I, London 1885/86, S. 419

21. Ph. Magnus, a.a.O., S. 261

22. Siehe D. C. Gordon, a.a.O., S. 62–67, und R. A. Preston, a.a.O., S. 91–93 und 131–136, für neueste Schilderungen ihrer Arbeit, die auf die Originalaufzeichnungen zurückgehen.

23. *The Cambridge History of the British Empire*, Band III, S. 200 f.

24. A. Tilney Bassett (Hg.), *Gladstone's Speeches*, London 1916, S. 570

25. A. J. P. Taylor, *Germany's First Bid for Colonies 1884–1885*, London 1938, S. 4

26. Siehe oben S. 42.

27. Nachgedruckt in G. Bennett, a.a.O., S. 262

28. S. R. Mehrotra, *Imperial Federation and India, 1868–1917* in *Journal of Commonwealth Political Studies*, Band I, Nr. 1

29. *Proceedings of the Colonial Conference, 1887*, Band I (C. 5091), S. 5, H. C. (1887) IVI, S. 19

30. D. C. Gordon, a.a.O., S. 91 f.; R. A. Preston, a.a.O., S. 102 ff.

31. C. 7553, *Report by the Right Hon. the Earl of Jersey on the Colonial Conference at Ottawa, with the Proceedings of the Conference and certain Correspondence*, London 1894

32. J. Schull, *Laurier, The First Canadian*, Toronto 1965, S. 346–355, gibt eine anschauliche Schilderung der Feierlichkeiten sowie ihres Eindrucks auf Laurier, der Mitglied des Kronrats und zum Ritter geschlagen wurde.

33. C. 8596. *Proceedings of a Conference between the Secretary of State for the Colonies and the Premiers of the Self-Governing Colonies at the Colonial Office*, London 1897, S. 5 f.

34. *Borden Papers*, 35 345; siehe auch J. Schull, a.a.O., S. 356.

35. C. 8596, S. 7–8, die Rede Chamberlains, und S. 15–18 die folgende Debatte über Seestreitkräfte.

36. Lady Violet Bonham Carter, *Winston Churchill as I knew Him*, London 1965, S. 50 ff.

37. *The Colonial and Imperial Conferences from 1887 to 1937*, zusammengestellt und herausgegeben von Maurice Ollivier, Band I, Ottawa 1954, S. 153, und Cd. 1299, S. 4. Ein Bericht über die Verhandlungen der Konferenz im Jahr 1902 wurde nicht veröffentlicht. In London wurden indessen Akten, die auf die Konferenz Bezug nahmen, veröffentlicht in Cd. 1299, und die Korrespondenz hinsichtlich der geplanten Veröffentlichung des Berichts über die Verhandlungen in Cd. 1723.

38. *The Poems of Matthew Arnold 1840–1867*, London 1913, S. 429: *Heine's Grave*

39. M. Ollivier, a.a.O., Band I, S. 154 f., Cd. 1299, S. 5

40. Abgedruckt in A. B. Keith, *Speeches and Documents*, Band II, Oxford 1948, S. 238; siehe auch D. C. Gordon, a.a.O., S. 147 f. für eine Schilderung der Diskussionen, die dem Entwurf der Denkschrift voraufgingen.

41. M. Ollivier, a.a.O., Band I, S. 155

42. Die Reden von Selborne, Laurier und Barton sind bei M. Ollivier, a.a.O., S. 161–168 abgedruckt; siehe auch D. C. Gordon, a.a.O., Kap. VII–IX, und R. A. Preston, a.a.O., S. 287–307.

43. Canada, *Parliamentary Debates* (Commons); Band LI, Spalte 72, 5. Februar 1900

44. Canada, *Parliamentary Debates* (Commons), Band LVII, Spalte 4726, 12. Mai 1902

45. Julian Amery, *The Life of Joseph Chamberlain*, Band IV, London 1951, S. 423. Die ersten drei Bände der Biographie schrieb J. L. Garvin.

46. M. Ollivier, a.a.O., Band I, S. 155 ff.

47. *Survey of British Commonwealth Affairs*, Band II, Teil I, S. 85

48. a.a.O.

49. Vgl. J. Amery, a.a.O., Bd. IV, S. 525, wegen Chamberlains Brief an den Herzog von Devonshire über diese Angelegenheit, sowie S. 400 bis 407 über die Umstände, die zur Verhängung des Getreidezolls führten; über Commonwealth- und Reichszollvergünstigung siehe Kap. XLVII.

50. Die neueste politische Analyse bietet Alfred Gollin, *Balfour's Burden: Arthur Balfour and Imperial Preferences*, London 1965.

51. Richard Jebb, *Studies in Colonial Nationalism*, London 1905; siehe vor allem die Einleitung und die Kapitel VI und VII über *The South African War* bzw. *The Colonial Conference, 1902*.

52. J. Amery, a.a.O., Bd. IV, S. 435

53. *Correspondence relating to the Future Organisation of Colonial Conferences, 1905*, Cd. 2785

54. Cd. 3523. Es fand eine aufschlußreiche Diskussion über die Ersetzung des Begriffs »Kolonie« durch »Dominion« statt, a.a.O. S. 78–83.

55. J. A. La Nauze, *Alfred Deakin*, Band II, Melbourne 1965, S. 500

56. Cd. 3523, S. 71 f.; siehe auch die früheren Kommentare Deakins, S. 8–10, 26–29, 41–44, 63–65; und J. A. La Nauze, a.a.O., Band II, Kap. XXII, der den Hintergrund schildert, sowie J. A. Cross, *Whitehall and the Commonwealth* in *Journal of Commonwealth Political Studies*, Band II, Nr. 3, S. 190 f.

57. Cd. 3523, S. 35

58. a.a.O., S. 37–42

59. Siehe allgemein J. A. Cross, *Whitehall and the Commonwealth: British Departmental Organisation for Commonwealth Relations 1900 to 1966*, London 1967; für die Reformen von 1907 vgl. Kap. III.

60. India Office Library, *Morley Papers*, MSS. Eur. D. 573/2; J. Schull, *Laurier*, S. 348, und La Nauze, *Deakin*, Band I, S. 203

61. Cd. 3523, S. VII

62. *C.I.D. Paper* 161 B. *Committee of Imperial Defence: Constitution and Functions*, 27. August 1912 (Cab. 4/5)

63. L. S. Amery, *Thoughts on the Constitution*, Oxford 1953, S. 146, und Maurice Hankey, *The Supreme Command 1914–1918*, Band I, London 1961, S. 43 und 125

64. Cd. 3523, S. 97 ff.

65. Cd. 3524, S. 19

66. *Memorandum on Sea Power and the Principles Involved in It,* der Kolonialkonferenz 1902 vorgelegt, Cd. 1299, und in abgeänderter Form Cd. 1597, 1903.

67. Hansard, *Parliamentary Debates* (Commons), 17. März 1914, abgedruckt in A. B. Keith, *Speeches and Documents,* Band II, S. 354

68. Vgl. R. C. K. Ensor, a.a.O., S. 412 f., und D. C. Gordon, a.a.O., Kap. X, und R. A. Preston, a.a.O., Kap. XIII, wo eine ausführliche Schilderung der Flottenkrise im Jahr 1909 und der Diskussionen zwischen den Dominien und dem Vereinigten Königreich zu finden ist.

69. Wegen der kanadischen Ansichten und allgemein vgl. *Borden Papers,* Aufzeichnungen über die Liberalen und eine Flotteneinheit 66441 bis 66445; ebenfalls Aufzeichnungen über Reichsverteidigung und australische Ansichten, 35352—35354. Siehe auch M. Hankey, a.a.O., Band I, S. 125 ff., und D. C. Gordon, a.a.O., S. 237 ff.

70. Cd. 5741, S. 84

71. *War Memoirs of David Lloyd George,* Band I, Neuauflage London 1938, S. 28, und M. Hankey, a.a.O., Band I, S. 128 f.

72. Cd. 5745. Auch in A. B. Keith, *Speeches and Documents,* Band II, S. 304—307, abgedruckt.

73. A. B. Keith, a.a.O., S. 308—338

74. a.a.O., S. 353

75. *C.I.D. Paper* 81—C. Die Vorstellungen der Dominien über den Ausschuß für Reichsverteidigung vom 18. Mai 1911 und auch Harcourts Schreiben vom 10. Dezember 1912 an die Generalgouverneure der Dominien in *Borden Papers* 66218—66220, und M. Hankey, a.a.O., Band I, S. 130 ff.

76. Angaben für diese Statistik stehen in *Laurier Papers,* 1907 und 1911, Band 742—744, Union Archives, Pretoria, und Harcourts Schreiben (Nr. 30) vom 20. Januar 1911 an Viscount Gladstone, Generalgouverneur von Südafrika.

77. CAB. 37/106, 1911, Nr. 52

78. Cd. 5745. *Minutes of Proceedings of the Imperial Conference, 1911,* S. 194 ff., hinsichtlich des Austausches von Beamten. Neuseeland hatte 1907 bescheidenere Vorschläge gemacht, die sich nur auf den Beamtenstab des Kolonialministeriums bezogen. Elgin hatte argumentiert, daß der Austausch keinem nützlichen Zweck dienen würde und daß der Vorschlag womöglich auf ein Mißverständnis zurückzuführen sei, weil das Kolonialministerium nichts mit der örtlichen Verwaltung in den Dominien zu tun hätte und sich mit Angelegenheiten beschäftigte, die eher grundsätzlicher als lokaler Natur wären. Cd. 3523, S. 619, und auch Cd. 5746, S. 214 (XII), bringen eine Zusammenfassung der Frage: »Austausch von Beamten«.

79. a.a.O., S. 55 f.

80. Keith Sinclair, *Imperial Federation. A Study of New Zealand Policy and Opinion 1880—1914*, London 1955, S. 41—44
81. Cd. 5745, S. 70
82. *Smuts Papers*, Band III, S. 36
83. M. Hankey, a.a.O., Band I, S. 130, und Kap. XIII
84. Cd. 5745, S. 22, und auch in A. B. Keith, *Speeches and Documents*, S. 243 f., abgedruckt.
85. *C. I. D. Minutes of 119th Meeting*, 1. August 1912 (885 B)
86. Die *Laurier Papers* in den National Archives, Ottawa, und vor allem die Denkschriften über die Kolonial- und Reichskonferenzen sowie die Vorschläge für einen Reichsrat in den *Borden Papers*, National Archives, Ottawa, die im Hinblick auf kanadische Interessen eine wertvolle rückblickende Zusammenfassung bieten, sind bei der Verfassung dieses Kapitels verwendet worden (35344—35345 und 65924). Dokumente aus den National Archives in Pretoria wurden auch verwendet, vor allem die Korrespondenz und die Aufzeichnungen über die Reichskonferenz von 1911.

ZWEITER TEIL

ERSTES KAPITEL (Seite 289—337)

1. *The Empire and the Century*, hg. von C. S. Goldman, London 1905
2. C. Headlam, *The Milner Papers (South Africa) 1897—1905*, Band II, London 1931—1933, S. 561. Der Brief war vom 27. Februar 1906 datiert.
3. S. Gopal, *British Policy in India 1858—1905*, Cambridge 1965, S. 180 und 303 f.
4. Die Begebenheit wird geschildert in Sir Almeric Fitzroy, *Memoirs*, Band I, London o. J., S. 348.
5. R. Hyam, *Smuts and the Decision of the Liberal Government to Grant Responsible Government to the Transvaal, January and February 1906* in *The Historical Journal*, 1965, Band VIII, Heft 3, S. 380—398, betont Elgins Rolle bei dieser Streitfrage. Seine wertvolle Studie, *Elgin and Churchill at the Colonial Office 1905—1908*, führt den Beweis aufgrund einer vollständigen Untersuchung der Quellen für eine Neueinschätzung der Rolle Elgins.
6. Vgl. R. R. James, *Rosebery*, London 1963, Kap. IX.
7. Vgl. *Asquith Papers*, Bodleian Library, Abteilung II. Churchill an Asquith, 14. März 1908.
8. *Asquith Papers*, Kassette II, Brief datiert vom 14. März 1908.
9. India Office Library, *Morley Papers*, MSS. Eur. D. 573/2
10. a.a.O., MSS. Eur. D 573/2 und 573/11
11. Roy Jenkins, *Asquith*, London 1964
12. *List of Cabinet Papers*, P.R.O., H.M.S.O., London 1964. Abschriften befinden sich in den *Asquith Papers*. Fotokopien der vollständigen Reihe 1868—1916 befinden sich in CAB. 41, P.R.O.

13. Vgl. oben S. 132
14. E. T. S. Dugdale (Hg.), *German Diplomatic Documents, 1871–1914,* Band I, London 1928, S. 177 f.
15. M. Hankey, *The Supreme Command 1914–1918,* Band I, London 1961, S. 130
16. M. Hankey, a.a.O., Band I, S. 134 f.
17. E. T. S. Dugdale, a.a.O., Band IV, S. 359 f.
18. R. A. Preston, *Canada and ›Imperial Defence‹,* Durham N. C. 1967, S. 462 f.
19. Für eine Schilderung von *The Empire at War, 1914–1918,* vgl. *The Cambridge History of the British Empire,* Kap. XVI, dem die Zahlenangaben entnommen sind.
20. W. K. Hancock, *Smuts,* Cambridge 1961, Band I, S. 379 und 390
21. *The Cambridge History of the British Empire,* Band III, S. 634
22. O. D. Skelton, *Life and Letters of Sir Wilfrid Laurier,* Band II, Toronto 1921 S. 437
23. A. R. M. Lower, *Colony to Nation,* 4. Aufl. Toronto 1964, S. 466
24. *The Cambridge History of the British Empire,* Band III, S. 634
25. *Borden Papers,* Brief vom 3. November 1915
26. *Borden Papers,* Brief vom 4. Januar 1916 an Sir George Perley.
27. W. M. Hughes, *The Splendid Adventure,* London 1929, Kap. II–IV; vgl. vor allem S. 40 f.
28. Hansard, *Parliamentary Debates* (Commons), Band LXXXVIII, Spalte 1355
29. L. S. Amery, *My Political Life,* Band II, London 1953/54, S. 91. Vgl. auch Lord Long, *Memories,* London 1923, S. 237, für Verbesserungen in den Nachrichtenverbindungen, die von ihm als Kolonialminister in dieser Zeit bewirkt wurden.
30. Cd. 9005, S. 6
31. M. Hankey, a.a.O., Band II, S. 660
32. Aufzeichnungen des Reichskriegskabinetts wurden von der Kriegskabinettskanzlei in der gleichen Weise behandelt wie diejenigen des Kriegskabinetts, und seine Protokolle sind in eine gesonderte Reihe eingeordnet — *Imperial War Cabinet Minutes* in CAB. 23; vgl. *The Records of the Cabinet Office to 1922,* London, P.R.O., 1966, S. 4–5, und auch M. Hankey, a.a.O., Band II, S. 658 f.
33. M. Hankey, a.a.O., S. 658
34. M. Hankey, a.a.O., S. 816, und *The Records of the Cabinet Office,* S. 5
35. L. S. Amery, a.a.O., Band II, S. 105 ff.
36. L. S. Amery, a.a.O., Band II, S. 108
37. M. Hankey, a.a.O., Band II, S. 816, und R. A. Preston, a.a.O., S. 519–522
38. L. S. Amery, *Thoughts on the Constitution,* 2. Aufl. London 1953, S. 120
39. *Borden Papers*

40. *Borden Papers*
41. *Borden Papers.* Über Hughes' Rolle siehe L. F. Fitzhardinge, *Canadian Historical Review*, Juni 1948, XLIX, 2, S. 160—169.
42. L. C. Christie, *Notes on the Development at the Paris Peace Conference of the Status of Canada as an International Person*, 1. Juli 1919, *Borden Papers*
43. L. S. Amery, *My Political Life*, Band II, London 1953/54, S. 177 f.
44. *Official History of Australia in the War of 1914—18*; Ernest Scott, *Australia during the War*, Band II, S. 787 und 796
45. Vgl. W. K. Hancock, *Smuts*, Kap. 21 und unten S. 374
46. Vgl. K. C. Wheares Bemerkung in *The Cambridge History of the British Empire*, Band III, S. 664
47. *Minutes of Proceedings of the Imperial Conference*, 1917, Cd. 8566
48. C. O. 886/10. Vgl. W. K. Hancock, *Smuts*, Band II, S. 38—49, wie auch C. M. van den Heever, *General J. B. M. Hertzog*, Johannesburg 1946, S. 212; O. Pirow, *Hertzog*, Kapstadt 1957, S. 103, und H. Duncan Hall in *The American Political Science Review*, Dezember 1953, S. 1005 f.
49. Cmd. 1474
50. a.a.O.
51. W. K. Hancock, *Smuts*, Band II, S. 49
52. Cmd. 1474

ZWEITES KAPITEL (Seite 338—383)

1. Der britisch-irische Hintergrund der vertraglichen Regelung wird von N. Mansergh, *The Irish Question 1840—1921*, London 1965, untersucht, und zeitlich weiter zurückgehend von J. C. Beckett, *The Making of Modern Ireland, 1603—1923*, London 1966.
2. Philip Guedalla, *The Queen and Mr. Gladstone*, Band II, London 1933, S. 177
3. Die *Redmond Papers* befinden sich in der National Library, Dublin.
4. A. P. Thornton, *The Habit of Authority*, London 1966, S. 291
5. Sir Henry Lucy, *A Diary of Two Parliaments, 1880—1885*, London 1886, S. 84 f.
6. Zitiert in Kenneth Young, *Arthur James Balfour*, London 1963, S. 100
7. Sir Henry Lucy, *Memories of Eight Parliaments*, London 1908, S. 155 ff.
8. Zitiert in L. P. Curtis, *Coercion and Conciliation in Ireland 1880 to 1892. A Study in Conservative Unionism*, Princeton 1963, S. 179. Dieses Buch liefert die maßgebliche Schilderung der Verwaltung Irlands durch A. J. Balfour und der Ideen, die dahinterstanden.
9. John Biggs-Davison, *George Wyndham: A Study in Toryism*, London 1951, S. 236
10. Kenneth Young, a.a.O., S. 139
11. John Biggs-Davison, a.a.O., S. 132
12. John Biggs-Davison, a.a.O., S. 152 f.

13. *The Anvil of War: Letters between F. S. Oliver and his Brother, 1914–1918*, hg. von Stephen Gwynn, London 1936, S. 23
14. Robert Blake, *The Unknown Prime Minister*, London 1955, S. 531, glaubte, daß bis zum Krieg Ulster eines der beiden Dinge war, für die sich Bonar Law wirklich interessierte. Das andere war die Zollreform.
15. A. M. Gollin, *Proconsul in Politics: A Study of Lord Milner in opposition and in power*, London 1964, S. 45 f. und 193; vgl. auch allgemein S. 184–194.
16. Hansard, *Parliamentary Debates* (Commons), 21. Mai 1900, Band LXXXIII, Spalte 801 f.
17. Arthur Griffith, *The Resurrection of Hungary: A Parallel for Ireland*, 3. Aufl. Dublin 1918, S. 89–91
18. Sie ist nachgedruckt in Dorothy Macardle, *The Irish Republic*, New York 1965, S. 135 ff.
19. W. S. Churchill, *The World Crisis; The Aftermath*, London 1929, S. 281
20. D. Macardle, a.a.O., Kapitel 27, und T. D. Williams (Hg.), *The Irish Struggle*, London 1966, Kap. 3: *Sinn Féin Policy and Practice (1916 to 1926)* von Desmond Ryan
21. W. B. Yeats, *Collected Poems*, London 1934, S. 205. W. K. Hancock, *Survey of British Commonwealth Affairs*, Band I, London 1937 bis 1942, S. 99, und D. MacDonaghs Aufsatz über *Plunkett and MacDonagh* in F. X. Martin (Hg.), *Leaders and Men of the Easter Rising: Dublin 1916*, London 1967, S. 166 f.
22. W. S. Churchill, a.a.O., S. 290
23. H. Nicolson, *King George V*, London 1952, S. 346–349
24. *The Round Table*, Band XI, Nummer 43, Juni 1921, S. 505
25. W. S. Churchill, a.a.O., S. 290
26. Die Vorbereitungen für das Treffen sind in Auszügen aus Miss Stevensons Tagebuch abgedruckt in Lord Beaverbrook, *The Decline and Fall of Lloyd · George*, London 1963, S. 85 f., die Schilderung des Gesprächs, an dem Miss Stevenson nicht teilnahm, von Präsident de Valera. Die Unterschiede betreffen nur Einzelheiten.
27. Cmd. 1470, S. 1
28. Tom Jones, *Lloyd George*, London 1951, S. 188 f.
29. Hansard, *Parliamentary Debates* (Commons), Band 127, Spalte 1125
30. H. Nicolson, a.a.O., S. 349 ff.; W. K. Hancock, *Smuts*, Band II, S. 51–59
31. Sir Charles Petrie, *The Life and Letters of the Right Hon. Sir Austen Chamberlain*, Band II, London 1939, S. 166 f.
32. Cmd. 1474, S. 23
33. Dáil Éireann, Debatte über den Vertrag zwischen Großbritannien und Irland. Sitzung Dezember 1921–Januar 1922, S. 34
34. a.a.O., S. 45 f.
35. a.a.O., S. 27
36. a.a.O., S. 24 ff.

DRITTES KAPITEL (Seite 384—446)

1. A. B. Keith, *The Constitution, Administration and Laws of the Empire*, London 1924, S. 21—34, untersucht die noch bestehenden Beschränkungen der Souveränität der Dominien in dieser Zeit. Vgl. auch vom selben Verfasser, *The Dominions as Sovereign States*, London 1938, Kap. I, für eine historische Bewertung der Entwicklung ihrer verfassungsrechtlichen Stellung. Es findet sich eine knappe, aber zwingende, unveröffentlichte Analyse in dem *Government of India, Home Department Special File No. 94/29* über die verfassungsrechtliche Entwicklung und die internationale Stellung der Dominien, die zur Information des Vizekönigs 1929 angefertigt wurde und die auch mit Erlaubnis des Indischen Nationalarchivs in Neu-Delhi zu Rate gezogen worden ist.
2. Vgl. *India Home Department 94/29* und A. B. Keith, *The Dominions as Sovereign States*, London 1938, S. 16
3. Vincent Massey, *What's Past is Prologue*, Toronto 1963, S. 109. Vincent Massey wurde von Mackenzie King 1926 als erster kanadischer Botschafter in Washington ernannt.
4. A. B. Keith, *The Dominions as Sovereign States*, London 1938, S. 8
5. A. B. Keith, a.a.O., S. 15 f.
6. CAB. 23 E—6
7. A. B. Keith, *Speeches and Documents on the British Dominions 1918 to 1931*, Oxford 1932, S. 46 und 86
8. R. MacGregor Dawson, *William Lyon Mackenzie King 1874—1923*, London 1958, S. 404—416, enthält die inhaltsreichste Schilderung des Vorfalls, wie ihn der Premierminister sah, der ihm in der Commonwealth-Geschichte Bedeutung verlieh. Für eine allgemeine Schilderung vgl. W. K. Hancock, *Survey of British Commonwealth Affairs*, Band I, S. 251—252.
9. Canada, *Parliamentary Debates* (Commons), 1. Febr. 1923, Band I, S. 33
10. R. MacGregor Dawson, a.a.O., S. 432—435
11. R. MacGregor Dawson, a.a.O., S. 425
12. R. MacGregor Dawson, a.a.O., S. 423
13. R. MacGregor Dawson, a.a.O., S. 438
14. Zitiert R. MacGregor Dawson, a.a.O., S. 420
15. Marquise Curzon of Kedleston, *Reminiscences*, London 1955, S. 181.
16. R. MacGregor Dawson, a.a.O., S. 467 f.
17. A. B. Keith, *Speeches and Documents on the British Dominions*, S. 318, und R. MacGregor Dawson, a.a.O., S. 477 f.
18. R. MacGregor Dawson, a.a.O., S. 479 ff.
19. V. Massey, a.a.O., S. 135, und F. H. Soward, *Some Aspects of Canadian Foreign Policy in the Last Quarter Century* in *Transactions of the Royal Society of Canada*, Serie 4, Band IV, Sektion III (1966), S. 139
20. L. S. Amery, *My Political Life*, Band II, London 1955, S. 335 f.

21. H. Duncan Hall, *The Genesis of the Balfour Declaration of 1926* in *Journal of Commonwealth Political Studies*, Band I, Heft 3, S. 171–178

22. Hansard, *Parliamentary Debates* (Commons), Band 188, Spalte 520 f.; vgl. auch CAB, 32/56 E (I.R–26).

23. O. Pirow, *J. B. M. Hertzog*, Kapstadt 1957, S. 105

24. Harold Nicolson, *King George V*, London 1952, S. 476 f.

25. L.J.R. 95 P.C.C. 114. Abgedruckt in Frederick Madden, *Imperial Constitutional Documents, 1765–1952*, Oxford 1953, S. 47–54

26. Über die irische Ansicht vgl. vor allem CAB. 32/56 E (I.R.–26) 3, und als Kommentar dazu E (I.R.–26) 31 B; siehe auch M. McInerney, *Mr. John A. Costello Remembers* in *The Irish Times*, 4. September 1967. Für Kanada siehe H. Blaire, *William Lyon Mackenzie King, 1924–1932*, Toronto 1963, S. 182, und CAB. 32/56 E (I.R.–26), sechstes Treffen.

27. Neatby, *Mackenzie King*, S. 183

28. CAB. 32/56 E (I.R.–26), abgedruckt in C. M. Van den Heever, *General J. B. M. Hertzog*, Johannesburg 1946, S. 213–317

29. T. de V. White, *Kevin O'Higgins*, London 1948, S. 221

30. CAB. 32/56 E (I.R.–26) 3; CAB. 32/47, E 115

31. CAB. 32/56; vgl. auch T. de V. White, a.a.O., S. 222

32. *Imperial Conference 1926; Summary of Proceedings*, Cmd. 2768, enthält den Bericht des Ausschusses. Er ist abgedruckt in A. B. Keith, *Speeches and Documents on the British Dominions*, S. 161–170; vgl. auch L. S. Amery, a.a.O., Band II, S. 379–398.

33. Blanche E. C. Dugdale, *Arthur James Balfour*, Band II, London 1936, S. 281 f., und persönliche Mitteilungen.

34. Es ist sehr fraglich, ob dies wahr ist. Die Überzeugung, daß Großbritannien die Vorherrschaft beibehielt, ist z. B. in den veröffentlichten Dokumenten des Auswärtigen Amtes des Deutschen Reichs über die Ursachen des Zweiten Weltkriegs stillschweigend miteinbezogen.

35. Vgl. Nicholas Mansergh, *Survey of British Commonwealth Affairs: Problems of External Policy 1931–1939*, London 1952, S. 73–79 und 429–432, für eine Einschätzung dieser Sachlage.

36. W. K. Hancock, *Survey of British Commonwealth Affairs*, Band I, London 1937–1942, S. 263

37. K. C. Wheare, *The Statute of Westminster and Dominion Status*, 4. Aufl. London 1949, S. 28 f.

38. Vgl. K. C. Wheare, a.a.O., S. 79

39. Cmd. 3479

40. Cmd. 3717 und 3718

41. Vgl. H. Nicolson, a.a.O., S. 483 f.

42. Cmd. 3717

43. H. Nicolson, a.a.O., S. 477–482

44. Cmd. 3479, sec. 60; abgedruckt in A. B. Keith, *Speeches and Documents on the British Dominions*, S. 189

45. 22 Geo. 5, c. 4

46. Der Wortlaut des Statuts und Quellenmaterial über die Reaktionen der Dominien finden sich in Nicholas Mansergh, *Documents and Speeches on British Commonwealth Affairs, 1931–1952*, Band I, London 1953, I. und II. Teil.

47. N. Mansergh, a.a.O., S. 21–27

48. Abgedruckt bei N. Mansergh, a.a.O., S. 4–6

49. Die hier zusammengefaßte Verlautbarung vom 22. März 1932 und der folgende Meinungsaustausch, auf den weiter unten Bezug genommen wird, wurden in einem britischen Weißbuch, Cmd. 4056, und in einem irischen Weißbuch, P. No. 650, abgedruckt. Vgl. auch W. K. Hancock, *Survey*, Band I, Kap. VI.

50. Das Urteil, *Moore and Others versus the Attorney General for the Irish Free State*, ist wiedergegeben in N. Mansergh, a.a.O., Band I, S. 305–514.

51. Als Lord Beaverbrook von dem angenommenen Verfahren erfuhr, bemerkte er zum König: »Majestät, Sie haben Ihren Kopf auf den Hinrichtungsblock gelegt. Baldwin braucht nur noch das Beil zu schwingen«; *A King's Story. The Memoirs of H. R. H. the Duke of Windsor*, London 1951, S. 346 f.

52. Die diesbezüglichen Gesetze und Reden über die Abdankung sind in N. Mansergh, a.a.O., Band I, V. Teil, abgedruckt.

53. K. C. Wheare, a.a.O., S. 288 f.; vgl. allgemein Kap. 11.

54. K. W. Hancock, *Survey*, Band II, Teil I, S. 233. Kapitel I enthält die klassische Analyse des Handels im Commonwealth in diesen Jahren.

55. J. B. Brebner, *North Atlantic Triangle*, New Haven 1945, S. 309

56. K. W. Hancock, a.a.O., Band II, Teil I, S. 245–251

VIERTES KAPITEL (Seite 447–486)

1. Und nicht nur aus dem Mund südafrikanischer Politiker. In der Debatte von 1906 über Selbstverwaltung für den Transvaal verwendeten der Unterstaatssekretär für die Kolonien, Winston Churchill, der Oppositionsführer, A. J. Balfour, und ein junges Parlamentsmitglied der Labourpartei, J. Ramsay MacDonald, das Wort in diesem Sinn. Die »Eingeborenenfrage« war der Ausdruck, der auf die Beziehungen zwischen Völkern europäischer und afrikanischer Rasse angewandt wurde. Vgl. Hansard, *Parliamentary Debates* (Commons), Serie 4, 1906, Band 162, Spalte 776–804.

2. Vgl. seine Rede vom März 1954 bei der Eröffnung der 5. (nichtamtlichen) Konferenz über Commonwealth-Beziehungen in Lahore, abgedruckt in N. Mansergh, *The Multi-Racial Commonwealth*, London 1955, S. 144.

3. J. A. Hobson, *Imperialism: A Study*, 3. Aufl. London 1938, S. 51

4. S. Gopal, *British Policy in India 1858–1905*, Cambridge 1965, S. 261

5. Hansard, *Parliamentary Debates* (Commons), Serie 3, Band CCCXLII, 1890, Spalte 93

6. Vgl. *Government of India Reforms Office File* 142/30-R, wo Auszüge aus den amtlichen Schreiben in einer von W. H. Lewis verfaßten Denkschrift über *The Interpretation of the term Responsible Government* vom 12. 6. 1930 abgedruckt sind.

7. Hansard, *Parliamentary Debates* (Lords), Serie 4, Band 198, Spalte 1985. Vgl. auch John Viscount Morley *Recollections*, Band II, London 1917, S. 172 f.

8. *Report of the Indian Statutory Commission*, Cmd. 3569 (1930), Band II: *Recommendations*, S. 6 f.

9. *Government of India Act*, 1858, 21 und 22 Vict., c. 106

10. *The Indian Councils Act*, 1861, 24 und 25 Vict., c. 67, abgedruckt in C. H. Philips, *The Evolution of India and Pakistan 1858—1947: Select Documents*, London 1962, S. 35 ff.

11. Vgl. R. B. McDowell, *The Irish Administration*, London 1964, S. 61, und allgemein Kapitel II.

12. C. H. Philips, a.a.O., S. 3

13. *Parl. Papers,* Band 56, Nr. 102, Spalte 1515, abgedruckt in C. H. Philips, a.a.O., S. 13

14. Die amtlichen Schreiben sind in C. H. Philips, a.a.O., S. 19—23, abgedruckt.

15. Zitiert in S. Gopal, a.a.O., S. 249.

16. Philip Woodruff, *The Men Who Ruled India,* London 1954, 2 Bde.

17. H. A. L. Fisher, *James Bryce*, Band I, London 1927, S. 259 f. Der Brief war vom 20. November 1888 und an seine Mutter gerichtet.

18. Curzon an Hamilton, 4. Juni 1903. Zitiert in C. H. Philips, a.a.O., S. 73.

19. K. M. Panikkar, *Asia and Western Dominance,* London 1953, S. 16

20. S. Gopal, a.a.O., S. 224 f.

21. Abgedruckt in *Government of India Home Department Special No. 94/29*

22. *Indian Round Table Conference (Second Session),* 7. Sept. bis 1. Dez. 1931, Cmd. 3997 (1932), S. 389 f.

23. Earl of Ronaldshay, *The Life of Lord Curzon,* Band II, London 1928, S. 320 f.

24. Vgl. S. Gopal, a.a.O., S. 298.

25. Ronaldshay, a.a.O., Band II, S. 151

26. *Report on Indian Constitutional Reforms* (1918), Spalte 9109, § 6

27. *Government of India Home Department* 94/29

28. a.a.O.

29. Abgedruckt in Sir M. Gwyer und A. Appadorai, *Speeches and Documents on the Indian Constitution 1921—47,* Band I, Bombay 1957, S. 220

30. Vgl. M. Gwyer und A. Appadorai, a.a.O., S. 221 f.

31. The Earl of Halifax, *Fulness of Days,* London 1957, S. 114–123
32. Churchill bestand darauf, daß er »Scheindenkmal« *(sham monument)* und nicht »Denkmal der Scham« *(monument of shame)* gesagt habe. Der folgende Wortwechsel fand darüber am 11. Februar 1935 im Unterhaus statt:

    Mr. Foot: Der ehrenwerte Herr hielt vor einigen Tagen eine Rundfunkansprache, und er sagte dem Volk dieses Landes..., daß wir »ein gräßliches, von Pygmäen erbautes Denkmal der Scham« errichtet hätten.

    Mr. Churchill: Nicht »Denkmal der Scham«, sondern »Scheindenkmal.«

    Mr. Foot: Ich habe *The Listener* zitiert.

    Mr. Churchill: Ich zitiere den Redner selbst.
33. *Government of India File* No. 29/37 – G (D) 1937: Lewis an Laithwaite und ein Auszug aus einem persönlichen Brief vom 21. Juni 1937 vom Staatssekretär an den Vizekönig.
34. a.a.O., *Home Department* 9/M. A./39: Brief von Ewart an Thorne vom 17. Februar 1939, in dem die Anschauungsweise der Moslem-Liga über Wahlen als »typisch ungeschäftsmäßig und opportunistisch« beschrieben wird.
35. Persönliches Gespräch mit dem Sekretariat des Indischen Nationalkongresses, 1958.

FÜNFTES KAPITEL (Seite 487—533)

1. Zitiert in A. B. Keith, *Speeches and Documents on the British Dominions 1918–1931,* Oxford 1932, S. 275.
2. A. B. Keith, a.a.O.
3. James Eayrs, *In Defence of Canada: Appeasement and Rearmament,* Toronto 1965, S. 16–27, liefert einen lebendigen und maßgebenden Bericht über den »Riddell-Zwischenfall«.
4. G. P. de T. Glazebrook, *A History of Canadian External Relations,* Toronto 1950, S. 411
5. Zitiert in J. Eayrs, a.a.O., S. 26.
6. Canada, *Parliamentary Debates* (Commons), 1936, Band I, S. 98. Vgl. auch N. Mansergh, *Survey of British Commonwealth Affairs 1931–1939,* London 1952, S. 116 f.
7. Vgl. N. Mansergh, a.a.O., S. 232, und allgemein. Vgl. auch Gwendolen Carter, *The British Commonwealth and International Security,* Toronto 1947, S. 343.
8. Halifax, *Fulness of Days,* London 1957, S. 197
9. *Daily Telegraph,* 23. März 1936. Vgl. auch N. Mansergh, a.a.O., S. 234.
10. CAB. 32/130 (1937); *Imperial Conference, 1937. Summary of Proceedings,* Cmd. 5482

11. J. Shepherd, *Australia's Interests and Policies in the Far East,* New York 1940, S. 73
12. Mackenzie Kings Bericht über seine Unterredung ist abgedruckt in J. Eayrs, a.a.O., S. 226–231, Dokument 3.
13. Abgedruckt in F. H. Soward u. a., *Canada in World Affairs: The Pre-War Years,* Toronto 1941, S. 270 f.
14. C. M. van den Heever, *Hertzog,* Johannesburg 1946, S. 271
15. Vincent Massey, *What's Past is Prologue,* Toronto 1963, S. 259–262
16. Zitiert in Alan Watt, *The Evolution of Australian Foreign Policy 1938–1965,* Cambridge 1967, S. 4.
17. D. C. Watt, *Personalities and Policies,* London 1965, Aufsatz 8, über das Commonwealth und die Münchner Krise, ist ein interessanter Versuch zur Neubewertung. Über die kanadische Politik hinsichtlich Münchens vgl. J. Eayrs, a.a.O., S. 67–72.
18. Über Lord Templewood vgl. *The Lesson of Munich* in *The Listener,* 9. Dezember 1948; über Lord Halifax vgl. Halifax, a.a.O., S. 197 f.
19. E. L. Woodward und Rohan Butler (Hg.), *Documents on British Foreign Policy 1919–1939,* London 1949–1961, Serie 3, Band I, S. 602, und Band II, S. 252, und D. C. Watt, a.a.O., S. 169
20. W. S. Churchill, *The Second World War,* Band I, London 1950, S. 271; W. K. Hancock, *Smuts,* Band II, Cambridge 1968, S. 311
21. G. Heaton Nicholls in *South Africa in My Time,* London 1961, S. 339–344, gibt eine bewegend freimütige Schilderung der Begebenheit.
22. Cmd. 6832 (1946) enthält Zahlen für das Vereinigte Königreich.
23. Viscount Bruce of Melbourne fertigte während der Kriegsjahre schriftliche Berichte über die Verhandlungen bei diesen Zusammenkünften an, und durch seine Zuvorkommenheit hatte der Verfasser die Gelegenheit, sie zu lesen. Der Umfang und die Lebhaftigkeit der Diskussionen, die stattfanden, werden wegen ihres privaten und zwanglosen Charakters nicht allgemein gewürdigt.
24. J. W. Pickersgill, *The Mackenzie King Record,* Band I, Toronto 1960, S. 241
25. Canada, *Parliamentary Debates* (Commons), 17. Februar 1941, abgedruckt in N. Mansergh, *Documents and Speeches on British Commonwealth Affairs 1931–52,* Band I, London 1954, S. 530 f.
26. J. W. Pickersgill, a.a.O., S. 241
27. J. W. Pickersgill, a.a.O., S. 247
28. Vgl. sein Telegramm an Sir Arthur Fadden, August 1941, in W. S. Churchill, a.a.O., Band III, S. 758 ff.: abgedruckt in N. Mansergh, a.a.O., S. 540 ff.
29. *The Times,* 8. September 1941, zitiert in N. Mansergh, *Survey of British Commonwealth Affairs. Problems of Wartime Cooperation and Post-War Change 1939–1952,* London 1958, S. 114.
30. *The Melbourne Herald,* 28. Dezember 1941, abgedruckt in N. Mansergh, *Documents and Speeches on British Commonwealth Affairs 1931–1952,* Oxford 1954, Band I, S. 549 f.

31. Abgedruckt in N. Mansergh, a.a.O., S. 568—575.
32. Abgedruckt in N. Mansergh, a.a.O., S. 575—579.
33. Canada, *Parliamentary Debates* (Commons), 1944, Band I, S. 41 f., abgedruckt in N. Mansergh, a.a.O., Band I, S. 583 f.
34. N. Mansergh, a.a.O., S. 595 f.

SECHSTES KAPITEL (Seite 534—573)

1. Jawaharlal Nehru, *The Unity of India*, London 1948, S. 307
2. Zitiert in K. Veerathappa, *Britain and the Indian Problem (September 1939—May 1940)* in *International Studies* (Bombay), Band VII, Heft 4, S. 546; vgl. auch den Artikel allgemein S. 537—567.
3. N. Mansergh, *Documents and Speeches on British Commonwealth Affairs, 1931—1952*, London 1954, Band II, S. 612 ff.
4. Hansard, *Parliamentary Debates* (Commons), Band 378, Spalte 1069 f., abgedruckt in N. Mansergh, a.a.O., S. 614 f.; vgl. auch N. Mansergh, a.a.O., S. 616 f., und für indische Reaktionen, S. 617—625.
5. J. W. Wheeler-Bennett, *King George VI, His Life and Reign*, London 1958, S. 697
6. Abgedruckt in N. Mansergh, a.a.O., Band II, S. 633 ff.
7. J. W. Wheeler-Bennett, a.a.O., S. 703
8. Cmd. 6821. Abgedruckt in N. Mansergh, a.a.O., Band II, S. 644—652.
9. Cmd. 7047. Abgedruckt in N. Mansergh., a.a.O., Band II, S. 659—661.
10. J. W. Wheeler-Bennett, a.a.O., S. 711
11. Alan Campbell-Johnson, *Mission with Mountbatten,* London 1951, S. 38—114
12. A. Campbell-Johnson, a.a.O., S. 108—110, und für schriftliche Aufzeichnungen vgl. Earl Mountbatten of Burma, *Time Only to Look Forward*, London 1949, S. 26—47.
13. 10 und 11 Geo. 6, Ch. 30, abgedruckt in N. Mansergh, a.a.O., Band II, S. 669—685.
14. N. Mansergh, a.a.O., S. 700 ff.
15. J. W. Wheeler-Bennett, a.a.O., S. 702
16. Abgedruckt in Cmd. 6196, *India and the War,* und in Sir Maurice Gwyer und A. Appadorai, *Speeches and Documents on the Indian Constitution 1921—47*, Band II, Bombay 1957, S. 443 f., und in N. Mansergh, a.a.O., Band II, S. 608 f.
17. Leonard Mosley, *The Last Days of the British Raj*, London 1961, S. 162—165, erzählt den Hergang, und auf S. 163 schätzt er das Gewicht des zerstörten Materials. Im Vorwort berichtet er, daß er an Sir Conrad Corfield und andere Leute Fragen richtete, ohne daß sie verantwortlich seien für das, was er später schrieb. Die Begebenheit ist auch in Michael Edwardes, *The Last Years of British India*, London 1963, S. 186—189, festgehalten.

18. Z. B. die Entschließung der Kongreßpartei auf der Ramgarh-Sitzung, 20. März 1940: »Die Kongreßpartei kann nicht das Recht der Herrscher indischer Staaten zugestehen, ... sich der indischen Freiheit in den Weg zu stellen. Souveränität in Indien muß vom Volk ausgehen, ob in den Fürstenstaaten oder den Provinzen ...« Cmd. 6196 und abgedruckt in N. Mansergh, a.a.O., Band II, S. 606 ff.

19. Vgl. Wilfrid Russell, *Indian Summer*, Bombay 1951, S. 102–105.

20. D. G. Tendulkar, *Mahatma: Life of Mohandas Karamchand Gandhi*, Band VI, Bombay 1951–1954, S. 11

21. Marquess of Zetland, ›*Essayez*‹: *the Memoirs of Lawrence, Second Marquess of Zetland*, London 1956, S. 292

22. Marquess of Zetland, a.a.O., S. 265

23. Abgedruckt in M. Gwyer und A. Appadorai, a.a.O., Band II, S. 440 ff., und in N. Mansergh, a.a.O., Band II, S. 609–612.

24. Maulana A. K. Azad, *India Wins Freedom*, Kalkutta 1959, S. 185

25. Persönliche Mitteilung

26. Jawaharlal Nehru, *The Discovery of India*, Kalkutta 1946, S. 320 bis 322, und Rajendra Prasad, *Autobiography*, Bombay 1957, S. 444 bis 448, und persönliche Gespräche mit beiden.

27. R. Prasad, a.a.O., S. 446

28. A. K. Azad, a.a.O., S. 160 ff., und Penderel Moon, *Divide and Quit*, London 1961, S. 14

29. V. P. Menon, *The Transfer of Power in India*, Bombay 1957, S. 97; vgl. auch Percival Spear, *India*, Michigan 1961, S. 404 f., über die Ablehnung des Angebots von Cripps 1942 durch die Kongreßpartei.

30. *Statement of 8 August 1940*. Abgedruckt in N. Mansergh, a.a.O., Band II, S. 612 ff., und vgl. oben S. 297.

31. Cmd. 6350, abgedruckt in N. Mansergh, a.a.O., Band II, S. 616 ff.

32. Cmd. 6821, abgedruckt in N. Mansergh, a.a.O., Band II, S. 644–652

33. Sir Francis Tuker, *While Memory Serves*, London 1950, Kap. XII

34. Hansard, *Parliamentary Debates* (Commons), 1920, Band 127, Spalte 1112

35. Cmd. 6821

36. A. K. Azad, a.a.O., S. 167

37. A. K. Azad, a.a.O., S. 168. Aber Pandit Nehru bemerkte gegenüber dem Verfasser am 6. April 1954, und daher lange bevor Azads Werk veröffentlicht wurde, daß die Kabinettsmitglieder der Moslem-Liga in der Morgensitzung des Kabinetts zum Tee eingeladen worden waren und abgelehnt hatten.

38. Cmd. 7047, abgedruckt in N. Mansergh, a.a.O., Band II, S. 659 ff.

39. M. Edwardes, *The Last Years of British India*, London 1963, S. 95

40. V. P. Menon, a.a.O., S. 358–365; vgl. auch A. Campbell-Johnson, a.a.O., S. 62, 88–90

41. A. K. Azad, a.a.O., S. 207

42. Michael Brecher, *Nehru, A Political Biography*, London 1959, S. 376 f. Nehru, bemerkte er, glaubte nicht, daß Pakistan ein lebensfähiger

Staat sei, und vertrat die Meinung, daß »früher oder später die Gebiete, die sich losgelöst hatten, durch die Macht der Umstände gezwungen werden würden, zur Herde zurückzukehren«.

43. M. Brecher, a.a.O., S. 206—227
44. Zitiert in M. Brecher, a.a.O., S. 338; P. Moon, a.a.O., S. 77; vgl. auch
Ian Stephens, *Pakistan,* London 1963, S. 131—136, S. 143 und S. 182 f.,
wo er eine verständnisvolle Schilderung der mißlichen Lage der Sikhs
gibt und der Reaktion der Sikhs darauf.
45. *Indian Independence Act,* 1947 (10 und 11 Geo. 6 Ch. 30)
46. V. P. Menon, a.a.O., S. 404; vgl. allgemein S. 404—407.
47. Zitiert V. P. Menon, a.a.O., S. 384
48. Georges Fischer in *Le Parti Travailliste et la Décolonization de l'Inde,* Paris 1966, hat eine ausführliche Analyse der Indien-Politik der
Labour-Partei geschrieben; über Selbstbestimmung vgl. vor allem
S. 123—133; C. R. Attlee, eine kurze und bündige Schilderung der
Politik der Labour-Regierung in *As It Happened,* London 1954,
S. 79—86; einige weitere Bemerkungen sind aufgeführt von Lord
Francis-Williams in *A Prime Minister Remembers,* London 1961,
S. 202—219.
49. An den Verfasser in Delhi am 4. März 1958.
50. Persönliches Gespräch in Bombay, April 1947.
51. *Legislative Assembly Debates* (1947), Band I, S. 101

DRITTER TEIL

ERSTES KAPITEL (Seite 577—614)

1. W. K. Hancock, *Smuts,* Cambridge 1967, Band II, S. 431 ff.
2. Der Text der Gesetzgebung über Staatsangehörigkeit und Staatsbürgerschaft in allen Teilen des Commonwealth ist mit Kommentaren über
deren Absichten in N. Mansergh, *Documents and Speeches on British
Commonwealth Affairs, 1931—1952,* London 1954, Band II, Teil XIX,
zusammengestellt, und *Commonwealth Immigrants Act,* 1962 (10 und
11 Eliz. 2, c. 21), abgedruckt in N. Mansergh, *Documents and
Speeches on British Commonwealth Affairs, 1952—1962,* London 1963,
S. 741—747.
3. Diese Behauptung wurde in Großbritannien von Professor A. B.
Keith und in Irland von Professor James Hogan vom University College, Cork, der sich ein irisches republikanisches Dominion vorstellte,
angezweifelt.
4. CAB. 32/130 E. 37 Nr. 12
5. Z. B. *Dáil Deb.,* 29. November 1944, Band 95, Spalte 1024 f.; a.a.O.,
19. Juni 1946, Band 101, Spalte 2181 f.; a.a.O., 24. Juni 1947, Band
107, Spalte 87; Hansard, *Parliamentary Debates* (Commons), 22. April
1948, Band 449, Spalte 1975

6. Michael McInerney, *Mr. John A. Costello Remembers* in *The Irish Times*, 8. September 1967

7. M. McInerney, a.a.O.

8. *The Republic of Ireland Act*, 1948 (Nr. 22 von 1948), und Mr. Costellos Rede, *Dáil Deb.*, Band 113, Spalte 347–387, bei der Einbringung der Gesetzesvorlage sind abgedruckt in N: Mansergh, *Documents and Speeches on British Commonwealth Affairs, 1931–1952*, Band II, S. 802–809.

9. Hansard, *Parliamentary Debates* (Lords), 15. Dezember 1948, Band 159, Spalte 1051–1093, abgedruckt in N. Mansergh, a.a.O., Band II, Spalte 811–821.

10. N. Mansergh, a.a.O.

11. M. McInerney, a.a.O., und Australia, *House of Representatives Debates*, 26. November 1948, Band 200, S. 3583 f., abgedruckt in N. Mansergh, a.a.O., Band II, S. 809–811.

12. New Zealand. *Republic of Ireland Act* (Nr. 13 von 1950), abgedruckt in N. Mansergh, a.a.O., Band II, S. 837.

13. J. D. B. Miller, *Britain and the Old Dominions*, London 1966, S. 147

14. Ein Bericht über die Verhandlungen der Konferenz wurde unter der Überschrift *Asian Relations*, Delhi 1948, veröffentlicht. Der Verfasser war einer der Beobachter des Vereinigten Königreichs bei der Konferenz.

15. *Indian Constituent Assembly Deb.*, Band V, S. 4–5, abgedruckt in N. Mansergh, a.a.O., Band II, S. 701.

16. *Sapru Correspondence*. Government of India, National Library, Kalkutta, P. 381, einem Brief von Sir Jagdish Prasad beigefügt.

17. *Indian Constituent Assembly Debates*, Band V, S. 4–5

18. *Sapru Correspondence* A–68

19. a.a.O., R. 42, R. 43, S. 253 und S. 361, Brief datiert vom 24. April 1948 von S. Sinha.

20. H. Tinker, *The Union of Burma*, 4. Aufl. London 1967, S. 22–27. Die betreffenden Dokumente sind abgedruckt in N. Mansergh, a.a.O., Band II, S. 760–793.

21. Die die Unabhängigkeit von Ceylon betreffenden Dokumente sind in N. Mansergh, a.a.O., Band II, Teil XII, abgedruckt.

22. Hansard, *Parliamentary Debates* (Lords), Band 152, Spalte 1205

23. J. W. Wheeler-Bennett, *King George VI, His Life and Reign*, London 1958, S. 721 ff.

24. J. W. Wheeler-Bennett, a.a.O., S. 722

25. J. W. Wheeler-Bennett, a.a.O., S. 723–726

26. Abgedruckt in N. Mansergh, a.a.O., Band II, S. 847–857; vgl. Teil XV allgemein für Kommentare und Reaktionen der Dominien.·

27. Abgedruckt in N. Mansergh, *Documents and Speeches on Commonwealth Affairs, 1952–1962*, Oxford 1963, S. 304 ff.

28. N. Mansergh, a.a.O.

Zweites Kapitel (Seite 615—665)

1. Diese Feststellung macht A. J. P. Taylor, *English History 1914—1945,* Oxford 1965, S. 600, Anm. 1.
2. A. J. P. Taylor, a.a.O., S. 600
3. Siehe oben S. 292 f.
4. *Parliamentary Debates* (Commons), Band 450, Spalte 1315—1319, abgedruckt in N. Mansergh, *Documents and Speeches on British Commonwealth Affairs, 1931—1952,* London 1953, Band II, S. 1131 ff.
5. N. Mansergh, a.a.O., S. 1138
6. Canada, *Parliamentary Debates* (Commons), 1948, Band 4, S. 3441 bis 3450, abgedruckt in N. Mansergh, a.a.O., S. 1128 f.
7. *Lok Sabha Debates,* 1954, Teil 2, Band VII, Spalte 3675—3685, abgedruckt in N. Mansergh, *Documents and Speeches on Commonwealth Affairs 1952—1962,* London 1963, S. 463, und *The Times of India,* 10. September 1954, Bericht einer Rede vor dem Presseverband in Delhi.
8. Cmnd. 7257. Vgl. oben S. 332.
9. *Parliamentary Debates* (Commons), 19. Juni 1955, Band 542, Spalte 42
10. Zitiert in James Eayrs, *Canada in World Affairs, October 1955 to June 1957,* Toronto 1959, S. 187 f. aus *The Economist,* 10. November 1956.
11. Zitiert in James Eayrs, *The Commonwealth and Suez: A Documentary Survey,* London 1964, S. 194. Dieses Werk enthält zusammenhängende Kommentare, die die Quellen zueinander in Beziehung setzen.
12. In einer in Madras am 4. November 1956 veröffentlichten Verlautbarung und abgedruckt in N. Mansergh, a.a.O., S. 521, und in J. Eayrs, a.a.O., S. 256.
13. Canada, *Parliamentary Debates* (Commons), 27. November 1956, 4. (Sonder-)Sitzungsperiode, S. 52—55, abgedruckt in N. Mansergh, a.a.O., S. 515.
14. *Full Circle: The Memoirs of the Right Hon. Sir Anthony Eden,* Cambridge, Mass. 1960, S. 610
15. Zitiert in J. Eayrs, a.a.O., S. 168. Für eine Schilderung der eigenen Rolle von Menzies in der Suezkrise vgl. Sir Robert Menzies, *Afternoon Light: Some Memoirs of Men and Events,* London 1967, Kap. VIII.
16. Duncan Sandys, *The Modern Commonwealth,* London 1962, S. 9 f.
17. *The Annual Register,* 1955, S. 74
18. *The Report of the Committee on Representational Services Overseas appointed by the Prime Minister under the Chairmanship of Lord Plowden 1962—1963,* Cmnd. 2276 (1964), S. 3 ff. — künftig zitiert als *The Plowden Report* —, bemerkt, daß »vor dem Krieg die Beziehung Großbritanniens zu anderen Ländern des Commonwealth größtenteils noch ein mütterliches war in dem Sinn, daß die Botschafter

Großbritanniens sich für gewöhnlich auch der Interessen der Dominien annahmen«.

19. J. D. B. Miller, *The Commonwealth in the World*, London 1958, S. 275

20. Dies ist ein Hauptthema in R. E. Robinson und J. Gallagher, *Africa and the Victorians*, London 1961.

21. Das ehemalige Kolonialgebiet Britisch-Somaliland wurde aufgrund seiner Unabhängigkeit Teil des größeren autonomen Staates Somalia, der zusammen mit Britisch- und Italienisch-Somaliland die Republik Somalia bildet und außerhalb des Commonwealth existiert.

22. Mansergh, a.a.O., S. 347; Professor Rajan verdanke ich den Hinweis auf die Tatsache, daß Macmillan beim Antritt seiner Afrikareise in Accra denselben Ausdruck — »*wind of change*« (Wind der Veränderung) — gebrauchte, was aber kein besonderes Aufsehen erregte.

23. Der Titel, den Sir Michael Blundell für seine Autobiographie wählte, London 1964.

24. S. C. Easton, *The Twilight of European Colonialism*, New York 1960, S. 519, und auch allgemein.

25. Abgehalten in London im Juli bzw. November 1963. Vgl. Cmnd. 2121, Anhang A, und Cmnd. 2203, Anhang A.

26. *Commonwealth Survey*, London, 22. Oktober 1963, Band IX, Nummer 22, S. 885—888.

27. M. S. Rajan, *The Post-War Transformation of the Commonwealth*, Delhi 1963.

28. *Parliamentary Debates* (Commons), Band 531, Spalte 504—505. Abgedruckt in N. Mansergh, a.a.O., S. 213—218.

29. *Nigeria, Report of the Commission appointed to inquire into the fears of minorities and the means of allaying them*, Cmnd. 505. Vgl. N. Mansergh, a.a.O., S. 57—66.

30. *Nigeria (Constitution) Order in Council S. 1*, Nr. 1652, 1960

31. W. P. Kirkman, *Unscrambling an Empire*, London 1966, S. 13. Für den Text der Berichte über koloniale Verfassungskonferenzen, Verfassungsentwürfe und Reden zu Gesetzesvorlagen über Unabhängigkeit im Unterhaus vgl. N. Mansergh, a.a.O., S. 35—290.

32. *Report of the Nyasaland (Devlin) Commission of Enquiry*, 1959, Cmnd. 814. Vgl. N. Mansergh, a.a.O., S. 133—140.

33. *The Advisory (Monckton) Commission on the Review of the Constitution of Rhodesia and Nyasaland*, 1960, Cmnd. 1148. Vgl. N. Mansergh, a.a.O., S. 141—152.

34. Sir Roy Welensky, *Welensky's 4000 Days: The Life and Death of the Federation of Rhodesia and Nyasaland*, London 1964; vgl. vor allem Kap. XI—XIV.

35. *The Multi-Racial Commonwealth: Proceedings of the Fifth Unofficial Commonwealth Relations Conference, Held at Lahore, Pakistan, 17—27 March 1954. A Report* von Nicholas Mansergh, London 1955, S. 114.

36. Sir Robert Menzies hielt die Abweichung von »der rechtmäßigen Verfahrensweise für verhängnisvoll«, *Afternoon Light,* London 1967, S. 213.
37. Vgl. *Annual Register 1961,* S. 63 f., für einen vom Verfasser geschriebenen zeitgenössischen Bericht, an den sich diese Schilderung hält. Siehe auch die Südafrika-Aufsätze in *The Annual Register* 1961 sowie 1960.
38. R. Menzies, a.a.O., S. 213
39. Die Reden sind abgedruckt in N. Mansergh, a.a.O., S. 365–400.
40. Zum Teil abgedruckt, N. Mansergh, a.a.O., S. 370 Anm. 1.
41. Für eine abschließende Verlautbarung vgl. Cmnd. 2890. Frühere Schriftstücke sind in *Documents relating to the negotiations between the United Kingdom and Southern Rhodesia Governments,* November 1963–November 1965, Cmnd. 2807, abgedruckt.
42. Für die abschließende Verlautbarung vgl. Cmnd. 3115.
43. Cmnd. 3171
44. *Prime Minister's Department, Salisbury,* CSR 49–1966
45. Cmnd. 1449 und abgedruckt in N. Mansergh, a.a.O., S. 634–645.
46. N. Mansergh, a.a.O., S. 650 f.
47. *The Commonwealth and the Sterling Area, Statistical Abstract* Nr. 84, 1963, enthält die wesentlichen Zahlen. Für das überzeugendste Argument, das zugunsten der Ausweitung des Commonwealth-Handels vorgebracht werden konnte und seine Bedeutung für Großbritannien vgl. den Leitartikel in *The Round Table,* Juli 1967, mit der Überschrift *Saving Commonwealth Trade.* Für die statistische Tendenz vgl. B. R. Mitchell und Phyllis Deane, *Abstract of British Historical Statistics,* Cambridge 1962.
48. N. Mansergh, a.a.O., S. 667. Für einen amtlichen Bericht vgl. *Commonwealth Relations Office List 1964,* London H.M.S.O.
49. D. G. Creighton, *Dominion of the North,* Cambridge, Mass. 1944, S. 256

DRITTES KAPITEL (Seite 666—717)

1. Vgl. oben S. 83
2. W. K. Hancock, *Smuts, The Sanguine Years: 1870–1919,* Cambridge 1962, Kap. X
3. W. K. Hancock, a.a.O., S. 37
4. W. K. Hancock und J. van der Poel, *Selections from the Smuts papers,* Cambridge 1966, Band I, Teil III, enthält die Korrespondenz von Smuts während des Burenkriegs und seine nicht fertiggestellten und bisher unveröffentlichten Erinnerungen daran. Für das Zitat vgl. seinen Brief an seine Frau vom 2. Juni 1901 aus Standerton, S. 392 ff.
5. W. K. Hancock und J. van der Poel, a.a.O.
6. *African,* 837 a. Der Verfasser war Frederick Graham; vgl. auch oben S. 84.
7. W. K. Hancock, a.a.O., Band I, S. 215, und allgemein

8. *Merriman Papers*
9. *The Papers of the Right Hon. Sir Patrick Duncan. Letter to Lady Selborne from the South African National Convention, Cape Town, 28. January, 1909.*
10. W. K. Hancock, a.a.O., Band I, S. 159
11. *Duncan Papers*, a.a.O.
12. W. K. Hancock, a.a.O., Band I, 301
13. W. K. Hancock. a.a.O., Kap. XXI
14. W. K. Hancock, a.a.O., Band II, S. 10 und 324
15. W. K. Hancock, a.a.O., S. 473
16. Albert Luthuli, *Let My People Go*, London 1962, S. 197
17. *Speech to the Empire Parliamentary Association*, 25. November 1943, abgedruckt in N. Mansergh, a.a.O., Band I, S. 569.
18. W. K. Hancock, a.a.O., Band II, S. 412
19. A. Paton, *Hofmeyr*, Kapstadt 1964, Kapitel XXIX–XL u. ö.
20. Das Urteil von de Valera ist um so eindrucksvoller, weil er glaubte, daß auch er ein Opfer der Schlauheit von Smuts gewesen war. Die Schilderung von Professor W. K. Hancock, a.a.O., Band II, S. 56–61, macht die Grenzen des Verständnisses für irische nationalistische Gefühle bei Smuts klar. Für das Zitat weiter oben vgl. a.a.O., S. 325.
21. Die bisher veröffentlichten beiden Bände der Biographie sind: R. MacGregor Dawson, *William Lyon Mackenzie King: 1874–1923*, Toronto 1958, und H. B. Neatby, *William Lyon Mackenzie King: 1924–1932*, Toronto 1963.
22. H. B. Neatby, a.a.O., S. 355 und 356; für die früheren Zitate vgl. S. 29 und 207.
23. H. B. Neatby, a.a.O., S. 44, und allgemein Kapitel III
24. H. B. Neatby, a.a.O., Kapitel IX
25. *What's Past Is Prologue. The Memoirs of the Right Hon. Vincent Massey, C. H.*, Toronto 1963, S. 112, und H. B. Neatby, a.a.O., S. 190 f.
26. H. B. Neatby, a.a.O., S. 363
27. Siehe S. 276 f. und J. Eayrs, *In Defence of Canada: Appeasement and Rearmament*, Toronto 1965, S. 63, sowie Dokument 3 im Anhang. Für die späteren Kommentare Edens vgl. N. Mansergh, *Survey of British Commonwealth Affairs 1931–1939*, Oxford 1952, S. 124 f.
28. J. W. Pickersgill, *The Mackenzie King Record*, Band I, Toronto 1960
29. J. W. Pickersgill, a.a.O., S. 150
30. J. W. Pickersgill, a.a.O., S. 301
31. J. W. Pickersgill, a.a.O., S. 72 f.
32. Vgl. R. T. Shannon, *Gladstone and the Bulgarian Agitation, 1876*, London 1963, Kapitel I
33. J. W. Pickersgill, a.a.O., S. 681
34. J. W. Pickersgill, a.a.O., S. 687
35. J. W. Pickersgill, a.a.O., S. 234
36. J. W. Pickersgill, a.a.O., S. 436
37. J. W. Pickersgill, a.a.O., S. 247

38. J. W. Pickersgill, a.a.O., S. 233 f.
39. J. W. Pickersgill, a.a.O., S. 318
40. C. C. Lingard und R. G. Trotter, *Canada In World Affairs, 1941–1944,* Toronto 1950
41. J. W. Pickersgill, a.a.O., S. 530 f.
42. The Earl of Birkenhead, *Halifax: The Life of Lord Halifax,* London 1965, S. 220 und 243
43. The Rt. Hon. Lord Butler, *Jawaharlal Nehru: The Struggle for Independence,* Cambridge 1966, S. 8–11
44. Jawaharlal Nehru, *The Unity of India,* London 1941, S. 290 ff. und N. Mansergh, *Survey of British Commonwealth Affairs 1931–1939,* Oxford 1952, S. 359 f.
45. J. Nehru, a.a.O., S. 397
46. *Sapru Papers,* Brief vom 22. April 1948
47. Pandit Nehru erzählte dem Verfasser 1947, daß er immer auf Reisen, bei denen er Reden hielt, zur Sicherheit ein zweites Mikrophon mitnahm. Die Zitate stammen aus Marie Seton, *Panditji. A Portrait of Jawaharlal Nehru,* London 1967, S. 174.
48. Jawaharlal Nehru, *An Autobiography,* London 1936, S. 597 f.
49. *Jawaharlal Nehru's Speeches, 1949–1953,* Ministry of Information and Broadcasting, Delhi, 2. Aufl. 1957, S. 159, 189 und allgemein 158–160, 179–193
50. *Nehru's Speeches,* a.a.O., S. 127 und 124
51. India, *Lok Sabha Debates,* Serie 2, 1959, Teil 2, Band XXXIV, Spalte 8006–8012, und abgedruckt in N. Mansergh, *Documents and Speeches on Commonwealth Affairs 1952–1962,* Oxford 1963, S. 590 bis 594.
52. *Annual Register,* 1962, S. 66
53. *Nehru's Speeches,* a.a.O., S. 124
54. *Nehru's Speeches,* a.a.O., S. 126
55. *Nehru's Speeches,* a.a.O., S. 272
56. *Nehru's Speeches,* a.a.O., S. 223 ff.
57. *Nehru's Speeches,* a.a.O., S. 225 und 272 f.
58. N. Mansergh, a.a.O., S. 762 ff.
59. S. Abid Husain, *The Way of Gandhi and Nehru,* Bombay 1959, Kapitel VIII und IX
60. S. Abid Husain, a.a.O., S. 156
61. M. Seton, a.a.O., S. 454

VIERTES KAPITEL (Seite 718—746)

1. Zitiert in C. V. Wedgewood, *Truth and Opinion,* London 1960, S. 157
2. Virgil, *Aeneis,* VI, 851. Wegen der verschiedenen Bedeutungen des Wortes *imperium* ist der Satz nicht leicht zu übersetzen. A. G. Lee, der mir dabei geholfen hat, schlägt vor: »Römer, besinne dich darauf, die

Nationen mit Macht und Gerechtigkeit zu beherrschen.« Die Übersetzung von Cecil Day Lewis lautet: »Aber Römer, vergeßt niemals, daß das Regieren Euere Aufgabe ist.« Und die von Jackson Knight: »Aber du, Römer, mußt bedenken, daß du die Nationen durch deine Autorität lenken mußt.« Einige Elemente aller drei Übersetzungen scheinen in den Gedankengängen Russells enthalten gewesen zu sein.

3. *Parliamentary Debates* (Commons), 14. Mai 1900, Band LXXXIII, Spalte 102
4. J. P. Plamenatz, *On Alien Rule and Self-Government*, London 1960, S. 17
5. *India, Lok Sabha Debates*, Serie 3, Band XLVI, Nr. 29 (24. September 1965), Spalte 7528
6. *The Times of Malta*, 15. November 1967
7. Abgedruckt in N. Mansergh, *Documents and Speeches on Commonwealth Affairs, 1952–1962*, London 1963, S. 276 ff.
8. Sir George Gilbert Scott, *Personal and Professional Recollections*, London 1879, Kapitel 4
9. André Siegfried, *The Race Question in Canada*, London 1907, S. 178 f.
10. N. Mansergh, *The Multi-Racial Commonwealth*, London 1955, S. 132 und 142
11. CAB. 32. E. 37, Nr. 12, Abschnitt 40 ff. 42
12. Cmnd. 6677. Abgedruckt in N. Mansergh, *Documents and Speeches on British Commonwealth Affairs, 1931–1952*, Band 2, Oxford 1954, S. 718 f.
13. Zitiert in Sir Charles Webster, *The Art and Practice of Diplomacy*, London 1961.
14. Für die diesbezüglichen Berichte vgl. N. Mansergh, *Documents and Speeches on British Commonwealth Affairs, 1952–1962*, London 1963, S. 692–699 und 702–714.
15. J. Seeley, *The Expansion of England*, S. 1–2, in A. P. Newton, *A Hundred Years of the British Empire*, London 1940, S. 240 f.
16. *The Sunday Times of Malta*, 12. November 1967. Der Abgeordnete war Dr. Guildo de Marco, Abgeordneter der Nationalen Partei im Abgeordnetenhaus.
17. Sir R. Menzies, *The British Commonwealth of Nations in International Affairs*. Ein Vortrag, Adelaide 1950
18. *The Times*, 2. April 1964
19. *Le Figaro*, 5. November 1967
20. Diesen Ausdruck verwendete der Erzbischof von Canterbury, Dr. Ramsay, während einer Predigt in der Cambridger Universitätskirche Great St. Mary.

Bibliographie

Das Thema dieses Buches ist so weitgespannt, die Literatur darüber so umfangreich, daß selbst für eine Auswahlbibliographie viele Seiten benötigt werden. Außerdem stellt sich das Problem der Abgrenzung: einerseits zwischen der Geschichte des Commonwealth und der des Empire, andererseits zwischen den verschiedenen Mitgliedsstaaten und ihrer jeweiligen historischen Entwicklung. Einschlägige Bibliographien zerfallen meist in zwei Gruppen: die umfassendere über Empire-Commonwealth-Literatur und die speziellere über Commonwealth-Literatur. Zwei neuere, wichtige Bibliographien aus der ersten Kategorie sind *The Historiography of the British Empire-Commonwealth,* hg. von Robin W. Winks, und Professor J. E. Flints *Books on the British Empire and Commonwealth,* London 1968. Als nach wie vor nützlich haben sich in dieser Gruppe die folgenden zwei Werke erwiesen: Professor V. T. Harlows *The Historiography of the British Empire and Commonwealth since 1945,* das 1960 dem Stockholmer XI. Internationalen Kongreß für Geschichtsforschung vorgelegt und im selben Jahr in *Rapport V. Histoire Contemporaine* in Uppsala veröffentlicht wurde, sowie das sehr detaillierte, allerdings über eine frühere Periode informierende Werk *The Cambridge History of the British Empire,* Bd. 3: *The Empire-Commonwealth, 1870–1919,* S. 769 bis 907. Eine allgemeine historiographische Abhandlung, die sich sowohl auf das Empire als auch auf das Commonwealth bezieht, ist Philip Curtins *The British Empire and Commonwealth in Recent Historiography* in *American Historical Review,* Bd. LXV, Oktober 1959. Die Broschüre der Historischen Gesellschaft, *Notes on the Teaching of Empire and Commonwealth History,* London 1967, von G. M. D. Howat enthält einen brauchbaren Kommentar nebst Titelliste. Die zweite, speziellere Gruppe der Commonwealth-Bibliographien hat weniger zu bieten. Sehr nützlich ist die Bibliographie zu Frank H. Underhills *The British Commonwealth. An Experiment in Cooperation among Nations,* Durham, N. C., 1956, und A. R. Hewitts *Guide to Resources for Commonwealth Studies,* London 1957, erfüllt in bewunderungswürdiger Weise den Zweck, vor allem der Forschung zu dienen. Allgemeinere bibliographische Hinweise finden sich in A. J. Hornes *The Commonwealth Today,* Library Association 1965, und in *Commonwealth History,* National Book League 1965.

Bei allgemeinen Geschichtswerken lassen sich meist die gleichen Kategorien unterscheiden: einerseits Werke über die Geschichte des Britischen Weltreichs, die zwar manchmal in die Commonwealth-Periode hineinreichen, aber die Idee des Empire in den Vordergrund stellen, und andererseits Werke, die sich vorwiegend mit dem Commonwealth befassen. Zur ersten Gruppe gehören C. E. Carringtons sehr anschaulich geschriebenes Buch *The British Overseas: Exploits of a Nation of Shopkeepers,* Cambridge 1950, ein allgemeiner Überblick, und *The Colonial Empires, a Comparative Survey from the Eighteenth Century,* London 1966, von D. K. Fieldhouse, eine umfassende vergleichende Studie. Der erste Platz im Hinblick auf Vollständigkeit gebührt unter den spezielleren Werken der achtbändigen *Cambridge History of the British Empire.* Die ersten drei, in weiten Zeitabständen veröffentlichten Bände (der zweite erschien 1940, der dritte 1959) enthalten eine allgemeine Darstellung der britischen Expansion in Übersee und der Weltreichpolitik; die übrigen fünf Bände behandeln die Geschichte Britisch-Indiens (2 Bde.), Kanadas und Neufundlands, Australiens und Neuseelands sowie Südafrikas (2. Aufl. 1963). Einige der letztgenannten Bände sind allerdings inzwischen so überholt, daß sie nur noch historiographisch interessant sind. In der vorwiegend mit dem Empire befaßten Gruppe sind außerdem zu nennen: Lord Eltons *Imperial Commonwealth,* London 1945; einige historische Werke, in denen die reine Schilderung überwiegt, etwa Professor E. A. Walkers *The British Empire: Its Structure and Spirit,* 2. Aufl. Cambridge 1953, Paul Knaplunds *The British Empire 1815–1939,* London 1942, A. P. Newtons *A Hundred Years of the British Empire,* London 1940, und außerdem Werke, die der Ideenanalyse gewidmet sind, vor allem Sir Ernest Barkers *Ideas and Ideals of the British Empire,* Cambridge 1951, John Stracheys *End of Empire,* London 1959, A. P. Thorntons *The Imperial Idea and its Enemies,* 2. Aufl. London 1966, R. Koebners und H. D. Schmidts *Imperialism, The Story and Significance of a Political Word, 1840–1960,* Cambridge 1964, eine semantische Studie, die sich keineswegs auf die Bedeutung des Begriffes »Empire« in der britischen Geschichte beschränkt, C. A. Bodelsens *Studies in Mid-Victorian Imperialism,* Kopenhagen 1924, und B. Porters *Critics of Empire,* London 1968. Ferner seien vier Zeitschriftenartikel erwähnt: D. G. Creighton, *The Victorians and the Empire* in *The Canadian Historical Review,* Bd. XIX (1938); John Gallagher und Ronald Robinson, *The Imperialism of Free Trade* in *The Economic History Review,* Bd. VI, Nr. 1 (1953); W. K. Hancock, *Agenda for the Study of British Imperial Economy 1850–1950* in *The Journal of Economic History,* Bd. XIII, Nr. 3 (1953); und D. K. Fieldhouse: *Imperialism: An Historiographical Revision* in *The Economic History Review,* Bd. XIV (1961). Zur zweiten, hier unmittelbar interessierenden Gruppe, Geschichte des Commonwealth, gehört Professor F. H. Underhills kurzer, aber prägnanter Vorlesungsbericht in dem bereits genannten Werk *The British Commonwealth. An Experiment in Cooperation among Nations,* Durham, N. C. 1956. Eine umfassende Studie über die Entwicklung des Commonwealth, unabhängig von der des Empire, von seinen Ursprüngen bis zur Gegenwart liegt meines Wissens nicht vor. Über die frühen, formativen Jahre gibt es historisch und historiographisch bedeutsame Werke, die ausschließlich oder, was öfter der Fall ist, teilweise die Entwicklungen beleuchten, die schließlich zur Herausbildung des Begriffs »British Commonwealth of Nations« führten. Unter den wichtigeren Publikationen sind zuerst zu nennen das von Sir C. P. Lucas herausgegebene Werk *Lord Durham's Report on the Affairs of British North America*, 3 Bde., Oxford 1912, und Sir R. Couplands *The Durham Report*, Oxford 1945; ferner Charles Buller, *Responsible Government for Colonies*, London 1840; E. G. Wakefield, *A View of the Art of Colonization*, London 1849; Goldwin Smith, *The Empire: A Series of Letters 1862–63*, London 1863; J. R. Seeley, *The Expansion of England*, London 1883; J. A. Froude, *Oceana: Or, England and Her Colonies*, London 1886; C. W. Dilke, *Problems of Greater Britain*, London 1890; J. A. Hobson, *Imperialism: A Study*, London 1902, 5. Aufl. 1954; R. Jebb, *Studies in Colonial Nationalism*, London 1905; L. C. Curtis, *The Problem of Commonwealth*, London 1916; H. Bourassa, *Independence or Imperial Partnership? A Study of ›The Problems of the Commonwealth‹*, Montreal 1916. Später erschienen, aber aufschlußreich für die frühe Entwicklungsperiode sind H. Duncan Halls *The British Commonwealth of Nations*, London 1920, und A. Zimmerns *The Third British Empire*, London 1926.

Die Studien über die Geschichte des Commonwealth befaßten sich vorwiegend mit der Periode seit 1918, wobei die Veröffentlichung von Professor W. K. Hancocks *Survey of British Commonwealth Affairs*, Bd. I: *Problems of Nationality, 1918–1936*, Oxford 1937, eine neue Phase der Geschichtsschreibung über das Commonwealth einleitete. Darauf folgte, von demselben Autor, *Survey*, Bd. 2 (in zwei Teilen), Oxford 1942, über *Problems of Economic Policy*. Nach dem Krieg wurde diese Reihe fortgesetzt mit *Survey of British Commonwealth Affairs: Problems of External Policy 1931–1939*, Oxford 1952, und mit *Problems of Wartime Cooperation and Post-War Change 1939–1952*, Oxford 1958, beide von N. Mansergh. In der jüngsten Vergangenheit gibt es Beispiele für umfassende Würdigungen und Neubewertungen, wobei sich der Akzent von überregionalen auf regionale, nationale und lokale Untersuchungen verlagert hat, wenn auch nach wie vor im größeren Rahmen des Commonwealth. Eine Auswahl aus diesen Werken wird um der besseren Übersichtlichkeit willen am Ende dieses Kapitels in den nach regionalen oder nationalen Gesichtspunkten geordneten Titellisten aufgeführt.

Das wichtigste publizierte Quellenmaterial für das Studium der Geschichte des Commonwealth findet sich in den Berichten der Kolonial- und Weltreichkonferenzen und der Konferenzen der Premierminister und Staatsoberhäupter des Commonwealth, in den Parlamentsprotokollen und Regierungsdokumenten der Mitgliedsstaaten des Commonwealth sowie in den Berichten bestimmter verfassunggebender Versammlungen. Das unveröffentlichte Material ist reichhaltig und mannigfaltig. Bei den britischen

Quellen handelt es sich um die amtlichen Dokumente der zuständigen Staatssekretariate, nämlich des Colonial Office, des India Office und des Dominions Office, das später umbenannt wurde in Commonwealth Relations and Commonwealth Office und seit 1966 für die Beziehungen zu allen Mitgliedsstaaten bzw. Territorien des Commonwealth zuständig ist. Ferner sind zu nennen: die Protokolle des Reichsverteidigungsausschusses seit seiner Gründung, die mit Problemen des Commonwealth befaßten Kabinettsakten und -protokolle sowie die Protokolle der Weltreichkonferenzen und, für die Jahre 1917 bis 1919, die des Reichskriegskabinetts und der nach Paris entsandten Delegation des Britischen Empire. *The Records of the Cabinet Office to 1922,* Public Records Office Handbooks, Nr. 11, London, H. M. S. O., 1966, stellen einen wertvollen Führer zu den Dokumenten des Kabinetts, des Kriegskabinetts, der Weltreichkonferenz und der C. I. D. dar. Die Dokumente der Weltreichkonferenzen aus der Zeit zwischen den Weltkriegen, einschließlich der Konferenz von 1937, wurden, soweit sie wesentliche Fragen betreffen, bei der Abfassung des vorliegenden Werkes konsultiert und sind zusammen mit den Kabinettsdokumenten in der Staatlichen Dokumentenzentrale in London registriert. Das Gegenstück zu diesen offiziellen britischen Dokumenten, die jetzt, nach 30 Jahren, eingesehen werden können, bilden die Dokumente der Dominions, der bis 1947 in Indien amtierenden Regierung und der Regierungen der Mitgliedsstaaten des Commonwealth. Die zeitliche Abgrenzung der nicht zugänglichen Dokumente ist nicht vereinheitlicht. Dominion-Akten über die Beziehungen zum Commonwealth in weiter zurückliegenden Jahren werden in der Regel in den Amtsräumen des Premierministers aufbewahrt, da auch nach der Gründung außenpolitischer Abteilungen besonders wichtige und schwierige Fragen vom Premierminister entschieden wurden. Diese nichtpublizierten offiziellen Dokumente werden ergänzt durch veröffentlichte und unveröffentlichte Aufzeichnungen. Bei der Abfassung des vorliegenden Werkes wurden u. a. konsultiert: für Kanada die Aufzeichnungen von Sir Wilfrid Laurier, Sir Robert Borden und W. L. Mackenzie King (bis ins Jahr 1922 zurückreichend) sowie *The Mackenzie King Record 1939–1944,* Toronto 1960, herausgegeben von J. W. Pickersgill und basierend auf Mackenzie Kings Tagebucheintragungen; für Südafrika die Aufzeichnungen von J. X. Merriman und J. C. Smuts (bis ins Jahr 1919 zurückreichend), herausgegeben von W. K. Hancock und J. van der Poel und veröffentlicht in *Selections from the Smuts Papers,* 4 Bde., Cambridge 1966, sowie die Aufzeichnungen von Sir Patrick Duncan über Südafrika; für bestimmte Problemkreise die Aufzeichnungen von Viscount Bruce of Melbourne (für die Zeit von 1939–1945) und Sir Tej Bahadur Sapru; für die Darstellung des britischen Standpunkts die von W. E. Gladstone und Sir Henry Campbell-Bannerman. Zahlreiche andere Aufzeichnungen wurden ebenfalls berücksichtigt.

Als besonders nützlich hat sich in der jüngsten Vergangenheit die Publikation von Autobiographien und Biographien mit speziellem Bezug auf das

Commonwealth erwiesen. Unter den Autobiographien sind zu nennen: W. M. Hughes, *The Splendid Adventure*, London 1929; Jawaharlal Nehru, *Autobiography*, London 1936; Maulana Azad, *India Wins Freedom*, Bombay 1959; Vincent Massey, *What's Past is Prologue*, Toronto 1963, in dem der Autor keineswegs unkritisch über seine von Mackenzie King mißtrauisch beobachtete diplomatische Tätigkeit berichtet; Sir Robert Menzies, *Afternoon Light*, London 1967; L. S. Amery, *My Political Life*, 2 Bde., Bd. 2: *War and Peace*, London 1953; und schließlich Sir Roy Welenskys von einem sehr persönlichen Standpunkt aus verfaßter autobiographischer Bericht *Welensky's 4000 Days*, London 1964. Folgende Biographien seien genannt: D. G. Creighton, *John A. Macdonald*, 2 Bde., Toronto 1952 und 1955; J. A. La Nauze, *Alfred Deakin*, 2 Bde., Melbourne 1965; J. Schull, *Laurier*, Toronto 1965; C. M. van den Heever, *General J. B. M. Hertzog*, Johannesburg 1946; T. de V. White, *Kevin O'Higgins*, London 1948; W. K. Hancock, *Smuts*, 2 Bde., Cambridge 1962 und 1968; Alan Paton, *Hofmeyr*, Kapstadt 1964, ein Werk, das auf bewegende Weise die Probleme eines Liberalen unter der Rassentrennung praktizierenden Gesellschaft darstellt; R. MacGregor Dawson und H. B. Neatby, *William Lyon Mackenzie King*, 2 Bde., Toronto 1958 und 1963 (der von Dawson verfaßte Band behandelt die Zeit von 1874 bis 1923, der von Neatby die Zeit von 1924 bis 1932; weitere Bände sind geplant); das bereits genannte Werk von J. W. Pickersgill, *The Mackenzie King Record 1939–1944*, Bd. 1, das als Mischung aus Biographie und persönlichen Aufzeichnungen auch in dieser Gruppe erwähnt werden muß; S. Gopal, *The Viceroyalty of Lord Irwin 1926–1931*, Oxford 1957; M. Brecher, *Nehru, A Political Biography*, London 1959; M. A. H. Ispahani, *Qaid-E-Azam Jinnah, As I Knew Him*, 2. Aufl. Karachi 1967; ferner ein Werk, das eigentlich nicht in diese Gruppe gehört, da es das Commonwealth unter einem symbolischen Aspekt behandelt, nämlich Harold Nicolsons *King George V*, London 1952, insbesondere die Kapitel 21, 28 und 29; und schließlich Sir John Wheeler-Bennetts *King George VI*, London 1958, vor allem Kapitel 11. Autobiographien und Biographien führender britischer Staatsmänner, insbesondere Churchills, enthalten meist auch Material über das Commonwealth.

Zwei Zeitschriften befassen sich vorwiegend bzw. ausschließlich mit Problemen des Commonwealth: *The Round Table* und *The Journal of Commonwealth Political Studies*, dessen jährliches Register einen Überblick über die jeweils neuesten Entwicklungen in den Commonwealthstaaten erlaubt.

Eine Auswahl der wesentlichen Dokumente und Reden über Commonwealthprobleme findet sich in verschiedenen Werken. G. Bennetts *The Concept of Empire, From Burke to Attlee*, 2. Aufl. London 1962, vermittelt in übersichtlicher, gedrängter Form den authentischen historischen Hintergrund, vor dem sich der Wandel der Ideen vollzieht. Wichtige Texte über Probleme des Commonwealth finden sich in den folgenden Publikationen: K. N. Bell und W. P. Morrell, *Select Documents on Bri-*

tish Colonial Policy, 1830–1860, Oxford 1953; A. B. Keith, *Speeches and Documents on British Colonial Policy 1763–1917*, Oxford 1948; A. B. Keith, *Speeches and Documents on the British Dominions 1918–31*, Oxford 1932; A. F. Madden, *Imperial Constitutional Documents 1756 to 1952. A Supplement*, Oxford 1953; M. Ollivier, *The Colonial and Imperial Conferences from 1887–1937*, 3 Bde., H. M. S. O., Ottawa 1954; N. Mansergh, *Speeches and Documents on British Commonwealth Affairs 1931–1952*, 2 Bde., London 1953, und *Speeches and Documents on Commonwealth Affairs 1952–1962*, London 1963; J. Eayrs, *The Commonwealth and Suez*, Oxford 1964.

Es liegen außerdem zwei Dokumentensammlungen mit speziellem Bezug auf Indien vor: C. H. Philips, *The Evolution of India and Pakistan 1858–1945, Select Documents*, London 1962; Sir M. Gwyer und A. Appadorai, *Speeches and Documents on the Indian Constitution 1921–47*, 2 Bde., Bombay 1957.

Mit verfassungsgeschichtlichen Entwicklungen im Commonwealth haben sich sowohl Fachhistoriker als auch Juristen befaßt. Wertvolles Informationsmaterial enthält die jährliche offizielle Publikation, die, entsprechend der jeweiligen Bezeichnung des zuständigen Staatssekretariats, unter folgenden Titeln erschienen ist: *The Dominions Office List, The Commonwealth Relations Office Year Book*, und seit 1967, als das Colonial Office eingegliedert wurde, *The Commonwealth Office Year Book* (dessen neueste, beträchtlich erweiterte Ausgaben besonders aufschlußreich sind). H. J. Harveys *Consultation and Cooperation*, London 1951, ist ein nützliches Nachschlagewerk. In *Whitehall and the Commonwealth*, London 1967, gibt J. A. Cross einen gedrängten historischen Überblick über die jeweils für die Beziehungen zu den überseeischen Commonwealthstaaten zuständigen Londoner Staatssekretariate, und R. Hyams *Elgin and Churchill at the Colonial Office 1905–1908: The Watershed of Empire-Commonwealth*, London 1968, ist eine profunde Studie über die Beschaffenheit und Arbeitsweise des Colonial Office während einiger kritischer Jahre. Eine weitere neue Untersuchung ist *Colonial and Imperial Conferences 1884–1919*, London 1967, von J. E. Kendle. Professor A. B. Keith, dessen genaue, während seiner Amtszeit im Colonial Office entstandene Aufzeichnungen über die Wiederherstellung der Selbstverwaltung in den einstigen Burenrepubliken und über andere Verfassungsfragen eine schwierige, aber lohnende Lektüre sind, hat später mit mehreren Büchern einen unschätzbaren Beitrag zur Literatur über verfassungsgeschichtliche Entwicklungen im Commonwealth geleistet. Sein *Responsible Government in the Dominions*, 2 Bde., 2. Aufl. London 1928, ist das Standardwerk jener Epoche. Zu empfehlen ist auch *The Development of Dominion Status 1900–1936*, London 1937, eine Verfassungsgeschichte in Form eines Kommentars zu den in der zweiten Hälfte des Buches abgedruckten Dokumenten. Die maßgebliche Arbeit über die jüngere Entwicklung ist K. C. Wheares *The Statue of Westminster and Dominion Status*, 5. Aufl. Oxford 1953. Derselbe Autor behandelt in *The Constitutional Structure*

of the Commonwealth, Oxford 1960, die Entwicklung in der dem Statut von Westminster folgenden Periode, mit der sich auch S. A. de Smith in *The New Commonwealth and its Constitutions*, London 1964, unter dem im Titel genannten engeren Aspekt befaßt. *Constitutional Laws of the Commonwealth*, Bd. 1: *The Monarchies*, 3. Aufl. London 1957 (Bd. 2: *The Republics*, ist noch nicht erschienen) von W. I. Jennings und C. M. Young enthält Kommentare und wichtige Texte, *Parliamentary Sovereignty and the Commonwealth*, Oxford 1957, von G. Marshall behandelt Südafrika als einen Testfall im Rahmen einer verfassungsgeschichtlichen Untersuchung der Auswirkungen des Statuts von Westminster auf die Autorität der Parlamente in Großbritannien und den Dominien. Hier ist auch das von G. W. Keeton herausgegebene Werk *The British Commonwealth, The Development of its Laws and Constitutions*, London 1951, zu nennen, von dem bisher zehn Bände erschienen sind und das als umfassendes Reihenwerk über die einzelnen Mitgliedsstaaten konzipiert wurde, eine Absicht, die heute schwerer zu verwirklichen ist als zu Beginn der Veröffentlichung, da sich die Änderung oder Umformung der Verfassung in einigen Mitgliedsstaaten sehr rasch vollzieht. In *Commonwealth and Colonial Law*, London 1966, äußert sich Sir Kenneth Roberts-Wray, früher juristischer Berater der Staatssekretariate für Commonwealth-Beziehungen und für die Kolonien, aus reicher Erfahrung schöpfend, zu vielen ebenso schwierigen wie wichtigen Fragen. Von bleibendem Interesse ist das letzte Kapitel von L. S. Amerys *Thoughts on the Constitution*, Oxford 1953.
Die Zahl der vergleichenden Studien über Regierungssysteme innerhalb des Commonwealth ist groß. Hervorragende Werke sind Alexander Bradys *Democracy in the Dominions*, 3. Aufl. Toronto 1958, und K. C. Wheares *Federal Government*, 3. Aufl. Oxford 1956, das sich im Rahmen einer Untersuchung des Föderalismus ausführlich mit politischen Zusammenschlüssen innerhalb des Commonwealth beschäftigt. Außerdem sind zu nennen: A. H. Birchs, *Federalism, Finance and Social Legislation in Canada, Australia and the United States*, Oxford 1955, W. S. Livingstones zwingend argumentierende Studie *Federalism and Constitutional Change*, Oxford 1956, und schließlich zwei Werke von Sir Ivor Jennings, *The Commonwealth in Asia*, Oxford 1951, und *The Dominion of Ceylon — The Development of its Laws and Constitutions*, Oxford 1952, letzteres aus der Sicht des in Colombo residierenden Vizekanzlers geschrieben, der Ceylons Weg zur Unabhängigkeit miterlebt hat.
Probleme des Krieges und der internationalen Beziehungen haben in den Commonwealthstaaten seit Beginn des Ersten Weltkriegs starke Beachtung gefunden und sind von den Historikern dieser Länder entsprechend ausgiebig behandelt worden. Drei allgemeine Werke über Verteidigungspolitik seien genannt: D. C. Gordon, *The Dominion Partnership in Imperial Defense 1870—1914*, Baltimore, Md., 1965; F. A. Johnson, *Defence by Committee*, London 1960; und R. A. Preston, *Canada and Imperial Defence*, Durham, N. C. 1967. Lord Hankeys *The Supreme Command*

1914–1918, 2 Bde., London 1961, ist ein maßgebliches, aber bedauerlicherweise mit großer Zurückhaltung verfaßtes Werk. Wie das Vereinigte
Königreich ließen auch Australien und Neuseeland die Geschichte des
Zweiten Weltkriegs offiziell aufzeichnen, und zwar sowohl die Ereignisse
im zivilen als auch die im militärischen Bereich. Das australische Werk
über den zivilen Sektor umfaßt fünf Bände, von denen einer, nämlich Paul
Haslucks *The Government and the People 1939–1941,* Canberra 1952
(dem ein zweiter folgen soll), von allgemeinem historischem Interesse ist.
Das neuseeländische Gegenstück zu Haslucks Werk bildet F. L. W. Woods
The New Zealand People at War: Political and External Affairs, Wellington 1958. Beide Autoren hatten uneingeschränkten Zugang zu den Akten,
einschließlich derer des Kriegskabinetts. Noch umfangreicher ist die Literatur über das Thema »Commonwealth und internationale Beziehungen«.
G. M. Carter untersucht in *The British Commonwealth and International
Security,* Toronto 1947, die Einstellung der Dominions zum Völkerbund
in den Jahren zwischen den Weltkriegen. Das einen späteren Zeitabschnitt
behandelnde Buch von Professor J. D. B. Miller, *The Commonwealth in
the World,* 2. Aufl. London 1965, gibt einen gut lesbaren allgemeinen
Überblick; als ergänzende Lektüre sind die serienmäßigen Veröffentlichungen einiger Mitgliedsstaaten zu empfehlen, an deren Anfang die vom
Kanadischen Institut für Internationale Angelegenheiten im Abstand von
zwei Jahren publizierten Berichte *Canada in World Affairs* standen, ein
Beispiel, das vom Australischen Institut und dem Indischen Komitee für
Weltpolitische Fragen erfolgreich nachgeahmt wurde. Diese Publikationen
spiegeln die wachsende Bedeutung wider, die den überseeischen Commonwealthstaaten seit Ende des Zweiten Weltkriegs in der Weltpolitik zukommt. In *Commonwealth d'abord,* Paris 1955, behandelt Y. G. Bris-
sonnière die Beziehungen des Britischen Commonwealth zu Europa aus
kontinentaler Sicht, wobei er die Möglichkeit einer Assoziierung der Ein-
zelstaaten im Unterschied zu ihrem Mitgliedsstatus erörtert.
Über die Wandlung der Machtverhältnisse in Indien und im Kolonialreich
ist viel geschrieben worden, wobei technischen Fragen und Randproblemen
wahrscheinlich zu viel Beachtung geschenkt wurde. Sieht man von regional
begrenzten Darstellungen ab, so sind vor allem folgende Werke zu nennen,
die die gegenwärtige Situation oder zumindest die jüngere Entwicklung
beleuchten: H. V. Hodson, *Twentieth Century Empire,* London 1948;
R. Hinden, *Empire and After,* London 1949; N. Mansergh, *The Commonwealth and the Nations,* London 1948; Sir Ivor Jennings, *The Approach
to Self-Government,* Cambridge 1956; Sir Charles Jeffries, *Transfer of
Power,* London 1960; und W. B. Hamilton (Hg.), *The Transfer of Institutions,* Duke 1964. Über die Haltung der britischen Parteien gegenüber
Indien informieren Georges Fischers *Le Parti travailliste et la décolonization de l'Inde,* Paris 1966, sowie die noch nicht veröffentlichte Dis-
sertation von K. Veerathappa über *The Attitude of the British Conservative Party to India's Demand for Independence,* Indian School of
International Studies, Neu-Delhi 1967. Den I. C. S. behandelt Philip

Mason in *The Men who ruled India*, 2 Bde., London 1953/54, insbeson-
dere im zweiten Band. Die näheren Umstände der Machtübertragung
schildern Sir Penderel Moon in *Divide and Quit*, London 1962; I. M.
Stephens in *Monsoon Morning*, London 1966; A. Campbell-Johnson in
Mission with Mountbatten, London 1951; V. Menon (damals Reform-
beauftragter der indischen Regierung) in *The Transfer of Power in India*,
London 1957; und E. W. R. Lumby in *The Transfer of Power in India*,
London 1954. Jedes dieser vier Werke basiert auf persönlicher Erfahrung.
Angaben zur Literatur über die Regierung und Verwaltung einstiger Ko-
lonien fallen nicht in den Rahmen dieser Bibliographie, doch sei auf einige
Werke hingewiesen, die über den Problemkreis Selbstverwaltung und Un-
abhängigkeit informieren: M. Wight, *The Development of the Legislative
Council, 1606–1945*, London 1946, und *British Colonial Constitutions*,
Oxford 1952; Kenneth Robinson, *The Dilemmas of Trusteeship*, London
1965 (eine sehr komprimierte, wertvolle Studie); R. Heussler, *Yesterday's
Rulers*, Oxford 1963; Margery Perham, *The Colonial Reckoning*, London
1961; und — als Augenzeugenbericht über die jüngste Entwicklungsphase
— das Buch des Afrikakorrespondenten der *Times*, W. P. Kirkman,
Unscrambling an Empire, London 1966.
Über die der Machtübertragung in Indien folgende Periode liegen einige
allgemeine Werke vor. Besondere Erwähnung verdient *The Commonwealth*, London 1962, von Patrick Gordon Walker, dem einstigen Common-
wealth-Minister im Labour-Kabinett, der die Commonwealth-Bindungen
entschieden befürwortet. Eine allgemeinverständliche Darstellung ist Sir
Kenneth Bradleys *The Living Commonwealth*, London 1961. Ferner sei
auf zwei Sammelbände mit Spezialstudien verschiedener Mitarbeiter des
Instituts für Commonwealth-Studien an der Duke-Universität hingewiesen: *Commonwealth Perspectives*, Durham, N. C. 1959, von N. Mansergh
u. a., sowie *A Decade of the Commonwealth, 1955–1964*, Durham, N. C.
1966, herausgegeben von W. B. Hamilton, K. Robinson und C. D. W.
Goodwin. Der Tagungsbericht der Vierten Inoffiziellen Konferenz über
Commonwealth-Beziehungen, die 1949 in Bigwin Inn, Ontario, stattfand,
liegt F. H. Sowards *The Changing Commonwealth*, Oxford 1950, zugrunde, auf dem Bericht der Fünften Konferenz, die 1954 in Lahore abgehalten wurde, basiert N. Manserghs *The Multi-Racial Commonwealth*,
London 1955. In dieser Gruppe sind außerdem zu nennen: J. D. B. Millers
Studie *Britain and the Old Dominions*, London 1966, die sich mit der Ent-
kolonialisierungsperiode und der darauffolgenden Ausdehnung des Commonwealth befaßt, sowie H. V. Wisemans *Britain and the Commonwealth*, London 1967.
Zum Schluß sei eine kleine Auswahl von Werken über regionale und nationale Probleme angeführt, einmal, weil diese das notwendige Gegengewicht zu den thematisch weitgespannten, allgemeineren Werken über das
Commonwealth bilden, zum anderen, weil sie zeigen, daß in vielen überseeischen Commonwealthstaaten die moderne Geschichtsforschung erstaunliche Fortschritte gemacht hat. Jede Titelliste beginnt mit einem oder

zwei Werken von allgemeinerem Interesse, und einige Verzeichnisse enthalten noch unveröffentlichte, dem Autor des vorliegenden Buches jedoch bekannte Werke. Weitere vom Autor konsultierte Veröffentlichungen sind in den Anmerkungen zu den einzelnen Kapiteln erwähnt.

G. E. Graham, *Canada*, London 1950; J. M. S. Careless, *Canada. A Story of Challenge*, Cambridge 1953; D. G. Creighton, *Dominion of the North*, 2. Aufl. Toronto 1965; A. R. M. Lower, *Colony to Nation*, 4. Aufl. Toronto 1964; Chester New, *Lord Durham's Mission to Canada*, Oxford 1929, Nachdruck Toronto 1963; D. G. Creighton, *The Road to Confederation 1863–67*, Toronto 1964; P. B. Waites (Hg.), *The Confederation Debates on the Province of Canada 1865*, Toronto 1963; D. M. L. Farr, *The Colonial Office and Canada, 1867–1887*, Toronto 1956; G. P. de T. Glazebrook, *A History of Canadian External Relations*, Toronto 1950; James Eayrs, *In Defense of Canada*, 2 Bde., Toronto 1964 (Band 2 beleuchtet vor allem die Weltpolitik des Commonwealth während der Befriedungsperiode); F. M. Wade, *The French Canadians, 1760–1945*, Toronto 1956.

Australien und Neuseeland

C. M. H. Clark (Hg.), *Select Documents in Australian History*, 2 Bde., Sydney 1950 und 1955; J. M. Ward, *Empire in the Antipodes*, London 1966; A. G. L. Shaw, *Convicts and the Colonies*, London 1966; G. Greenwood (Hg.), *Australia: A Social and Political History*, Sydney 1955; T. R. Reese, *Australia in the Twentieth Century*, London 1964; D. Pike, *Australia: The Quiet Continent*, Cambridge 1962; Alfred Deakin, *The Federal Story*, überarbeitete Ausgabe von J. A. La Nauze, Melbourne 1963; L. F. Crisp, *The Parliamentary Government of the Commonwealth of Australia*, Neuauflage London 1961; J. D. B. Miller, *Australian Government and Politics*, 2. Aufl. London 1965; G. Sawer, *Australian Government Today*, Neuauflage Melbourne 1964; J. C. Beaglehole, *New Zealand*, London 1936; W. P. Reeves, *The Long White Cloud*, London 1898; F. L. W. Wood, *Understanding New Zealand*, New York 1949; H. Miller, *New Zealand*, London 1950; K. Sinclair, *A History of New Zealand*, 2. Aufl. London 1961, ders., *The Origins of the Maori Wars*, Wellington 1957; *Imperial Federation. A Study of New Zealand Policy and Opinion 1880–1914*, London 1955; Angus Ross, *New Zealand Aspirations in the Pacific in the Nineteenth-Century*, Oxford 1964; A. Siegfried, *Democracy in New Zealand*, London 1914; C. G. F. Simkin, *The Instability of a Dependent Economy 1840–1914*, Oxford 1951.

Afrika

J. Gallagher und R. E. Robinson, *Africa and the Victorians*, London 1961; C. W. de Kiewiet, *A History of South Africa: Social and Economic*, Oxford 1946; E. A. Walker, *A History of Southern Africa*, 3. Aufl. London 1957; J. S. Galbraith, *Reluctant Empire: British Policy on the South African Frontier, 1834–1854*, Berkeley 1963; F. A. van Jaarsveld, *The Awakening of Afrikaner Nationalism 1868–1881*, Kapstadt 1961; C. W. de Kiewiet, *The Imperial Factor in South Africa*, Cambridge 1937; G. H. Le May, *British Supremacy in South Africa, 1899–1907*, Oxford 1965; C. F. Goodfellow, *Great Britain and South African Confederation*, Kapstadt 1966; Jean van der Poel, **The Jameson Raid*, Kapstadt 1951; Elizabeth Pakenham, **Jameson's Raid*, London 1960; G. B. Pyrah, *Imperial Policy and South Africa, 1902–1910*, Oxford 1955; J. S. Marais, *The Fall of Kruger's Republic*, Oxford 1961; N. Mansergh, *South Africa 1906–1961; The Price of Magnanimity*, London 1962; L. M. Thompson, *The Unification of South Africa 1902–1910*, Oxford 1960; G. M. Carter, *The Politics of Inequality*, New York 1958; D. W. Krüger, *South African Parties and Policies, 1910–1960*, Kapstadt 1960; Albert Luthuli, *Let my People Go*, London 1962; Dennis Austin, *Britain and South Africa*, London 1966; A. J. Hanna, *The Beginnings of Nyasaland and North-Eastern Rhodesia 1859–95*, Oxford 1956; P. Mason, *Birth of a Dilemma*, London 1958; Colin Leys, *European Politics in Southern Rhodesia*, Oxford 1959; L. H. Gann, *The Birth of a Plural Society*, Manchester 1958; C. Palley, *The Constitutional History and Law of Southern Rhodesia*, Oxford 1966; J. D. Fage, *An Introduction to the History of West Africa*, 3. Aufl. Cambridge 1962; J. E. Flint, *Nigeria and Ghana*, New York 1966; C. W. Newbury, *The West African Commonwealth*, Duke, N. C. 1964; Dennis Austin, *Politics in Ghana, 1946–1960*, London 1964.

Irland

J. C. Beckett, *The Making of Modern Ireland 1603–1923*, London 1966; N. Mansergh, *The Irish Question, 1840–1921*, London 1965; F. A. Pakenham, *Peace by Ordeal*, London 1935; D. Williams (Hg.), *The Irish*

---

* Neben diesen beiden Werken sollten zwei Artikel erwähnt werden, die Dr. Ethel M. Drus im *Bulletin of the Institute of Historical Research*, 1952, Bd. XXV, und in der *E.H.R.*, Oktober 1953, Bd. LXVIII, veröffentlicht hat: *A Report on the Papers of Joseph Chamberlain, relating to the Jameson Raid and the Inquiry* und *The Question of Imperial Complicity in the Jameson Raid*. Es ist eigentümlich, daß dem Jameson-Aufstand, der doch in jeder Hinsicht eine reine Männersache war, gerade von Historikerinnen so viel Beachtung geschenkt wurde.

Struggle 1916–1922, London 1966; D. Harkness, *The Restless Dominion. The Irish Free State and the British Commonwealth of Nations, 1921–1932*, London (erscheint 1969); H. Harrison, *Ireland and the British Empire, 1937: Conflict or Collaboration?*, London 1937.

Süd- und Südostasien

C. H. Philips, *India*, London 1949; T. G. P. Spear, *India*, Michigan 1961; K. M. Panikkar, *Asia and Western Dominance*, London 1953; E. Stokes, *The English Utilitarians and India*, Oxford 1959; S. Gopal, *British Policy in India 1858–1905*, Cambridge 1965; R. J. Moore, *Liberalism and Indian Politics 1872–1922*, London 1966; Sir R. Coupland, *India: A Restatement*, Oxford 1945; Sir P. Griffith, *The British Impact on India*, London 1952; J. Nehru, *The Discovery of India*, London 1946; M. Edwardes, *The Last Years of British India*, London 1963; H. Tinker, *Experiment with Freedom: India and Pakistan 1947*, London 1967; W. H. Morris Jones, *Parliament in India*, 2. Aufl. London 1965; R. Symonds, *The Making of Pakistan*, 3. Aufl. London 1951; G. W. Choudhury, *Pakistans Relations with India 1947–1966*, London 1968; I. M. Stephens, *Pakistan*, London 1963; S. R. Mehrotra, *India and the Commonwealth, 1885–1929*, London 1965; B. H. Farmer, *Ceylon: A Divided Nation*, London 1963; H. Tinker, *The Union of Burma*, 4. Aufl. Oxford 1967.

Unveröffentlichte Dissertationen der Universität Cambridge

D. G. Joskin, *The Genesis and Significance of the 1886 Home Rule Split in the Liberal Party*; D. J. N. Denoon, *Reconstruction in the Transvaal 1900 to 1905*; M. N. Lettice, *Anglo-Australian Relations 1901–1914. A Study at the Official Level*; M. Hasan, *The Transfer of Power to Pakistan and its Consequences*.

1652   Jan van Riebeeck landet am Kap der Guten Hoffnung. Eng-
            länder und Franzosen besiedeln zur selben Zeit Nordamerika
1689   Sir Richard Cox, *Hibernia Anglicana*
1763   Pariser Frieden: Die westindischen Verwaltungskolonien wer-
            den britisch
1770   Captain Cook entdeckt Australien
1784   Errichtung der Provinz Neubraunschweig (New Brunswick)
1788   Ankunft Gouverneur Phillips in Botany Bay
1791   Errichtung der Provinz Oberkanada am St.-Lorenz-Strom und
            an den Großen Seen
1795   Erstmalige gewaltsame Eroberung der Kapkolonie
1795–1803   Erste britische Besetzung Südafrikas
1802   Vertrag von Amiens: Die Kapkolonie wird wieder nieder-
            ländisch
1806   Beginn der zweiten britischen Besetzung Südafrikas
1815   Die Kapkolonie wird britisch
1826   *Nineteenth Ordinance* (Juni)
1833   Aufhebung der Sklaverei im gesamten Britischen Weltreich.
            Macaulays berühmte Rede vor dem Unterhaus (10. Juli)
1834   Gründung Südaustraliens. Errichtung eines Exekutiv- und eines
            Legislativrats in Südafrika. Freilassung der Sklaven in der
            Kapkolonie (1. Dezember)
1836–1847   Sir James Stephen Unterstaatssekretär für die Kolonien
1837   Rebellionen in Ober- und Unterkanada
1838   Februar: Piet Retief und seine Leute von den Zulu ermordet
            29. Mai: Feierlicher Einzug Lord Durhams in Quebec
            16. Dezember: Andries Pretorius siegt am Bloed Rivier
1839   Britische Annexion Neuseelands
1839–1867   Ursprungszeit des Commonwealth
1840   Unionsakte von Kanada
            6. Februar: Vertrag von Waitangi
            21. Mai: Proklamation der britischen Oberhoheit über die
            Nordinsel Neuseelands

1843   Die Republik Natal unterwirft sich als Provinz der britischen
            Herrschaft
1846   Neuseeland werden repräsentative Einrichtungen zugestanden.
            Aufhebung der Kornzölle
1848   Neuschottland erhält als erste britische Kolonie ein eigenver-
            antwortliches Ministerium (2. Februar)
1848–1852   Earl Grey, britischer Kolonialminister
1849   Aufhebung der Navigationsakte
1852   Verabschiedung der Verfassungsakte für Neuseeland. Die Sand-
            River-Konvention anerkennt die Unabhängigkeit der Süd-
            afrikanischen Republik im Transvaal
1853   *Cape of Good Hope Ordinance.* Ermordung Makesons
1854   Trennung des Kolonialministeriums vom Kriegsministerium.
            Kanadisch-amerikanisches Handelsabkommen.
            24. Mai: Erstes Parlament Neuseelands in der Hauptstadt
            Auckland
            30. Juni: Erstes Parlament Südafrikas
1854–1860   Bau der großen kanadischen Eisenbahnlinie über den St.-
            Lorenz-Strom
1854–1861   Sir George Grey Gouverneur der Kapkolonie
1855   Neusüdwales und Tasmanien erhalten Selbstverwaltung. Oberst
            Thomas Gore Browne wird Gouverneur von Neuseeland
1856   Natal wird Kronkolonie. Südaustralien erhält Selbstverwaltung
1857   Tod General Nicholsons. Indische Meuterei gegen die Briten in
            Amritsar
1858   Gesetz zur Verwaltung Indiens
1859   Der kanadische Finanzminister Alexander Galt verhängt die
            erste kanadische Zollschranke. Viktoria und Queensland er-
            halten Selbstverwaltung
1861   Goldfund von Otago
1864   Konferenz von Quebec
1866   Erasmus Jacobs entdeckt die ersten südafrikanischen Diamanten
            am Oranje. Fenier-Überfälle in Nordamerika
1867   Britisch-Nordamerika-Akte. Gründung der Kanadischen Kon-
            föderation: das erste britische Dominion (1. Juli)
1868   Fertigstellung des Überlandkabels nach Indien
1869   Eröffnung des Suezkanals. Ein Griquahirtenbub entdeckt den
            weißen Diamanten, den »Stern Südafrikas«
1870   Manitoba schließt sich der Kanadischen Konföderation an
1871   Britisch-Kolumbien wird Mitglied der Kanadischen Kon-
            föderation
1872   Die Kapkolonie erhält eine ministerverantwortliche Selbstver-
            waltung nach kanadischem Muster. Rede Disraelis im Kristall-
            palast über den Imperialismus
1873   Die Prinz-Eduard-Inseln schließen sich der Kanadischen Kon-
            föderation an

1874 Lord Carnarvon kehrt in das Kolonialministerium zurück

1876 Der Präsident des Oranje-Freistaats Brand gibt die Ansprüche auf Griqualand West gegen eine Entschädigung von 90 000 Pfund preis

1877 Annexion des Transvaal (12. April)

1879 Britisch-türkische Konvention: Zypern wird von den Briten besetzt und verwaltet
Januar: Ausbruch des Zulu-Kriegs
4. Juli: Entscheidender Sieg der Briten über die Zulu bei Ulundi

1880 Regierungsübernahme durch Gladstone

1881 Konvention von Pretoria. Gründung der Liga für Lauteren Handel (*Fair Trade League*). Vernichtende Niederlage der Briten am Majubaberg (26. Februar)

1883 Sir John R. Seeley, *The Expansion of England*

1883–1902 Paul Krüger Präsident der Südafrikanischen Republik

1884 Konvention von London. Nordost-Neuguinea wird deutsche Kolonie. Gründung der Liga für Reichsföderation (*Imperial Federation League*)

1885 Errichtung des britischen Protektorats über die Küste Pondolands. Erste Sitzung des Indischen Nationalkongresses in Bombay

1887 Kolonialkonferenz in London anläßlich der Fünfzigjahrfeier der Thronbesteigung Königin Viktorias. Balfour wird Hauptstaatssekretär für irische Angelegenheiten

1890 Cecil John Rhodes wird Premierminister der Kapkolonie. Australisch-Neuseeländische Konferenz in Melbourne

1891 Konferenz von Sydney

1892 Einführung des Repräsentativsystems in Indien

1893 Natal erhält Selbstverwaltung. Ndebelekrieg

1893–1906 Richard Seddon Premierminister von Neuseeland

1894 Pondoland wird ein Teil der Kapkolonie. Konferenz in Ottawa. Fertigstellung der Eisenbahnlinie nach Delagoa-Bay (Oktober)

1895 Dr. Jameson überschreitet die Grenze zum Transvaal (31. Dezember)

1896 Krügerdepesche Kaiser Wilhelms II. Ndebeleaufstand (3. Januar)

1897 Kolonialkonferenz in London
März: Einberufung der verfassunggebenden Versammlung in Adelaide
Mai: Milner wird Gouverneur der Kapkolonie und Hoher Kommissar

1898 Krügers Wiederwahl als Präsident des Transvaal (Februar)

1898–1904 Earl of Minto Generalgouverneur von Kanada

1899 31. Mai: Konferenz von Bloemfontein
5. Juni: Abbruch der Konferenz von Bloemfontein
9. Oktober: Ultimatum der Buren

1899–1902 Burenkrieg (zweiter südafrikanischer Freiheitskrieg)
1900   Verabschiedung der Commonwealth-von-Australien-Akte. George Bernard Shaw, *Fabianism and the Empire*. Britische Annexion des Oranje-Freistaats (Mai) und des Transvaal (September)
1901   Inkrafttreten der Commonwealth-von-Australien-Akte (1. Januar)
1902   Kolonialkonferenz in London anläßlich der Krönung Eduards VII. Tod Cecil James Rhodes'. Friedensverhandlung zwischen Briten und Buren in Pretoria (April). Friede von Vereeniging (31. Mai)
1903   Irisches Bodengesetz
1904–1906 Alfred Deakin Premierminister des Commonwealth von Australien
1905   Erste Teilung Bengalens unter Lord Curzon. Alberta und Saskatchewan schließen sich der Kanadischen Konföderation an. Sir Henry Campbell-Bannerman wird Premierminister (Dezember)
1906   7. Februar: Treffen Smuts' mit Campbell-Bannerman
          6. Dezember: Transvaal erhält ministerverantwortliche Selbstverwaltung
1907   Englisch-russische Konvention. Oranje-Freistaat erhält ministerverantwortliche Selbstverwaltung (5. Juni)
1907–1910 General Botha Premierminister des Transvaal
1908   Tod Campbell-Bannermans
1908/09   Krise in Bosnien
1908–1916 Asquith wird Premierminister
1909   Südafrika-Akte. Reichs-(Verteidigungs-)Konferenz. Morley-Minto-Reformen in Indien
1910   Südafrika wird britisches Dominion
1911   Vollversammlung der Reichskonferenz
1912   *Home-Rule*-Gesetz für Irland. Flottenvorlage des kanadischen Premierministers Robert Borden (5. Dezember)
1914   Annexion Zyperns durch Großbritannien. Lionel Curtis, *The Project of a Commonwealth*. Beginn des Ersten Weltkriegs für England (4. August)
1916   Einführung des Nationalen Wehrpflichtgesetzes in Großbritannien (Januar). Irischer Osteraufstand. Lucknow-Pakt
1917   Erste Tagung des Reichskriegskabinetts (20. März) und der Reichskriegskonferenz. Erstmalige offizielle Bezeichnung *British Commonwealth of Nations*. Montagu verspricht ministerverantwortliche Selbstverwaltung für Indien
1918   Ausschuß der Premierminister
1919   Gesetz zur Verwaltung Indiens
          Januar: *Dáil Éireann*
          April: Jallianwala Bagh

1921	Reichskonferenz
	4. März: Denkschrift des Kolonialministeriums *A Common Imperial Policy in Foreign Affairs*
	Juni: General Smuts' Denkschrift *The Constitution of the British Commonwealth*
	14. Juli: Erstes Treffen Lloyd Georges mit de Valera
	6. Dezember: Britisch-irischer Vertrag
1922	Die Verfassung des Irischen Freistaats wird verabschiedet
1923	Reichskonferenz. Vertrag von Lausanne: Bestätigung der britischen Annexion Zyperns. Der Irische Freistaat richtet als erstes Dominion eine ständige Vertretung beim Völkerbund ein
1924	Hertzog löst Smuts als Premierminister der Südafrikanischen Union ab
1925	Abschluß und Ratifizierung des Locarno-Vertrags. Teilung des Kolonialministeriums. Amery wird der erste Minister für Angelegenheiten der Dominien
1926	Balfour-Bericht
1928	Konferenz aller Parteien Indiens unter Vorsitz Motilal Nehrus
1929	Bericht des Simon-Ausschusses
1929/30	Konferenz über die Wirkung der Gesetzgebung der Dominien und die Gesetzgebung der Handelsschiffahrt
1930/31	Londoner *Round-Table*-Konferenzen
1931	Statut von Westminster. Japanischer Angriff auf die Mandschurei
1932	Reichskonferenz von Ottawa. De Valera wird irischer Ministerpräsident
1933	Gesetz zur Abschaffung des Untertaneneids in Irland
1934	Verabschiedung des Gesetzes über die Stellung der Südafrikanischen Union
1935	Verabschiedung des Gesetzes zur Regierung Indiens. Einmarsch Mussolinis in Abessinien (September)
1936	Abschaffung des Generalgouverneur-Amts in Irland. Remilitarisierung des Rheinlands (März). König Eduard VIII. dankt ab; die irische Regierung verabschiedet ein Gesetz über Auswärtige Beziehungen (Dezember)
1937	Reichskonferenz, die die Appeasement-Politik billigt (Mai/Juni)
1938	Dreiseitiges Handelsübereinkommen zwischen dem Vereinigten Königreich, den Vereinigten Staaten von Amerika und Kanada
	18. August: Präsident Roosevelt besucht Kanada
	Spätsommer: Tschechische Krise
	22./23. September: Zweiter Besuch Neville Chamberlains bei Hitler in Godesberg
	30. September: Münchener Abkommen

1939   Durham-Bericht. Kanada wird Hauptquartier des gemein-
        samen Luftwaffenausbildungsplans Großbritanniens und des
        Commonwealth
        März: Hitlers Marsch auf Prag. Ende der Befriedungs-Politik
        31. März: Englisch-französische Garantieerklärung für Polen
        3. September: Britische Kriegserklärung
        9. September: Kriegserklärung Kanadas
        Dezember: Die Regierungen der indischen Kongreßpartei in
        den Provinzen treten zurück

1940   Lahore-Entschließung der Gesamtindischen Moslem-Liga (so-
        genannte Pakistan-Entschließung) in Lahore (März). »Angebot
        vom August« (Vorschlag der sofortigen Vergrößerung des Rates
        des Vizekönigs durch Vertreter der politischen Parteien Indiens)

1941   Bildung eines Kriegsrats für den Pazifik. Angriff der Japaner
        auf Pearl Harbour (Dezember)

1942   Annahme des Statuts von Westminster in Australien. Sir Staf-
        ford Cripps geht nach Indien. Die Kongreßpartei billigt die
        »Räumt-Indien«-Entschließung (August)

1944   Treffen der Premierminister des Commonwealth in London
        (Frühjahr)

1946   Gesetz über die kanadische Staatsbürgerschaft. Konferenz in
        Simla. Gleichstellung der Vertretungen der Liga und der Kon-
        greßpartei. Innenpolitische Selbstverwaltung für Ceylon auf-
        grund der Soulbury-Verfassung
        Frühjahr: Abordnung des Labour-Kabinetts geht nach Indien.
        16. August: »Großes Massaker von Kalkutta« (Tag der Direk-
        ten Aktion)
        24. August: Bildung einer Zwischenregierung in Indien zur
        Vorbereitung der Unabhängigkeit

1947   Neuseeland akzeptiert das Statut von Westminster. Indien,
        Pakistan und Ceylon werden britische Dominien. Indische Un-
        abhängigkeits-Akte
        Januar: Aung San kommt an der Spitze einer birmanischen
        Delegation nach London, um Absprachen über die Übertragung
        der Macht zu treffen
        März: Ankunft Lord Mountbattens als letzter indischer Vize-
        könig und Eröffnung der Panasiatischen Konferenz in Neu-
        Delhi
        April: Wahlen in Birma für eine verfassunggebende Versamm-
        lung
        14. Juni: Der Gesamtindische Ausschuß der Kongreßpartei
        (AICC) ratifiziert in Delhi den Teilungsplan vom 3. Juni

1948   Ermordung Gandhis. Britisches Staatsbürgerschaftsgesetz
        4. Februar: Inkrafttreten des Gesetzes zur Unabhängigkeit
        Ceylons

März: Abschluß des Fünf-Mächte-Pakts in Brüssel
Oktober: Treffen der Premierminister des Commonwealth
24. November: Gesetzesvorlage zur Bildung der Republik Irland

1949   Neufundland tritt der Kanadischen Konföderation bei. Nordatlantikpakt. Irland wird Republik (Ostersonntag). Londoner Erklärung zur indischen Frage (April)

1950   Treffen der Außenminister des Commonwealth in Colombo. Irland schließt einen Freundschafts-, Handels- und Schiffahrtsvertrag mit den Vereinigten Staaten von Amerika

1951   Australien und Neuseeland unterzeichnen ein Pazifisches Sicherheitsabkommen mit den Vereinigten Staaten von Amerika

1951/52   Erste allgemeine Wahlen in Indien

1954   Südostasiatische Bündnisorganisation (SEATO) aufgrund des Manila-Pakts (Südostasien-Pakt). Chinesisch-indischer Vertrag über Tibet

1956   Englisch-französische Intervention am Suezkanal

1957   Ghana wird nach erlangter Unabhängigkeit das erste afrikanische Mitglied des Commonwealth. Beginn der Unabhängigkeit Malaysias

1960   Beilegung des Streits zwischen Indien und Pakistan um die Wasser des Indus. Nigeria wird unabhängig und Mitglied des Commonwealth. Zypern wird unabhängig. Protestmarsch Tausender von Afrikanern auf die Polizeistation in Sharpeville bei Vereeniging (21. März) und der 30000 Nichtafrikaner nach Kapstadt (31. März)

1961   Sierra Leone wird unabhängig und Mitglied des Commonwealth
8.–17. März: Treffen der Premierminister des Commonwealth in London. Tanganjika wird unabhängig und sucht um die Mitgliedschaft im Commonwealth nach
31. März: Die Südafrikanische Union wird unabhängige Republik und scheidet aus dem Commonwealth aus
12.–14. September: Treffen des Beratenden Wirtschaftsrats des Commonwealth in Accra. Beratungen über eine eventuelle Mitgliedschaft Großbritanniens in der EWG
9. Dezember: Tanganjika wird unabhängig

1962   Uganda wird unabhängig. Chinesische Einfälle über die indische Grenze (Oktober/November). Jamaika, Trinidad und Tobago werden unabhängig

1963   Unabhängigkeit für Sansibar, das später mit Tanganjika die Union von Tansania bildet
Juli: Londoner Unabhängigkeitskonferenz für Malta
12. Dezember: Kenia wird unabhängig
31. Dezember: Auflösung der Föderation zwischen den beiden Rhodesien und Njassaland

1964   Malawi (Njassaland) und Sambia (Nordrhodesien) werden unabhängig und Mitglieder des Commonwealth

1965   Errichtung eines Commonwealth-Sekretariats. Gambia und
Singapur werden unabhängig
Herbst: Indisch-pakistanischer Krieg
11. November: Südrhodesien erklärt sich unabhängig
10. Dezember: Der britische Premierminister gibt vor dem
Unterhaus die Sanktionen gegen Südrhodesien bekannt

1966   Sesotho, Botswana, Barbados und Guayana werden unabhängig. Tod Hendrik Verwoerds
Januar: Rhodesien-Treffen der Commonwealth-Premierminister in Lagos
September: Die Premierminister der Commonwealth-Länder
erörtern die Rhodesien-Frage in London
1. Dezember: »Gipfelgespräch« Wilson - Smith an Bord der
Tiger

1967   Konferenz der Commonwealth-Parlamentarier in Kampala.
Besuch Präsident de Gaulles in Quebec (Juli). Malta wird unabhängig

1968   Swasiland wird unabhängig. Wilsons Treffen mit Smith auf der
Fearless (Oktober)

Quellennachweis der Farbabbildungen:

Königin Viktoria (nach S. 48). Foto: Archiv Kindler Verlag, München. – Streit zwischen Hindus und Muslime in Delhi (nach S. 128). Foto: Bildarchiv Preußischer Kulturbesitz, Berlin. – Darstellung aus dem Burenkrieg (nach S. 240). Foto: Bildarchiv Preußischer Kulturbesitz, Berlin. – Winston Churchill (nach S. 352). Foto: Keystone Pressearchiv, Hamburg. – Krönung von Elisabeth II. (nach S. 400). Foto: Keystone Pressearchiv, Hamburg. – Besuch Königin Elisabeths II. auf den Bermudas (nach S. 496). Foto: Keystone Pressearchiv, Hamburg. – Ausrufung der Republik Nigeria (nach S. 624). Foto: Keystone Pressearchiv, Hamburg. – Commonwealth-Konferenz 1968 (nach S. 688). Foto: Keystone Pressearchiv, Hamburg. –

Quellennachweis der Schwarzweiß-Abbildungen:

Karikatur auf die Proklamation des Indischen Kaiserreiches (nach S. 80). Foto: Bildarchiv Preußischer Kulturbesitz, Berlin. – Verkündigung des Indischen Kaiserreichs (vor S. 81). Foto: Bildarchiv Preußischer Kulturbesitz, Berlin. – Benjamin Disraeli (nach S. 96). Foto: Bildarchiv Preußischer Kulturbesitz, Berlin. – Karikatur der Greuel in Indien (vor S. 97). Foto: Bildarchiv Preußischer Kulturbesitz, Berlin. – Hinrichtung aufständischer Inder (vor S. 97). Foto: Bildarchiv Preußischer Kulturbesitz, Berlin. – William Ewart Gladstone (nach S. 176). Foto: Bildarchiv Preußischer Kulturbesitz, Berlin. – Alfred Milner (vor S. 177). Foto: Bildarchiv Preußischer Kulturbesitz, Berlin. – Schlacht bei Aroge (nach S. 192). Foto: Bildarchiv Preußischer Kulturbesitz, Berlin. – Karikatur Cecil Rhodes (nach S. 192). Foto: Bildarchiv Preußischer Kulturbesitz, Berlin. – Auszeichnung durch den Khediven (vor S. 193). Foto: Bildarchiv Preußischer Kulturbesitz, Berlin. – Einschiffung europäischer Flüchtlinge im Hafen von Alexandria (nach S. 304). Foto: Bildarchiv Preußischer Kulturbesitz, Berlin. – Das Banner von Transvaal (vor S. 305). Foto: Bildarchiv Preußischer Kulturbesitz, Berlin. – Truppen des burischen Generals Cronje (nach S. 320). Foto: Bildarchiv Preußischer Kulturbesitz, Berlin. – Parade der Engländer in Bloemfontein (nach S. 320). Foto: Bildarchiv Preußischer Kulturbesitz,

Berlin. – Burisch-englische Friedenskommission (vor S. 321). Foto: Bildarchiv Preußischer Kulturbesitz, Berlin. – Jan Christiaan Smuts (nach S. 432). Foto: Bildarchiv Preußischer Kulturbesitz, Berlin. – Englischer Truppentransport (vor S. 433). Foto: Bildarchiv Preußischer Kulturbesitz, Berlin. – Englischer Sturmangriff (vor S. 433). Foto: Bildarchiv Preußischer Kulturbesitz, Berlin. – Unterzeichnung des Versailler Vertrages (nach S. 448). Foto: Bildarchiv Preußischer Kulturbesitz, Berlin. – Kampf irischer Nationalisten (vor S. 449). Foto: Bildarchiv Preußischer Kulturbesitz, Berlin. – Triumphzug des irischen Streikführers Larkin (nach S. 544). Foto: Bildarchiv Preußischer Kulturbesitz, Berlin. – Verurteilung der Grafen Plumkett zum Tode (nach S. 544). Foto: Bildarchiv Preußischer Kulturbesitz, Berlin. – Münchener Abkommen (vor S. 545). Foto: Bildarchiv Preußischer Kulturbesitz, Berlin. – Treffen des amerikanischen Präsidenten und des britischen Premierministers an Bord des britischen Schlachtschiffes »Prince of Wales« (nach S. 560). Foto: Keystone Pressearchiv, Hamburg. – Frontbesuch von Premierminister Churchill (nach S. 560). Foto: Keystone Pressearchiv, Hamburg. – Round Table-Konferenz über die Unabhängigkeit Indiens (vor S. 561). Foto: Bildarchiv Preußischer Kulturbesitz, Berlin. – Besetzung des Sueskanals 1956 (nach S. 720). Foto: Keystone Pressearchiv, Hamburg. – Britische Truppen kontrollieren arabische Viertel von Port Said (nach S. 720). Foto: Keystone Pressearchiv, Hamburg. – Unabhängigkeit Libyens (vor S. 721). Foto: Bildarchiv Preußischer Kulturbesitz, Berlin. – Gefangene Mitglieder der Mau-Mau (nach S. 736). Foto: Keystone Pressearchiv, Hamburg. – Besuch der englischen Königin in Ghana (nach S. 736). Foto: Keystone Pressearchiv, Hamburg. – Demonstrationen gegen die Unabhängigkeit Rhodesiens (vor S. 737). Foto: Keystone Pressearchiv, Hamburg. – Treffen von Harold Wilson und Ian Smith (vor S. 737). Foto: Keystone Pressearchiv, Hamburg.

7-1-2,5-11-8